# LE PROCUREUR DE LA RÉPUBLIQUE

## La pratique du parquet

**Youssoupha Diallo**

# LE PROCUREUR DE LA RÉPUBLIQUE

## La pratique du parquet

Préface de Cheikh Ahmed Tidiane COULIBALY
Procureur général près la Cour suprême du Sénégal

L'Harmattan Sénégal

10 VDN, Sicap Amitié 3, Lotissement Cité Police, DAKAR

http://www.harmattansenegal.com
senharmattan@gmail.com
senlibrairie@gmail.com

ISBN : 978-2-343-15560-9
EAN : 9782343155609

À ma mère,

# Preface

*Le Substitut général au parquet général près la cour d'appel de Dakar, a exercé les fonctions de procureur de la République près les tribunaux de grande instance de Diourbel et de Ziguinchor mais aussi de Procureur général adjoint au parquet général près les Chambres africaines extraordinaires, chargées de poursuivre et de juger des crimes internationaux commis au Tchad durant la période du 07 juin 1982 au 1er décembre 1990. Depuis avril 2017, il est promu à la catégorie de magistrats hors hiérarchie.*

*De sa riche expérience de parquetier chevronné, le substitut général, tire des réflexions nourries sur la pratique du parquet, qu'il souhaite partager avec ses pairs, tous les praticiens du droit et même avec le public qui fréquente les juridictions et le prétoire.*

*Ces réflexions sont consignées dans un ouvrage dont le titre est Le procureur de la République – La pratique du parquet.*

*Le travail de réflexion est construit autour de dix parties.*

*Après un aperçu historique, l'auteur aborde dans les différentes parties qui structurent ses réflexions :*

*- l'identification et le statut des magistrats du parquet ;*

*- en partant de l'état des lieux des parquets au Sénégal, l'organisation de ces parquets en ouvrant une perspective dans l'optique d'un traitement efficace des procédures ;*

*- l'environnement socioprofessionnel du procureur de la République ou du parquet d'instance en général, met en exergue les rapports que les magistrats du parquet entretiennent ou peuvent entretenir avec d'autres acteurs au plan local et national au sein des juridictions et dans la cité ;*

*- le traitement des procédures pénales qui révèle dans sa réalité, la pratique du parquet ;*

*- les attributions du ministère public prévues et organisées par des textes spéciaux dont la compréhension présente un intérêt pratique ;*

*- l'exécution des peines et leur aménagement dans le cadre des attributions du ministère public sans examiner les différentes*

*institutions et les mécanismes qui interpellent le juge de l'application des peines ;*

*- le casier judiciaire dans son contenu, son fonctionnement, les difficultés liées à son fonctionnement notamment sa tenue, sa fiabilité et la nécessité d'une réforme ;*

*- les missions et attributions souvent méconnues du ministère public en matière civile et commerciale ; la vie des affaires et son impact sur la société rendant nécessaire la création d'un parquet de type nouveau ;*

*- les attributions du parquet en matière d'instruments de paiement, lesquelles doivent être envisagées dans un cadre communautaire avec la loi uniforme ;*

*- enfin certaines missions du procureur de la République concernant le visa des assignations, la surveillance et le contrôle de l'état civil, la reconstitution et la rectification des actes de l'état civil, l'authentification de ces actes, l'exécution des décisions civiles, la constatation du faux, la régularisation des actes en cas de disparition et le contrôle des officiers ministériels.*

*On note que le ministère public est représenté auprès des différentes juridictions nationales : tribunaux d'instance et de grande instance, cours d'appel et suprême ; mais aussi auprès de juridictions spécialisées comme la Cour de répression de l'enrichissement illicite, de la Haute cour de justice, la Cour des comptes et les Chambres africaines aujourd'hui dissoutes, qui étaient chargées de poursuivre et de juger les crimes internationaux commis au Tchad durant la période du 07 juin 1982 au 1er décembre 1990.*

*Parlant de la formation et de la nomination des magistrats du parquet, l'auteur fait observer que c'est le principe de la non-spécialisation qui prédomine, lequel est consacré d'ailleurs par l'article 2 de la loi organique n° 2017-10 du 17 janvier 2017 portant statut des magistrats qui dispose que « tout magistrat a vocation à être nommé au cours de sa carrière, à des fonctions du siège, du parquet ou de l'administration centrale du ministère de la Justice. »*

*L'auteur constate qu'aujourd'hui, tous les magistrats de l'ordre judiciaire, quelles que soient les fonctions exercées, relèvent du même statut, en dépit du fait que ceux du parquet sont soumis à une hiérarchie.*

*Le corps judiciaire est organisé en hiérarchie réputée complexe qui comprend les magistrats hors hiérarchie ou hors groupe et les autres, regroupés dans deux grades subdivisés en deux groupes chacun.*

*L'auteur a consacré des développements sur les règles qui régissent la discipline des magistrats et celles qui gouvernent la poursuite et le jugement des infractions à la loi pénale commises par un magistrat.*

*Il a été rappelé que les magistrats peuvent non seulement faire l'objet de poursuites disciplinaires mais aussi ne bénéficient d'aucun privilège ou immunité en matière civile et commerciale.*

*Ils peuvent être attraits devant les juridictions de droit commun (en paiement de dommages-intérêts, de loyer, en matière de divorce et de responsabilité...). Ils peuvent aussi faire l'objet de prise à partie.*

*S'agissant des magistrats du parquet, ils sont placés sous la direction et le contrôle de leurs supérieurs hiérarchiques et sous l'autorité du garde des Sceaux, ministre de la Justice.*

*Cependant et en application des textes qui régissent cette hiérarchie, le garde des Sceaux ne devrait pas avoir de rapport direct avec les parquets d'instance pour l'application de la loi pénale. Les interlocuteurs directs de ceux-ci, étant les procureurs généraux près les cours d'appel qui eux doivent rendre compte au garde des sceaux. Celui-ci ne devrait pouvoir s'adresser aux parquets d'instance que par circulaires contenant des instructions générales sur « la politique criminelle » ou dans le cadre « de l'exécution des règles de procédure ».*

*Mais contrairement à d'autres pays comme la France, rien n'interdit dans les textes, au garde des Sceaux, d'adresser aux parquets d'instance des instructions individuelles dans un dossier précis.*

*Il serait cependant souhaitable, soutient l'auteur, que les instructions individuelles positives ou négatives ne puissent plus être données ni par écrit ni oralement.*

*Les procureurs généraux près les cours d'appel doivent être informés par les parquets d'instance, par le biais de comptes rendus et notes écrits et de relations téléphoniques quotidiens et permanents mais aussi, par les états mensuels qui leur sont envoyés.*

*Il a été relevé que le principe de subordination du procureur de la République au procureur général comporte des atténuations.*

*En effet, le procureur de la République, chef du parquet, peut poursuivre, même si son supérieur hiérarchique s'y oppose. Il peut aussi refuser de poursuivre en dépit de l'ordre donné par son supérieur hiérarchique. Et, à l'audience, à l'exception des réquisitions ou instructions écrites, versées à la procédure, qui obligent le représentant du ministère public, il y a l'adage « si la plume est serve, la parole est libre ».*

*L'auteur soutient, et avec raison, que dans le cadre de leur fonctionnement, les parquets doivent faire preuve d'indépendance, qui doit être affirmée à l'égard des magistrats du siège, des parties au procès et de toutes autres forces, politique et religieuse ou coutumière, de toutes sortes de pression, même de sa propre hiérarchie. À cet effet, il a été fort opportunément rappelé par l'auteur des décisions et actes desquels il résulte que « le corps judiciaire comprend les magistrats du siège et du parquet... et les auditeurs de justice » ; « que ce principe consacre l'unité de la magistrature ; que l'unité du corps judiciaire se traduit en pratique, par l'identité des règles de recrutement et des modalités d'avancement et par l'alternance possible dans une même carrière, d'affectations au siège et au parquet ; qu'ainsi l'indépendance des magistrats du ministère public est égale à celle des magistrats du siège sous réserve, en ce qui concerne ces derniers, de certaines dispositions, dont l'inamovibilité ; que les règles particulières auxquelles sont soumis les magistrats du ministère public procèdent de la seule nature des fonctions, l'exercice de l'action publique expliquant et justifiant les pouvoirs conférés par la loi au ministre de la Justice.*

*Que prétendre à l'entière soumission des magistrats du parquet à une hiérarchie, dont le garde des Sceaux serait le Chef, n'aboutirait, ainsi qu'il a été souvent observé qu'à discréditer la justice en ne faisant du parquet que l'auxiliaire du pouvoir exécutif ; que le ministère public a toujours exigé le respect de son droit à l'indépendance dans l'exercice de ses fonctions ; que le procureur général Bollart (Paris) en 1819, écrivait au garde des Sceaux en ces termes « ministre de la Loi, c'est de la loi seule qu'il (le ministère public) tient sa mission ; c'est à elle seule qu'il répond de ses fautes judiciaires » ; que le 24 novembre 1930, le garde des Sceaux Chéron écrivait « j'entends en matière de poursuites pénales, quelles que soient les personnes en cause, que les chefs de parquet se décident, d'après les seules inspirations de leur conscience dans le cadre de prescriptions de la loi. Dans ma pensée, cette mesure est destinée, en développant le sentiment de responsabilité chez les représentants du ministère public, à élever encore leur conscience professionnelle et à fortifier l'indépendance de la magistrature, garantie essentielle de notre droit ».*

*Par lettre circulaire n° 03310 du 06 septembre 1990, le garde des Sceaux, ministre de la Justice du Sénégal, précisait que, « j'entends voir cette indépendance, s'affirmer certes envers le pouvoir politique, mais encore envers toutes les formes de pression comme le veut la Constitution. Cette indépendance doit s'entendre aussi d'une probité irréprochable du magistrat qui, à défaut d'être un modèle, doit pouvoir donner le bon exemple à ses concitoyens. C'est à ce prix seulement qu'il peut imposer le respect, tant à l'égard de sa personne qu'à celui des institutions qu'il incarne. »*

*Il s'agit là bien d'une indépendance fonctionnelle et non administrative, qui doit se manifester dans les actes accomplis dans le cadre de la distribution de la justice, mais administrativement, les magistrats du parquet doivent obéissance à leur hiérarchie et à la chancellerie.*

*Il a été aussi fait observer, qu'au plan international, l'indépendance et l'impartialité des procureurs sont consacrées par différents instruments internationaux, qui restent les normes de mesure d'une accusation transparente et crédible, tant pour les victimes, des personnes poursuivies que l'opinion générale.*

*Organiquement et fonctionnellement les parquets restent régis par les principes d'indivisibilité et d'irresponsabilité.*

*Les réflexions consacrées à l'organisation des services d'un parquet, montrent un état des lieux assez descriptif tout en s'inscrivant dans une perspective d'évolution en adéquation avec les exigences du moment notamment l'organisation de permanences des magistrats en service dans un parquet, qui pourraient permettre une plus grande célérité, efficience et efficacité dans le traitement des affaires. Car le traitement des procédures en temps réel nécessite une plus grande et efficace coordination avec les enquêteurs et une réforme du Code de procédure pénale.*

*Les relations des représentants du ministère en juridiction et dans la cité, font aussi l'objet d'intéressantes réflexions, de même que les questions de coopération et d'entraide judiciaires internationales.*

*Le traitement des procédures pénales a été abordé de manière exhaustive. Ainsi les questions et les difficultés rencontrées dans la conduite de l'enquête pénale sous toutes ses formes, en passant par les pouvoirs, devoirs, obligations et missions du Procureur et les décisions qu'il peut être amené à prendre jusqu'au règlement définitif des procédures et leur jugement, ont retenu l'attention du parquetier averti qu'est l'auteur qui n'a pas manqué à chaque fois que de besoin, d'envisager, des solutions et des évolutions novatrices.*

*On lira aussi avec profit, le rôle du parquet dans le traitement des procédures impliquant des mineurs en difficultés avec la loi pénale ou en danger physique ou moral.*

*Les infractions aux codes des douanes, forestier, la lutte contre la drogue, la justice militaire ainsi que toutes les questions liées à l'exécution des peines, à la tenue et au fonctionnement du casier judiciaire, ont été minutieusement étudiées.*

*En concluant ses réflexions, le Substitut général au parquet général près la cour d'appel de Dakar, Youssoupha Diallo, qui a déjà une riche carrière de parquetier, retient que le procureur de la République au Sénégal reste comme dans les pays de tradition romano-germanique, un magistrat du ministère public chargé de veiller à l'application de la loi pour la sauvegarde de l'intérêt général et des libertés. Il suggère que celui-ci soit dans une symbiose avec le tribunal et n'ait qu'un seul souci, une bonne distribution de la justice, en « acceptant ou provoquant » l'innovation pour s'adapter à l'évolution inexorable de la société. Il fait observer aussi que la hiérarchie et le lien de subordination qui devraient connaître des évolutions ne constituent pas un obstacle, mais un instrument permettant au procureur de la République d'exercer ses attributions avec autonomie, efficience et efficacité.*

*Dans un style dépouillé, avec d'intéressantes références législatives, réglementaires, doctrinales et jurisprudentielles, le Substitut général Youssoupha Diallo a produit un travail de très bonne facture sur l'organisation, le rôle, les missions attributions devoirs et obligations des magistrats du ministère public ;*

*Je me réjouis d'avoir été choisi par mon jeune collègue pour préfacer son œuvre alors que je ne saurai me prévaloir d'aucune expérience de la pratique quotidienne du métier de parquetier. Le parquet général de la Cour suprême n'est pas une autorité de poursuite et donc n'exerce pas l'action publique. Il joue le rôle de commissaire du droit auprès de toutes les formations de la Cour suprême. La lecture du présent ouvrage que je recommande, permettra sans aucun doute, aux parquetiers et à tous les praticiens du droit, de se rendre compte du travail quotidien, complexe et difficile, accompli par les représentants du ministère public, dans l'application de la loi pénale, mais aussi dans la recherche d'un équilibre social dans l'interprétation de la loi, pour la sauvegarde de l'ordre public, de l'intérêt général et des libertés publiques, individuelles et collectives, également par les initiatives et innovations qu'ils apportent à la mise en œuvre de la politique pénale générale définie par le garde des Sceaux, ministre de la Justice.*

*Je souhaite plein succès au Substitut général Youssoupha Diallo en librairie et dans le déroulement de sa carrière professionnelle.*

Cheikh Ahmed Tidiane COULIBALY
Procureur général près la Cour suprême du Sénégal

# AVANT-PROPOS

Consacrer des réflexions au procureur de la République, c'est se pencher sur les magistrats du ministère public dans une certaine mesure. Loin de marquer leur spécificité, la présente contribution, qui n'engage que son auteur a l'ambition, à travers un examen pratique, de les faire connaître au grand public tout en insistant sur le fait qu'ils ne sont pas des magistrats en marge, mais bien au cœur du dispositif judiciaire en dépit des règles spécifiques qui les régissent.

Loin d'aborder les thèmes sous un angle théorique et académique, ces lignes, en partant du fonctionnement quotidien des parquets d'instance, retracent les différentes fonctions du ministère public, les difficultés rencontrées et les suggestions qui interpelleront les praticiens en général, les magistrats en particulier. Ceci dit, la bonne intelligence de la pratique passe par celle des notions en droit.

Les questions de procédure pénale[1] comme l'organisation du ministère public, les immunités politiques faisant obstacle à l'exercice direct de l'action publique, la mise en œuvre de l'action publique, l'application de la sanction pénale sont abordées dans un sens qui intéresse le parquet et sous l'angle de rapports qu'il entretient avec différentes institutions. La transversalité du fonctionnement quotidien de cette frange de la magistrature sénégalaise qui doit embrasser divers domaines tant judiciaires qu'extrajudiciaires est mise en exergue. Toutefois, en même temps, essayer de cantonner ou circonscrire ses fonctions dans le grand intérêt du citoyen moyen non-initié. Ce dernier, quand il franchit le portail du tribunal avec à l'entrée un bureau d'accueil et d'orientation, n'est pas totalement déchargé du fardeau de l'ignorance, lui qui n'est pas habitué aux salles des pas perdus. La

---

[1] « … la procédure pénale se définit comme l'ensemble des règles qui déterminent l'organisation, la compétence et le fonctionnement des autorités judiciaires criminelles ainsi que la marche à suivre et les formalités à respecter pour la constatation, l'instruction et le jugement des infractions. La procédure pénale couvre ainsi toute la marche du procès pénal depuis la découverte de l'infraction jusqu'à la décision définitive et exécutoire rendue par un tribunal… » Laurent Moreillon, Aude Parein-Reymond, *Code de procédure pénale suisse, petit commentaire*, Bâle, Éditions Helbing Liechtenhahn, 2009, page 3.

pudeur, la volonté profonde de garder ses problèmes jusqu'à rencontrer le magistrat dont le statut interdit toute consultation privée, empêchent généralement le citoyen de se confier tout de suite.

Ne nous arrive-t-il pas souvent d'entendre un citoyen voulant ester en justice pendant les vacances judiciaires dire que le tribunal est fermé, ignorant que la justice fonctionne en permanence durant toute l'année et que les magistrats et autres personnels au niveau des juridictions prennent leur congé par roulement ? Peut-être que le fonctionnement au ralenti relevé dans certains tribunaux, auquel on peut remédier, donne cette impression au citoyen.

« Je ne suis jamais entré au tribunal ! », « je n'ai pas le temps de venir à la police, à la gendarmerie ou au tribunal ». De même, on dira pour traduire un adage sénégalais : « Monter et descendre » ou « aller et venir ». Que de magistrats ont entendu ces propos quand le citoyen veut prouver sa bonne moralité ou marquer la perte de temps en fréquentant les tribunaux, les commissariats de police et les brigades de gendarmerie ! D'aucuns préciseront : « Si ce n'est pour chercher un casier judiciaire ou se faire inscrire au registre du commerce ! » De là, on commence à se rendre compte d'une chose : outre sa mission qui consiste à connaître des affaires impliquant des délinquants ou trancher des litiges civils et commerciaux, la justice, au plan purement administratif, délivre des documents importants marqués du sceau de l'authenticité comme les casiers judiciaires, le registre du commerce, la nationalité, les jugements supplétifs de naissance, de décès, les cessions volontaires de salaires, les duplicata des titres fonciers perdus. L'évolution de la société aidant, une meilleure appréhension de la justice fait son chemin.

Le respect dû à la justice, le caractère austère et solitaire souvent prêté aux locaux du Palais, aux travailleurs de la justice en général et aux magistrats en particulier, ne doivent pas déshumaniser ce service public dont la matière première est l'Homme. La formation des chefs de juridiction et autres personnels judiciaires au management des juridictions s'inscrit dans cette dynamique. Le parquet, point focal, qui enregistre généralement beaucoup de sollicitations des citoyens, doit se loger désormais à cette enseigne tout en sauvegardant son *impérium*, sa rigueur. On dirait, comme sur une corde raide, maintenir le juste milieu. Ce qui n'est pas du domaine de l'impossible.

On ne dira pas que la justice sénégalaise, après la célébration du cinquantenaire de l'indépendance du pays, est à la croisée des chemins.

Mais les réformes opérées[1] ou en cours ont un seul but : lui indiquer une voie à suivre dans l'organisation de son système et l'approche des normes substantielles[2] qu'elle est appelée à appliquer. L'évolution de la société au plan national, l'espace communautaire avec surtout la Cour de justice de la Communauté, CEDEAO[3] dont la jurisprudence en matière de protection des droits de l'homme se consolide, l'environnement mondial des affaires, l'adoption d'instruments communautaires et internationaux, l'ampleur de la délinquance plus diversifiée, transfrontalière, plus innovante, astucieuse et largement plus élaborée avec des préjudices plus importants, commandent une nouvelle stratégie judiciaire, un dispositif plus adapté. Cette mouvance ne peut

---

[1] La loi n° 2014-27 du 3 novembre 2014 modifiant la loi n° 65-60 du 21 juillet 1965 portant Code pénal du Sénégal et loi n ° 2014-28 du 3 novembre 2014 modifiant la loi n° 65-61 du 21 juillet 1965 portant Code de procédure pénale du Sénégal. D'après l'exposé des motifs de ces deux lois, cette réforme appelle d'autres, car « la réforme globale entreprise depuis quelques années nécessite, en raison de son importance et de ses probables incidences sociales, voire sociétales, un approfondissement de la réflexion par un partage plus large avec les membres des différentes institutions de la République et segments de la société civile… ».

La loi n° 2014-26 du 3 novembre 2014 abrogeant et remplaçant la loi n° 84-19 du 2 février 1984 fixant l'organisation judiciaire du Sénégal. Dans son exposé du motif, « la nouvelle organisation judiciaire repose essentiellement sur trois innovations majeures : la définition d'une nouvelle carte judiciaire avec comme corollaire la création de tribunaux d'instance à la place des tribunaux départementaux et de tribunaux de grande instance à la place des tribunaux régionaux ; une nouvelle répartition des compétences pour faire des tribunaux de véritables juridictions de proximité ; la création de chambres criminelles au niveau des cours d'appel et des tribunaux de grande instance. Il est prévu en même temps la création dans les juridictions d'instance, de grande instance et d'appel, de chambres spécialisées en matière civile, commerciale et pénale… »

Le décret n° 2015-1145 du 3 août 2015 fixant la composition et la compétence des cours d'appel, des tribunaux de grande instance et des tribunaux d'instance. JORS n° 6869 du 18 août 2015, page 797.

[2] La répression du terrorisme et des actes assimilés, les infractions liées aux technologies de l'information et de la communication, les crimes et délits contre les particuliers. Voir la loi n° 2016-29 du 08 novembre 2016 modifiant la loi n° 65-60 du 21 juillet 1965 portant Code pénal.

Sur la notion de terrorisme, lire utilement l'arrêt du 16 février 2011 de la chambre d'appel du tribunal spécial pour le Liban : Décision préjudicielle sur le droit applicable : terrorisme, complot, homicide, commission, concours de qualifications, pages 33 à 100.

[3] Traité du 28 mai 1975 portant création de la Communauté Économique des États de l'Afrique de l'Ouest (CEDEAO), révisé ; Protocole (A/P.1/7/91 du 06 juillet 1991 relatif à la Cour de Justice de la CEDEAO, amendé en 2005 par le Protocole additionnel (A/SP.1/01/05) du 19 janvier 2005.

laisser en rade le parquet d'instance. Il est même au centre de ces mutations.

La pratique du parquet même si elle s'articule autour de lois et règlements, ne se limite pas à cela. Elle embrasse tous les procédés en vigueur dans les parquets qui ne sont pas nécessairement prévus par les textes *stricto sensu.* Les circulaires, les notes et la jurisprudence jouent dans une certaine mesure un rôle important. Dans l'un ou l'autre cas, la ligne de mire est le règlement des procédures sans violer les principes qui régissent la procédure pénale. Le cadre légal doit être la limite. C'est tout le sens de la pratique définie par *Le Larousse* comme étant « l'application, la mise en œuvre des règles, des principes d'une science, d'une technique ». D'aucuns diront, à juste titre, que l'acte de juger est un véritable métier. Il en est de même pour la fonction du parquet.

# INTRODUCTION

# LE PROCUREUR DE LA REPUBLIQUE

## Présentation générale

Le citoyen ordinaire pense généralement que la distribution de la justice dans tous les domaines se concentre exclusivement entre les mains du procureur de la République, maître des poursuites. L'ignorance des citoyens de leurs droits, des attributions précises des autorités judiciaires, lui vaut toutes les sollicitations qui atterrissent sur son parquet. On le voit partout ou presque dans le fonctionnement du tribunal. On voit souvent, certainement dans l'ignorance ou le manque de culture judiciaire, que le procureur de la République soit cité comme l'autorité judiciaire qui a pris telle décision alors qu'il n'en est pas l'auteur. L'évocation de son titre suscite la crainte ou le respect. « Mes respects ! », lui lance-t-on quand on le salue avec déférence ; « à vos ordres, Monsieur le Procureur ! » les éléments de la force publique lui répondent en ces termes avec dévouement dans le cadre de l'exécution de ses instructions. Il est généralement bien connu, mais pas forcément dans ses véritables attributions.

Les trois fonctions dans le cadre d'un tribunal, du moins dans leur aspect purement pénal de son fonctionnement, sont la fonction de poursuite, la fonction d'instruction et la fonction de jugement. Le procureur de la République, comme les membres du ministère public, joue la première fonction de poursuite ou d'accusation. Il n'est pas « le juge » de l'affaire, mais plutôt une partie au procès en dépit de ses pouvoirs importants qui dépassent à bien des égards ceux des autres parties. Ses réquisitions, sauf dérogations légales, ne lient pas le juge chargé d'instruire l'affaire ou de la juger.

Le chef du parquet reste surtout connu du grand public pour ses décisions dans la privation de la liberté, un droit fondamental du citoyen de première génération proclamé par la Déclaration des droits de l'homme et du citoyen du 26 août 1789, la Déclaration universelle des droits de l'Homme du 10 décembre 1948 et autres instruments internationaux ; mais également pour le rôle central qu'il joue dans le fonctionnement de la justice. En effet, on a comme l'impression que c'est le magistrat touche-à-tout. Parfois, le parquet est une partie obligatoire et prépondérante au procès ; parfois, il s'y invite même contre le gré des protagonistes initiaux. Parfois, c'est un véritable enquêteur très proche de ses premiers collaborateurs que sont les officiers de police judiciaire ; parfois il prend de véritables décisions ; parfois, on le voit protecteur de citoyens. Parfois, on le voit s'activer pour assurer l'exécution d'une décision de justice ; parfois, il sort de son cabinet pour assister à des rencontres avec des acteurs non judiciaires ; parfois, il s'introduit dans le travail des officiers ministériels pour des vérifications[1]. Parfois, il appose son visa sur des documents administratifs, se voit déclarer certaines activités, se comporter en chef de service ; parfois, on ne le voit pas du tout dans des instances où se prennent de grandes décisions comme en matière électorale, sauf s'il se retrouve en sa qualité de magistrat tout court nommé par ordonnance du premier président de la cour d'appel comme délégué de la cour pour la supervision des opérations électorales ou membre d'une commission départementale ou régionale de recensement des votes. Son ombre plane partout ou presque. Même un observateur avisé se poserait la question de savoir quel est le véritable rôle du procureur de la République. Il adopte plusieurs postures, mais reste un magistrat. Pour permettre aux justiciables et plus généralement aux citoyens de mieux saisir le rôle de ce chef du parquet, « doté d'un don d'ubiquité » au sein du tribunal, il est utile de lui consacrer exclusivement la présente contribution qui va aussi insister sur des questions pratiques du parquet.

L'évolution de la fonction du procureur de la République dans notre pays n'a pas été linéaire. En partant des années d'avant-indépendance jusqu'à nos jours, le ministère public n'a cessé d'évoluer en voyant son domaine régalien amputé ou tout simplement revu pour s'adapter à un nouvel environnement mondial de règlement des conflits. Mais son rôle

---

[1] « Cela m'a fait froid dans le dos. La première fois qu'elle s'est rendue à l'assemblée générale des notaires de son département, en novembre 2007, A.N, tout juste nommée à Marseille, a eu la surprise de trouver en face d'elle et de ses pairs la procureure de la République en personne. Cette haute magistrate juge utile de proposer à la compagnie des notaires [...] une mise au point sur les questions de déontologie. La célèbre prison [...] a en effet accueilli au cours des années et même des mois précédents plusieurs notaires en exercice... » Laurence de Charrette et Denis Boulard, *Les notaires,* Paris, Robert Laffont, 2010, page 63.

substantiel qui consiste à veiller à l'application de la loi et à la sauvegarde des libertés demeure. La réaction de la société contre le crime[1] a toujours été une préoccupation. Il fallait concevoir une

---

[1] « Le crime, au sens le plus général de ce terme, est l'action ou l'omission d'un individu, qui, à raison du trouble qu'il cause à l'ordre social, est frappé par la société d'une sanction pénale… Il est impossible de connaître le nombre réel des infractions (étymologiquement, le fait d'enfreindre la loi) commises durant une période déterminée (criminalité réelle), car beaucoup d'infractions ne sont jamais découvertes. Du moins, peut-on savoir le nombre exact des condamnations prononcées par les tribunaux (criminalité légale) ainsi que celui des affaires pénales traitées par la police (criminalité apparente)… » Bernard BOULOC, *Droit pénal général*, 21e édition, Paris, Dalloz, 2009, page 1.
Exemple, au Sénégal, efforts notés dans l'établissement de statistiques : « Du mois de janvier 2017 au mois de mars, les services relevant de la direction de la sécurité publique (police) ont interpellé treize mille huit cent quatre-vingt-trois (13.883) individus parmi lesquels cent seize (116) étrangers, informe une note du bureau des relations publiques de la Police nationale. Ces personnes ont été interpellées pour divers délits, informe la même note, parmi lesquels l'infraction aux stupéfiants avec 1241 personnes arrêtées dont 1016 (41 étrangers) pour usage de chanvre indien et 225 (18 étrangers) pour trafic. Sur les (116) étrangers gardés à vue figurent 67 Guinéens, 11 Nigérians, 10 Maliens, 5 Gambiens, 2 Ivoiriens, 1 Somalien, 1 Mauritanien et 1 Sierra-Léonais. Ils ont été arrêtés pour des délits divers tels que la détention et usage de chanvre indien, abus de confiance, pour faux et usage de faux, pour escroquerie, vagabondage, etc. 52 armes ont été aussi saisies dont 40 couteaux, et deux armes à feu ». http://referenceactu.com/index.php/2017/05/26/rapport-du-1er-trimestre-de-la-police-13-883-individus-parmi-lesquels-116-etrangers-arretes/
Si la délinquance pose *a priori* la responsabilité de personnes physiques, la responsabilité pénale individuelle des personnes morales est retenue dans certains domaines avec des sanctions spécifiques ou appropriées parfois en sus des sanctions prononcées contre les personnes physiques. Exemple : l'article 138 de la loi n° 2016-32 du 08 novembre 2016 portant Code minier dispose que « les personnes morales autres que l'État, les collectivités locales, les établissements publics et les agences d'exécution et structures assimilées sont pénalement responsables des infractions prévues par la présente loi, commises pour leur compte par leurs organes ou représentants. La responsabilité des personnes morales n'exclut pas celle des personnes physiques auteurs ou complices des mêmes faits… » Les sanctions pénales encourues par la personne morale sont l'amende, l'interdiction définitive, la fermeture définitive, la confiscation de la chose qui a servi à commettre, qui était destinée à commettre l'infraction ou la chose qui en est le produit, l'affichage de la décision prononcée ou la diffusion de celle-ci.
Le Code de la presse prévoit, en ses articles 222 et 223, des sanctions pénales contre les personnes morales autres que l'État, les collectivités territoriales, les établissements publics et les agences d'exécution ou structures assimilées pour des infractions commises pour leur compte par leurs organes ou représentants ; ces sanctions sont l'amende, la fermeture temporaire ou définitive, l'exclusion des marchés publics à titre

organisation et instituer des acteurs chargés de lutter contre la délinquance. Le procureur de la République est l'un des acteurs essentiels de ce dispositif[1].

Henri Petit, ancien procureur général près la cour d'appel de Bourges en France, renseigne que le parquet est étymologiquement un diminutif du mot « par », qui désigne au Moyen Age un petit enclos. Dans les salles d'audience, les « gens du roi » occupaient auprès de la juridiction un des petits parcs ou parquets, servant à délimiter l'emplacement des différents groupes. Il n'était pas sur l'estrade, mais sur le plancher ou parquet de la salle d'audience. Ironiquement, on dit même que la place à l'estrade dans les salles, au même niveau que les membres du tribunal, attribuée actuellement au ministère public, était une prétendue « erreur du menuisier »[2] qui, en réalité, met en face deux

---

définitif ou temporaire, confiscation de l'objet ayant servi à la commission des faits ou qui en est le produit, l'affichage ou la diffusion de la décision.

[1] « Évidemment, tous ces acteurs contribuent pour une justice de qualité. Ce qui rend toutefois toute justice SOLIDE (sic) et RESPECTABLE (sic), c'est certainement et incontestablement les actions déterminantes du MINISTÈRE PUBLIC (sic), à savoir le PROCUREUR DE LA RÉPUBLIQUE (sic). Celui-ci, à lui seul, peut donner à la justice toutes ses lettres de noblesse, ou en faire un PANTIN (sic)... » Blog Almamy Abdoul Demba TALL. Seneweb Blogs, ministère public.

[2] L'injustice, erreur du menuisier : « En 2017, le nouveau Palais de justice de Paris, situé dans le quartier des Batignolles, entrera en fonction. Alors que les travaux n'ont pas encore débuté, une question se pose : y reproduira-t-on les erreurs du passé ? Parmi ces erreurs, celle dite "du menuisier" doit absolument être corrigée. Il s'agit de l'archaïsme par lequel le représentant du ministère public est placé, à l'audience pénale, à hauteur des juges, sur leur côté, au-dessus des avocats de la partie civile et de la défense. Comme si l'accusation et la défense, après n'avoir pas été égales durant l'enquête, ne devaient pas l'être non plus à l'audience. Comme s'il y avait, d'un côté, l'aréopage des magistrats et de l'autre, la plèbe des justiciables et de leurs avocats. Comme si les arguments du parquet, glissés en voisin de table, devaient avoir un accès plus intime à l'oreille des juges que ceux des avocats. La procédure pénale assure, bien mieux que par le passé, l'égalité des armes entre l'accusation et la défense. Il est temps que ce rééquilibrage des droits se traduise aussi dans l'organisation de la salle d'audience... » Par Nicolas Pottier, Secrétaire de la Conférence des avocats au barreau de Paris. www.liberation.fr

Dans les tribunaux « l'erreur du menuisier » n'en est pas une ! « Voilà relancée la polémique de l'erreur du menuisier ! C'est le barreau de la Martinique qui a obtenu que la salle de la Cour d'assises de Fort-de-France en cours de rénovation soit aménagée de telle sorte que le magistrat du ministère public ne soit plus installé de manière surélevée par rapport aux autres parties, mais au même niveau qu'elles.

Le bâtonnier Raphaël Constant l'a confirmé à Dalloz, actualité le 10 mars dernier, revendiquant une tradition datant de la construction du palais de justice de Fort-de-France en 1900. Il est hors de question d'y renoncer en Martinique, où le code noir a

systèmes : le système accusatoire anglo-saxon et le système inquisitorial romano-germanique. Cette idée répandue d'erreur de confection ou de montage de la salle d'audience est contestée par le procureur général Henri Petit qui estime que le nom « parquet » n'a aucune connotation péjorative qui placerait le magistrat du parquet au ras du sol. Il se fonde sur le fait que le mot existe dans bien d'autres domaines : parc civil, le parquet de la grande chambre à Paris, le parquet des huissiers, le parquet des gens du roi[1].

Il est établi que c'est vers le XIVe siècle qu'il a été relevé une véritable organisation du ministère public en France. « On trouve des procureurs du roi dans les bailliages et les sénéchaussées[2] dès les règnes de Phillip III et de Phillip Le Bel. Ils ne sont pas distincts à l'origine des autres procureurs (*procuralores*) qui agissent en justice, en particulier devant le parlement pour défendre les droits des personnes. Les plaideurs qui ont l'autorisation de se faire représenter étaient d'abord

---

précédé le code Napoléon, a prévenu son confrère Philippe Edmond-Mariette, dont on connaît la détermination[1]. L'USM vent debout. L'Union syndicale des magistrats (USM) a aussitôt réagi, en réfutant tout « particularisme local ». « Les magistrats du parquet, représentants de la société, défenseurs de l'intérêt général, tenus à un devoir d'impartialité, ne sauraient être symboliquement placés sur le même rang que les parties », a écrit la présidente de l'USM, madame Duval, à la garde des Sceaux. Ce serait « désastreux », « vexatoire » et « contraire à nos principes institutionnels », a-t-elle insisté[2]. L'affaire est d'autant plus préoccupante qu'elle « sera nécessairement exploitée par ceux qui, à Paris notamment, émettent des prétentions identiques à l'occasion de la construction de nouveaux bâtiments judiciaires », a rajouté madame Duval. Il est vrai qu'en 2013, le bâtonnier de Paris, Christiane Féral-Schuhl, avait demandé que, dans le futur palais de justice des Batignolles, les salles d'audience soient conçues de sorte que « le parquet soit installé au même niveau que la défense et la partie civile, permettant d'assurer l'égalité des armes et le procès équitable »[3]. Par François Saint-Pierre, avocat. www.dalloz-actualite.fr

[1] « Magistrat du parquet ou Magistrat du Plancher ? » H. PETIT. Article publié en 1998 dans une brochure de l'ENM, fonction parquet, intitulée *: Le parquetier : un magistrat au carrefour de la loi et de l'ordre public.* E. Legrand, F. Loubet-Porterie, P. Wagner, maître de conférences.

[2] Bailli : « dans la France du Moyen Âge et de l'Ancien Régime, agent du roi qui était chargé de fonctions administratives et judiciaires. D'abord responsables de missions temporaires, les baillis, appelés sénéchaux dans le Midi, devinrent vers 1260 des officiers sédentaires placés à la tête des bailliages ; à partir du XVe siècle, leurs pouvoirs diminuèrent ».

Bailliage : « Circonscription administrative et judiciaire d'un bailli », *Le Petit Larousse Illustré 2007.*

les ecclésiastiques[1]. Suite à la disparition du système monarchique et à l'avènement de la République, a été consacré le titre de procureurs de la République[2] qui sont, dans les systèmes de tradition romano-germanique, des magistrats, fonctionnaires de l'État, rémunérés par celui-ci et obéissant à des règles particulières différentes de celles qui régissent leurs collègues du siège.

Le Sénégal, jadis colonie française, a, lors des indépendances, hérité de ce système qu'il a adopté pour l'avoir déjà connu durant la période coloniale. Une douce transition avec quelques aménagements pour s'adapter au contexte local tout en tenant compte des moyens dont dispose le pays. Si dans bien des États, pour des raisons bien déterminées, on note jusqu'à présent des discussions et des interrogations sur la qualité de magistrat ou d'autorité judiciaire des parquetiers[3], au Sénégal, compte tenu de leur formation, de leur statut qui évolue dans le sens de son renforcement, de leur carrière et de leur fonction, ces interrogations ne se posent nullement. Ces « représentants de la société », comme on aime bien les appeler communément et affectueusement, sont bien des magistrats chargés de requérir l'application de la loi et de veiller à la sauvegarde des libertés.

---

[1] « Historique du parquet », Jean Marie Carbasse. Site internet : http//www.gipjust.msh-paris.fr.

[2] Il recouvre différentes appellations selon les systèmes : par exemple procureur de la Couronne au Canada, procureur du Roi en Belgique. Dans beaucoup de pays anglo-saxons, on l'appelle *prosecutor*. Les appellations diffèrent en fonction des rôles et spécificités. Aussi, l'intitulé : Association Internationale des procureurs et Poursuivants (AIPP) est révélateur.

[3] « Dans un arrêt du 29 mars 2010, la grande chambre de la Cour européenne des droits de l'homme a estimé que seules les autorités dont l'indépendance est garantie peuvent être qualifiées d'autorité judiciaire. Ce qui conduit indirectement à se demander si les procureurs de la République française sont des autorités judiciaires au sens de la Convention européenne des droits de l'homme… Le magistrat doit présenter les garanties requises d'indépendance à l'égard de l'exécutif et des parties, ce qui exclut notamment qu'il puisse agir par la suite contre le requérant dans la procédure pénale, à l'instar du ministère public, et il doit avoir le pouvoir d'ordonner l'élargissement, après avoir entendu la personne et contrôlé la légalité et la justification de l'arrestation et de la détention… » « Les procureurs de la République sont-ils des autorités judiciaires ? » *AJDA* 2010, p. 648.

La France fut ainsi condamnée pour les fonctions juridictionnelles attribuées au ministère public. Toutefois, à la suite d'une question prioritaire de constitutionnalité, le Conseil constitutionnel français a jugé que la dépendance ou la hiérarchie du parquet n'est pas contraire à la constitution dès lors que le ministre de la Justice ne peut adresser que des instructions générales de politique pénale à l'exclusion de toutes instructions dans des affaires individuelles.

Mais qui est magistrat du parquet ? Quel est son statut ? Comment est organisé le parquet d'instance et quelles sont ses missions quotidiennes d'ordre général et spécifique ? Son organisation actuelle n'appelle-t-elle pas des aménagements ? Peut-il décider de tout ? Quel est son environnement ?

Un ensemble d'interrogations dont les réponses participeront de la bonne intelligence du parquet d'instance au Sénégal. Elles permettront aussi de bien le situer dans le fonctionnement global des juridictions et des institutions de la République. Les réflexions sur cette frange de la magistrature chargée d'exercer les poursuites et de veiller à l'application de la loi, reste une contribution dans le cadre de la pratique du parquet.

**Plan général de l'ouvrage**

Dans un souci de clarté et de précision, l'ouvrage est divisé en dix parties :

La première partie qui s'inscrit dans une logique introductive traite de l'identification et du statut des magistrats du parquet après un aperçu historique.

La deuxième partie, consacrée à l'organisation, part de l'état des lieux des parquets au Sénégal pour aboutir à une perspective dans l'optique d'un traitement efficace des procédures.

La troisième partie traitant de l'environnement socioprofessionnel du procureur de la République ou du parquet d'instance en général, met en exergue les rapports que ces magistrats entretiennent avec d'autres acteurs tout en les plaçant dans la société.

La quatrième partie, portant sur le traitement des procédures pénales, aborde la véritable pratique du parquet.

La cinquième partie, qui est la suite de la quatrième, se détache pour voir en pratique, les attributions du ministère public dans des textes spéciaux d'application courante et dont l'intelligence présente un intérêt particulier.

La sixième partie est réservée à l'exécution des peines et à leur aménagement sous un aspect qui intéresse les attributions du ministère public sans examiner au fond les différentes institutions, les mécanismes qui interpellent principalement le juge de l'application des peines.

La septième partie parle du casier judiciaire en essayant d'insister sur son contenu, son fonctionnement, les difficultés constatées et la nécessité de sa réforme.

La huitième partie traite des fonctions souvent méconnues du parquet, celles civiles et commerciales. Le divan assez large et épais du contentieux pénal les cache, même s'il ne parviendra jamais à les occulter ; la vie des affaires et son impact dans la société créeront un parquet de type nouveau au Sénégal.

La neuvième partie développe les attributions du parquet en matière d'instruments de paiement. Cette matière s'inscrit dans une logique communautaire avec une loi uniforme.

La dixième partie enfin, traite de certaines missions spécifiques du procureur de la République avec les assignations, l'état civil et les officiers ministériels.

**Aperçu sur la carte judiciaire du Sénégal**

Les chefs-lieux de région abritent les tribunaux de grande instance.

Les chefs-lieux de département abritent les tribunaux d'instance. Toutefois, certains départements, avec la nouvelle carte judiciaire, abritent aussi des tribunaux de grande instance.

Les cours d'appel sont situées à Dakar, Kaolack, Saint-Louis, Thiès[1], Ziguinchor[2] et Tambacounda[3]. Depuis les indépendances, les textes ont toujours prévu « des Cours d'appel » alors qu'il n'existait effectivement qu'une seule, celle de Dakar. L'effectivité des autres cours d'appel n'est véritablement amorcée qu'en 1999 avec le décret n° 99-293 du 02 avril 1999 qui énumère les cours d'appel de Dakar, Saint-Louis, Kaolack et Ziguinchor en déterminant leur compétence territoriale. Actuellement, c'est le décret n° 2015-1145 du 3 août 2015 fixant la composition et la compétence des Cours d'appel, des tribunaux de grande instance et des tribunaux d'instance qui détermine la compétence territoriale des différentes Cours d'appel[4]. Il fait suite au décret n° 2015-1039 du 20 juillet 2015 portant aménagement de l'organisation judiciaire[5].

Avec la carte judiciaire actuelle, on relève, du fait certainement du volume du contentieux, que les Cours d'appel se situent à l'ouest du pays et au centre avec une présence au nord-ouest, au sud-ouest et au

---

[1] La cour d'appel de Thiès est inaugurée le lundi 9 décembre 2013 par le ministre de la Justice, garde des Sceaux. Ses membres sont officiellement installés le lundi 29 décembre 2014.

[2] La cour d'appel de Ziguinchor est inaugurée le 29 septembre 2016 et ses membres installés. Elle a effectivement démarré ses activités notamment ses audiences le 7 juin 2017.

[3] Le projet de création d'une cour d'appel à Tambacounda est annoncé par le garde des Sceaux, ministre de la Justice dans son discours d'ouverture de l'Assemblée générale de l'Union des magistrats sénégalais (UMS), le 9 août 2014 à Saly Portudal. À sa séance du 24 octobre 2014, le Conseil supérieur de la Magistrature nomme le premier président et le procureur général de cette cour avec maintien à leur poste actuel, car elle n'est pas encore fonctionnelle.

[4] cour d'appel de Dakar (tribunaux de grande instance de Dakar, Pikine-Guédiawaye et Rufisque), cour d'appel de Saint-Louis (tribunaux de grande instance de Saint-Louis, Matam et Louga), cour d'appel de Kaolack (tribunaux de grande instance de Kaolack, Fatick et Kaffrine), cour d'appel de Ziguinchor (tribunaux de grande instance de Ziguinchor, Kolda et Sédhiou), cour d'appel de Thiès (tribunaux de grande instance de Thiès, Diourbel, Mbour, Mbacké et Tivaouane), cour d'appel de Tambacounda (tribunaux de grande instance de Tambacounda et Kédougou).

[5] Ce décret sous forme de tableaux, fixe le siège, la composition et le ressort des Cours d'appel (C.A), le siège, le classement, la composition et le ressort des tribunaux de grande instance (T.G.I), le siège, le classement, la composition et le ressort des tribunaux d'instance (T.I), le siège, le classement, la composition et le ressort des tribunaux du travail (T.T) et la composition des emplois de l'administration centrale du ministère de la Justice.

sud-est. Des implantations justifiées certainement par la forte concentration humaine dans ces zones avec son corollaire, le volume important du contentieux. On pourrait à ce rythme penser à la création d'autres Cours d'appel et d'autres tribunaux pour obéir davantage à la dynamique de rapprochement de la justice du justiciable et aux impératifs de juguler les lenteurs.

Au niveau de l'échelon inférieur, en 2008, trois autres régions ont été créées à savoir Kaffrine, Kédougou et Sédhiou[1]. Le rapprochement de la justice du justiciable, l'évolution du contentieux et des centres de développements exigeront l'implantation de tribunaux. Le parquet sera appelé à s'établir et à officier sous quelque forme que ce soit dans ces localités. Dans tous les cas, la création d'une juridiction, au plan national comme au plan international, obéit à des paramètres majeurs : l'existence de ressources humaines et matérielles, le rapprochement de la justice des justiciables, l'existence d'un volume de contentieux suffisant ou acceptable, un symbole fort ou préoccupation stratégique ou de sécurité[2].

---

[1] Décret n° 2008-747 du 10 juillet 2008 portant création de départements et d'arrondissements ; décret n° 2008-1025 du 10 septembre 2008 fixant le ressort territorial et le chef-lieu des régions, départements et arrondissements.
Extrait de l'exposé des motifs « Il est, en effet, établi que l'étendue de certaines circonscriptions administratives a toujours posé un ensemble de problèmes notamment de déplacement des personnes et des biens, d'enclavement, de répartition équilibrée des équipements collectifs, d'encadrement administratif et technique ainsi que de sécurité des populations… ». JORS n°6446 du 31 décembre 2008.

[2] « Les avocats du barreau de Bobigny protestaient lundi 29 mai contre l'ouverture fin septembre d'une annexe du tribunal de Bobigny qui sera située à proximité de l'aéroport de Roissy, afin de juger des étrangers non admis sur le territoire français. Les avocats de Seine-Saint-Denis, mais aussi le barreau de Paris, appellent le nouveau gouvernement à abandonner ce projet en gestation depuis des années, estimant que les étrangers doivent être des justiciables comme les autres ». http://www.france24.com /fr/20170529-migrants-juges-roissy-tgi-tribunal-annexe-bobigny-colere-avocats-magistrats-justice.
« Le tribunal se tint à Nuremberg, la ville symbole du nazisme, où se déroulait le congrès annuel du parti nazi, et où furent votées aussi les lois antisémites de septembre 1935. Mais c'est aussi, tout simplement, parce que, au milieu des ruines, le palais de justice, la prison et le Grand hôtel étaient restés intacts. Mais dans l'organisation du procès pointait déjà la guerre froide. En effet, les Soviétiques voulaient que le procès ait lieu à Berlin, dans leur zone d'occupation. Mais Nuremberg se trouvait en zone américaine. Un compromis fut trouvé : la séance inaugurale et le siège permanent du tribunal se tiendraient à Berlin ; le procès proprement dit, à Nuremberg ». Il s'agit du tribunal militaire international de Nuremberg (TMIN). http://thucydide.over-blog.net/article-5149728.html.

De nouvelles orientations effectives aujourd'hui dans le cadre de l'organisation des tribunaux de base et des cours d'appel ont été annoncées depuis quelques années[1].

---

Initialement implanté à Freetown, lieu de commission des faits, le Tribunal spécial pour la Sierra Leone, a tenu le procès de Charles Taylor au Pays-Bas ; « en raison de préoccupations à propos de la stabilité régionale en Afrique de l'Ouest, le procès est transféré de Freetown aux Pays-Bas.» https://www.hrw.org/fr/news/2012/04/26/sierra-leone-la-condamnation-de-lex-president-liberien-charles-taylor-est-un-pas.
« Le Tribunal spécial pour le Liban, créé par les Nations unies s'installe officiellement ce dimanche à La Haye. Il disposera, comme base de travail, des résultats de la Commission internationale d'enquête mise sur pied deux mois après l'assassinat, le 14 février 2005, de l'ancien chef du gouvernement libanais Rafic Hariri… C'est le 10 juin 2007, soit deux ans et demi après l'assassinat de l'ancien Premier ministre libanais Rafic Hariri et de vingt-deux autres personnes dans un attentat à la voiture piégée, que le tribunal voit le jour, conformément à la résolution 1757 des Nations unies… » http://www1.rfi.fr/actufr/articles/ 110/article_78822.asp
Cette installation à La Haye obéit à des raisons évidentes de sécurité. Cette exigence de sécurité est notée notamment par la non-divulgation des noms des personnes mises en cause, la non-divulgation des noms des juges libanais qui y siègent avec des juges internationaux.
Le Tribunal pénal international sur le Rwanda (TPIR), « Le siège officiel du TPIR est à Arusha, en Tanzanie. Cette ville est symbolique, puisqu'elle fut le cadre de négociations relatives à la stabilisation politique du Rwanda, ayant donné lieu à la conclusion des "Accords d'Arusha". Toutefois, outre son siège tanzanien, où se situe le quartier pénitentiaire, lieu des procès, et où les juges de première instance et le greffe ont leurs bureaux, le TPIR dispose d'un bureau à Kigali, au Rwanda. C'est à partir de Kigali que le personnel travaillant pour le procureur mène les enquêtes et entreprend les poursuites. La dispersion géographique des activités du TPIR est encore accentuée par le fait que le procureur et les juges d'appel communs aux deux tribunaux pénaux internationaux sont basés au siège du tribunal pour l'ex-Yougoslavie, à La Haye (Pays-Bas). Cet "éclatement géographique" alourdit évidemment les activités du TPIR et rend peu aisées la communication et la coordination entre les divers bureaux et organes. [6] » https://www.icrc.org/fre/resources/documents/misc/ 5fzet4.htm
Les Chambres africaines extraordinaires (CAE), chargées de connaître de faits commis au Tchad, avaient leur siège à Dakar (Sénégal) suite à un accord Union africaine-Sénégal et que l'un des présumés responsables, Hissein Habré, ex-Président de la République du Tchad, se trouvait à Dakar.

[1] « … La réforme envisagée supprimera les tribunaux régionaux et départementaux, pour ériger à la place des tribunaux de grande instance (tribunaux régionaux) et des tribunaux d'instance (tribunaux départementaux). Au total, 19 tribunaux de grande instance et 45 tribunaux d'instance seront créés. Cinq Cours d'appel seront, par ailleurs, rendues fonctionnelles. Concernant les tribunaux de grande instance, les nouvelles créations sont : Pikine, Guédiawaye, Rufisque, Mbour, Tivaouane et Mbacké. Pour les tribunaux d'instance, trois seront créés, il s'agit de : Ranérou-Ferlo, Salemata et Saraya… » Extrait du communiqué du Conseil des ministres du 29 novembre 2012.

# I^ÈRE PARTIE.

# IDENTIFICATION ET STATUT DES MAGISTRATS DU PARQUET

## SECTION 1. QUI SONT LES MAGISTRATS DU PARQUET ?

Un tribunal indigène (SÉNÉGAL). Le chef de la province y est assisté de deux notables, 1912. Cliché Fortier. ***Source*** *site :* http : www. digitalgallery.nypl.org

Beaucoup d'études se sont intéressées aux origines du parquet. Jean Louis Nadal, procureur général près la Cour de cassation française, dit à l'ouverture d'un colloque[1] que : « d'un point de vue historique, la spécificité du ministère public, à la fois organe de poursuite et gardien

[1] Discours d'ouverture du colloque du 19 juin 2006 « De la justice dans l'affaire Dreyfus » www.courdecassation.fr.

des libertés individuelles, remonte à ma connaissance à la grande ordonnance de Phillip Le Bel du 23 juin 1303 énonçant la formule du serment des gens du roi et montrant que l'accusateur doit également avoir en charge la recherche de la vérité et la bonne application de la loi ».

En Afrique traditionnelle ou précoloniale, le parquet n'était pas connu, la justice était rendue certes, mais « du fait de leur foi intense, les Africains(es) de la tradition imbibaient de sacré tous les aspects de la vie. La pratique de la justice ne faisait pas exception. Les juges n'étaient pas de simples auxiliaires de justice au sens profane, ils/elles étaient les représentants(es) d'une divinité au sens plein : la déesse Justice... »[1]

Dans la période coloniale, l'Afrique-Occidentale française (AOF)[2] a connu principalement deux systèmes judiciaires :

- les tribunaux indigènes compétents sur les sujets français, présidés par l'administrateur de la province, assisté de deux notables versés dans le droit coutumier, des juridictions basées sur le respect des coutumes et des traditions ; le parquet en tant qu'organe de poursuite et de sauvegarde des libertés n'existait pas auprès de ces juridictions coutumières qui ont suscité des critiques. Lamine Guèye a dit ceci : « A ces tribunaux, il était permis, en matière répressive, de prononcer toutes sortes de condamnations, y compris la peine de mort, sans être tenu de s'appuyer sur un texte préexistant, ni pour caractériser l'infraction, ni pour déterminer la sentence. Leurs justiciables, à la différence de ceux qui relevaient des tribunaux français, n'avaient pas le droit de se faire assister d'un avocat, pas plus qu'il ne leur était permis de se pourvoir en cassation »[3].

---

[1] Fatou Kiné Camara, *Pouvoir et justice dans la tradition des peuples noirs. Philosophie et pratique*, Paris, L'Harmattan, 2004. page 17.

[2] Créée par un décret du 16 juin 1895, l'AOF est une fédération de sept colonies (Mauritanie, Sénégal, Guinée, Côte d'Ivoire, Dahomey, Soudan et Niger) et le Togo, un territoire sous mandat. Cette fédération qui disparut en 1958 était une entité qui visait à coordonner la présence française en Afrique de l'Ouest. Elle était sous l'autorité d'un gouverneur général. Site internet : http//www.asnom.org.

[3] *Itinéraire africain*, Paris 1919, page 26. Cité par G. Wesley Johnson dans son ouvrage *Naissance du Sénégal contemporain.* Site internet http//www.books.google.com.

Homme politique né le 20 septembre 1891, Lamine Guèye fut le premier juriste noir de l'Afrique française, avocat de profession auprès des tribunaux et Cours d'appel de

- Les tribunaux des citoyens français des quatre communes (Saint-Louis, Dakar, Gorée, Rufisque), qui étaient légalement considérés comme des citoyens français et justiciables de juridictions organisées et auprès desquelles existait un ministère public.

Cette dualité de juridiction avait suscité des interrogations surtout au niveau de la justice pénale rendue par les tribunaux coutumiers. Ainsi, « la réforme capitale fut réalisée par le décret du 30 avril 1946 qui décidait qu'à partir du 1er juillet 1946, les juridictions françaises connaîtraient seules en matière pénale, conformément à la législation applicable devant ces juridictions à l'exception de toute juridiction indigène, de toutes les infractions commises par les indigènes. En même temps était abrogé le décret du 27 juillet 1944 instituant un Code pénal indigène en Afrique »[1].

À l'indépendance du Sénégal en 1960, la loi n° 60-015 du 13 janvier 1960, complétée par le décret n° 60-113 du 10 mars 1960, organise un découpage administratif autour de sept régions[2] qu'étaient le Cap-Vert, la Casamance, le Fleuve, le Sénégal Oriental, le Baol, le Sine-Saloum et Thiès. Dans le même sillage, l'ordonnance n° 60-56 du 14 novembre 1960, fixant l'organisation judiciaire de la République du Sénégal, institue un procureur de la République auprès de chaque tribunal

---

l'AOF. Il a été nommé par décret en 1921 comme premier avocat-défenseur d'origine africaine en AOF.

[1] Introduction *Encyclopédie juridique de l'Afrique, Tome X* de Gilbert Mangin, conseiller à la Cour de cassation (France).

La loi dite Lamine Gueye du 25 avril 1946 « donna à tous les ressortissants français d'outre-mer, jusque-là sujets français, la qualité de citoyens français à partir du 1er juin 1946. Cette loi fut complétée par la loi Houphouët Boigny, supprimant le système de l'indigénat et du travail forcé... » Bakary Traoré, introduction à l'ouvrage : *Les droits de l'homme en Afrique*, Institut des Droits de l'Homme et de la Paix, Dakar, UCAD. 1991.

[2] Elles-mêmes divisées en 27 cercles et en arrondissements. « Ainsi, dans le but de pallier aux insuffisances des découpages précédents, le législateur a procédé à une réforme administrative par le décret n°64-282 du 03 avril 1964 ; le terme "département" fait son apparition et se substitue au cercle tandis que le commandant de cercle laisse sa place au "préfet". De même, le terme "commune" apparaît dans l'architecture administrative, car l'article premier précise dit (sic) que le département est divisé en communes d'une part, et en arrondissements d'autre part. Cela semble indiquer que la dimension "décentralisation" de l'administration est de plus en plus intégrée dans l'organisation du territoire... » Séminaire sur la décentralisation, la gouvernance locale, le développement communautaire et la lutte contre la pauvreté. Thème : le cadre juridique et institutionnel de la décentralisation et de la gouvernance locale, par M. Alassane Mbengue. www.cafrad.org

régional qui recoupait l'entité administrative qu'est la région. La réforme de 1984[1], introduisant les appellations « tribunal régional » et « tribunal départemental », a maintenu le même dispositif avec cette innovation que les tribunaux départementaux peuvent connaître de certains délits communément appelés à tort les quarante-cinq « *petits délits* »[2]. Ainsi, les tribunaux régionaux se créent au gré de l'institution de nouvelles régions. Le découpage administratif tient le découpage judiciaire. Le citoyen ordinaire perçoit bien cette organisation et s'y retrouve facilement. Mais ce cadrage des parquets au découpage administratif de la région qui a pu prévaloir depuis est devenu de plus en plus inadapté avec l'évolution du volume du contentieux dans certains départements, la nouvelle politique de rapprochement de la justice des justiciables et l'engorgement de certaines juridictions avec comme corollaires, les lenteurs. On pourrait même y ajouter que les emplois judiciaires, de loin en deçà du nombre croissant, mais insuffisant de magistrats, risquent de poser à terme des difficultés dans la gestion des ressources humaines quant aux avancements et carrières. C'est entre autres motifs, tout le sens de la réforme de la carte judiciaire[3].

La loi n° 65-61 du 21 juillet 1965 portant Code de procédure pénale du Sénégal modifié, comporte tout un chapitre et bien des parties exclusivement réservées au parquet. Aux termes de son article 23, « le ministère public exerce l'action publique et requiert l'application de la loi ». Au niveau de chaque juridiction pénale, le ministère public est représenté ainsi comme suit :

---

[1] La loi n° 84-20 du 02 février 1984 fixant les attributions des tribunaux départementaux en matière correctionnelle. Son décret d'application n°84-1194 du 22 octobre 1984 fixe la composition et la compétence des Cours d'appel, des tribunaux régionaux et des tribunaux départementaux.

[2] L'extension des compétences des tribunaux départementaux reste actuellement une préoccupation en toutes matières. En matière de contentieux sur les loyers, paiement, responsabilité, en matière successorale notamment sur le partage, en matière d'exequatur, sur l'état des personnes par exemple. Toutefois l'extension de leur compétence *ratione materiae* devra se conjuguer avec le renforcement en personnel pour une justice de qualité.

[3] Loi n° 2014-26 du 3 novembre 2014 abrogeant et remplaçant la loi n° 84-19 du 2 février 1984 fixant l'organisation judiciaire.

— Le procureur de la République, son adjoint le cas échéant, et ses substituts, qui doivent tous être des magistrats en activité[1], représentent le ministère public au niveau du tribunal de grande instance.

— Le délégué du procureur de la République représente le parquet auprès des tribunaux d'instance. Le délégué peut avoir un ou plusieurs adjoints. À ce jour, seuls quelques délégués du procureur de la République sont secondés par des adjoints.

Au niveau des tribunaux d'instance qui n'ont pas de délégué, le président du tribunal, cumulativement avec ses autres fonctions, remplit le rôle de délégué. Cette « double casquette » ne doit pas être facile à porter pour le président du tribunal, magistrat du siège. Le manque de ressources humaines mais aussi le volume parfois faible du contentieux dans certaines contrées impose cette solution légale qui heurte le principe sacro-saint de la séparation des fonctions. Mais en pratique, ce système marche parfaitement en attendant qu'on puisse avoir auprès de chaque tribunal d'instance un délégué du procureur de la République[2]. Le tribunal d'instance, héritier de la justice de paix et du tribunal départemental est le maillon du dispositif judiciaire de proximité, le plus avancé, le plus proche du citoyen, du point de vue géographique, du contentieux qu'il est appelé à connaître et de la procédure applicable à l'origine moins formaliste. Aujourd'hui sa compétence est de plus en plus élargie notamment en matière civile[3], opérant ainsi, subrepticement, sa véritable mutation.

— Le procureur général près la cour d'appel comme le dispose l'article 26 du Code de procédure pénale, représente en personne ou par ses substituts, le ministère public auprès de la cour d'appel.

---

[1] « Tout magistrat est placé dans l'une des positions suivantes : 1- en activité ; 2- en détachement ; 3- en disponibilité ». Article 50 de la loi organique n° 2017-10 du 17 janvier 2017 portant statut des magistrats.
« L'activité est la position du magistrat qui, titulaire d'un grade, exerce effectivement les fonctions de l'un des emplois correspondants. Elle est constatée par une affectation. Le magistrat ne peut être affecté qu'à l'un des emplois prévus par la présente loi », article 51 de la loi organique n° 2017-10 du 17 janvier 2017 portant statut des magistrats.
Il ne peut donc être en position de détachement ou de disponibilité régie par les articles 50,56 à 62 de la loi organique portant statut des magistrats.

[2] À ce jour, les délégués auprès des tribunaux d'instance sont minoritaires, l'écrasante majorité de ces juridictions n'a pas de délégués, les présidents jouant ce rôle.

[3] Décret n°2015-1145 du 03 août 2015 fixant la composition et la compétence des cours d'appel, des tribunaux de grande instance et des tribunaux d'instance

— Le procureur général près les Chambres africaines extraordinaires (CAE), créées au sein des juridictions sénégalaises par un accord du 22 août 2012 entre l'Union africaine et la République du Sénégal étaient chargées de connaître des crimes internationaux commis au Tchad dans la période du 7 juin 1982 au 1er décembre 1990[1]. Avec ses trois adjoints, ils formaient le parquet général près lesdites chambres qui étaient des formations spéciales du tribunal de grande instance de Dakar et de la cour d'appel de Dakar. Ces chambres africaines « ... sont dissoutes de plein droit une fois que les décisions auront été définitivement rendues... »[2]. Leur dernière décision est intervenue le 27 avril 2017.

— Le procureur général près la Cour suprême : cette haute juridiction procède de la loi organique n° 2008-35 du 8 août 2008 sur la Cour suprême abrogée et remplacée par la loi organique n° 2017-09 du 17 janvier 2017. Pour rappel, la loi n° 2008-35 du 8 août 2008 portant création de la Cour suprême est venue remplacer la loi n° 92-22 du 30 mai 1992 qui l'avait éclatée en trois hautes juridictions : Conseil constitutionnel, Conseil d'État et Cour de cassation[3]. C'est une véritable

---

[1] L'accord du 22 août 2012 entre le Gouvernement de la République du Sénégal et l'Union africaine sur la création de Chambres africaines extraordinaires au sein des juridictions sénégalaises habilitées à poursuivre et juger le ou les principaux responsables des crimes et violations graves du droit international, de la coutume internationale, et des Conventions internationales ratifiées par le Tchad et le Sénégal commis sur le territoire tchadien du 7 juin 1982 au 1er décembre 1990 ;
La loi 2012-25 du 28 décembre 2012 autorise le président de la République du Sénégal à ratifier l'accord entre le Gouvernement du Sénégal et l'Union africaine sur la création des Chambres africaines extraordinaires au sein des juridictions sénégalaises ;
La loi n° 2012-25 du 28 décembre 2012 modifiant l'article premier de la loi n° 84-19 du 02 février 1984 fixant l'organisation judiciaire et créant les Chambres africaines extraordinaires ;
L'accord de coopération judiciaire signé le 3 mai 2013 entre la République du Sénégal et la République du Tchad pour la poursuite des crimes internationaux commis au Tchad durant la période du 7 juin 1982 au 1er décembre 1990.
Youssoupha DIALLO, « Les Chambres africaines extraordinaires, une contribution majeure du Sénégal à la consolidation de la justice internationale pénale en Afrique », *Les Echos du Palais*, Revue semestrielle de l'Union des magistrats sénégalais, juillet 2018, page 14 à 20.

[2] Article 37 du Statut des Chambres africaines extraordinaires annexé à l'Accord.

[3] L'article 1er de la loi organique n° 2008-35 du 8 août 2008 portant création de la Cour suprême, modifiée, dispose : « la Cour suprême créée en lieu et place du Conseil d'État et de la Cour de cassation est juge... ».
La loi organique n° 2008-36 du 08 août 2008 modifie la loi organique n° 92-26 du 30 mai 1992 portant organisation et fonctionnement du Conseil supérieur de la

« renaissance »[1]. Va-t-elle de nouveau disparaître pour renaître ensuite de ses cendres ? En tout cas, la justice sénégalaise peine à trouver un « chapeau » à son goût pouvant assurer les exigences d'une bonne justice[2]. Ceci dit, l'évolution de l'organisation judiciaire va de pair avec celle de l'État. Mais la stabilité doit être de rigueur pour une meilleure lisibilité. Aujourd'hui, la Cour suprême exerce les attributions du Conseil d'État et de la Cour de cassation d'alors, seul le Conseil constitutionnel a survécu à cette réforme[3]. Le parquet général près la Cour suprême comprend, outre le procureur général près ladite cour, le premier avocat général, des avocats généraux et des avocats généraux délégués.

— Au Sénégal, les fonctionnaires de police ne sont pas appelés à jouer le rôle de représentants du parquet au niveau du tribunal de simple police comme en France, pour certaines catégories de contraventions en général inférieures de celles de la cinquième catégorie[4]. C'est le procureur de la République et ses délégués qui représentent le ministère public auprès de ces juridictions de simple police que sont les tribunaux d'instance.

— Auprès de la Cour de répression de l'enrichissement illicite (CREI), juridiction spéciale créée par la loi n° 81-54 du 10 juillet 1981,

---

Magistrature, la loi n° 92-27 du 30 mai 1992 portant statut des magistrats, loi n° 99-70 du 17 février 1999 sur la Cour des comptes, loi n° 99-73 du 17 février 1999 portant statut des magistrats de la Cour des comptes. Elle remplace « Cour de cassation » ou « Conseil d'État ou Cour de cassation » par « Cour suprême ».
Le décret n° 2012-482 du 04 mai 2012 complétant l'article premier du décret n°82-310 du 17 mai 1982 et décret n°77-483 du 21 juin 1977 allouant une indemnité de première mise de costume d'audience aux magistrats et greffiers de la Cour suprême, des Cours et Tribunaux.

[1] « La renaissance de la Cour suprême ». Papa Makha Ndiaye, Cour suprême, novembre 2008.

[2] « ... L'institution d'une pluralité de juridictions supérieures a mis le pouvoir judiciaire en situation de ne plus être en mesure d'accomplir, comme auparavant, sa mission fondamentale, qui est d'assurer l'égalité des citoyens par le droit ; ce qui rend ainsi improbable l'unicité de la jurisprudence dans l'intérêt des justiciables et de la justice... » Extrait exposé des motifs de la loi organique n° 2008-35 du 7 août 2008 portant création de la Cour suprême, modifiée.

[3] Il faut noter que la loi organique n° 2016-23 du 14 juillet 2016 relative au Conseil constitutionnel apporte des réformes majeures comme le nombre de membres qui est porté à 7 avec 2 membres qui seront désignés par le Président de l'Assemblée nationale. Voir les réformes majeures entreprises dans le secteur de la justice.

[4] Officiers du ministère public (OMP). Article 45 et suivants du Code de Procédure pénale français.

il existe un procureur spécial assisté d'un substitut. Il faut rappeler que cette juridiction est composée d'un président et de quatre assesseurs, d'une commission d'instruction avec un président et trois juges, leurs suppléants et un greffier. Cette loi avait créé la CREI et une brigade spéciale d'intervention et d'investigation.

Cette juridiction a repris du service après de longues années de léthargie ou d'« hibernation »[1].

— La Haute Cour de justice : elle est chargée de juger le président de la République pour haute trahison, le Premier ministre, les ministres et leurs complices pour des actes accomplis dans l'exercice de leur fonction et qualifiés de crimes ou délits au moment où ils ont été commis ou en cas de complot contre la sûreté de l'État. Présidée par le premier président de la Cour suprême, le ministère public y est représenté par le procureur général près ladite cour avec comme suppléant le premier avocat général près ladite cour. L'existence de cette juridiction spéciale est de plus en plus remise en cause dans certains pays[2].

— Dans certaines juridictions qui ne relèvent pas de l'ordre judiciaire classique comme la Cour des comptes[3], ce qu'on pourrait

---

[1] « … Aussi, aux fins de pourvoir les différents organes de cette juridiction de personnel judiciaire pour permettre de reprendre ses activités, les magistrats intéressés à y exercer les fonctions de poursuites, d'instruction et de jugement ayant au moins 10 ans d'expérience professionnelle et n'ayant jamais fait l'objet d'une procédure disciplinaire sont priés de se faire connaitre… » Lettre circulaire n° 01777 MJ/CAB/du 17 avril 2012. Un appel à candidature qui est un procédé *sui generis*, car généralement la nomination de magistrats au Sénégal à des emplois judiciaires n'est pas à ce jour précédée d'un appel à candidature. Le décret n° 2012-502 du 10 mai 2012 nomme les membres.

[2] En France, la Cour de justice de la République (CJR) créée en 1993 est chargée de juger les membres du Gouvernement pour les crimes et délits commis dans l'exercice de leurs fonctions. Elle est à différencier de la Haute Cour de justice qui a pour unique mission de prononcer la destitution du président de la République en cas de manquement à ses devoirs manifestement incompatibles avec l'exercice de son mandat ou haute trahison.

La CJR est aujourd'hui contestée, « en ce sens qu'elle favorise l'impunité des politiques, et porte atteinte aux principes de la séparation des pouvoirs et de l'égalité de toutes et de tous devant la justice, la CJR est une juridiction d'exception qui doit être supprimée ». http://www.slate.fr/story/140975/suppression-cour-justice-republique

[3] Régie par la loi organique n° 99-70 du 17 février 1999 JORS n° 5845, page 795. Outre sa mission de juger les comptes des comptables publics, la Cour des comptes assiste le Parlement et le Gouvernement dans le contrôle de l'exécution des lois de finances. Elle agit aussi en permanence sous forme de vérification, d'information et de

assimiler au ministère public était représenté par un commissaire du droit assisté au besoin d'un adjoint. Nommé par décret comme son adjoint, le commissaire du droit qui n'est pas magistrat, indique-t-on, pour des soucis d'indépendance par rapport à la Cour, appartenait à cette haute juridiction spécialisée instituée après la loi n° 99-02 du 29 janvier 1999 portant révision de la Constitution. Il remplissait une mission spécifique de veiller par des conclusions et réquisitions écrites au respect des lois et règlements en matière de comptabilité et de finances publiques. En outre, il était chargé d'exercer des poursuites devant la chambre de discipline financière en cas de fautes de gestion. Une formation devant laquelle les prévenus n'encourent que des peines d'amende. Ce commissaire du droit ainsi que ses missions ne concernent pas le présent propos. L'érection d'un parquet général auprès de cette juridiction en remplacement certainement du commissaire du droit est annoncée[1]. Ainsi, la loi organique n° 2012-23 du 27 décembre 2012 abrogeant et remplaçant la loi organique n° 99-70 du 17 février 1999 sur la Cour des comptes, institue un parquet général

---

conseil à la réalisation de missions publiques et à la rationalisation de l'action administrative. Annuellement, elle établit un rapport.

On note une reviviscence d'intérêt de la mise en place d'organes capables de lutter efficacement contre la délinquance économique et financière.

[1] L'érection d'un parquet général près cette cour participera du renforcement de ces missions. En France, « à la différence des autres juridictions de l'ordre administratif, mais à l'instar des tribunaux de l'ordre judiciaire, la Cour des comptes... est dotée d'un véritable ministère public... exercé par le procureur général qu'assiste un premier avocat général, des avocats généraux et des chargés de mission. Associé à toutes les activités, juridictionnelles ou administratives, le ministère public veille à l'application de la loi, donne son avis sur l'organisation des travaux et surveille leur exécution. Il s'exerce par voie de réquisitions, de conclusions et d'observations orales... mais ne prend aucune part au délibéré... Ne recevant, depuis de nombreuses années, aucune instruction du pouvoir exécutif... » Observations sous, CE, Ass., 14 décembre 2001, Société Réflexions, Médiations, Ripostes (RMR), comptable de fait des deniers de la région Alsace, *Les grands arrêts de la jurisprudence financière*, 5e édition, F.J Fabre, A.Froment-Meurice/J.-Y. Bertucci/N.Groper, page 110 à 111.

Dans son discours à la Nation du 31 décembre 2012, le président de la République du Sénégal annonce la création d'un parquet général auprès de la Cour des comptes pour, dit-il, renforcer les pouvoirs de cette juridiction.

On note une reviviscence d'intérêt de la mise en place d'organes capables de lutter efficacement contre la délinquance économique et financière. L'Office National de lutte contre la Fraude et la Corruption (OFNAC) est créé par la loi n° 2012-12 du 19 décembre 2012 en remplacement de la Commission nationale de lutte conte la non-transparence, la corruption et la concussion (CNLCC), la réforme de la CREI est annoncée.

près ladite cour. Nommé par décret après avis du Conseil supérieur de la Cour des comptes, « le procureur général exerce les fonctions de ministère public au sein de la cour par voie de réquisitions, de conclusions, d'avis et de notes. Il peut faire des observations orales complémentaires aux différentes séances des formations de la Cour... » Le premier avocat général et les avocats généraux, aussi nommés par décret après avis du Conseil supérieur de la Cour des comptes, sont choisis parmi les magistrats de la cour.

Après cette identification des magistrats qui occupent le banc du ministère public dans différentes juridictions, il convient de s'intéresser à la formation et à la nomination de ceux qui exercent dans les tribunaux de l'ordre judiciaire.

## SECTION 2. COMMENT LES MAGISTRATS DU PARQUET SONT FORMES ET CHOISIS ?

Disons tout de suite qu'il n'existe pas à ce jour une formation spécifique pour les parquetiers. Les magistrats de l'ordre judiciaire sortent de la même école avec la même formation. Un système qui s'inscrit en droite ligne du principe de la non-spécialisation. Ce qui était un principe général de fonctionnement de l'administration judiciaire est aujourd'hui consacré par l'article 2 de la loi organique n° 2017-10 du 17 janvier 2017 portant statut des magistrats qui dispose que « Tout magistrat a vocation à être nommé, au cours de sa carrière, à des fonctions du siège, du parquet ou de l'administration centrale du ministère de la Justice ».

Dans le passé, la formation des magistrats était assurée par l'École nationale de la France d'outre-mer (ENFOM), qui a été par la suite dénommée Institut des Hautes Études d'outre-mer (IHEOM)[1]. Beaucoup de magistrats qui ont exercé en Afrique sont sortis de cet établissement. En 1959, le corps des magistrats de la France d'outre-mer comprenait une vingtaine de magistrats africains originaires en majorité du Sénégal, de la Côte d'Ivoire, du Togo et du Dahomey. Le 1er mai 1967, il restait encore 161 magistrats français de la coopération,

[1] ENFOM est une école française fondée en 1889 sous la IIIe République qui formait les cadres de l'administration coloniale comme les administrateurs, les inspecteurs du travail et les magistrats. En 1959, elle devient l'IHEOM qui eut en charge la formation des cadres des États d'Afrique et de Madagascar de la Communauté française.

dont 23 au Sénégal[1]. Aujourd'hui au Sénégal, les magistrats français au titre de la coopération sont peu nombreux, entre un ou deux.

En 1958, l'École nationale de la Magistrature (ENM)[2] en France prend le relais et bien des magistrats sénégalais ont été formés dans cet établissement supérieur au titre de la coopération entre le Sénégal et la France. En 1975, l'École Nationale d'Administration et de Magistrature (ENAM)[3], avec sa division ou section judiciaire, se chargea de la formation des magistrats au Sénégal[4].

Depuis 1995, tous les magistrats, sauf quelques exceptions notamment le corps des magistrats référendaires de la Cour des comptes[5], sont recrutés après la maîtrise en droit par concours d'entrée au Centre de formation judiciaire, un établissement d'enseignement professionnel supérieur créé par le décret n° 95-20 du 06 janvier 1995, modifié, suite à une forte demande des magistrats[6]. Il connaît un rayonnement dans la sous-région et en Afrique en assurant la formation

---

[1] Formation des magistrats : le savoir-faire et le savoir-être du juge Amady BA, directeur CFJ, août 1998, Saly.
Ousmane Camara renseigne dans son ouvrage cité supra, qu'à sa sortie du Centre national d'Études judiciaires en France avec ses trois autres promotionnaires sénégalais (Mme Ricou née Marie José Crespin, El Hadji Diouf et Gilbert André) et au moment de prendre service en octobre 1961, « … tous les postes de la magistrature sont occupés par des coopérants français, à l'exception de sept magistrats : Isaac Forster, Président de la Cour suprême, Kéba Mbaye, Amadou Louis Guèye, Laïty Niang, Ousmane Goundiam, membres de la Cour suprême, Abdoulaye Mathurin Diop, juge de paix à Matam… ». Hommage soit rendu à ces précurseurs !!

[2] Destinée à la formation des magistrats, l'ENM a été créée en 1958 par ordonnance n° 58-1270 sous le nom de Centre national d'études judiciaires. Sa dénomination actuelle date de 1970 suite à la loi n°70-642 du 17 juillet 1970. Localisée à Bordeaux, elle dispose d'un établissement à Paris dans l'ile de la Cité.

[3] Créé par le décret n°77 — 429 du 31 mai 1977.

[4] « … J'ai pensé que le temps était venu de mettre fin à la formation de nos magistrats et de nos ingénieurs et autres cadres supérieurs hors du territoire national. C'est ainsi qu'à partir de 1974, le Centre national d'Études judiciaires de Bordeaux a cessé de recevoir des stagiaires sénégalais désormais admis à l'École de la Magistrature annexée à l'ENA (d'où l'appellation ENAM)… » Ousmane Camara, *Mémoires d'un juge africain, Itinéraire d'un homme libre*, Paris, Karthala, page 199.

[5] Ils sont régis par un statut particulier qui procède de la loi organique n° 99-73 du 17 février 1999 et sont recrutés sur concours parmi les fonctionnaires et non-fonctionnaires du secteur public de la hiérarchie A, des avocats ou des professeurs des universités justifiant des compétences en droit, finances, économie, comptabilité publique ou privée.

[6] Introduction Programme 2005 CFJ, Abdoulaye Ndiaye, Directeur CFJ.

initiale et continue de magistrats africains[1]. La loi organique n° 2017-10 du 17 janvier 2017 portant statut des magistrats parle désormais de « l'école de formation des magistrats » : signe précurseur d'un changement de dénomination et de stratégie de formation ? Aussi, pour la première fois, la formation continue des magistrats est expressément prévue en son article 42 : « les magistrats peuvent bénéficier de la formation continue ». Ce qui semble ainsi être, comme il ressort du texte, une faculté offerte aux magistrats en fonction. Mais l'intérêt est que la formation continue soit désormais érigée en droit pour une justice de qualité. La formation du magistrat est au cœur du fonctionnement de la justice[2].

La formation continue du magistrat sénégalais s'inscrit de plus en plus dans une dynamique communautaire avec l'École régionale supérieure de la Magistrature (ERSUMA), une institution de l'Organisation pour l'Harmonisation du droit des affaires en Afrique (OHADA), basée à Porto Novo au Bénin.

L'article 47 de la loi n° 92-27 du 30 mai 1992 portant statut des magistrats, abrogé, disposait que peuvent être nommés juges suppléants : « les titulaires de la maîtrise en droit, brevetés de l'École Nationale d'Administration et de Magistrature (section judiciaire) ». L'article 40 alinéa premier de la loi organique n° 2017-10 du 17 janvier 2017 portant statut des magistrats dispose : « les auditeurs de justice, diplômés de l'École de formation des magistrats sont, après avis du Conseil supérieur de la magistrature, nommés juges suppléants dans le ressort d'une cour d'appel ».

Il faut relever que jusque-là exclusivement recrutés à la suite d'un concours direct, la loi organique 2017-10 du 17 janvier 2017 portant statut des magistrats admet en son article 40 alinéa 2 que « les administrateurs des greffes et les greffiers en chef titulaires d'une maîtrise, d'un master en droit ou d'un diplôme équivalent, ayant exercé leur profession depuis dix (10) ans au moins, peuvent être recrutés, en qualité d'auditeurs de justice, après avis du Conseil supérieur de la Magistrature ». L'article 41 ajoute que « les candidats recrutés, au titre

---

[1] Exemple Niger de 2000 à 2002 et les îles Comores en 2010 pour la formation initiale, le Tchad et la Centrafrique dans le cadre de la formation continue.

[2] « Les magistrats désignés pour suivre des stages de formation professionnelle bénéficieront, pendant toute la durée de leur stage, de la rémunération d'activité correspondant à leur grade ». Article 53 de la loi organique portant statut des magistrats.

de l'article 40 alinéa 2 de la présente loi organique, reçoivent une formation, d'une durée de dix-huit mois. Ils sont rémunérés durant cette période ».

Sans distinction des fonctions (siège – instruction – parquet), les admis subissent une formation de 24 mois découpée en une année au centre et une année de stage[1], « un cycle théorique et un cycle pratique »[2]. La formation au centre qui se veut pratique cadre essentiellement avec le contentieux des juridictions et les différentes fonctions : la pratique du parquet, la pratique de l'instruction, le siège civil, le siège correctionnel, l'application des peines et des modules spécifiques comme le contentieux économique, les assurances, le contentieux douanier, l'administration locale, le contentieux maritime, la rédaction administrative, la déontologie. Les besoins de formation initiale dépendent de l'évolution du contentieux dans les juridictions. Cette formation initiale, comme celle continue, évolue compte tenu des besoins du moment et de certaines exigences pédagogiques. Des matières comme le droit international pénal[3], le droit international humanitaire, le droit international des droits de l'homme doivent être intégrées dans la formation des futurs magistrats compte tenu de la compétence universelle. Le Centre de formation judiciaire a dégagé ces

[1] Les auditeurs de justice avant d'aller en stage prêtent serment, depuis la Promotion 1997, devant la cour d'appel : « je jure de garder scrupuleusement le secret professionnel et de me comporter en tout comme un digne et loyal auditeur de justice ».

[2] www.cfj.sn/le-chronogramme

[3] « Pour finir, on doit procéder à une distinction qui, tout en ayant l'air de recouvrir un simple jeu de mot, revêt en fait une certaine réalité : la distinction entre droit international pénal et droit pénal international [...] Le droit international pénal recouvre l'ensemble des normes de droit international public qui ont pour but la protection de l'ordre public international par la prohibition de certains comportements qui y portent atteinte, sous peine de sanction exécutoire, ainsi que la répression de ces comportements… Quant à l'expression *droit pénal international*, elle désigne le droit interne pénal s'appliquant à des situations présentant un élément d'extranéité, c'est-à-dire un élément par lequel le droit interne est en contact avec un ordre juridique étranger. Ce type de situation survient par exemple lorsque l'auteur ou la victime d'une infraction a une nationalité ou un domicile étranger. Elle peut également se présenter lorsque se pose la question de l'application des lois pénales en dehors du territoire national, ou celle des effets extraterritoriaux de jugements répressifs, ou encore, inversement, celle de l'autorité des jugements pénaux étrangers sur le territoire national. Le droit pénal international recouvre enfin toutes les questions relatives à l'extradition… », Olivier De Frouville, *Droit international pénal, Sources, Incriminations, Responsabilité*, Paris, Éditions A. Pedone, 2012, page 5.

« branches de la formation… dix pôles de la formation conçue à travers des besoins de formation au regard du référentiel métier du magistrat, de l'objet, de la nature et de la finalité des matières »[1].

Dans sa formation, l'auditeur de justice convoque les connaissances juridiques théoriques déjà acquises dans les facultés pour traiter les dossiers à lui soumis. C'est « l'apprentissage théorique de la profession »[2] à travers la rédaction des actes judiciaires et de la prise de décision. L'une des innovations de la réforme de 2017 est que la loi n° 2017-10 du 17 janvier 2017 portant statut des magistrats porte des dispositions relatives à l'auditeur de justice notamment en ses articles 36 à 41. L'auditeur de justice en stage est, à travers ce texte, soumis à un statut spécial inhérent à sa qualité de « magistrat non encore accompli »[3].

---

[1] « Ainsi le plan de formation du Centre de Formation judiciaire est structuré, tant en initiale qu'en continue, autour des branches suivantes : Humanité et valeurs judiciaires ; justice civile ; justice pénale, justice économique et financière ; communication judiciaire ; administration de la justice ; justice internationale ; environnement judiciaire ; chaîne sociale ; contentieux étatique ». www.cfj.sn/formations.

[2] www.cfj.sn/le-chronogramme.

[3] Article 36 de la loi organique sur le statut des magistrats : « la formation professionnelle des auditeurs de justice est assurée par une École de formation des magistrats ».
Article 37 de la loi organique sur le statut des magistrats : « les auditeurs de justice participent, sous la responsabilité des magistrats, à l'activité juridictionnelle. Toutefois, ils ne peuvent recevoir délégation de pouvoir ou de signature. Ils peuvent néanmoins : assister le juge d'instruction dans tous les actes d'instruction, assister les magistrats du ministère public, siéger en surnombre et participer avec voix consultative aux délibérations des juridictions civiles, commerciales et pénales, présenter oralement devant celles-ci des réquisitions ou des conclusions ».
Article 38 de la loi organique sur le statut des magistrats : « les auditeurs de justice sont astreints au secret professionnel. Préalablement à toute activité, ils prêtent serment devant les cours d'appel en ces termes : je jure de garder scrupuleusement le secret professionnel et de me conduire en digne et loyal auditeur de justice. Ils ne peuvent, en aucun cas, être relevés de ce serment ».
Article 39 de la loi organique sur le statut des magistrats : « tout manquement d'un auditeur de justice d'un devoir de son état et notamment aux obligations qui résultent de son serment et du règlement intérieur de l'école de formation des magistrats peut donner lieu à des sanctions prévues par le décret portant organisation de ladite école ».
Article 40 de la loi organique sur le statut des magistrats : « les auditeurs de justice, diplômés de l'école de formation des magistrats sont, après avis du Conseil supérieur de la Magistrature, nommés juges suppléants dans le ressort d'une cour d'appel ».

L'année de stage, outre l'étape juridictionnelle sanctionnée par un rapport de stage[1] ou un mémoire[2] et depuis quelque temps par un commentaire de code, comporte depuis 1998 une phase dans les établissements pénitentiaires, les brigades de gendarmerie, commissariats de police et les cabinets d'avocat. Ceci permet aux futurs magistrats d'avoir une vue générale et pratique du travail des différents auxiliaires de justice et autres services relevant de la justice.

Même si le statut des magistrats semble énumérer les tâches de l'auditeur de justice en stage, il est souhaitable que le stage pratique soit étendu aux différents établissements privés comme les banques, les entreprises et sociétés, compagnies d'assurance, les services de l'État notamment à l'état civil, et les établissements hospitaliers. Aussi, lors de la phase juridictionnelle, doit-on insister pour que les auditeurs de justice fassent le secrétariat du parquet et le greffe en y accomplissant concrètement des actes, pour maîtriser le fonctionnement de ces compartiments de la justice, leviers incontournables pour une bonne distribution de la justice.

En fin de formation, les auditeurs de justice subissent un examen de sortie et les résultats les renvoient à leur vie professionnelle[3]. S'agissant d'un examen de sortie, la réussite n'est pas assurée ou acquise d'avance. Il est arrivé, pour des raisons pédagogiques ou disciplinaires, qu'un auditeur de justice soit retenu et exclu. Aux termes de l'article 8 de la loi organique n° 2017-10 du 17 janvier 2017 portant statut des magistrats : « A l'issue de leur formation, les auditeurs de justice reconnus aptes aux fonctions de juges suppléants sont nommés et affectés par décret dans le ressort d'une cour d'appel. Ils sont ensuite répartis selon les besoins du service, par ordonnance du premier président de cette juridiction ».

Par le passé, et sur titre, après avis du Conseil supérieur, peuvent également accéder à la magistrature et nommés en qualité de juges suppléants : les avocats inscrits au tableau de l'Ordre, ayant prêté

---

[1] Exemple, Rapport de fin de stage C.F.J Promotion 1997 présenté par Absatou Ly Diallo, Youssoupha Diallo, Mamadou Lamine Diédhiou, Ndiamé Gaye, Alioune Sissokho, Auditeurs de Justice, Kaolack, le 15 juillet 1998. Rapport déposé au Centre de Formation Judiciaire.

[2] Exemple promotion 2008.

[3] Des stages de première fonction dans les juridictions françaises ont été organisés pour certaines promotions comme celles de 1997 et 1998.

serment depuis dix années au moins[1], les greffiers en chef, lorsqu'ils sont titulaires de la maîtrise en droit et qu'ils ont exercé leur profession depuis dix années au moins, les professeurs titulaires en sciences juridiques après dix années d'ancienneté. Les avocats et les professeurs titulaires des facultés de Droit pouvaient être nommés directement à un poste de la hiérarchie judiciaire « à l'exception des postes de présidents de chambre ou de juridiction, de procureur de la République, de procureur général et de conseiller au Conseil d'État ou à la Cour de cassation ». Les parquets étaient mis à contribution par le ministre de la Justice pour l'enquête de moralité et de vérification des allégations du postulant. L'article 70 de la loi organique n° 2017-10 du 17 janvier 2017 portant statut des magistrats dispose : « Les conseillers de la Cour suprême et les avocats généraux près ladite Cour sont choisis parmi les magistrats ayant exercé en qualité de titulaire un emploi hors hiérarchie pendant quatre (04) ans au moins. Peuvent également être nommés dans ces emplois, les professeurs titulaires des facultés de Sciences juridiques et politiques comptant vingt-cinq années d'exercice effectif de la profession ou de carrière dans les services publics. Une commission, dont la composition et les attributions sont fixées par arrêté du ministre de la Justice, instruit le dossier des postulants et établit un rapport motivé destiné au Conseil supérieur de la Magistrature ». L'article 71 du même texte dispose : « Peuvent être nommés à la Cour suprême pour une durée maximale de trois ans en qualité de conseiller délégué ou d'avocat général délégué, les magistrats hors hiérarchie ne remplissant pas les conditions de quatre (04) ans prévus. Peuvent également être nommés en qualité de conseiller délégué ou d'avocat général délégué, les avocats comptant vingt-cinq

[1] La loi organique n° 94-61 du 9 août 1994 modifiant la loi organique n° 92-27 du 30 mai 1992 abrogée et portant statut des magistrats disposait en son article 3 : « Après dix ans d'exercice de leur fonction et après avis du Conseil supérieur de la Magistrature, les professeurs titulaires des Facultés de Droit et les avocats peuvent être nommés directement à un poste de la hiérarchie judiciaire, à l'exception des postes de présidents de chambre ou de juridiction, de procureur de la République, de procureur général et conseiller au Conseil d'État ou à la Cour de cassation ».
Sur la démission de magistrats, l'article 64 de la loi organique n° 2017-10 du 17 janvier 2017 portant statut des magistrats dispose : « la démission ne peut résulter que d'une demande expresse et écrite de l'intéressé. Elle ne vaut qu'après acceptation par l'autorité investie du pouvoir de nomination et prend effet à la date fixée par cette autorité. L'acceptation de la demande la rend irrévocable. Elle ne fait pas obstacle, le cas échéant, à l'exercice de l'action disciplinaire, en raison de faits qui n'auraient été révélés qu'après cette acceptation ».

années d'exercice effectif de leur profession. La commission prévue à l'article à l'article 71 alinéa 3 (sic) de la présente loi organique instruit les dossiers de candidature »[1]. En pratique, le dossier déjà instruit est inscrit à l'ordre du jour du Conseil supérieur de la Magistrature qui émet un avis. L'acte d'intégration, le cas échéant, est un décret pris par le président de la République.

Avant d'entrer en fonction, tous les magistrats prêtent serment, conformément à l'article 9 de la loi organique, devant la cour d'appel du ressort de leur affectation (à l'exception du magistrat directement nommé à la Cour suprême, le serment est prêté devant cette juridiction), en audience publique, en ces termes : « Je jure de bien et loyalement remplir mes fonctions de magistrat, de les exercer en toute impartialité dans le respect de la Constitution et des lois de la République, de garder scrupuleusement le secret des délibérations et des votes, de ne prendre aucune position publique, de ne donner aucune consultation à titre privé sur les questions relevant de la compétence des juridictions et d'observer en tout la réserve, l'honneur et la dignité que ces fonctions exigent ». L'article 10 précise : « le serment prêté de vive voix est constaté par un procès-verbal signé du premier président de la Cour qui l'a reçu et du greffier audiencier. Une expédition est classée dans le dossier administratif du magistrat. En cas de nécessité, le magistrat peut être installé après avoir, s'il y a lieu, prêté serment par écrit ».

La formulation du serment et le sens des termes, mots, qui y sont utilisés restent un enjeu et dépendent du système, des valeurs en vigueur dans le pays et du statut qu'on entend donner à la justice. Une polémique à ce propos n'est pas exclue. En effet, « … séparer l'État de la religion, c'est fonder le principe de la laïcité. C'est la règle qui met en exergue le caractère non confessionnel de l'État par l'exigence de neutralité de celui-ci, de son administration et de ses agents, mais également la reconnaissance de la liberté religieuse et du pluralisme confessionnel ainsi que de la tolérance. Ce tout constitue un facteur de paix et de liberté, valeurs cardinales d'un État de droit… »[2] Le serment, qui emporte la foi publique, recèle en réalité une signification

---

[1] Commission prévue à l'article 70 alinéa 3.

[2] Le serment confessionnel ou la négation des principes fondamentaux de la République. Par Me Amani Yahouza, Avocat à la cour et au Barreau de Niamey. Publié dans le Journal du Syndicat Autonome des Magistrats du Niger (SAMAN). juin-Juillet 2005, pages 1 à 4.

philosophique profonde dans une société[1]. Sa violation est sanctionnée au plan disciplinaire comme au plan pénal[2].

Ce serment, commun à tous les magistrats sans distinction de fonction (siège ou parquet), les suit durant toute leur carrière et quels que soient le poste occupé et le service concerné, même en détachement. Le statut des magistrats dispose : « il ne peut en aucun cas être relevé de ce serment ». Le serment du magistrat au Sénégal le suit ainsi même en cas de changement substantiel d'affectation. Il n'est pas tenu, comme en France, de renouveler le serment, car, outre Atlantique, on pense que ceci à l'avantage de rappeler au magistrat son engagement. Au Sénégal, la seule limite qu'il faudra admettre est le cas du magistrat nommé dans une structure indépendante dont les textes exigent un serment spécifique comme la Commission électorale nationale autonome et le Conseil constitutionnel[3]. En outre, la fonction de magistrat est incompatible avec toute autre activité publique ou privée. Il ne peut non plus prendre de position publique[4] ni donner des consultations privées relevant de la fonction des juridictions.

Il faut souligner que pour le choix des magistrats du parquet, il relève, après leur nomination en qualité de juges suppléants par décret

---

[1] « Promesse solennelle » *Petit Larousse Illustré* 2007.
« Je jure et promets de bien et fidèlement remplir mes fonctions, de les exercer en toute impartialité dans le respect de la constitution, des lois et règlements ; de garder religieusement le secret des délibérations et de me conduire en tout, comme un digne et loyal magistrat » Article 26 Ordonnance n°007/PR/2012 du 21 février 2012 portant statut de la magistrature au Tchad.

[2] C'est tout le sens des mesures disciplinaires, et sur un tout autre plan, les incriminations de faux témoignage ou parjure.

[3] Article 7 de la loi n° 92-23 du 30 mai 1992 sur le Conseil constitutionnel, modifiée : « Avant d'entrer en fonction, tout membre du Conseil constitutionnel prête serment en audience solennelle publique. Il jure de bien et fidèlement remplir ses fonctions, de les exercer en toute impartialité dans le respect de la Constitution, de garder le secret des délibérations et des votes, de ne prendre aucune position publique et de ne donner aucune consultation à titre privé sur les questions relevant de la compétence du Conseil constitutionnel, et de se conduire en tout comme un digne et loyal magistrat. Acte est donné de la prestation de serment ».

[4] Ousmane Camara renseigne : « Bref, Senghor avait incité des gens de ma génération, (Docteur Daouda Sow, Alioune Sène, etc.) à mouiller le maillot. On avait commencé en technocrates, il voulait qu'on allât sur le terrain politique. Dans ce sens il avait même fait un décret pour dire que les magistrats détachés pouvaient avoir des activités politiques… ». http://www.dakaractu.com/Les-Grand-Entretiens-Avec-Babacar-Justin-Ndiaye-Ce-que-Ousmane-Camara-n-a-jamais-dit_a109844.html
Les recherches ne nous ont pas permis de retrouver le décret dont il s'agit.

au terme de leur formation, du pouvoir souverain du premier président de la cour d'appel selon les besoins du service du ressort. Ce choix se fait compte tenu certainement des aptitudes notées au cours de la formation. À ce niveau, il doit être tenu compte de la carrière et de l'aptitude du magistrat qu'on entend nommer à cette frange spéciale de la magistrature. Mais il est arrivé qu'un choix soit offert aux sortants qui pourront déterminer s'ils veulent faire le parquet[1], même si ceci n'exclut nullement le changement de fonction en cours de carrière, parfois très rapidement. Ce choix délibéré du sortant entre les fonctions de la justice et la juridiction à intégrer, de plus en plus abandonné, reste pourtant la meilleure formule. Elle est une pratique bien usitée par le passé[2].

Dans leur carrière comme pour tous les magistrats, le choix et l'avancement de ceux du parquet appartiennent exclusivement depuis 1992 au Conseil supérieur de la Magistrature (CSM) qui émet un avis au président de la République sur proposition du garde des Sceaux, ministre de la Justice[3]. Par le passé, les magistrats du parquet dépendaient d'une commission spéciale instituée par l'ordonnance n° 60-16 du 03 septembre 1960 qui a été modifiée par la loi n° 92-26 du 30 mai 1992 fixant les règles d'organisation et de fonctionnement du Conseil supérieur de la Magistrature. « Institué par l'article 60 de la Constitution du 26 août 1960, le Conseil supérieur de la Magistrature, initialement composé de membres de droit, a été élargi en 1992 à des magistrats élus par leurs pairs. Cet élargissement a contribué à assurer

---

[1] C'est l'exemple de la promotion 1997.

[2] « Avec mes trois camarades qui m'avaient rejoint à Dakar, nous sommes reçus par Amadou Cissé Dia, ministre de la Santé et des Affaires sociales, assurant l'intérim de Gabriel d'Arboussier, Garde des sceaux, ministre de la Justice. Il nous propose de choisir les quatre postes suivants : juge à Saint-Louis, juge à la section de Diourbel dépendant du tribunal de Kaolack, procureur de la République de Ziguinchor, procureur de la République de Thiès. Ma qualité de major me désignant pour choisir le premier, je décline l'offre en proposant que mes camarades choisissent d'abord en donnant toutefois la priorité à la seule dame du groupe… ». *Mémoires d'un juge africain, op. cit.,* page 70.

[3] « Pour la nomination des magistrats, l'avis du Conseil supérieur de la Magistrature est donné sur les propositions du ministre de la Justice, après un rapport établi par un membre dudit conseil ». Article 7 de la loi organique sur le Conseil supérieur de la Magistrature.

Ceci participe au renforcement du statut des magistrats du parquet, car auparavant ils étaient gérés par une Commission spéciale. Relevons qu'en France, les procureurs de la République sont à ce jour nommés en Conseil des ministres après avis simple du Conseil supérieur et sur proposition du ministre de la Justice, garde des Sceaux.

une certaine transparence dans la gestion de la carrière des magistrats… »[1]. Aujourd'hui la composition et le rôle du CSM font l'objet de beaucoup de réflexions pour assurer l'indépendance de la justice[2]. Mais la garantie formelle de l'indépendance des magistrats quoique importante parce qu'étant la soupape de sécurité, doit se matérialiser dans la distribution de la justice. C'est surtout à l'aune des décisions de justice ou du traitement des affaires en général que l'indépendance de la justice sera appréciée.

Relevons par ailleurs que depuis la réforme judiciaire de 1984, compte tenu du déficit de magistrats, il a été recruté des intérimaires qui sont des fonctionnaires relevant de divers corps de l'administration pour officier dans les juridictions comme juges dits « intérimaires », dont beaucoup étaient dans les tribunaux départementaux comme chefs de juridiction. La composition de la magistrature sénégalaise était ainsi hybride : à côté des magistrats de formation se trouvaient d'autres magistrats relevant du « corps des magistrats » avec un statut spécial notamment sur le plan de leur carrière et de leur retraite. Mais tous évoluaient dans le même cadre, distribuaient la justice. Une situation peu heureuse qui manquait de visibilité et dont la pérennisation a été invalidée par le Conseil constitutionnel dans un avis[3]. Ceci a été un

---

[1] Extrait exposé des motifs de loi organique n° 2017-11 du 17 janvier 2017 portant organisation et fonctionnement du Conseil supérieur de la Magistrature.

[2] Voir les *Échos du Palais*, Revue trimestrielle de l'Union des Magistrats sénégalais, n°1, janvier 2018. Des concertations en cours sur la justice.

Les recommandations des travaux du Comité de réflexion sur la modernisation de la justice, *les Echos du Palais*, Revue semestrielle de l'Union des magistrats sénégalais UMS, juillet 2018, page 7 à 9.

« Va-t-on vers l'indépendance de la justice tant réclamée par les acteurs du secteur ? Le rapport fait de propositions en vue de moderniser la justice sera bientôt remis au chef de l'État. Suite à quoi, ce dernier et son ministre de la Justice quitteront le Conseil supérieur de la magistrature. Lequel sera désormais dirigé par le Premier président de la Cour suprême, une fois les propositions validées. Il sera composé de magistrats, d'un professeur d'université, d'un représentant du barreau. Mais la société civile ne sera pas représentée, précise *Les Echos* qui donne l'information… » http://www.seneweb.com/news/Justice/conseil-superieur-de-la-magistrature-mac_n_247451.html

[3] *1.* « Outre l'absence de toute indication sur la fonction exercée par les agents de l'État titulaires d'une maîtrise en Droit, qui peuvent être nommés dans le corps des magistrats, la désignation de ces agents par le ministre de la Justice, garde des Sceaux, n'est subordonnée à aucune condition d'ancienneté dans l'exercice de leur profession, alors que cette condition est exigée en ce qui concerne les autres personnes qui peuvent être nommées magistrats sur titre, qu'il s'agisse des fonctionnaires de la hiérarchie A (article 42 nouveau) ou même des professionnels du droit comme les

tournant dans le recrutement des magistrats. Sur la même lancée, pour remédier à cette dichotomie et instaurer une homogénéité, les intérimaires en fonction sont intégrés dans le corps des magistrats de carrière après un stage d'une année au Centre de formation judiciaire[1].

---

avocats, les greffiers en chef et les professeurs titulaires des Facultés de droit (articles 42 et 47 nouveaux) ;
2. – Pour être nommés dans «le corps des magistrats», les agents de l'État visés ne doivent suivre qu'«un stage concluant» de 6 mois, alors que pour être nommés juges suppléants, – premier stade de la hiérarchie judiciaire – les titulaires d'une maîtrise en Droit admis sur concours à l'École Nationale d'Administration et de Magistrature (section judiciaire) doivent suivre une formation de deux ans sanctionnée obligatoirement par un brevet obtenu à l'issue d'un examen de sortie et qu'au surplus, les agents de l'État titulaires d'une maîtrise en Droit, désignés par le ministre de la Justice, n'exerceront plus la fonction de juge à titre provisoire comme le prévoyait l'article 69 ancien, mais seront nommés dans «le corps des magistrats «à titre permanent ; au demeurant l'expression «corps des magistrats «qui désignait la catégorie des juges de paix intégrés par la suite dans le corps des magistrats des Cours et Tribunaux n'a plus aucune signification juridique puisque l'article 71 de la loi organique n° 92.27 du 30 mai 1992 portant Statut des Magistrats dispose : "le corps des magistrats des tribunaux est supprimé" ;
3. – Enfin, cette nomination peut intervenir sans que l'avis du Conseil supérieur de la magistrature soit légalement exigé, à la différence de toutes les autres nominations sur titre ;
Considérant que de telles lacunes et discriminations, non conformes aux normes internationales relatives à la qualification, à la sélection et à la formation des personnes devant remplir des fonctions de magistrat, sont susceptibles d'engendrer des iniquités et des situations arbitraires contraires au principe de l'indépendance des juges garanti par la Constitution, et au principe d'égalité également reconnu par la Constitution, par référence à la Déclaration des droits de l'homme et du citoyen de 1789 dont l'article 6 dispose que "tous les citoyens sont également admissibles à toutes dignités, places, et emplois publics, selon leur capacité..." et à la Déclaration universelle des droits de l'homme de 1948 qui, par son article 21 paragraphe 2, affirme que "toute personne a droit à accéder dans des conditions d'égalité aux fonctions publiques de son pays."
Décide :
1. – L'article 4 de la loi organique modifiant l'article 69 de la loi organique n° 92.27 du 30 mai 1992 portant Statut des Magistrats est déclaré non conforme à la Constitution.
2. – Les autres dispositions de la loi organique soumise au Conseil sont déclarées conformes à la Constitution.
3. – La présente décision sera publiée au Journal officiel et par toutes autres voies jugées opportunes.
Délibérée par le Conseil constitutionnel en sa séance du 27 juillet 1994 ». Sénégal/Conseil constitutionnel/27-07-1994/Décision n° 15-94.

[1] Loi n ° 2005-21 du 05 août 2005 abrogeant et remplaçant les dispositions de l'article 69 de la loi organique 92-27 du 27 mai 1992 portant statut des magistrats : « par dérogation aux normes normales de recrutement prévues à l'article 47 du présent

Tous les magistrats de l'ordre judiciaire obéissent désormais au même statut. La loi organique portant statut des magistrats dispose : « les magistrats de la Cour suprême, des Cours d'appel et les chefs des juridictions hors classe ou de première classe sont nommés parmi les magistrats hors hiérarchie les plus anciens et, en cas de nécessité parmi les magistrats du premier grade en qualité d'intérimaires ». Si en pratique ces nominations par intérim relevées dans bien d'autres postes permettent d'assurer le fonctionnement quotidien du service, elles créent, outre la précarité dans la nomination des magistrats[1], une confusion dans l'esprit des citoyens, un intérimaire n'étant pas un titulaire.

Une fois nommé, le parquetier est soumis à une discipline et occupe une place déterminée dans la hiérarchie judiciaire.

---

statut, les fonctionnaires recrutés en qualité de juge intérimaire suivant arrêtés ministériels n°15394 du 23 novembre 1984 et n° 5027 du 08 mai 1985 et ayant exercé des fonctions juridictionnelles pendant au moins quinze ans peuvent, s'ils sont encore en activité, être intégrés dans le corps des magistrats des cours et tribunaux après un stage à plein temps de douze mois au Centre de Formation Judiciaire (CFJ) et un examen devant une commission dont la composition et les attributions seront fixées par décret. La commission dont les décisions ne sont pas susceptibles d'aucun recours arrête la liste des candidats susceptibles d'être intégrés dans le corps des magistrats. Elle précise le grade et l'échelon auxquels les candidats seront intégrés en tenant compte de leur ancienneté dans les fonctions de juge intérimaire. Sur les propositions de la commission, les dossiers d'intégration seront soumis au Conseil supérieur de la magistrature. Les juges intérimaires qui n'auront pas fait le stage ou n'auront pas été jugés aptes par la commission seront reversés dans leur corps d'origine ».

[1] « C'est la précarisation légalisée de la fonction, l'intérim accordé pouvant à tout moment être retiré. L'argument avancé pour expliquer cette situation est l'insuffisance des magistrats à couvrir les besoins de toutes les juridictions, ce qui entraine la promotion de ceux ne pouvant par leur grade être titulaires des emplois qu'ils occupent… » *Juriscope* 1997.

Cour suprême du Sénégal, Chambre administrative, arrêt n°03 du 25 janvier 2018, Amadou Dionwar SOUMARE contre État du Sénégal, *Les Échos du Palais*, Revue semestrielle de l'Union des magistrats sénégalais, juillet 2018, page 29 à 30.

## SECTION 3. LA PLACE DU PROCUREUR DE LA REPUBLIQUE DANS LA HIERARCHIE JUDICIAIRE ET LA DISCIPLINE

### §1. Bref aperçu sur le statut du magistrat

La hiérarchie du corps judiciaire[1], réputée complexe, comprend trois niveaux :

— les magistrats hors hiérarchie ou hors grade

— les autres magistrats sont regroupés dans deux grades qui, selon l'article 76 du statut, « comportent chacun des échelons franchis périodiquement à l'ancienneté. Le nombre d'échelons dans chaque grade, leur périodicité, ainsi que le traitement y afférent sont déterminés par décret. Le passage du second au premier grade est subordonné à l'inscription au tableau d'avancement ». L'article 77 du même statut ajoute que « les magistrats dans chaque grade sont répartis en deux groupes ». Dans ce classement, les magistrats du parquet concernés sont :

— premier grade, premier groupe :

— premier grade, deuxième groupe :

— deuxième grade, premier groupe :

— deuxième grade, deuxième groupe :

Les magistrats hors hiérarchie et ceux des deux autres grades ont capitalisé des années de service selon le cas[2], tel que déterminé notamment par les articles 79, 80, 87 et suivants du statut. Les magistrats avancent en échelon et en grade ; le Conseil supérieur de la

---

[1] « Le corps judiciaire comprend les magistrats : de la Cour suprême, de l'administration centrale du ministère de la Justice, des cours et tribunaux ». Article 2 de la loi organique n° 2017-10 du 17 janvier 2017 portant statut des magistrats.

[2] Le nombre d'années à engranger pour passer hors hiérarchie fait l'objet de beaucoup de réflexions. Il en est de même de la question de savoir si le passage à la hors hiérarchie doit être automatique ou au choix ou tout simplement doit dépendre ou non de l'occupation d'un poste bien précis. À la faveur de la réforme introduite par la Loi organique n° 2017-10 du 17 janvier 2017 portant statut des magistrats, les magistrats ayant 18 ans de carrière au lieu de 21 ans peuvent être promus à un emploi hors hiérarchie. Ainsi, dans sa séance du 25 avril 2017, le Conseil supérieur de la Magistrature a promu à la catégorie de magistrat hors hiérarchie 61 magistrats qui ont pour la plupart fait au moins 20 ans de service. Une première eu égard au nombre concerné et aux années de service. Dans le passé, les magistrats effectuaient en général plus de nombre d'années de service avant d'accéder à cette catégorie.

Magistrature[1] joue dans ce cadre un rôle important par ses avis et l'établissement du tableau d'avancement.

Pour les règles de prise de rang, honneur et préséance, « Les magistrats, placés hors hiérarchie appartenant au même groupe indiciaire, prennent rang entre eux d'après l'ancienneté résultant de la date de leur décret de nomination. Les magistrats de premier et du deuxième grade appartenant au même groupe prennent rang d'après l'ancienneté résultant de la date de leur décret de nomination. Lorsque deux ou plusieurs magistrats de même grade sont nommés dans la même juridiction par le même décret, le rang de chacun d'eux est déterminé par leur âge ». Le rang des juridictions et des membres qui les composent est fait, aux termes de l'article 27 du statut des magistrats, avec une division : le siège d'un côté, le parquet de l'autre. Si les juridictions ne marchent pas par ordre, le rang individuel des membres de l'ordre judiciaire est réglé par l'article 28 du statut. Il ressort de ce texte que les procureurs de la République et le président de la juridiction sont placés au même rang.

Pour la suppléance, en combinant les articles 90 et 91 du statut des magistrats, « le procureur de la République est suppléé de plein droit par le procureur adjoint ou à défaut par le premier substitut... Les suppléances des autres emplois non prévues aux articles précédents sont assurées, selon les cas, par des magistrats du siège ou du parquet de la même juridiction. Elles sont constatées par arrêté du ministre de la Justice, après avis des chefs de cour. Si le nombre des magistrats disponibles dans la juridiction ne permet pas de combler toutes les vacances d'emploi, le service peut être assuré par un intérimaire choisi parmi les magistrats des cours et tribunaux selon qu'il est du siège ou du parquet par le premier président ou le procureur général de la cour

---

[1] Le Conseil supérieur de la Magistrature est présidé par le président de la République et le garde des Sceaux, ministre de la Justice, en est le vice-président. Il est composé de membres de droit, le premier président de la Cour suprême et le procureur général près ladite cour, les premiers présidents de Cours d'appel et les procureurs généraux près lesdites cours, et de quatre membres élus titulaires et quatre membres élus suppléants par les différents collèges de magistrats pour un mandat de trois ans renouvelables. Les trois magistrats élus représentent chaque collège électoral selon l'ancienneté (les magistrats du deuxième grade, du premier grade et les magistrats hors hiérarchie) sauf le collège des magistrats du deuxième grade qui a deux représentants. Voir articles premier, 2 et 3 de la loi organique n° 2017-11 du 17 janvier 2017 portant organisation et fonctionnement du Conseil supérieur de la Magistrature.

d'appel du ressort de ladite juridiction. L'intérim ne saurait dépasser une période de six (06) mois ».

### §2. La discipline du magistrat : examen des règles

En matière correctionnelle, aux termes de l'article 102 de la loi organique n° 2017-09 du 17 janvier 2017 sur la Cour suprême, « lorsqu'un magistrat de l'ordre judiciaire, un magistrat de la Cour des comptes ou un Inspecteur général d'État est prévenu d'avoir commis un délit dans l'exercice ou à l'occasion de l'exercice de ses fonctions, le procureur général près la Cour suprême le fait citer devant la chambre criminelle pour y être jugé conformément à la loi. En matière criminelle et dans les cas où la nature de l'affaire justifie l'ouverture d'une information, le procureur général présente une requête au premier président qui saisit, sans délai, la commission d'instruction qui est composée de trois membres désignés par le premier président au début de chaque année judiciaire, en même temps que leurs suppléants, parmi les conseillers de la Cour suprême. Toutefois, lorsque le crime ou le délit a été commis à l'occasion d'une poursuite judiciaire et implique la violation d'une disposition du Code de procédure pénale, l'action publique ne peut être exercée que si le caractère illégal de la poursuite ou de l'acte accompli à cette occasion a été constaté par une décision devenue définitive de la juridiction répressive saisie ». Par cette disposition, outre le fait que tous les magistrats (du siège et du parquet) sont soumis à la même procédure, leur responsabilité pénale peut être engagée dans le cadre de l'exercice de leur fonction pour une violation établie de la loi. Le recours contre la décision rendue ne suffit plus, la responsabilité pénale de son auteur peut être engagée dans le cadre de l'exercice de son activité professionnelle.

Aux termes de l'article 104 de la loi organique sur la Cour suprême, « lorsque la responsabilité pénale de l'une des personnes visées à l'alinéa premier de l'article 102 de la présente loi organique est recherchée pour une infraction commise hors de l'exercice de ses fonctions, l'action publique pourra également être déclenchée par citation directe devant la chambre criminelle à l'initiative de la victime ou, le cas échéant, par une plainte assortie d'une constitution de partie civile devant la commission d'instruction ». Sans prôner l'impunité[1], la

[1] « Comme tout citoyen, le magistrat qui commet une infraction à la loi pénale (sauf les infractions de simple police avec procédure de droit commun) est passible des sanctions prévues par le Code pénal. Cependant, il bénéficie d'un privilège de

possibilité offerte aux victimes de saisir directement la chambre criminelle pourrait entraîner des dérapages contre des personnes chargées de rendre la justice même pour des infractions supposées commises hors de l'exercice de leur fonction. On devrait prévoir un système d'examen préalable de la citation directe avant de faire comparaître la personne mise en cause, ce qui sauvegarderait davantage la présomption d'innocence, renforcerait l'indépendance de la fonction dont relève la personne mise en cause en évitant toute pression détournée tout en luttant efficacement contre l'impunité.

Dans ce cadre, une garantie de procédure est désormais accordée au magistrat. Aux termes de l'article 25 de la loi organique n° 2017-10 du 17 janvier 2017 portant statut des magistrats, « le magistrat, qui commet une infraction pénale, ne peut être poursuivi que sur autorisation du ministre de la Justice ». Cette autorisation, même si le texte est muet quant à sa forme, doit être écrite. Aucun recours n'est cependant formellement aménagé contre la décision expresse ou implicite du ministre. Pour la procédure, le magistrat « ne peut être auditionné en enquête préliminaire que par le procureur général près la Cour suprême ou un magistrat désigné par ce dernier et ayant au moins le même grade que le mis en cause. Les fonctions du ministère public et de l'instruction sont respectivement exercées par le procureur général près la Cour suprême et par le premier président de la Cour suprême ou par leurs délégués choisis parmi les membres de ladite cour ». Ces garanties sont toutefois contrebalancées par le dernier alinéa du même article qui dispose que « les décisions ainsi rendues par la chambre criminelle ou par les chambres réunies de la Cour suprême, tant en matière correctionnelle que criminelle, ne peuvent faire l'objet d'aucun recours ».

En matière disciplinaire, c'est-à-dire en cas de manquement par un magistrat au devoir de son état, à l'honneur, à la délicatesse ou à la dignité, et s'il y a lieu[1], les magistrats du parquet, de l'administration

juridiction. Des informations obtenues, il semble que cette situation s'est rarement présentée au Sénégal ». « La responsabilité des magistrats : la jurisprudence du Conseil de discipline » par Mamadou Mansour Sy, ancien conseiller à la Cour de cassation et ancien président de l'Union des magistrats sénégalais. *La Balance* n°1 avril-mai-juin 1999.

[1] « En dehors de toute action disciplinaire, les chefs de cours ont le pouvoir de donner un avertissement au magistrat placé sous leur autorité. Si au bout de trois ans, aucun nouvel avertissement n'est intervenu, ladite sanction est retirée du dossier du magistrat ». Article 19 de la loi organique portant statut des magistrats. Seuls les chefs

centrale, en position de détachement ou de disponibilité, comparaissent devant le Conseil supérieur de la Magistrature présidé par le procureur général près la Cour suprême, contrairement à leurs collègues du siège pour lesquels le Conseil est présidé par le premier président de la Cour suprême. Pour délibérer valablement, le conseil doit comprendre, outre son président, au moins deux tiers de ses membres. Les sanctions décidées à la majorité ; en cas de partage de voix, celle du président est prépondérante sauf pour la mise à la retraite d'office et la révocation qui ne peuvent être prononcées qu'à la majorité des deux tiers des membres présents et votants au Conseil de discipline. Il y a lieu de préciser qu'en matière disciplinaire, le président de la République et le garde des Sceaux ne siègent pas. Les sanctions encourues sont désormais classées par degré, premier et deuxième. Aux termes de l'article 20 de la loi organique n° 2017-10 du 17 janvier 2017 portant statut des magistrats : « les sanctions disciplinaires applicables aux magistrats sont : sanctions du premier degré : 1- le blâme ; 2- la réprimande avec inscription au dossier ;

3- le déplacement d'office. Sanctions du deuxième degré : 1- le retrait de certaines fonctions ; 2- l'interdiction temporaire de fonctions pour une durée de trois (03) mois à un (01) an ; 3- l'interdiction temporaire d'exercer les fonctions de juge unique pour une durée d'un (01) à cinq (05) ans ; 4- l'abaissement d'échelon ; 5- la rétrogradation ; 6- la mise à la retraite d'office ou l'admission à cesser ses fonctions lorsque le magistrat n'a pas droit à une pension de retraite ; 7- la révocation avec droit à pension ; 8- la révocation sans droit à pension. La réprimande avec inscription au dossier est constatée par arrêté du ministre de la Justice et les autres sanctions par décret ». Manifestement, ce classement est opéré selon la gravité des faits reprochés au magistrat mis en cause. Toutefois, ces faits ne sont pas énumérés, mais il suffit qu'ils s'analysent comme contraires au devoir, à l'honneur, à la délicatesse et à sa dignité. Un éventail qui est très large. L'élaboration en juillet 2016 d'un manuel de déontologie judiciaire du magistrat du Sénégal, un texte à valeur morale qui rappelle en réalité les obligations morales et éthiques du magistrat telles qu'elles ressortent des lois sur le Conseil supérieur de la magistrature, le statut du magistrat et la

---

de cours sont habilités à prendre une telle sanction, mais rien n'exclut qu'elle soit prise sur saisine des chefs de juridiction, dans le respect du principe du contradictoire. Le texte n'indique pas non plus le nombre d'avertissements au bout duquel on doit obligatoirement ouvrir une action disciplinaire proprement dite.

jurisprudence en matière disciplinaire, porte au pinacle l'éthique dans le comportement du magistrat et dans la distribution de la justice.

Depuis sa création, le Conseil supérieur de la Magistrature statuant à huis clos en matière disciplinaire, rend une décision motivée qui ne peut faire l'objet d'aucun recours, même gracieux. Seul le droit de grâce était reconnu au président de la République. Dans ce cas, un membre du conseil est désigné par le président de la République pour dresser un rapport et le conseil émet un avis sur le dossier qui, à l'origine, est instruit par le ministre de la Justice. Par la réforme de 2017, le droit à un recours est aménagé. Aux termes de l'article 18 de la loi organique sur le Conseil supérieur de la Magistrature : « Le magistrat mis en cause peut exercer un recours devant la Cour suprême, hors la présence des magistrats de ladite cour ayant connu de l'affaire, conformément aux délais prescrits ». Pour la grâce, les articles 19 et 20 disposent que « le Président de la République peut exercer le droit de grâce en Conseil supérieur de la Magistrature » ; « les recours en grâce sont instruits par le ministre de la Justice sur le rapport duquel, le Conseil supérieur de la Magistrature est saisi pour avis ».

Ajoutons qu'en matière disciplinaire, aux termes de l'article 23 du statut, « le ministre de la Justice saisi d'une plainte ou informé de faits paraissant de nature à entraîner des poursuites disciplinaires contre un magistrat peut, s'il y a urgence, sur proposition des chefs hiérarchiques, interdire au magistrat faisant l'objet d'une enquête l'exercice de ses fonctions jusqu'à décision définitive sur l'action disciplinaire. L'interdiction temporaire ne comporte pas de privation du droit au traitement. Cette décision prise dans l'intérêt du service ne peut être rendue publique, à moins que l'intéressé ne demande à ce qu'il en soit autrement. Si à l'expiration d'un délai de trente (30) jours le conseil de discipline n'a pas été saisi par le ministre de la Justice, l'interdiction temporaire cesse de produire ses effets de plein droit. En ce qui concerne le magistrat du siège, cette mesure ne peut intervenir qu'après avis du Conseil supérieur de la Magistrature ». Il existe ainsi une différence entre les magistrats du parquet et ceux du siège. Pour ces derniers, la mesure de suspension ne peut intervenir qu'après avis du Conseil supérieur de la Magistrature, ce qui n'était pas le cas pour les premiers ; une différence de traitement qui ne se justifie pas surtout en matière disciplinaire. À cette décision *proprio motu* du ministre de la Justice à l'encontre d'un magistrat mis en cause, il faut ajouter celle qu'il peut prendre sur demande des chefs de cour. En effet, aux termes de l'article 11 de la loi organique, « le ministre de la Justice dénonce au

Conseil supérieur de la Magistrature les faits motivant la poursuite disciplinaire. Il peut, à la demande du premier président de cour d'appel ou d'un procureur général près d'une cour d'appel et après avis du Conseil supérieur de la Magistrature, interdire provisoirement au magistrat mis en cause, l'exercice de ses fonctions, conformément aux dispositions des articles 23 et 24 de la loi organique portant statut des magistrats ». Dans tous les cas, aux termes de l'article 24 alinéa 2 du statut, « les poursuites disciplinaires se prescrivent dans un délai d'un (01) an à partir de la dénonciation des faits à l'autorité disciplinaire ».

En matière civile et commerciale, il y a lieu de relever que tout magistrat peut être attrait devant les juridictions de droit commun (paiement, loyer, responsabilité, divorce...). Il n'y a aucun privilège de juridiction. Toutefois, il faut dissocier ces actions de droit commun de la procédure civile particulière de la prise à partie[1] qu'on peut exercer contre les magistrats. La prise à partie obéit à une procédure spéciale.

Les magistrats nommés au parquet sont soumis à ce jour à un certain nombre de principes.

---

[1] « Les juges peuvent être pris à partie dans les cas suivants : s'il y a dol, concussion ou faute lourde professionnelle qu'on prétendrait avoir été commis, soit dans le cours de l'instruction, soit lors des jugements, si la prise à partie est expressément prononcée par la loi, si la loi déclare les juges responsables, à peine de dommages-intérêts, s'il y a déni de justice. L'État est civilement responsable des condamnations en dommages-intérêts qui sont prononcées à raison de ces faits contre les magistrats, sauf son recours contre ces derniers ». Voir les articles 312 et suivants du Code de procédure civile du Sénégal.
L'article 99 de la loi organique n° 2017-09 du 17 janvier 2017 abrogeant et remplaçant la loi organique n° 2008-35 du 08 août 2008 sur la Cour suprême du Sénégal dispose que « les prises à partie des membres d'une cour d'appel, d'une cour d'assises (sic) ou d'une juridiction entière sont portées devant la Cour suprême. Il est statué sur l'admission de la prise à partie par une chambre de la Cour suprême. L'État est civilement responsable des condamnations à dommages-intérêts prononcées en raison des faits ayant motivé la prise à partie, sauf recours contre les juges ».
Le Code civil français sur le déni de justice ou déni de droit dispose : « le juge qui refusera de juger, sous prétexte du silence, de l'obscurité ou de l'insuffisance de la loi, pourra être poursuivi comme coupable de déni de justice ». Article 4.
L'article 313 Code de procédure civile du Sénégal : « il y a déni de justice lorsque les juges refusent de répondre aux requêtes ou négligent de juger les affaires en état et en tour d'être jugées ». L'article 314 du même code « le déni de justice est constaté par deux réquisitions faites aux juges en la personne des greffiers et signifiés de huitaine en huitaine au moins ; tout huissier requis est tenu de faire ces réquisitions à peine d'interdiction ».

## SECTION 4. LES PRINCIPES QUI REGISSENT LE PARQUET

Il y a trois principes majeurs qui régissent les magistrats du parquet[1]. Le premier principe régit le corps de la magistrature en général, les autres sont spécifiques au parquet.

### §1. Les magistrats ne sont pas spécialisés

Ce principe qui gouverne les systèmes juridiques de tradition romano-germanique et qui traduit l'unité des deux justices civile et pénale ne concerne pas que le parquet, mais régit le système judiciaire en général comme il ressort de l'article 2 de la loi organique sur le statut des magistrats.

Les magistrats peuvent ainsi inversement dans leur carrière exercer les trois fonctions : Parquet – Instruction – Siège et connaitre de toutes matières. Ce système a l'avantage de permettre une meilleure gestion du personnel dès lors que le personnel suffisant fait défaut. Aussi, il permet d'éviter la routine consistant pour le magistrat à se limiter seulement à la justice pénale ou civile, qui pourrait le desservir dans sa carrière. Mais il faut éviter les changements de fonction après bien des années, ce qui entraînera une inadaptation. Ne perdons pas de vue que le souci de qualité scientifique des décisions de justice demeure important.

De plus en plus, certains pensent à une spécialisation des magistrats. En effet, la complexité des matières criminelles, civiles et commerciales, la prolifération des textes spéciaux et l'évolution parfois complexe notée dans beaucoup de domaines comme en matière environnementale[2], de communications modernes, de criminalité

---

[1] Ces principes sont tirés de la procédure pénale en général mais aussi des dispositions pertinentes du Code de procédure pénale que nous examinerons.

[2] « Plus récemment apparues, les préoccupations liées à l'environnement ont connu une expansion considérable. Elles reposent sur des données objectives, les atteintes à l'environnement naturel, dont les origines sont multiples, tenant à l'emprise accrue des activités humaines sur les différents espaces, au développement industriel, à la croissance démographique, etc. Ces phénomènes présentent au surplus un aspect global, l'unité de l'écosystème n'étant guère douteuse quoique mal connue. La perception des problèmes liés à l'environnement est également croissante et multiforme : souci du bien-être individuel, considérations esthétiques, sanitaires, politiques, idéologiques, voire quasi-religieuses, l'écologie apparaissant à certains égards comme une nouvelle religion de la Terre. L'action de diverses O.N.G, dont celle particulièrement médiatique de Greenpeace, est importante dans la promotion, l'évolution et dans la surveillance des règles internationales en la matière. L'approche

organisée, exigent de plus en plus une spécialisation des magistrats pour la meilleure application des lois et une bonne distribution de la justice. Il ne faut pas oublier que le souci premier d'une organisation judiciaire est d'assurer une bonne et efficiente distribution de la justice. «L'avenir est radieux, il est fait de mobiles, proclame-t-on dans un rapport de

---

juridique de l'environnement ne correspond que partiellement à ces multiples dimensions. Elle demeure inachevée, tant sur la plan interne que sur le plan international. Elle comporte cependant une dynamique qui tend à s'amplifier... » Jean Combacau, Serge Sur, *Droit international public,* 9e édition, Paris, Montchrestien, 1994, pages 500 et 501.

Les principaux instruments internationaux à ce jour en matière de protection de l'environnement sont : la Déclaration de Stockholm de 1972 issue de la Conférence des Nations Unies sur l'environnement tenue à Stockholm du 5 au 16 juin 1972, la Conférence des Nations Unies sur l'environnement et le développement ou Sommet de la Terre ou Sommet de Rio, tenue du 3 au 14 juin 1992 à Rio de Janeiro, la Convention-cadre des Nations Unies sur les changements climatiques (CCNUCC) adoptée à Rio lors du Sommet de la Terre et entrée en vigueur le 21 mars 1994, la Conférence de Copenhague du 7 au 18 décembre 2009 qui réunit les Parties à la CCNUCC.

« Outre les nombreuses résolutions régulièrement adoptées par l'Assemblée générale, diverses conventions, soit multilatérales, soit à participation plus restreinte en fonction de leur champ d'application, ont été conclues. Au surplus, dans un nombre croissant d'instruments relatifs au régime d'activités à dimension internationale, la préoccupation de l'environnement est présente [...] La Convention ENMOD (1977) traite ainsi de l'interdiction de la modification de l'environnement à des fins hostiles, et le protocole additionnel n°1 aux Conventions de Genève de 1949 (1977) [...] Les principales conventions relatives au régime des espaces élaborées durant les dernières décennies comportent des dispositions tendant à la protection de l'environnement, quoique de façon plus ou moins directe ou élaborée [...] Plusieurs conventions, élaborées avec le concours du PNUE dans le cadre de son plan d'action, traitent des mers régionales [...] Diverses conventions relatives aux cours d'eau complètent le régime de coopération entre riverains [...] La protection de l'atmosphère, par l'élimination ou la réduction progressive de rejets nocifs afin de protéger notamment la couche d'ozone [...] Une Convention-cadre a été signée à Vienne (22 mars 1985) puis un protocole à Montréal (16 septembre 1987) [...] Des affaires comme celles du *Torrey-Canon* (1967), de *l'Amoco Cadiz* (1978), de Tchernobyl (1986), la pollution accidentelle massive du Rhin (Tchernobâle, 1986) les conséquences écologiques de la guerre du Golfe (1991), ont non seulement ému les opinions publiques mais provoqué une évolution du droit [...] Un droit coutumier de l'environnement est en voie de reconnaissance. C'est ainsi que la CIJ a déclaré que "l'obligation qu'ont les États de veiller à ce que les activités exercées dans les limites de leur juridiction ou sous leur contrôle respectent l'environnement dans d'autres États ou dans des zones ne relevant d'aucune juridiction nationale fait maintenant partie du corps des règles du droit international de l'environnement" (Avis du 8 juillet 1996, Licéité de la menace ou de l'emploi d'arme nucléaire, §29)... » Jean Combacau, Serge Sur, *Droit international public, op. cit.,* pages 504 et 507.

l'Union Internationale des Télécommunications-UIT… »[1] Mais ceci rend plus complexes les investigations et le règlement des contentieux dans bien des domaines. Aussi, les investigations en cette matière nécessitent une formation accrue, une technicité et une bonne connaissance du « cyberdroit pénal » par le juge et autres poursuivants pour mieux réguler la société sénégalaise de l'information[2]. Une exigence plus poussée si l'on sait que cette délinquance est transfrontalière et peut menacer la sécurité des États et celle internationale.

L'enjeu de la lutte contre la cybercriminalité par exemple, réside dans la maîtrise de cette forme de délinquance, l'efficacité des mesures administratives comme judiciaires prises, la collaboration des États et des opérateurs qui sont pour la plupart éparpillés à travers le monde. Les opérateurs veillent particulièrement à la protection des données de leurs utilisateurs[3]. Dans tous les cas, la lutte contre la cybercriminalité est aujourd'hui confrontée, de manière plus coriace, aux cyberattaques à l'échelle mondiale[4].

---

[1] « Le rôle de l'État africain face au déploiement des réseaux de télécommunications », *AFRICAJURIS*, Hebdomadaire d'informations juridiques et d'annonces légales n° 37 du 17 au 23 octobre 2002, pages 4 à 7.

[2] Papa Assane Touré, *Le traitement de la cybercriminalité devant le juge : l'exemple du Sénégal,* Dakar, Harmattan-Sénégal, 2014.

[3] « Le gouvernement réclame des données des Sénégalais, Facebook refuse ». http://www.seneweb.com/news/Societe/le-gouvernement-reclame-les-donnees-des-_n_181795.html

« Macky interdit à ses ministres Gmail, Yahoo et Hotmail […] Le ministre des Postes et des Télécommunications, Yaya Abdoul Kane, a fait la révélation hier, jeudi 19 mai. Les membres du gouvernement n'ont plus le droit d'utiliser, dans le cadre de leurs communications officielles, les messageries Gmail, Yahoo et Hotmail. « La cybercriminalité pose problème, a justifié le ministre. Pour les communications diplomatiques et autres, il est indiqué de passer par des réseaux sécurisés. L'État dispose à travers l'ADIE des messageries intragouvernementales qui permettent de faire des communications en toute sécurité… » http://www.seneweb.com/news/Politique/macky-interdit-a-ses-ministres-gmail-yah_n_182710.html

[4] « Une vague massive de cyberattaques rappelant le mode d'action du virus WannaCry en mai a frappé mardi 27 juin simultanément des entités majeures en Ukraine, en Russie mais également partout dans le monde, perturbant le fonctionnement des banques, des aéroports et des entreprises. Le fonctionnement de la centrale nucléaire de Tchernobyl serait, par exemple, affecté par ces attaques. Des informations rapportées par plusieurs entreprises faisaient état d'un virus, par la suite baptisé NotPetya (ou Petrwrap), faisant apparaître une demande de rançon de 300 dollars sur l'écran de leurs ordinateurs. À cause de cette attaque, les passagers du métro de Kiev ne pouvaient pas payer par carte bancaire, les panneaux d'affichage de

Si cette question de spécialisation est agitée, il y a lieu de s'interroger sur son utilité. Les frontières entre le civil, le commercial, le pénal sont ténues, le rôle du parquet dans toutes ces matières en atteste largement. Dans leur cheminement professionnel, les magistrats sont interpellés par des matières qu'ils ont, par erreur, négligées en début de carrière.

## §2. Le principe que le ministère public est hiérarchisé

### I. L'affirmation du principe et ses manifestations

Les magistrats du parquet sont placés sous la direction et le contrôle de leurs supérieurs hiérarchiques et sous l'autorité du garde des Sceaux, ministre de la Justice[1]. La combinaison des différents articles du Code de procédure pénale et de la loi organique sur le statut des magistrats établit à suffisance cette subordination. En effet, l'article 28 du Code de procédure pénale dispose que « Le garde des Sceaux, ministre de la Justice peut dénoncer au procureur général les infractions à la loi pénale dont il a connaissance, lui enjoindre d'engager ou de faire engager les poursuites, ou de saisir la juridiction compétente de telles réquisitions écrites qu'il juge opportunes ». L'article 29 du même Code poursuit que « Le procureur général a autorité sur tous les représentants du ministère public du ressort de la cour d'appel. À l'égard de ces magistrats, il a les mêmes prérogatives que celles reconnues au ministre de la Justice à l'article précédent ». L'article 7 de la loi organique portant statut des magistrats dispose : « Les magistrats du parquet sont placés sous la direction et le contrôle de leurs chefs hiérarchiques et sous l'autorité du ministre de la Justice ».

Il y a toutefois lieu de relever qu'à travers ces textes, le garde des Sceaux n'a pas de rapport direct avec les parquets d'instance pour

---

l'aéroport de Kiev ne fonctionnaient plus et des banques ukrainiennes devaient mettre en pause certains des services proposés à leurs clients. De son côté, l'Ukraine appelle ses habitants au calme. « Certaines de nos agences gouvernementales ainsi que des entreprises privées ont été touchées par un virus. Pas besoin de paniquer, nous mettons tout en œuvre pour régler le problème… En Russie, Rosneft, l'un des plus gros producteurs de pétrole au monde, s'est dit victime d'une « attaque puissante » mais a assuré que sa production n'avait pas été interrompue grâce à un serveur de secours. Le sidérurgiste Evraz a également subi une attaque, a indiqué un porte-parole à l'agence Ria-Novosti ». http://www.huffingtonpost.fr /2017/06/27/une-nouvelle-cyberattaque-massive-est-en-cours-dans-le-monde-se_a_23004099/

[1] À l'opposé des magistrats du siège qui ne reçoivent d'ordre de personne et rendent la justice selon la loi et leur conscience.

l'application de la loi pénale. Dans le cadre de l'application de la loi pénale, l'interlocuteur naturel et direct des parquets d'instance est le procureur général qui, à son tour, rend compte au garde des Sceaux, ministre de la Justice. Cependant, le garde des Sceaux, par voie de circulaires, adresse au parquet d'instance des instructions générales sur la politique criminelle ou dans le cadre de l'exécution des règles de procédure. Contrairement à certains pays comme la France, il n'y a pas une disposition expresse du Code de procédure pénale qui fait défense au garde des Sceaux de donner des instructions dans un dossier précis[1]. Ceci dit, en attendant un texte portant interdiction précise des instructions individuelles ou spécifiques au Sénégal[2], les principes généraux de séparation des pouvoirs et d'indépendance de la justice doivent être respectés. Aussi, les instructions d'ordre général doivent s'inscrire dans le respect strict des lois et règlements.

Ainsi, le ministère public est hiérarchisé, les parquets d'instance ont pour supérieur hiérarchique le procureur général près d'une cour d'appel qui a à son tour, le garde des Sceaux[3]. Ces rapports sont empreints d'une certaine liberté et autonomie[4].

---

[1] « Le ministre de la Justice conduit la politique pénale déterminée par le Gouvernement. Il veille à la cohérence de son application sur le territoire de la République. À cette fin, il adresse aux magistrats du ministère public des instructions générales. Il ne peut leur adresser aucune instruction dans des affaires individuelles. Chaque année, il publie un rapport sur l'application de la politique pénale déterminée par le Gouvernement, précisant les conditions de mise en œuvre de cette politique et des instructions générales adressées en application du deuxième alinéa. Ce rapport est transmis au Parlement. Il peut donner lieu à un débat à l'Assemblée nationale et au Sénat… ». Article 31 Code de procédure pénale français.

[2] Les recommandations des travaux du Comité de réflexion sur la modernisation de la justice, *les Échos du Palais*, Revue semestrielle de l'Union des magistrats sénégalais, juillet 2018, page 9.

[3] Le décret n° 2014-870 du 22 juillet 2014 relatif aux attributions du ministre de la Justice : il exerce le pouvoir hiérarchique sur le parquet et l'Administration pénitentiaire, il est le Vice-président du Conseil supérieur de la Magistrature, il veille à la cohérence, à la légalité et à l'application de tous les textes comportant des dispositions en matière pénale ou civile, il veille au bon fonctionnement du service public de la justice, il représente l'État dans toutes les rencontres africaines ou étrangères dont l'objet se rapporte directement à ses compétences.

[4] « Ainsi dans son ressort de compétence, le procureur de la République a toute la latitude pour juger de l'opportunité d'engager ou non des poursuites judiciaires et d'en préciser le mode… ». Mandiogou Ndiaye et Nelly Robin, *Délinquance et politique pénale au Sénégal. Les Chiffres clés de la justice*, Dakar/Paris, IRD, 2002, page 39.

**Hiérarchie du parquet et rapport avec le garde des Sceaux**

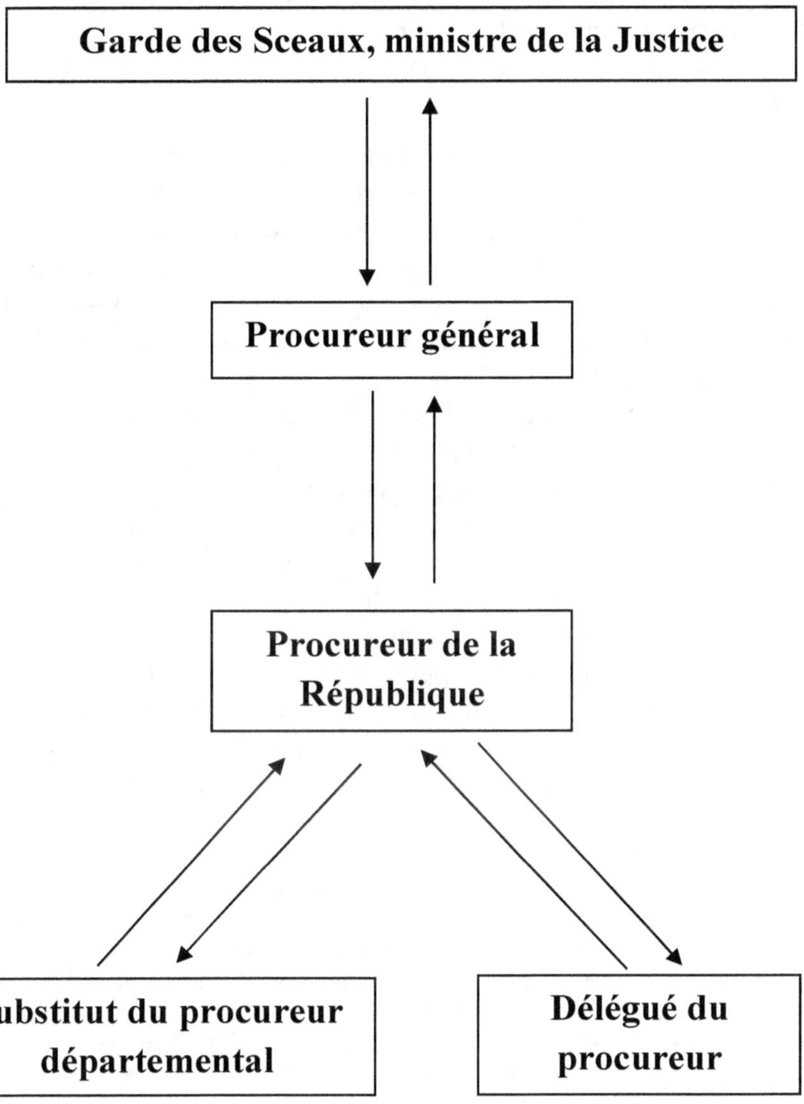


Ce schéma arborescent, ou plus exactement pyramidal, démontre un peu les rapports dans le cadre du ministère public. Le substitut du procureur, contrairement au délégué, se trouve dans le parquet même du procureur de la République et reste son collaborateur direct. Les délégués, membres du ministère public auprès des tribunaux d'instance, jouissent d'une plus grande autonomie et on peut même dire qu'ils sont chefs de parquet à l'échelon du ressort de leur juridiction. Cette autonomie se remarque moins ou elle est quasi inexistante pour le délégué qui est dans le siège du tribunal de grande instance du fait de la présence du procureur de la République.

Au niveau des tribunaux d'instance qui n'ont pas de délégué, le président fait office de délégué.

Le procureur général près la Cour suprême n'apparaît pas dans ce schéma hiérarchique, car il ne fait pas partie, en réalité, du cadre fonctionnel de la hiérarchie du parquet même si, à travers la loi organique de la Cour suprême, le garde des Sceaux peut lui demander de faire certains actes[1]. Ce dernier, contrairement à ce qu'on pourrait penser, ne fait pas partie de cette hiérarchie ; celle-ci part des parquets d'instance au ministère de la Justice en passant par le procureur général près la cour d'appel. Même si sur le plan organique, le procureur général près la Cour suprême représente le ministère public devant cette haute juridiction, il n'intervient pas en réalité dans le fonctionnement quotidien des parquets d'instance. Il ne reçoit aucun rapport ou note ayant trait à une affaire précise. Pourtant, on pourrait bien le rendre plus actif dans le fonctionnement quotidien des parquets d'instance en faisant remonter à lui la hiérarchie[2]. Toutefois, à l'état actuel de l'organisation judiciaire, il est appelé à jouer des missions spécifiques que lui confère la loi : il est inspecteur général des parquets, est membre de droit au Conseil supérieur de la Magistrature qui pourvoit aux nominations et avancements de tous les magistrats, préside le conseil

---

[1] Aux termes de l'article 51 de la Loi organique sur la Cour suprême « la requête en rabat d'arrêt est présentée, de sa propre initiative ou à la demande du ministre de la Justice, par le procureur général, ou déposée par les parties elles-mêmes… ».
L'article 57 de la même loi dispose « en toutes matières, le procureur général près la Cour suprême pourra, soit d'office, soit à la demande du ministre de la Justice, sans avoir à observer de délai, se pourvoir en cassation dans l'intérêt de la loi contre un arrêt ou un jugement contre lequel, cependant, aucune des parties n'a réclamé dans le délai fixé ou qui a été exécuté. Dans ce cas, la Cour suprême statue sans renvoi et sa décision n'a aucun effet entre les parties… ».

[2] Récemment, au Maroc, le ministère public est détaché de l'exécutif pour être rattaché au procureur général du Roi près la Cour de cassation (loi n° 33-17). « Vendredi 6 octobre 2017. Cette date restera sans aucun doute marquée dans les annales judiciaires du Royaume. Elle marque la fin d'une étape et le début d'une autre à savoir, l'ère de l'indépendance du ministère public du pouvoir exécutif ». https://lnt.ma/justice-lexecutif-libere-enfin-parquet/

statuant en matière disciplinaire pour les affaires impliquant des magistrats du parquet.

Cette hiérarchisation du parquet, dont la violation pourrait être constitutive d'une faute disciplinaire, se manifeste au quotidien dans le fonctionnement des parquets.

### A. Les comptes rendus et notes au Procureur général

L'article 27 du C.P.P. dispose que le Procureur général est « chargé de veiller à l'application de la loi pénale dans toute l'étendue du ressort de la cour d'appel ». Pour exercer ce rôle, lui qui est haut perché, il doit disposer d'un certain nombre d'éléments, renseignements et informations que la base lui fait parvenir. Ce qui implique que le procureur de la République, ses substituts et délégués sont tenus d'initiative ou sur ses instructions, d'une obligation d'informer par des rapports écrits notamment. C'est un travail quotidien et permanent, tout relâchement n'est pas permis.

Le procureur de la République, vu le caractère hiérarchique du ministère public, doit tenir informé le procureur général de toutes affaires et surtout celles importantes ou signalées de son ressort. Hormis la relation téléphonique, il faut adresser à son supérieur un rapport écrit de toutes les affaires dites signalées. Il n'y a pas de critère concernant le caractère signalé[1] ou sensible d'une affaire. Cela peut aller de l'affaire criminelle à une simple affaire contraventionnelle. Ce peut être compte tenu de la gravité des faits et du trouble à l'ordre public créé, de l'émoi soulevé, du traitement médiatique de l'affaire, de la personnalité ou de la nationalité de l'auteur ou de la victime (mais là on ne doit pas insister pour ce dernier élément qui peut battre en brèche le principe de l'égalité des citoyens devant la loi), du contexte local ou national, social, économique, sécuritaire ou politique. Une banale affaire de vol simple ou une simple contravention peut être signalée si l'auteur est une personnalité et la victime *vice versa* ou porte sur un objet particulier.

Le caractère sensible d'une affaire peut ne pas être constant ou permanent. Une affaire peut au début être très signalée et tomber

---

[1] « Remarquable, important ». *Le Petit Larousse illustré.* 2007.
« Les affaires relatives aux mœurs, plus particulièrement celles à connotation sexuelle, doivent être systématiquement considérées comme des affaires signalées et traitées comme telles avec toute la célérité et la rigueur requises. Il doit en être ainsi, compte tenu de leur impact particulièrement négatif sur l'ordre public… ». Lettre circulaire n° 3848 MJ/DACG du 23 juin 2009.

quelque temps après dans le lot des affaires communes du parquet. Ainsi, il arrive que des faits criminels ou délictuels très signalés deviennent avec le temps, comme par usure du fait de leur banalité ou de leur ancienneté, des affaires ordinaires du parquet. Au contraire, un dossier peut subitement, après bien une période passée au tribunal, dans « l'anonymat », devenir sensible et être traitée désormais comme telle. La sensibilité et/ou le caractère signalé d'une affaire sont relatifs et difficilement saisissables. Les parquets d'instance s'évertuent à dresser un état spécial sur ces affaires en assurant un suivi régulier avec des comptes rendus au parquet général, jusqu'à leur règlement définitif. Dans tous les cas, l'oubli ou l'omission de rendre compte d'une affaire *a priori* signalée est difficilement acceptable.

Le compte-rendu au procureur général doit être permanent[1] et porter sur les affaires judiciaires, mais rien ne s'oppose à ce que procureur général soit informé d'un évènement qui ne connaît pas encore de répercussion judiciaire. Cela peut être un évènement politique, social, économique, voire naturel majeur. Ainsi, outre le cadre strict de l'application de la loi, le compte-rendu écrit ou oral peut porter sur tout fait ou élément ayant une répercussion directe ou indirecte sur le fonctionnement de la justice.

Il est nécessaire pour des soucis de rapidité, que l'information se fasse par voie téléphonique ou tous autres moyens modernes avec les nouvelles technologies, mais il est indiqué pour certaines affaires de le faire suivre d'un compte-rendu écrit liminaire ou d'étape en attendant un rapport exhaustif sur le dossier. L'écrit doit être privilégié, car comme le dit l'adage *verba volent scripta manent* (le verbe s'envole tandis que l'écriture demeure et sert de preuve). Il est aussi préférable et indiqué dans certaines affaires que le parquet général en retour, donne des instructions écrites. La valeur de l'écrit, communément qualifié avec l'aveu de « reine des preuves » au niveau du prétoire, sans détruire celle de la parole ou du verbe, a toujours été vantée[2]. Cette valeur de l'écrit doit désormais s'étendre aux nouvelles technologies de l'information et de la communication. L'administration de la justice devra désormais faire usage de ces moyens, mais dans un

[1] La lettre circulaire du garde des Sceaux n° 3848 MJ/DACG du 23 juin 2009 et celle du procureur général près la cour d'appel de Dakar n° 001115 du 02 juillet 2009 insistent sur cette permanence.

[2] « Ce qu'on ne peut pas dire, il ne faut surtout pas le taire, mais l'écrire », Jacques Derrida, philosophe et écrivain français (1930-2004).

environnement sécurisé. Ces preuves immatérielles sont désormais admises[1]. Mais leur utilisation optimale et efficace suppose que tous les acteurs s'y mettent pour une circulation rapide de l'information.

Il ne faut pas oublier les comptes rendus de suivi sur l'évolution d'une procédure. Il n'est pas rare que le procureur général demande au parquet d'instance de lui faire tenir un état des affaires signalées même si d'initiative, le parquet d'instance doit le faire pour marquer l'évolution des dossiers.

Le procureur de la République doit accuser réception des lettres venant du parquet général, y donner suite ou y apporter les réponses avec diligence.

Dans les parquets en général, le courrier destiné au procureur général est de loin plus important comme en attestent les registres. En conséquence les chronos « départ parquet général » sont en général plus nombreux et comportent des comptes rendus divers sur les dossiers, les rapports d'appel[2].

Le flux de comptes rendus à la base ne doit pas être certainement le même qui remonte au parquet général jusqu'à la chancellerie. Il y a des affaires qui relèvent de la délinquance ordinaire, des pouvoirs propres du chef du parquet. Des affaires de tous les jours dont on a besoin d'appeler le procureur général pour lui en parler. De toute manière, elles figureront dans les états mensuels qui seront envoyés au parquet général. Tout est question d'espèce, de perception et de perspicacité du parquetier qui doit être vigilant en la matière.

---

[1] « Les documents sous forme électronique peuvent se substituer aux documents sur support papier et sont reconnus comme équivalents lorsqu'ils sont établis et maintenus selon un procédé technique fiable, qui garantit, à tout moment, l'origine du document sous forme électronique et son intégrité au cours des traitements et des transmissions électroniques. Les procédés techniques fiables et garantissant, à tout moment, l'origine des documents sous forme électronique ainsi que de leur intégrité au cours de leur traitement et de leurs transmissions électroniques sont reconnus valables [...] l'usage d'une signature électronique qualifiée est un procédé technique fiable et garantissant, à tout moment, l'origine des documents sous forme électronique, leur intégrité au cours de leurs traitements et de leurs transmissions électroniques... ». Article 82 de l'Acte uniforme portant sur le droit commercial général adopté le 15 décembre 2010 à Lomé au Togo.

[2] Les chronos du courrier venant du parquet général et du ministère de la Justice sont tout aussi importants et volumineux. Seul le registre ad hoc comportant le classement de certaines circulaires avance lentement et peut même couvrir plusieurs années.

Le procureur de la République doit maintenir des rapports professionnels étroits avec le procureur général qui, étant un magistrat plus ancien ayant engrangé beaucoup d'expériences, lui est d'un grand secours dans le règlement des situations complexes jamais rencontrées. Aussi, il est toujours bénéfique de partager avec ce magistrat sur des questions de droit et de procédure.

La rapidité qui doit marquer les comptes rendus au procureur général de certains faits commande, en cas de difficultés prolongées, à saisir ce dernier en personne, de se rabattre sur les avocats généraux en partant du plus ancien à charge pour lui de l'informer. Cette solution est conforme au principe de l'unicité du parquet.

À ces comptes rendus, il faut ajouter les états mensuels.

**B. Les états mensuels au procureur général**

En sus des comptes rendus quotidiens et permanents, les parquets d'instance établissent chaque mois et pour chaque ressort de cour d'appel, un état mensuel des affaires. À ce niveau, il y a lieu de tenir la main de l'agent préposé à l'établissement de ces états, car la périodicité étant très courte, la tendance à les négliger est grande. Le seul remède reste leur établissement au jour le jour et au fur et à mesure que les affaires viennent ou entrent au parquet.

Cette obligation pèse aussi sur les délégués du procureur qui envoient, sous couvert de celui-ci, les états de leur juridiction au procureur général.

Les états mensuels envoyés chaque mois comportent plusieurs rubriques présentées sous forme d'états ou de notices : un état des affaires de simple police, un état des affaires portant sur la concussion, la corruption, les détournements de deniers publics, un état portant sur les stupéfiants, un état sur les infractions sur les instruments de paiement bancaires, un état sur les infractions fiscales, un état concernant les infractions sur l'état civil, un état sur les poursuites contre les fonctionnaires et autres agents de l'État, un état sur les affaires de vol de bétail, un état des affaires jugées (criminelles, correctionnelles ou simple police), un état des appels interjetés, un état sur l'évolution de l'exécution des peines, un procès-verbal de vérification du fonctionnement du greffe (rédaction minute, tenue registres, enregistrement, conservation archives, état versement droits d'enregistrement, timbres et droit de délivrance). Il y a aussi les statistiques A sur les affaires pénales et B sur les affaires civiles et commerciales.

L'établissement des états mensuels, très prenant pour les parquets, pose des problèmes de régularité. La lettre circulaire n° 0186/MJ/DACG du 17 janvier 2002 relève déjà qu'« il m'a été donné de constater l'attitude négative de certains chefs de parquets et présidents de tribunaux départementaux qui se sont abstenus d'envoyer au parquet général de leur ressort, les notices mensuelles et les statistiques au cours de l'année judiciaire en cours, ou s'ils l'ont fait, cela s'est traduit de manière épisodique… ». Il est apparu nécessaire d'alléger ces états en supprimant temporairement l'établissement de l'état des affaires autres que de simple police reçues au parquet, comme l'édicte la lettre n° 00001/PG du 02 janvier 2004. Cette lettre circulaire a pris en compte l'amorce de la chaîne pénale informatisée au niveau du registre des plaintes des parquets. En effet, le procureur général, par le dispositif informatique, est informé au quotidien des affaires enregistrées dans les parquets de son ressort. Toutefois, dès que le système informatique est défaillant, les parquets doivent se réajuster pour revenir à l'envoi complet des statistiques au procureur général. Ces envois permettent au procureur général de vérifier l'application de la loi dans son ressort, mais aussi le mettent en état d'exercer son droit d'appel des décisions rendues en premier ressort conformément aux articles 484, 494, 534 et 536 du CPP.

Le contenu et les rubriques des états mensuels ne sont pas statiques, ils évoluent selon les besoins du moment. Le procureur général demande parfois, à son intention ou à celle du garde des Sceaux, que des données spécifiques lui soient envoyées.[1]

---

[1] Exemple la lettre circulaire du procureur général n° 002379 du 06 novembre 2009 sur la traite des personnes : « Monsieur le Garde des Sceaux (sic) vous invite à lui faire tenir des états mensuels spécifiques sur les procédures relatives aux violences faites aux femmes et aux enfants, à la prostitution d'enfant, à la vente d'enfant et à la pornographie mettant en scène des enfants. Les statistiques devront prendre en compte les procédures similaires connues de vos juridictions respectives pendant les trois dernières années écoulées… ».

« Pour faciliter le contrôle de l'activité des juridictions installées dans le pays, il est demandé à tous les chefs de juridiction, à l'exception de la Cour suprême, de présenter au ministère de la Justice (Direction des Affaires criminelles et des Grâces), un tableau trimestriel récapitulant les affaires de la juridiction. À la fin de l'année 1963, la direction des affaires criminelles et des grâces constatant que la justice de paix de Kédougou n'avait, depuis son installation, jugé aucune affaire, une demande d'explication est envoyée au Président de cette juridiction. Sa réponse, sous forme de

Par ailleurs, dans ses pouvoirs propres, le président de la chambre d'accusation s'assure du bon fonctionnement des cabinets d'instruction de son ressort. À cette fin, l'article 211 du C.P.P. dispose qu' : « il est établi chaque trimestre, dans chaque cabinet d'instruction, un état de toutes les affaires en cours portant mention pour chacune des affaires, de la date du dernier acte d'information exécuté. Les affaires dans lesquelles sont impliqués les inculpés détenus provisoirement figurent sur un état spécial. Les états [...] sont établis en deux exemplaires ». L'un est destiné au président de la chambre d'accusation par l'intermédiaire du président du tribunal régional ; l'autre est destiné au procureur général par l'intermédiaire du procureur de la République depuis la loi n° 81-71 du 10 décembre 1981. Le procureur de la République fera parvenir les états au procureur général avec ses observations. Il doit les examiner avec minutie pour des observations utiles au parquet général : sur les dossiers transmis au parquet pour règlement définitif, les longues détentions, les décisions qui ne sont pas conformes au droit, les dossiers qui s'enlisent au cabinet, les rectificatifs qu'il convient d'apporter. En cas d'absence de remarques, il peut se borner à indiquer que les états « n'appellent de ma part aucune observation »[1], même si on ne doit pas abuser de cela, car les observations spécifiques et précises facilitent certainement leur exploitation par le procureur général.

Ces états trimestriels lors de leur exploitation peuvent même permettre au parquet de réagir dans le cadre de l'instruction d'un dossier en demandant sa communication pour prendre tous les réquisitoires supplétifs qu'il juge utiles. Mais contrairement au président du tribunal, les observations du procureur de la République sont adressées au parquet général et non au juge d'instruction. Aussi, les observations en retour que le procureur général serait amené à faire au procureur de la République sur les états du cabinet d'instruction restent internes au parquet. Le procureur de la République ne peut communiquer directement les observations du procureur général au

---

rapport, qu'il a tenu à venir commenter au ministre, peut se résumer ainsi : malgré les tournées effectuées dans le département sous forme d'audiences foraines, les populations de Kédougou ne se sont jamais adressées à la justice étatique. Il précise que tous les litiges, quelle qu'en soit la nature, sont réglés par la voie traditionnelle, les décisions ne faisant jamais l'objet d'appel à son niveau... », *Mémoires d'un juge africain, op. cit.*

[1] Si les états sont bien tenus et fidèles aux données, ce sont en général les observations que l'on remarque.

juge d'instruction pour sauvegarder la séparation des fonctions et l'indépendance de ce dernier. Il y a lieu de relever qu'à un autre niveau, le procureur général pourrait partager ses observations avec le président de la chambre d'accusation qui, dans le cadre de ses missions de contrôle du bon fonctionnement des cabinets, pourrait faire siennes ses observations et les porter à la connaissance du juge.

Dans notre pays, de plus en plus, des voix s'élèvent pour réclamer l'indépendance du parquet ou de « couper le cordon ombilical » liant le parquet à la chancellerie pour éviter l'influence du politique dans la gestion de certaines affaires sensibles ou non, pendantes devant les juridictions. En France, ce débat a provoqué la clarification des attributions en matière pénale du garde des Sceaux, ministre de la Justice dans le corps même du Code de procédure pénale. Son rôle est encadré[1]. Dans d'autres systèmes, le parquet jouit en droit d'une indépendance organique et fonctionnelle[2].

---

[1] Article 30 « Le ministre de la Justice conduit la politique pénale déterminée par le Gouvernement. Il veille à la cohérence de son application sur le territoire de la République. À cette fin, il adresse aux magistrats du ministère public des instructions générales. Il ne peut leur adresser aucune instruction dans des affaires individuelles. Chaque année, il publie un rapport sur l'application de la politique pénale déterminée par le Gouvernement, précisant les conditions de mise en œuvre de cette politique et des instructions générales adressées en application du deuxième alinéa. Ce rapport est transmis au Parlement. Il peut donner lieu à un débat à l'Assemblée nationale et au Sénat ».

[2] « Les procureurs (prosecutors) du système fédéral font partie du Département de la Justice de la branche exécutive du pouvoir. Le procureur général (Attorney General) des États-Unis qui se trouve à la tête du Département de la Justice est nommé par le Président avec confirmation du Sénat. Les procureurs principaux (chief prosecutors) des districts de tribunaux fédéraux sont des Avocats (Attorneys) des États-Unis et sont en outre nommés par le Président avec confirmation du Sénat. Au sein du Département de la Justice se trouve le Federal Bureau of Investigation (FBI) qui enquête sur les crimes commis contre les États-Unis. Chaque État possède par ailleurs un procureur général dans la branche exécutive de l'État qui est généralement élu par les citoyens de l'État en question. Il existe aussi des procureurs dans diverses régions de l'État, appelés procureurs d'État ou procureurs régionaux (district attorneys), et ils sont, eux aussi, généralement élus… » http://fr.wikipedia.org/

« Parmi les nombreux éléments différenciant les systèmes français et américain figure le mode de nomination de juges et procureurs. Outre-Atlantique, les magistrats sont élus par leurs concitoyens. Ce système participe à une véritable séparation des pouvoirs tout en entraînant de réels excès de juges ou procureurs. Souhaitant être réélus, ces derniers ont régulièrement tendance à sombrer dans un profond populisme. Au Texas, État peuplé d'une majorité d'habitants favorables à la peine de mort, juges et procureurs se montrent ainsi particulièrement sévères afin de répondre à une logique

Cette subordination n'est pas rigide dans tous les cas de figure.

**II. L'atténuation au principe de la subordination**

La subordination du procureur de la République au procureur général comporte des limites essentielles.

D'abord, grâce aux pouvoirs propres du parquet, un chef de parquet peut poursuivre malgré la défense de son supérieur. La poursuite ainsi lancée est valable et la juridiction saisie est tenue de statuer. Les chefs de parquet peuvent en outre, refuser de poursuivre en dépit de l'ordre de leur supérieur ; personne d'autre ne peut le faire à leur place sauf en cas d'affectation. Pour y pallier, ce qui ne serait pas souhaitable, l'autorité peut faire procéder à l'affectation du chef de parquet récalcitrant.

Ensuite, à l'audience, à l'exception des réquisitions écrites, les réquisitions orales sont libres. Aux termes de l'article 25 du C.P.P, « le ministère public est tenu de prendre des réquisitions écrites conformes aux instructions qui lui sont données. Il développe librement les observations orales qu'il croit convenables au bien de la justice ». Ce qui est une consécration de l'adage « la plume est serve, la parole libre ». Toutefois, la loyauté commande que si l'on sait avoir une position contraire aux instructions reçues de le dire ouvertement pour éviter les cas de surprise de nature à installer un climat délétère au sein d'un parquet ou entre le parquet d'instance et le parquet général.

Enfin, cette subordination est plus poussée et ne comporte aucune exception dans les rapports entre le procureur de la République et ses substituts et délégués. Il se manifeste dans les parquets par les « m'en parler » et des instructions précises sur le règlement des dossiers que les substituts et délégués sont tenus de respecter. L'autonomie et la liberté dans le cadre d'un parquet dépendent du fonctionnement que le chef entend imprimer à son service dans le respect des lois et règlements régissant la justice en général, le parquet en particulier. De plus en plus, on sent la nécessité d'une réglementation interne au niveau des parquets pour organiser le fonctionnement du service et définir les tâches de chacun.

Dans son fonctionnement, le ministère public doit affirmer son indépendance.

---

électoraliste. Les lois en vigueur aux États-Unis varient selon les zones géographiques. Des décisions peuvent être prises par villes, comtés, États et gouvernement fédéral. La peine de mort a ainsi été abolie dans le Maine, le Minnesota ou le Vermont… ». http://www.jhm.fr

## §3. L'indépendance du parquet

Sa hiérarchisation et le lien de subordination organique occultent le principe de l'indépendance du parquet[1]. Cette indépendance[2] doit être surtout affirmée à l'égard de ses collègues juges du siège dans le cadre de l'exercice de ses fonctions, des parties au procès et de toutes autres forces politique, religieuse et coutumière ; en somme, envers toutes sortes de pression, même de sa propre hiérarchie le cas échéant[3]. Cette

---

[1] Sur le plan de la justice internationale, l'indépendance du procureur est affirmée par le Statut de Rome du 17 juillet 1998, entré en vigueur le 1er juillet 2002 et instituant la Cour pénale internationale dont le siège est à La Haye au Pays-Bas.
L'article 12 du Statut des Chambres africaines extraordinaires créées au sein des juridictions sénégalaises dispose que « ... les procureurs exercent leurs fonctions en toute indépendance ».

[2] L'indépendance du pouvoir judiciaire en général est consacrée par la Constitution du Sénégal, article 88.

[3] « Considérant que l'article 1er de l'ordonnance n° 58-1270 du 22 décembre 1958, portant loi organique relative au statut de la magistrature dispose que « le corps judiciaire comprend les magistrats du siège et du parquet [...] et les auditeurs de justice » ; que ce principe consacre l'unité de la magistrature ; Que l'unité du corps judiciaire se traduit en pratique, par l'identité des règles de recrutement et des modalités de l'avancement et par l'alternance possible, dans une même carrière, d'affectations au siège et au parquet ; Qu'ainsi l'indépendance des magistrats du ministère public est égale à celle des magistrats du siège, sous réserve, en ce qui concerne ces derniers, de certaines dispositions dont l'inamovibilité et la compétence du Conseil supérieur de la magistrature ; que les règles particulières auxquelles sont soumis les magistrats du ministère public procèdent de la seule nature des fonctions, l'exercice de l'action publique expliquant et justifiant les pouvoirs conférés par la loi au ministre de la justice ; Que prétendre à l'entière soumission des magistrats du parquet à une hiérarchie dont le garde des Sceaux serait le chef, n'aboutirait, ainsi qu'il a été souvent observé, qu'à discréditer la justice en ne faisant du parquet que l'auxiliaire du pouvoir exécutif ; Que l'histoire de notre justice enseigne que le ministère public, dans une longue tradition qui remonte au début du siècle dernier, a toujours exigé le respect de son droit à l'indépendance dans l'exercice de ses fonctions ; Que, par exemple, le procureur général Bellart (Paris), en 1819, écrivait au garde des sceaux (sic) en ces termes : « Ministre de la loi, c'est de la loi seule qu'il [le ministère public] tient sa mission ; c'est à elle seule qu'il répond de ses fautes judiciaires » ; Que dans une circulaire du 24 novembre 1930 qui conserve toute son actualité, le garde des Sceaux Cheron écrivait : « J'entends en matière de poursuites pénales, quelles que soient les personnes en cause, que les chefs des parquets se décident d'après les seules inspirations de leur conscience, dans le cadre des prescriptions de la loi. Dans ma pensée, cette mesure est destinée, en développant le sentiment de la responsabilité chez les représentants du ministère public, à élever encore leur conscience professionnelle et à fortifier l'indépendance de la magistrature, garantie essentielle de notre droit public ;... ». http://www.conseil-superieur-magistrature.fr/discipline-des-magistrats? m=decision&vid=550.

indépendance et l'autonomie de fonctionnement du parquet se manifestent au niveau des juridictions dans la disposition des différents services. La configuration des locaux est dans certains cas éloquente : en exemple le cas à Ziguinchor depuis très longtemps[1].

En dépit du principe de la subordination du parquet, le chef du parquet peut faire preuve d'indépendance dans ses missions sans violer son statut. Tout tient à la personnalité du parquetier. La lettre circulaire du garde des Sceaux n° 03310 du 06 septembre 1990 précise qu'« il entend voir cette indépendance s'affirmer certes envers le pouvoir politique, mais encore envers toutes les formes de pression, comme le veut la Constitution. Cette indépendance du corps doit s'entendre aussi d'une probité irréprochable du magistrat qui, à défaut d'être un modèle, doit pouvoir donner le bon exemple à ses concitoyens. C'est à ce prix seulement qu'il peut imposer le respect tant à l'égard de sa personne qu'à celui de l'institution qu'il incarne ». Cette lettre circulaire s'adresse aux magistrats en général, ceux du parquet y compris. Le parquet qui appartient au pouvoir judiciaire[2] doit exercer ses fonctions en toute indépendance et en sécurité[3]. Leur qualité de magistrat, compte tenu de leur formation, de leurs tâches et de leur statut au Sénégal, ne pose l'ombre d'aucun doute et ne saurait être remise en cause. L'indépendance des parquets s'inscrit dans une dynamique et une évolution constante. Au plan législatif, il reste à franchir un pas décisif sur les garanties statutaires du parquet. La hiérarchie et la subordination

---

[1] Le parquet et le Siège se trouvent dans la même enceinte, le Palais de justice, mais en deux bâtiments différents et distants d'environ une trentaine de mètres. La construction de la cour d'appel a fait disparaître cette configuration très illustrative.

[2] « ... d'autorité, il devient pouvoir... ». Ismaïla Madior Fall, *Évolution constitutionnelle du Sénégal, de la veille de l'Indépendance aux élections de 2007,* Paris-Dakar, Crédila-Karthala-Crepos, 2007, page 59.

«... trois années après, avec la Constitution du 07 mars 1963 la justice est passée d'une autorité judiciaire à un pouvoir judiciaire conformément aux dispositions de l'article 80 : le pouvoir judiciaire, indépendant du pouvoir législatif et du pouvoir exécutif, est exercé par la Cour suprême et les cours et tribunaux Ainsi, il était indiqué qu'un statut spécial soit conféré aux magistrats de l'ordre judiciaire... » Extrait exposé des motifs de la loi organique n° 2017-09 du 17 janvier 2017 abrogeant et remplaçant la loi organique n° 2008-35 du 08 août 2008 sur la Cour suprême.

[3] « Les magistrats du parquet et leur famille sont protégés physiquement par les autorités lorsque leur sécurité personnelle est menacée en raison de l'exercice de leur fonction... ». Principes directeurs applicables au rôle des magistrats du parquet adoptés par le 8e Congrès des Nations Unies pour la prévention du crime et le traitement des délinquants qui s'est tenu à la Havane du 27 août au 07 septembre 1990. Site internet : www.democratie.francophone.org.

qui caractérisent son fonctionnement ne doivent être antinomiques à son indépendance. Cette dernière doit être consacrée et affirmée dans son pouvoir d'auto saisine, de conduite des enquêtes, de la libre appréciation de l'opportunité des poursuites, de prise de décisions dans la cadre du traitement d'un dossier, de ses réquisitions tant écrites qu'orales et d'interdiction de toutes instructions spécifiques de sa hiérarchie dans un sens ou dans un autre pour le traitement d'une procédure. Pour ne pas être vidée de son effectivité, cette autonomie décisionnelle devrait être sécurisée par une période minimale (trois années par exemple) au cours de laquelle le chef de parquet ou le membre du parquet ne peut être mutés ou déplacé sauf sur sa demande ou en cas d'empêchement ou d'incapacité définitif et une transparence dans la nomination des membres du ministère public. Ainsi, à notre sens, la hiérarchie et la subordination, leviers essentiels pour le bon fonctionnement du ministère public, pourraient survivre pour ce qui concerne la définition de la politique pénale, les circulaires interprétatives de textes et les divers comptes rendus sur le fonctionnement de la justice en général. Contrairement à l'espace anglo-saxon, les pays de tradition romano-germanique semblent se fixer un rubicond à ne pas franchir en maintenant tout au moins les instructions de politique générale ou de politique pénale de la chancellerie à l'endroit du ministère public. Mais à terme, il faut convenir que la définition de cette politique générale pourrait disparaître et consacrer une indépendance totale du parquet car, sans rompre l'égalité des citoyens devant la loi, chaque parquet détermine sa politique pénale locale en adéquation avec elle en vigueur au niveau des autres parquets, au plan national. La responsabilité du ministère public serait accrue. L'environnement sous-régional et mondial impactera aussi l'organisation du système judiciaire national surtout avec cette ère des harmonisations et de renforcement croissant des droits des citoyens.

Le champ d'application de l'indépendance doit être cependant bien cerné. Il s'agit pour les magistrats, de leurs actes accomplis dans le cadre de la distribution de la justice. Mais s'agissant de l'organisation du service, tous les magistrats de quelque fonction qu'ils soient, doivent obéissance à leurs chefs de juridiction et à la chancellerie[1].

[1] « Au Sénégal, le ministre de la Justice est chargé de préparer et de mettre en œuvre l'action du gouvernement en ce qui concerne l'organisation et les moyens de fonctionnement de la justice et des prisons… » SENEGAL, le secteur de la justice et l'État de droit, document de discussion, une étude d'Affrimap et de *l'Open Society*

L'organisation du service, comme nous le verrons, n'entame en rien l'indépendance de la justice et des magistrats. Aucun magistrat n'est fondé à invoquer son indépendance vis-à-vis des décisions prises dans ce cadre. D'aucuns s'interrogeront sur la frontière entre les deux domaines. Pourtant, elle est parfaitement saisissable. Les instructions, pressions, directes ou indirectes aux juges du siège pour le règlement d'une procédure dans un sens ou dans un autre, portent atteinte à son indépendance. Par contre, le respect des horaires de travail, le traitement diligent des procédures, la tenue du magistrat dans son cabinet, la répartition des tâches et des audiences, par exemple, ne doivent souffrir d'une quelconque indépendance[1]. Toutefois, il faut éviter, pour des arguments avancés de l'organisation du service, que de véritables décisions soient prises avec comme but fondamental de porter atteinte à l'indépendance de la justice ou des magistrats qui évoluent dans une juridiction bien déterminée.

Une solution douce est trouvée, car la plupart des questions relatives à l'organisation et au fonctionnement sont examinées lors des assemblées générales auxquelles sont conviés tous les magistrats du ressort ou du palais de justice au seuil des congés et vacances judiciaires situés entre le 1er août et le 31 octobre[2], comme à la reprise à compter du 1er novembre. Aux termes de l'article 32 du statut des magistrats, « le ministre de la Justice fixe tous les ans, par arrêté, le début des vacations des cours et tribunaux. Pendant les vacations, les magistrats ne peuvent quitter le territoire de la République sans autorisation d'absence accordée par le ministre de la Justice ». L'article 33 dispose : « au début de l'année, une cérémonie solennelle marque la rentrée judiciaire. Elle est organisée par la Cour suprême ».

---

*Institute for West Africa*, novembre 2008, une publication du Réseau *Open Society Institute*, page 16

[1] « Pour pallier tous ces inconvénients préjudiciables au bon fonctionnement du service public de la justice et aux justiciables confrontés à de longues attentes, vous veillerez désormais, à ce que les audiences démarrent effectivement au plus tard à 9 heures précises, les décisions de justice soient rendues dans des délais raisonnables… ». Lettre circulaire n°01945/MJ/DSJ du 18 avril 2008.

[2] La période des vacances judiciaires est fixée chaque année par arrêté du ministre de la Justice. Exemple arrêté n° 007378 du 14 juillet 2011 pour les vacances 2011.

Les magistrats ont droit, comme tous les fonctionnaires, à 30 jours de congé annuel. Mais ils ont en plus 15 jours de vacances judiciaires par an. En août 2012, il y aurait, sans succès, des velléités de supprimer ces vacances judiciaires.

Les anciens locaux du parquet près du tribunal régional de Ziguinchor[1].

Les locaux du tribunal de grande instance de Ziguinchor[2]

[1] Jusqu'au vendredi 24 septembre 2010, date de déménagement dans un bâtiment provisoire qui jouxte le tribunal d'instance sur le rue Émile Badiane. Ces locaux du parquet, en image, sont démolis le lundi 14 novembre 2011 pour le démarrage des travaux de construction de la Cour d'appel de Ziguinchor.

[2] Classé monument historique national, ce qui lui valut certainement son maintien en dépit des constructions nouvelles sur le site, il abrite le greffe, la salle d'audience, les

Dans la justice pénale internationale, l'indépendance et l'impartialité du procureur sont toujours consacrées par les différents instruments internationaux, notamment par les statuts des différentes juridictions.

L'indépendance et l'impartialité du parquet restent des baromètres essentiels d'une accusation transparente et crédible tant pour les victimes, les personnes poursuivies que pour la société en général.

### §4. L'indivisibilité du parquet

Ce principe signifie qu'au sein d'un même parquet, les magistrats du ministère public peuvent se relayer pour prendre des actes dans la même affaire[1]. Même au cours d'un procès[2], un magistrat du même parquet peut venir remplacer son collègue et prendre l'affaire en cours. Cela ne signifie pas que les deux magistrats auront nécessairement le même point de vue.

Il convient par ailleurs d'ajouter que le ministère public est irrécusable et irresponsable.

### §5. L'irrécusable du parquet

En effet, contrairement au magistrat du siège, le ministère public, qui est partie au procès, ne peut faire l'objet d'une récusation[3] ni d'une

---

cabinets d'instruction, les cabinets du président du tribunal et des juges. En Octobre 2011, le cabinet du Président, des juges ont été délocalisés. Le bâtiment abrite actuellement les cabinets d'instruction et le greffe.

[1] Les membres d'un parquet sont interchangeables, car l'acte accomplit par l'un d'eux l'est au nom du parquet tout entier. Les magistrats du parquet peuvent se remplacer mutuellement tout au long d'une affaire, l'un déclenchant les poursuites, un autre prenant la parole au début de l'audience, un autre encore la prenant à la fin. Jean PRADEL, *Procédure pénale*, Paris, Ed. Cujas, 2004, page 135.

[2] À peine de nullité de la procédure, un juge du siège ne peut se faire remplacer au cours d'un procès sauf en cas d'empêchement par le biais de la suppléance.

Est cassé l'arrêt rendu par une Chambre correctionnelle dans laquelle a siégé un conseiller qui avait siégé dans un tribunal ayant rendu le jugement frappé d'appel. C.cass arrêt n °08 du 16 décembre 1997. Recueil Cour de cassation 1993-1998. Page 124. Aff. Konaté Thierno et Gueye Omar c/ Anna Diop Seck et ministère public.

[3] « … La récusation est la procédure par laquelle une partie à un procès sollicite qu'un magistrat ou un fonctionnaire judiciaire, suspect de partialité, soit écarté du procès auquel il participe… Les représentants du ministère public n'ont pas pour tâche de statuer sur la cause, mais d'assumer notamment un rôle de partie ; leur récusation ne peut donc être demandée au motif qu'ils soutiennent trop activement l'accusation, car cette attitude, bien que totalement partiale, est inhérente à la fonction… » *Code de procédure pénale suisse, petit commentaire, op. cit.*, page 150 et 155.

demande en suspicion légitime. Mais rien ne s'oppose à ce qu'un magistrat du parquet pour une raison déterminée puisse se retirer *ab initio* ou s'abstenir de participer au jugement d'une affaire.

### §6. L'irresponsabilité du parquet

En outre, s'il exerce l'action publique à tort, il ne peut être condamné ni aux frais ni à des dommages-intérêts envers la personne relaxée ou acquittée. Ajoutons à ce propos que de plus en plus, s'organisent des mécanismes d'indemnisation par l'État de situations qui sont consécutives à de longues détentions. Il a été envisagé au Sénégal une commission nationale d'indemnisation des victimes de longues détentions sanctionnées par une relaxe ou un acquittement sous certaines conditions ; mais finalement, une commission juridictionnelle a été créée auprès de la Cour suprême. Selon l'article 107 de la loi organique, « sans préjudice d'autres voies de recours, une indemnité peut être accordée à la personne ayant fait l'objet d'une détention provisoire au cours d'une procédure terminée à son égard par une décision de non-lieu, de relaxe ou d'acquittement devenue définitive, lorsque cette détention lui a causé un préjudice manifestement anormal et d'une particulière gravité »[1]. Comme il ressort du texte, la détention provisoire sanctionnée par une décision définitive de non-lieu, de relaxe ou d'acquittement ne donne pas automatiquement droit à l'indemnité, mais il faut prouver un préjudice manifestement anormal et d'une particulière gravité.

Cette irresponsabilité ne couvre le parquetier que s'il agit dans le strict respect de ses attributions. Il n'est pas couvert en cas de faute disciplinaire.

Ces principes qui gouvernent le fonctionnement du ministère public rendent pertinent l'examen des rapports qu'un procureur de la République pourrait entretenir avec le ministère de la Justice.

---

[1] « L'indemnité prévue à l'article précédent est allouée par décision d'une commission juridictionnelle auprès de la Cour suprême qui statue souverainement… ». Article 108 de la loi organique sur la Cour suprême.
« L'indemnité allouée en application de la présente loi organique est à la charge de l'État, sauf le recours de celui-ci contre le dénonciateur de mauvaise foi ou le faux témoin dont la faute aurait provoqué la détention ou sa prolongation. Elle est payée comme frais de justice criminelle. Si la requête est rejetée, le demandeur est condamnée aux dépens, à moins que la commission ne l'en décharge d'une partie ou de la totalité ».

## SECTION 5. LES RAPPORTS ENTRE LE PROCUREUR DE LA REPUBLIQUE ET LE MINISTERE DE LA JUSTICE

Comme nous le voyons, le ministère public est une chaîne hiérarchisée qui aboutit au ministre de la Justice. Il ressort du schéma que le procureur de la République n'a pas de rapport direct avec la chancellerie. Sur le plan judiciaire, son interlocuteur direct est le procureur général près la cour d'appel.

Sur un plan purement administratif, le ministère de la Justice transmet directement des circulaires au parquet d'instance qui ne doit pas omettre d'accuser réception du courrier reçu et de répondre sur les diligences faites. Il en va de même des actes judiciaires en provenance de l'étranger comme les assignations, citations dans le cadre de l'entraide judiciaire internationale. Cependant, il convient de préciser que le procureur de la République envoie tout son courrier destiné au ministère de la Justice par la voie hiérarchique, en passant par le parquet général.

Le garde des Sceaux retrouve en principe au moins une fois l'an, tous les chefs de parquet de la République, dans ce qu'on appelle traditionnellement la conférence annuelle des chefs de parquet. C'est un bon moment d'échanges entre le parquet et la chancellerie avec tous les directeurs[1] sur des thèmes spécifiques au ministère public, mais aussi en

---

[1] Le décret n° 2007-554 du 30 avril 2007 portant organisation du ministère de la Justice modifie le décret n°60-176 du 26 juillet 1960 édicte que le ministère comprend outre le Secrétaire Général, le cabinet du Ministre et les services rattachés. Il énumère les Directions et Services du département de la Justice ainsi que leurs attributions : Direction des Services Judiciaires (DSJ), Direction des Affaires Criminelles et des Grâces (DACG), Direction des Affaires Civiles et du Sceau (DACS), Direction de l'Administration Pénitentiaire (DAP), Direction de l'Éducation Surveillée et de la Protection Sociale (DESPS), Direction de l'Administration Générale et de l'Équipement (DAGE), Direction des Constructions des Palais de Justice et autres Édifices (DCPJAE), Direction de l'Informatique Judiciaire (DIJ), Direction des droits Humains (DDH), et les services rattachés au ministère que sont le Centre de Formation Judiciaire (CFJ), l'Inspection Générale de l'Administration de la Justice (IGAJ), le Service de communication et dans le cadre du Programme Sectoriel Justice (2004-2013), le Comité de Coordination et d'Évaluation du Programme Sectoriel Justice, la Cellule d'Exécution Administrative et Financière (CEDAF) du Programme sectoriel Justice. Il faut relever que le ministère comporte, sous l'autorité du Secrétaire général, un Service des Archives et de la Documentation de la Chancellerie, le Bureau de gestion du courrier et le Bureau des Statistiques. Le Centre National des Archives Judiciaires est aussi placé sous l'autorité du Secrétaire général.

général sur le fonctionnement de la justice. Elle est convoquée par le garde des Sceaux, ministre de la Justice[1].

Ces rapports sont surtout marqués par différents actes administratifs liés au fonctionnement du service public de la justice.

## SECTION 6. LES ACTES LIES AU FONCTIONNEMENT DU SERVICE PUBLIC DE LA JUSTICE

Ce sont essentiellement les circulaires, les arrêtés d'une part et les inspections d'autre part.

### §1. Les circulaires et arrêtés

Les circulaires[2] prises sous forme de lettre et qui peuvent émaner, comme nous le verrons, soit du ministère de la Justice soit du parquet général, jouent un rôle déterminant dans le fonctionnement de la justice qui, est-il besoin de le rappeler, reste un service public[3] dont les seules particularités restent son statut de pouvoir parmi les institutions de la République et sa mission de rendre la justice. Ces circulaires d'ordre administratif qui ne peuvent poser aucune incrimination ou modifier une règle de droit[4] comportent des instructions de portée générale, s'appliquent à des domaines spécifiques de la justice et peuvent

---

[1] Comme sa lettre n°1889/MJ/DACG du 07 juin 2000 relayée par la lettre n° 000960 du 16 juin 2000 du procureur général près la cour d'appel de Dakar convoquant les procureurs à la réunion des chefs de parquet. Cette réunion peut aussi concerner les délégués des procureurs comme la réunion des chefs de parquet convoquée pour le vendredi 19 juin 2009, par lettre n° 3380 MJ/DACG du 08 juin 2009.

[2] Sources : parquet de Ziguinchor, Diourbel et Dakar.

[3] Ce sont les différents services dont l'organisation et le fonctionnement sont régis par des règles et des techniques particulières de l'administration […] on trouve dans cette catégorie les ministères… avec les services centraux et leurs ramifications territoriales… Alain BOCKEL, *Droit administratif.* 1980, page 68.

[4] « La circulaire administrative ne peut pas servir de base à une incrimination pénale, crim. 28 novembre 1972 Blanc, ni modifier une règle de procédure, Lyon 25 novembre 1971 Pollet-Villard. Il n'en va autrement qu'en cas de délégation expresse du législateur, crim. 16 janvier 1976, Gryson ». Observations : « Le rôle croissant des circulaires est une réalité que les juridictions administratives ont été amenées à prendre en considération. Longtemps considérées comme de simples mesures internes utilisées par les chefs de service pour faire connaître aux fonctionnaires d'exécution, la doctrine des ministères, elles ont aujourd'hui largement débordé de ce cadre étroit. On constate en effet qu'en raison de l'absence totale de formalisme qui les caractérise, elles tendent à remplacer les actes administratifs traditionnels… » J.PRADEL / A. VARINARD, *Les grands arrêts du droit pénal général,* 7ème édition, page 68 à 71.

concerner l'administration publique en général, brasser parfois même des domaines insoupçonnés. En fait « … dans le cadre de l'organisation hiérarchique, le responsable (ministre ou Premier ministre) a besoin d'indiquer à ses services et aux différents agents placés sous ses ordres la doctrine administrative, le sens des dispositions à appliquer, la conduite à tenir dans le service en général… Il lui revient de définir l'organisation générale du travail, les différents aspects de la vie collective (horaires, discipline…). Cela est essentiel pour la cohésion et l'efficacité de l'action publique… Parmi ces différentes mesures, on peut distinguer la circulaire ou instruction de service. L'instruction présidentielle n° 21 du 28 février 1967, JORS du 29 avril 1968 page 497 définit les circulaires et vu leur importance, prescrivait leur enregistrement et publication au Journal officiel comme les actes administratifs »[1].

Les arrêtés qui se définissent comme des décisions du ministre dans son domaine de compétence participent largement au fonctionnement global de la justice.

Ces lettres circulaires et arrêtés vont de l'interprétation[2] des textes à leur application, la politique pénale que nous aborderons, en passant par le fonctionnement des tribunaux. Aucun domaine n'est occulté. Ainsi, quelques exemples, cités sans aucun ordre, le démontrent clairement :

— lenteur dans le traitement des dossiers (lettre n° 3815/MJ/ ACS du 20 septembre 2002) ;

— gratuité de la délivrance des actes, assistance aux victimes du naufrage du bateau M/S « le JOOLA » survenu dans la nuit du 26 au 27 septembre 2002 (lettre n ° 5229 MJ/DACS du 23 décembre 2002) ;

— finalisation de la chaîne pénale informatique (lettre n° 4935 /MJ/IGAJ du 27 novembre 2002) ;

— besoin en personnel (lettre n° 5085/MJ/DSJ du 12 décembre 2002) ;

---

[1] Alain BOCKEL, *Droit administratif*, Dakar, NEA, 1980, page 170.

[2] « … Interpréter, c'est définir ou déterminer le sens et la portée des règles de droit en vigueur. Il ne s'agit pas d'un exercice abstrait, d'ordre intellectuel, qui dégagerait un sens en soi de la règle. Il s'agit d'une activité positive, comportant un objet particulier et tournée vers un but pratique. Par exemple, évaluer l'applicabilité concrète d'une règle à une situation donnée, établir ainsi le lien entre cette règle et les faits qu'elle atteint de façon virtuelle. L'interprétation positive se distingue donc de l'interprétation doctrinale qui, au-delà d'un souci d'intelligence générale du droit, se relie souvent à une approche théorique a priori… », *Droit international public*, *op. cit.*, page 170.

— gestion des crédits et tenue de la comptabilité des matières avec rappel des dispositions réglementaires (lettre n° 2203/MJ/DAGE du 21 mai 2002) ;

— proposition de décoration pour l'année 2002 (lettre n° 4951/MJ/DSJ du 29 novembre 2002) ;

— organisation d'audiences foraines (lettre n° 0919/MJ/ACS du 19 février 2008 ;

— évaluation des magistrats (lettre n° 03176/MJ/DSJ du 26 juillet 2005 et la lettre du procureur général n° 001722 du 26 juillet 2005 ; lettre circulaire n° 02634 MJ/DSJ du 24 octobre 2012 « ... pour une gestion vertueuse, progressive de la carrière du magistrat... la notation apparaît comme l'un de ces critères qui jugent du mérite, des qualités professionnelles et morales de chaque magistrat... » ;

— réduction de la consommation d'eau des services de l'État, la lettre circulaire n° 0391/MJ/DSJ du 27 janvier 1995 ;

— modalités pratiques d'utilisation provisoire de véhicules de service dans les juridictions de chefs-lieux de région (lettre n° 02569/MJ/DSJ du 10 juillet 2006) ;

— convocation et notification d'actes aux missions diplomatiques accréditées à Dakar et aux organisations internationales (lettre n° 003702/MJ/DSJ du 25 août 2003) ;

— dotation des juridictions en mobiliers et matériels de bureaux (lettre n° 00878/MJ/DAGE du 20 mars 2006) ;

— arrêté n° 008159/MJ/DSJ du 14 août 2000 portant installation des tribunaux du travail de Fatick et Kolda, le 1er novembre 2000 ;

— changes des signes monétaires (lettre n° 05226/MJ/DSJ du 21 décembre 2004 et la lettre du procureur général près la cour d'appel de Dakar n° 002608 du 22 décembre 2004) ;

— exécution dépenses permanentes, eau, électricité, téléphone (lettre n° 02015/MJ/DAGE du 23 mai 2003 ;

— lettre circulaire n° 1113 du 05 mars 1987 relative à la mise à jour concernant la compétence des magistrats des tribunaux départementaux dans le domaine des opérations électorales qui doivent se dérouler le 28 février 1988 ;

— lettre circulaire n° 1228 du 25 mars 1988 portant transmission félicitations et compliments du premier président de la Cour suprême aux magistrats sur le concours apporté à sa juridiction tout au long de la campagne électorale ;

— lettre circulaire n° 05473/MJ/ACS du 22 décembre 1986 sur les requêtes aux fins de jugements d'autorisation d'inscription tardive d'actes d'état civil (éviter les cas de fraude en assurant la fiabilité et au besoin interjeter appel) ;

— lettre n° 05330/MJ/ACS du 12 décembre 1986 sur l'exécution des jugements d'autorisation d'inscription tardive d'actes d'état civil (nécessité de transmettre aux officiers d'état civil par doubles bordereaux, dont un classé avec le jugement, dans les meilleurs délais, ne pas remettre directement aux intéressés, car il y a risque d'erreur et de fraude) ; dans le même sens, la lettre circulaire n° 07294 MJ/DACS du 19 novembre 2009 sur l'organisation d'audiences foraines durant la période du 02 janvier 2010 au 31 mars 2010 rappelle : « ... je vous invite également à établir, sans délai, les expéditions de vos jugements que vous adresserez, regroupées par bordereaux suivant les centres principaux et secondaires, aux officiers d'état civil chargés de procéder aux transcriptions au demeurant obligatoires. Il vous revient enfin de veiller à ce que ces officiers vous retournent l'un des exemplaires de l'expédition portant mention de la date et du numéro de la transcription. La délivrance des extraits des actes d'état civil est subordonnée à l'accomplissement strict de cette formalité, qui garantit la fiabilité de l'acte... » ;

— surveillance de l'état civil, lettre n° 2904 /MJ/ACS du 07 juillet 1987 ;

— fonctionnement du service pendant les vacances judiciaires, lettre du procureur général n° 02956 du 14 juillet 1987 ;

— obligation de résidence des magistrats, lettre conjointe n° 000001 du 09 février 1988 du premier président de la cour d'appel et du procureur général près ladite cour (contexte électoral, suspension des autorisations d'absence et organisation de permanence) ;

— la lettre circulaire n° 1843/MJ/DSJ du 03 mai 2002 rappelle l'obligation de résidence des magistrats en ces termes « ... certains magistrats ne résidaient pas dans le lieu du siège de leur juridiction ou s'absentaient sans autorisation préalable de leur poste (n'excède pas 04 jours, le chef de juridiction autorise avec ampliation aux chefs de cour, plus de 08 jours ou si elle émane d'un chef de juridiction, c'est le chef de cour qui est compétent ; 15 jours c'est le garde des Sceaux par la voie hiérarchique ».

L'obligation de résidence objet de ces deux dernières lettres pèse sur tout magistrat particulièrement celui du parquet appelé à se transporter à tout moment sur le terrain dans son ressort pour l'exercice de son ministère. Aux termes de l'article 17 du statut : « les magistrats sont tenus de résider dans le siège de la juridiction de leur lieu d'affectation. À ce titre, ils ont droit au logement de fonction de catégorie A ; à défaut, une indemnité compensatrice leur est allouée. Ils ne peuvent s'absenter qu'en vertu d'un congé, sauf autorisation individuelle et temporaire accordée par les chefs de juridiction ou par le ministre de la Justice suivant les règles établies aux articles 54 et suivants du présent statut ». Même si, pour les magistrats du siège cette obligation de résidence tend à se moduler avec les moyens de communication. Cette obligation est donc à combiner avec les autorisations d'absence aujourd'hui régies par les articles 54 et 55 de la loi organique n° 2017-10 du 17 janvier 2017 portant statut des magistrats : les autorisations d'absence avec solde (dans la limite de quinze jours par le ministre de la Justice, dans la limite de huit jours par les chefs de cour, dans la limite de quatre jours par les présidents des tribunaux de grande instance et les procureurs de la République près lesdits tribunaux), les permissions exceptionnelles pour évènements familiaux (d'une durée de quatre jours au plus renouvelable sans toutefois excéder quinze jours par an), des permissions d'une durée maximale de quinze (15) jours par an, déductibles du congé peuvent, en outre, être accordées par le ministre de la Justice.

Ainsi, le chef de parquet est tenu de solliciter l'autorisation du procureur général s'il doit s'absenter de son ressort même pour une courte période. Aussi, en dépit des dispositions statutaires sur les absences, une absence prolongée d'un chef de parquet surtout d'une juridiction qui manque de membres du ministère public pour le substituer utilement peut entraver le bon fonctionnement de la justice.

Bien d'autres lettres et circulaires sont notées :

— application d'une loi d'amnistie, lettre n° 2189/MJ/ACG du 04 juin 1988 ;

— lettre circulaire du garde des Sceaux n° 03938/MJ/ACG du 03 novembre 1989 sur le règlement rapide des dossiers de simple police portant sur les infractions à la circulation routière suite mémorandum de la Fédération des transporteurs du Sénégal ;

— lettre circulaire du garde des Sceaux n° 04418/MJ/ACG du 12 décembre 1989 sur la carte d'identité provisoire concernant les réfugiés mauritaniens ;

— la lettre circulaire n° 00623/MJ/ACG du 15 février 1990 sur la protection du secret professionnel dans les services de l'État ;

— respect des horaires de travail, lettre circulaire n° 00983/MJ/DSJ/P du 18 mars 1991, plusieurs lettres postérieures sur le même objet ont été prises ;

— assainissement de l'environnement des Palais de justice, lettre circulaire n° 6626/MJ/DSJ du 27 décembre 1994, cet environnement va de la sécurité des scellés, timbre, à l'accès aux agents d'affaires étrangers au service.

— procédures relatives aux affaires successorales : lettre n° 2404/MJ/ACS du 18 mai 1995 avec rappel des différentes dispositions ;

— les lenteurs sur les procédures successorales, lettre n° 01798/MJ/ACS du 14 mai 1990 ;

— délivrance par les juges des certificats de divorce, pratique contraire à la législation, lettre circulaire n° 3152/MJ/ACS du 29 juin 1995, pouvoir exclusif de l'officier de l'état civil sur réception d'une expédition de jugement ;

— la lettre circulaire n° 001884/MJ/ACS du 14 juin 2000 rappelle le respect de la collégialité qui n'est pas « une juxtaposition de juges [...] la délibération qu'elle implique doit être une discussion entre les juges... » ;

— arrêté n° 09624/MJ/DSJ du 14 juin 1992 portant convocation des collèges des magistrats pour la désignation des membres élus du Conseil supérieur de la Magistrature ;

— la lettre circulaire du garde des Sceaux n° 00335 MJ/DACG du 29 janvier 2001 sur la garde à vue, les mandats de dépôt et les réquisitions tendant à la délivrance de mandats de dépôt, l'application de l'article 127 bis du Code de procédure pénale, la contrainte par corps ;

— la lettre circulaire n° 21 111 MJ/DAGE/DRH du 15 avril 2009 sur la gestion des autorisations d'absence du personnel non judiciaire ;

— lettre circulaire du garde des Sceaux n° 2719 MJ/DACS/du 12 mai 2009 relative aux lenteurs dans les procédures civiles et commerciales ;

— l'arrêté n° 07036 du 16 juillet 2009 fixant la durée des vacances judiciaires de l'année 2009 de la Cour suprême, des Cours d'appel et des tribunaux du 1er août au 31 octobre 2009 ;

— lettre circulaire n° 5571MJ/DACS du 04 novembre 2010 sur l'établissement et la transcription des jugements rendus en audiences foraines : « ... il est impératif que ces jugements existent matériellement au niveau des greffes des juridictions qui les ont rendus, afin que des copies ou des extraits puissent en être établis et délivrés aux ayants droit d'une part, et qu'ils soient transcrits sur les registres de l'état civil suivant une procédure sécurisée, d'autre part... » ;

— Lettre circulaire n° 05568 MJ/DSJ/du 17 octobre 2012 relative à la production des statistiques judiciaires.

À ces circulaires qui sont des actes d'ordre général, il faut ajouter les inspections.

### §2. Les inspections

Le parquet peut recevoir une mission d'inspection d'un service rattaché au ministère de la Justice. Il y a eu, dans le passé, en même temps, trois services de contrôle et d'évaluation de la justice :

— l'Inspection générale des cours et tribunaux[1] créée par la loi n° 75-79 du 09 juillet 1975 modifiée par la loi n° 92-29 du 04 juin 1992 ;

— l'Inspection générale des parquets[2] créée par le décret n° 75-707 du 26 juin 1975, modifiée par le décret n° 92-1303 du 22 septembre 1992 ;

— l'Inspection centrale des services judiciaires[3] instituée par la loi n° 84-19 du 2 février 1984 fixant l'organisation judiciaire, modifiée.

---

[1] « L'Inspection générale des cours et tribunaux porte sur le fonctionnement des Cours et Tribunaux, et notamment sur la qualité et le rendement des services, le respect des prescriptions légales et réglementaires, le rythme de l'administration de la Justice, le rendement, la conduite et la tenue des magistrats du parquet et du personnel de la justice... ». Extraits exposé des motifs de la loi n° 98-23 du 26 mars 1998.

[2] « L'Inspection générale des parquets porte, quant à elle, sur le fonctionnement des parquets et des services qui en dépendent, notamment sur la qualité et le rendement du travail accompli, le respect des prescriptions légales et réglementaires, le rythme de l'examen des dossiers, le rendement, la conduite et la tenue des magistrats du parquet et des fonctionnaires... ». Extraits exposé des motifs de la loi n° 98-23 du 26 mars 1998.

[3] «... L'Inspection centrale des services judiciaires, placée sous l'autorité directe du Garde des Sceaux, ministre de la Justice, a une mission permanente d'inspection sur

L'existence de ces trois services avait suscité une rationalisation. « À l'examen de ces textes, il est apparu à l'évidence que toutes ces inspections assurent le même travail et portent sur le contrôle, la vérification, le fonctionnement des juridictions, le respect des prescriptions légales et réglementaires, le rendement, la conduite et la tenue des magistrats et du personnel de la justice. Afin d'assurer une plus grande efficacité et homogénéité des inspections judiciaires, le chef de l'État a souhaité les voir regroupées en une seule et même structure centralisatrice, qui pourrait [...] constituer un observatoire du fonctionnement des juridictions, du point de vue des délais de jugement ou des moyens matériels [...], et devenir [...] une véritable inspection générale de la justice [...] Cette centralisation s'inscrit dans la logique de redynamisation de l'inspection judiciaire, instrument d'évaluation et de contrôle indispensable à la définition des ressources et besoins humains et matériels de la justice, ainsi qu'à la promotion d'un meilleur fonctionnement des services judiciaires »[1].

Ainsi a été instituée, suivant la loi n° 98-23 du 26 mars 1998, l'Inspection générale de l'administration de la justice (IGAJ) qui est un service rattaché au ministère de la Justice[2]. Aux termes de son article 3 : « les inspections portent sur le fonctionnement des juridictions ou organes qui en dépendent, ainsi que tous les services relevant de l'autorité du garde des Sceaux, ministre de la Justice, sous le rapport, notamment, de l'organisation, des méthodes et de la manière de servir des personnels, la qualité et le rendement des services, le respect des prescriptions légales et réglementaires, le rythme de l'administration de la justice, le rendement, la conduite et la tenue des magistrats du parquet et du personnel de la justice ». Les inspecteurs « disposent pour accomplir leur mission, de tout pouvoir d'investigation et de contrôle. Ils peuvent convoquer et entendre toute personne, y compris tout magistrat, tout officier de police judiciaire, tout officier ministériel, tout auxiliaire de justice, et tout agent du personnel de la justice, et de se faire communiquer tout document utile ». Cette mission, en principe

---

les tribunaux régionaux, les tribunaux du travail et les tribunaux départementaux ainsi que sur l'ensemble des services et organismes relevant du ministère de la Justice. L'Inspecteur central des Services Judiciaires dispose d'un pouvoir général d'investigation, de vérification et de contrôle. Le même pouvoir est attribué aux magistrats qui lui sont adjoints pour les inspections auxquelles ils procèdent sous son autorité... ». Extraits exposé des motifs de la loi n° 98-23 du 26 mars 1998.

[1] Extraits exposé des motifs de la loi n° 98-23 du 26 mars 1998.

[2] JORS n°5798 du 25 avril 1998.

annuelle, avec un programme bien défini[1], peut porter sur le fonctionnement du tribunal et autres points spécifiques au parquet auquel cas les chefs de parquet en tirent un grand profit en redressant les dysfonctionnements constatés ou apporter les améliorations dans le cadre du service. Elle peut être ponctuelle à la suite de signalement de faits dont le garde des Sceaux a donné suite.

L'inspection est contradictoire, car le rapport provisoire est transmis au procureur inspecté pour observations. Il peut en avoir ou ne pas souhaiter faire des observations précises, mais dans tous les cas, il se doit de répondre. En effet, « à la suite de chaque inspection, l'inspecteur général de l'administration de la justice apprécie le fonctionnement des juridictions ou services du point de vue notamment de l'organisation, des méthodes, de la diligence et de la manière de servir des personnels. Préalablement à sa clôture, le projet de rapport de vérification fait l'objet d'une communication, en vue des explications ou observations requises, à tout magistrat, responsable de service ou agent concerné par sa teneur. Le rapport comporte toutes suggestions propres à accroître le rendement et l'efficacité de la juridiction ou du service inspecté… »[2]

Depuis l'instauration de la Cour suprême en 2008, le procureur général près ladite cour est l'inspecteur général des parquets, sans suppression du rôle de l'Inspection générale de l'administration de la justice sur les parquets. Ceci fait un doublon certes, mais une inspection n'est jamais de trop. Aux termes de l'article 12 de 1a loi organique n ° 2008-35 du 8 août 2008 portant création de la Cour suprême, « sans préjudice des attributions de l'inspecteur général de l'administration de la justice, le procureur général est inspecteur général des parquets. Il peut requérir le concours de tout autre magistrat ou personne qualifiée pour l'accomplissement d'une mission déterminée »[3]. Par la suite, le décret n° 2011-85 du 18 janvier 2011 précise les contours de cette inspection. Aux termes de son article premier, « il est institué une inspection générale des parquets placée sous l'autorité du procureur général près la Cour suprême, inspecteur général des parquets »[4] ; et

[1] Exemple programme annuel de l'ancienne Inspection centrale des services judiciaires, lettre n°4164 du 15 septembre 1994.

[2] Art.8 Loi n° 98-23 du 26 mars 1998.

[3] Le Premier président de la Cour suprême a les mêmes attributions ; il est Inspecteur Général des cours et tribunaux.

[4] « L'Inspecteur général des parquets procède aux inspections de sa propre initiative et dispose d'un pouvoir général d'investigation, de vérification et de contrôle sur tous les parquets et leurs services, à l'exception du parquet général près la Haute Cour de

l'article 4 dira sur les attributions que « les inspections portent sur le fonctionnement des parquets, notamment sur la qualité et le rendement des services, le respect des prescriptions légales et réglementaires, le rythme de traitement des procédures, la productivité professionnelle, la conduite et la tenue des magistrats et des personnels judiciaires, d'une manière générale, sur l'éthique et la déontologie ». La loi organique n° 2017-09 du 17 janvier 2017 abrogeant et remplaçant la loi organique n° 2008-35 du 8 août 2008 portant création de la Cour suprême a maintenu les inspections générales près la Cour suprême en leur consacrant un titre IV. Aux termes de l'article 114, « il est institué une inspection générale des cours et tribunaux placée sous l'autorité et la responsabilité du premier président de la Cour suprême, inspecteur général des cours et tribunaux » ; l'article 115 indique que « l'inspecteur général des cours et tribunaux procède aux inspections de sa propre initiative et dispose d'un pouvoir général d'investigation, de vérification et de contrôle sur toutes les juridictions et les services qui en dépendent, à l'exception du Conseil constitutionnel et de la Haute Cour de justice… » Le rôle d'inspecteur général des parquets du procureur général près la Cour suprême est également maintenu. L'article 120 de la loi organique sur la Cour suprême dispose que « les procureurs généraux près les Cours d'appel et les autres chefs de parquets, effectuant de leur propre initiative les contrôles prévus par les textes, rendent compte de leurs constatations à l'inspecteur général… ».

L'inspection, loin d'occulter son caractère inquisiteur, s'inscrit dans une logique de bon fonctionnement de l'administration de la justice. Elle a pour but d'optimiser sa performance et son efficacité. Les juridictions veillent à l'application des recommandations des rapports d'inspection de fonctionnement.

justice. Les juridictions et leurs services ne relèvent pas du présent décret » Article 2 du Décret n° 2011-85 relatif à l'Inspection générale des parquets.

# II$^{E}$ PARTIE.

# L'ORGANISATION D'UN PARQUET

Pour une meilleure gestion des dossiers et pour asseoir une meilleure traçabilité des procédures et pièces qui entrent au parquet, les services des parquets des tribunaux comportent des bureaux :

— Le bureau du courrier arrivée et départ ;

— Le bureau de l'enrôlement ;

— Le bureau de l'exécution des peines ;

— Le bureau de saisie.

Les différents bureaux ne recoupent pas la configuration des locaux dans nos parquets, c'est tout simplement des tâches exécutées par les agents.

## SECTION 1. LES DIFFERENTS BUREAUX

Les parquets qui constituent un service à part et autonome au sein de la juridiction comportent un certain nombre de bureaux, tâches ou de services dont la liste sus énumérée n'est qu'indicative. Tout dépend de l'importance et de l'organisation qu'on entend mettre en place pour assurer un meilleur suivi des dossiers et procédures.

### §1. Le bureau arrivée

Le courrier qui arrive au parquet est reçu par un agent qui tient un registre coté et paraphé par le procureur de la République. Ce registre ouvert pour chaque année comporte des colonnes : un numéro d'ordre, procès-verbal, date, l'expéditeur, observations.

Chaque affaire qui arrive au parquet comporte un numéro avec la date d'arrivée. Il faut préciser que toute affaire comporte un numéro unique. Ainsi, une plainte déjà enregistrée à l'arrivée, envoyée à l'enquête, doit au retour, conserver le même numéro pour éviter le double emploi qui vicie les véritables statistiques et le volume de travail du parquet. En observation, l'agent indique la suite réservée à la pièce.

Ce registre, qui constitue un document important, doit être tenu avec beaucoup de minutie et le chef de parquet doit y veiller particulièrement. À travers ce registre qui comporte en observations la suite réservée aux dossiers et pièces, il est aisé de vérifier les diligences faites. Il constitue un tableau de bord important pour renseigner les citoyens sur la suite réservée à leur plainte ou autres correspondances adressées au parquet.

### §2. Le bureau départ

Tout le courrier qui quitte le parquet pour les services de police, de gendarmerie et les autres services est enregistré à ce niveau. Le registre comporte en général les colonnes ci-après : numéro d'ordre, date, destinataire, objet. Il est aussi coté et paraphé par le chef de parquet.

Le parquet, comme les autres administrations, envoie son courrier selon les mêmes procédés, notamment par la voie postale. Des difficultés ne sont pas à écarter dans l'acheminement du courrier quant à son arrivée à bon port au destinataire, en toute sécurité et dans des délais raisonnables. L'envoi du courrier au niveau des parquets se fait de plus en plus par tous les moyens, l'essentiel est de s'assurer qu'il parviendra au destinataire dans les meilleurs délais.

Tout le courrier en général est confidentiel. Toutefois, pour une raison bien déterminée, il peut être porté sur certains, en caractères apparents, sur l'enveloppe, la mention *confidentiel*. Dans ce cas, on relève que dans la pratique, le secrétariat s'abstient d'ouvrir le courrier, à charge pour le chef du parquet destinataire de le faire lui-même.

### §3. Le bureau enrôlement

Ce service s'occupe exclusivement des affaires qui doivent passer à l'audience criminelle, correctionnelle, de simple police, des mineurs, de référés sur contrainte par corps.

À la réception des dossiers dont les dates d'audience sont fixées, le préposé à l'enrôlement porte les affaires au registre indiqué, établit les cédules de citation ou les mandements destinés aux huissiers de justice pour la citation de parties au procès ainsi que les convocations destinées aux unités de police et de gendarmerie. À ce niveau, le système de convocation classique devra être étayé par les moyens modernes comme le téléphone, fax, mail ou tout autre moyen approprié surtout en matière de flagrant délit.

Ce bureau assure le suivi des dossiers après chaque audience pour diligenter les décisions du tribunal sur les citations et convocations des parties et de toute personne. Il doit être surveillé, car les dysfonctionnements à ce niveau entraînent la lenteur dans le traitement des dossiers et le non-respect des délais prescrits par la loi.

À travers ce bureau et par un système d'alerte, une meilleure répartition des dossiers aux différents services d'audiences ou chambres compétentes est assurée. Le bureau tient aussi les registres d'audience et procède pour chaque audience à l'établissement des ordres d'extraction destinés à la maison d'arrêt et à la feuille d'audiences des détenus. Il établit la liste des affaires au rôle d'audience du jour pour affichage au tableau du palais de justice et destinée à l'information des justiciables et du public. Aujourd'hui dans beaucoup de pays, les rôles d'audience sont accessibles dans les sites internet des juridictions.

### §4. Le bureau exécution des peines

Le parquet étant chargé de l'exécution des peines, ce bureau joue un rôle déterminant dans l'aboutissement des décisions pénales. Il y est tenu un registre de l'exécution où sont répertoriées après chaque audience les décisions rendues. Il comporte les colonnes ci-après : numéro jugement, numéro RP, identité condamné, nature délit ou crime, date jugement, juridiction, nature décision (contradictoire par défaut ou contumace[1]), libre ou détenu, date de l'appel, décision, la peine prononcée, remise de l'extrait pour l'incarcération, date de l'incarcération, recours en grâce (date transmission, décision), date d'exécution, date expiration de peine, mention libérée, observations.

Le registre de l'exécution des peines qui, dans bien des juridictions, est très large dans ses dimensions, avouons-le parfois d'un maniement peu aisé, permet ainsi de bien cerner le statut des condamnés et tout changement apporté dans la situation des condamnés. Il doit être tenu et

[1] La contumace fait l'objet de dispositions spéciales dans le Code de procédure pénale du Sénégal applicables devant la Chambre criminelle, article 307 à 318. Le ministère public après la condamnation du contumax procède dans le plus bref délai à l'insertion de la décision de condamnation dans l'un des journaux de la République. Il est en outre affiché à la porte du dernier domicile du condamné, à la porte de la mairie de sa commune ou à la porte des bureaux de son arrondissement où le crime a été commis et au tableau d'affichage du tribunal de grande instance. Pareil extrait est adressé au représentant du service des domaines du domicile du contumax. Rappelons que ce dernier est l'accusé non détenu qui ne défère pas à la citation à comparaître devant la Chambre criminelle et qui n'a bénéficié d'aucune excuse légitime.

mis à jour après chaque audience pour éviter les retards qui se répercutent dans l'exécution des peines.

Toutes les pièces qui parviennent au parquet et qui concernent les condamnés sont transmises à ce bureau pour que les mentions nécessaires soient portées au registre ; les certificats d'élargissement des détenus, les arrêtés de libérations conditionnelles, les décrets de grâce, les lois d'amnistie, les autorisations de sortir, les placements à l'extérieur pris par le juge de l'application des peines.

Les colonnes devraient être améliorées ou modifiées pour y introduire les différentes mesures que prend le juge de l'application des peines, le comité d'aménagement des peines, la commission pénitentiaire de l'aménagement des peines et le comité de suivi en milieu ouvert.

### §5. Le bureau de saisie

Il regroupe le pool de secrétaires chargées d'assurer la saisie des documents, réquisitoires, rapports d'appel et autres correspondances. En général, c'est le même personnel qui se charge des tâches sus indiquées. Il est de plus en plus souhaitable que les magistrats eux-mêmes saisissent les pièces concernant les dossiers comme les réquisitoires et rapports d'appel, ce qui est gage d'une célérité et même d'une confidentialité dans le traitement des dossiers.

Ces différents bureaux recoupent le cheminement d'une pièce qui entre au parquet. Ainsi, une plainte déposée au parquet est enregistrée au registre arrivée ; elle est remise par le secrétariat au magistrat du parquet pour règlement. Après le règlement fait et porté sur la plainte même, avec, par souci de rapidité, l'établissement du soit-transmis par le magistrat lui-même ou par le secrétariat, elle est retransmise au secrétariat pour mention du règlement au registre arrivée ; tout de suite après, la plainte réglée est portée au registre des plaintes avec un numéro RP et mention du règlement ; à ce niveau, le règlement devra être porté provisoirement pour apporter les modifications ultérieures après enquête et règlement du parquet. La plainte est ensuite transmise au registre départ pour mention, notamment de l'unité de police ou de gendarmerie ou le service destinataire. Après ces formalités, la transmission à l'officier de police judiciaire destinataire doit être faite avec diligence pour éviter un retard anormalement long et difficilement justifiable. Les procès-verbaux d'enquête qui parviennent au parquet suivent en général le même cheminement.

## §6. La cellule de rétention

Dans les parquets d'instance en général, il est aménagé une cellule de rétention et de garde des personnes déférées. Elle sert également à garder les détenus extraits pour les audiences criminelles ou correctionnelles ou pour les instructions dans les cabinets.

Généralement dénommée *cave*[1] dans nos juridictions, une appellation péjorative, cette cellule faut-il le rappeler, ne sert que de *transit* aux personnes privées de liberté par décision de justice. Personne ne doit y passer la nuit, mais le temps parfois assez long dans ces locaux en attendant l'examen de la procédure, est souvent critiqué.

Elle doit être bien aménagée et conforme aux normes d'hygiène et de sécurité tout en sauvegardant la dignité humaine.[2]

Le personnel de garde est en général constitué d'agents de l'administration pénitentiaire et autres agents de sécurité. On peut l'assimiler à *l'antichambre* de la maison d'arrêt dont elle constituerait le poste avancé au Palais de justice ou au prolongement de la garde à vue. Rien de tout cela, à notre avis, elle est une étape autonome, brève qui s'impose au Palais pour des raisons de commodité tout en sauvegardant le principe de la présomption d'innocence. Les magistrats s'y rendent dans certaines juridictions pour procéder notamment aux interrogatoires de flagrant délit.

Des missions d'ordre général sont assignées au personnel de garde de la cave comme :

- de recevoir les personnes déférées ou conduites avec mention dans un registre spécial de leur date d'arrivée, de leurs nom et prénom, de l'unité d'origine, des faits qui leur sont reprochés, de la décision rendue par l'autorité judiciaire, sans omettre l'émargement de l'agent ;

- de veiller au respect de l'ordre et de la discipline dans la cave et ses environs immédiats ;

- de veiller à la sécurité de la cave, des personnes retenues, en interdisant notamment l'introduction dans le local de tous objets dangereux ou susceptibles d'être utilisés contre l'intégrité corporelle ou

[1] « Local souterrain, souvent voûté ; pièce en sous-sol d'un bâtiment servant de débarras, de cellier… réserve de vin… personne qui n'est pas du milieu… » *Le Petit Larousse Illustré* 2007.

[2] Les box vitrés des tribunaux en procès à Paris www.lemonde.fr/police.justice/article/2018/01/15/le-proces-des-box-vitres-des-tribunaux_5242161_1653578.html

morale des personnes. Pour cela, une fouille corporelle pourra être faite ;

- de conduire pour écrou à la maison d'arrêt, les inculpés placés sous mandat de dépôt ;

- d'exécuter tout ordre donné par l'autorité judiciaire dans le cadre de l'exécution des lois et règlements.

Il y est tenu un registre ou conçu un logiciel informatisé où sont mentionnés les origines des procédures, les personnes gardées, le motif et la suite donnée, la date d'arrivée et de règlement.

Ces différents services au sein d'un parquet établissent un certain nombre de documents pour archivage ou assurer une meilleure gestion ou traçabilité.

## SECTION 2. LES REGISTRES ET AUTRES DOCUMENTS DE TRAVAIL DU PARQUET

Toutes les tâches du parquet sont matérialisées dans des registres et chronos. Les registres fréquemment utilisés dans les parquets sont :

— *Le registre arrivée* compte les procédures qui entrent dans le parquet (procès-verbal de renseignement, plaintes, procès-verbal d'enquête avec arrestation, les correspondances…). Le secrétariat mentionne pour toutes les procédures la suite réservée. Chaque jour, avant de commencer à mentionner les procédures, l'agent met la date. Ainsi, chaque matin, celle-ci est écrite avant le début des mentions ;

— *Le registre des plaintes* comporte les procédures et plaintes qui ont été réglées en flagrant délit, en citation directe, à l'information ou à l'enquête. En pratique, pour le cas des plaintes envoyées à l'enquête, le premier règlement est porté provisoirement pour prévoir les futures modifications sur la suite réservée au procès-verbal et dans ce cas, le numéro du registre des plaintes ne change pas ce qui a l'avantage de bien refléter le volume de travail du parquet. Une lettre circulaire du garde des Sceaux dira à ce propos : « Je vous rappelle que le registre des plaintes tenu au niveau de chaque parquet doit être le reflet de la vie de ce parquet. Chaque affaire qui entre doit faire l'objet d'une mention, avec un numéro d'ordre, et ce, sans délai. Aucune exception ne doit être faite, même si l'on pense à priori que l'objet de la plainte ou du procès-verbal relève de la juridiction civile ».[1]

---

[1] Lettre circulaire n° 03835 MJ/ACG du 01 octobre 1993.

— *Le registre concernant les correspondances-départ au parquet général* : c'est tout le courrier que le parquet d'instance envoie au procureur général, rapports d'appel, comptes rendus, rapports, notes, les états mensuels du parquet et trimestriels des cabinets d'instruction ; en tout cas, tout ce que le parquet d'initiative, sur ordre ou en réponse, envoie au procureur général ;

— *Le registre sur les correspondances-arrivée du parquet général* : comme son nom l'indique, il concentre toutes les correspondances venant du parquet général.

— *Le registre concernant les correspondances-arrivée ministère de la Justice* : ce sont toutes les correspondances qui viennent directement de la chancellerie ou via le parquet général : circulaires, transmission de documents et textes, remise ou notification d'actes en provenance de l'étranger ;

— *Le registre sur le courrier départ ministère de la Justice* : en exemple, le rapport annuel sur la surveillance de l'état civil, les accusés de réception des différentes circulaires reçues, les correspondances, les résultats ou suite des notifications d'actes en provenance de l'étranger ;

— *Le registre ad hoc* où sont répertoriées et classées toutes les circulaires venant de la chancellerie ; on ne manque pas en général de préciser dans les circulaires *in fine* « qu'elles soient classées au registre *ad hoc* de la juridiction ». C'est une mine importante pour imprimer un comportement au parquet dans le traitement des procédures. La mauvaise tenue de celui-ci priverait le chef du parquet et son parquet d'un code de conduite précieux ;

— *Le registre des classements sans suite* : il concentre exclusivement les classements sans suite décidés par le parquet. Il permet une lisibilité de ces procédures avec les avis de classement. Mais ce registre n'est pas tout à fait nécessaire, car le registre des plaintes, le registre d'arrivée et celui de départ, bien tenus, avec un bon archivage des procédures classées, permettront une exploitation efficace de ces procédures qui ont connu un sort particulier. Toutefois, sa tenue est toujours utile pour une meilleure lisibilité ;

— *Le registre des procédures d'accidents de la circulation* : tous les procès-verbaux d'accidents corporels ou matériels en renseignement ou avec une arrestation sont portés dans ce registre ;

— *Le registre des procédures de drogue* : toutes les procédures relatives à la drogue ;

— *Le carnet de transmission de scellés au greffe* : ce carnet doit être émargé par le greffier en chef ou administrateur du greffe pour chaque scellé transmis par les soins du parquet et reçu au greffe. En général, il est doublé d'une fiche appelée ordre de dépôt dont le bas, détachable, constitue le récépissé de dépôt émargé par le greffier en chef et gardé au parquet comme pièce de décharge pouvant aussi servir en cas de vérifications ;

— *Le carnet de transmission interne* : comme son nom l'indique, il concentre les dossiers et pièces qui quittent le parquet pour un autre service interne de la juridiction comme les cabinets d'instruction, le greffe, le juge de l'application des peines, le président du tribunal, le service de l'action éducative en milieu ouvert. L'agent du service destinataire qui réceptionne le dossier vise le registre ;

— *Le carnet de transmission des procédures de médiation pénale aux maisons de justice ou à un autre médiateur* : ce carnet comporte un numéro d'ordre, les noms des parties et l'émargement de la réception par le médiateur ou son service et la mention du retour. Cette dernière mention permet au chef de parquet de vérifier les diligences et le respect des délais imposés par le législateur.

Il y a lieu de noter que le parquet peut ouvrir un registre pour bien d'autres procédures ; tout cela, pour assurer une meilleure gestion. Tout dépend de la lisibilité qu'on entend donner à une matière bien déterminée. Pour faire ressortir facilement les statistiques relatives à un contentieux bien spécifique, on peut lui dédier un registre spécial. Même pour des réalités locales précises, on peut ouvrir un registre pour un type de contentieux précis. En exemple, dans le cadre des déclarations de naissance par le procureur instauré par le décret n° 2005-1251 du 23 décembre 2005 en application de l'article 51 du Code de la famille, un registre est ouvert. Aussi, des registres spéciaux arrivée-départ peuvent être ouverts dans des domaines spécifiques comme l'état civil, les procédures collectives. Tous les registres avant leur ouverture sont cotés et paraphés par le procureur de la République. À la fin de chaque année, après le 31 décembre, l'agent préposé aux différents registres doit les clôturer en précisant les statistiques, avant de les soumettre à la signature du chef du parquet.

Les différents registres sont doublés parfois de chronos pour le classement des différents documents :

— chrono de départ et chrono arrivée parquet général, bien séparés ;

— chrono de départ et chrono arrivée ministère de la Justice, bien séparés ;

— chrono de départ et chrono arrivée simple ou divers, séparés, qui concentre les différents autres courriers que le parquet est appelé à recevoir et venant de plusieurs horizons.

La tenue des registres doit être quotidienne et permanente. Elle doit se faire avec soins, les ratures et autres surcharges approuvées par le chef du parquet. Éviter les retards, par exemple dans l'enregistrement des affaires à l'arrivée, ceci reste un gage de fiabilité et de traçabilité des procédures. Ceci permettra de minorer les risques d'égarements et des pertes de dossiers et l'absence de données sur la suite réservée.

Mais à nos jours, le maniement d'une multitude de registres est difficile, d'où la nécessité de l'informatisation des juridictions. Il y a lieu de faire remarquer que l'informatisation ne vise en réalité qu'à accélérer ou faciliter le travail, car en définitive, ce sont les mêmes règles et le même processus qui seront en vigueur. Il appartient aux agents d'introduire les données dans le système informatique, la même diligence doit être de mise.

Pour son bon fonctionnement, le parquet est doté de formulaires tels que : les soit-transmis, les procès-verbaux d'interrogatoire de flagrant délit, les mandats de dépôt, les réquisitoires introductifs ou à fins d'informer, les procès-verbaux d'interrogatoire suite exécution mandat d'arrêt ou d'amener, les ordres d'extraction, les feuilles d'audience, les ordres de mise en liberté, les ordres de conduite ou de mise à disposition, les procès-verbaux d'interrogatoire et notifications d'acte pour extradition, les différentes réquisitions.

En effet, à y voir de plus près, cette organisation en chaîne dénommée « chaîne pénale » constitue tout un processus de gestion des affaires au parquet jusqu'au jugement et l'exécution de la sentence pénale. Cette chaîne doit se dérouler avec rapidité et rigueur pour une meilleure distribution de la justice. Son informatisation contribue à cette dynamique et les acteurs de la chaîne doivent être capables d'y contribuer par une formation conséquente et une volonté dynamique sous l'impulsion des chefs de juridiction[1] qui doivent, en tout temps, se

[1] L'informatisation de la chaine pénale est restée un secteur important dans le Programme Sectoriel Justice. Aujourd'hui elle suit son cours.

remettre en cause pour explorer de nouvelles formes d'organisation de leur service.

## SECTION 3. LES PERSPECTIVES D'ORGANISATION

L'organisation que nous venons de présenter constitue un état des lieux généralement constaté dans les parquets d'instance. Loin d'être statique, elle doit être dynamique, en parfaite adéquation avec les exigences du moment.

Sur le plan du personnel, il doit être bien formé ; essentiellement constitué de greffiers et d'agents avec un statut revalorisé et ayant des connaissances de base en droit et en procédure. Ceci implique une formation initiale et continue à leur endroit. Des agents bien formés spécialement pour l'administration de la justice doivent rester le pari du futur.

Dans le suivi des procédures au quotidien, à terme, l'organisation de permanence des magistrats en service dans un parquet doit être instaurée pour assurer *le feu continu.* Cette permanence permettra une efficience et une rapidité dans le traitement des dossiers : le traitement en temps réel des procédures qui nécessite toutefois une organisation parfaite avec les enquêteurs et des réformes du Code de procédure pénale, les autorisations de prolongations des gardes à vue sans retard, les inhumations ; toutes choses qui seront coordonnées par le chef de parquet.

Par ailleurs, le maillage informatique de la justice permettra à terme la fluidité et la rapidité dans la transmission des pièces et dossiers au sein d'un parquet ou entre le parquet d'instance, le parquet général et la chancellerie. Comme le support papier, l'outil informatique devra en outre permettre d'assurer une meilleure sécurité dans la conservation des actes.

Des sections spécialisées dans des domaines précis devront être instaurées au niveau des parquets au Sénégal, une solution qui s'inscrit en droite ligne du principe de la spécialisation. L'évolution du contentieux conduira à cette solution. Déjà, au parquet général près la cour d'appel de Dakar, des divisions sont instituées en partant des différentes activités à ce niveau.[1]

---

[1] Lettre n° 000973 du 12 juillet 2011/PG sur la feuille de route de la mise en œuvre de l'organigramme du parquet général : « 1- Division chargée des affaires pénales : section entraide pénale internationale, section des assises, section de l'instruction et

Dans la répartition des dossiers pour traitement par ses substituts, dans nos parquets en général, c'est le chef du parquet qui y procède lui-même. Le secrétariat lui soumet pour ce faire tout le courrier-arrivée. Ce système marche et à l'avantage de permettre au chef du parquet d'avoir l'œil à tout, de tout coordonner. Mais pourra-t-il marcher dans les parquets de grande importance avec un courrier quotidien volumineux ? La réponse est certainement négative parce que ce procédé, empreint de centralisme, est source de lenteur. On devrait permettre que le courrier soit soumis directement par le secrétariat au substitut concerné ou spécialisé dans ce domaine ou tout simplement celui qui a suivi le dossier depuis le début. Ceci suppose au préalable une spécialisation des substituts, une bonne définition des tâches par le chef du parquet et une responsabilisation accrue du personnel. Plus décisivement, cette méthode de travail nécessite une loyauté des différents collaborateurs basée sur la confiance, ponctuée par un contrôle permanent du chef du parquet et une vigilance sans failles de sa part. Pour cela, des réunions périodiques devront être organisées au sein du parquet pour les comptes rendus sur différentes procédures.

Dans le traitement quotidien des procédures d'enquête, le parquet doit, pour des soucis de rapidité et d'efficacité, disposer d'experts dans plusieurs domaines qui sont facilement mobilisables et qui recevront, avec diligence, leurs honoraires.

La loi n° 2014-26 du 3 novembre 2014 abrogeant et remplaçant la loi n° 84-19 du 2 février 1984 fixant l'organisation judiciaire « repose essentiellement sur trois innovations majeures : la définition d'une nouvelle carte judiciaire avec comme corollaire la création de tribunaux d'instance à la place des tribunaux départementaux et de grande instance à la place des tribunaux régionaux, une nouvelle répartition des compétences pour faire des tribunaux d'instance de véritables juridictions de proximité, la création de chambres criminelles au niveau de cours d'appel et des tribunaux de grande instance. Il est prévu, en même temps, la création dans les juridictions d'instance, de grande

---

des classements sans suite, section de l'exécution des peines et du suivi de l'administration pénitentiaire, section enrôlement et audiences correctionnelles, section des mineurs. 2- Division chargée de l'informatique et de la communication : section communication et affaires signalées, section des statistiques et de l'informatique. 3- Division chargée de la surveillance des officiers de police judiciaire et auxiliaires de justice : section surveillance des officiers de police judiciaire, des huissiers de justice et des notaires, section des affaires contre les avocats. 4- Division chargée des affaires civiles, économiques, financières et commerciales ».

instance et d'appel, de chambres spécialisées en matière civile, commerciale et pénale ». Dans la foulée, la loi n° 2017-24 du 28 juin 2017 institue des tribunaux de commerce et des chambres commerciales d'appel auprès desquels le rôle du ministère public est affirmé.

# III$^{E}$ PARTIE.

# L'ENVIRONNEMENT SOCIOPROFESSIONNEL DU CHEF DU PARQUET

Cette partie permet, à l'échelon de son ressort et au plan national, de passer en revue les différents rapports professionnels que le chef du parquet et son parquet d'une manière générale sont amenés à entretenir avec certaines autorités et certains services et officiers de police judiciaire. Il s'agit tout simplement de placer le magistrat du parquet dans son environnement immédiat tant professionnel que social. Aussi, sous un autre angle, voir les cas d'immunité si le parquet entend poursuivre certaines personnes. Il convient de jeter un regard panoramique sur les interlocuteurs quotidiens ou occasionnels du chef de parquet.

## SECTION 1. LES RELATIONS DU PARQUET AU PLAN LOCAL ET NATIONAL

Il faudra examiner l'attitude du parquet dans le cadre de l'application de la loi à l'égard de certaines autorités nationales, étrangères, certaines professions et institutions de la République.

### §1. Les autorités administratives nationales et locales

Les juristes imbibés du principe de l'indépendance de la justice s'inquièteront du rapport que le parquet pourrait avoir avec les autorités administratives de son ressort. Pourtant, le chef du parquet est ce qu'on pourrait appeler *le pont* entre la justice et les autorités administratives déconcentrées. Il est le lien entre les institutions extérieures ou les particuliers et l'institution judiciaire[1]. Il assiste aux réunions dites *de*

[1] *L'organisation des parquets. École Nationale de la Magistrature.* Gilles Accomando. Éric Legrand. Pierre Wagner. Introduction.

*sécurité* périodiques présidées par le gouverneur de région[1] ou le préfet du département et qui se tiennent en général une fois par mois ou chaque fois que de besoin et sur une question spéciale ou de l'heure. Ces rencontres sont des moments importants d'échanges sur la situation de la région ou du ressort. Outre le gouverneur, ces réunions voient la participation des préfets de la circonscription administrative, des officiers de police judiciaire comme le commissaire chargé de la sécurité publique, le chef du Service régional de renseignements généraux (SRRG) ex BMS (Brigade mobile de sûreté), le commandant de compagnie de gendarmerie ou le commandant de légion de gendarmerie, commandant de zone de l'armée, le chef de subdivision des Douanes, le commandant des sapeurs-pompiers.

Le procureur de la République a été dans le passé institué comme étant le conseil juridique du gouverneur de région, mais aujourd'hui il n'est pas appelé à jouer véritablement ce rôle. En revanche, les rapports qu'il entretient avec ce dernier ne devraient manquer surtout pour la prise en charge correcte de certaines affaires qui, même si elles sont pénales, présentent une certaine transversalité parce qu'interpellant beaucoup d'acteurs.

Les rapports du chef du parquet avec les autorités administratives et chefs de service de la région se remarquent dans bien d'autres domaines :

— ainsi, l'arrêté du gouverneur[2] de la région de Ziguinchor n° 0069/GRZ/AD du 21 novembre 2003[3] portant nomination des membres du comité régional de développement (CRD) : dans la kyrielle de chefs de service, d'élus locaux, d'autorités administratives, de la force publique, dirigeants de société, chefs religieux et coutumiers, presse, société civile, se trouve le procureur de la République. Il en est

---

[1] « Il réunit, au moins une fois par mois, les préfets et chefs de services régionaux. À cette occasion, il commente les instructions reçues des autorités supérieures, s'informe des difficultés rencontrées et donne ses instructions particulières dans le cadre des instructions générales reçues des autorités supérieures qualifiées. Il adresse le compte-rendu de cette réunion au Président de la République, au Premier ministre et aux ministres… ». Article 4 du décret n°72-636 du 29 mai 1972 relatif aux attributions des chefs de circonscriptions administratives et des chefs de village, modifié.

[2] « Chaque région est administrée par un fonctionnaire appartenant à la hiérarchie A qui reçoit le titre de gouverneur… Le gouverneur, délégué du Président de la République, est, dans sa région, le représentant du Premier ministre et de chacun des ministres… » Article 1er loi n° 72-02 du 1er février 1972 relative à l'organisation de l'administration territoriale, modifiée.

[3] Source parquet de Ziguinchor.

ainsi de la circulaire n° 01297/GRZ/AA du 05 juin 2009 pour la préparation de la Semaine nationale de l'enfant et de la Journée de l'enfant africain, édition 2009 et la préparation de la Journée mondiale de la population, édition 2009 ;

— avec le gouverneur de région, les visites d'une autorité comme le garde des Sceaux impliquent une collaboration. Exemple : la circulaire n° 2149 du 24 août 1993 du gouverneur de région de Ziguinchor invitant le procureur et autres chefs de juridiction à prendre part à la visite de travail du garde des Sceaux dans la région ;

— arrêté du gouverneur de Saint-Louis n° 250/GRS/AA du 09 septembre 1999[1] portant création d'un Comité régional chargé du suivi des problèmes de discipline nationale dont le procureur de la République est membre. L'arrêté précise que ce comité est chargé d'apporter son concours au gouverneur de région dans l'exercice de toute police administrative, la gestion de l'ordre public, de la sécurité des biens et des personnes, de la protection civile et des libertés individuelles et collectives notamment ;

— arrêté du gouverneur de région de Ziguinchor portant création du Comité régional pour l'abandon de l'excision. Parmi les membres, on peut citer le procureur de la République ;

— le procureur de la République est membre de la commission régionale de la protection civile présidée par le gouverneur de région ;

— le procureur de la République ou son substitut est membre de la Commission régionale technique de retrait et de restitution de permis de conduire présidée par le chef de la division régionale des transports terrestres. Il y a en outre comme membres, la gendarmerie, la police, un médecin, un représentant des transporteurs, un représentant des chauffeurs et le chef des travaux publics. Cette commission régie par les articles 140, M17 et M18 et M19 du Code de la route, décide du retrait temporaire, du retrait et de la restitution des permis de conduire. Contrairement au tribunal qui peut suspendre jusqu'à 5 ans le permis, la commission suspend pour une durée allant de 15 jours à 1 an. Pour les cas d'annulation, elle ne donne que son avis au ministre des Transports qui peut y procéder par arrêté. Depuis la réforme du Code pénal en 2000 qui a donné pouvoir en matière de délits au tribunal de prononcer des sanctions complémentaires relatives au permis, cette commission ne statue que pour les retraits de permis effectués par les agents en cas de

---

[1] Source parquet de Saint-Louis.

contravention ; les contrevenants convoqués comparaissent et se défendent. Ce dispositif doit être modulé avec l'avènement des permis biométriques à points.

— depuis bien des années, le procureur de la République a été l'administrateur unique des crédits du tribunal régional jusqu'à la gestion 2008 qui a éclaté l'allocation des crédits entre le siège et le parquet, même si une osmose devrait permettre leur bonne utilisation d'une part, et pour assurer un bon fonctionnement global de la juridiction, d'autre part. À ce titre, pour le respect des règles de la comptabilité publique, il est placé sous les vérifications du Contrôleur régional des Finances (CRF) qui est, au plan local, l'ordonnateur délégué du ministre de l'Économie et des Finances et qui veille au respect de ces règles. Le CRF notifie au chef du parquet les crédits, veille sur la légalité, la régularité des dépenses et l'effectivité des prestations. Ainsi, la lettre circulaire n° 61/CRF/ZG du 07 mai 1990 du Contrôleur régional des Finances de Ziguinchor aux chefs de services régionaux et administrateurs de crédits indique la réalisation adéquate des opérations de clôture de la gestion 1989-1990 ; la lettre n° 72 CRF/ZG en date du 20 juillet 2010 rappelle le principe de la spécialité des crédits consacré par le décret n° 2004-1320 portant nomenclature du budget de l'État.

Pour chaque année de gestion, sur proposition du procureur de la République, le gouverneur de région nomme provisoirement un comptable-matières du parquet en application du décret n° 62-195 du 17 mai 1962 portant réglementation concernant les comptables publics, modifié et le décret n° 75-1110 du 11 novembre 1975 relatif à l'indemnité de responsabilité allouée aux administrateurs comptables et aux comptables matières de l'État, des entreprises et collectivités publiques. Les comptables matières dans les différents services sont nommés en définitive par arrêté du ministre de l'Économie et des Finances. Le chef du parquet administrateur des crédits veille avant même les vérifications du Contrôleur des Finances, sur les factures, bons d'engagement qu'on lui soumet, la concordance de la dépense avec le chapitre sur lequel il est imputé, le rythme de consommation des crédits. Il veille aussi, le cas échéant, au respect du Code des marchés publics.

À la fin de la gestion, il doit faire tenir au ministère de la Justice, plus précisément à la Direction de l'Administration générale et de l'Équipement, un compte-rendu détaillé sur la gestion des crédits et la comptabilité « matières » avec les différents engagements faits, les fournisseurs, les soldes et éventuellement les difficultés rencontrées. Il doit en fait justifier l'utilisation des crédits de fonctionnement.[1]

Avec la budgétisation par objectif[2] institué avec le Programme sectoriel justice, le chef du parquet doit être outillé pour déterminer ses objectifs annuels et solliciter les crédits indiqués. De plus en plus, compte tenu de la spécialité des questions de comptabilité dont le magistrat n'est pas forcément imbibé et surtout pour le laisser se consacrer à sa mission judiciaire, il est agité l'idée de créer un corps d'administrateurs judiciaires.

— Dans le domaine foncier, le procureur de la République est le plus souvent appelé à intervenir. Ainsi, le bureau de l'enregistrement des actes judiciaires et extrajudiciaires du service de la curatelle le sollicite pour l'ouverture d'une enquête dans le cadre de la vacance des immeubles objets d'un titre foncier ou non. Les résultats de l'enquête sont transmis à la diligence du parquet à cette autorité pour suite à donner.

— Dans le cadre de l'internement des malades mentaux en psychiatrie, la loi n° 75-80 du 09 juillet 1975 relative au traitement des malades mentaux et au régime d'internement de certaines catégories d'aliénés, donne des missions au procureur de la République et au préfet[3]. Ils sont tenus de visiter chaque semestre les établissements de soins et les institutions agréées et chaque année, les villages psychiatriques rattachés aux établissements de soins de leur ressort. Ils contrôlent et émargent les registres et fiches. Il est indiqué dans ce sens de dresser des rapports et de faire toutes observations utiles.

Dans le cadre de la mise en œuvre de l'action publique, si un aliéné (une expertise préalable est nécessaire, le simple faciès ou

---

[1] Lettre circulaire n° 2215 MJ/DAGE du 22 mai 2002.

[2] Les lois de finance classiques régies par l'octroi de moyens ne permettent plus de mesurer les performances de l'administration allocataire de ressources publiques. Ainsi seuls les budgets par objectifs qui intègrent la dimension résultats peuvent, à travers des indicateurs de performance, permettre de savoir si les objectifs antérieurement visés et sur la base desquels des moyens ont été sollicités, sont atteints. Ainsi à la base, les chefs de juridiction sollicitent les ressources pour des objectifs précis dont l'atteinte sera vérifiée *a posteriori.*

[3] « Le département est administré par un fonctionnaire du corps des administrateurs civils nommé par décret et qui reçoit le titre de préfet. Il est placé sous l'autorité du gouverneur… » Article 6 et suivants de la loi n° 72-02 du 1er février 1972 relative à l'organisation de l'administration territoriale, modifiée.

comportement ne pouvant faire foi) a commis une infraction, le procureur peut saisir le préfet pour un arrêté d'internement. Le procureur de la République du lieu d'installation d'un établissement de type fermé est également informé de toute admission d'un malade à l'infirmerie spéciale de cet établissement. Ces établissements et infirmeries peuvent faire l'objet de visites inopinées.

— La loi n° 2008-611 du 25 janvier 2008 portant sur la cybercriminalité, en son article 677-42 dispose que le « procureur de la République avise le président de la Commission des données personnelles de toutes les poursuites relatives aux infractions aux présentes dispositions et le cas échéant, des suites qui leur sont données. Il l'informe de la date et de l'audience du jugement ». Cette tâche s'inscrit en droite ligne du principe de la protection des données informatiques[1] personnelles et requiert une certaine organisation dans les parquets par la création de statistiques et éléments spécifiques à cette forme de délinquance.

Il y a lieu d'indiquer que mis à part ces contacts, aucun lien organique ne lie le procureur de la République aux autorités administratives nationales et locales. L'indépendance du pouvoir judiciaire est ainsi sauvegardée[2]. Chaque corps évolue selon ses attributions avec quelques points de jonction. Une visite du ministre de la Justice, garde des Sceaux dans une localité intéresse naturellement les magistrats et autres acteurs judiciaires qui, dans ce cas, collaborent avec les autorités administratives pour le programme de déplacement ainsi que leur implication. Mais s'agissant d'autres visites d'autorités, en principe, les magistrats ne sont pas directement impliqués. Tout dépend du programme concerné, étant entendu que le parquet et les autres magistrats ne peuvent être concernés que dans une très moindre mesure par rapport aux autorités administratives.

---

[1] *Données informatisées* : toute représentation de faits, d'informations ou de concepts sous forme qui se prête à un traitement informatique. Chapitre Préliminaire : terminologie. Loi n° 2008-611 du 25 janvier 2008 portant sur la cybercriminalité.

[2] L'article 2 de la loi n° 72-02 du 1er février 1972 qui dispose que « le gouverneur a sous son autorité les préfets, sous-préfets et l'ensemble des fonctionnaires et agents civils de l'État en service dans la région ».

« **Art. 37**. Les dispositions du présent décret relatives aux pouvoirs des Gouverneurs, Préfets et Sous-préfets à l'égard des services civils de l'État ne s'appliquent pas aux forces armées. Elles ne s'appliquent aux services judiciaires qu'en ce qui concerne le fonctionnement administratif desdits services à l'exclusion de leur activité juridictionnelle et des questions relatives à la situation individuelle des magistrats... ».

Dans son ressort, le procureur de la République chargé des poursuites entretient des relations avec diverses administrations comme les douanes, les impôts et domaines, le service du commerce, l'inspection du travail et de la sécurité sociale, les eaux et forêts, l'hygiène, les sapeurs-pompiers, le service de l'environnement et des établissements classés, les autorités consulaires et diplomatiques.

## §2. Le Parlement

*A priori,* le procureur de la République ne devrait avoir aucun lien avec la représentation nationale, une des institutions de la République[1], compte tenu du principe de la séparation des pouvoirs. Toutefois les membres du Parlement (députés ou sénateurs) bénéficiant d'une immunité[2] sauf en cas de flagrant délit, le parquet se doit avant d'engager des poursuites contre ces derniers de solliciter que leur immunité parlementaire soit levée[3]. L'exercice de l'action publique est

---

[1] La loi constitutionnelle n° 2016-10 du 05 avril 2016 portant révision de la Constitution a modifié l'article 6 de la Constitution du 22 janvier 2001 qui dispose que les Institutions de la République sont : le président de la République, l'Assemblée nationale, le Haut Conseil des Collectivités territoriales, le Conseil économique, social et environnemental, le Conseil constitutionnel, la Cour suprême, la Cour des comptes et les Cours et Tribunaux.

La Loi organique n° 2016-24 du 14 juillet 2016 relative à l'organisation et au fonctionnement du Haut Conseil des Collectivités territoriales (HCCT), fait suite à la révision de la Constitution par référendum le 20 mars 2016 qui a prévu cette nouvelle institution en son article 66-1.

[2] « L'égalité de tous les délinquants devant l'action publique, quelles que soient leur nationalité ou leur situation de fait, est un aspect de l'égalité de tous les citoyens devant la loi. À ce titre, elle constitue un principe fondamental. Et pourtant, elle comporte des exceptions : ce sont les immunités, faits qui tout en laissant subsister l'infraction rendent irrecevables les poursuites pénales (mais non les poursuites civiles) ». Jean Pradel, *Procédure pénale*, 5ème édition, Paris, Cujas, 1990, page 156.

[3] Aux termes de l'article 61 de la Constitution : « Aucun député ne peut être poursuivi, recherché, arrêté, détenu ou jugé à l'occasion des opinions ou votes émis par lui dans l'exercice de ses fonctions. Aucun député ne peut, pendant la durée des sessions, être poursuivi ou arrêté, en matière criminelle ou correctionnelle, qu'avec l'autorisation de l'Assemblée nationale. Le député pris en flagrant délit ou en fuite après la commission des faits délictueux peut être arrêté, poursuivi et emprisonné sans l'autorisation du Bureau de l'Assemblée nationale. Aucun député ne peut, hors session, être arrêté qu'avec l'autorisation du Bureau de l'Assemblée nationale, sauf en cas de flagrant délit ou de condamnation pénale définitive. La poursuite d'un député ou sa détention du fait de cette poursuite est suspendue si l'Assemblée le requiert. Le député qui fait l'objet d'une condamnation pénale définitive est radié de la liste des députés de l'Assemblée nationale sur demande du ministre de la Justice. »

suspendu à cette formalité légale destinée à sauvegarder l'inviolabilité parlementaire avec cet avantage que la prescription est aussi suspendue.

En pratique, il s'agit d'une lettre que le procureur de la République adresse au président de l'Assemblée nationale ou du Sénat en lui demandant expressément la levée de l'immunité du membre de l'Assemblée. Dans cette lettre, le procureur indique aussi clairement les motifs de cette demande. Cette lettre est transmise par la voie hiérarchique. Elle est accompagnée, pour permettre au président et à l'Assemblée d'être à même d'apprécier, d'une copie des pièces du dossier[1]. Il faut préciser que la procédure de levée qui s'ensuit reste essentiellement interne à l'Assemblée et est régie par son règlement intérieur ; le procureur n'intervient nullement.

### §3. Le chef de l'État et le Gouvernement

Aux termes de l'article 53 de la Constitution, le Gouvernement comprend le Premier ministre, chef du Gouvernement et les ministres.

Le chef de l'État et les membres du Gouvernement bénéficient d'une immunité politique « indispensable au fonctionnement des institutions de l'État »[2].

---

L'article 51 de la loi n°2002-20 du 15 mai 2002 complétant et remplaçant la loi n°78-21 du 28 avril 1978 portant règlement intérieur de l'Assemblée nationale dispose que « le député est couvert de l'immunité à compter du début de son mandat qui prend effet dès la proclamation des résultats de l'élection législative par le Conseil Constitutionnel ».

« Dit, également, que la détention, de Monsieur Khalifa Ababacar SALL, entre la date de la proclamation des résultats de l'élection législative par le Conseil Constitutionnel, c'est-à-dire le 14 août 2017, et celle de la levée de son immunité parlementaire, à savoir le 25 novembre 2017, est arbitraire ». Arrêt n°ECW/CCJ/JUD/17/18 du 29 juin 2018, Cour de justice de la CEDEAO, M. Khalifa Ababacar Sall, Fatou Traoré, Mbaye Touré, Ibrahima Yatma Diao, Amadou Moctar Diop et Yaya Bodian c. État du Sénégal; V.2, page 52.

[1] Précisons que ce sont des procédures très rares.

[2] Jean Pradel, *Procédure pénale*, 5ème édition, *op. cit.,* page 157.

« Dans le même domaine, la Cour de cassation, en assemblée plénière, avait, dans la réforme constitutionnelle du 19 février 2007, admis une solution identique s'agissant de l'immunité du Président de la République (art.68 de la constitution). La Haute juridiction a estimé que le Président de la République, en dehors d'une poursuite devant la Haute Cour de justice pour haute trahison, ne pouvait pas être poursuivi pendant la durée de l'exercice de ses fonctions présidentielles pour des infractions commises avant le début de son mandat. Elle en tire alors la conséquence que la prescription est nécessairement suspendue en raison de cette impossibilité d'agir pendant toute la durée du mandat présidentielle… » (C.Cass, assemblée plénière, 10

L'article 101 de la Constitution dispose que « le président de la République n'est responsable des actes accomplis dans l'exercice de ses fonctions qu'en cas de haute trahison. Il ne peut être mis en accusation que par l'Assemblée nationale, statuant par un vote au scrutin secret, à la majorité des trois cinquième des membres la composant ; il est jugé par la Haute Cour de justice[1]. Le Premier ministre et les autres membres du Gouvernement sont pénalement responsables des actes accomplis dans l'exercice de leurs fonctions et qualifiés de crimes et délits au moment où ils ont été commis. Ils sont jugés par la Haute Cour de justice. La procédure définie ci-dessus leur est applicable, ainsi qu'à leurs complices, dans le cas de complot contre la sûreté de l'État. Dans les cas prévus au présent alinéa, la Haute Cour est liée par la définition des crimes et délits ainsi que par la détermination des peines, telles qu'elles résultent des lois pénales en vigueur au moment où les faits ont été commis ».

Pour le chef de l'État, l'acte commis dans l'exercice doit être un acte de haute trahison, une notion qui n'est pas définie[2]. En faisant du droit comparé, on remarque que certains constituants en Afrique ont fait un effort en énumérant au moins les cas de haute trahison. Aux termes de l'article 174 de la Constitution de la République du Tchad du 31 mars 1996, « constituent un crime de haute trahison, tout acte portant atteinte à la forme républicaine, à l'unicité et à la laïcité de l'État, à la souveraineté, à l'indépendance et à l'intégrité du territoire national. Sont assimilés à la haute trahison, les violations graves et caractérisées des droits de l'Homme, le détournement des fonds publics, la corruption, la concussion, le trafic de drogue et l'introduction des déchets toxiques ou dangereux, en vue de leur transit, dépôt ou stockage sur le territoire national… »[3].

---

octobre 2001, *Bull. crim.* n° 206). Jean Pradel, André Varinard, *Les grands arrêts de la procédure pénale*, 6e édition, Paris, Dalloz, 2009, page 113.

[1] Elle est composée de membres élus par l'Assemblée nationale et présidée par un magistrat.

[2] Généralement considérée comme un concept flou d'obédience politique, la haute trahison peut recouper la participation à une guerre contre son propre pays, le coup d'État, l'assassinat, les crimes au droit international humanitaire, l'insurrection, le complot. On pourrait même y ajouter les infractions à caractère économique. Si au Sénégal aucun élément n'a été dégagé, certains pays comme l'Allemagne ou l'Angleterre ont au moins cité les cas de haute trahison.

[3] Constitution de la République du Tchad adoptée par le Référendum du 31 mars 1996.

Au-delà de cette absence de définition ou de détermination de la notion de haute trahison en droit sénégalais, c'est le statut pénal même du président de la République qui n'est pas clarifié par le législateur[1].

En ce qui concerne le Premier ministre et les ministres, il s'agit de tous délits ou crimes commis dans l'exercice de leur fonction. L'élément déterminant est celui de savoir si l'acte est commis dans ce cadre[2]. Toutefois, même non-commis dans l'exercice de ses fonctions, la qualité de membre du gouvernement peut gêner le parquet dans ses poursuites même si l'immunité ou le privilège ne peuvent lui être opposés au niveau de la phase de l'enquête[3].

Même pour être entendu comme témoin, le membre du Gouvernement doit y consentir et se faire autoriser par le président de la

---

[1] En France, « La révision constitutionnelle du 23 février 2007 a clarifié le statut du président de la République et ses responsabilités pénale, civile et administrative.
– Ainsi, **le président "n'est pas responsable des actes accomplis en cette qualité (sic)"** (art. 67). Cette irresponsabilité est absolue et permanente : elle est valable à la fois dans les domaines politique, pénal, civil et administratif, et aucune action ne peut être engagée contre le chef de l'État **pour des actes accomplis en qualité de président (sic)**, même après la fin de son mandat. Cette irresponsabilité a cependant deux exceptions : le chef de l'État peut être poursuivi devant la Cour pénale internationale pour crimes contre l'humanité, ou soumis à une procédure de destitution "en cas de manquement à ses devoirs manifestement incompatibles avec l'exercice de son mandat" (art. 68).
– Pour les **actes** du chef de l'État **qui ne relèvent pas de l'exercice des fonctions présidentielles**, le président ne peut pas faire l'objet d'une procédure judiciaire ou administrative pendant la durée de son mandat. Il bénéficie d'une **"inviolabilité"**, dont les parlementaires étaient jusqu'alors les seuls à disposer (art. 26). Cette inviolabilité est complète, car elle couvre également les domaines pénal, civil et administratif. Mais, elle est temporaire, puisqu'elle prend fin un mois après le terme du mandat présidentiel. Les droits des personnes tiers sont cependant préservés par la suspension de tout délai de prescription et de forclusion… ». http://www.vie-publique.fr/

[2] « … Pour bénéficier de l'immunité en effet, il ne suffit pas d'être un officiel en exercice, il faut encore que les faits dont la justiciabilité est discutée soient susceptibles de se rattacher à l'exercice de cette fonction. En d'autres termes, il faut toujours distinguer entre "actes publics" et "actes privés", les premiers seuls pouvant être couverts par l'immunité. Il s'agit, là également, d'un acquis de la conception classique de l'immunité…». Alioune Sall, *L'affaire Hissène Habré, aspects judiciaires nationaux et internationaux,* Paris, L'Harmattan, 2013, page 43.

[3] « Que le privilège de Juridiction et l'immunité des requérants ne peuvent être invoqués à l'étape de la procédure de simple enquête préliminaire… ». Arrêt Cour de justice de la CEDEAO du 22 février 2013, aff. Abdoulaye Baldé, Elhadj Ousmane Alioune Ngom, Madické Niang, Oumar Sarr, Samuel Amete Sarr, Karim Meissa Wade, tous anciens ministres du Sénégal contre État du Sénégal.

République[1]. La sauvegarde de l'action gouvernementale et des institutions commande cette solution. C'est pourquoi, quel que soit l'acte, la tradition républicaine constatée dans beaucoup de pays est que le ministre mis en cause démissionne ou qu'il soit démis de ses fonctions. On entend le plus souvent des déclarations comme : « Je rends ma démission pour mettre la justice à l'aise et pouvoir me défendre ». C'est en ce moment seulement que le parquet (ou l'accusation selon les cas) pourrait agir.

Il est utile de relever que l'immunité de chef d'État et de gouvernement, voisine de la notion de qualité officielle de l'accusé[2] usitée en droit pénal international, est battue en brèche dans la justice internationale pénale, surtout devant une juridiction internationale, pour les faits constitutifs de crimes internationaux (exemple crimes de génocide, crimes contre l'humanité, crimes de guerre et crimes d'agression. En effet, le Statut de la CPI dispose que « le présent Statut

---

[1] « Les ministres et secrétaires d'État ne peuvent comparaître comme témoins qu'après autorisation donnée par décret sur le rapport du Garde des Sceaux, Ministre de la justice (sic) ». « Lorsque la comparution a lieu en vertu de l'autorisation prévue à l'article précédent, la déposition est reçue dans les formes ordinaires » « Lorsque la comparution n'a pas été demandée ou n'a pas été autorisée, la déposition est reçue par écrit dans la demeure du témoin par le Premier Président de la cour d'appel ou par le magistrat qu'il aura délégué. Il sera, à cet effet, adressé par la juridiction saisie de l'affaire, au magistrat ci-dessus désigné, un exposé des faits, ainsi qu'une liste des demandes et questions sur lesquelles le témoignage est requis » « La déposition ainsi reçue est immédiatement remise au greffe et envoyée, close et cachetée, à celui de la juridiction requérante et communiquée, sans délai, au ministère public ainsi qu'aux parties intéressées. À la Cour d'assises, elle est lue publiquement et soumise aux débats ». « La déposition écrite d'un représentant d'une puissance étrangère est demandée par l'entremise du Ministre des Affaires étrangères. Si la demande est agréée, cette déposition est reçue par le Premier Président de la cour d'appel ou par le magistrat qu'il aura délégué… ». Articles 639 à 643 du Code de procédure pénale.

[2] « La question de la qualité officielle comme motif possible d'exonération doit être à la fois rapprochée et distinguée de celle des immunités dont disposent certains agents de l'État en droit international. Là où la prétendue excuse touche au fond – à la question de la responsabilité individuelle pénale et de son exonération – l'immunité est un obstacle procédural opposé à la compétence d'un tribunal… ». Olivier De Frouville, *Droit international pénal, sources, incriminations, responsabilité*, Paris, Éditions A. Pedone, 2012, page 420.

« Là où l'action en question est une action de l'État, ceux qui l'exécutent ne sont qu'instruments de l'État : ils ne sont pas personnellement responsables et sont en droit, affirme-t-on, de s'abriter derrière la souverainement de l'État… ». Olivier De Frouville, *Droit international pénal, sources, incriminations, responsabilité, ibid*, page 420.

s'applique à tous de manière égale, sans aucune distinction fondée sur la qualité officielle. En particulier, la qualité officielle de chef d'État ou de gouvernement, de membre d'un gouvernement ou d'un Parlement, de représentant élu ou d'agent d'un État, n'exonère en aucun cas de la responsabilité pénale au regard du présent Statut, pas plus qu'elle ne constitue, en tant que telle un motif de réduction de la peine. Les immunités ou règles de procédure spéciales qui peuvent s'attacher à la qualité officielle d'une personne, en vertu du droit interne ou du droit international, n'empêchent pas la Cour d'exercer sa compétence à l'égard de cette personne ».[1] C'est la règle du défaut de pertinence de la qualité officielle. Toutefois, cette immunité est vivace pour le Chef de l'État, le Chef du Gouvernement et le ministre des Affaires étrangères devant les juridictions pénales d'un État étranger[2]. Mais immunité ne signifie pas impunité[3].

---

[1] Article 27 Statut de la CPI.

[2] Affaire relative au mandat d'arrêt du 11 avril 2000, République Démocratique du Congo c. Belgique, arrêt CIJ du 14 février 2002 ; mandat d'arrêt contre Abdulaye Yérodia Ndombasi, Ministre des Affaires étrangères du Congo.

[3] « La Cour souligne toutefois que l'immunité de juridiction dont bénéficie un ministre des Affaires étrangères en exercice ne signifie pas qu'il bénéficie d'une impunité au titre de crimes qu'il aurait pu commettre, quelle que soit leur gravité. Immunité de juridiction pénale et responsabilité pénale individuelle sont des concepts nettement distincts. Alors que l'immunité de juridiction revêt un caractère procédural, la responsabilité pénale touche au fond du droit. L'immunité de juridiction peut certes faire obstacle aux poursuites pendant un certain temps ou à l'égard de certaines infractions ; elle ne saurait exonérer la personne qui en bénéficie de toute responsabilité pénale. Les immunités dont bénéficie en droit international un ministre ou un ancien ministre des Affaires étrangères ne font en effet pas obstacle à ce que leur responsabilité pénale soit recherchée dans certaines circonstances. Ils ne bénéficient, en premier lieu, en vertu du droit international d'aucune immunité de juridiction pénale dans leur propre pays et peuvent par la suite être traduits devant les juridictions de ce pays conformément aux règles fixées en droit interne. En deuxième lieu, ils ne bénéficient plus de l'immunité de juridiction à l'étranger si l'État qu'ils représentent ou ont représenté décide de lever cette immunité. En troisième lieu, dès lors qu'une personne a cessé d'occuper la fonction de ministre des Affaires étrangères, elle ne bénéficie plus de la totalité des immunités de juridiction que lui accordait le droit international dans les autres États. À condition d'être compétent selon le droit international, un tribunal d'un État peut juger un ancien ministre des Affaires étrangères d'un autre État au titre d'actes accomplis avant ou après la période pendant laquelle il a occupé ces fonctions, ainsi qu'au titre d'actes qui, bien qu'accomplis durant cette période, l'ont été à titre privé. En quatrième lieu, un ministre des Affaires étrangères ou un ancien ministre des Affaires étrangères peut faire l'objet de poursuites pénales devant certaines juridictions pénales internationales dès lors que celles-ci sont compétentes. Le Tribunal pénal international pour l'ex-Yougoslavie et le

Le statut des Chambres africaines extraordinaires créées au sein des juridictions sénégalaises (CAE) siégeant à Dakar et chargées de la poursuite du ou des principaux responsables des crimes internationaux commis au Tchad durant la période du 7 juin 1982 au 1er décembre 1990 dispose en son article 10 que : « La qualité officielle d'un accusé, soit comme Chef d'État ou de gouvernement, soit comme haut fonctionnaire, ne l'exonère en aucun cas de sa responsabilité pénale au regard du présent Statut, plus qu'elle ne constitue en tant que telle un motif d'atténuation de la peine encourue ».

Généralement, sauf à l'égard des juridictions nationales étrangères, il est noté le recul des immunités, la qualité officielle et autres motifs d'exonération de la responsabilité ou d'atténuation de la peine même s'ils peuvent susciter des difficultés dans le fonctionnement des tribunaux pénaux internationaux pour le cas d'accusés présidents de la République ou Chefs de gouvernement en exercice[1]. Dans tous les cas,

---

Tribunal pénal international pour le Rwanda, établis par des résolutions du Conseil de sécurité adoptées en application du chapitre VII de la Charte des Nations Unies, ainsi que la future Cour pénale internationale instituée par la convention de Rome de 1998, en sont des exemples. Le statut de cette dernière prévoit expressément, au paragraphe 2 de son article 27, que «les immunités ou règles de procédure spéciales qui peuvent s'attacher à la qualité officielle d'une personne, en vertu du droit interne ou du droit international, n'empêchent pas la Cour d'exercer sa compétence à l'égard de cette personne… ». (Affaire relative au mandat d'arrêt du 11 avril 2000, République Démocratique du Congo c. Belgique, arrêt CIJ du 14 février 2002 ; mandat d'arrêt contre Abdulaye Yérodia Ndombasi, ministre des Affaires étrangères du Congo).

[1] Le Président kenyan Uhuru Muigai Kenyatta et son vice-président William Samoei Ruto poursuivis devant la CPI pour crimes contre l'humanité — après les violences suite aux élections présidentielles contestées de 2007 qui auraient fait 1300 morts et la fuite de 600.000 personnes — ont sollicité à ce qu'ils soient autorisés à s'absenter de leur procès à La Haye compte tenu de leurs fonctions étatiques notamment liées à la lutte contre des islamistes somaliens. Ils sont soutenus par l'Union africaine qui a sollicité du Conseil de sécurité de l'ONU une suspension du procès pendant un an. La CPI, après l'attentat du centre commercial Wesgate Mall, le 21 septembre 2013, a décidé du report du procès du Président jusqu'au 5 février 2014 et celui du vice-président en cours suspendu pour d'autres motifs. Le 26 novembre 2013, la CPI reconsidère sa première décision du 18 octobre 2013 excusant sous conditions la présence en permanence du Président pour dire que cette présence est désormais obligatoire et que les demandes d'absence de l'audience seront examinées au cas par cas. Auparavant, le 15 novembre 2013, le Conseil de sécurité de l'ONU rejette la demande de l'UA tendant à l'ajournement du procès pour un an. Mais le 28 novembre 2013, l'Assemblée générale des pays membres du Statut de Rome dont 34 pays africains, adopte, par consensus, faute de pouvoir réformer le statut, des amendements à la procédure en vigueur devant la CPI. Ainsi une personne qui occupe de hautes fonctions nationales peut se faire représenter aux audiences par ses avocats. Il est aussi

l'immunité n'est pas de droit, il faut qu'elle soit expressément prévue par un texte ; à défaut, le droit commun s'applique[1].

## §4. L'Agence judiciaire de l'État

L'Agence judiciaire de l'État est créée par le décret n° 70-1216 du 07 novembre 1970. Elle dépend du ministère chargé de l'Économie et des Finances. Elle est habilitée à représenter l'État dans toutes les affaires contentieuses qui l'intéressent, à l'exception du contentieux intéressant les régies financières comme l'administration des Douanes[2].

---

prévu l'utilisation de la visioconférence lors des procès. Le Président kenyan et son vice-président seront certainement les premiers à bénéficier de ces amendements. À préciser que le procureur de la CPI a, pour défaut de preuves suffisantes et face au refus des juges de la Chambre de première instance d'accorder tout nouveau report du procès le 3 décembre 2014, a finalement abandonné les charges contre Uhuru Muigai Kenyatta, le 5 décembre 2014. http://www.lemonde.fr/; http://www.icc-cpi.int/. Le 5 avril 2016, la chambre de première instance CPI a décidé de mettre fin à l'affaire relative aux poursuites contre le vice-président William Samoei Ruto et son coaccusé Joshua Arap Sang pour défaut de preuves suffisantes, sans préjudice de poursuites futures.

[1] Le décret n° 2017-1107 portant création et fixant les règles d'organisation et de fonctionnement du Grand Théâtre national indique, si besoin en était, que le Directeur général, « en cas de faute grave ou de mauvaise gestion… sa responsabilité peut être engagée au triple plan disciplinaire, civil et pénal ».

[2] « L'agent judiciaire est chargé du règlement de toutes les affaires contentieuses où l'État est partie et la représentation de l'État dans les instances judiciaires. Toute action portée devant les tribunaux et tendant à déclarer l'État créancier ou débiteur pour des causes étrangères à l'impôt et au domaine et, dans ce cas, peut émettre des titres de perception ayant force exécutoire. Il a également pour mission de sauvegarder les droits de l'État dans tous les domaines où les textes en vigueur n'ont pas conféré ces prérogatives à d'autres services ». Article 2 décret n°70-1216 du 07 novembre 1970.
« L'agent judiciaire de l'État est seul habilité à recevoir en personne ou en ses bureaux les citations et assignations, dont il doit viser l'original, ainsi que les requêtes introductives d'instance, servies ou notifiées à l'État. Il procède à l'étude des dossiers et désigne, s'il y a lieu, un avocat ou un mandataire en justice pris parmi les agents de l'administration ayant les connaissances juridiques et techniques appropriées. Il peut faire élection de domicile chez le préfet du département du siège de la juridiction compétente. Il suit le déroulement du procès, oriente la défense, et décide de l'opportunité de l'exercice des voies de recours. Après consultation des administrations compétentes, il peut proposer à la partie adverse toute transaction utile, la transaction n'aura d'effet qu'après approbation par le ministre chargé des Finances ». Article 3 décret n°70-1216 du 07 novembre 1970.
« L'État doit être assigné en la personne de l'Agent judiciaire de l'État, qui est également compétent pour recevoir les recours préalables (article 729 CPC). Cette règle interdit, en matière de contentieux domanial, d'assigner l'État en la personne du Directeur général des Impôts et Domaines ». CA, Dakar, arrêt n°77 du 27 janvier

À l'égard de l'Agence judiciaire de l'État, le parquet a un devoir d'information. La lettre circulaire du garde des Sceaux n° 03866/MJ du 22 octobre 1990 rappelle que « de par sa fonction, l'Agent judiciaire de l'État est le seul qualifié pour représenter la puissance publique tant en demande qu'en défense, c'est pourquoi il est du devoir des magistrats chargés des poursuites de l'aviser immédiatement de toutes poursuites qu'ils engageraient à l'encontre d'un agent public dès lors qu'il est établi que les intérêts de l'État sont en cause ».[1]

Aucune forme n'est indiquée pour l'information que le parquet entend porter à la connaissance de l'Agence judiciaire de l'État. Cela peut être une lettre envoyée par la voie hiérarchique pour informer cette institution de l'existence d'un dossier dans lequel son ministère est interpellé. La simple liaison téléphonique ne peut suffire compte tenu surtout de l'absence de traces.

Cette mission d'information doit cependant être bien cantonnée, car le parquet ne peut en aucune façon se substituer à l'Agence judiciaire, partie au procès, ou être son représentant dans le suivi quotidien des procédures. Ce devoir d'informer s'amenuise quand, outre l'agent judiciaire de l'État, des avocats sont constitués pour défendre les intérêts de l'État.

Dans un tout autre domaine, le devoir d'information se poursuit en cas d'accident de la circulation routière mettant en cause un véhicule de fonction ou de service. Cette obligation incombe au chef de service et au gestionnaire pour la mise en œuvre de la responsabilité civile de l'administration[2].

---

2007, État du Sénégal c/Héritiers Mariam Thiaw et autres, *Bulletin des arrêts rendus par la cour d'appel de Dakar en matière civile et commerciale*, vol n°1, 2011, page 134.

[1] Dans bien des cas, l'Agence judiciaire de l'État est au courant dès le début de la procédure. Voir aussi la lettre circulaire n°01571MJ/SG du 23 mars 2012 : « Les biens appartenant à l'État ou intéressant la chose publique font très souvent l'objet de destruction, de vol ou de dégradation… Je vous demande de prendre toutes les dispositions utiles pour que l'agent judiciaire soit systématiquement informé et mis dans les conditions de se constituer partie civile, à chaque fois qu'une procédure judiciaire intéresse les biens de l'État… ».

[2] Décret n°63-298 du 13 mai 1963, circulaire n°43/PR.SG du 02 mai 1964, circulaire n° 190/MFAE/DCPT/CT du 30 juillet 1971, circulaire n°46/MFAE/DCPT/AJE du 26 février 1971, article 147 du Code des obligations de l'administration. La dernière circulaire précitée indique « — informer immédiatement les services de contentieux (actuellement Agence judiciaire de l'État), — de leur transmettre ensuite dans le moindre délai les pièces nécessaires à la constitution des dossiers (constat, devis,

## §5. Le médiateur de la République

La loi n° 91-14 du 11 février 1991 a institué au Sénégal un médiateur de la République[1], abrogée et remplacée par la loi n° 99-04 du 29 janvier 1999. Il a pour mission de recevoir les réclamations des citoyens concernant le fonctionnement des administrations de l'État, des collectivités locales, des établissements publics et de tout organisme investi d'une mission de service public. Il les traite afin de leur trouver des solutions avec l'administration ou l'organisme concerné. Ces solutions peuvent être fondées sur le respect des lois et règlements ou sur l'équité.

Sont exclus notamment de la compétence du médiateur, les litiges pendants devant les juridictions pour sauvegarder l'indépendance du pouvoir judiciaire. Il ne peut intervenir dans une procédure engagée devant une juridiction ni remettre en cause le bien-fondé des décisions juridictionnelles. Toutefois, la saisine d'une juridiction n'empêche pas le médiateur de la République d'intervenir pour obtenir le règlement amiable du litige porté à sa connaissance.

Par ailleurs, « les réclamations concernant les lenteurs judiciaires sont examinées par le médiateur de la République avec précaution… Il ne peut pour autant rester insensible à certains dysfonctionnements de l'administration judiciaire lorsque ceux-ci revêtent un caractère particulièrement anormal… Retards observés dans le déclenchement de l'action publique… En général, ce genre de dysfonctionnement est rapidement résolu par une correspondance unique du médiateur de la République au chef de parquet concerné qui reste seul compétent pour

---

factures), — de s'abstenir rigoureusement de prendre position, tant sur le montant des préjudices que sur le partage des responsabilités… ».

[1] Inspiré de l'Ombudsman en Suède, le médiateur de la République est nommé par décret pour une période de six (6) ans non renouvelable. Il ne peut être poursuivi, recherché, arrêté, détenu ou jugé à l'occasion des opinions qu'il émet ou des actes qu'il accomplit dans l'exercice de sa mission.

Aujourd'hui le médiateur de la République se trouve dans plusieurs pays avec des appellations différentes : Défenseur du peuple en Espagne, Défenseur des droits. Parfois il est institué pour une frange spécifique de la société, Défenseur des droits des enfants par exemple ; ou pour un secteur bien déterminé comme le Médiateur de l'énergie en France.

Au Sénégal, de plus en plus, des médiateurs sont institués dans des secteurs particuliers avec des missions spécifiques. Le Médiateur des banques et le Médiateur des assurances dans le cadre de l'Observatoire de la Qualité des Services Financiers (O.Q.S.F), le Médiateur de l'université Cheikh Anta Diop de Dakar et d'autres universités.

le règlement de l'affaire »[1]. Aussi, convient-il d'admettre que les services de greffe au niveau des juridictions peuvent faire l'objet de réclamations devant le médiateur de la République dans le cadre du traitement des affaires.

La réponse des parquets, saluée du reste, participe à la sauvegarde des intérêts des citoyens et d'une bonne administration de la justice, mais en tout état de cause, le principe de l'exclusion des affaires pendantes devant les tribunaux au titre des réclamations pouvant être traitées par le médiateur de la République est de rigueur.

### §6. La Cellule nationale de traitement des informations financières (CENTIF)

Dans le cadre de la lutte contre le blanchiment de capitaux et en application de l'article 16 de la Loi uniforme n° 2004-09 du 06 février 2004, le décret n° 2004-1150 du 18 août 2004 crée la Cellule nationale de traitement des informations financières (CENTIF), un service administratif doté de l'autonomie financière, placé sous l'autorité du ministre chargé des Finances.

Cette Cellule qui reçoit des assujettis[2] des déclarations de soupçons de blanchiment de capitaux[3] entretient des relations étroites avec le parquet. Ces assujettis qui se trouvent dans le secteur public et privé jouent un véritable rôle d'alerte ; pour reprendre un terme anglo-saxon,

---

[1] Rapport annuel 2003 du médiateur de la République au président de la République. Page 45 et 46.

[2] Aux termes des article 5 et 6 de la Loi uniforme relative à la lutte contre le blanchiment de capitaux et le financement du terrorisme, sur la base d'une liste très élargie d'assujettis aux obligations de lutte contre le blanchiment de capitaux et le financement du terrorisme et la prolifération des armes de destruction massive, on peut citer le Trésor public, la BCEAO, les institutions financières, les prestataires de service aux sociétés et fiducies, les sociétés immobilières, les avocats, les notaires, les agences de voyage, les hôtels, les transporteurs de fonds, les organismes à but non lucratif.

[3] Les déclarations de soupçons ont constamment augmenté depuis 2005. Rapport annuel 2006. CENTIF. Cette évolution ascendante est confirmée par le Rapport 2008 CENTIF : « Ainsi, au cours de l'année 2008 la CENTIF a reçu soixante-quinze (75) déclarations de soupçon, soit une hausse de 4,2 % par rapport à 2007 (72). Ces dossiers représentent une masse financière de 26.027.515.679 francs CFA contre 31.113.871.667 francs CFA. L'évolution enregistrée des déclarations de soupçon reflète l'adhésion progressive des assujettis notamment du système bancaire à la faveur des efforts de sensibilisation et de formation menés par la CENTIF… » Pages 26 à 27. En 2009, une légère baisse est notée avec 71 déclarations.

ils font du véritable *whistleblowing*[1]. L'assujettissement de personnes est aussi prévu par d'autres textes comme le Code des drogues dans le cadre de mesures destinées au dépistage de blanchiment d'argent, en ses articles 134 à 137 qui prévoient une déclaration directe au procureur de la République.

Aux termes des articles 29 de la Loi uniforme n° 2004-09 du 06 février 2004 sur le blanchiment de capitaux et 21 de la Loi uniforme n° 2009-16 du 02 mars 2009 relative à la lutte contre le financement du terrorisme, abrogées et remplacées par la Loi uniforme n°2018-03 du 23 février 2018 relative à la lutte contre le blanchiment de capitaux et le financement du terrorisme, article 69 alinéa 1, « lorsque les opérations mettent en évidence des faits susceptibles de constituer l'infraction de

---

[1] Littéralement *coup de sifflet* ; mais en réalité c'est tout le système d'alerte ou des lanceurs d'alerte, *whistleblowers*, répandu dans les pays anglo-saxons, auquel sont soumis tous les citoyens qui travaillent dans différents secteurs et qui sont appelés à dénoncer les infractions constatées. De plus en plus des récompenses sont faites, sous certaines conditions, aux personnes qui dénoncent des infractions constatées dans leur secteur d'activités ou non.

Au niveau du Sénégal, la transparence érigée en mode de gouvernance est de plus en plus matérialisée par un certain nombre de textes dans un élan communautaire : la loi n° 2012-22 du 27 décembre 2012 portant Code de transparence dans la gestion des finances publiques qui fait suite à la directive N° 1/2009/CM/UEMOA du 27 mars 2009 portant Code de transparence dans les finances publiques au sein de l'UEMOA, la loi n° 2014-17 du 02 avril 2014 relative à la déclaration de patrimoine.

Le 7 mars 2017, « Une plateforme pour protéger les lanceurs d'alerte en Afrique a été lancée, mardi à Dakar, pour apporter la sécurité à ceux qui dénoncent des fraudes contre l'intérêt général, mais sont souvent menacés [...] La plateforme de protection des lanceurs d'alerte en Afrique (Pplaaf), qui est une ONG, a été présentée à la presse mardi 7 mars, à Dakar, ville où elle sera basée ». www.france24.com/fr/20170703-afrique-lanceurs-alerte-plateforme-ong-protection-pplaaf-dakar.

Au Maroc, « Une loi si désirée et très attendue. Ses dispositions visent à protéger les victimes, les témoins, experts et dénonciateurs de corruption. S'ajoutent aussi d'autres infractions telles que le détournement de fonds, l'abus de pouvoir, le blanchiment d'argent [...] La loi est entrée en vigueur depuis le 20 octobre 2011 [...] C'est une révolution. Car combien de fois des fonctionnaires ou salariés sont acculés à fermer les yeux, au risque de se retrouver accusés de violation du secret professionnel [...] Désormais, la législation pénale protège les citoyens intègres. Aucune mesure disciplinaire ni de poursuites pénales contre les dénonciateurs ayant découvert les faits lors de l'exercice de leur fonction. Cette protection est soumise à condition : l'existence de raisons sérieuses et la bonne foi. Ce qui revient à sanctionner les faux témoignages… », Faiçal FAQUIHI, Voir journal *L'Économiste* n° 3647, le premier quotidien économique du Maroc, des 28, 29 et 30 octobre 2011, page 2. C'est la loi n° 37-10 modifiant et complétant la loi n° 22-01 relative à la procédure pénale en matière de protection des victimes, des témoins, des experts et des dénonciateurs.

blanchiment ou de financement du terrorisme, la CENTIF transmet un rapport sur ces faits au Procureur de la République, qui saisit immédiatement le juge d'instruction ». Le parquet perd son pouvoir sacro-saint d'appréciation de l'opportunité des poursuites et ne devrait en aucun cas mettre de telles affaires *sous le coude*[1] ou faire obstruction. On devrait donc avoir une adéquation parfaite entre le nombre de rapports transmis au Parquet et celui de réquisitoires introductifs. Dans ses poursuites, seule la voie de l'information lui est ouverte ; une solution imposée par la loi qui se justifie largement, car, outre des préoccupations évidentes de politique de répression, ces faits requièrent le plus souvent de plus amples investigations, non seulement pour saisir l'ampleur des faits, les infractions d'origine ou sous-jacentes au blanchiment, mais aussi pour identifier tous les auteurs généralement organisés en bande sur un territoire donné ou dans plusieurs pays. Aussi, les rapports qui parviennent au parquet sont sommaires. La CENTIF saisit le parquet avec les pièces nécessaires sauf la déclaration de soupçons. En effet, dans le cadre du traitement des déclarations de soupçons, elle dispose d'un pouvoir de demande de renseignements auprès des déclarants et des administrations et organismes, ce qui lui permet de saisir le parquet d'un rapport basé sur des pièces et documents pertinents, mais qui, en général, nécessitent de plus amples investigations. Les cas recensés dans le Rapport 2017 de la CENTIF sont : l'utilisation du système de transfert alternatif de fonds, encore dénommé « Hawala », le blanchiment du produit de la fraude fiscale au Sénégal et à l'étranger, l'usage de faux documents de cessions mobilières pour justifier des fonds d'origine inconnue, l'escroquerie par le biais de la promotion immobilière, le trafic d'influence à travers une relation supposée avec une personne politiquement exposée (PPE).

Dans le règlement de ces rapports de la CENTIF, le parquet ne doit pas omettre de viser le cas échéant les infractions d'origine, sous-jacentes, de base, pourvoyeuses des capitaux qu'on a voulus ou qu'on a déjà injectés dans d'autres secteurs.

---

[1] L'impunité dans l'administration de la justice au Sénégal, Youssoupha Diallo, procureur de la République près le tribunal régional de Ziguinchor, Conférence annuelle des chefs de parquet 2012, Dakar, 25 mai 2012.

## §7. L'Office national de lutte contre la fraude et la corruption (OFNAC)

Dans l'exposé de ses motifs, la loi n° 2012-30 du 28 décembre 2012 portant création de l'OFNAC dispose en substance que « la corruption est l'une des plus grandes entraves au développement économique et social. Elle constitue, en effet, un frein à la croissance économique en même temps qu'elle décourage l'investissement privé, surtout étranger, réduit les ressources disponibles pour le développement et menace les fondements de l'État de droit… Dans ce cadre, le Sénégal avait mis en place depuis 2003 une Commission nationale de lutte contre la non-transparence, la corruption et la concussion (CNLCC). Toutefois, force est de reconnaître que cette Commission n'a pas répondu aux attentes, faute de pouvoirs lui permettant d'accomplir pleinement sa mission… Le Gouvernement ayant inscrit son action dans une gouvernance vertueuse a décidé d'instituer une autorité administrative indépendante dénommée Office national de lutte contre la fraude et la corruption (OFNAC), disposant de pouvoirs d'autosaisine, d'investigations et de saisine de la justice. L'OFNAC peut donner des avis aux autorités administratives… »

L'OFNAC « a pour mission la prévention et la lutte contre la fraude, la corruption, les pratiques assimilées et les infractions connexes, en vue de promouvoir l'intégrité et la probité dans la gestion des affaires publiques »[1].

Les parquets doivent désormais intégrer cette institution qui a des pouvoirs d'autosaisine, d'investigations et de saisine de la justice sur des faits qui constituent des infractions à la loi pénale. Elle est chargée de « collecter, d'analyser et de mettre à la disposition des autorités judiciaires chargées des poursuites les informations relatives à la détection et à la répression des faits de corruption, de fraude et de pratiques assimilées, commis par toute personne exerçant une fonction publique ou privée… » L'article 14 de la loi dispose qu'« à l'issue de ses investigations, si les informations collectées et analysées font présumer de l'existence de l'une des infractions visées au 1° de l'article 3 de la présente loi, l'OFNAC transmet au procureur de la République un rapport accompagné des pièces du dossier. La transmission du rapport au procureur de République dessaisit l'OFNAC ». Dans son premier rapport de 2014-2015, il est mentionné

[1] Article 2 loi n° 2012-30 du 28 décembre 2012.

que « l'ensemble des indices graves et concordants d'infractions pénales recueillis par les enquêteurs ont été consignés dans un rapport transmis à l'Autorité judiciaire pour que les poursuites soient engagées. »[1] Mais il faut relever que la loi ne comporte pas de dispositions particulières sur la suite à réserver à cette saisine du parquet qui retrouve ainsi sa liberté de droit commun qui consiste à être maître de l'opportunité des poursuites.

À l'état actuel de l'organisation judiciaire, pour assurer des poursuites diligentes, la CENTIF et l'OFNAC ou toute autre structure chargée de lutter contre une délinquance particulière devraient être dotés de la capacité de déposer directement une plainte avec constitution de partie civile.

### §8. Les officiers de police judiciaire

Avec les officiers de police judiciaire, le parquet d'instance se trouve en face de ses interlocuteurs naturels, quotidiens et nécessaires pour la bonne marche de la justice. Aux termes de l'article 12 et 33 C.P.P, la police judiciaire est exercée sous la direction du procureur de la République. Il procède ou fait procéder à tous les actes nécessaires à la recherche et à la poursuite des infractions à la loi pénale. À cette fin, il dirige l'activité des officiers et agents de la police judiciaire dans le ressort de son tribunal. Le procureur de la République est donc une pièce maîtresse de l'enquête. Il en détient la direction. Pour ce faire, les officiers de police judiciaire le tiennent informé en application de l'article 18 C.P.P, en permanence et à toute heure, de l'évolution de l'enquête qu'ils mènent, des arrestations ou de toutes autres mesures prises ; en général, de l'évolution de l'enquête dans toutes les procédures dont ils sont saisis. C'est l'une des grandes contraintes du parquetier qui, le plus souvent, est saisi à toute heure pour se voir soumettre des faits.

Le procureur de la République leur donne les instructions nécessaires. Il doit être informé, dans le cadre de la police judiciaire, de toutes mesures prises ou qu'on envisage de prendre. Le parquet doit exiger des officiers de police judiciaire « le respect des dispositions du Code de procédure pénale relative au devoir d'information qui incombe

[1] Rapport 2014-2015 de l'OFNAC, page 72. https://senego.com/voici-en-integralite-le-rapport-de-lofnac_322355.html.

à ces derniers vis-à-vis de l'autorité chargée de l'exercice de l'action publique, en l'occurrence le chef de parquet local ».

Le lien de subordination des officiers de police judiciaire et agents de police judiciaire au procureur de la République est net, du moins dans le cadre de l'enquête qui œuvre vers la recherche des infractions et pour en découvrir les auteurs. Le chef du parquet doit y veiller particulièrement, car il y va de la bonne conduite des enquêtes. Cela évite les erreurs de procédure et la dissonance dans la prise de décision. Ceci est un gage de la bonne gestion des affaires.

L'information du parquet par les officiers de police judiciaire se fait généralement par voie téléphonique pour des soucis de rapidité. Elle se fait également par des rapports écrits. Aussi, par ce qu'on appelle les messages portés encore usités maintenant et qui ont l'avantage de présenter succinctement par écrit les faits, les mesures prises, le début de la garde à vue, le cas échéant, et le numéro du procès-verbal d'enquête. L'efficacité et la rapidité doivent être de rigueur surtout dans la société de l'information où nous vivons. Le parquet doit être ferme pour ne pas être informé par d'autres voies. Pour ce faire, les comptes rendus d'étape doivent être de rigueur pour éviter tout retard dans la transmission de l'information au chef du parquet par l'officier de police judiciaire.

Ces comptes rendus au parquet ne comportent aucune exception ou restriction. Les officiers de police judiciaire qui ont une compétence nationale comme la Division des investigations criminelles (DIC), la Section de Recherches de la gendarmerie ou l'Office central de répression du trafic illicite de stupéfiants (OCRTIS) doivent rendre compte ou informer le chef du parquet territorialement compétent dans le ressort duquel ils opèrent.

L'article 33 C.P.P. permet au procureur de la République d'accomplir lui-même les actes dans le cadre de l'enquête. Il a tous les pouvoirs et prérogatives attachés à la qualité d'officier de police judiciaire prévus aux articles 15 et suivants sans toutefois avoir la qualité d'officier de police judiciaire. Il peut faire lui-même les investigations, requérir la force publique pour l'exécution de sa mission, recevoir sur procès-verbal les déclarations des victimes. Sa mission principale de direction et de contrôle des activités des officiers de police judiciaire ne doit pas occulter le fait qu'il peut faire lui-même les actes. Dans tous ces cas, il agit comme un officier de police et à ce titre, il doit se conformer au formalisme des procès-verbaux qu'il doit signer lui-même. On doit ajouter que dans ce cadre, il agit sous la surveillance du procureur général.

En fait, ces pratiques arrivent rarement. Le procureur se transporte souvent sur le terrain, mais laisse ses collaborateurs continuer les actes.

Il faut souligner que sur le plan organique les officiers de police judiciaire dépendent de leur hiérarchie administrative, au plan judiciaire, ils agissent sous la direction du parquet. Cette dualité, conduite à bon escient avec une délimitation exacte des compétences de chacun, ne créerait aucun problème ou des frictions entre autorités administratives ou politiques et judiciaires. L'officier de police judiciaire, dans le cadre de ses investigations et des mesures qu'il est appelé à prendre, devra, à son niveau, bien saisir les pouvoirs de chacune de sa hiérarchie. Son baromètre doit être le respect de la loi et la loyauté. On pourrait penser à la création d'un corps d'officiers de police judiciaire exclusivement dépendant du parquet.

Ces rapports directs doivent être consolidés par les réunions de coordination que le chef du parquet tient avec les officiers de police judiciaire de son ressort. Il leur adresse des invitations avec un ordre du jour au besoin, mais parfois l'urgence fait qu'une simple liaison téléphonique suffit. Ces réunions qui ne sont réglementées par aucun texte procèdent de la nécessité pour le parquet de les retrouver pour coordonner, aborder un certain nombre de points. Elles sont périodiques et peuvent même être convoquées compte tenu des circonstances du moment. Elles regroupent en général, les commissaires de police et les commandants de brigade et de compagnie ; les directeurs des maisons d'arrêt et de correction, les chefs de subdivision des douanes peuvent y être également conviés. La liste des participants dépend des points à aborder et des nécessités de la coordination.

La réunion de coordination est le moment d'affirmer la politique criminelle nationale, locale, de discuter de certains points de droit et de procédure en partant des lacunes constatées par le chef du parquet. Aussi, elles permettent de tenir la main des collaborateurs pour une diligence dans le traitement des pièces venant ou non du parquet, des cabinets d'instruction, des tribunaux, même pour les convocations dans les affaires civiles. C'est un grand moment d'échange et parfois des dossiers spécifiques concernant chaque unité ou service peuvent être soulevés. Ces réunions doivent être sanctionnées par un procès-verbal dont copie est envoyée au procureur général pour compte-rendu.

Outre de ces réunions, par des lettres et correspondances sous forme de circulaires, le chef du parquet peut, à l'échelon de son ressort, imprimer le cadre de travail des officiers de police judiciaire en partant des besoins spécifiques et de l'orientation voulue comme le rappel des règles de droit, de procédures, interdiction de certaines pratiques, performances, rappel des diligences avec les transmis.

Au plan local, le chef du parquet peut même identifier les besoins de formation[1] des officiers de police judiciaire. Le procureur de la République est chargé de la notation des officiers de police judiciaire de son ressort et du personnel servant dans son parquet. Ces notes permettront à la chambre d'accusation de bien contrôler et surveiller l'activité de ces derniers.

En cas de délits commis par les officiers de police judiciaire dans le cadre de l'exercice de leurs fonctions, c'est le procureur général qui exerce les poursuites et saisit la première chambre de la cour d'appel qui statue sans possibilité d'appel. Mais, il faut admettre qu'en l'absence d'une interdiction de la loi, le pourvoi lui est ouvert.

Si c'est un crime qui a été commis, les fonctions du ministère public sont exercées par le procureur général et celles d'instruction par le premier président sauf désignation dans les deux cas d'autres magistrats de la cour. La chambre d'accusation renvoie devant la cour d'appel composé de cinq magistrats au moins pour connaître de l'affaire[2].

### §9. Les établissements pénitentiaires

Le procureur de la République, maître des poursuites et chargé de l'exécution des peines, veille au quotidien sur le fonctionnement des établissements pénitentiaires de son ressort ainsi que sur les conditions de détention. Il convient à ce niveau d'insister sur le fait qu'il ne se substitue nullement au chef de ces établissements[3].

En application de l'article 694 C.P.P, tout établissement pénitentiaire est pourvu d'un registre d'écrou signé et paraphé à toutes les pages par le procureur de la République.

---

[1] La formation doit être permanente. Le bulletin de la gendarmerie nationale *LA GRENADE* n°5 insistera sur ce point.

[2] Articles 661 à 663 C.P.P.

[3] Ces derniers ont pour certains depuis 2008, le grade d'inspecteur de l'administration pénitentiaire, un nouveau corps de la hiérarchie A.

Au niveau des régions, il est nommé depuis 2008, un Inspecteur régional de l'Administration Pénitentiaire.

Par les visites mensuelles et en tant que de besoin inopinées dont un rapport est dressé à l'intention du procureur général pour compte-rendu, le procureur vérifie les conditions de détention. Il s'assure si sont respectées les prescriptions légales et réglementaires sur la séparation des mineurs, des femmes, des détenus militaires, des détenus pour des infractions politiques, des contraints par corps, des condamnés à des peines criminelles, les condamnés à des peines correctionnelles. Il se rend compte par une visite cellule par cellule, des conditions d'hygiène, de salubrité et de sécurité et ne manque pas de donner des instructions ou de faire des suggestions au chef de l'établissement pénitentiaire. C'est aussi un moment de contacts directs entre le chef du parquet et les détenus qui ne manqueront pas de lui soumettre des réclamations relativement à leurs conditions de détention et au traitement de leur dossier.

En somme, le parquet doit vérifier le respect des prescriptions réglementaires édictées par l'arrêté ministériel n° 711 M.INT.DAP du 21 mai 1987 portant règlement intérieur des établissements pénitentiaires, modifié.

Le procureur de la République par ailleurs, délivre et revêt de son sceau les permis de visite ou de communiquer aux détenus qu'il a placés sous mandat de dépôt en procédure de flagrants délits. Dans ces cas, en général, il tient compte des jours de visite admis dans l'établissement pénitentiaire. Il y a lieu d'indiquer à ce niveau que les permis ont un caractère individuel tant pour le demandeur que pour le détenu. Il n'est jamais délivré à un groupe ou pour un groupe. Il est exigé une pièce d'identité au demandeur qui est seul destinataire et titulaire, il est mentionné le degré de parenté et la date de délivrance indiquée.

Le procureur de la République est membre de la Commission de surveillance des maisons d'arrêt et de correction présidées par le gouverneur de région.

Le parquet transmet de nombreux actes aux maisons d'arrêt et de correction de leur ressort dans le cadre du règlement des dossiers. Il s'agit essentiellement des avertissements à prévenus pour notification des dates d'audience après ordonnance de renvoi ou de mise en accusation, les ordres d'extraction des détenus pour chaque audience, les avis de main levée de mandat de dépôt après ordonnance de mise en liberté provisoire ou placement sous contrôle du juge d'instruction, les ordres de mises en liberté provisoire suite décisions rendues à l'audience, les mandats de dépôt décernés par le parquet en matière de flagrants délits pour écrou et retour de ces mandats pour classement dans les dossiers, les autorisations d'extraction suite demande d'un officier de police judiciaire dans le cadre d'une enquête sur des faits concernant un détenu.

Les chefs des établissements pénitentiaires au quotidien font parvenir au parquet une foule de comptes rendus et d'informations : un état sur l'évolution journalière de la population carcérale[1], les comptes rendus sur les mandats d'arrêt ou les réquisitions d'incarcération exécutés, les cas d'hospitalisation et de maladies, les cas de décès et dans ce dernier cas un dossier qui comporte notamment le certificat de genre de mort et l'acte de décès est soumis au procureur de la République, seul habilité à autoriser l'inhumation, même s'il s'agit d'une mort naturelle, les comptes rendus sur les infractions commises par les détenus dans l'établissement ou parfois à l'extérieur pour permettre au parquet de déclencher le cas échéant des poursuites, les mises en liberté d'office en application de l'article 127 bis C.P.P et la circulaire n° 335 /MJ/DACG du 29 janvier 2001, les cas de maladies infectieuses graves, les inconduites notoires de détenus souvent sanctionnées par une rétention dans la cellule disciplinaire, les transfèrements, les sanctions disciplinaires ou punitions infligées aux agents de l'établissement pour fautes commises dans l'exercice de leurs fonctions, la vétusté des locaux, les dons reçus, les mesures prises dans le cadre de l'amélioration des conditions de détention, effondrement d'un mur, mutineries, évasion ou tentative d'évasion, surpopulation. Les incidents de toutes natures sont portés à la connaissance du procureur de la République qui doit veiller en l'espèce à l'application de la loi et de la réglementation en vigueur.

Il faut désormais intégrer dans ce cadre l'institution de l'Observateur national des lieux de privation de liberté par la loi n° 2009-13 du 02 mars 2012, complétée par le décret n° 2011-842 du 16 juin 2011. C'est une nouvelle autorité administrative indépendante chargée, « sans préjudice des prérogatives que la loi attribue aux autorités

[1] « La dernière réunion de sécurité et d'hygiène de l'Administration pénitentiaire, a fait apparaître un niveau historique de surpopulation de la maison d'arrêt et de correction de Reubeuss. Cette situation appelle de la part du parquet près le tribunal de Dakar mais aussi de tous les parquets d'instance, qu'une attention particulière soit accordée au suivi et à l'exploitation réguliers des situations hebdomadaires de détenus transmises par les chefs d'établissements... ». Lettre procureur général près la cour d'appel de Dakar n° 02532 du 23 novembre 2009.

administratives et juridictionnelles, de contrôler les conditions de prise en charge et de transfèrement des personnes privées de liberté afin de s'assurer du respect de leurs droits fondamentaux et de prévenir la torture et autres peines ou traitements cruels, inhumains ou dégradants »[1]. Avec le terme générique de lieux de privation de liberté, l'Observateur se voit doter d'un domaine d'intervention plus large, prisons, services de police et de gendarmerie, etc.

## §10. Rapports avec ses collègues

Ces rapports doivent être examinés aussi au sein de la juridiction où évolue le parquetier comme avec ses collègues d'autres ressorts ; compte non tenu qu'il peut être amené à s'intéresser à certaines activités de par la loi, ou entretenir des rapports avec des acteurs non judiciaires.

### I. Au sein de son parquet et du greffe

#### A - Le fonctionnement

Le procureur de la République, comme on l'appelle généralement, est un chef du parquet, ce qui fait peser sur lui des responsabilités accrues. Son parquet se trouve près la juridiction, au siège de celle-ci. Toutefois rien ne s'oppose à ce que le procureur de la République fasse

[1] Il est « nommé par décret en raison de ses compétences et connaissances professionnelles, pour une période de cinq ans non renouvelable. L'observateur ne peut être poursuivi, recherché, arrêté, détenu ou jugé à l'occasion des opinions qu'il émet ou des actes qu'il accomplit dans l'exercice de ses fonctions. Il ne peut être mis fin à ses fonctions avant l'expiration de son mandat qu'en cas de démission ou d'empêchement. Les fonctions d'observateur national des lieux de privation de liberté sont incompatibles avec tout autre emploi public, toute activité professionnelle et tout mandat électif. Il est assisté d'observateurs délégués qu'il recrute en raison de leurs compétences dans les domaines se reportant à sa mission… sont astreints au secret professionnel… toute personne physique ou morale peut porter à la connaissance de l'Observateur des faits ou situations susceptibles de relever de sa compétence… Il peut aussi être saisi par le Président de la République, le Premier ministre, les membres du Gouvernement, les membres du Parlement, le médiateur de la République. Il peut aussi se saisir de sa propre initiative… Il dresse chaque année un rapport remis au Président de la République et rendu public… Il est désigné parmi les personnes ayant exercé dans la magistrature, le barreau et les forces de sécurité. Il a rang et avantages d'un directeur à l'administration centrale du ministère de la Justice… ». Voir loi n ° 2009-13 du 02 mars 2009, son décret d'application n° 2011-842 du 16 juin 2011 et la circulaire n°01141MJ/CAB du 01 mars 2012.
À préciser que Boubou Diouf Tall, Magistrat, Conseiller Technique à l'Administration centrale du ministère de la Justice, a été le premier à être nommé Observateur par décret n° 2012-119 du 19 janvier 2012.

des actes à quelques points de son ressort. Ainsi, pour une raison bien déterminée, il peut se déplacer avec ses services ou une partie de ceux-ci pour accomplir des actes. L'exemple le plus noté est celui du parquet de Diourbel qui, à l'occasion du grand Magal de Touba, ouvre un bureau au tribunal de Mbacké pour le règlement plus rapide et efficace des procédures liées à cet évènement, tout en respectant les règles de compétence territoriale et matérielle des juridictions du ressort.

Au sein d'un parquet, outre les activités judiciaires, il est responsable de l'organisation du travail, de la performance, de la marche de son service. Dans les parquets d'une certaine dimension, compte tenu du volume du contentieux, cette tâche devient peu aisée d'où la nécessité pour le chef du parquet de répartir les attributions entre ses différents collaborateurs : le suivi des audiences de flagrants délits, criminelles, de grande correctionnelle, de simple police, le contrôle des gardes à vue dans les locaux des commissariats de police et brigades de gendarmerie, l'exécution et l'aménagement des peines, les procédures collectives, les affaires civiles et commerciales, les vérifications des offices ministériels, la surveillance de l'état civil ; les affaires dites signalées ou sensibles peuvent être confiées et réparties entre les procureurs adjoints et substituts.

La concertation avec ses adjoints, substituts et délégués doit être permanente pour soulever des questions de politique pénale, de traitement des dossiers, des difficultés, des points de droit et de procédure pour que tout le parquet puisse atteindre ses objectifs tout en définissant une politique pénale harmonieuse. Cette concertation doit s'étendre à tout le personnel au sein du parquet. Le chef du parquet doit être un véritable manager et un leader. Rien de ce qui se passe dans son parquet ne doit lui être étranger[1], même si ceci se conjugue avec la responsabilité personnelle de chaque membre de son parquet. Il doit réserver un traitement à ses collègues et au personnel dans le respect

[1] « Un procureur de la République ne saurait sans renoncer à assurer ses responsabilités de chef de juridiction [...] que la loi lui fait obligation d'assurer personnellement, déléguer partie de ses attributions à un greffier divisionnaire, s'abstenir de prendre des dispositions pour remédier aux graves dysfonctionnements de son parquet, laisser sans directives ses substituts inexpérimentés, s'abstenir d'exercer auprès des officiers de police judiciaire un rôle de conseil lors de la mise en place de réforme, et de direction et ne contrôlant pas les prolongations de garde à vue, ou en ne suivant pas de près le déroulement d'une enquête particulièrement signalée » (CSM parquet, 09 mai 1973). Site internet : http://www.courdecassation.fr

des règles qui régissent l'administration de la justice en général, du parquet en particulier.

Dans son ressort, le procureur de la République constitue une véritable courroie de transmission. À ce titre, les lettres circulaires, les informations et autres avis à l'endroit des magistrats et des personnels de la justice sont, par ses soins, largement diffusés au niveau de toutes les juridictions de son ressort. Les destinataires lui accusent réception de ces documents et il en fait de même à l'égard de la chancellerie ou du parquet général. Étant un chef de parquet[1], conformément aux dispositions de l'article 43 de la loi organique portant statut des magistrats, le procureur de la République a le pouvoir d'évaluer ou de noter ses collègues en service dans son parquet, car, « tous les ans, avant le 15 août, les magistrats du premier et du second groupe font l'objet d'une évaluation se traduisant par une note chiffrée assortie d'une appréciation globale basée sur le professionnalisme et le mérite. Le pouvoir d'évaluation appartient au chef de cour ou de juridiction ». L'ancien article 33 du statut indiquait que la note est chiffrée sur vingt et que la notation, qui concerne les magistrats en activité, en congé administratif ou en congé de maladie de longue durée, devrait comporter une appréciation circonstanciée et tous renseignements sur la valeur professionnelle et morale de chaque magistrat. Elle comporte éventuellement un état des inspections dont le magistrat a fait l'objet au cours de l'année. Il faut préciser qu'en tout état de cause, l'évaluation doit être faite en toute responsabilité avec tous les éléments d'appréciation possible : rendement, ponctualité, assiduité, moralité, comportement envers ses collègues, le personnel et les justiciables, les aptitudes intellectuelles et professionnelles. Éviter tout subjectivisme, car ce sont des documents utiles à la carrière des agents dans le cadre de leur avancement.

L'évaluation du magistrat par son chef est basée sur le principe du contradictoire et entre en principe parmi les éléments d'appréciation dans la gestion de sa carrière : « cette évaluation est contenue dans une fiche dont les caractéristiques sont fixées par décret. La note chiffrée et l'appréciation sont communiquées obligatoirement aux magistrats

---

[1] « La qualité de chef de juridiction entraine d'une part, des obligations et devoirs particuliers distincts de ceux qui incombent à tout magistrat, d'autre part des obligations et devoirs de même nature que celles qui s'imposent à tout magistrat, mais d'un degré supérieur du fait de l'exercice de responsabilités particulières… » Site internet : http//www.courdecassation.fr

concernés par le chef de cour ou de juridiction. Les magistrats disposent d'un droit de recours auprès du chef de la juridiction supérieure ». Aux termes de l'article 45 de la loi organique : « les fiches d'évaluation sont transmises par la voie hiérarchique au ministre de la Justice pour classement dans les dossiers administratifs des magistrats. Les copies desdites fiches sont transmises pour information au premier président de la Cour suprême et au procureur général près ladite cour ».

Le procureur de la République exerce aussi son autorité sur le greffe plus précisément le greffier en chef[1] ou l'administrateur du greffe qui bénéficie désormais d'un privilège de juridiction[2]. Le chef du parquet doit veiller au bon fonctionnement du greffe surtout dans son aspect relatif aux décisions de justice au pénal. Il en va ainsi de la rédaction et la délivrance des jugements, la mise en état des dossiers d'appel, l'établissement des pièces d'exécution, la délivrance du casier judiciaire, les audiences, les objets scellés et les pièces à conviction.

Il pèse ainsi sur le greffe deux autorités : le président de la juridiction et le procureur de la République. Ce dernier peut ainsi adresser au greffier en chef des lettres comportant des instructions bien déterminées pour le bon fonctionnement du service. Dans le contrôle et la surveillance du greffe, il ne doit omettre de le faire en concertation avec

---

[1] Le corps des administrateurs des greffes est en gestation. Arrêté n° 001578 du 20 février 2012 portant recrutement pour la constitution initiale du corps des administrateurs des greffes. Son article 1er indique qu'il « est ouvert au Centre de formation judiciaire, un recrutement de fonctionnaires pour la constitution initiale du corps des administrateurs des greffes conformément aux dispositions de l'article 48 du décret n° 2010-707 du 10 juin 2010 portant organisation et fixant les règles de fonctionnement dudit centre ». L'article 2 précise que « ce recrutement est exclusivement réservé aux fonctionnaires de la justice ayant le grade de greffier en chef ». Le dossier de candidature, constitué d'une demande manuscrite, devra parvenir, par la voie hiérarchique, à la Direction des Services judiciaires, au ministère de la Justice, au plus tard le 30 mars 2012 (Article 3).
Les greffiers en chef et administrateurs des greffes, bénéficient, depuis la réforme d'octobre 2016, d'un privilège de juridiction et ne sont justiciables que devant une composition de la cour d'appel.

[2] « Dans le souci d'assurer un égal traitement aux fonctionnaires intervenants permanents dans la conduite de l'action judiciaire, en cas de crime ou délit commis dans l'exercice de leurs fonctions, il y a lieu de conférer aux greffiers, greffiers en chef et administrateurs de greffe un privilège de juridiction similaire à celui dont bénéficient déjà les officiers de police judiciaire… ». Exposé des motifs de la loi n° 2016-30 du 08 novembre 2016 modifiant la loi n° 65-61 du 21 juillet 1965 portant Code de procédure pénale. Ils sont donc justiciables devant une composition de la cour d'appel.

le président du tribunal. La lettre circulaire n° 3543 MJ/DACG-DACS-DSJ du 23 juillet 1982 rappelée par celle n° 03825 MJ/ACG du 1er octobre 1993, indiquait en substance que « les greffiers en chef quelles que soient leurs fonctions, dépendent [...] à la fois du magistrat du siège et du magistrat du parquet [...] (qui) doivent veiller, chacun dans leur domaine, à ce (qu'ils) remplissent exactement leur devoir professionnel [...] Le procureur de la République doit s'assurer de la bonne tenue du greffe en toute matière, et surveiller en particulier le fonctionnement du casier judiciaire... » Une circulaire qui rappelle en substance, l'article 10 du décret n° 77-928 du 27 octobre 1977 portant statut particulier du cadre des fonctionnaires de la justice, modifié, qui édicte que « les greffiers en chef sont membres de la juridiction dans laquelle ils sont affectés. Placés sous le contrôle des chefs de juridiction, ils sont responsables du fonctionnement du greffe qu'ils dirigent ou concourent au fonctionnement du greffe auquel ils sont affectés... » L'autorité que le chef de parquet exerce sur le greffier en chef n'est pas occultée ou ignorée. En effet une lettre circulaire adressée par le ministre de la Justice au greffier en chef pour exécution est transmise au procureur de la République pour information (exemple lettre n° 5811/MJ/DSJ du 30 décembre 2003 sur l'établissement et transmission des états mensuels de versement dans les comptes du trésor des droits et timbres.) Aussi, il est parfois chargé d'évaluer par exemple les bénéficiaires du fonds commun des greffes et travaillant sous sa responsabilité[1]. Cette mission d'ordre général doit concerner toutes les tâches du greffe, y compris, à notre avis, la bonne tenue du Registre du commerce et du crédit mobilier (RCCM) même si par ailleurs l'Acte uniforme portant sur le droit commercial général (AUDCG) attribue spécifiquement cette mission au président du tribunal ou un juge délégué par lui ou autre organe[2] compétent dans un État partie.

---

[1] Article 2 de l'arrêté n°09795/MJ/DSJ du 08 octobre 2009 modifiant et complétant l'arrêté n° 002992 du 21 avril 1994 fixant le mode de calcul du montant des indemnités à verser aux agents bénéficiaires du fonds commun des Greffes : « ... les agents bénéficiaires qui n'exercent pas au sein des greffes seront notés par le chef de service utilisateur (chef de parquet, Directeur de l'administration centrale du ministère de la Justice) ».

[2] « Le Registre du Commerce et du Crédit Mobilier est tenu par le greffe de la juridiction compétente ou l'organe compétent dans l'État Partie sous la surveillance du Président de ladite juridiction ou du juge délégué par lui à cet effet ou de l'autorité compétente dans l'État Partie... ». Article 36 AUDCG adopté à Lomé (Togo) le 15 décembre 2010.

Le procureur de la République et le président du tribunal sont en réalité, les premiers inspecteurs du greffe de leur juridiction et doivent veiller, en synergie, à son bon fonctionnement.

Plus largement, on doit placer le chef du parquet dans le fonctionnement de toute la juridiction et son environnement. Ainsi, les questions relatives à l'accueil et l'orientation des citoyens, l'ambiance de travail, l'assiduité des agents[1], les horaires de travail, la discipline des agents[2], la sécurité, l'hygiène et la salubrité des locaux et aux fréquentations du palais de justice sont prises en charge en accord avec tous les acteurs impliqués dans la gestion de la juridiction. Des lettres circulaires de la chancellerie rappellent ces obligations qui vont dans le sens de donner une bonne image de la justice dans un environnement sain[3]. Aussi, dans son ressort, le procureur de la République est associé par la chancellerie dans la gestion des Palais de justice et autres édifices relevant du ministère de la Justice. Il peut visiter des locaux, vérifier

---

[1] Toutefois le décret n°95-264 du 10 mars 1995 portant délégation de pouvoir du président de la République en matière d'administration et de gestion du personnel en son article 5, pose une subdélégation qui est donnée aux gouverneurs de région et aux préfets de prendre certains actes de gestion notamment le congé annuel, l'autorisation spéciale d'absence, le congé pour examen, le congé de maternité, le congé de viduité, le congé de maladie et le congé de longue durée.
Cette subdélégation ne doit pas faire perdre l'emprise des chefs de juridiction sur le personnel judicaire.

[2] « Si l'agent incriminé est un magistrat de l'ordre judiciaire, l'article 16 de la loi organique n° 92-27 du 30 mai 1992 dispose en effet, qu'en dehors de toute sanction disciplinaire, les chefs de cour ont le pouvoir de donner des avertissements aux magistrats placés sous leur autorité. Pour le personnel relevant du statut particulier du cadre des fonctionnaires de la justice et pour le personnel non judiciaire, il vous appartiendra à chaque fois que des écarts de conduite sont constatés de faire application des dispositions de l'article 43 de la loi n° 61-33 du 15 juin 1961 relative au statut général des fonctionnaires qui prévoit comme sanctions de premier degré : l'avertissement et le blâme. Il vous appartiendra par ailleurs d'adresser à l'agent incriminé une demande d'explication sur les faits reprochés et de me faire parvenir l'entier dossier pour me permettre de saisir l'autorité disciplinaire compétente… ». Lettre circulaire n° 5112/MJ/DSJ du 22 novembre 2011 portant rappel du pouvoir disciplinaire.

[3] Citons l'exemple de l'affaire dite du déplacement provisoire des commerçants du marché Sandaga de Dakar, dans un espace situé en face du Palais de justice de Lat Dior. Cette décision fut vertement critiquée par les acteurs judiciaires qui ont menacé de mener une journée de grève le jeudi 31 octobre 2013. Cette levée de bouclier tend à la sauvegarde de l'environnement du Palais incompatible avec la proximité d'un marché. Cette mesure fut effectivement levée la veille de la journée de grève annoncée alors qu'on a déjà commencé à ériger les cantines.

leur fonctionnalité, participer à la réception provisoire ou définitive technique de travaux.

**B - Les scellés et pièces à conviction**

La gestion des scellés et autres pièces à conviction interpelle le parquet et le greffe en application notamment des articles 14, 18, 83 et suivants du Code de procédure pénale. Ainsi, pour les cas de destruction de scellés, en général, un procès-verbal d'inventaire est cosigné par ces derniers. En outre pour la vente, les deux saisissent le service des domaines à cette fin.

Les scellés posent un réel problème dans nos juridictions d'où la nécessité d'y apporter un grand soin. Une réforme dans le sens de l'assouplissement de la vente surtout pour conserver la valeur des biens doit être promue[1]. La longue conservation en attendant la suite du dossier judiciaire pendant, qui peut prendre du temps, déprécie la valeur des objets avec cette ère de grande consommation, ce qui engendre une

---

[1] Exemple la Belgique « L'organe central pour la saisie et la confiscation (OCSC) est un organe du ministère public. Il a été créé par la loi du 26 mars 2003 et est opérationnel depuis le 1er septembre 2003. L'OCSC assure le rôle de centre de connaissances pour les autorités judiciaires en matière pénale, dans le cadre de la saisie des avoirs patrimoniaux. Il joue un rôle d'assistance dans le cadre de l'action publique, lié à la confiscation, et un rôle de facilitateur dans le cadre de l'exécution des jugements et arrêts emportant confiscation [...] La gestion des données relatives aux saisies et confiscations relève des tâches fondamentales de l'OCSC. Toute saisie d'une certaine importance doit être notifiée à l'OCSC. Cette remarque vaut aussi pour les jugements et arrêts emportant confiscation. En outre, l'OCSC intervient dans le cadre des mesures de gestion prises par les magistrats du parquet et les juges d'instruction au cours d'une saisie. La mesure de gestion la plus connue est la vente d'objets saisis. Elle se déroule selon une procédure spécifique impliquant que le prix obtenu pour le bien vendu s'y substitue (subrogation réelle). Cela en facilite la gestion, garantit les droits de toutes les personnes concernées, tout en restant réellement économe... ». http://www.om-mp.be/
« La décision 2007/845/JAI du Conseil (ci-après "la décision") fait obligation aux États membres de mettre en place ou de désigner des bureaux nationaux de recouvrement des avoirs (ci-après les "BRA") pour exercer la fonction de points de contact centraux à l'échelon national qui facilitent, par une coopération renforcée, le dépistage le plus rapide possible, à l'échelle de l'UE, des avoirs d'origine criminelle. La décision autorise les BRA à échanger informations et bonnes pratiques, sur demande ou de manière spontanée, quel que soit leur statut (service administratif, répressif ou judiciaire). Les BRA ont pour obligation d'échanger des informations dans les conditions posées par la décision-cadre 2006/960/JAI (ci-après "l'initiative suédoise") et conformément aux dispositions applicables en matière de protection des données... ». http://ec.europa.eu/

perte pour les parties et le Trésor public. Dans ce cas, la restitution sera envisagée pour la valeur en argent et non l'objet lui-même qui aurait pu se détériorer ou se détruire. Un traitement spécial pourrait être réservé aux objets de valeur et personnel, non fongibles, qui recèlent une portée importante pour le propriétaire. Pour les scellés de somme d'argent, les verser quotidiennement par les soins du greffe ou du parquet à la Caisse des Dépôts et Consignations (C.D.C)[1] ou au Trésor, sans attendre la suite des procédures qui peuvent durer et créer des difficultés dans la gestion de ces fonds. Les saisies d'objets lourds comme les véhicules et autres immeubles ou meubles posent de réelles difficultés quant à leur gestion et leur lieu de garde[2]. Une différence sera faite pour les pièces à conviction dont la production à l'audience est utile à la bonne manifestation de la vérité, d'où la nécessité de les conserver autant de temps que possible, avec soin, dans un local adéquat doté d'outils de conservation appropriés avec un système de classement clair pour faciliter les recherches, une base de données fiable, en attendant l'aboutissement de l'affaire. Un personnel formé et qualifié à ce niveau est nécessaire. Éviter les cas où, après l'évocation du dossier lors d'une audience, que le greffe ne soit pas en mesure de retrouver un coupe-coupe, un couteau, un tissu ou tout simplement une pièce à conviction

---

[1] Elle est créée par la loi n° 2006-03 du 04 janvier 2006. Aux termes de l'article 2, elle a pour mission de « gérer les dépôts et de conserver les valeurs appartenant aux organismes et aux fonds qui y sont tenus ou qui le demandent ainsi que les cautionnements, de recevoir les consignations administratives et judiciaires, de gérer les services relatifs aux caisses ou aux Fonds dont la gestion lui a été confiée ». L'article 17 ajoutera qu'elle est chargée d'assurer dans les conditions fixées par décret « les dépôts de fonds effectués par les notaires, administrateurs et mandataires judiciaires en exécutions des dispositions législatives ou règlementaires en vigueur, les dépôts de fonds des greffiers des tribunaux en exécution des disposition du Code de procédure civile, sous réserve des sommes nécessaires aux opérations de gestion ».
Le décret n° 2011-1414 du 05 septembre 2011 modifiant les articles 56 bis et suivants du décret n°64-572 du 30 juillet 1964 portant Code de procédure civile, dispose qu'« le demandeur verse la provision à la Caisse de Dépôts et Consignations sur liquidation faite par le greffier en chef conformément au barème fixé par arrêté interministériel pris par le ministre chargé de la Justice et le ministre chargé des Finances. Pour justification de la consignation de la provision, l'acte introductif d'instance doit être revêtu d'une attestation du greffier en chef de la juridiction saisie, mentionnant les références de la quittance délivrée par la Caisse des Dépôts et Consignations » (article 56 bis alinéas 1 et 2).

[2] Lettre circulaire n° 6156 MJ/DACG du 13 décembre 2010 sur l'immobilisation des véhicules et autres matériels saisis dans le cadre des enquêtes édicte, conformément au Code de procédure pénale, de les transmettre au greffe de la juridiction ; elle interdit en outre leur utilisation par les services de police et de gendarmerie sauf autorisation.

précise du fait du désordre dans le rangement des scellés. Dans certains cas, pour employer une expression idiomatique *c'est trouver une aiguille dans une meule de foin.*

De plus en plus, la gestion des scellés, des biens et avoirs saisis est confiée à des organes spécialisés[1]. Le Sénégal est appelé à se lancer sur cette voie.

## II. Avec les autres parquets du territoire

Une foule de dossiers et pièces passe entre les différents parquets du territoire de la République et constitue ce qu'on pourrait appeler *l'entraide judiciaire nationale.* Il n'y a pas de cloisonnement possible entre les différents parquets du territoire de la république en dépit des règles de compétences territoriales qui s'accommodent mal de la lutte efficace contre la délinquance. La mobilité des délinquants et autres parties, la dispersion des indices entre différents ressorts commandent cette collaboration. Ces relations qui consacrent en réalité l'unicité de l'administration de la justice au plan national ne manquent pas parfois de soulever quelques difficultés.

Le parquet constitue le point de destination des pièces venant des autres procureurs par le biais des transmis et autres lettres. On peut demander l'audition ou l'interrogatoire d'une personne, son arrestation, le délaissement d'une convocation, la citation d'une personne ; dans tous les cas, la mission doit être précise. Dans ce cas, le parquet saisi transmet, selon le cas, la pièce par un autre soit-transmis à la brigade de gendarmerie, au commissariat de police ou à l'huissier de justice de son ressort pour exécuter la mission bien spécifiée.

Si la pièce revient au parquet avec la mission exécutée, elle est retransmise au procureur envoyeur ou mandant avec généralement un soit-transmis portant la mention *après objet rempli.* Le cas contraire, un soit-transmis en retour *après objet non rempli* ou *partiellement rempli.*

S'il y a eu une arrestation, deux situations peuvent se poser : soit transférer la personne auprès du procureur mandant, ce qui nous semble plus indiqué, soit retenir sa compétence compte tenu du lieu d'arrestation qui est un critère de compétence territoriale. À ce niveau, une concertation avec le collègue mandant n'est pas à exclure pour

[1] En France, l'Agence de Gestion et de Recouvrement des Avoirs Saisis et Confisqués (AGRASC), établissement public à caractère administratif créé par la loi n° 2010-768 du 09 juillet 2010 et le décret du 1er février 2011. Elle est placée sous la tutelle conjointe du ministre de la Justice et du ministre chargé du Budget.

éviter les frictions qui rompent la courtoisie judiciaire, mais aussi tenir compte de la résidence des parties en présence avec les témoins qui, pour des soucis de déplacement, n'ont pas intérêt à ce que le procès se tienne ailleurs que chez eux. Certains parquetiers, pour déjà régler ces difficultés, indiquent dans le soit-transmis originel, à l'intention du parquet destinataire, *ou se trouver éventuellement compétent.* Il appartient à ce dernier d'apprécier à partir des éléments énoncés. Cette brèche ouverte au parquet destinataire n'exclut toutefois pas la courtoisie dans le traitement de ces procédures.

Si on décide de transférer la personne, une réquisition aux fins de transfèrement est adressée au commandant de compagnie ou à un commandant de brigade du ressort. Les transfèrements posent le plus souvent problème sur la mobilisation des moyens[1].

Les conflits de compétence entre parquets ne sont pas exclus, surtout lorsqu'ils sont saisis des mêmes faits. Aux termes de l'article 35 C.P.P, « Les conflits de compétence entre parquets du même ressort d'une cour d'appel sont réglés par le procureur général près la cour d'appel ». Ce texte reste muet sur les conflits de compétence qui pourraient opposer deux parquets relevant de deux Cours d'appel différentes. Dans ce cas, on pourrait envisager que ce conflit soit réglé par le procureur général près la Cour suprême, par analogie au règlement de juges de deux juridictions n'ayant au-dessus d'elles aucune juridiction supérieure autre que la Cour suprême. Dans les deux cas, il faut souligner que les conflits de compétence entre parquets peuvent parfois paraître comme une hypothèse d'école compte tenu de la hiérarchie qui marque le fonctionnement du ministère public au plan national et sa capacité apparente à résoudre ce genre de difficultés à l'amiable.

Au quotidien, un parquet reçoit d'autres parquets du territoire des pièces notamment les cédules de citation ou mandements destinés aux personnes domiciliées dans son ressort ; un huissier du ressort est saisi

---

[1] Le décret n° 2008-756 du 15 juillet 2008 réglementant la rémunération des services rendus par les Forces de sécurité (gendarmerie nationale, musique principale des forces armées, groupement national des sapeurs-pompiers et de la police nationale) et fixant les règles d'utilisation des recettes, n'est pas applicable à notre avis. Son article 1er précise que « les Forces de sécurité (gendarmerie nationale, musique principale des forces armées, groupement national des sapeurs-pompiers et la police nationale) en dehors de leurs missions strictement opérationnelles peuvent effectuer, pour le compte d'organismes ou de personnes privées et moyennant rémunération, certains services n'entrant pas expressément dans leurs attributions ».

aux fins demandées. D'autres pièces comme les pièces d'exécution des décisions, les fiches à classer au casier judiciaire, sont transmises entre différents parquets.

Dans le traitement et le suivi des affaires, le parquet général transmet aussi au niveau des parquets d'instance de son ressort de nombreuses pièces à charge pour ce dernier d'y donner suite : les cédules de citation, les avertissements à prévenus en détention, les pièces d'exécution, les avis de recherches ou mandats internationaux, les commissions rogatoires internationales, les avis de mises en liberté provisoire, les résultats d'appels correctionnels ou criminels ou des actes de pure administration judiciaire.

### III. Avec les juges d'instruction d'autres ressorts

Les juges d'instruction des autres ressorts transmettent au procureur de la République territorialement compétent des pièces comme les mandats d'arrêt, les mandats d'amener et les mandats de comparution pour exécution. Ce dernier envoie la pièce à l'unité compétente en tenant compte de l'adresse de la personne destinataire ou concernée. Le parquet saisi n'est qu'une courroie de transmission, sauf si certaines irrégularités manifestes sont constatées dans les pièces. Il peut ainsi *ab initio,* après vérification formelle, décider de retourner une pièce qui n'est pas signée du magistrat, une pièce illisible, non dénommée, une adresse d'un autre ressort (pièce parvenue par erreur). L'adresse peut être imprécise, mais à ce niveau, il faut à mon avis néanmoins envoyer la pièce, car parfois la police ou la gendarmerie qui est sur le terrain peut identifier la personne malgré l'imprécision apparente de l'adresse ; étant entendu qu'il faudrait éviter au maximum les cas de confusion de personne ou d'identité, d'où la nécessité de travailler à l'identité précise de la personne recherchée ou concernée.

Le parquet ainsi saisi ne peut en principe faire obstacle à l'exécution du mandat, sauf à signaler au juge mandant toutes les difficultés rencontrées.

Il faudra préciser que les juges d'instruction ne peuvent pas faire une délégation judiciaire au procureur de la République compte tenu de la séparation des fonctions. En revanche, un juge d'instruction peut, conformément aux dispositions de l'article 142 C.P.P, en matière de crimes et délits contre la sûreté de l'État, et s'il y a urgence, donner délégation judiciaire directement à tout officier de police judiciaire qui pourra exercer ses fonctions sur tout le territoire de la République ;

l'officier de police judiciaire accomplit sa mission après en avoir avisé le procureur de la République, sans être tenu de solliciter une subdélégation du juge d'instruction territorialement compétent.

Dans le cadre de la délégation judiciaire, si le juge d'instruction entend saisir un officier de police judiciaire d'un autre ressort, la pièce est envoyée au procureur de la République territorialement compétent qui saisira l'officier de police judiciaire destinataire.

Pour les commissions rogatoires[1], deux pratiques sont généralement constatées : le juge mandant l'envoie directement à son collègue juge d'instruction destinataire qui l'exécute ou le fait passer par le parquet. Ce dernier peut, dans le cadre de son exécution, en cas de transport par exemple, être invité à y assister si le juge accomplit lui-même le transport, mais en cas de subdélégation à un officier de police judiciaire, le parquet n'est pas généralement invité, sauf cas exceptionnel.

Cette procédure n'est pas tout à fait la même pour les commissions rogatoires internationales qui passent en pratique par la chancellerie de l'État requérant avant de parvenir au juge d'instruction étranger pour exécution[2]. Régis par les textes nationaux, les accords de coopération judiciaires et les traités internationaux[3], les commissions rogatoires

---

[1] « Une commission rogatoire est l'acte de délégation par lequel un magistrat ou un tribunal commet un autre tribunal ou un autre magistrat, à l'effet de procéder à un ou à plusieurs actes d'instruction dans une affaire déterminée ». Gustave Le Poittevin, *Dictionnaire-formulaire des parquets et de la police judiciaire*, Paris, Rousseau, 1909, page 788.

Contrairement à celle-ci, la délégation judiciaire est adressée à un officier de police judiciaire.

[2] La Commission rogatoire internationale, CRI en abrégé, comme les commissions rogatoires internes ou nationales, est un mandat judiciaire. Un juge demande à un autre d'accomplir des actes en son nom. Sa seule spécificité est qu'elle est envoyée à un magistrat d'un autre pays. Elle comporte en général plusieurs parties : la qualité du juge mandant et de l'autorité judiciaire étrangère requise, les éléments de la procédure concernée, la justification de la mission, l'énoncé de la mission, le délai d'exécution de la mission. La CRI est accompagnée de documents annexes notamment les textes pertinents en vigueur dans le pays du juge mandant. Il faut souligner que l'énoncé de la mission qui est la substance du mandat, doit être traité avec minutie. La mission doit être claire, précise et exhaustive.

[3] « Aucun texte écrit ne formule une définition pleinement générale. La Convention de Vienne (art.2 § 1 a) comporte en effet une double restriction puisqu'elle ne concerne que les traités entre États et sous forme écrite : "l'expression traité s'entend d'un accord international conclu par écrit entre États et régit par le droit international, qu'il soit consigné dans un instrument unique ou dans deux ou plusieurs instruments connexes, et quelle que soit sa dénomination particulière". Dans la mesure où le

internationales suivent une procédure spécifique hybride, car comportant une phase diplomatique et judiciaire. Le juge la transmet au procureur de la République qui saisit la chancellerie. Une fois transmise au ministre de la Justice, ce dernier la fait parvenir au ministère des Affaires étrangères pour légalisation et transmission à son homologue étranger de l'État requis qui la fait parvenir à l'autorité judiciaire concernée en passant par la chancellerie[1]. Une procédure qui peut s'avérer lente. Cette difficulté peut être contournée par la possibilité offerte aux autorités judiciaires de transmettre directement des copies avancées (par voie électronique et autres), ce qui leur permet de préparer efficacement l'exécution du mandat. De plus en plus, les accords internationaux privilégient les échanges entre autorités judiciaires surtout en cas d'urgence[2]. Aussi, il est prévu les transmissions d'autorité centrale à autorité centrale[3] sans passer par le ministère des Affaires étrangères.

Il arrive le plus souvent que le juge mandant et le parquet souhaitent assister à l'exécution de la mission. Cette participation, généralement acceptée, reste soumise à la législation en vigueur dans l'État étranger[4].

---

principe *pacta sunt servanda* détermine l'autorité particulière du traité, la définition suivante peut être proposée : un traité est un accord international, imputable à deux ou plusieurs sujets de droit international, par lequel les parties sont liées et qui doit être exécuté de bonne foi… Le traité est une manifestation de volontés convergentes imputables à des sujets de droits. Cette manifestation est à la fois nécessaire et suffisante… Le traité est caractérisé par sa subordination au principe *pacta sunt servanda*, à la fois coutumier et formulé par l'art. 26 de la Convention de Vienne : "tout traité en vigueur lie les parties et doit être exécuté par elles de bonne foi"… Le traité peut être formé de plusieurs documents, et par exemple comporter des annexes, ou même être consigné dans plusieurs instruments différents. Cette diversité documentaire ne porte pas atteinte à son unité juridique, notamment quand il s'agit de l'interpréter… ». *Droit international public, op. cit.*, page 78 à 80.

[1] Tout dépend de la procédure en vigueur dans l'État requis.

[2] Voir la Convention de coopération en matière judiciaire entre le Gouvernement de la République française et le Gouvernement de la République du Sénégal, signée à Paris le 29 mars 1974, l'Accord de coopération judiciaire signé le 3 mai 2013 entre la République du Sénégal et la République du Tchad pour la poursuite des crimes internationaux commis au Tchad durant la période du 7 juin 1982 au 1er décembre 1990.

[3] Exemple, l'Accord de coopération judiciaire signé le 3 mai 2013 entre la République du Sénégal et la République du Tchad pour la poursuite des crimes internationaux commis au Tchad dans la période du 7 juin 1982 au 1er décembre 1990, institue comme autorité centrale les deux ministres de la Justice.

[4] En France par exemple, il est exclu une participation active à l'exécution de la CRI et à la rédaction du procès-verbal. Aussi, cette participation est soumise à l'accord

Mais il faut souligner l'intérêt certain du juge mandant et le parquet, s'il y a lieu, d'assister à l'exécution de la commission rogatoire.

Dans le cadre communautaire ou des conventions liant les États, on pourrait arriver à un moment où le juge étranger saisirait directement le juge d'instruction sénégalais pour exécuter une commission rogatoire, ce qui gagnerait en rapidité, même si à ce niveau la question très sensible de la souveraineté des États est en jeu[1]. Ces difficultés sont le plus souvent aplanies par un dispositif particulier comme les magistrats de liaison mis en place par la France dans ses représentations diplomatiques.

Le parquet doit veiller à l'exécution diligente des pièces qu'il reçoit d'autres ressorts. Dans bien des cas, elles sont nécessaires pour

---

préalable du magistrat exécutant. Ainsi, les magistrats étrangers ne peuvent pas poser directement des questions, ils sont observateurs. Toutefois, ces limites sont comblées en partie par le fait que la CRI comporte déjà des questions précises à poser ou l'accomplissement d'actes précis.

[1] « Les États sont égaux en tant qu'ils sont souverains, c'est-à-dire qu'ils n'ont pas en droit de supérieur ; on le verra, la souveraineté internationale de l'État ne s'analyse pas en termes positifs, comme un ensemble de pouvoirs qu'il détiendrait sur ses sujets ou sur les autres, elle est un attribut négatif et signifie qu'aucun pouvoir légal ne peut s'exercer sur lui ; c'est de cette souveraineté, excluant en premier lieu l'existence d'un super-État, que résulte en second lieu l'égalité des États, dont chacun est également dépourvu de pouvoir sur chacun des autres, dans la mesure où la détention d'un pouvoir sur un sujet est une négation de souveraineté de celle-ci […] Dans l'ordre interne, on dit de l'État qu'il est souverain en se référant à tous les degrés inférieurs de l'échelle de personnes publiques et à ses sujets eux-mêmes. L'État a d'abord une puissance plus grande qu'aucune des collectivités qu'il englobe et, là où la leur est limitée et spécialisée, la sienne est totale et générale […] Dans l'ordre international au contraire, affirmer de l'État qu'il est souverain signifie qu'on ne trouve au-dessus de lui aucune autorité dotée à son égard d'une puissance légale […] La notion de souveraineté internationale, ainsi définie, ne semble en rien différer de la notion d'indépendance, dont on sait qu'elle est une condition de l'apparition de l'État sur la scène internationale […] l'indépendance à celui du fait, la souveraineté à celui du droit ; comme situation de fait, l'indépendance permet à une collectivité de prétendre à une qualité d'État ; mais une fois constitué, celui-ci tire de cette qualité même sa souveraineté […] Les États sont mutuellement dans une situation de parité légale. Bien entendu cette parité n'exclut pas entre eux les inégalités de situation et de puissance, et signifie seulement qu'elles sont sans pertinence légale […] Il y a là des privilèges, c'est-à-dire des situations légales hors du commun, mais d'un part ils reposent sur un fondement conventionnel et sont donc consentis par ceux qui n'en bénéficient pas ; d'autre part, en ce qu'ils prennent en considération les qualités substantielles de leurs titulaires, ils ne sont pas tenus pour contraire à un principe qui n'exige jamais que le traitement égal de situations de fait semblables… », *Droit international public*, *op. cit.*, pages 23, 236 et 237.

l'avancement de dossiers pendants dans les cabinets ou tout simplement pour éradiquer les lenteurs de la justice souvent stigmatisées. Les lettres de rappel des juges viennent souvent attirer l'attention du parquet destinataire pour hâter l'exécution.

**IV. En cas d'empêchement, de cessation ou prise de service.**

Dans le cadre de l'exercice de ses fonctions, le procureur de la République peut être empêché. L'article 31 du C.P.P dispose qu'« en cas d'empêchement ou d'absence momentanée, il est remplacé, s'il n'a pas de substitut, par un délégué du procureur du ressort ou par un juge commis à cet effet par le président du Tribunal régional sur sa proposition ou à défaut, sur celle du procureur général ». Le remplacement par un juge doit être une solution ultime. En général dans les parquets, en cas d'empêchement momentané, l'intérim est assuré par le procureur adjoint ou le substitut le plus ancien, s'ils sont de la même promotion, par le procureur adjoint ou le substitut le plus âgé. Si l'empêchement perdure ou est définitif, il doit être nommé un autre chef du parquet.

Quand il cesse ses fonctions dans une localité bien déterminée après une affectation, le chef du parquet doit sacrifier à ce qu'on appelle communément la passation de service. Elle n'est pas spécialement réglementée, mais en général, elle doit être faite de telle sorte que le procureur entrant puisse s'imprégner de l'état de tous les compartiments dans le fonctionnement du parquet qu'il prend désormais en charge. C'est l'occasion pour le sortant de présenter à son successeur l'état de son parquet et partant du tribunal en général.

La passation de service intervient après la notification du décret portant affectation et envoyé par la chancellerie sous couvert du procureur général. Il faut indiquer qu'elle doit être supervisée par ce dernier ou son représentant. La lettre n° 00716 du 23 février 1987 du procureur général près la cour d'appel de Dakar mentionne que les passations de service « devront intervenir en présence d'un membre de mon parquet général dans la mesure du possible ». Mais ce n'est pas courant, les chefs de parquet sont livrés à eux-mêmes, ce qui n'est pas souhaitable, car enlevant à l'évènement administratif et protocolaire son caractère solennel. La passation de service est généralement matérialisée par un procès-verbal en quatre exemplaires. Ce procès-verbal comporte en général plusieurs rubriques :

— l'état des dossiers et pièces ; les dossiers en instance, règlements définitifs, rapports d'appel, courriers ordinaires, les affaires estimées signalées, les audiences ;

— les registres et chronos du parquet qui doivent être clôturés et signés des deux magistrats ;

— la comptabilité « matières » avec l'état des consommations des crédits alloués au parquet, le matériel et les mobiliers de bureau, la gestion de la bibliothèque. À ce niveau, il faut y associer le comptable « matières » ou gestionnaire pour un bon compte-rendu.

À l'issue des opérations, le procès-verbal doit être signé par le procureur sortant et le chef du parquet entrant. Ce dernier peut assortir son émargement de réserves contradictoires basées sur des éléments précis. Mais à ce niveau, c'est une question de responsabilité et rien ne doit être traité avec complaisance ; l'essentiel est que les réserves positives ou négatives soient claires, précises et sans équivoques. Dans tous les cas, « … la préservation et la sauvegarde des bonnes relations professionnelles qui doivent exister entre magistrats et sur une bonne harmonisation des pratiques au niveau des juridictions afin d'éviter toutes situations conflictuelles pouvant nuire à ces bonnes relations. Elle a par ailleurs mis l'accent sur la fixation des dates prévues pour les passations de service, qui seront retenues par les chefs de cours et de juridictions, ainsi que par les chefs de parquet, chargés d'en assurer la supervision, après consultation avec les magistrats concernés… »[1]

Un exemplaire du procès-verbal est remis au magistrat entrant pour classement au parquet, un exemplaire est pris par le magistrat sortant, un exemplaire est transmis par les soins de l'entrant au parquet général et l'autre au ministère de la Justice par la voie hiérarchique.

La passation de service se prolonge parfois immédiatement après le parquet et la juridiction par la visite de courtoisie décrite comme étant une coutume du parquetier. Ensemble, les deux magistrats procèdent à des visites de courtoisie de quelques autorités de la région comme le gouverneur, le préfet du département, les officiers de police judiciaire et certains chefs de service. En fait, le procureur de la République sortant procède à des présentations d'usage de son remplaçant. Ce sont des visites concises, brèves et il appartient au magistrat entrant de faire le reste.

[1] Lettre circulaire n°00624/MJ/DSJ du 30 octobre 2008 et n°3665/MJ/DSJ du 30 août 2011.

Bien qu'il ne soit pas le chef de la compagnie judiciaire dans la région, le procureur de la République est à tout le moins un chef de service. À ce titre, une fois affecté dans une région, doit-il après avoir pris service, procéder à une visite de courtoisie auprès des autorités administratives et locales et les notables de la région. Il faut bien se garder d'entrevoir dans ses visites de courtoisie une occasion pour entamer son autorité, son indépendance vis-à-vis de ces autorités. Loin de là. En effet, non seulement elles permettent au procureur de la République de connaître les autorités de la région, mais aussi, c'est là l'occasion pour lui de faire passer des messages. Aussi il n'est pas étonnant que dès le début, ses interlocuteurs perçoivent la personnalité du procureur de la République.

La clarté et la fermeté dans la courtoisie doivent être de rigueur, pour que l'on sache délimiter le pouvoir de chacun dans son domaine de compétence ; « tout ce qui relève du pouvoir judiciaire relève de la compétence exclusive des autorités judiciaires »[1].

Ces visites ne doivent pas entamer la réserve et l'autorité du magistrat qui vient seulement de prendre service. Elles peuvent s'étaler dans le temps, le procureur étant déjà absorbé par le fonctionnement quotidien de son parquet.

Le procureur de la République est ainsi amené en outre, à rendre visite à ses interlocuteurs immédiats, brigade de gendarmerie, commissariat et autres services (douane, Eaux et forêts, service d'hygiène…) afin d'avoir un aperçu de son ressort, notamment sur le volume du contentieux et son étendue. L'atout précieux que le chef du parquet doit chercher c'est de bien connaître son ressort sur le plan géographique, social, bien connaître le découpage administratif et les secteurs de compétence des unités de gendarmerie et de police. Ces éléments, rien que pour le règlement d'une plainte, peuvent bien servir ou pour bien maîtriser le compte-rendu des circonstances d'un accident de la circulation par exemple ou de tout autre fait.

### §11. La déclaration de certaines activités au parquet et son avis

Dans d'autres domaines, le législateur lui-même a exigé de certains acteurs des formalités au niveau des parquets qui, à y voir de plus près, participent plus de la prévention du crime et du délit. Ainsi, pour

---

[1] Cours pratique du parquet 1997-1998, CFJ, Chimère Malick Diouf, Avocat général cour d'appel de Dakar.

l'ouverture d'établissements comme ceux sur l'enseignement et la formation, l'avis du procureur de la République est exigé. Saisi, il ouvre une enquête confiée à un officier de police judiciaire avant de donner son avis motivé au ministère concerné. Cette enquête, souvent qualifiée d'usage, doit être circonstanciée (hygiène, salubrité des locaux, niveau d'étude des responsables et du corps enseignant, ainsi que leur moralité, l'environnement de l'établissement).

L'article 7 de la loi française du 29 juillet 1881 sur la liberté de la presse et qui en constitue le socle dispose qu'avant la publication de tout journal ou écrit périodique, il sera fait au parquet du procureur de la République, une déclaration contenant :

— le titre du journal ou écrit périodique et son mode de publication ;

— le nom et la demeure du directeur de la publication et, dans le cas prévu au troisième alinéa de l'article (immunité), du codirecteur de la publication ;

— l'indication de l'imprimerie où il doit être imprimé.

Toute mutation dans les conditions ci-dessus énumérées sera déclarée dans les cinq jours qui suivront.

L'article 8 de la même loi précise que les déclarations seront faites par écrit, sur papier timbré, et signées du directeur de publication. Il en sera donné récépissé.

La création, la publication d'un journal ainsi que l'exercice de la profession de journaliste et de technicien de média au Sénégal sont marqués du sceau de la liberté. Aux termes de la Constitution du Sénégal en son article 11, « la création d'un organe de presse pour l'information politique, culturelle, sportive, sociale récréative ou scientifique est libre et n'est soumise à aucune autorisation préalable. Le régime de la presse sera fixé par la loi ». L'article 56 de la loi n° 2017-27 du 13 juillet 2017 portant Code de la presse du Sénégal dispose que « la presse est libre. Cette liberté s'exerce dans le respect de l'éthique, de la déontologie et des lois et règlements en vigueur ».

Prévoyant la déclaration de parution, l'article 80 du Code de la presse dispose qu'« avant la publication du premier numéro de tout organe de presse, il est fait au parquet du procureur de la République du lieu de la publication, une déclaration de parution comprenant :

— le titre de l'organe de presse et son mode de publication ;

— les noms et domiciles des propriétaires et du directeur de publication ;

— le nom et l'adresse de l'imprimerie où il doit être imprimé ;

— un extrait de casier judiciaire du directeur de publication datant de moins de trois (3) mois.

Toute modification dans les conditions ci-dessus sera déclarée au parquet du procureur de la République du lieu de la publication dans les quinze jours qui suivent ». L'article 81 ajoute que « la déclaration de parution est faite par écrit en double exemplaire et signée du directeur de publication ».

Sur le dépôt légal, l'article 82 dispose qu'« avant diffusion ou livraison de chaque publication, il est fait dépôt légal par le directeur de publication ou l'imprimerie de six exemplaires signés par l'un ou l'autre dans les conditions suivantes :

— un (1) au ministère de l'Intérieur ;

— un (1) au ministère de la Justice ;

— un (1) au ministère chargé de la Communication ;

— un (1) au parquet général de la cour d'appel de Dakar ;

— un (1) au parquet du procureur de la République près le tribunal de grande instance de Dakar ou de son délégué ;

— un (1) aux Archives nationales.

Le directeur de publication envoie également et avant diffusion la version électronique ».

Aux termes de l'article 83, « dans le cas de publications paraissant en dehors de la région de Dakar, les dépôts sont effectués auprès du gouverneur ou du préfet et du procureur de la République ou de son délégué avant la diffusion. La version électronique est également envoyée à ces autorités. Les autres dépôts peuvent être faits par voie postale postérieurement à la diffusion ».

Le dépôt légal a toujours été une préoccupation constante pour le parquet qui pourra ainsi faire obstacle aux conséquences dommageables d'une publication. Suite à la lettre n° 00034/MJ/DACG/ du 11 février 2004, le procureur général près la cour d'appel de Dakar par lettre n° 00408 du 20 février 2004, rappelle aux procureurs les dispositions de la loi n° 96-24 du 22 février 1996 relative aux organes de communication sociale et aux professions de journaliste et de technicien. En effet, le procureur général relevait qu'il résulte de ce défaut de dépôt légal « de graves conséquences se traduisant par la diffusion et la publication de journaux, dont le contenu extrêmement licencieux, verse dans l'obscénité […] Il n'est pas rare non plus de voir dans ces publications des articles portant atteinte à l'honneur et à la considération d'autorités publiques nationales ou étrangères. Le respect de l'obligation du dépôt légal devrait permettre de tirer toutes les conséquences judiciaires de tels actes ».

On pourrait ainsi interdire la publication ou faire ordonner le retrait d'un journal[1] pour éviter, comme une course contre la montre, la saisie dans les kiosques d'un journal déjà publié et dont les conséquences sur l'honneur des personnes sont difficilement altérables. Le mal est déjà fait. Le Code de la presse, comme dans un souci de prévention, dispose en son article 18 alinéa 2 : « le compte-rendu, par le texte, l'image et le son, de la guerre, d'actes de terrorisme, d'accidents ou de catastrophes trouve ses limites dans le respect du "secret-défense", de la souffrance des victimes et/ou des proches, du moral des troupes ou des populations en temps de crise ». Si jusqu'à présent la déclaration de parution et le dépôt légal traditionnels conviennent à la presse écrite en version papier, ils doivent s'ajuster à l'ère des nouvelles technologies de l'information et de la communication.

Il faut aussi souligner que d'autres organes interviennent dans l'organisation du secteur de la communication en général comme l'Agence de Régulation des Télécommunications et des Postes (ARTP) et l'Agence Informatique de l'État (ADIE). Aussi, le Conseil national de Régulation de l'Audiovisuel (CNRA) joue un rôle dans la régulation de l'audiovisuel et sa moralisation. Pour assurer le respect de l'éthique

[1] « L'hebdomadaire *Paris Match* publie dans son numéro de jeudi des images de la vidéo-surveillance de l'attentat de Nice qui font polémique. Alors que les associations des familles de victimes se sont très rapidement indignées, à quelques heures des commémorations, le parquet de Paris a demandé jeudi matin le retrait en urgence du magazine. La décision devrait être rendue en fin de journée, vers 18 heures ». http://www.leparisien.fr/societe/attentat-de-nice-paris-match-publie-des-images-inedites-les-familles-crient-au-voyeurisme-12-07-2017-7130301.php.
«Soudain, le camion kamikaze», titre *Paris Match* dans son édition de jeudi, à l'intérieur des pages de son dossier «Nice, un an après les rescapés racontent». Un récit en images qui aurait pu valoir au magazine, assigné en référé par le parquet de Paris, le retrait des kiosques de son numéro du 13 juillet ainsi qu'une astreinte de 50 000 euros par jour de retard. Telle était la réquisition du procureur. Mais la justice en a décidé autrement. L*'hebdomadaire reste en kiosques. Pour autant, le tribunal jugeant que deux des images portaient atteinte à la dignité des victimes, toute nouvelle publication papier ou reproduction numérique de celles-ci est désormais interdite pour le magazine. En cas d'entorse à cette interdiction, l'hebdomadaire risque une amende de 50 000 euros par infraction ».* http://www.liberation.fr/france /2017/07/13/nice-la-justice-laisse-passer-paris-match_1583755

et la déontologie de leur profession, les journalistes et techniciens de la communication ont mis en place le Conseil pour le respect de l'éthique et de la déontologie (CORED), un tribunal des pairs.

Pour ce qui concerne les réseaux sociaux sur internet marqués par la liberté, des poursuites sporadiques sont relevées pour violation de la loi pénale mais il n'existe pas encore au Sénégal une disposition pour les régir ou les réglementer[1], une initiative qui serait dans tous les cas critiquée comme liberticide[2]. En matière administrative il n'est pas exclu, comme il est arrivé dans certains pays, la prise de mesures de restriction des réseaux sociaux dans un contexte particulier.

En matière syndicale, la constitution d'un syndicat régie par les dispositions de l'article L.8 du Code du travail interpelle le parquet. L'inspecteur du travail et de la sécurité sociale transmet par bordereau le dossier au procureur de la République. Ce bordereau comporte généralement :

- le rapport de l'inspecteur du travail et de la sécurité sociale ;

---

[1] « Le président égyptien [...] a promulgué samedi une loi portant sur la réglementation de la presse et des médias. Elle autorise une surveillance étroite des comptes les plus influents sur les réseaux sociaux. » https://www.france24.com/fr/20180902-egypte-al-sissi-loi-surveillance-reseaux-sociaux-medias-opposants

[2] « Au Sénégal, le projet de loi sur le code des communications électroniques adopté le 6 juin dernier (2018) par le conseil des ministres est fortement décrié par les blogueurs, journalistes et activistes sénégalais. La raison ? L'ambiguïté qui réside au sein du dernier alinéa de son article 27 annonçant les prémices de mesures liberticides [...] Le projet de loi sur le code des communications électroniques a pour ambition d'encadrer l'ensemble des communications électroniques permettant d'échanger des appels et messages (WhatsApp, Skype, Messenger, etc.). Les 266 articles que comporte la loi répondent à plusieurs besoins notamment en ce qui concerne la protection de la vie privée des utilisateurs et la consécration de la neutralité du net [...] Toutefois, si l'initiative est souhaitable, le dernier alinéa de l'article 27 annonce la légalisation de manœuvres autoritaires au détriment de certaines libertés [...] Le dernier alinéa de l'article 27 du projet de Code des Communications électroniques donne à l'autorité de régulation (ARTP) et aux fournisseurs d'accès à internet (FAI) une autonomie et indépendance dans la gestion de la régulation du trafic. Par conséquent, ces acteurs pourraient si la loi est adoptée, décider comment, où et qui se connecte... » https://www.africapostnews.com/senegal-article-27-du-code-des-communications-electroniques-vers-le-sacrement-des-lobbys-et-la-legalisation-de-la-censure/

- les statuts du syndicat ;
- le règlement intérieur ;
- le procès-verbal de l'assemblée générale constitutive ;
- la liste des membres du bureau ;
- les extraits de casiers judiciaires n° 3 des membres du bureau ;
- les certificats de nationalité sénégalaise.

Le procureur de la République, sur la base des pièces qui lui sont transmises, ouvre une enquête ou donne un avis motivé sur la délivrance du récépissé au syndicat ; et dans les trente jours, notifie son avis ou ses conclusions au ministère de l'Intérieur, à l'inspecteur du travail et de la sécurité sociale ainsi qu'aux dirigeants du syndicat. Le parquet peut ainsi déclarer certaines personnes incapables d'occuper ces fonctions. Le rapport annuel de tout syndicat est communiqué au procureur de la République du ressort ; il pourra, par requête, saisir le tribunal civil pour dissolution d'un syndicat pour violation de certaines dispositions comme en cas de profession différente, pas de domicile au Sénégal, déchéance des droits civils, non-respect des règles d'union et de fédération.

### §12. Les représentations diplomatiques et consulaires

Les représentations diplomatiques et consulaires de pays étrangers au Sénégal qui marquent les relations entre États souverains bénéficient d'un traitement particulier tant des agents qui incarnent cette représentation que par les locaux qu'ils occupent dans le cadre de l'exercice de leurs fonctions. Aussi, certaines institutions signent des accords particuliers avec le Sénégal, pays hôte de leur siège. Ces règles, parfois d'essence coutumière et profondément liées à la souveraineté et à l'égalité des États, assurent l'indépendance et la liberté des agents qui représentent leur État auprès d'un autre État auquel il a noué une relation diplomatique ou consulaire.

Le procureur de la République n'a en principe aucun rapport de travail avec les diplomates et consuls de pays étrangers au Sénégal. Toutefois, il est courant, dans le cadre de la coopération technique institutionnelle que le parquet soit amené à garder des relations de travail étroites avec une ambassade d'un pays étranger et représentant d'organismes ou d'institutions internationaux dans le cadre d'un projet d'intervention donné sous la houlette du ministère de la Justice.

Le personnel des missions diplomatiques[1] et consulaires ainsi que les locaux qu'ils occupent obéissent à des règles particulières du droit international public. Les deux textes internationaux fondamentaux auxquels le Sénégal est partie sont la Convention de Vienne sur les relations diplomatiques du 18 avril 1961 et la convention de Vienne sur les relations consulaires du 24 avril 1963, « Comme les exemptions dont ils bénéficient, les immunités des agents de l'État et de leurs organes sont attachées à leurs fonctions, et non à leur personne ; l'exercice à leur égard, par un sujet interne ou par un État étranger, des pouvoirs juridictionnels et d'exécution qu'offre le droit interne de celui-ci menace potentiellement la liberté d'action de l'État dont ils se trouvent être les agents : qu'on pense par exemple aux pressions qui pourraient résulter de ce qu'une autorité publique de l'État territorial

---

[1] « a) L'expression "chef de mission" s'entend de la personne chargée par l'État accréditant d'agir en cette qualité ;

b) L'expression "membres de la mission" s'entend du chef de la mission et des membres du personnel de la mission ;

c) L'expression "membres du personnel de la mission" s'entend des membres du personnel diplomatique, du personnel administratif et technique et du personnel de service de la mission ;

d) L'expression "membres du personnel diplomatique" s'entend des membres du personnel de la mission qui ont la qualité de diplomates ;

e) L'expression "agent diplomatique" s'entend du chef de la mission ou d'un membre du personnel diplomatique de la mission ;

f) L'expression "membres du personnel administratif et technique" s'entend des membres du personnel de la mission employés dans le service administratif et technique de la mission ;

g) L'expression "membres du personnel de service" s'entend des membres du personnel de la mission employés au service domestique de la mission ;

h) L'expression "domestique privé" s'entend des personnes employées au service domestique d'un membre de la mission, qui ne sont pas des employés de l'État accréditant ;

i) L'expression "locaux de la mission" s'entend des bâtiments ou des parties de bâtiments et du terrain attenant qui, quel qu'en soit le propriétaire, sont utilisés aux fins de la mission, y compris la résidence du chef de la mission… » Art. 1er de la Convention de vienne sur les relations diplomatiques du 18 avril 1961.

« 1. Les chefs de mission sont répartis en trois classes, à savoir :

a) Celle des ambassadeurs ou nonces accrédités auprès des chefs d'État et des autres chefs de mission ayant un rang équivalent;

b) Celle des envoyés, ministres ou internonces accrédités auprès des chefs d'État;

c) Celle des chargés d'affaires accrédités auprès des Ministres des affaires étrangères.

2. Sauf en ce qui touche la préséance et l'étiquette, aucune différence n'est faite entre les chefs de mission en raison de leur classe… » Art. 14 de la Convention de Vienne sur les relations diplomatiques du 18 avril 1961

aurait le pouvoir de poursuivre pénalement, ou de s'abstenir discrétionnairement de le faire, non seulement le représentant d'un autre État – et sans qu'il y ait lieu de distinguer ici la qualité dans laquelle il a agi –, mais aussi les personnes qui vivent dans son intimité ou dont le sort l'intéresse spécialement… »[1].

Le parquet, dans le cadre de ses attributions de poursuites, doit, à l'égard des représentations diplomatiques et consulaires, tenir compte de deux principes majeurs : l'immunité des agents diplomatiques et l'inviolabilité des locaux[2] abritant leur mission. La question qui se pose souvent au niveau des parquets d'instance est celle de savoir quels sont les agents protégés par l'immunité diplomatique[3], si les faits qu'on leur

---

[1] *Droit international public*, *op. cit.*, page 252.

[2] « 1. Les locaux de la mission sont inviolables. Il n'est pas permis aux agents de l'État accréditaire d'y pénétrer, sauf avec le consentement du chef de la mission.

2. L'État accréditaire a l'obligation spéciale de prendre toutes mesures appropriées afin d'empêcher que les locaux de la mission ne soient envahis ou endommagés, la paix de la mission troublée ou sa dignité amoindrie.

3. Les locaux de la mission, leur ameublement et les autres objets qui s'y trouvent, ainsi que les moyens de transport de la mission, ne peuvent faire l'objet d'aucune perquisition, réquisition, saisie ou mesure d'exécution… » Art. 22 de la Convention de Vienne sur les relations diplomatiques du 18 avril 1961.

« La personne de l'agent diplomatique est inviolable. Il ne peut être soumis à aucune forme d'arrestation ou de détention. L'État accréditaire le traite avec le respect qui lui est dû, et prend toutes mesures appropriées pour empêcher toute atteinte à sa personne, sa liberté et sa dignité.

1. La demeure privée de l'agent diplomatique jouit de la même inviolabilité et de la même protection que les locaux de la mission.

2. Ses documents, sa correspondance et, sous réserve du paragraphe 3 de l'article 31, ses biens jouissent également de l'inviolabilité… ». Art. 29 et 30 de la Convention de Vienne sur les relations diplomatiques du 18 avril 1961.

[3] « 1. L'agent diplomatique jouit de l'immunité de la juridiction pénale de l'État accréditaire. Il jouit également de l'immunité de sa juridiction civile et administrative, sauf s'il s'agit :

a) D'une action réelle concernant un immeuble privé situé sur le territoire de l'État accréditaire, à moins que l'agent diplomatique ne le possède pour le compte de l'État accréditant aux fins de la mission;

b) D'une action concernant une succession, dans laquelle l'agent diplomatique figure comme exécuteur testamentaire, administrateur, héritier ou légataire, à titre privé et non pas au nom de l'État accréditant;

c) D'une action concernant une activité professionnelle ou commerciale, quelle qu'elle soit, exercée par l'agent diplomatique dans l'État accréditaire en dehors de ses fonctions officielles.

2. L'agent diplomatique n'est pas obligé de donner son témoignage.

3. Aucune mesure d'exécution ne peut être prise à l'égard de l'agent diplomatique, sauf dans les cas prévus aux alinéas a), b) et c) du paragraphe 1 du présent article, et pourvu que l'exécution puisse se faire sans qu'il soit porté atteinte à l'inviolabilité de sa personne ou de sa demeure.
4. L'immunité de juridiction d'un agent diplomatique dans l'État accréditaire ne saurait exempter cet agent de la juridiction de l'État accréditant.
1. L'État accréditant peut renoncer à l'immunité de juridiction des agents diplomatiques et des personnes qui bénéficient de l'immunité en vertu de l'article 37.
2. La renonciation doit toujours être expresse.
3. Si un agent diplomatique ou une personne bénéficiant de l'immunité de juridiction en vertu de l'article 37 engage une procédure, il n'est plus recevable à invoquer l'immunité de juridiction à l'égard de toute demande reconventionnelle directement liée à la demande principale.
4. La renonciation à l'immunité de juridiction pour une action civile ou administrative n'est pas censée impliquer la renonciation à l'immunité quant aux mesures d'exécution du jugement, pour lesquelles une renonciation distincte est nécessaire... ». Art. 31 et 32 de la Convention de Vienne sur les relations diplomatiques du 18 avril 1961.
« 1. Les membres de la famille de l'agent diplomatique qui font partie de son ménage bénéficient des privilèges et immunités mentionnés dans les articles 29 à 36, pourvu qu'ils ne soient pas ressortissants de l'État accréditaire.
« 2. Les membres du personnel administratif et technique de la mission, ainsi que les membres de leurs familles qui font partie de leurs ménages respectifs, bénéficient, pourvu qu'ils ne soient pas ressortissants de l'État accréditaire ou n'y aient pas leur résidence permanente, des privilèges et immunités mentionnés dans les articles 29 à 35, sauf que l'immunité de la juridiction civile et administrative de l'État accréditaire mentionnée au paragraphe 1 de l'article 31 ne s'applique pas aux actes accomplis en dehors de l'exercice de leurs fonctions. Ils bénéficient aussi des privilèges et immunités mentionnés au paragraphe 1 de l'article 36 pour ce qui est des objets importés lors de leur première installation.
3. Les membres du personnel de service de la mission qui ne sont pas ressortissants de l'État accréditaire ou n'y ont pas leur résidence permanente bénéficient de l'immunité pour les actes accomplis dans l'exercice de leurs fonctions, et de l'exemption des impôts et taxes sur les salaires qu'ils reçoivent du fait de leurs services, ainsi que de l'exemption prévue à l'article 33.
4. Les domestiques privés des membres de la mission qui ne sont pas ressortissants de l'État accréditaire ou n'y ont pas leur résidence permanente sont exemptés des impôts et taxes sur les salaires qu'ils reçoivent du fait de leurs services. À tous autres égards, ils ne bénéficient des privilèges et immunités que dans la mesure admise par l'État accréditaire. Toutefois, l'État accréditaire doit exercer sa juridiction sur ces personnes de façon à ne pas entraver d'une manière excessive l'accomplissement des fonctions de la mission.
... 1. À moins que des privilèges et immunités supplémentaires n'aient été accordés par l'État accréditaire, l'agent diplomatique qui a la nationalité de l'État accréditaire ou y a sa résidence permanente ne bénéficie de l'immunité de juridiction et de l'inviolabilité que pour les actes officiels accomplis dans l'exercice de ses fonctions.
2. Les autres membres du personnel de la mission et les domestiques privés qui sont ressortissants de l'État accréditaire ou qui y ont leur résidence permanente ne

reproche sont liés à leur mission, quels sont les locaux de la mission, agents diplomatiques, archives, documents et correspondances officiels[1] diplomatiques ou consulaires couverts par l'inviolabilité.

Le parquet et les enquêteurs doivent s'assurer du consentement du chef de mission avant d'accéder aux locaux de la mission pour une perquisition par exemple. La forme du consentement n'est pas indiquée. Elle peut être écrite ou verbale. Dans tous les cas, ce consentement doit être prouvé et reste une pièce importante de la procédure en vertu du principe d'inviolabilité des locaux de la mission diplomatique.

Pour déterminer les agents qui ont véritablement la qualité de diplomate et plus généralement ceux couverts par l'immunité diplomatique ou consulaire, outre l'examen des textes pertinents en la matière, le parquet pourrait être amené à solliciter l'avis du ministre des Affaires étrangères ou ses services. Cette démarche est d'autant plus indiquée que l'État accréditaire a la possibilité de reconnaître des

---

bénéficient des privilèges et immunités que dans la mesure où cet État les leur reconnaît. Toutefois, l'État accréditaire doit exercer sa juridiction sur ces personnes de façon à ne pas entraver d'une manière excessive l'accomplissement des fonctions de la mission… ». Art. 37 et 38 de la Convention de Vienne sur les relations diplomatiques du 18 avril 1961.

[1] « 2. La correspondance officielle de la mission est inviolable. L'expression "correspondance officielle" s'entend de toute la correspondance relative à la mission et à ses fonctions.

3. La valise diplomatique ne doit être ni ouverte ni retenue.

4. Les colis constituant la valise diplomatique doivent porter des marques extérieures visibles de leur caractère et ne peuvent contenir que des documents diplomatiques ou des objets à usage officiel.

5. Le courrier diplomatique, qui doit être porteur d'un document officiel attestant sa qualité et précisant le nombre de colis constituant la valise diplomatique, est, dans l'exercice de ses fonctions, protégé par l'État accréditaire. Il jouit de l'inviolabilité de sa personne et ne peut être soumis à aucune forme d'arrestation ou de détention.

6. L'État accréditant, ou la mission, peut nommer des courriers diplomatiques ad hoc. Dans ce cas, les dispositions du paragraphe 5 du présent article seront également applicables, sous réserve que les immunités qui y sont mentionnées cesseront de s'appliquer dès que le courrier aura remis au destinataire la valise diplomatique dont il a la charge.

7. La valise diplomatique peut être confiée au commandant d'un aéronef commercial qui doit atterrir à un point d'entrée autorisé. Ce commandant doit être porteur d'un document officiel indiquant le nombre de colis constituant la valise, mais il n'est pas considéré comme un courrier diplomatique. La mission peut envoyer un de ses membres prendre, directement et librement, possession de la valise diplomatique des mains du commandant de l'aéronef… ». Art. 27 de la Convention de Vienne sur les relations diplomatiques du 18 avril 1961.

privilèges et immunités à certains membres du personnel de la mission. Il en est de même pour les questions relatives à la renonciation expresse de privilèges et d'immunités par l'État accréditant ou État d'envoi à son personnel diplomatique ou consulaire.

Pour le personnel consulaire (fonctionnaires consulaires de carrière et personnel consulaire honoraire), les privilèges et immunités sont limités par rapport à ceux accordés aux agents des missions diplomatiques. En effet, s'agissant des consuls de carrière, « L'État de résidence traitera les fonctionnaires consulaires avec le respect qui leur est dû et prendra toutes mesures appropriées pour empêcher toute atteinte à leur personne, leur liberté et leur dignité… Les fonctionnaires consulaires ne peuvent être mis en état d'arrestation ou de détention préventive qu'en cas de crime grave et à la suite d'une décision de l'autorité judiciaire compétente. À l'exception du cas prévu au paragraphe 1 du présent article, les fonctionnaires consulaires ne peuvent pas être incarcérés ni soumis à aucune autre forme de limitation de leur liberté personnelle, sauf en exécution d'une décision judiciaire définitive. Lorsqu'une procédure pénale est engagée contre un fonctionnaire consulaire, celui-ci est tenu de se présenter devant les autorités compétentes. Toutefois, la procédure doit être conduite avec les égards qui sont dus au fonctionnaire consulaire en raison de sa position officielle et, à l'exception du cas prévu au paragraphe 1 du présent article, de manière à gêner le moins possible l'exercice des fonctions consulaires. Lorsque dans les circonstances mentionnées au paragraphe 1 du présent article, il est devenu nécessaire de mettre un fonctionnaire consulaire en état de détention préventive, la procédure dirigée contre lui doit être ouverte dans le délai le plus bref […] En cas d'arrestation, de détention préventive d'un membre du personnel consulaire ou de poursuite pénale engagée contre lui, l'État de résidence est tenu d'en prévenir au plus tôt le chef de poste consulaire. Si ce dernier est lui-même visé par l'une de ces mesures, l'État de résidence doit en informer l'État d'envoi par la voie diplomatique […] 1. Les fonctionnaires consulaires et les employés consulaires ne sont pas justiciables des autorités judiciaires et administratives de l'État de résidence pour les actes accomplis dans l'exercice des fonctions consulaires. 2. Toutefois, les dispositions du paragraphe 1 du présent article ne s'appliquent pas en cas d'action civile : a) résultant de la conclusion d'un contrat passé par un fonctionnaire consulaire ou un employé consulaire qu'il n'a pas conclu expressément ou implicitement en tant que mandataire de l'État d'envoi ; ou b) Intentée par un tiers pour un dommage résultant d'un accident causé dans l'État de résidence par un véhicule, un navire ou un aéronef [...] 1. Les membres d'un poste consulaire peuvent être appelés à répondre comme témoins au cours de procédures judiciaires et administratives. Les employés consulaires et les membres du personnel de service ne doivent pas refuser de répondre comme témoins, si ce n'est dans les cas mentionnés au paragraphe 3 du présent article. Si un fonctionnaire consulaire refuse de témoigner, aucune mesure coercitive ou autre sanction ne peut lui être appliquée 2. L'autorité qui requiert le témoignage doit éviter de gêner un fonctionnaire consulaire dans l'accomplissement de ses fonctions. Elle peut recueillir son témoignage à sa résidence ou au poste consulaire, ou accepter une déclaration écrite de sa part, toutes les fois que cela est possible. 3. Les membres d'un poste consulaire ne sont pas tenus de déposer sur des faits ayant trait à l'exercice de leurs fonctions et de produire la correspondance et les documents officiels y relatifs. Ils ont également le droit de refuser de témoigner en tant qu'experts sur le droit national de l'État d'envoi ».[1]

S'agissant des fonctionnaires consulaires honoraires, « ... lorsqu'une procédure pénale est engagée contre un fonctionnaire consulaire honoraire, celui-ci est tenu de se présenter devant les autorités compétentes. Toutefois, la procédure doit être conduite avec les égards qui sont dus au fonctionnaire consulaire honoraire en raison de sa position officielle et, sauf si l'intéressé est en état d'arrestation ou de détention, de manière à gêner le moins possible l'exercice des fonctions consulaires. Lorsqu'il est devenu nécessaire de mettre un fonctionnaire consulaire honoraire en état de détention préventive, la procédure dirigée contre lui doit être ouverte dans le délai le plus bref... L'État de résidence est tenu d'accorder au fonctionnaire consulaire honoraire la protection qui peut être nécessaire en raison de sa position officielle... »[2]

Dans un tout autre angle, les parquets en particulier et la justice en général, doivent intégrer dans le cadre de leurs attributions l'action des représentations consulaires auprès des juridictions pour apporter leur assistance à leurs nationaux en conflit avec la loi ou victimes d'une infraction. Il en est ainsi de leur droit de visite en vue de leur apporter

[1] Article 40 à 44 de la Convention de Vienne sur les relations consulaires du 24 avril 1963.
[2] Article 63 et 64 de la Convention de Vienne sur les relations consulaires du 24 avril 1963.

l'assistance judiciaire nécessaire sans interférer dans l'action de justice ou porter atteinte à l'indépendance de l'autorité judiciaire.

L'action d'un parquet ne saurait se limiter au territoire national, mais s'inscrit aussi dans la coopération judiciaire internationale.

## SECTION 2. LA COOPERATION JUDICIAIRE INTERNATIONALE PENALE

Le procureur de la République et son parquet sont au cœur de la coopération judiciaire ou l'entraide judiciaire[1] que notre pays entretient avec les pays étrangers. À ce propos, le Sénégal a signé des accords de coopération avec des États et de plus en plus, cette coopération est légiférée au plan communautaire[2].

Il faut relever que pour l'organisation du procès dans l'affaire dite Hissein Habré, le Sénégal a, le 22 août 2012, passé un accord avec l'Union africaine pour la création dans son système judiciaire de Chambres africaines extraordinaires composées de magistrats sénégalais et africains. Le 19 décembre 2012, l'Assemblée nationale du Sénégal vote la loi validant la création de ce tribunal spécial dans l'appareil judiciaire sénégalais. C'est un procédé à la limite *sui generis*[3]

---

[1] « Sous le terme de coopération judiciaire en matière pénale, on entend **l'extradition (sic),** ou entraide majeure, la **petite entraide (sic)** commission rogatoire, la **délégation (sic)** de la poursuite pénale à un État étranger ou **l'exécution** des décisions pénales étrangères. » *Code de procédure pénale suisse, petit commentaire, op. cit.*, page 145.

[2] Exemple de la Loi uniforme n° 2004-09 du 27 janvier 2004 relative à la lutte contre le blanchiment de capitaux dont le titre V porte sur la coopération internationale, abrogée et remplacée par la Loi uniforme n°2018-03 du 23 février 2018 relative à la lutte contre le blanchiment de capitaux et le financement du terrorisme

Ainsi :

- Admission de la compétence internationale de tout État pour les infractions commises dans l'espace UEMOA ;
- Les transferts de poursuites peuvent être demandés par un État si les faits ne sont pas prescrits ;
- L'entraide judiciaire ;
- Procédure d'extradition simplifiée.

[3] Des cas analogues, comme le Tribunal spécial pour la Sierra Leone résultant de l'accord entre le gouvernement sierra léonais et l'Onu, les Chambres extraordinaires au sein des tribunaux cambodgiens (CETC) après l'Accord entre le gouvernement cambodgien et l'Onu. L'Accord entre l'Organisation des Nations Unies et la République libanaise signé le 6 février 2007 sur la création d'un Tribunal spécial pour le Liban, Résolution du Conseil de sécurité 1664 (2006) du 29 mars 2006, approuvé par la Résolution 1757 du 30 mai 2007.

en ce que c'est la première fois que la haute organisation continentale participe à la mise en place d'une juridiction pénale pour connaître de crimes internationaux commis en Afrique.

La coopération judiciaire se manifeste généralement sur des axes principaux :

— en matière d'enquête ;

— dans l'exécution des décisions de justice ;

— dans la notification et signification des actes délivrés à l'étranger.

## §1. En matière d'enquête

Dans le cadre du rassemblement des preuves pour la découverte des infractions et de leurs auteurs, le procureur de la République est constamment au courant des enquêtes ou informations par commissions rogatoires internationales que des autorités judiciaires étrangères comptent accomplir dans son ressort.

Il prend activement part, comme nous le verrons, à l'extradition des étrangers arrêtés sur le territoire sénégalais en exécution d'un mandat d'arrêt international.

Le procureur de la République, dans le cadre de l'entraide judiciaire liant le Sénégal à d'autres États, exécute ou fait exécuter certaines missions sur la demande d'autorités judiciaires étrangères. Ainsi, il peut lui être demandé l'audition d'un témoin, d'une partie civile, l'interrogatoire d'un mis en cause ou son arrestation. L'arrestation procède en général d'une demande d'arrestation provisoire émanant des autorités judiciaires (mandat d'arrêt d'un juge d'instruction ou un ordre d'arrestation du parquet) avec un résumé des faits de la cause, l'identité de la personne concernée ainsi que son adresse au Sénégal. Ces demandes d'arrestation font le plus souvent l'objet de diffusions sous forme de messages par *Interpol (International Police).* L'individu arrêté est conduit au parquet ; il est entendu sur procès-verbal de notification d'un ordre d'arrêt international. Il fait ensuite l'objet d'un ordre de consignation ou comme en France d'un écrou extraditionnel à la maison d'arrêt du ressort, à la disposition des autorités mandantes. L'entier dossier est par la suite envoyé par lettre au procureur général qui procèdera par la voie de l'extradition avec la saisine de la chambre d'accusation. Les autorités judiciaires étrangères par la voie diplomatique présentent la demande d'extradition. La diligence est requise surtout pour la demande d'arrestation provisoire par exemple prévue par la convention de coopération en matière judiciaire entre la

France et le Sénégal du 29 mars 1974. En effet, aux termes de son article 68, « il peut être mis fin à l'arrestation provisoire, si dans un délai de 21 jours après l'arrestation, l'autorité requise n'a pas été saisie de l'un des documents mentionnés à l'article 66[1]. La mise en liberté n'exclut pas la poursuite de la procédure d'extradition prévue au présent titre si la demande d'extradition parvient ultérieurement ».

Cette coopération judiciaire classique est parfois tordue dans les parquets limitrophes à des États étrangers, car, pour des soucis d'efficacité et de maintien de bons liens de voisinage, un délinquant arrêté dans un pays voisin peut être remis directement à l'officier de police judiciaire étranger qui, le plus souvent, est à ses trousses[2]. Une sorte de droit de poursuites est ainsi consacrée de fait. Ces pratiques cadrent parfaitement avec la petite délinquance, mais doivent être bien contenues et le procureur général informé le cas échéant. Ceci dit, la règle reste l'interdiction en principe pour les forces de l'ordre d'un État

[1] « La demande d'extradition est adressée par le ministre de la Justice de l'État requérant au ministre de la Justice de l'État requis. Elle est accompagnée de l'original ou de l'expédition authentique soit d'une décision de condamnation exécutoire, soit d'un mandat d'arrêt ou de tout autre acte ayant la même force et décernés dans les formes prescrites par la loi de l'État requérant. Les faits pour lesquels l'extradition est demandée, le temps, le lieu et les circonstances dans lesquels ils ont été commis, la qualification et les références aux dispositions légales applicables sont indiqués aussi exactement que possible. Il est joint, également, une copie de ces dispositions ainsi que, dans toute la mesure du possible, le signalement de la personne réclamée et toute indication de nature à déterminer son identité et sa nationalité » Article 66.

[2] Exemple : « Le 07 septembre 2010 vers 18 heures 15 minutes, suite à ses investigations qui l'ont conduit en Gambie, Ousmane SANE parvint à découvrir son voleur dans un bar à Sérécounda. Le même jour avec l'aide de la Police gambienne, il conduit manu militari à notre Unité le nommé Lamine Oulinte… ». Extrait préambule du procès-verbal d'enquête n°1419 du 07 septembre 2010, Brigade territoriale de gendarmerie de Diouloulou, ministère public et Ousmane Sané c / Lamine Oulinte pour vol commis la nuit avec effraction, RP 908/10/ PZ.

Au plan administratif, il a été institué de grandes commissions mixtes de coopération entre le Sénégal et les pays voisins. « … Cette mission a aussi permis de rétablir le contact entre autorités frontalières des deux pays et même de jeter les bases de relations de confiance et de franche collaboration pour la gestion des populations riveraines. C'est pourquoi, je vous encourage à organiser régulièrement des rencontres avec vos homologues de l'autre côté de la frontière en vue de discuter des questions liées notamment à la sécurité, à la facilitation de la circulation des populations riveraines et de manière générale de toutes questions intéressant les deux pays… ». Lettre circulaire n°011027/MINT/DGAT/DAG du 06 novembre 2012 adressées aux gouverneurs de régions du Sénégal ayant des frontières avec les pays voisins.

A d'intervenir dans un État B pour procéder par exemple à une arrestation[1].

Dans le cadre des enquêtes sur le plan international, il y a lieu de souligner que les services de police et de gendarmerie disposent d'un partenaire actuellement incontournable, il s'agit d'*Interpol.* Cette organisation internationale créée en 1923 et basée à Lyon en France, comportant des antennes dans les pays membres, est chargée de promouvoir, par les études et analyses, la coopération policière internationale, mais uniquement pour les affaires de terrorisme, de stupéfiants, de blanchiment de capitaux et de crime organisé. Cette organisation n'intervient pas dans les affaires intérieures d'un État membre ou les crimes militaires, politiques, religieux ou raciaux. Contrairement à ce que l'on pense communément, ce n'est pas une organisation policière classique chargée de mener des investigations par elle-même, mais fournit plutôt des renseignements utiles aux polices nationales qui sont sur le terrain. Ses missions évoluent. Au Sénégal, *Interpol,* par le biais du Bureau central national (BCN) intervient et reste un partenaire dans la conduite des investigations dans ces domaines précis. Cette organisation internationale joue un rôle central dans la diffusion et le partage des informations destinées aux services de police et aux autorités judiciaires des pays membres dans le cadre de

---

[1] « La règle est bien fixée coutumièrement : l'autorité des agents de la force publique d'un État -- — de sa police, de ses forces armées, de son service des douanes [...] -- — bute sur la frontière des autres États ; même sur un de ses sujets, et sauf autorisation accordée spécialement, ils ne peuvent opérer aucune contrainte en territoire étranger. La prohibition vaut bien sûr pour les arrestations de personnes mais aussi plus généralement pour toute opération de contrainte relevant de l'autorité publique : saisie de bien, exécution forcée d'un acte public tel que l'expulsion d'un local, etc. Toutefois il s'agit là d'une règle destinée à protéger l'exclusivité de l'État territorial, et non les intérêts des personnes visées par les opérations, au profit desquelles elle ne crée pas de droits [...] seul l'État territorial peut normalement invoquer la violation de son droit au respect de son espace propre, et la pratique abonde de réclamations introduites à l'occasion de prétendues arrestations, dans lesquelles l'État voit un enlèvement pur et simple, de personnes poursuivies par les autorités administratives ou judiciaires. Il est remarquable que ces réclamations aboutissent souvent à la restitution de la personne illicitement capturée, et plus encore que, en l'absence d'une demande en ce sens de l'État dont les droits ont été méconnus, les tribunaux répressifs de l'autre rejettent habituellement l'exception d'incompétence tirée par l'accusé de ce qu'il n'a pas été régulièrement amené devant eux : *male captus, bene detentus...* ». (Cass.crim, 4 juin 1964, *Argoud, J.C.P.* 1964.II.13806, rapport Comte...) *Droit international public, op. cit.*, page 360 et 361.

la lutte contre la délinquance. Cette coopération se matérialise notamment par des notices qui sont des bulletins[1].

Plus globalement, les parquets doivent s'adapter surtout pour faire face à la nouvelle vague de criminalité internationale comme les actes de terrorisme[2], le génocide, les crimes contre l'humanité, la torture, qui ont fait l'objet d'instruments internationaux ratifiés[3] par le Sénégal et par la suite introduits dans le corpus législatif pénal national[4]. Même si fondamentalement la mission du ministère public ne change pas, ce dernier adoptera une nouvelle posture en intégrant le caractère transnational de cette délinquance d'une extrême gravité. Les

---

[1] Au nombre de sept (07) : notice rouge pour les arrestations, notice bleue pour des informations sur des personnes ayant commis des infractions, notice verte pour des alertes sur des délinquants pouvant récidiver, notice jaune pour la recherche des personnes disparues, notice noire pour l'identification des corps, notice orange pour alerter sur les menaces à la sécurité publique et les notices spéciales Interpol-Conseil de sécurité des Nations Unies relatives aux sanctions prises contre des groupes comme Al-Qaïda et les Talibans.

[2] Citons quelques instruments internationaux : Convention des Nations Unies de Montago Bay (Jamaïque) sur le droit de la mer du 10 décembre 1982 entrée en vigueur le 16 novembre 1994 ; Convention relative à l'aviation civile internationale signée à Chicago le 7 décembre 1944 entrée en vigueur le 4 avril 1647 ; Convention relative aux infractions et à certains autres actes survenant à bord des aéronefs, signée à Tokyo le 14 septembre 1963 entrée en vigueur le 4 décembre 1969 ; Convention internationale contre la prise d'otages, adoptée par l'Assemblée Générale des Nations Unies le 17 décembre 1979 ; Convention sur la protection physique des matières nucléaires, adoptée à Vienne le 03 mars 1980 ; Convention pour la répression d'actes illicites contre la sécurité de la navigation maritime, conclue à Rome le 10 mars 1988 ; Convention internationale pour la répression du financement du terrorisme, adoptée par l'Assemblée Générale des Nations Unies le 09 décembre 1999 ; résolution 1373 (2001) adoptée par le Conseil de sécurité à sa séance 4385e du 28 septembre 2001, suite aux attaques terroristes commises le 11 septembre 2001 à New York, à Washington et en Pennsylvanie

[3] « Après avoir été longtemps la voie royale de l'engagement conventionnel, la ratification n'est plus aujourd'hui qu'une procédure d'engagement parmi d'autres. Même si les traités en constitution lui conservent souvent une place de choix, des techniques parallèles, comme l'approbation, viennent relativiser son importance traditionnelle [...] La ratification est un acte solennel émanant généralement du chef de l'État. Elle se traduit par l'envoi de lettre de ratification qui donne lieu à un échange entre contractant ou à un dépôt [...] la signification politique de la procédure a beaucoup évolué [...] Si le chef de l'État demeure l'auteur de la ratification, celle-ci est subordonnée dans de nombreux cas à une autorisation parlementaire préalable... ». Jean Combacau, Serge Sur, *Droit international public*, *op. cit.*, page 121.

[4] Loi n° 2007-07 du 31 janvier 2007 et qui constitue la section VII au chapitre IV du livre 3ème les articles 279-1 intitulée « Des actes de terrorisme ». Article 279-1 et suivants du C.P.

investigations et les poursuites, compte tenu de cette gravité et de la complexité, doivent s'adapter avec des outils conséquents.

Au plan sous régional et même continental, l'effort d'intégration économique doit être accompagné de celle judiciaire.

### §2. Dans l'exécution des décisions de justice

Des pays étrangers peuvent solliciter que notre pays collabore à l'exécution d'une décision de justice pénale ou civile devenue définitive et rendue par leurs juridictions. L'exemple est la convention judiciaire entre le Sénégal et la France du 29 mars 1974. Les décisions revêtues du sceau des autorités et authentifiées par les autorités diplomatiques et consulaires des deux pays ont autorité et sont exécutoires de plein droit. Au civil, l'exequatur préalable est de la compétence du président du tribunal de grande instance et est régi par les articles 787 et suivants C.P.C. En revanche, le parquet est interpellé dans le cadre de l'exécution de la décision si celle-ci requiert le concours de la force publique ou occasionne la commission d'infractions. Aussi, s'agissant de questions qui touchent généralement à l'ordre public, ces affaires devraient lui être systématiquement communiquées pour son office.

Au pénal, le procureur de la République est l'interlocuteur pour l'exécution d'une décision rendue par une juridiction étrangère. Dans ce cadre, ce sont notamment les conventions de coopération judiciaire[1] qui

---

[1] Le Sénégal a passé plusieurs conventions d'extradition avec des États comme : États de l'UAM (Centrafrique, Congo, Cameroun, Côte d'Ivoire, Bénin, Gabon, Burkina Faso, Madagascar, Mauritanie, Niger Tchad, Togo).

Le Sénégal a passé des conventions relatives l'extradition et la coopération judiciaire avec plusieurs États comme : France, Tunisie, Maroc, Gambie, mali, guinée Bissau, cap vert, guinée Conakry.

La lettre circulaire du garde des Sceaux n°03612/MJ/ACG du 10 octobre 1988 rappelle les États.

En Afrique, le Sénégal est signataire de la Convention Générale de coopération en matière de justice du 12 septembre 1961, signé à Antananarivo (Madagascar).

« Le régime de l'extradition est d'origine à la fois interne et internationale. Chaque opération d'extradition obéit d'abord au droit national des deux États en cause, dont les dispositions peuvent être invoquées devant les autorités de chacun d'eux ; mais le plus souvent elle dépend aussi du droit international. Exclusivement conventionnel, il résulte des traités d'extradition, bilatéraux ou multilatéraux, auxquels l'État requérant sont simultanément parties, et des clauses relatives à l'extradition qu'ils ont introduites dans des traités ayant un objet plus large ou différent : convention concernant répressive en général, ou relatives à la lutte commune des États contre certaines infractions qui les concernent solidairement (trafic de stupéfiants, actes terroristes…) […] Par de telles dispositions conventionnelles, les États parties s'engagent chaque

entrent en jeu. La loi n° 71-77 du 28 décembre 1971 relative à l'extradition[1] ne s'applique qu'en l'absence d'un traité ; l'article premier dispose qu'« en l'absence de traités, les conditions, la procédure et les effets de l'extradition sont déterminés par les dispositions de la présente loi qui s'applique également aux points qui n'auraient pas été expressément réglementés par lesdits traités ».

Aux termes de l'article 3 de cette loi, « le gouvernement sénégalais peut livrer, sur leur demande, aux Gouvernements étrangers tout individu non sénégalais[2] qui, étant l'objet d'une poursuite intentée au nom de l'État requérant ou d'une condamnation prononcée par ses tribunaux, est trouvé dans le territoire sénégalais ». L'article 9 dispose que « toute demande d'extradition est adressée au Gouvernement sénégalais par voie diplomatique et accompagnée, soit d'un jugement ou d'un arrêt de condamnation, même par défaut ou par contumace, soit d'un acte de procédure criminelle décrétant formellement ou opérant de plein droit le renvoi de l'inculpé ou de l'accusé devant la juridiction répressive, soit d'un mandat d'arrêt ou de tout autre document ayant la même force et décerné par l'autorité judiciaire, pourvu que ces derniers actes renferment l'indication précise du fait pour lequel ils sont délivrés et la date de ce fait[3]... »

---

fois qu'ils en sont requis à livrer la personne en cause, sous réserve des conditions tenant à la situation de l'individu et à la nature de l'infraction... ». Jean Combacau et Serge Sur, *Droit international public, op. cit.*, page 363.

[1] « L'extradition représente la manifestation la plus importante de la coopération que les États se prêtent en vue de la répression des infractions. C'est la procédure par laquelle un État appelé État requis, ou État refuge, livre un individu à un autre appelé État requérant qui lui demande, en vue de le juger ou de lui faire subir sa peine. L'extradition constitue un acte de souveraineté pour les deux États... ». *Encyclopédie Juridique de l'Afrique. Tome X, op. cit.*, page 303.

[2] « Peuvent être extradées toutes personnes qui se trouvent sur le territoire de l'État requis, quelle que soit leur nationalité : celle de l'État requérant, celle d'un État tiers, ou même la leur : la règle selon laquelle l'État n'extrade pas ses nationaux figure sans doute dans de nombreux traités mais rien n'oblige à l'y insérer... ». Jean Combacau et Serge Sur, *Droit international public, op. cit.*, page 364.

[3] « D'abord l'extradition n'est accordée que pour des infractions suffisamment graves pour justifier un transfert de la personne. En second lieu elle ne l'est que si des actes du même type constituent également des infractions dans le droit de l'État requis et y sont passibles de peines comparables (principe de la double incrimination). À l'inverse l'État requis peut refuser l'extradition s'il déclenche lui-même des poursuites pour les actes en cause : c'est le cas s'ils sont constitutifs de deux infractions distinctes ou d'une infraction internationale, ou s'ils constituent un élément d'une infraction complexe dont un autre élément est rattachable à l'État requérant ; mais l'État requis

Sans revenir sur les conditions de forme et de fond de l'extradition, il y a lieu de saisir qu'en cas d'arrestation, le procureur de la République territorialement compétent procède, dans les vingt-quatre heures de l'arrestation, par ses soins ou ceux de son substitut, à un interrogatoire d'identité et de notification d'acte dont il est dressé procès-verbal, suivi d'un ordre de mise sous écrou extraditionnel. L'étranger est transféré dans les plus brefs délais et écroué à la maison d'arrêt du chef-lieu de la cour d'appel dans le ressort de laquelle il a été arrêté. Il transmet tout le dossier d'extradition au procureur général qui a la véritable compétence de procéder à l'interrogatoire et à la notification d'acte. Le défi, après l'arrestation provisoire, est la transmission de la demande d'extradition par voie diplomatique sous peine de mise en liberté de la personne arrêtée, en application de l'article 20 de la loi n° 71-77 du 28 décembre 1971 relative à l'extradition. Après qu'une demande d'extradition expresse par voie diplomatique a été formulée, le procureur général saisira enfin la chambre d'accusation compétente pour rendre son avis sur le fond[1]. Cet avis sera suivi d'un décret d'extradition le cas échéant[2]. Précisons à ce propos que l'avis motivé de la chambre d'accusation sur la demande d'extradition[3] peut être paralysé si le

---

doit alors en poursuivre effectivement l'auteur présumé : ou juger, ou extrader (*aut judicare, aut dedere*), telle est l'alternative qu'offrent de nombreuses conventions… ». Jean Combacau et Serge Sur, *Droit international public, ibid.*

[1] Arrêt n ° 138 du 25 novembre 2005 de la Chambre d'accusation de la cour d'appel de Dakar après procès-verbal d'interrogatoire de Hissein Habré ressortissant tchadien arrêté en vertu d'un mandat d'arrêt international décerné le 20 septembre 2005 par D. Fransen, juge d'instruction près le tribunal du Premier Arrondissement de Bruxelles (Belgique).

[2] « En France, l'intervention des tribunaux est un préalable indispensable à la décision administrative ; la chambre d'accusation de la cour d'appel compétente, statuant en dernier ressort quant au fond, donne un avis sur la réalisation des conditions légales de l'extradition. S'il est défavorable, le gouvernement est lié, et il reprend sa liberté que pour décider, mais désormais sous le contrôle du juge saisi par l'État requérant d'un recours pour violation du traité (CE, 15 octobre 1993, Royaume uni et colonie de Hong-Kong, R.F.D.A.1993, 1179…), d'extrader ou non la personne qui a fait l'objet d'un avis favorable. S'il donne suite, le décret d'extradition est susceptible de recours en annulation (CE 30 mai 1952, dame Kirkwood, Rec., 291), et le Conseil d'État se reconnaît le pouvoir d'invalider le décret pour défaut de base légale, ce qui peut le conduire à réexaminer le dossier au vu duquel la chambre d'accusation avait statué ». (24 juin 1977, *Astudillo Calleja*, D.1977, 695…). Jean Combacau et Serge Sur, *Droit international public, op. cit.*, page 365.

[3] Cet avis est susceptible de recours. L'article 101 de la loi organique sur la Cour suprême du Sénégal dispose que « le ministre de la Justice peut, dans le délai de huit

décret n'est pas pris. En définitive, la décision ultime d'extradition revient à l'autorité politique, le président de la République, qui toutefois ne peut décider de l'extradition contre l'avis contraire de la chambre d'accusation[1].

### §3. Dans la notification et signification des actes étrangers

Cette tâche du parquet est moins visible et pourtant ce dernier est beaucoup sollicité pour la notification, la signification ou la remise des actes judiciaire et extrajudiciaire en provenance de l'étranger et relatifs aux matières pénales, civiles ou commerciales[2]. Placée dans le cadre de l'entraide judiciaire internationale, elle est consécutive à un courrier que le ministère de la Justice fait parvenir directement au procureur de la République. Rien ne s'oppose à ce que ces pièces soient envoyées par le biais du parquet général, mais c'est rare ; le souci de rapidité et d'efficacité a certainement justifié cette pratique. Prenons l'exemple de la lettre n° 1465 du 14 avril 1988/MJ/DACG que le garde des Sceaux a adressée directement au procureur de Ziguinchor avec comme mission « remise de l'acte et retour du document constatant l'accomplissement de cette formalité ».

Le procureur de la République saisit, sans rien ajouter à la mission, l'officier de police judiciaire pour notification ou remise ou à un huissier de justice de son ressort pour signification tout en prenant soin d'exiger un récépissé ou accusé de réception. À la suite de ses diligences, une lettre est adressée, sous couvert de la voie hiérarchique, au ministre de la Justice après objet rempli ou non rempli. Dans ce dernier cas, il est indiqué de préciser les raisons qui ont pu faire obstacle à l'accomplissement de l'acte demandé.

---

jours, prescrire au procureur général près la Cour suprême de déférer l'avis à cette juridiction. Dans ce cas, il est procédé comme à l'article 71 de la présente loi ».

[1] Exemple : extradition d'Aboubakar Sidiki Diakité dit *Toumba* le 12 mars 2017 en République de Guinée suite au décret pris par le président de la République du Sénégal. La chambre d'accusation de la cour d'appel de Dakar a émis un avis favorable le 10 janvier 2017 pour son extradition. Il était recherché pour les évènements (massacre d'au moins 157 personnes, des blessés et le viol d'une centaine de femmes) qui ont lieu au stade de Conakry le 28 septembre 2009.

[2] Convention de coopération en matière judiciaire entre la France et le Sénégal du 29 mars 1974 ;
Au plan multilatéral, il y a lieu de noter la Convention relative à la signification et la notification à l'étranger des actes judiciaires et extrajudiciaires en matière civile ou commerciale du 15 novembre 1965 et la Convention sur l'obtention des preuves à l'étranger en matière civile ou commerciale du 18 mars 1970.

Si en effet, dans ce cadre, la chancellerie peut, pour certainement des soucis de rapidité, saisir directement le parquet d'instance, celui-ci par contre, après sa mission, doit transmettre la réponse par la voie hiérarchique.

Au plan international, le parquet est amené à jouer un rôle important dans la coopération spécifique avec des tribunaux pénaux internationaux.

### §4 — Avec la Cour pénale internationale

La loi n° 2007-05 du 12 février 2007 qui introduit au Code de procédure pénale les articles 677-1 et suivants, constitue une innovation majeure dans la coopération judiciaire que le Sénégal entend entretenir sur la scène internationale. Par cette loi, le Sénégal, après avoir ratifié le statut de Rome[1] instituant la Cour pénale internationale (CPI), a mis en place un cadre de coopération spécifique avec cette juridiction pénale internationale. Ainsi, hormis la coopération avec les États, de plus en plus, se jettent des bases pour une coopération judiciaire avec les juridictions internationales, en l'occurrence la Cour pénale internationale. Elle découle en réalité du Chapitre IX du statut de Rome portant sur la coopération internationale et l'assistance. L'article 86 du statut dispose que « les États parties coopèrent pleinement avec la Cour dans les enquêtes et poursuites qu'elle mène pour les crimes relevant de sa compétence »[2].

---

[1] Adopté le 17 juillet 1998 à Rome (Italie), il est entré en vigueur le 1er juillet 2012. Elle institue et définit les règles de fonctionnement de la CPI compétente pour le crime contre l'humanité, le crime de génocide, le crime de guerre et le crime d'agression. Ce statut ratifié par les États dont le nombre va pour le moment *crescendo*, a fait l'objet de plusieurs amendements.

« Contrairement aux Tribunaux pénaux internationaux ad hoc établis par des résolutions du Conseil de sécurité adoptées conformément au chapitre VII de la Charte des Nations unies, les fondements de la CPI, comme on l'a dit sont consensuels. En outre, il n'est pas superfétatoire de rappeler à ce stade qu'à la différence des statuts des T.P.I, qui proclament leur primauté sur les juridictions nationales, le Statut de la CPI dispose expressément que la Cour sera complémentaire des juridictions criminelles nationales ; tous les mécanismes de coopération prévus dépendent de cette constatation… ». Anne-Marie La Rosa, *Juridictions pénales internationales, la procédure et la preuve*, Paris, PUF, 1ère édition, 2003, page 84.

[2] « Pourtant, l'obligation qu'ont les États-parties ou non au Statut de la Cour — de coopérer avec elle et d'arrêter les personnes faisant l'objet d'un mandat d'arrêt demeure, puisque les États sont toujours liés par les exigences du droit international en général et du droit international humanitaire […] la situation des États parties doit être distinguée de celle des États non parties. Les États parties doivent coopérer pleinement

Cette coopération est articulée essentiellement autour de l'entraide judiciaire, l'arrestation et la remise de suspect, et enfin l'exécution de la sentence pénale qui procède d'accords spécifiques[1].

---

avec la Cour dans les enquêtes et poursuites que celle-ci mène pour les crimes relevant de sa compétence. Dans ce contexte, la Cour peut présenter à l'État sur le territoire duquel une personne est susceptible de se trouver une demande en vue de son arrestation et de sa remise. Si l'État n'accède pas à la demande, le Statut prévoit un mécanisme de dénonciation à l'Assemblée des États parties au Statut de la Cour ou au Conseil de sécurité […] Aucune obligation d'arrestation ou de remise à la CPI ne peut être imposée aux États non parties à son Statut. Toutefois, il dispose que la Cour peut inviter tout État non partie […] à prêter son assistance […] sur la base d'un arrangement ad hoc ou d'un accord conclu avec cet État ou sur tout autre base appropriée […] il est possible d'imaginer des engagements qui sont calqués sur les dispositions du Statut de la Cour mais qui se limitent à une situation spécifique. Les États non parties seraient aussi liés par les dispositions d'une résolution du Conseil de sécurité […] l'obligation posée par le droit international humanitaire de réprimer les infractions graves ; il n'est pas exclu non plus d'imaginer que l'État non partie s'exécute alors afin de respecter son obligation d'agir pour mettre un terme aux violations graves du droit international humanitaire… ». Anne-Marie La Rosa, *Juridictions pénales internationales, la procédure et la preuve, ibid.*, pages 85 et 86.

[1] Exemple l'accord de transfèrement de détenus passé le 22 novembre 2010, entre le Sénégal et les Nations Unies pour accueillir les condamnés du Tribunal pénal International pour le Rwanda (TPIR) chargé de juger les auteurs de génocide des Tutsi de 1994 au Rwanda.

L'article 26 du Statut du TPIR dispose que « les peines sont exécutées au Rwanda ou dans un État désigné par le TPIR sur la liste des États ayant fait savoir au Conseil de sécurité qu'ils étaient disposés à recevoir des condamnés ».

Le 13 janvier 2012, le Mali signe un accord avec la Cour pénale internationale sur l'exécution des peines d'emprisonnement prononcées par cette juridiction sur son territoire. Il est le premier pays africain à signer un tel accord avec la CPI.

« À l'inverse, les récentes juridictions internationales pénales ne disposent pas de lieu de détention pour les condamnés. Elles doivent donc obtenir des États qu'ils acceptent de les accueillir dans leurs prisons. L'accord des États est régi par le principe du double consentement ; ils doivent d'abord faire part de leur disposition générale à accueillir les accusés puis, à la suite du prononcé d'une sentence donnée, ils doivent consentir spécialement au transfert du condamné […] Pour les tribunaux ad hoc, organes subsidiaires du Conseil de sécurité, les États ont conclu des accords bilatéraux avec les Nations Unies[…] Ces accords ont été négociés par le Greffier des Tribunaux […] L'État désigné devra faire exécuter la sentence conformément au droit international et non en fonction de son droit interne... » Oliver De Frouville, *Droit international pénal, sources, incriminations, responsabilité, ibib.*, page 481.

L'article 26 du Statut des Chambres africaines extraordinaires dispose que : « 1. Toute mesure de détention provisoire et de détention ordonnée par les Chambres africaines extraordinaires préalablement au jugement final est exécutée au Sénégal au sein des établissements pénitentiaires existants et conformément à la pratique et au droit sénégalais.

## I. L'entraide judiciaire classique

### A - Les formes

Aux termes de l'article 677-1 C.P.P. « l'entraide judiciaire entre le Sénégal et la Cour pénale internationale vise : le recueil de témoignages ou de dépositions, l'identification d'une personne, le lieu où elle se trouve ou la location des biens, la demande d'une aide pour la mise à la disposition des autorités judiciaires requérantes de personnes détenues ou d'autres personnes aux fins de témoignages ou d'aide dans la conduite de l'enquête, le rassemblement d'éléments de preuve y compris les dépositions faites sous serment et la production d'éléments de preuve, y compris les expertises et les rapports dont l'autorité judiciaire a besoin, l'interrogation des personnes faisant l'objet d'une enquête ou d'une procédure, l'examen des localités notamment l'exhumation et l'examen de cadavres enterrés dans des fosses communes, l'exécution des perquisitions et saisies, la fourniture et la transmission de documents et de dossiers originaux, ou les copies certifiées conformes, la protection des victimes[1] et la représentation des

---

2. Les peines d'emprisonnement sont exécutées conformément aux standards internationaux. Si les circonstances l'exigent, le condamné peut purger sa peine d'emprisonnement dans l'un des États membres de l'Union africaine qui a conclu un accord d'exécution des peines avec le Sénégal.
3. Les conditions de détention, que ce soit au Sénégal ou dans un autre État membre de l'Union africaine, sont régies par la loi de l'État d'exécution et conformes aux standards internationaux. L'État d'exécution est lié par la durée de la peine.
4. Les juridictions nationales seront en charge de toutes procédures, relatives notamment à la détention, qui pourraient survenir postérieurement à la dissolution des Chambres africaines extraordinaires... »

[1] Sur la notion de victime : « À titre préliminaire, la Chambre d'assises d'appel note qu'en droit romano-germanique, si la victime est titulaire de l'action civile, seul le concept d'action civile est juridique. Celui de victime est sociologique. Dès lors, la notion de victime n'est pas définie par le droit sénégalais, lequel ne définit que la notion de partie civile. Toutefois, la Chambre d'assises d'appel note qu'à l'instar de ce que prévoit l'article 28 (2) du Statut, les principes internationaux et la pratique des tribunaux internationaux en grande partie ne conditionnent pas l'obtention des réparations à la participation au procès, c'est-à-dire que le droit à réparation n'est pas subordonné à la qualité de partie civile... Devant la CPI, la victime s'entend de toute personne physique ou morale qui a subi un préjudice du fait de la commission d'un crime relevant de la compétence de la Cour...» Situation en République du Tchad, le procureur général c. Hissein Habré, arrêt rendu le 27 avril 2017 par la Chambre africaine extraordinaire d'assises d'appel, page 133 à 134, par. 576 à 580.

éléments de preuve, l'identification, la localisation, le gel ou la saisie de produits des crimes, des biens, des avoirs et des instruments qui sont liés aux crimes, aux fins de leur confiscation éventuelle sans préjudice des droits des tiers de bonne foi, et toute autre forme d'assistance qui ne serait pas incompatible avec l'ordre public national ».

**B - La procédure**

Les demandes d'entraide judiciaire émanant de la Cour pénale internationale sont envoyées ou reçues par le ministre de la Justice.

L'article 677-2 dispose que « les mesures doivent être prises afin de respecter le caractère confidentiel des demandes d'entraide judiciaire et des pièces justificatives y afférentes dans la mesure où la divulgation est nécessaire pour donner suite à la demande. Le procureur général près la cour d'appel de Dakar est chargé de l'exécution de la demande sur l'ensemble du territoire de la République. En cas d'urgence, il peut être saisi directement des demandes en copies certifiées conformes par tout moyen laissant des traces écrites. Les originaux sont ensuite transmis dans les formes prévues à l'alinéa premier du présent article ».

Cette coopération, comme il ressort du texte, est une attribution exclusive du procureur général près la cour d'appel de Dakar. Mais il n'est pas exclu que pour mieux exercer cette mission, que le procureur général puisse s'appuyer sur d'autres procureurs généraux ou procureurs de la République, y compris ceux qui ne sont pas de son ressort. Toutefois, cette mission d'entraide obéit à la ligne définie par la Cour, car « les autorités judiciaires requises sont tenues de respecter les conditions dont la Cour pénale internationale assortit l'exécution des demandes ». Aussi, l'entraide judiciaire ne peut être refusée que pour des motifs prévus par les stipulations du statut de Rome et si l'exécution des demandes soulève des difficultés qui l'empêchent ou la gênent, le procureur général près la cour d'appel de Dakar consulte la Cour pénale internationale sans tarder en vue de régler la question.

La demande d'entraide judiciaire envoyée ou reçue est faite « en langue française, par écrit et comporte le nom de l'autorité requérante, l'indication de l'objet de la demande et une brève description de la demande, un exposé des faits allégués qui constituent une infraction, les dispositions juridiques applicables ou l'indication de ces dispositions,

---

Voir aussi CPI, Chambre d'appel, affaire le procureur c. Thomas Lubanga Dyilo, Décision sur la participation des victimes, 11 juillet 2008, par. 61-65, ICC -01/04-01/06-1432-tFRA.

l'exposé des motifs et l'explication détaillée des procédures ou des conditions à respecter, tout autre renseignement utile pour que l'assistance demandée puisse être fournie ».

## II. L'arrestation et la remise[1]

### A. Le principe

L'arrestation qui est une mesure coercitive est posée dans le cadre de la coopération avec la Cour pénale internationale. La différence est faite selon qu'il s'agisse d'un suspect suite à un mandat d'arrêt ou d'un condamné :

- si la demande concerne l'arrestation et la remise d'une personne faisant l'objet d'un mandat d'arrêt délivré par la chambre préliminaire de la CPI en vertu de l'article 8 du statut de Rome, il y est porté : le signalement de la personne recherchée, l'original ou une copie du mandat en cas d'urgence ;

- si la demande concerne l'assistance et la remise d'une personne déjà reconnue coupable, elle contient ou est accompagnée des pièces suivantes : l'original ou une copie du mandat d'arrêt en cas d'urgence, une copie certifiée conforme de la décision judiciaire, des indications sur le temps de détention déjà accompli et le temps restant à accomplir.

### B. Le contentieux de l'arrestation et de la remise

L'arrestation et la remise répondent à une procédure et sont source de contentieux propre.

---

[1] « Dès son arrestation, une personne peut être transférée aux sièges des instances pénales internationales en qualité de suspect ou de témoin détenu. Seuls les T.P.I prévoient l'hypothèse du transfert d'un accusé puisque, dans le cas de la C.P.I, la mise en accusation formelle se fait à la suite d'une procédure contradictoire, dans le prétoire, en présence de la personne concernée. L'État auquel est adressée une demande de transfert ou de remise doit agir sans délai et avec toute la diligence voulue pour assurer sa bonne exécution, conformément à l'obligation de coopération et d'entraide prévue par les actes constitutifs des instances en question. Il convient à ce stade de bien marquer la différence entre les demandes de transfert ou de remise émanant des juridictions pénales internationales et les demandes émanant d'un État. Le transfert ou la remise aux instances pénales internationales est une question qui ne relève pas du domaine des relations interétatiques. Les décisions prononcées par ces juridictions ne doivent d'aucune manière être considérées comme émanant d'une juridiction étatique étrangère. L'obligation de livrer la personne en cause découle de la primauté du droit international sur le droit interne... » Anne-Marie La Rosa, *Juridictions pénales internationales, la procédure et la preuve, op. cit.*, pages 87 à 88.

Aux termes des articles 677-8 et suivants « si lors de l'arrestation, l'intéressé consent à être remis à la CPI, il y est procédé avant que la demande de remise et les pièces justificatives visées à l'article 677-7 du présent code soient reçues. Si dans les soixante jours qui suivent l'arrestation provisoire la chambre d'accusation de la cour d'appel de Dakar ne reçoit pas les pièces justificatives, elle ordonne d'office ou sur requête l'élargissement de la personne concernée ».

La chambre d'accusation de la cour d'appel de Dakar vérifie que le mandat d'arrêt vise la personne arrêtée, que celle-ci a été selon la procédure régulière et que ses droits ont été respectés, faute de quoi, la personne arrêtée est remise en liberté. Le président de la chambre d'accusation de la cour d'appel de Dakar avise la chambre préliminaire de la CPI dès qu'une demande de mise en liberté provisoire a été présentée. La chambre préliminaire de la CPI doit statuer dans un délai maximum de huit jours. Avant de statuer sur la demande de mise en liberté provisoire, la chambre d'accusation de la cour d'appel de Dakar prend en considération les recommandations de la chambre de la CPI. Lorsqu'elle se prononce, la chambre d'accusation de la cour d'appel de Dakar examine si, eu égard à la gravité des crimes allégués, l'urgence et les circonstances exceptionnelles justifient la mise en liberté provisoire. Dans ce cas, elle fixe les conditions qui permettent de s'assurer que la personne peut être remise à la CPI.

Si la personne poursuivie conteste la compétence de la CPI, la remise est ajournée jusqu'à ce que ladite juridiction ait rendu sa décision. Cet argument offert à la personne risque d'être soulevé systématiquement pour retarder le cours de la justice sur le fond.

### C. La remise proprement dite

Après que le contentieux post-arrestation est vidé, le procureur général près la cour d'appel de Dakar procède à la remise de la personne poursuivie ainsi qu'à la transmission des objets et valeurs saisis. Le procureur général près la cour d'appel de Dakar, prend des mesures nécessaires en vue de la remise après entente avec la CPI, le tout conformément aux dispositions sur l'extradition, loi n° 71-77 du 28 décembre 1971.

Le transit sur le territoire national d'une personne transférée à la CPI est autorisé par le ministre de la Justice, conformément à l'article 89 du statut de Rome.

L'arrestation et la remise effective d'un accusé ainsi examinées, supposent une coopération totale des États alors qu'il n'en est pas toujours ainsi[1], ce qui pose de réelles difficultés du fait que la procédure de contumace n'est pas généralement admise.

### III- Les autres formes d'entraide judiciaire

Plusieurs autres axes sont déterminés dans le cadre de l'entraide judiciaire. Ainsi :

- toute personne détenue sur le territoire national peut, si elle y convient, être transférée temporairement à la CPI aux fins d'identification ou d'audition ou pour l'accomplissement de tout autre acte d'instruction ;

- lorsque le procureur de la CPI veut exécuter des actes prévus à l'article 99/4 du statut de Rome sur le territoire national, il en avise immédiatement le procureur général près la cour d'appel de Dakar qui

---

[1] « Les juges des T.P.I n'ont pas ignoré, lors de l'élaboration de leurs Règlements, la possibilité que certains accusés ne soient jamais transférés au siège de l'instance. Ils ont dès lors développé une procédure novatrice et inusitée en cas d'inexécution de mandats d'arrêt, au terme de laquelle la Chambre du juge de confirmation procède à un nouvel examen ex parte de l'acte d'accusation en audience publique et vérifie s'il existe des raisons suffisantes de croire que l'accusé a commis une ou toutes les infractions mises à sa charge […] la Chambre peut à l'issue de la procédure, émettre un mandat d'arrêt international et délivrer une ordonnance demandant à un ou plusieurs États d'adopter des mesures conservatoires concernant les biens de l'accusé, sans préjudice des droits des tiers. Enfin si la Chambre considère que le défaut de signification de l'acte d'accusation est imputable en tout ou en partie au défaut ou au refus de coopération d'un État, les Présidents des T.P.I en informent le Conseil de sécurité des Nations unies (dans ce contexte, le Président du tribunal a informé le Conseil de sécurité du défaut de coopération notamment de l'administration des Serbes de Bosnie à Pale dans l'affaire Nikolis, de la République fédérative de Yougoslavie dans l'affaire Vukovar, de ces deux entités dans les affaires Karadzic et Mladic, ainsi que de la République de Bosnie-Herzégovine dans l'affaire Rajic…) Les instances internationales contemporaines ne connaissent pas la possibilité de procès par contumace […] Statut de la C.P.I, art.62, par.1, Statut du T.P.I.Y, art.21, par.4, Statut du T.P.I.R, art.20, par.4, lettre d. Dans son Rapport auquel est joint le Statut du T.P.I.Y, le Secrétaire général des Nations unies précise qu'aucun procès ne doit s'ouvrir avant que l'accusé ne soit physiquement présent devant le Tribunal international. D'aucuns estiment que le Tribunal international ne devrait pas procéder par contumace au motif que la pratique irait à l'encontre des dispositions de l'article 14 du Pacte international relatif aux droits civils et politiques aux termes duquel toute personne accusée a droit à être présente à son procès… » Anne-Marie La Rosa, *Juridictions pénales internationales, la procédure et la preuve, op. cit.*, pages 92, 93 et 94.

peut proposer l'exécution desdits actes s'ils peuvent l'être dans les mêmes délais et selon les modalités définies en réponse à la demande d'assistance. À la demande expresse de la CPI, le procureur général près la cour d'appel de Dakar peut ordonner dans les vingt-quatre heures des mesures provisoires en vue de maintenir la situation existante, de protéger des intérêts juridiques menacés ou de préserver des éléments de preuve ou d'assurer la protection des témoins et des victimes. S'il y a péril en la demeure, le procureur général près la cour d'appel de Dakar peut d'office prendre les mesures provisoires qu'il détermine. Il consulte la CPI dans les meilleurs délais en vue de la suite à donner ;

- en application de l'article 14 du statut de Rome, le procureur général près la cour d'appel de Dakar peut déférer à la CPI une situation dans laquelle un ou plusieurs crimes relevant de la CPI paraissent avoir été commis et prier le procureur de la CPI d'enquêter sur cette situation en vue de déterminer si une ou plusieurs personnes identifiées doivent être accusées de ces crimes. Dans ce cas, le procureur général indique, dans la mesure du possible, les circonstances de l'affaire et produit les pièces dont il dispose.

Cette dénonciation du procureur général près la cour d'appel de Dakar paraît vouloir éluder la compétence des juridictions nationales à la faveur de la CPI. Or, pour des infractions pouvant être connues par les juridictions nationales, dans un État en parfait état de fonctionnement, on voit mal comment le procureur général pourrait les déférer à la CPI. Celle-ci ne devrait intervenir, en vertu du principe de subsidiarité[1] ou de complémentarité[2], qu'en cas de défaillance des autorités judiciaires nationales, même si ceci reste, à la lecture du texte, une faculté. C'est le système du renvoi à la CPI d'une situation par un État partie[3]. Il en est ainsi si les crimes internationaux ne sont pas punis

---

[1] « Le caractère de ce qui est subsidiaire, a vocation à venir en second lieu (à titre de remède, de garantie, de suppléance, de consolation) pour le cas où ce qui est principal, primordial, vient à faire défaut… » Gérard Cornu, *Vocabulaire juridique*, Paris, PUF, mai 2008.

[2] « ...En effet, dans le système de justice pénale internationale issu du Statut de Rome, le juge reconnu de droit commun des crimes internationaux est le juge national. Le Statut de Rome, en son article 17, a posé le principe de complémentarité-et non de primauté — entre les juridictions nationales et la Cour pénale internationale… ». Élise Le Gall, *La poursuite des crimes internationaux, Réflexions sur l'opportunité des poursuites du procureur international,* Paris, Éditions IRJS, 2016, page 228.

[3] « Tout État Partie peut déférer au procureur une situation dans laquelle un ou plusieurs des crimes relevant de la compétence de la Cour paraissent avoir été commis,

par la législation nationale ou si l'État ne peut poursuivre ou son système judiciaire n'est pas en état de le faire compte tenu de son état de déliquescence ;

- la CPI jouit sur le territoire de la République du Sénégal des privilèges et immunités nécessaires à l'accomplissement de sa mission. Les juges, le procureur, les procureurs adjoints et le greffier jouissent, dans l'exercice de leurs fonctions ou relativement à ces fonctions, des privilèges et immunités accordés aux chefs de missions diplomatiques. Après l'expiration de leur mandat, ils continuent à jouir de l'immunité contre toute procédure légale pour leurs paroles, les écrits et les actes qui relèvent de l'exercice de leurs fonctions officielles ;

- lorsque la compétence de la CPI est mise en œuvre conformément à l'article 13 du statut de Rome, le procureur général près la cour d'appel de Dakar peut faire valoir la compétence des juridictions sénégalaises en application de l'article 18 du statut de Rome ou une

---

et prier le procureur d'enquêter sur cette situation en vue de déterminer si une ou plusieurs personnes identifiées devraient être accusées de ces crimes. L'État qui procède au renvoi indique autant que possible les circonstances pertinentes de l'affaire et produit les pièces à l'appui dont il dispose », Article 14 Statut CPI.

Il y a l'exemple de la Côte d'Ivoire après les troubles postélectoraux. « La Côte d'Ivoire a consenti que la CPI exerce sa compétence sur les crimes commis depuis le 19 septembre 2002. Par lettre du 03 mai 2011, le Président Alassane OUATARA a demandé au procureur de la CPI d'enquêter sur "les crimes les plus graves" commis après le second tour de l'élection présidentielle du 28 novembre 2010 ». Voir www.lemonde.fr

« La Côte d'Ivoire, qui n'était alors pas État partie au Statut de Rome, a accepté la compétence de la Cour le 18 avril 2003, par une déclaration effectuée en vertu de l'article 12-3 du Statut de Rome ; le 14 décembre 2010 et le 3 mai 2011, la Présidence de la Côte d'Ivoire avait ensuite confirmé qu'elle acceptait la compétence de la Cour. À la suite de la déclaration de la Côte d'Ivoire acceptant la compétence de la Cour, le procureur a procédé à un examen préliminaire de la situation. Il a conclu que les critères requis pour l'ouverture d'une enquête étaient réunis et a présenté, le 23 juin 2011, une demande d'autorisation d'ouvrir une enquête de sa propre initiative (proprio motu) sur la situation en Côte d'Ivoire… » Extrait fiche d'information sur l'affaire Situation en Côte d'Ivoire, le procureur c. Laurent Gbagbo, Affaire ICC-02/11-01/11.

Pour le cas de la Libye, État non partie au Statut de Rome, ce principe de subsidiarité ou de complémentarité ne joue pas parce que le procureur de la CPI a été directement saisi par une résolution du Conseil de sécurité de l'Onu (n°1970 du 26 février 2011). Le procureur de la CPI procède à un examen préalable et jugera par la suite de la nécessité d'ouvrir une enquête, il juge de l'opportunité des poursuites conformément à l'article 53 du Statut. Il évalue les renseignements reçus et les intérêts de la justice avant de soumettre à la Chambre préliminaire une demande d'autorisation d'ouvrir une enquête.

contestation de compétence ou de recevabilité de l'affaire en vertu des articles 17, 18 et 19 du statut de Rome. La contestation est présentée autant que possible avant l'ouverture du procès devant la CPI ou l'autorisation de la CPI requise à une phase ultérieure du procès. La contestation contient la démonstration que l'affaire fait l'objet d'une enquête ou d'une poursuite au Sénégal ou qu'elle a fait l'objet d'un jugement passé en force de chose jugée. L'exécution des demandes d'entraide peut être ajournée jusqu'à ce que la CPI ait statué ;

- si l'exécution immédiate d'une demande peut nuire au bon déroulement de l'enquête en cours dans une affaire différente de celle à laquelle se rapporte la demande, il peut être sursis à l'exécution de celle-ci pendant un temps fixé d'un commun accord avec la CPI, à moins que la demande de la CPI ne puisse être faite sous certaines conditions ;

- l'exécution des peines d'amende et des mesures de confiscation et réparation ordonnées par la CPI s'effectue conformément aux dispositions du Code de procédure pénale du Sénégal sans préjudice des droits des tiers de bonne foi. Les biens ou le produit de la vente des biens mobiliers ou le cas échéant d'autres biens obtenus en exécution d'un arrêt de la CPI peuvent lui être transférés.

La coopération entre les pays africains et la CPI est heurtée[1]. Certains pays se sont même retirés du statut de Rome portant création de la CPI[2]. Celle-ci fait l'objet de vives critiques des États membres de

---

[1] Lors de son Sommet des 11 et 12 octobre 2013 à Addis Abeba, l'Union africaine a appelé à ce que les procédures ouvertes à l'encontre des président et vice-président kenyans soient suspendues par le Conseil de sécurité des Nations Unies conformément à l'article 16 du Statut de Rome. Selon elle la poursuite de chefs d'État risque de « saper la souveraineté, la stabilité et la paix des États membres ». www.fidh.org.

«... déjà en 2012 le président de l'Union africaine Jean Ping avait ouvertement critiqué l'action de l'ancien procureur de la CPI, Luis Moreno Ocampo. La CPI est régulièrement accusée de colonialisme, de partialité et de manque d'indépendance et de légitimité. Certains lui reprochent de poursuivre en majorité des Africains. De fait, sur les 9 situations où des enquêtes sont en cours, neuf relèvent de crimes dans des pays africains. On reproche aussi aux États puissants, comme les États-Unis, la Chine ou la Russie, de refuser de ratifier le Statut de Rome, et du coup que les hauts responsables de ces États ne soient jamais poursuivis par la justice internationale... ». www.rfi.fr

« Le président de l'Union africaine a accusé lundi 27 mai à Addis-Abeba la Cour pénale internationale de mener une sorte de chasse raciale contre les Africains... ». www.lemonde.fr

[2] Le Burundi, le 18 octobre 2016, l'Afrique du Sud le 21 octobre 2016, la Gambie le 25 octobre 2016. Ajoutons que le 16 novembre 2016, le Russie annonce le retrait de sa

l'Union africaine qui ont même envisagé de créer une Cour africaine compétente en matière de crimes internationaux ou d'étendre les compétences de la Cour africaine des droits de l'homme ; d'instituer au niveau de ces juridictions une immunité au profit des chefs d'État et autres personnalités en exercice ou durant leur mandat[1]. Cette initiative

---

signature, en 2000, du Statut de Rome qu'elle n'a jamais ratifié. Mais la Gambie reviendra sur sa décision ; dans un article du 14 février 2017, « c'est désormais officiel : la Gambie ne quittera pas la Cour pénale internationale. Le président Adama Barrow l'a confirmé il y a quelques jours à un diplomate européen, et dans la foulée, son ministre des Affaires étrangères a envoyé une lettre au secrétaire général de l'ONU ». www.rfi.fr

« La justice sud-africaine a infligé un camouflet au gouvernement, mercredi 22 février, en retorquant sur la forme sa décision controversée de quitter la Cour pénale internationale (CPI), dont il dénonce un parti-pris anti-africain. Saisi par l'opposition, un juge a estimé que la lettre de retrait de la CPI, envoyée en octobre 2016 à l'ONU, était *"inconstitutionnelle et invalide"*, parce qu'elle n'avait pas été précédée *"d'une approbation du Parlement"*. Le gouvernement et le président Jacob Zuma *"doivent sur-le-champ révoquer la notice de retrait"*, a ordonné le juge Phineas Mojapelo, de la Haute Cour de Pretoria ». http://www.lemonde.fr/afrique/article/2017/02/22/le-retrait-de-l-afrique-du-sud-de-la-cpi-juge-inconstitutionnel_5083777_3212.html

« L'Afrique du Sud a formellement annulé sa décision controversée de claquer la porte de la Cour pénale internationale (CPI), le temps de se conformer à la décision d'un tribunal qui l'avait invalidée pour des raisons de procédure. Pretoria a informé le Secrétaire général des Nations unies Antonio Gutieres que "l'instrument de retrait (avait) été jugé inconstitutionnel et invalide", selon un document publié mardi par l'ONU sur son site internet. "L'approbation du Parlement sud-africain doit être obtenue avant que l'instrument de retrait du traité de Rome sur la Cour pénale internationale puisse être déposé à l'ONU", ajoute le texte… Néanmoins, cette annulation ne modifie pas les intentions de l'Afrique du Sud sur le sujet. Un projet de loi de retrait doit être déposé prochainement devant les députés sud-africains ». http://www.jeune afrique.com/410721/politique/lafrique-sud-renonce-provisoirement-a-quitter-cpi/

[1] « Selon plusieurs sites d'information africains, le nouveau président de l'Union africaine, Robert Mugabé, a déclaré le 21 février que l'Afrique va se retirer de la Cour pénale internationale (CPI) dès le prochain sommet de l'UA, en juin, en Afrique du sud, et il propose de créer une Cour africaine de justice… ». www.rfi.fr

« Le Kenya fait partie des premiers pays à s'associer à la mise en place d'une Cour Africaine de Justice pour sortir de la CPI et d'autres Systèmes Blancs, dominés par les occidentaux, américains et d'autres pays occidentaux qui interagissent contre les Africains ». www.internationalinformant.wordpress.com

«Le 23e Sommet de l'Union africaine (UA), qui vient de se réunir à Malabo, en Guinée équatoriale, a approuvé un Protocole pour la création d'une Cour africaine de justice, des droits de l'Homme et des peuples pour juger 14 crimes internationaux dont un génocide, des crimes contre l'humanité, des crimes de guerre, des cas de piraterie, de corruption, des mercenaires, des cas de blanchiment d'argent et de changements inconstitutionnels de gouvernement.

Le Sommet a également convenu d'étendre à l'avenir les compétences de cette Cour à d'autres délits, comme le reflète la dynamique du droit international. Cet accord a été passé grâce à un amendement du protocole qui a créé la Cour africaine de justice et des droits de l'Homme. Cet amendement controversé accorde une immunité contre les poursuites aux chefs d'État africains en exercice et aux hauts responsables des gouvernements.

Le nouvel amendement a été reformulé ainsi : “Aucune poursuite ne devra être entamée ou maintenue devant la Cour contre tout chef d'État ou de gouvernement en exercice, ou contre quiconque agissant ou habilité à agir en cette qualité, ou tout autre haut responsable sur la base de ses fonctions, pendant la durée de leur mandat”.

Cette décision a été prise malgré les objections de certains délégués, qui ont insisté sur le fait que la description des “hauts responsables étatiques” était trop générale et vague. Le président en exercice de l'UA, le Mauritanien Mohamed Ould Abdel Aziz, a estimé que cette décision de créer la Cour africaine entrait dans le cadre de la quête d'une nouvelle vision en Afrique pour atteindre la stabilité. “Nous voulons que la justice et l'égalité fassent partie de la vision d'une Afrique qui gagne. Nous avons décidé de nous mobiliser autour de notre agenda de développement. Les objectifs que nous avons adoptés vont booster nos efforts d'amélioration de notre Parlement et de la Cour”, a déclaré le président Ould Abdel Aziz à la clôture du Sommet (26-27 juin). La Cour aura un président et un vice-président élus par des juges. Il comprendra un bureau du procureur, ayant le pouvoir d'ouvrir des enquêtes et de requérir l'intervention de la Chambre préliminaire.

Cependant, les compétences de la Cour africaine ne lui permettent que de s'occuper d'affaires pour lesquelles les tribunaux nationaux ou régionaux se sont révélés incompétents.

D'autres amendements au Protocole nécessitent l'inclusion de nouveaux crimes, comme le trafic d'êtres humains, le déversement de déchets toxiques, l'exploitation illicite des ressources naturelles et le crime d'agression, l'un des crimes récemment ajouté à la liste des crimes de la Cour pénale internationale.

Le protocole actuel va compléter les efforts des organisations nationales, régionales et continentales de prévention des violations graves et massives des droits de l'Homme et des peuples, conformément à l'article (58) de la charte et déterminer les responsabilités de ces crimes où qu'ils soient commis.

Le crime de génocide, qui englobe le massacre des membres d'un groupe, l'infliction de blessures corporelles graves, le transfert forcé d'enfants d'un groupe ethnique à un autre, le viol et la prévention des naissances au sein d'un groupe ethnique, est prévu dans le cadre du projet de protocole, qui doit être ratifié par 15 États signataires pour entrer en vigueur.

La Cour a été mandatée pour agir contre les changements de gouvernement inconstitutionnels, qui comprennent désormais le changement des lois électorales au moins six mois avant une élection sans l'accord total de tous les acteurs politiques et le refus de céder le pouvoir d'un président sortant après avoir perdu une élection.

Ce tribunal va compter trois chambres, celles des affaires générales, des droits de l'Homme et du droit pénal international. Les magistrats vont y servir à mi-temps, à l'exception du président et du vice-président. En plus d'un bureau du procureur, la Cour sera également dotée d'un bureau de la défense pour apporter une aide judiciaire aux prévenus. Ce bureau sera dirigé par le défenseur principal. Le mandat des

soulève beaucoup de controverses[1]. Elle est critiquée notamment par les défenseurs des droits de l'homme qui estiment que remettre au goût du jour les immunités, c'est fouler au pied l'un des socles du droit international pénal, le défaut de pertinence ou l'indifférence de la qualité officielle. En outre, une telle initiative, qui n'existe dans aucun

---

magistrats qui siégeront à ce tribunal sera de neuf ans non renouvelable ». www.panapress.com

« C'est un pied de nez cinglant à la justice internationale. Visé depuis 2009 par des mandats d'arrêts de la Cour pénale internationale (CPI) pour son rôle dans la répression du conflit au Darfour, le président du Soudan Omar el-Béchir a pu se rendre en Afrique du Sud, et repartir lundi 15 juin vers le Soudan. Il était venu participer au 25e sommet de l'Union africaine, qui se tenait à Johannesburg. Dimanche 14 juin, il a posé en toute impunité pour la photo officielle des chefs d'État africains... Signataire du traité de Rome, fondateur de la CPI, l'Afrique du Sud était dans l'obligation, en théorie, d'interdire la venue d'Omar el-Béchir sur son sol, ou de l'arrêter s'il s'y trouvait. Cela n'a pas échappé à l'ONG sud-africaine Southern Africa Litigation Center, qui a saisi la justice en ce sens. Dimanche 14 juin, un tribunal de Pretoria a donc interdit au président du Soudan de quitter l'Afrique du Sud, jusqu'à une décision de justice définitive. L'audience a été suspendue à la demande de l'avocat du gouvernement sud-africain, pour préparer sa défense. Le ministère de l'Intérieur sud-africain avait, en attendant, ordre d'empêcher Omar el-Béchir de quitter le pays, ce qu'il a pourtant pu faire dès le lendemain, lundi 15 juin. Le régime soudanais a prévu un rassemblement pour accueillir le président à son arrivée, à Khartoum. L'Afrique du Sud, qui cherche à préserver son rôle diplomatique sur le continent, n'a pas cherché à mettre en difficulté un chef d'État lors d'un sommet promouvant l'unité africaine. Le président sud-africain Jacob Zuma a plusieurs fois pris la défense des dirigeants en exercice visés par la justice internationale... ». www.la-croix.com

Dans sa décision du 6 juillet 2017, la Cour pénale internationale indique que « L'Afrique du Sud *avait le devoir d'arrêter Omar Al-Bachir* lors de sa visite à Johannesburg en juin 2015, mais a failli à ses obligations vis-à-vis de la Cour pénale internationale (CPI), et l'a empêchée d'exercer son mandat. La décision rendue par les juges de la CPI, jeudi 6 juillet, très attendue sur le continent africain, n'est, sur ce point, pas une surprise. Plus étonnant au premier abord est leur décision de dédouaner Pretoria d'éventuelles sanctions diplomatiques. Les juges auraient pu en référer au Conseil de sécurité des Nations unies ou à l'Assemblée des 124 États membres de la Cour qui ont ratifié le traité de Rome, mais se sont abstenus, estimant que cela *n'aurait pas d'effet*. Plutôt que sanctionner l'Afrique du Sud, ils ont critiqué la passivité du Conseil et de l'Assemblée... » http://www.lemonde.fr/afrique/article/2017/07/07/arrestation-d-al-bachir-la-cpi-juge-que-l-afrique-du-sud-a-manque-a-son-devoir-mais-s-abstient-de-sanction_5157268_3212.html

[1] Pour certains, l'Afrique qui a joué les premiers rôles dans la ratification du Statut de Rome, 34 à ce jour, doit se conformer à ses engagements internationaux. Aussi les situations connues par la CPI, sauf pour le Soudan, ont été déférées par les États africains eux-mêmes (Ouganda, République démocratique du Congo, République centrafricaine, Kenya, Libye, Côte d'Ivoire, Soudan et Mali). Pour d'autres, des mutations doivent s'opérer pour une justice internationale pour tous.

autre continent, manque de pertinence et rame à contre-courant de l'universalité de cette justice.

Au plan national, certains mécanismes appellent l'intervention du parquet d'instance qui côtoie au quotidien les citoyens, usagers du service public de la justice et les avocats auxiliaires de justice.

## SECTION 3. L'AIDE JURIDICTIONNELLE

À la suite du protocole relatif à l'aide juridictionnelle signé le 07 avril 2005 entre le Gouvernement du Sénégal et l'Ordre des avocats, l'arrêté n° 000864 du 31 janvier 2006 du garde des Sceaux a institué une commission *ad hoc* au niveau de la cour d'appel de Dakar et des sous-commissions *ad hoc* au siège de chaque tribunal régional[1]. À ce niveau, elle est présidée par le président du tribunal, le procureur de la République ou son substitut en est le vice-président, le secrétariat assuré par le greffier en chef.

Ces commissions fonctionnent progressivement surtout pour les dossiers de flagrant délit qui impliquent de nombreux justiciables. S'agissant de la répartition de ressources publiques, il est impératif que ces commissions fonctionnent sur l'ensemble du territoire.

Il est aussi institué un bureau de l'aide juridictionnelle auprès de la Cour suprême.

## SECTION 4. AVEC LES CITOYENS

Ces rapports sont quotidiens et se manifestent le plus souvent dans son service par ce qu'on appelle communément *les visites.* Comme tous les agents de l'administration, le chef du parquet est appelé à recevoir les citoyens pour des raisons diverses. Avec les visites, chaque chef du parquet y va de son organisation du travail. Le seul baromètre est d'allier le temps nécessaire qu'il faudra consacrer au travail et aux visites; étant entendu que la priorité doit être accordée au traitement des procédures. Recevoir les citoyens marque la capacité d'écoute du magistrat et surtout du chef de parquet qui pourrait ainsi être informé de faits de violations de la loi ou de trouble à l'ordre public. La seule limite est d'ordre statutaire, le magistrat ne pouvant pas donner des conseils, ou faire une consultation au citoyen.

---

[1] Outre ce protocole, des textes législatifs et réglementaires devraient régir et mieux définir les contours de cette institution.

Plus généralement, de plus en plus, le citoyen s'intéresse au fonctionnement de la justice, donne son point de vue, fait des critiques et la perception qu'il a de la justice est mise en exergue. Cette perception défavorable ou non doit compter. L'institution judiciaire n'est pas « un sanctuaire » où seuls les acteurs *intra muros* ont droit de cité, mais un service public. Le citoyen, le Peuple au nom de qui la justice est rendue a son mot à dire non pas pour tenir la plume au magistrat, le conspuer, ôter la liberté de défense à l'avocat, faire opposition à l'huissier exécutant, ou violenter un mandataire judiciaire, mais pour formuler des critiques objectives sur le fonctionnement de la justice, la manière de servir ou la tenue de ses acteurs. L'administration de la justice doit en tenir compte pour améliorer son fonctionnement.

Sur un tout autre plan, des procureurs de la République ou membres du parquet peuvent être des militants des droits de l'Homme. Ainsi, certains ont été présidents des antennes régionales du Comité sénégalais des droits de l'Homme[1] ou d'autres organismes de défense des droits de l'Homme.

Dans ces multiples rapports que le chef du parquet et son service sont amenés à entretenir tant avec les autorités judiciaires qu'extrajudiciaires, la rédaction administrative, qui est une technique spéciale empreinte de tradition et de courtoisie, doit être maîtrisée. Elle n'est pas enseignée dans les facultés de droit, mais de plus en plus, compte tenu de son utilité, elle constitue un module dans la formation initiale des magistrats.

## SECTION 5. AVEC LES AVOCATS

Les avocats au Sénégal sont régis par la loi n° 84-09 du 04 janvier 1984 portant création de l'Ordre des avocats, modifiée[2]. Jusque-là considérés comme de simples auxiliaires de justice, le Règlement n°5

[1] Créé par le décret du 22 avril 1970 ; par la suite ce comité bénéficie d'un statut légal par la loi n° 97-04 du 10 mars 1997 qui le régit désormais.
Le Comité Sénégalais des Droits de l'Homme est une institution nationale pour les droits de l'homme. « Le Comité Sénégalais des Droits de l'Homme est une institution indépendante de consultation, d'observation, d'évaluation, de dialogue, de concertation et de proposition en matière de respect des droits de l'homme ». Article 1er loi n° 97-04 du 10 mars 1997.

[2] Loi n° 2009-25 du 8 juillet 2009 portant modification de la loi n° 84-09 du 4 janvier 1984 complétée par la loi n° 87-30 du 28 décembre 1987 relative à l'Ordre des Avocats.

de l'UEMOA dispose qu'ils sont désormais « un des acteurs principaux du service public de la justice. » Ainsi, au plan communautaire leur profession est organisée par le Règlement n°5/CM/UEMOA du 25 septembre 2014 entré en vigueur le 1er janvier 2015 et relatif à l'harmonisation des règles régissant la profession d'avocat dans l'espace UEMOA. Aux termes de l'article 3 du Règlement, entre autres missions, « seuls les avocats ont qualité pour plaider[1], postuler et représenter, sans limitation de territoire, les parties en toutes matières devant les juridictions ou organismes juridictionnels ou disciplinaires et devant les instances arbitrales sauf dispositions particulières prévues par la législation nationale ». C'est une profession libérale, indépendante marquée par le principe de la liberté.

Avec les avocats, le ministère public trouve aussi bien son *adversaire* comme son *partenaire* dans tout procès et en toutes matières. On serait amené à penser que l'avocat est l'adversaire du parquet, alors qu'il n'en est rien. Ils concourent tous à la bonne application de la loi, même s'ils représentent bien des fois des intérêts divergents. Dans le procès pénal par exemple, l'avocat de la défense s'assimile au contradicteur du parquet. Chargé de défendre les droits et intérêts de son client, il prend du coup le contre-pied, le cas échéant, du parquet. Pourtant, même en cette matière, la contradiction n'est que de façade, eux tous concourent à la bonne application de la loi dans un débat loyal et professionnel. Il arrive, en toute objectivité, que l'avocat de la défense et le parquet aient, à travers un examen objectif du dossier, la même position dans une affaire. Ils ont tous appris le droit, chacun exerce sa propre profession qu'il tire de la loi, mais œuvrent tous à la bonne distribution de la justice.

Dans leur carrière, sous certaines conditions, les magistrats peuvent devenir des avocats, et vice versa. Une passerelle a toujours existé entre le Barreau, l'Université et la Magistrature. Ainsi, au bout de dix ans d'ancienneté (dont les deux années de formation initiale), les magistrats peuvent démissionner et s'inscrire au barreau. Il n'existait aucune limite liée à l'âge. La loi n° 2009-25 du 08 juillet 2009 portant modification de la loi n° 84-09 du 04 janvier 1984 complétée par la loi n° 87-30 du 28

---

[1] « La plaidoirie est l'exposé oral et le développement verbal des prétentions des justiciables, la discussion des moyens adverses et des objections légales, le développement des arguments justificatifs d'un plaignant ou d'un inculpé… », Serge Guinchard et Tony Moussa, *Droit et pratique des voies d'exécution*, 5e édition, Paris, Dalloz, 2007, page 293.

décembre 1987 relative à l'Ordre des Avocats, introduisit une restriction sur la condition liée à l'âge. La combinaison des articles 16 et 43 renseigne que l'âge pour intégrer le Barreau se situe entre vingt-quatre ans au moins et cinquante-cinq ans au plus. De ces dispositions, il ressort, contrairement au passé, qu'au-delà de cinquante-cinq ans, les magistrats ne pouvaient plus intégrer le barreau. Une limite d'âge non applicable aujourd'hui avec le droit communautaire. Le Règlement n°5 exige pour les magistrats qui désirent intégrer le Barreau, dix (10) ans de pratique professionnelle, une démission de leur fonction, des cours de déontologie et de pratique professionnelle d'avocat pour une durée d'au moins six (6) mois avant de prêter serment. Ils sont dispensés du Certificat d'Aptitude à la Profession d'Avocat (C.A.P.A).

Leur relation quotidienne est marquée d'une vieille tradition de courtoisie. Un avocat qui va plaider dans une juridiction qu'il ne fréquente pas d'habitude, passe au parquet et au siège pour une visite de courtoisie conformément aux usages, ce qui n'entame en rien l'indépendance de l'un vis-à-vis de l'autre. Il n'est pas rare à l'audience que le magistrat du parquet ou le président fasse une remarque à un avocat qu'il vient de voir pour la première fois à l'audience et qui a omis de faire la visite de courtoisie préalable.

En matière disciplinaire, les décisions du Conseil de discipline du Barreau sont susceptibles de recours devant la juridiction d'appel paritaire composée du Premier Président de la cour d'appel, de trois (3) Présidents de chambre de la cour d'appel et de trois (3) avocats autres que les membres du Conseil de l'Ordre désignés par le Bâtonnier. Ses décisions peuvent faire l'objet de pourvoi en cassation.

Dans ce cadre, les décisions disciplinaires sont envoyées par le procureur général aux parquets d'instance pour en assurer l'exécution dans les juridictions de leur ressort. Il s'agit pour ces derniers, par exemple que l'avocat qui est sous le coup d'une suspension ou qui est radié, ne puisse pas plaider devant leur juridiction. En pratique, une copie de la décision est envoyée aux délégués du ressort ou présidents des tribunaux assurant le rôle de délégués. Aux termes de l'article 3 du décret n°2015-1145 du 03 août 2015 fixant la composition et la compétence des cours d'appel, des tribunaux de grande instance et des tribunaux d'instance, « pour les tribunaux d'instance qui ne comportent pas ministère public, ou en cas d'absence de délégué du Procureur de la République ou de son adjoint, l'action publique est exercée sous l'autorité du procureur de la République, par le chef de la juridiction qui est investi des pouvoirs du ministère public. »

En matière pénale, l'article 56 de la loi n° 2009-25 du 08 juillet 2009 portant modification de la loi n° 84-09 du 04 janvier 1984, dispose que « la cour d'appel de Dakar est seule compétente pour juger les avocats. Elle siège alors en formation spéciale présidée par le premier président et composée par deux autres magistrats choisis parmi les présidents de chambre. Aucun avocat ne peut être arrêté ni détenu sans ordre du procureur général près la cour d'appel ou du président de la chambre d'accusation, le bâtonnier de l'Ordre des avocats préalablement consulté. Les causes contre les avocats sont instruites par la chambre d'accusation ». Le parquet d'instance dans ce cas, a une compétence réduite. Le procureur de la République doit agir sur ordre du procureur général dans toutes les affaires pénales mettant en cause un avocat[1]. Tout au plus, en cas de plainte contre un avocat pour des faits revêtant manifestement un caractère pénal, il pourra au préalable faire entendre le plaignant, des témoins éventuels avant de transmettre le dossier au procureur général pour suite à donner. Ceci dit, rien n'explique la compétence exclusive de la cour d'appel de Dakar au moment où des cours d'appel sont créées dans d'autres régions ou localités et la politique du rapprochement de la justice des justiciables est promue. L'existence d'un seul barreau ou d'un seul Ordre au Sénégal ne devrait être un obstacle insurmontable à l'éclatement de cette compétence.

Il arrive que le parquet d'instance offre ses bons offices pour régler un conflit mineur entre un avocat et son client ou entre avocats, en dehors de toute procédure formelle.

---

[1] « Maître [...] n'ayant pas reversé les sommes qui lui ont été remises à leurs destinataires, les faits qui lui sont reprochés, me paraissent punissables par la loi. Vous voudrez bien inviter ce dernier à restituer sans délai à [...] les sommes réclamées sous peines de poursuites judiciaires... » Lettre n° 000596 du 12 avril 2012 du procureur général près la cour d'appel de Dakar au procureur de la République près le tribunal régional de Ziguinchor.

# IV^E PARTIE.

# LE TRAITEMENT DES PROCÉDURES PÉNALES

Par cette partie, on examine le travail quotidien des parquets dans la direction des enquêtes. Ces enquêtes, faut-il le préciser, tendent de *lege lata,* et dans la plupart des cas, à établir la responsabilité d'auteurs présumés d'infraction à la loi pénale.

Les enquêtes appellent la considération de questions préalables et recouvrent différentes formes. Les attributions subséquentes du parquet partent de la direction des enquêtes, règlement de la procédure au jugement des affaires en passant par le suivi des dossiers à l'instruction.

## SECTION 1. À L'ENQUETE

Dans sa mission de porter l'accusation par la recherche des indices, le parquet ne doit et ne peut se comporter de manière uniforme. Le législateur a organisé ses prérogatives selon que l'on soit en procédure d'enquête préliminaire ou d'enquête de flagrance.

Mais avant de déclencher l'action publique, tout parquet doit toujours apprécier sa compétence sous plusieurs angles.

### §1. Les règles de compétence

La première préoccupation d'un tribunal en général et d'un parquet en particulier saisi d'une affaire est celle relative à sa compétence. Cette dernière commande son action ou son inaction. C'est une question de droit qui doit être examinée au préalable et sa méconnaissance peut donner lieu à des recours.

Si la compétence a depuis longtemps, au plan national, fait l'objet de règles au plan territorial, matériel et personnel, elle n'a cessé de connaître une évolution.

### I. Les règles de compétence territoriale ordinaires

Aux termes de l'article 35 du Code de procédure pénale : « Sont compétents pour exercer les attributions prévues à la présente section, le procureur de la République du lieu de l'infraction, celui de la résidence de l'une des personnes soupçonnées d'avoir participé à l'infraction, celui du lieu d'arrestation d'une de ces personnes, même lorsque cette arrestation a été opérée pour une autre cause. Les conflits de compétence entre parquets sont réglés par le procureur général près la cour d'appel ». Il faut combiner cette compétence avec l'organisation judiciaire du Sénégal. Le ministère public est représenté auprès de toute juridiction répressive et sa compétence cadre avec celle de cette juridiction.

Ces règles de compétence territoriale ne doivent pas être comprises de manière rigide ou statique, même si elles doivent être rigoureusement respectées. En effet, un parquet peut accomplir, des actes sur la demande d'un autre comme l'audition d'un témoin, d'une victime, procéder à une arrestation.

Ces règles de compétence territoriale doivent être combinées avec celles *ratione materiae, ratione personae* et *ratione temporis*. Aussi, par dérogation aux règles de compétence classiques, certains textes attribuent une compétence spéciale ou dédiée à une juridiction. Il en est ainsi du terrorisme et actes assimilés. Aux termes de l'article 677-26 du C.P.P. « Lorsque l'opération est effectuée dans le ressort d'un tribunal de grande instance autre que celui de Dakar, le magistrat saisi avise sur le champ le procureur de la République près le tribunal de grande instance de Dakar. Celui-ci peut saisir l'officier de police judiciaire spécialisé dans la lutte contre les actes de terrorisme ». L'article 677-27 du C.P.P. indique qu'« il est institué un pool antiterroriste au tribunal de grande instance de Dakar composé d'une section d'enquêteurs spécialisés, d'une section spécialisée au parquet, d'un ou de plusieurs cabinets d'instruction spécialisés. Par dérogation aux dispositions de l'alinéa de l'article 35 du présent code, le procureur de la République près le tribunal de grande instance de Dakar est seul compétent pour l'exercice de l'action publique lorsque l'infraction rentre dans l'une des catégories visées aux articles 279-1 à 279-19 du Code pénal. Tout procureur de la République saisi de faits pouvant constituer l'une des infractions rentrant dans les catégories susvisées transmet, dans les soixante-douze heures de sa saisine, le dossier au procureur de la République près le tribunal de grande instance de Dakar. Toutefois, lorsque les circonstances l'exigent, tout procureur de la République peut procéder à tous actes urgents, à charge d'en rendre compte au procureur de la République compétent »[1]. Les actes urgents que pourrait être amené à prendre le procureur de la République peuvent être l'arrestation d'un suspect, la saisie ou la conservation d'indices pour en éviter la disparition, l'interdiction faite à tout témoin de s'éloigner, le transport sur les lieux, la prise de toutes mesures d'investigations urgentes en application des articles 677-26 CPP. Ainsi, la qualification de faits « d'acte terroriste ou acte assimilé » est un enjeu de taille pour déterminer l'unité d'enquête et l'autorité judiciaire compétentes, l'orientation à donner aux investigations, voire un enjeu sécuritaire et politique.

L'examen des règles de compétence démontre que les juridictions nationales ne semblent compétentes que pour des faits commis à l'intérieur du Sénégal alors que dans certains cas, la nécessité d'assurer une réaction des juridictions nationales pour des faits qui n'ont *a priori* aucun lien avec le Sénégal peut se poser.

## II. La compétence universelle

La compétence universelle est la situation dans laquelle des règles juridiques reconnaissent la compétence des juridictions nationales sénégalaises sur des faits sans tenir compte de leur lieu de commission (compétence territoriale), de la nationalité de leur auteur (théorie de la compétence personnelle active) et de celle des victimes (théorie de la compétence personnelle passive). C'est une projection de la compétence des juridictions nationales sur la scène internationale, ce qui pose naturellement des difficultés liées à la compétence des autres États.

Très tôt, contrairement à ce qu'on pourrait penser, le législateur sénégalais a prévu des règles permettant aux juridictions nationales de connaître de faits qui ne sont pas commis au Sénégal même si, il faut s'en convaincre, c'était à l'état embryonnaire. L'article 664 du Code de procédure pénale dispose que « tout citoyen sénégalais qui, en dehors du territoire de la République, s'est rendu coupable d'un délit qualifié

[1] Cette compétence exclusive du procureur de la République près le tribunal de grande instance de Dakar en matière de terrorisme et actes assimilés est combiné avec celle aussi exclusive du juge d'instruction de cette juridiction, de la chambre d'accusation de la cour d'appel de Dakar, de la chambre criminelle spéciale du tribunal de grande instance de Dakar, chambre criminelle spéciale de la cour d'appel de Dakar. Article 677-28 et 677-29 C.P.P.

de crime, puni par la loi sénégalaise, peut être poursuivi et jugé par les juridictions sénégalaises. Tout citoyen sénégalais qui, en dehors du territoire de la République, s'est rendu coupable d'un fait qualifié délit par la loi sénégalaise, peut être poursuivi et jugé par les juridictions sénégalaises si le fait est puni par la législation du pays où il a été commis… ». Cette compétence des tribunaux sénégalais sur des faits commis à l'étranger est timide du fait qu'elle pose deux conditions : la nationalité sénégalaise de l'auteur[1] même acquise postérieurement au fait imputé et la double incrimination des faits (par le Sénégal et le pays de commission des faits). Ces deux conditions posées entravent quelque part le plein déploiement de cette compétence. Toutefois, poursuit l'article 664 à son alinéa 3, « en matière de délits attentatoires à la sûreté de l'État, de contrefaçon du sceau de l'État ou des monnaies nationales ayant cours, le délit commis en dehors du territoire de la République est punissable comme le délit commis sur le territoire », ce qui exclut les critères de nationalité de l'auteur et de la double incrimination. Cet alinéa 3 pose une compétence universelle totale pour ces faits bien spécifiés.

En 2008, une réforme du Code de procédure pénale (loi n° 2008-23 du 25 juillet 2008) a introduit un article 664 bis qui renforce la règle de compétence universelle passive si un Sénégalais est victime d'une infraction. Selon ce texte, « tout citoyen sénégalais, qui, hors du territoire de la République, a été victime d'un crime ou d'un délit, peut saisir les juridictions sénégalaises si les faits n'ont pas donné lieu à une décision définitive sur le fond ».

Pour la modalité de poursuite de ces faits commis à l'étranger, l'article 666 C.P.P. dispose qu'« en cas de délit commis contre un particulier, la poursuite ne peut être intentée qu'à la seule requête du ministère public, elle doit être précédée d'une plainte de la partie offensée ou d'une dénonciation officielle à l'autorité sénégalaise par l'autorité du pays où le fait a été commis » et l'article 667 précise que « dans tous les cas visés aux articles précédents, qu'il s'agisse d'un crime ou d'un délit, aucune poursuite n'a lieu si l'inculpé justifie qu'il a

---

[1] Sauf du complice qui se trouve au Sénégal ; l'article 665 dispose que « quiconque s'est, sur le territoire de la République, rendu complice d'un crime ou d'un délit commis à l'étranger, peut être poursuivi et jugé par les juridictions sénégalaises si le fait est puni à la fois par la loi étrangère et par la loi sénégalaise, à la condition que le fait qualifié de crime ou délit ait été constaté par une décision définitive de la juridiction étrangère ».

été jugé définitivement à l'étranger et, en cas de condamnation, qu'il a subi ou prescrit sa peine ou obtenu grâce ».

Ces règles de compétence qualifiées d'universelles et qui s'appliquent à des incriminations en vigueur au Sénégal, ne prenaient pas en compte les crimes internationaux (crimes de génocide, crimes contre l'humanité, crimes de guerre[1]) qui troublent en réalité l'ordre public international et pour lesquels des États ont jugé nécessaire d'édicter des règles de compétence spécifiques en vue d'en assurer la répression et lutter ainsi efficacement contre l'impunité. « Le principe de la compétence universelle déroge aux règles habituelles de la compétence reconnue par le droit international classique. Son existence trouve sa légitimité dans la nécessité de réprimer les crimes les plus graves tels que les crimes de génocide et ceux contre l'humanité… Le fondement de la compétence universelle est l'idée que certains crimes, tels que les génocides, les crimes contre l'humanité, les crimes de guerre et les tortures, sont d'une gravité telle qu'ils affectent les intérêts fondamentaux de la communauté internationale dans son ensemble et qu'il convient, au nom de la lutte contre l'impunité, que chaque État puisse avoir compétence pour juger de tels crimes. En effet, la compétence universelle permet aux autorités nationales d'un État d'enquêter et, lorsqu'il existe suffisamment de preuves, de poursuivre des personnes accusées de crimes internationaux graves commis en dehors de son territoire et n'ayant pas de lien particulier avec cet État… »[2]

Le pays précurseur en la matière est la Belgique qui a adopté la loi du 16 juin 1993 dite de compétence universelle relative à la répression des infractions graves aux conventions internationales de Genève du 12 août 1949 et aux protocoles I et II du 8 juin 1977, additionnels à ces conventions, modifiée par la loi du 10 février 1999 relative à la répression des violations graves de droit international humanitaire. L'article 7 de la loi belge dispose que « les juridictions belges sont compétentes pour connaître des infractions prévues à la présente loi, indépendamment du lieu où celles-ci auront été commises ». Cette loi belge, d'essence large avec une compétence *in absentia,* a suscité de vives critiques et réactions internationales lors de son application. Elle a connu par la suite des réaménagements par l'exigence de critères de

[1] Sans oublier le crime d'agression prévu par le Statut de Rome de la CPI.

[2] Élise Le Gall, *La poursuites des crimes internationaux, Réflexions sur l'opportunité des poursuites du procureur international, op. cit.*, pages 99 et 100.

rattachement au royaume de Belgique et des conditions dans la mise en œuvre de l'action publique[1].

---

[1] « Concernant la loi du 16 juin 1993 dite de compétence universelle. La Belgique avait, en effet, fait office de pionnière avec l'adoption et la mise en œuvre de cette loi qui visait la répression des infractions graves aux Conventions de Genève du 12 août 1949 et aux protocoles additionnels I et II du 8 juin 1977. Son champ d'application comprenait les crimes de guerre, qu'ils soient commis lors d'un conflit international ou interne [...] Cette loi innovait également en droit belge, en ce qu'elle permettait d'engager des poursuites contre un inculpé que celui-ci soit présent ou non sur le territoire belge [...] C'est sur la base de cette loi qu'une instruction contre Augusto Pinochet a été ouverte le 1er novembre 1998 [...] La loi a fait l'objet d'une première révision le 10 février 1999. Cette révision a apporté deux modifications importantes : d'une part, la compétence universelle du juge belge a été étendue au crime de génocide et aux crimes contre l'humanité, et d'autre part, les auteurs des infractions incriminées ne pouvaient plus se prévaloir d'aucune immunité. Les plaintes sur la base de cette loi ont d'abord été assez peu nombreuses. C'est le procès et la condamnation, devant la Cour d'assises de Bruxelles en avril 2001, de quatre personnes accusées d'avoir participé au génocide rwandais qui a entraîné la multiplication des plaintes. Seront visés, entre autres, MM. Fidel Castro, Saddam Hussein, Laurent Gbagbo, Hissène Habré et Ariel Sharon. Les plaintes visant ce dernier, déposées en juin 2001, susciteront de très virulentes critiques de la part des autorités israéliennes[...] L'introduction de plaintes contre des responsables politiques et militaires américains, à la suite notamment de l'intervention des États-Unis en Irak, a entraîné de la part de cet État des réactions de plus en plus virulentes, allant jusqu'à menacer de déménager le siège de l'OTAN, des réactions qui ont abouti à l'abrogation de la loi dite de compétence universelle. La première plainte, introduite en mars 2003 et relative à des faits commis lors de la première guerre du Golfe, visait M. George Bush Senior et d'anciens membres de son équipe. M. Colin Powell, également visé par cette plainte, a estimé que la loi belge posait un « *sérieux problème* », notamment eu égard au fait que le siège de l'OTAN était situé à Bruxelles, et a mis en garde la Belgique [...] En conséquence, la proposition de loi a été modifiée et a prévu que, lorsque l'affaire ne présente aucun lien de rattachement avec la Belgique, le procureur général peut, dans certains cas, refuser de requérir le juge d'instruction. De plus, la proposition a prévu un pouvoir d'injonction négative du ministre de la Justice, matérialisé par la possibilité de renvoyer la plainte à l'État sur le territoire duquel l'infraction a été commise ou dont l'auteur est ressortissant. Cette proposition a été adoptée et est devenue la loi du 23 avril 2003 [...] À la fin du mois de juin 2003, le ministre des Affaires étrangères belge annonçait son intention de faire réviser à nouveau la loi, dès que le nouveau gouvernement serait formé. Le 5 août 2003, la loi du 16 juin 1993 était abrogée [...] Afin de remédier à ces problèmes, la loi du 5 août 2003 (article 18, 2°) prévoit que l'article 12 bis vise désormais *« les infractions commises hors du territoire du Royaume et visées par une règle de droit international conventionnelle ou coutumière ».* Les travaux préparatoires précisent que « par droit international coutumier, l'on entend une obligation découlant de la jurisprudence d'une juridiction internationale admise par les États en cause. En l'absence de lien de rattachement

Au Sénégal, dans le cadre d'une mouvance internationale[1], la compétence universelle pour les crimes internationaux a connu un véritable pas décisif avec l'introduction par la loi n° 2007-02 du 12 février 2007 des crimes internationaux dans le Code pénal en ses articles 431-1 à 431-5. Le besoin s'est par la suite fait sentir de prévoir des règles subséquentes de compétence universelle spécifique pour affirmer la compétence des juridictions sénégalaises, quels que soient le lieu de leur commission, la nationalité de leur auteur et de leur victime. Ainsi la loi n° 2007-05 du 12 février 2007 qui constitue l'article 669 du Code de procédure pénale dispose que « tout étranger qui, hors du territoire de la République s'est vu reproché d'être l'auteur ou le complice d'un des crimes visés aux articles 431-1 à 431-5 du Code pénal, d'un crime ou d'un délit d'attentat à la sûreté de l'État ou de contrefaçon du sceau de l'État, de monnaies nationales ayant cours ou d'actes visés aux articles 279-1 à 279-3, 295-1 du Code pénal, peut être poursuivi et jugé d'après les dispositions des lois sénégalaises ou applicables au Sénégal, s'il est arrêté au Sénégal ou si une victime réside sur le territoire de la République du Sénégal, ou si le gouvernement obtient son extradition ».

---

rendant les juridictions belges compétentes pour en connaître, la plainte n'est dorénavant recevable que si une règle de droit international, de source conventionnelle ou coutumière, liant la Belgique, lui impose de poursuivre les auteurs des infractions qu'elle vise. De plus, selon l'article 144 quater du Code judiciaire, l'action publique est réservée au seul procureur fédéral et la constitution de partie civile reste subordonnée à son accord (article 12bis, al. 2 du Titre préliminaire du Code de procédure pénale)... »
https://competenceuniverselle.wordpress.com/legislation-belge/

[1] L'amorce a été notée par la ratification le 21 août 1986 de la Convention contre la torture et autres peines ou traitements cruels, inhumains ou dégradants du 10 décembre 1984, entrée en vigueur le 26 juin 1987. Son article 5 édicte que « 2. Tout État partie prend également les mesures nécessaires pour établir sa compétence aux fins de connaître desdites infractions dans le cas où l'auteur présumé de celles-ci se trouve sur tout territoire sous sa juridiction et où ledit État ne l'extrade pas conformément à l'article 8 vers l'un des États visés au paragraphe 1 du présent article… » Cette même compétence extraterritoriale est prévue par la Convention des Nations Unies pour la protection contre les disparitions forcées du 20 décembre 2006. Ces deux instruments internationaux font ainsi obligation aux États d'adopter des normes pour établir leur compétence « pour juger ou extrader toute personne qui se trouverait sur leur territoire quelle que soit sa nationalité et qui aurait commis le crime de torture ou de disparitions forcées, dans quelque territoire que ce soit et quelle que soit la nationalité de la victime… », Olivier De Frouville, *Droit international pénal. Sources, incriminations et responsabilité*, *op. cit.*, page 8.

Cet article 669 C.P.P. outre les crimes internationaux, devient le droit commun de la compétence universelle au Sénégal en ce qu'il énumère d'autres infractions concernées à savoir le crime ou le délit d'attentat à la sûreté de l'État ou de contrefaçon du sceau de l'État, de monnaies nationales ayant cours, les actes de terrorisme et les actes de torture. Mais il faut un minimum de critères ou liens de rattachement de l'auteur ou des faits aux juridictions sénégalaises : que l'auteur présumé soit arrêté ou se trouve au Sénégal ou qu'une victime réside au Sénégal ou si le gouvernement obtient son extradition. Ces trois critères de compétence ne sont pas cumulatifs, mais alternatifs. Selon l'article 671 C.P.P, la « poursuite est intentée à la requête du ministère public du lieu où réside le prévenu ou de sa dernière résidence connue ou du lieu où il s'est trouvé ». Ainsi, seul le parquet dispose de l'action publique, les victimes et témoins ne pouvant que porter plainte à son niveau ou lui dénoncer les faits. Les victimes ne peuvent pas mettre en mouvement l'action publique en saisissant le juge d'instruction d'une plainte avec constitution de partie civile.

Il convient de souligner que la compétence universelle suppose une parfaite coopération des États dans le traitement des affaires, sinon elle aura de grandes difficultés à se concrétiser dans une certaine mesure. La diversité des lois pénales sur la scène internationale en est aussi un goulot d'étranglement[1].

Sa compétence examinée et retenue, le parquet va entrer dans le traitement des enquêtes.

### §2. Le traitement des enquêtes

#### I. Au cours de l'enquête préliminaire

L'article 67 C.P.P dispose que « les officiers de police judiciaire[2] et les gendarmes, soit sur les instructions du procureur de la République,

---

[1] Henri Donnedieu de Vabres, dans son ouvrage *Les principes modernes du droit pénal international*, 1928, prédit l'effacement de la diversité des lois pénales.

[2] « Ils constatent les infractions, en rassemblent les preuves, en recherchent les auteurs tant qu'une information n'est pas ouverte ; ils reçoivent les plaintes et dénonciations et procèdent à des enquêtes ; après l'ouverture d'une information, ils exécutent les délégations des juridictions d'instruction et défèrent à leurs réquisitions ; ils ont le droit de requérir directement la force publique ». *Encyclopédie juridique de l'Afrique. Tome 10*, page 196.

soit d'office, procèdent à des enquêtes préliminaires[1]. Ces opérations relèvent de la surveillance du procureur général ».

Il s'agira de voir les plaintes ainsi que l'enquête préliminaire.

### A. Les plaintes

#### a. La forme des plaintes

Aux termes de l'article 32 C.P.P, « le procureur de la République reçoit les plaintes et les dénonciations et apprécie la suite à leur donner ».

En l'absence d'une définition légale, le dictionnaire des termes juridiques définit la plainte comme « l'acte par lequel la partie lésée par une infraction porte celle-ci à la connaissance du procureur de la République, directement ou par l'intermédiaire d'une autre autorité ». La dénonciation est définie comme « l'acte par lequel un citoyen signale aux autorités judiciaires une infraction commise par autrui ». Elle est dans certains cas ordonnée par la loi, sous peine de poursuites pénales[2] ou tout simplement primée positivement[3]. Aujourd'hui, à ce propos, les réseaux sociaux jouent un rôle important dans la dénonciation de diverses infractions à la loi pénale. Mais le grand défi sera d'éviter les fausses informations ou *fake news* qui concernent bien d'autres domaines ou secteurs de la vie publique. Au niveau du parquet, seule une enquête régulière permettra de se déterminer sur des faits rapportés en image ou par écrit et le plus souvent partagés ou diffusés à grande échelle.

Si en matière civile pour l'introduction des requêtes, le demandeur peut se munir d'une déclaration dont le procès-verbal est dressé par le juge lui-même (article 2 C.P.C)[4], cette pratique n'existe pas en

---

[1] On peut définir l'enquête préliminaire comme une procédure diligentée par la police judiciaire agissant d'office ou sur les instructions du parquet et destinée à obtenir sur une infraction les premiers renseignements afin de permettre au procureur de la République de prendre une décision sur l'opportunité des poursuites, Jean Pradel, *Procédure pénale,* Paris, Cujas, 2004, page 488.

[2] Article 48 du C.P réprime la non-dénonciation de crime.

[3] Exemple, c'est une cause d'exemption et d'atténuation des peines. Article 113 et 114 Code des drogues.

[4] « De ce qui vient d'être dit de son utilité pratique, il résulte que la procédure civile présente un premier caractère, celui d'être un droit formaliste. On soulignera simplement ici que le formalisme doit s'entendre de la protection contre l'arbitraire du juge, mais aussi contre d'éventuelles pratiques déloyales des parties. Il ne constitue d'ailleurs pas une contrainte excessive pour les plaideurs, puisque le monde de la

procédure pénale. Cette dernière a l'avantage d'être moins formaliste. Quel que soit le mode de saisine, par téléphone, par document manuscrit, dactylographié, voire électronique (la saisine par voie électronique, en l'absence de texte, doit être promue au niveau du parquet et des autres services judiciaires)[1] ou simple dénonciation, le parquet peut saisir l'officier de police judiciaire pour l'ouverture d'une enquête sauf si la loi subordonne l'exercice de l'action publique à une plainte de la victime[2]. Aucune forme n'est exigée pour la plainte à déposer au parquet. La plainte verbale, souvent accueillie au poste de police par une mention à la main courante qui sera visée par le commissaire ou chef de service pour y donner suite, est parfaitement admissible au parquet. À ce niveau, le parquet qui reçoit une personne qui se plaint d'un fait délictuel peut directement, compte tenu de l'urgence, donner des instructions téléphoniques ou écrites aux officiers de police judiciaire pour l'ouverture d'une enquête. Si le formalisme n'est pas de rigueur, la qualité et la clarté pour la bonne intelligence des plaintes doivent être recherchées, même si on pense à ce niveau que l'enquête qui sera ouverte élucidera une plainte confuse, incompréhensible *a priori*. Il faut cependant admettre que la qualité et la clarté dès le début font gagner du temps au parquet dans l'exploitation de son courrier.

Les plaignants ont le choix de saisir de leur plainte les officiers de police judiciaire ou directement le procureur de la République. Peu importe la nationalité du plaignant, si celui-ci se dit victime de faits commis au Sénégal ou de la compétence des juridictions nationales en

---

justice civile est d'abord celui des professionnels de la justice qui ont en charge l'accomplissement des formalités imposées par les codes… » Serge Guinchard, Frédérique Ferrand, Cécile Chainais, *Procédure civile*, Paris, Dalloz, 2009, page 5.

[1] En France au niveau des juridictions, certaines demandes peuvent être formées par voie électronique. Le décret du 15 novembre 2007 sur les demandes par voie électronique « modifiant le code de procédure pénale et relatif à l'utilisation des nouvelles technologies, prévoit de nouvelles possibilités dès lors qu'un protocole a été passé à cette fin, entre, d'une part, le président et le procureur de la République du tribunal régional et, d'autre, le barreau de la juridiction représenté par son bâtonnier. Les avocats de ce barreau peuvent transmettre à la juridiction par un moyen de télécommunication à l'adresse de la juridiction compétente, et dont il est conservé une trace écrite, les demandes, déclarations et observations suivantes : 1° les demandes de délivrance de copies des pièces d'un dossier… 2° les demandes tendant à l'octroi du statut de témoin assisté… 3° les demandes d'investigation sur la personnalité… ». Christian Guery, Pierre Chambon, *Droit et pratique de l'instruction préparatoire, juge d'instruction — chambre de l'instruction*, Paris, Dalloz Action, 2013-2014, page 43.23

[2] Il en est ainsi en matière d'injures, de diffamation ou d'adultère.

vertu de la loi. En outre, une innovation de taille, un Sénégalais se disant victime d'une infraction à l'étranger peut, sous certaines conditions, saisir les juridictions sénégalaises[1].

En réalité, dans nos parquets le procureur de la République reçoit beaucoup de plaintes. Souvent manuscrites, parfois dactylographiées, les plaintes qui parviennent à nos parquets parlent de tout, même si à l'examen de la définition, la plainte ne devrait porter que sur une infraction.

En fait, dans bien des localités, le parquet est, en raison du taux élevé d'analphabétisme ou d'ignorance des droits, devenu l'exutoire du citoyen. En effet, le procureur de la République trouve dans son courrier toutes sortes de problèmes : le droit pénal, le civil notamment de famille et loyer, les questions administratives, de travail ou de sécurité sociale, parfois même des banalités. À travers le parquet, l'on peut mesurer le volume du contentieux dans la société et plus généralement les maux dont elle souffre, la moindre fièvre qui la gagne. Une situation qui est en passe d'être réglée grâce au niveau intellectuel et à la culture juridique qui s'améliorent, à la multiplication de centres de conseil juridique, à la justice de proximité. Les citoyens sauront désormais à *quelle porte frapper*.

Le citoyen désirant déposer directement sa plainte auprès du procureur de la République doit passer au secrétariat qui tient un registre d'arrivée du courrier et enregistre la plainte avec un numéro d'arrivée ; ce dernier est dans certains cas remis au citoyen pour éventuel renseignement. Le secrétariat les soumet au magistrat pour règlement. Ceci doit être fait avec beaucoup de célérité, car dans bien des cas, il y a urgence, et il y a lieu d'éviter la désaffection du citoyen dont la plainte reste en souffrance au parquet. Avec le cheminement interne au parquet d'une plainte ou toute autre procédure qui est appelée à passer entre les mains de plusieurs agents, le chef du parquet doit tenir la main des agents en service dans son service pour le traitement rapide et idoine des plaintes, dénonciations et autres réclamations.

Pour ce qui concerne les rapports d'audit et de vérification, il faut souligner que le parquet d'instance n'a aucun lien organique avec les autres corps de contrôle et de vérification comme l'Inspection générale d'État (IGE)[2], la Cour des comptes et les services d'audit interne des

[1] Article 665 CPP.

[2] « Avant 1960, donc avant l'accession du Sénégal à la souveraineté internationale, ce qu'on appelait alors le territoire du Sénégal possédait au sein de l'organisation de ses

services et autres sociétés. Les rapports sur des missions de vérification et de contrôle de ces corps sont destinés, selon la loi et la réglementation, à l'autorité de tutelle, le président de la République pour l'IGE et la Cour des comptes ou à l'autorité de tutelle, le ministre ou le directeur de la société. En cas de découverte de faits susceptibles de revêtir une qualification pénale, les rapports peuvent être transmis au procureur de la République par le biais respectivement de la chancellerie et du parquet général ou une plainte déposée directement à son niveau par l'autorité dirigeante de la structure concernée. Mais faut-il le préciser, ceci n'exclut pas le pouvoir d'autosaisine du parquet qui peut être informé par tous moyens de faits délictueux ou criminels.

**b. La suite à donner aux plaintes**

Le parquet qui entend donner suite aux plaintes peut prendre plusieurs voies :

— les classer sans suite ;

— les transmettre par un *transmis* ou communément appelé *soit-transmis* au commissariat ou à une brigade de gendarmerie ou autre service spécialisé, d'où la nécessité de bien connaître sa localité et les compétences territoriales de tous les commissariats et toutes brigades de son ressort. Ce soit-transmis, qui est l'acte contenant les instructions du parquet d'instance à l'officier de police judiciaire, peut être assorti d'instructions diverses : pour enquête tout court, pour enquête et arrestation, pour audition sur procès-verbal du mis en cause et exiger les pièces justificatives.

Les *soit-transmis* sont exclusivement usités par les parquets dans le cadre du traitement des dossiers avec les officiers de police judiciaire, juge d'instruction, greffe ou tout autre service relevant de sa juridiction. Mais s'agissant de son courrier adressé au parquet général, au ministère de la Justice ou à toute autre administration, il le fait par lettre. Toutefois, cette dichotomie est relative, car le parquet peut estimer pour des soucis pratiques et d'intelligence ou d'exhaustivité, adresser

---

structures administratives et judiciaires, une inspection des affaires administratives créée par le décret français en date du 06 janvier 1937 publié dans le journal officiel de l'AOF du 20 mars 1937, page 294 voir annexe note 1… ». Abdel Kader Clédor NDIAYE, *L'Inspection Générale d'État du Sénégal ; origine, évolution, originalité, formes et techniques du contrôle*, page 21, NEA, 1993.

Aujourd'hui l'IGE est régie par la loi n° 2005-23 du 11 août 2005. Les inspecteurs accomplissent les missions de vérification, d'étude, de contrôle et d'enquête que leur confie le président de la République.

carrément une lettre, qui s'assimile au soit-transmis, à l'officier de police judiciaire ou autre.

Nous allons voir quand le procureur de la République ou le substitut peut prendre ses différentes décisions suite à une plainte. Dans tous les cas, au stade du parquet ou de l'enquête, l'appréciation de la recevabilité d'une plainte est moins exigeante qu'au niveau des phases ultérieures, l'instruction et le jugement[1].

***1. Le classement sans suite***

Comme le permet l'article 32 du C.P.P. qui pose le principe de l'opportunité des poursuites dont le parquet est seul juge, le procureur de la République apprécie la suite à donner aux plaintes qu'il reçoit. Il peut ainsi, dès la réception de la plainte, décider de son classement sans suite. Il en va ainsi lorsque dès sa lecture, le parquet se rend compte qu'il s'agit d'une affaire purement civile ou s'il s'agit tout simplement de plainte divinatoire ou imaginaire. Mais il faut bien se garder en l'état, de préjuger.

Le classement sans suite à cette étape de la procédure doit être manipulé avec beaucoup de circonspection. En effet, sous le feu de la colère ou de l'étourderie ou tout simplement à cause de l'analphabétisme, le plaignant peut exprimer autrement ou de manière confuse sa pensée. En effet, « une décision définitive, même de classement sans suite, ne sera souvent prise qu'après enquête officieuse consécutive à un transmis du parquet à l'officier de police judiciaire compétent, et doit être mentionnée au registre des plaintes, après avoir été portée à la connaissance du plaignant »[2]. Porter la décision à la

---

[1] « Le niveau d'exigence de recevabilité augmente au fur et à mesure de l'avancement de la procédure. Au stade de l'enquête, l'existence de simples indices de la commission d'un fait infractionnel suffit pour enregistrer la demande de constitution de partie civile de la personne lésée. L'enquêteur se borne à enregistrer la demande de constitution de partie civile sans porter d'appréciation sur le bien-fondé de sa recevabilité. Devant le juge d'instruction, pour que la victime puisse se constituer partie civile, il suffit que des charges existent contre l'inculpé et que le préjudice soit possible. À ce stade, la victime n'a pas à prouver l'existence d'un préjudice [...] Au stade de la phase décisoire, la juridiction de jugement doit non seulement apprécier le bien-fondé de la demande de constitution de partie civile, mais également que le préjudice a été prouvé... » Situation en République du Tchad, le procureur général c. Hissein Habré, arrêt rendu le 27 avril 2017 par la Chambre africaine extraordinaire d'assises d'appel, page 159, par. 688 à 690.

[2] Lettre circulaire n° 03825 MJ/ACG du 01[er] octobre 1993.

connaissance du plaignant emporte des notifications spécifiques qui seront examinées.

***2. Les autres suites***

*1. Pour enquête*

C'est à notre avis, la solution la plus sage, la plus indiquée et la plus fréquente dans les parquets. En effet, par cette saisine, le procureur de la République donne ordre aux officiers et agents de police judiciaire de procéder à une enquête à propos de la plainte qu'il leur transmet. Sur la plainte qu'il règle, il mentionne à titre indicatif la qualification susceptible d'être donnée aux faits relatés, les textes qui les prévoient et les répriment, les mis en cause concernés, les instructions précises, intelligibles le plus souvent courtes et fermes. Ceci donne déjà à l'enquêteur une base de travail utile, mais n'est pas de nature à le limiter dans ses investigations.

C'est là une solution qui éviterait au parquet tout classement sans suite prématuré. Mais aussi lui permettra de connaître davantage les faits et les auteurs impliqués de près ou de loin dans l'affaire à lui soumise. La seule plainte ne pouvant souffrir en la matière.

*2. Pour enquête et arrestation du mis en cause*

Outre l'enquête qu'il ouvre, le procureur de la République peut ordonner l'arrestation du mis en cause. Dès la lecture de la plainte, le procureur de la République peut percevoir la gravité des faits et la nécessité de l'arrestation du mis en cause. Tout est question d'espèce, de la personnalité du magistrat et de la perception qu'il a de la gravité des faits portés à sa connaissance ou de la garantie de représentation offerte par le ou les mis en cause. Exemple, un père de famille qui porte plainte contre son fils drogué qui le menace de mort à l'aide d'un couteau et qui, de ce fait, trouble la quiétude familiale ; des accusations précises et circonstanciées de sévices sexuels avec des documents médicaux éloquents, des faits de nature criminelle. Devant de telles plaintes, pour parer à toute éventualité et sans porter atteinte à la présomption d'innocence, solliciter l'enquête et l'arrestation du mis en cause serait plus indiquée.

Quand le procureur de la République sollicite l'arrestation du mis en cause, les enquêteurs n'ont aucun pouvoir d'appréciation. Le mis en cause doit être conduit après enquête au parquet. Toutefois ses collaborateurs que sont les officiers de police judiciaire peuvent l'informer de tout élément de nature à permettre au chef du parquet de mieux apprécier la situation et il ne faut pas hésiter à surseoir ou tout simplement à donner des instructions contraires. Il faut cependant éviter les tergiversations qui sont de nature à entamer l'autorité de la justice.

Il peut solliciter l'arrestation et la subordonner à des conditions : si les faits sont établis ou bien à défaut de désistement du plaignant, la réconciliation des parties. C'est en ce moment que les officiers ont un pouvoir d'appréciation sur l'arrestation qui est conditionnée. Dans ce cas, le parquet devra être informé du résultat des investigations et une fois saisi de la procédure, il peut apprécier si la condition qu'il a antérieurement posée est bien remplie et le cas échéant, donner des instructions conséquentes ou régler la procédure.

Il peut arriver sans que l'arrestation ne soit ordonnée par le parquet, que l'officier de police judiciaire y procède tout en informant le parquet de la tournure prise par l'affaire.

*3. Pour intervention*

Les commissariats de police ou brigade de gendarmerie comportent un bureau dit d'intervention, souvent appelé *petit tribunal,* rattaché au corps urbain. Parfois, dans certaines affaires mineures comme les troubles de voisinage, les violences légères et atteintes mineures aux biens, pour éviter l'engorgement des juridictions et épargner aux parties la lourde procédure pénale, le procureur de la République peut demander au commissariat d'intervenir. Une procédure qui réussit souvent. Il faut toutefois préciser les contours de l'intervention ordonnée aux enquêteurs. Elle recouvre tous moyens idoines qui permettent aux parties de se réconcilier ou tout simplement un rappel à la loi. L'autorité de la police aidant, les parties parfois se réconcilient à travers un procès-verbal retransmis au parquet pour suite à donner. Il faut bien se garder de traiter dans ce cadre des faits graves qui portent atteinte à la politique pénale établie et à l'ordre public.

Ce mode de règlement vers les officiers de police judiciaire est aujourd'hui de moins en moins usité dans les ressorts où sont installées des maisons de justice. Les parquets, pour ces cas d'espèce, saisissent le plus souvent le médiateur de la maison de justice pour tenter une médiation comme nous le verrons.

*4. Pour production de pièces justificatives*

Parfois à travers la plainte, le procureur de la République constate *a priori* la nécessité pour le plaignant de produire des pièces complémentaires. Il en va ainsi de celui qui se plaint de coups et blessures volontaires sans produire un certificat médical, de celui qui se plaint de l'occupation irrégulière de son terrain sans verser son titre d'occupation, d'un cas de viol sans certificat médical. Le seul transmis pour enquête pourrait souffrir, mais il faut parfois pour être précis, exiger le versement par le plaignant des pièces justificatives éventuelles. Ces documents justificatifs sont le plus souvent source de contestations devant les parquets et les tribunaux ; c'est par exemple la grande problématique des certificats médicaux[1] de complaisance[2]. En droit sénégalais, le certificat médical détermine dans certains cas la compétence des tribunaux, mais aussi permet d'apprécier la gravité du dommage corporel causé ou subi.

Dans le règlement des plaintes et dénonciations, le parquet peut donner une floraison d'instructions qu'on ne peut citer exhaustivement

---

[1] « Les certificats médicaux sont des actes officieux, destinés à constater ou à interpréter des faits d'ordre médical. La rédaction du certificat médical est un acte grave de l'exercice de la médecine, témoignage de la confiance accordée aux médecins. Il engage leur responsabilité. Il constitue un témoignage écrit émanant du médecin qui le rédige. Ainsi la formule classique : "Je soussigné, docteur en médecine, certifie que [...] "qui coule sous la plume, a une portée que l'habitude fait parfois oublier. En effet, le certificat dépasse le colloque singulier médecin-malade, il intéresse des tiers ; il permettra au malade ou au blessé de percevoir des prestations et indemnités diverses [...] Il est donc fondamental que le médecin demeure objectif et se borne uniquement à constater ou à interpréter le cas échéant (durée d'un arrêt de travail par exemple) ce qu'il voit ou bien ce qui fait partie du domaine médical.... »

[2] « C'est pourquoi il est indispensable de se souvenir de quelques éléments de base qu'il faut appliquer systématiquement : [...] Le certificat médical est un écrit attestant un état ; il en résulte que le médecin ne peut le rédiger qu'après examen de la personne concernée. Tout certificat rédigé sans examen clinique, pourrait, preuve à l'appui, être considéré comme nul et entrainer des sanctions. Il arrive, cependant, que le médecin soit amené à rédiger des certificats médicaux d'après des documents préalablement établis ; il doit, dans cette éventualité, le mentionner par écrit de la façon suivante ; certificat rédigé sur pièces [...] ou d'après les documents communiqués... en mentionnant ceux-ci [...] ; [...] Le certificat doit être rédigé clairement, lisiblement et en français (une traduction peut être remise au malade) [...] Nous voulons insister sur l'absolue nécessité de bien choisir les mots et les termes employés dans la rédaction du certificat. [...] en vertu de la règle du secret médical [...], il est impératif de remettre le certificat en main propre et d'en faire mention sur le document. Il est prudent, dans certains cas, de faire signer l'intéressé sur le certificat lui-même... Certains certificats peuvent être remis à des tiers, il peut s'agir des certificats d'internement, d'hospitalisation, de contrôle ou d'expertise... », P. Hadengue, *Les certificats médicaux,* Paris, Sandoz Éditions, 1982, pages 9 à 11.

Le décret n°79-506 du 28 juin 1979, portant Code de déontologie médicale français dispose en son article 49 : « la délivrance d'un rapport tendancieux ou d'un certificat de complaisance est interdite... » *Les certificats médicaux. Ibid.,* page 13.

(restituer l'objet, mettre en demeure le mis en cause, inviter le mis en cause à réparer le préjudice, à cesser les troubles ou les menaces, faire un rappel à la loi, conduite du mis en cause à mon parquet). Tout dépend du profil du dossier et de la réponse que le parquet entend apporter.

La question qui se pose parfois au niveau des enquêtes est le dépassement des instructions données par le parquet : en exemple, une enquête simple est demandée par le parquet, l'officier de police judiciaire procède en sus à l'arrestation du mis en cause. Dans ce cas, l'information préalable du parquet est requise sur l'avancement de la procédure et la nécessité de prendre une telle mesure. La surprise doit être évitée. Les prérogatives du directeur des enquêtes doivent être sauvegardées.

**B. Direction de l'enquête préliminaire : les pouvoirs faibles des enquêteurs.**

L'enquête préliminaire est celle menée par un officier de police judiciaire pour la constatation des infractions et la découverte de leurs auteurs. Les officiers de police judiciaire agissent directement ou sur instructions du parquet. L'article 68 CPP dispose que « les officiers de police judiciaire et les gendarmes, soit sur les instructions du Procureur de la République, soit d'office, procèdent à des enquêtes préliminaires. » Elle est la mesure d'investigation naturelle à prendre. Mais dans son régime juridique *stricto sensu* l'enquête préliminaire, pour la différentier notamment de l'enquête de flagrance, est régie par des règles particulières.

Elle a un caractère important, ce sont les faibles pouvoirs reconnus à l'officier de police judiciaire dans ses investigations. Aux termes de l'article 68 C.P.P, les perquisitions[1], visites domiciliaires et saisies de pièces à conviction ne peuvent être effectuées sans l'assentiment exprès de la personne chez qui l'opération a lieu[2]. Cet assentiment doit faire l'objet d'une déclaration écrite de la main de l'intéressé. Si celui-ci ne

---

[1] « Perquisitionner : effectuer une fouille méthodique et minutieuse du domicile d'un individu dans le cadre d'une enquête policière et judiciaire. Les policiers ont perquisitionné la villa ». *Le Nouveau Littré.*
Sur le plan de la procédure pénale, la perquisition est bien encadrée comme nous le voyons notamment sur l'assentiment, les heures, les saisies, les procédures spéciales prévues pour certaines professions comme chez les avocats, les médecins, etc.

[2] Ce consentement requis obéit dans une certaine mesure au principe constitutionnel de l'inviolabilité du domicile

sait pas écrire, le procès-verbal en fait mention ainsi que de son assentiment. En général, l'assentiment est constitué d'un papier manuscrit versé dans le procès-verbal. C'est une condition préalable que les enquêteurs doivent recueillir et le procureur de la République doit y veiller pour éviter une nullité pour non-respect de cette disposition. L'assentiment ainsi exigé par le législateur limite les pouvoirs des enquêteurs, mais comme on le remarque le plus souvent, rares sont les personnes qui refusent cette visite aux enquêteurs pour prouver leur innocence ou par l'effet craintif que suscite la présence subite d'agents de la force publique, même en tenue civile.

### §3. Au cours de l'enquête de flagrance

Il convient d'examiner les cas de flagrance et les pouvoirs attribués au parquet.

#### I. Les cas où il y a flagrance

Il y a trois (03) cas où l'on peut dire qu'un crime ou un délit est flagrant :

— la flagrance proprement dite ;

— la flagrance présumée ;

— la flagrance par assimilation.

#### A. La flagrance proprement dite

C'est le crime ou le délit qui se tient actuellement ou qui vient de se commettre. Le corps du délit est encore chaud comme on le dit communément. D'ailleurs dans le commun des citoyens, l'on ne connaît que ce cas de flagrance. Le voleur a été appréhendé *la main dans le sac.*

#### B. La flagrance par présomption

C'est le crime ou le délit dont, dans un temps très voisin de l'action, la personne soupçonnée est poursuivie par la clameur publique ou est trouvée en possession d'objets, ou présente des traces ou indices laissant penser qu'elle a participé au crime ou délit. C'est exactement lorsqu'on crie *au voleur, au voleur !* ou à *l'assassin, à l'assassin !* C'est souvent des cas qui provoquent des dérapages dans notre société. Poursuivie par la clameur publique, une foule déchaînée, la personne soupçonnée est souvent battue à mort, victime d'une justice privée aveugle.

Même si la loi donne pouvoir à une personne de dénoncer un malfaiteur ou lui donne le pouvoir d'appréhender l'auteur d'un crime ou délit flagrant, il n'empêche que les parquets poursuivent ceux qui tuent ou violentent les personnes surprises en flagrant délit de vol. Des procédures qui doivent être traitées avec rigueur pour dissuader toute justice privée et expéditive.

### C. La flagrance par assimilation

Aux termes de l'article 45 C.P.P, est assimilé crime ou délit flagrant, celui qui « a été commis dans une maison dont le chef requiert le procureur de la République, ou un officier de la police judiciaire de le constater ».

La notion de *chef de la maison* ne doit pas être perçue exclusivement au plan civil. Elle est extensible, et cela dans le seul souci de l'efficacité de l'enquête. Ainsi une personne quelconque peut bien dénoncer le crime ou délit commis dans une maison.

La mort suspecte est assimilée aussi par la loi dans une certaine mesure à un crime ou délit flagrant. L'article 66 C.P.P. dispose qu'« en cas de découverte d'un cadavre, qu'il s'agisse ou non d'une mort violente, mais si la cause est inconnue ou suspecte, l'officier de police judiciaire qui en est avisé informe immédiatement le procureur de la République, se transporte sans délai sur les lieux et procède aux premières constatations... ». L'article 66 C.P.P. soumet les investigations suite à une mort suspecte au même régime procédural que les autres crimes ou délits flagrants avec la possibilité du transport du procureur de la République. Ce dernier « se rend sur place s'il le juge nécessaire et se fait assister de personnes capables d'apprécier la nature des circonstances du décès. Il peut, toutefois, déléguer aux mêmes fins un officier de police judiciaire de son choix... »

Il convient d'examiner aussi les pouvoirs dans ces enquêtes.

## II. Pouvoirs du procureur de la République et les pouvoirs accrus des enquêteurs en cas d'infraction flagrante

L'article 46 C.P.P. exige que l'officier de police judiciaire avisé d'un crime ou délit flagrant informe immédiatement le procureur de la République. Ce dernier se transporte sans délai sur le lieu du crime et procède à toutes les constatations utiles. N'oublions pas à cet effet que le procureur de la République a toutes les attributions d'officier de police judiciaire. À ce titre, il peut procéder à tous les actes utiles à la manifestation de la vérité (audition de témoin, saisie de tout objet ayant servi à la commission de l'infraction).

Les officiers et le procureur de la République ont en matière de crime ou de délit flagrant des pouvoirs accrus[1]. L'enquêteur veille à la conservation des indices susceptibles de disparaître et de tout ce qui peut servir à la manifestation de la vérité. Il saisit les armes et instruments qui ont servi à commettre le crime ou qui étaient destinés à le commettre, ainsi que tout ce qui paraît avoir été le produit de ce crime. La seule exigence pour lui dans le cadre de cette saisie c'est de représenter les objets pour reconnaissance aux personnes qui paraissent avoir participé au crime, si elles sont présentes. Ces personnes peuvent reconnaître qu'elles étaient en possession de ces objets ou armes, qu'elles s'en étaient servies dans la commission des faits ou soutenir le contraire.

La protection du lieu d'un crime ou délit flagrant reste un élément utile dans la préservation des indices. Il est procédé le plus souvent à un bouclage des lieux et dans beaucoup de pays, notamment anglo-saxons, par une bande à l'inscription *Crime scene-police area — Do not cross* (interdiction faite de franchir la bande qui délimite la zone du crime où intervient la police) pour éviter toute transformation des lieux et permettre aux enquêteurs d'optimiser les prélèvements d'indices dans la sérénité. En général, au Sénégal les enquêteurs parlent de « gel des lieux » qui vise à assurer la sécurité du site, à préserver les indices et traces afin de bien mener les investigations. La protection de la scène du crime ou lieu du crime, du délit, ou d'un fait quelconque pour assurer son intégrité et son inviolabilité reste un défi majeur de premiers instants pour optimiser le succès des investigations subséquentes.

L'article 47 C.P.P. interdit, sous peine de sanctions, à toute personne non habilitée, de modifier, avant les premières opérations de l'enquête judiciaire, l'état des lieux et d'y effectuer des prélèvements quelconques. Toutefois, exception est faite lorsque les modifications ou ces prélèvements sont commandés par les exigences de la sécurité ou de la salubrité publique, ou par les soins à donner aux victimes. Toutefois, est plus répréhensible la destruction des traces où des prélèvements sont effectués en vue d'entamer le bon fonctionnement de la justice.

---

[1] « Sous l'Antiquité, on admettait à la fois que des peines plus sévères devaient frapper l'individu surpris en flagrant délit, la flagrance provoquant la colère du public, et que la procédure devait être accélérée au double motif que les risques d'erreurs sont réduits et que les preuves doivent être recueillies avant qu'elles n'aient disparu... » Jean Pradel. *Procédure pénale*, *op. cit.*, page 494.

L'officier de police judiciaire peut défendre à toute personne de s'éloigner du lieu de l'infraction et le procureur de la République peut contraindre conformément à l'article 54 C.P.P. à toute personne de comparaître et de déposer devant les officiers de police judiciaire enquêteurs. En outre, la seule exigence en matière de perquisition et de visite dans le cas de crime ou de délit flagrant, c'est la présence physique de la personne chez qui la perquisition et la visite ont lieu ou à défaut, la présence de deux témoins appelés le plus souvent témoins certificateurs.

Ces pouvoirs exceptionnels de l'officier de police judiciaire et du procureur de la République s'estompent par la seule présence sur les lieux du juge d'instruction. Aux termes de l'article 64 C.P.P, lorsque le juge d'instruction est présent sur les lieux, le procureur de la République ainsi que les officiers de police judiciaire sont de plein droit dessaisis à son profit. Ainsi, tous les actes que nous avons énumérés plus haut sont effectués par ces derniers. Toutefois, à ce titre, pour des soucis d'efficacité, ces autorités judiciaires laissent le plus souvent les enquêteurs poursuivre et soumettre le tout au parquet qui dispose de la suite à donner. Une attitude qui se justifie par le fait qu'une fois sur les lieux, la prise en charge par eux de l'enquête pourrait entraîner une cassure. Il serait plus efficace pour eux de laisser aux officiers de police judiciaire trouvés sur place le soin de continuer les opérations, les magistrats se limiteront à des tâches de supervision. L'efficacité de l'enquête exige parfois cette attitude.

Même si le juge d'instruction poursuivait les investigations, il le ferait à titre d'enquêteur, car le dossier est transmis au procureur qui dispose de l'opportunité des poursuites[1]. L'article 48 C.P.P dispose que « si la nature du crime est telle que la preuve en puisse être acquise par la saisie de papiers, documents ou autres objets en la possession des personnes qui paraissent avoir participé au crime ou détenir des pièces ou objets relatifs aux faits incriminés, l'officier de police judiciaire se transporte sans désemparer au domicile de ces dernières pour y procéder à une perquisition dont il dresse procès-verbal. Il a seul, avec les personnes désignées à l'article 49 C.P.P et celles auxquelles il a éventuellement recours en application de l'article 52 du même code, le droit de prendre connaissance des papiers ou documents avant de

[1] Voir aussi CA Dakar, arrêt du 01 avril 2008, MP c/ Fadel Ndiaye, *Bulletin des arrêts rendus par la cour d'appel de Dakar en matière pénale*, vol n°2, 2011, page 149, cité plus loin.

procéder à leur saisie. Toutefois, il a l'obligation de provoquer préalablement toutes mesures utiles pour que soient assurés le respect du secret professionnel et les droits de la défense. Tous les objets et documents saisis sont immédiatement inventoriés et placés sous scellés. Cependant, si leur inventaire sur place présente des difficultés, ils font l'objet de scellés fermés provisoires jusqu'au moment de leur inventaire et de leur mise sous scellés définitive, et ce, en présence des personnes ayant assisté à la perquisition, suivant les modalités de l'article 49. Avec l'accord du procureur de la République, l'officier de police judiciaire ne maintient que la saisie des objets et documents utiles à la manifestation de la vérité ».

L'article 49 C.P.P dispose que sous réserve du respect du secret professionnel et des droits de la défense, « les opérations prescrites sont faites en présence des personnes soupçonnées d'avoir participé au crime et de la personne au domicile de laquelle la perquisition a lieu. En cas d'impossibilité, l'officier de police judiciaire aura l'obligation de les inviter chacun à désigner un représentant de leur choix ; à défaut, l'officier de police judiciaire choisira deux témoins requis à cet effet par lui, en dehors des personnes relevant de son autorité administrative ».

Le procès-verbal de ces opérations dressé est signé par les personnes sus énumérées et en cas de refus ou d'impossibilité, il en est fait mention au procès-verbal.

L'article 50 C.P.P punit sous réserve des nécessités des enquêtes ou de l'instruction, toute communication ou toute divulgation, sans l'autorisation de l'inculpé ou de ses ayants droit ou du signataire ou du destinataire d'un document provenant d'une perquisition à une personne non qualifiée par la loi pour en prendre connaissance.

Aux termes de l'article 51 C.P.P, « sauf réclamation de l'intérieur de la maison ou exceptions prévues par la loi, les perquisitions et les visites domiciliaires ne peuvent être commencées avant cinq heures et après vingt-et-une heures ».

La jurisprudence a admis qu'une perquisition commencée avant vingt-et-une heures peut se poursuivre au-delà de cette heure.

Par ailleurs pour les actes de terrorisme et actes assimilés, aux termes des articles 677-26 et suivants du C.P.P, « les visites et les perquisitions ainsi que les mesures conservatoires ou d'investigation prévues aux articles 83 à 88 et 677-34 à 677-39 du présent code peuvent être effectuées à toutes heures de jour et de nuit, sur autorisation du juge saisi, même sans le consentement de la personne au domicile de laquelle elles ont eu lieu ou de toute autre personne : en cas de risque sérieux de disparition de preuves ou indices, s'il existe des présomptions qu'une ou plusieurs personnes se trouvent dans les locaux où la visite ou la perquisition doit avoir lieu, se préparent à commettre des actes de terrorisme… Lorsque le juge d'instruction n'est pas encore saisi, les visites, perquisitions, mesures conservatoires ou d'investigation visées à l'alinéa précédent peuvent être effectuées, sur autorisation du procureur de la République, dans les mêmes circonstances et selon les mêmes modalités… ».

L'article 52 C.P.P dispose que « s'il y a lieu de procéder à des constatations qui ne peuvent être différées, l'officier de police judiciaire a recours à toutes personnes qualifiées. Les personnes ainsi appelées prêtent par écrit, serment de donner leur avis en leur honneur et conscience ».

Les enquêtes peuvent être assorties de mesures de privation de liberté.

### §4. Sur la garde à vue et l'interpellation

La garde à vue, fut la véritable première décision attentatoire à la liberté individuelle qui, à ce titre, soulève beaucoup de polémiques[1] sur sa réglementation. Elle est exécutée dans les locaux de la police ou de la gendarmerie. La question de sa légalité est même agitée dans certains pays. Si ses origines sont lointaines[2], au Sénégal, elle s'applique avec des fortunes diverses dans le temps, que l'on soit dans le cadre d'une enquête préliminaire ou de flagrance, la garde à vue obéit à des règles strictes. Elle est, à notre sens, une mesure judiciaire au sens large et non administrative[3].

---

[1] Exemple, « La garde à vue, un résidu de barbarie », un article de Jean-Yves Le Borgne, vice-bâtonnier du Barreau de Paris, publié dans *Le Figaro* en 2003.

[2] « L'ordonnance criminelle de 1670 prescrivait que les personnes arrêtées en flagrant délit d'infraction, ou sur la base d'éléments permettant de les soupçonner d'avoir commis une infraction, devraient être incessamment conduite devant un magistrat qui seul détenait les pouvoirs juridictionnels nécessaires pour statuer sur l'éventualité d'une mesure coercitive… C'était la procédure de la remise immédiate ». « La garde à vue, innover en revenant aux sources » par Jean-Pierre Dintilhac, Président de chambre honoraire à la Cour de cassation française, *Revue sénégalaise de droit*, n°36 janvier-juin 2011, pages 125-127.

[3] La garde à vue est à différencier de l'assignation à résidence surveillée. Celle-ci est une mesure administrative, prise en général par le ministre de l'Intérieur, et qui n'obéit pas aux règles strictes de la garde à vue. Elle est aussi différente de l'internement administratif ou de la rétention administrative.

Aujourd'hui, au titre des mesures privatives de liberté, il faut ajouter l'interpellation qui peut précéder la garde à vue. Elle est introduite par le Règlement n°5 de l'UEMOA. La lettre circulaire n°00179MJ/DACG/MN du 11 janvier 2018 a défini les modalités d'application de l'article 5 du règlement n°05/CM/UEMOA et des dispositions du Code de procédure pénale relativement à la présence de l'avocat dès l'interpellation de son client par l'officier de police judiciaire. Selon cette circulaire, l'interpellation « ne se réduit pas à la garde à vue. Elle englobe une réalité plus vaste. Elle s'étend à toutes les situations dans lesquelles le suspect est à la disposition de l'officier de police judiciaire aux fins d'un interrogatoire ou d'une enquête. Elle ne s'étend pas cependant à la brève vérification d'identité ou verbalisation, notamment dans la rue, qui ne conduit pas à une enquête ou à une audition sur procès-verbal… »

Il faudra examiner l'autorité qui doit prendre la mesure de garde à vue, la personne contre qui elle peut être prise, les lieux d'exécution, les modalités de son exécution, la fin de la mesure et son contrôle. Aussi l'interpellation sera, en même temps considérée avec son régime juridique spécifique.

### I. L'autorité qui décide de la mesure

À la lecture des articles 55 et suivants C.P.P qui régissent la garde à vue, c'est l'officier de police judiciaire[1] qui décide de la mesure, à

---

Toutefois aux termes de l'article 130 C.P.P, « dans tous les cas où un individu de nationalité étrangère, inculpé, prévenu ou accusé est laissé ou mis en liberté provisoire, la juridiction compétente peut lui assigner pour résidence un lieu dont il ne devra s'éloigner sans autorisation, avant non-lieu ou décision définitive, sous les peines prévues à l'article 36 du Code pénal… » C'est une décision juridictionnelle dont l'arrêté n°2974 du 6 juin 1985 détermine les mesures nécessaires à son application.

[1] Ont la qualité d'officiers de police judiciaire : les officiers de gendarmerie, les sous-officiers de gendarmerie exerçant les fonctions de commandant de brigade, les commissaires de police, les officiers de police, les élèves officiers et les sous-officiers de gendarmerie nominativement désignés par arrêté conjoint du ministre chargé de la Justice et du ministre chargé des Forces armées après avis conforme d'une commission, les fonctionnaires du cadre de la police nominativement désignés par arrêté du ministre chargé de la Justice, sur proposition des autorités dont ils relèvent, après avis conforme d'une commission. Article 15 C.P.P. Ce sont : l'arrêté interministériel n ° 17 877 M.J du 7 décembre 1965, modifié, qui fixe la composition de la commission pour la désignation des fonctionnaires des cadres de la police ayant la qualité d'officiers de police judiciaire et l'arrêté interministériel n ° 17 878 M.J du 7 décembre 1965, modifié, qui fixe la composition de la commission pour la désignation des gendarmes ayant la qualité d'officiers de police judiciaire.

l'exclusion des agents de police judiciaire[1]. Il tient immédiatement le procureur de la République informé. Toutefois, agissant sous sa direction comme nous venons de le voir, l'officier de police judiciaire décide le plus souvent de la garde à vue dans bien des cas sur accord ou instruction du procureur de la République qui a été aussitôt informé des faits.

L'officier de police peut être celui de la gendarmerie ou de la police, mais aussi certaines administrations chargées de poursuivre certaines infractions comme les Douanes, les Eaux et forêts et le contrôle économique.

### II. La personne contre qui s'applique la mesure

Pour bien appréhender les personnes qui peuvent être concernées par la garde à vue, il faut voir les motifs de la mesure.

#### A. Les nécessités de l'enquête

En cas de crime ou délit flagrant et dans le cadre des investigations, les articles 53 et 54 du Code de procédure pénale autorisent une mesure de garde à vue contre toute personne. Ce sont les mesures de garde à vue pour les nécessités de l'enquête. L'article 55 C.P.P. dispose que « si, pour les nécessités de l'enquête, l'officier de police judiciaire est amené à garder à sa disposition une ou plusieurs personnes visées aux articles 53 et 54, il ne peut les retenir plus de 24 heures ».

L'article 53 C.P.P donne pouvoir à l'officier de police judiciaire de défendre à toute personne de s'éloigner du lieu de l'infraction jusqu'à la clôture des opérations. Aussi, toute personne dont il apparaît nécessaire, au cours des recherches judiciaires, d'établir ou de vérifier l'identité doit, à la demande de l'officier de police judiciaire, se prêter aux opérations qu'exige cette mesure sous peine d'une sanction pénale. L'article 54 C.P.P. permet à l'officier de police judiciaire d'appeler et d'entendre toutes personnes susceptibles de fournir des renseignements sur les faits ou sur les objets et documents saisis. Les personnes

[1] Sont agents de police judiciaire lorsqu'ils n'ont pas la qualité d'officiers de police judiciaire, les militaires de la gendarmerie et les membres des forces de police. Ils ont pour mission de seconder, dans l'exercice de leurs fonctions, les officiers de police judiciaire, de rendre compte à leurs chefs hiérarchiques de tous crimes, délits ou contraventions dont ils ont connaissance, de constater en se conformant aux ordres de leurs chefs, les infractions à la loi pénale et de recueillir tous les renseignements en vue de découvrir les auteurs de ces infractions, le tout dans le cadre et dans les formes prévus par les lois qui leur sont propres. Article 19 et 20 du C.P.P.

convoquées sont tenues de comparaître et de déposer sous peine d'être contraintes par la force publique après avis donné au procureur de la République qui peut les contraindre à comparaître par la force publique. L'avis fait à ce dernier ne recouvre aucune forme, il est le plus souvent téléphonique ou par écrit et mention est faite au procès-verbal de déclaration qui est signé par la personne gardée ou mention est faite de son refus de signer.

À travers ces dispositions, le citoyen qui n'a nullement participé à la commission des faits est tenu d'apporter son concours aux investigations pour la bonne manifestation de la vérité. Elles sont bien à propos si l'on sait que les citoyens, craignant parfois les procédures judiciaires, sont peu enclins à collaborer.

La vérification d'identité dans ce cas, même si elle obéit *mutatis mutandis* à un régime identique, doit être distinguée de celle communément appelée « VI » et beaucoup pratiquée dans les services de police et de gendarmerie. En exemple, lors d'une opération de sécurité publique, une personne a été retrouvée sans pièce d'identité ou avec une pièce d'identité, mais que les services de police trouvent le besoin de procéder à des vérifications sur son identité. On prend contre elle une mesure de rétention qui n'est pas à proprement parler une garde à vue. Les services de police et de gendarmerie reçoivent une foule de messages sur des personnes recherchées pour des faits précis. En pratique, on relève les empreintes de la personne qu'on envoie à l'identité judiciaire qui est un service de la Sûreté nationale pour identification ou tout simplement on confronte leur identité avec celle des personnes recherchées. La personne peut même faire appel à témoin ou par tous autres moyens pour prouver aux enquêteurs sa véritable identité. Après vérification ou au bout de 24 heures, la personne retenue doit être mise immédiatement en liberté sans paiement en principe d'une quelconque amende, sauf application de la loi n° 2008-28 du 06 septembre 2008 sur le défaut de présentation de carte d'identité nationale. Si par contre la personne retenue est celle qui est recherchée, on saisit l'autorité judiciaire concernée pour la conduite à tenir.

Les retenus pour vérification d'identité ne doivent pas en principe partager la chambre de sûreté avec les personnes gardées à vue. Cette mesure ne doit pas aussi figurer ou être mentionnée dans le même registre que celui de la garde à vue.

### B. L'existence d'indices ou présomption de participation aux faits

Aux termes de l'article 55 C.P.P, s'il existe contre une personne des indices ou présomptions graves et concordants de nature à motiver son inculpation, l'officier de police judiciaire peut la garder à vue. Les indices graves et concordants ne sont pas définis par le législateur. Sans les définir, on doit admettre que ce sont les pièces, constatations, auditions faisant apparaître sa participation à l'infraction. Tout est relatif et dépend de l'évolution de l'enquête ; l'essentiel c'est de se convaincre qu'on est à la phase des indices et non des preuves, tout en ayant comme ligne directrice le respect du principe de la présomption d'innocence. Dans l'appréciation du « poids » des indices, le procureur de la République, directeur de l'enquête, joue un rôle déterminant. La recherche des indices est aujourd'hui plus accrue avec le terrorisme et la criminalité organisée comme le démontre l'adoption de lois sur le renseignement.

Il y a lieu de faire remarquer à notre sens qu'une personne peut être gardée à vue pour les nécessités de l'enquête ; au cours de celle-ci, de véritables indices ou présomptions de participation aux faits apparaissent contre elle. Dans ce cas, il faut admettre que la mesure de garde à vue déjà prise continue à courir avec cette possibilité pour l'officier de police judiciaire de solliciter une prolongation après la fin de la première période. Si par contre la personne gardée à vue pour les nécessités de l'enquête a été déjà relâchée et si des indices ou présomptions apparaissent à la suite contre elle, la mesure de garde à vue qui sera prise n'aura rien à voir avec la première qui a pris fin et qui a été levée. Mais dans tous les cas, on doit éviter de retarder la notification de la mesure de garde à vue pour indices ou présomptions graves et concordantes. On ne doit pas retenir une personne sous prétexte des nécessités de l'enquête alors qu'il existe déjà des indices contre elle. La mesure de garde à vue doit être tranchée, les motifs clairement indiqués sur la base objective des éléments dont dispose l'officier de police judiciaire. Il y va du respect du principe de la présomption d'innocence, de la liberté des personnes et des droits de la défense.

### C. Le lieu d'exécution

La garde à vue est exécutée dans les locaux du service de l'officier qui a pris la décision. Toutefois, pour des nécessités de sécurité, de menaces de trouble à l'ordre public, rien ne s'oppose que sur ordre du parquet qu'elle soit exécutée dans une unité autre que celle de l'officier qui a pris la mesure. Dans ce cas, il est établi un ordre de dépôt signé par le procureur de la République. Aussi, le même ordre de dépôt, visé par le procureur, est pris pour les gardes à vue décidées par les autres administrations comme la Douane et les Eaux et forêts. Dans ce cas, la personne est gardée au commissariat de police ou la brigade de gendarmerie de la localité ou le plus proche, seuls dotés de lieux de détention à ce destiné.

Comme le dispose l'article 55 C.P.P, lorsque la personne gardée à vue est un mineur de 13 à 18 ans, l'officier de police judiciaire doit la retenir dans un local spécial isolé des détenus majeurs. Il va s'en dire aussi que les femmes doivent être séparées des hommes.

Dans tous les cas, la chambre de sûreté doit être propre, aérée avec les conditions de détention respectueuses des droits humains. Elle doit être aussi conforme à la notion de « garde à vue », autrement dit, ne pas être isolée des agents de garde au poste. Au sens littéral, donné par le dictionnaire, « garde à vue signifie garder sans cesser l'œil sur la personne gardée »[1]. Les constructions des locaux des commissariats de police et brigades de gendarmerie doivent prendre en compte ces impératifs basés sur des questions de sécurité et de respect des droits des personnes gardées.

Le lieu d'exécution de la garde à vue peut être tenu secret pour des motifs de sauvegarde de l'ordre public, sauf à l'égard des conseils.

**D. Les modalités d'exécution de la garde à vue**

Il faut faire la différence selon qu'elle est décidée pour les nécessités de l'enquête ou contre une personne pour des indices graves et concordants.

— Pour les personnes retenues pour les nécessités de l'enquête, la durée de garde à vue est de 24 heures. Elle ne peut dépasser ce délai, le parquet doit veiller à ce que l'officier qui a pris cette mesure aille très vite dans le cadre de la collecte des éléments utiles à l'enquête compte tenu de la brièveté de la durée.

L'officier de police judiciaire dresse le procès-verbal de son audition, donne lecture des déclarations à la personne gardée ; si elle

---

[1] « La garde à vue, innover en revenant aux sources », par Jean-Pierre Dintilhac, Président de chambre honoraire à la Cour de cassation française, *Revue sénégalaise de droit*, n°36 janvier-juin 2011, page 125.

déclare ne pas savoir lire avec une traduction le cas échéant. Le procès-verbal d'audition lui est soumis pour signature et en cas de refus ou d'impossibilité de signer, mention en est faite au procès-verbal. Même si le texte ne le dit pas expressément, les heures d'audition et de repos doivent être indiquées pour donner des garanties du respect des droits des citoyens, éviter les cas de contrainte morale.

— Pour les personnes contre qui il existe des indices, les officiers de police judiciaire, à l'exclusion des agents de police judiciaire, peuvent décider de garder une personne pour une durée de 48 heures. Il faudra remarquer que ce délai de garde à vue que l'on peut qualifier de droit commun est doublé en ce qui concerne les crimes et délits contre la sûreté de l'État et pour tous les crimes et délits en période d'état de siège ou d'application de l'article 52 de la Constitution sans que ces deux causes de dédoublement puissent se cumuler (article 55 CPP). À l'expiration de ce premier délai de 48 heures, les officiers de police judiciaire doivent solliciter du procureur de la République, du délégué ou du juge d'instruction selon le cas, l'autorisation de la prolongation de la garde à vue pour un nouveau délai de 48 heures[1].

En cas de prolongation de la garde à vue, la personne gardée doit être informée des motifs par l'officier de police judiciaire qui lui donne connaissance des dispositions de l'article 56 sur la possibilité de son examen médical par un médecin.

En matière de terrorisme et actes assimilés, l'article 677-28 issu de la loi n° 2016-30 du 08 novembre 2016 modifiant la loi n° 65-61 du 21 juillet 1965 portant Code de procédure pénale dispose que : « Par dérogation aux dispositions de l'article 55 du présent Code, le délai de garde à vue en matière de terrorisme est de quatre-vingt-seize heures. Ce délai peut être prorogé de deux nouveaux délais de quatre-vingt-seize heures chacun, sur autorisation du juge d'instruction ou du procureur de la République si le juge d'instruction n'est pas encore saisi ».

---

[1] « Les formes et délais prescrits par l'article 55 du Code de procédure pénale constituent des formalités substantielles dont l'inobservation est sanctionnée par la nullité du procès-verbal et des actes ultérieurs. Doit donc être déclaré nul le procès-verbal d'enquête ainsi que toute la procédure subséquente, dès lors qu'il est établi que la garde à vue a été prorogée au-delà de 48 h sans autorisation du procureur de la République ni accomplissement des formalités prescrites par l'article 55 susvisé » CA Dakar, arrêt n°379 du 18 mai 2009 MP et Déguène Mbaye c/ Henry Louis Houmenou alias Loulou Camara – Aliou Sène. *Bulletin des arrêts rendus par la cour d'appel de Dakar en matière pénale*, vol n°2, 201, page 28.

Une question se pose, le procureur de la République ou le juge d'instruction est-il tenu d'autoriser la prolongation de la garde à vue ? La réponse se trouve dans l'article 69 du C.P.P qui en employant « peut » pose une faculté pour le magistrat du parquet d'autoriser la prolongation sollicitée. S'il estime que l'enquête est terminée contrairement à l'opinion de l'officier enquêteur, il peut refuser la prolongation et ordonner que la procédure soit clôturée, qu'elle lui soit de suite transmise et la personne gardée à vue déférée ou libérée.

Mais en pratique, le parquet au fait de la procédure s'oppose rarement à une demande de prolongation de la garde à vue. Il est informé de l'évolution de l'enquête et est en réalité sur la *même longueur d'onde* que les officiers de police judiciaire pour juger de la nécessité de la continuation des investigations. Mais à ce niveau, il faut veiller qu'après la prolongation accordée que les enquêteurs procèdent effectivement à des actes utiles bien déterminés. Doivent être évitées les prolongations inutiles, c'est-à-dire celles à la suite desquelles on se rend compte qu'aucun acte postérieur n'est effectué. Ceci peut entraîner la nullité de la procédure pour violation des règles substantielles de la procédure pénale.

En pratique, l'autorisation de prolongation est donnée au téléphone ou la demande écrite soumise au parquet pour autorisation[1]. Si elle est donnée verbalement, elle est toujours confirmée par écrit comme l'exige l'article 55 C.P.P. Pour ce renouvellement, la personne gardée n'est pas, à ce jour, présentée au parquet. Elle reste dans sa cellule de garde à vue et se contente des notifications que lui fait l'officier de police judiciaire. Pourtant, on pourrait envisager sa conduite au parquet et que la possibilité lui soit offerte de discuter la prolongation de la mesure.

La demande d'autorisation de prolongation signée de l'officier de police judiciaire et l'autorisation de prolongation signée du procureur, du délégué ou du juge d'instruction sont annexées au dossier d'enquête. Après l'expiration du délai de 48 heures, les officiers de police judiciaire avertissent la personne gardée à vue de son droit de se faire consulter par un médecin ou de constituer un conseil parmi les avocats inscrits au tableau de l'ordre ou admis en stage. Cette mention doit figurer au procès-verbal à peine de nullité.

---

[1] Cette formule est à privilégier à notre avis même si sa mise en œuvre pose des difficultés qui peuvent être surmontées par le système de permanence.

Le conseil de la personne gardée n'intervenait qu'après la prolongation. L'intervention de l'avocat au niveau de l'enquête a toujours été une revendication des organisations des droits de l'homme qui jugent que la présence du conseil est utile pour sauvegarder le respect des droits de la défense. Mais pour son intervention, deux solutions se sont toujours confrontées.

Pour certains, le conseil doit intervenir dès les premières heures de l'enquête ce qui participe au respect des droits de la défense et de la prévention des cas de tortures ou mauvais traitements, l'absence de conseil au niveau de l'enquête ou son intervention tardive constituant une atteinte aux droits de l'homme tout court. Pour l'autre position, l'intervention du conseil dès les premières heures de l'enquête serait de nature à entamer l'efficacité de l'enquête dans la collecte des indices ; l'intervention est jugée prématurée (dès les premières heures de l'enquête ou concomitante à l'arrestation) et serait donc de nature à entamer la bonne marche de l'enquête.

Il convient ici de trouver un équilibre entre l'efficacité de l'enquête et la sauvegarde des droits de la défense. Le législateur sénégalais dans sa réforme de 1999 a tranché pour la présence de l'avocat après la prolongation de la garde à vue[1]. Le règlement n° 05/CM/UEMOA adopté le 25 septembre 2014 à Lomé et relatif à l'harmonisation des règles professionnelles régissant la profession d'avocat dans les États membres de l'Union indique en son article 5 que : « Les avocats assistent leurs clients dès leur interpellation, durant l'enquête préliminaire, dans les locaux de la police, de la gendarmerie, ou devant le parquet ». Pour se conformer à ce règlement communautaire[2], entré en vigueur le 1er janvier 2015 et dont l'application a soulevé des questions[3], mais aussi « en vue de renforcer les droits de la défense, il a paru nécessaire d'admettre la présence de l'avocat dès l'interpellation ». L'article 55.10 dans la réforme du Code de procédure pénale introduite

---

[1] Tout est question d'option en matière de politique pénale et une évolution n'est pas à exclure dans le cadre de la promotion des droits humains et du renforcement des garanties offertes au suspect.

[2] « L'assistance de l'avocat dès l'interpellation dans la réforme du Code de procédure pénale du Sénégal : la greffe processuelle n'a pas bien pris ! », Dr Papa Assane Touré, *La Balance*, n°1 janvier - juin 2017, Publication de l'UMS, page 315.

[3] « qu'il y a lieu de faire remarquer, contrairement à la position du ministère public, que l'article 5 du Règlement précité n'a nullement besoin d'un acte d'exécution pour être appliqué… » CA Dakar, Ch.Acc. n°149 du 22 septembre 2015, affaire Thione Seck, *La Balance*, n°1 janvier-juin 2017, Publication de l'UMS, page 307.

par la loi n° 2016-30 du 08 novembre 2016 dispose que : « L'officier de police judiciaire informe la personne interpellée de son droit de constituer conseil parmi les avocats inscrits au tableau ou admis en stage. Mention de cette formalité est faite obligatoirement sur le procès-verbal d'audition à peine de nullité. L'avocat désigné est contacté par la personne interpellée ou toute autre personne par elle désignée ou à défaut, par l'officier de police judiciaire. L'avocat peut communiquer, y compris par téléphone ou par tous autres moyens de communication, s'il ne peut se déplacer dans les meilleurs délais, avec la personne interpellée dans des conditions qui garantissent la confidentialité de l'entretien. Si l'avocat choisi ne peut être contacté, l'officier de police judiciaire en fait mention au procès-verbal d'audition. L'avocat est informé par l'officier de police judiciaire ou, sous le contrôle de celui-ci, par un agent de police judiciaire, de la nature de l'infraction recherchée. À l'issue de l'entretien qui ne peut excéder trente minutes, l'avocat présente le cas échéant, des observations écrites qui sont jointes à la procédure. L'avocat ne peut faire état de cet entretien auprès de quiconque pendant la durée de la garde à vue. Le procureur de la République est dans les meilleurs délais informé par l'officier de police judiciaire des diligences effectuées dans le cadre de l'application du présent article ».

Il s'agit d'un entretien entre le conseil et son client, mais le premier n'assiste pas aux interrogatoires. L'intervention de l'avocat à l'enquête reste une conquête permanente dont l'adversaire reste la spécificité des enquêtes, leur efficacité et le baromètre du respect des droits de la défense.

Pour le cas de l'avocat qui n'a pu être contacté par l'officier de police judiciaire, même si le texte est mué, il est indiqué qu'il mentionne sur le procès-verbal les moyens mis en œuvre pour le contacter et qui sont demeurés vains ou sans résultats.

Le champ de l'intervention de l'avocat, dès l'interpellation, se limite à l'enquête préliminaire comme le précise la chambre d'accusation de la cour d'appel de Dakar eu égard à la lettre du règlement communautaire : « L'intervention de l'avocat n'est prévue par ce texte que lorsque le mis en cause a été interpellé dans le cadre d'une enquête préliminaire… que l'enquête de flagrance n'ayant pas été visée par le Règlement précité, demeure par conséquent régie par les articles 45 et suivants du Code de procédure pénale, notamment l'article 55 *in fine* dudit code qui, inapplicable dorénavant en matière d'enquête préliminaire, demeure en vigueur en matière de flagrance ; qu'il ressort de ce texte que l'intervention de l'avocat n'est permise qu'après la prolongation de la garde à vue… »[1] Une décision aujourd'hui isolée. Cette différence de traitement entre l'enquête préliminaire et l'enquête de flagrance qui a toujours existé sur différents points de leur régime est difficilement concevable en matière d'intervention de l'avocat. La présence de ce dernier dès l'interpellation de la personne contrebalance les pouvoirs importants reconnus à l'officier de police judiciaire. Le cadre de l'interpellation est indifférent, peu importe en enquête préliminaire ou en enquête de flagrance.

La lettre circulaire précitée précise les obligations qui pèsent sur l'officier de police judiciaire qui consistent à informer le suspect de son droit à constituer conseil, d'informer ce dernier sans aucune forme particulière de la nature des infractions objet de l'enquête, faciliter l'entretien de trente (30) minutes maximum dans la confidentialité,consigner et annexer au procès-verbal le cas échéant les observations écrites du conseil. Le temps d'entretien est laissé au libre jugement de l'enquêteur sans perdre le contrôle de son enquête. On peut ainsi penser au nombre important d'interpellés qui ont un même conseil ou tout simplement à la demande du conseil pour une raison particulière, il estime qu'un temps plus long est nécessaire. Si le conseil est amené à assister aux interrogatoires, sa présence est passive, il ne peut poser des questions sauf à en suggérer et libre à l'enquêteur de les reprendre à son compte, il ne peut souffler des réponses ou plaider devant l'officier de police judiciaire. Il n'a pas accès au dossier ou ne peut en recevoir copie. Il ne peut assister à l'audition des témoins, des autres suspects pour le compte de qui il n'est pas constitué sauf en cas de confrontation avec ses clients.

Pour contacter le conseil la lettre circulaire interprète qu'elle pèse au premier chef au suspect ou à ses proches, l'officier de police judiciaire devant tout simplement faciliter la communication pour la fourniture de moyens au regard des moyens logistiques et humains disponibles. Si le suspect ou l'officier ne peuvent contacter le conseil, il en est fait mention au procès-verbal d'audition. Mais à ce niveau, les

---

[1] CA Dakar, Ch.Acc. n° 149 du 22 septembre 2015, affaire Thione Seck, *La Balance*, n°1 janvier-juin 2017, Publication de l'UMS, page 312.

diligences effectuées par l'officier de police judiciaire pour mettre les moyens ou contacter lui-même le conseil devront être appréciées *in concreto.* Dans tous les cas, l'avocat régulièrement contacté ne saurait retarder le déroulement de l'enquête même si un délai raisonnable devra lui être accordé pour se présenter ou se faire substituer en tenant compte de la distance et de tout autre facteur objectif. L'attente ne doit excéder deux (2) heures de temps particulièrement dans la région de Dakar selon la circulaire, un délai qui peut être étendu par l'officier de police judiciaire et l'avocat compte tenu du calendrier de travail de ce dernier.

Dans certains pays comme la France, à la suite d'une longue évolution, l'avocat intervient dès la première heure de garde à vue[1] sauf quelques cas exceptionnels[2].

Le procureur de la République peut d'office ou sur demande faire examiner la personne gardée à vue par un médecin. À ce niveau, en pratique, il fait une réquisition à médecin aux frais de l'État. La prise en charge alimentaire et médicale de la personne gardée à vue reste un problème crucial sur le plan de l'allocation des ressources à cette fin. L'article 56 C.P.P. relatif à l'examen médical de la personne gardée dispose que « cet examen médical est pratiqué sur les lieux mêmes où la personne est gardée à vue et lorsqu'il n'est pas demandé d'office par le procureur de la République aux frais consignés préalablement par la partie requérante. Dans ce dernier cas, l'acte de désignation porte mention de l'existence de cette consignation ».

L'avertissement du droit à un conseil et d'être consulté par un médecin, l'entretien avec le conseil ou l'examen par un médecin le cas échéant, l'émargement de la personne gardée à vue, son refus de le faire ou son impossibilité, doivent faire l'objet d'une mention au procès-verbal d'enquête. L'article 57 C.P.P. dispose par ailleurs que le procès-

---

[1] Régime de droit commun : l'avocat peut s'entretenir avec la personne gardée à vue dès le début de cette mesure et, en cas de prolongation, il peut s'entretenir à nouveau avec elle dès le début de la prolongation. Article 63-4. C.P.P français. Il est adopté, sur fond de polémiques, la présence de l'avocat durant toute la garde à vue avec la possibilité d'assister aux interrogatoires. Cette présence permanente de l'avocat acquise, la possibilité d'avoir accès au dossier est agitée.

[2] Cas d'exception : en matière de criminalité organisée, l'avocat intervient à la quarante-huitième heure, puis à l'issue de la soixante-douzième heure. En matière de trafic de drogue et d'actes de terrorisme, l'avocat n'intervient qu'à la soixante-douzième heure. Article 706 C.P.P. français.

verbal d'audition de toute personne gardée à vue doit mentionner le jour et l'heure à partir desquels elle a été placée dans cette position, les motifs de la mise sous garde à vue, la durée des interrogatoires, la durée des repos, ainsi que le jour et l'heure à partir desquels elle a été soit libérée, soit conduite devant le magistrat compétent. Cette mention doit être spécialement émargée par les personnes intéressées et en cas de refus, il en est fait mention au procès-verbal à peine de nullité.

Certaines mentions retiennent l'attention comme l'identité complète de la personne gardée ainsi que son adresse précise avec même des contacts, des éléments qui sont utiles en aval dans le cadre de l'exécution des peines. Les officiers de police judiciaire, sous la direction du parquet, doivent veiller à ce que toutes ces formalités et mentions soient respectées pour éviter les cas de nullité qui se poseront ultérieurement à l'audience ou en cours d'instruction. L'annulation du procès-verbal pour non-respect de ces dispositions s'assimile, à notre avis, à un échec des poursuites.

Dans certains cas, sans procéder à une arrestation formelle avec à la clé une mesure de garde à vue, l'officier de police judiciaire peut, après avoir bouclé une enquête, convoquer le mis en cause et le conduire directement au parquet. C'est un procédé plus souple qui a aussi l'avantage, en enquête préliminaire, de permettre aux enquêteurs de gagner du temps et de consigner le maximum d'éléments. La garde à vue avec sa réglementation précise sur sa durée peut se révéler être une véritable contrainte pour l'enquêteur qui est obligé d'aller vite sous peine de présenter un dossier peu complet au procureur de la République. C'est comme on le dit souvent, une véritable *course contre la montre*.

La garde à vue, comme nous venons de le voir, est empreinte de formalisme. Le respect des règles qui la régissent est exigé sous peine, dans bien des cas, de l'annulation de la procédure.

### E. La fin de la garde à vue

L'article 55 C.P.P, dans le cadre d'enquête de flagrant délit, et l'article 69 C.P.P. dans le cadre de l'enquête préliminaire, disposent en substance qu'aussitôt après la clôture de l'enquête et dans tous les cas à la fin de la prolongation de la garde à vue, la personne gardée, à qui on notifie la fin de la mesure avec son émargement, doit être conduite immédiatement devant le procureur de la République, le délégué selon le cas. C'est le mécanisme du déferrement qui relève exclusivement de la responsabilité de l'officier de police judiciaire qui devra le faire en toute sécurité et dans des conditions conformes à la dignité humaine.

À ce niveau, pour les ressorts qui ont un délégué du procureur, deux pratiques sont notées :

- l'officier de police judiciaire conduit toutes les personnes devant le délégué du procureur à charge pour ce dernier de retenir les dossiers relevant de sa compétence et pour les autres faire un soit-transmis au procureur de la République pour compétence ;

- l'officier de police judiciaire transmet au délégué du procureur les procédures qui relèvent uniquement de sa compétence et pour le reste, il les conduit directement auprès du procureur de la République.

Cette deuxième solution est plus judicieuse et conforme aux règles de compétence matérielle. Elle a aussi l'avantage d'être plus rapide et lisible. Elle assure en outre la responsabilisation de l'officier de police judiciaire qui doit connaître les règles de compétence.

Ces observations sont valables pour les procédures dites de renseignement judiciaire.

La seule atténuation qu'il faudra apporter dans les deux situations c'est quand la procédure fait suite à un transmis du délégué du procureur, dans ce cas, pour des soucis de traçabilité de la procédure, les résultats de l'enquête doivent être soumis à ce dernier qui transmettra au procureur pour compétence, le cas échéant.

L'article 55 précise qu'en cas de difficulté matérielle relative au transfèrement, le procureur de la République doit être immédiatement averti des conditions et délais de transfèrement. Les difficultés de transfèrement les plus souvent notées à ce niveau sont l'éloignement pour une garde à vue qui a pris fin tardivement, le manque de moyens de déplacement, l'indisponibilité subite de personnel d'escorte suite à un déploiement pour intervention ailleurs, de l'état de santé préoccupant de la personne gardée et évacuée pour des soins, un évènement grave et insurmontable. Le chef du parquet doit juger de la validité du motif invoqué avec comme seule préoccupation le respect des dispositions pertinentes du texte. L'enquête ayant pris fin, il est même du droit de la personne présumée innocente d'être présentée immédiatement à une autorité judiciaire qui décidera de la suite à donner à la procédure.

La garde à vue ayant pris fin, son renouvellement est en principe exclu même si en pratique, cette éventualité peut bien subvenir. En France, la jurisprudence a fixé les modalités de son renouvellement[1].

**F. Le contrôle de la garde à vue**

Selon l'article 55 C.P.P en son alinéa 5 dispose que la mesure de garde à vue s'applique sous le contrôle effectif du procureur de la République, de son délégué ou le cas échéant du président du tribunal d'instance investi des pouvoirs de délégué du procureur de la République.

Dans tous les cas où elle s'applique, les officiers de police judiciaire sont astreints à la tenue d'un registre de garde à vue coté et paraphé par le parquet qui est présenté à toutes réquisitions des magistrats chargés du contrôle de la mesure. Un registre spécial devrait aussi être ouvert pour les interpellations.

Le chef du parquet doit veiller sur les gardes à vue dans tout son ressort en se transportant lui-même ou son substitut, périodiquement et de façon inopinée au niveau des brigades et commissariats pour contrôle. Au niveau des ressorts où le président du tribunal d'instance exerce les fonctions de délégué, le procureur doit instruire régulièrement ce dernier à procéder au contrôle et à lui dresser un rapport. La lettre circulaire n° 03783/MJ/ACG du 26 octobre 1989 édicte le contrôle effectif de la garde à vue par les parquets « au moins une fois par mois et chaque fois que cela est nécessaire, sans omettre de viser les registres ». Le chef du parquet ne doit pas omettre de dresser un rapport ou compte-rendu sur le contrôle à l'intention du procureur général. Ces vérifications doivent s'étendre aux cas d'interpellation.

Sur les lieux, il doit vérifier notamment le registre de garde à vue sur les motifs de la mesure, les heures d'interrogatoire, les repos, la qualité des gardés à vue, les conditions d'hygiène et de sécurité, la configuration des locaux surtout pour apprécier de la bonne situation de la chambre de sûreté, en face du poste de garde ; faire des observations

---

[1] « Si pour les mêmes faits, un individu est placé en garde à vue à plusieurs reprises, la durée totale de la détention ne peut dépasser la durée maximale de la garde à vue. Pour des faits distincts, des mesures de garde à vue immédiatement successives sont possibles, mais leur durée totale ne peut dépasser la durée maximale de la garde à vue. Pour des faits distincts, des mesures de garde à vue séparées dans le temps peuvent dépasser la durée maximale de la garde à vue ». Voir Crim. 13 février 1996, Crim. 17 mars 2004, Crim, Crim 2 septembre 2004. Jean Pradel, André Varinard, *Les grands arrêts de la procédure pénale*, 6e édition, Paris, Dalloz, 2009, page 279.

orales et surtout écrites jugées opportunes à l'officier de police judiciaire. Il faut que les officiers sentent la présence du parquet à ce niveau. Il est instruit parfois aux officiers de police judiciaire de faire parvenir au parquet tous les jours un état des personnes gardées à vue. Rien de ce qui se passe au cours des interpellations ou de la garde à vue ne doit lui être étranger.

Il ne faut pas manquer de voir le registre de main courante gardé au poste de police qui constitue le tableau de bord visé chaque jour par le chef de service. Ce registre constitue une mine de renseignements, car concentrant tous les cas signalés au poste de police.

Pour les cas d'abus commis par les officiers de police judiciaire lors de la garde à vue, l'article 59 du C.P.P. prévoit que le procureur de la République ou son délégué en informe le procureur général qui saisit la chambre d'accusation. La victime peut aussi par requête saisir cette juridiction. Dans ces cas d'abus, la chambre d'accusation après instruction contradictoire peut connaître des faits au fond et en cas de culpabilité, prendre des sanctions sans préjudice des sanctions disciplinaires que pourront prendre ses supérieurs hiérarchiques. Elle peut soit lui adresser des observations, soit retirer temporairement ou définitivement la qualité d'officier de police judiciaire à l'auteur des abus[1], soit retourner le dossier au procureur général pour intenter des poursuites, s'il relève qu'une infraction à la loi pénale a été commise.

Les abus peuvent revêtir plusieurs formes comme les détentions injustifiées en droit ou arbitraires[2], le non-respect notoire des droits des

---

[1] Selon l'article 3 de la loi organique sur la Cour suprême, il est créé auprès de la Cour suprême « une commission juridictionnelle chargée de statuer sur les recours formés par les officiers de police judiciaire ayant fait l'objet d'une décision de suspension ou de retrait d'habilitation ».
« L'officier de police judiciaire peut, dans le mois qui suit la notification de la décision de refus, de suspension ou de retrait d'habilitation, demander au procureur général près la cour d'appel du ressort de rapporter cette décision. Le procureur général doit statuer dans le délai d'un mois. À défaut, son silence vaut rejet de la demande ». Article 111 de la loi organique sur la Cour suprême.
« Dans le délai d'un mois à compter du rejet explicite ou implicite de la décision prévue à l'article précédent, l'officier de police judiciaire peut former un recours devant une commission composée de trois magistrats du siège de la Cour suprême... » Article 112 de la loi organique sur la Cour suprême.
« La commission statue par une décision non susceptible de recours... » Article 113 de la loi organique sur la Cour suprême.
[2] « Tout individu a droit à la liberté et à la sécurité de sa personne. Nul ne peut faire l'objet d'une arrestation ou d'une détention arbitraire. Nul ne peut être privé de sa

personnes, les conditions dégradantes de détention, les cas de sévices ou actes de torture pour extorquer des aveux.

Ajoutons qu'aux termes de l'article 213 C.P.P, la chambre d'accusation exerce un contrôle sur l'activité des fonctionnaires civils et militaires, officiers de police judiciaire pris en cette qualité. Elle est saisie soit par le procureur général, soit par son président. Elle peut se saisir d'office à l'occasion de l'examen de la procédure qui lui est soumise. Les décisions prises par la chambre d'accusation contre les officiers de police judiciaire sont notifiées, à la diligence du procureur général, aux autorités dont ils dépendent.

### §5. Les différents autres actes du parquet en cours d'enquête

Que l'on soit en flagrance ou dans une enquête préliminaire, le procureur de la République, outre la garde à vue déjà examinée, peut faire lui-même ou ordonner à l'officier de police judiciaire de procéder à plusieurs actes tous tendant à la bonne manifestation de la vérité ou à la préservation de l'ordre public.

#### I- Les actes pour la manifestation de la vérité et la liberté de preuve

Les actes comme l'audition du plaignant, l'interrogatoire d'un mis en cause, les perquisitions et saisies, le transport ou la descente sur les lieux, la saisie de l'objet ayant servi à la commission des faits ou de l'objet sur lequel porte l'infraction, la saisie d'un objet litigieux, la fermeture d'un local, la saisie de toutes pièces à conviction, la surveillance des lieux, l'exhumation d'un corps, l'autopsie, les prélèvements, la protection des indices, la sécurisation des locaux, la protection d'un témoin ou d'une victime, l'établissement d'une planche ou album photographique, la réquisition à telle autorité ou service, participent de la collecte des indices. La liste n'est pas exhaustive, elle n'est qu'indicative. Comme le dispose l'article 33 C.P.P : « le procureur de la République procède ou fait procéder à tous les actes nécessaires à la recherche et à la poursuite des infractions à la loi pénale » ;

---

liberté, si ce n'est pour des motifs, et conformément à la procédure prévue par la loi ». Article 9 du Pacte international relatif aux droits civils et politiques du 16 décembre 1966.

« … La privation de liberté est imposée de façon arbitraire, c'est-à-dire qu'aucune règle de droit n'est invoquée pour la justifier… » *Droit international pénal. Sources, incriminations et responsabilité. Op. cit.*, 2012, page 166.

l'article 414 C.P.P. ajoute qu' « hors les cas où la loi en dispose autrement, les infractions peuvent être établies par tout mode de preuve et le juge décide d'après son intime conviction »[1]. Ces actes répondent à un principe majeur en procédure pénale : la liberté de la preuve[2]. Le législateur sénégalais, dans la loi sur la cybercriminalité, affirme, si

---

[1] « Décider d'après son intime conviction requiert de décider sur la base de preuves et d'acquitter faute de preuve, le doute profitant toujours à l'accusé. En fait, la notion d'intime conviction signifient seulement que les juges apprécient souverainement la valeur probante des éléments de preuve qui leur sont soumis sans être tenus de respecter une quelconque hiérarchie légale entre les preuves. La Chambre note que le parquet général et les conseils des parties civiles RADHT-AVCRP se sont référés au concept juridique de common law selon lequel le juge doit être convaincu au-delà de tout doute raisonnable pour rendre un verdict de culpabilité. La Défense s'est, quant à elle référée au concept d'intime conviction, contenu dans le C.P.P. et d'inspiration romano-germanique. Malgré leurs différences d'ordre conceptuel, la Chambre interprétera ces deux notions comme exigeant un niveau de preuve équivalent… » Affaire ministère public c. Hissein Habré, jugement Chambre africaine extraordinaire d'assises, 30 mai 2016, par.182 à par.183.

[2] « Toutes les preuves sont recevables… Les indices gagnent aujourd'hui en importance avec les développements de la technique : il peut s'agir d'un enregistrement magnétophone ou par bande vidéo, voire d'un enregistrement par écoute téléphonique ou par cinémomètre », Jean Pradel, *Procédure pénale*, *op. cit.*, page 348.
Il faut ajouter à l'ère du numérique les adresses IP (*Internet Protocol*), les IMEI (*International Mobil Equipment Identity*), les signatures électroniques, etc.
« À l'exception de l'article 18, le Statut ne comporte pas de provisions (sic) relatives à l'administration de la preuve. Il convient, dès lors, de se référer, de nouveau, au CPP. L'article 414 alinéa 1 du C.P.P. qui énonce que les infractions peuvent être établies par tout mode de preuve, consacre la liberté des moyens de preuve. Dès lors, la Chambre en conclut que l'existence des éléments constitutifs des crimes et des modes de responsabilité ainsi que l'existence de tout fait indispensable pour entrer en voie de condamnation, peut être apportée par tout moyen. Il n'y a pas d'obligation que la preuve soit sous forme écrite. Contrairement à ce que suggère la Défense, il est, d'ailleurs, bien établi devant les juridictions internationales que pour prouver le décès d'une victime, il n'est pas nécessaire que son corps ait été retrouvé ou qu'un acte de décès soit produit. La mort d'une victime peut être prouvée, notamment par témoignage direct ou sur la base de preuves indirectes… » Affaire ministère public c. Hissein Habré, jugement Chambre africaine extraordinaire d'assises, 30 mai 2016, par.188 à par.189.
« Montpellier : un automobiliste condamné pour conduite en état d'ivresse… sur simple dénonciation… Les faits remontent en 2009… Mardi 3 janvier 2017 (sic)… Je n'ai jamais été arrêté, ni soufflé dans un ballon, ni fait de prise de sang… C'est une personne qui témoigne qu'à trente mètres, elle a vu quelqu'un tituber… L'étudiant a renoncé à se pourvoir en cassation. La procédure serait trop longue, juge-t-il et dix fois plus chère que l'amende de 500 euros…" www.francetvinfo.fr/economie/emploi/metiers/droit-et-justice/montpellier-ivre-un-automobiliste-est-condamné

besoin en était, que « l'écrit électronique en matière pénale est admis comme mode de preuve au même titre que l'écrit sur support papier conformément aux dispositions de l'article 40 de la loi sur les transactions électroniques ».

Ce principe sacro-saint de la liberté de preuve en procédure pénale n'a pour limites que l'ordre public, les bonnes mœurs et le respect des droits de la défense[1]. Il faut éviter notamment les cas de torture pour extorquer des aveux[2] et les cas où la loi exclut certains modes de preuves[3]. En effet, « le principe de la liberté que connaît le régime de la preuve en matière pénale ne permet pas de faire valoir n'importe quel moyen de preuve ou de la recueillir ou de l'exploiter dans n'importe quelle condition. Seules peuvent être utilisées des preuves généralement admises dans un État de droit et selon les modalités qui y sont consacrées […] Sont interdits la commune renommée, l'ordalie, la torture, le serment imposé à la personne mise en cause, l'hypnose… »[4]. Certains législateurs se sont efforcés de citer expressément les modes de preuve prohibés. Le Code pénal du Nigéria exclut les ordalies, en son article 267 : « l'épreuve du feu, de l'immersion dans l'eau, de l'exposition aux attaques des crocodiles ou autres animaux sauvages, et n'importe quelle autre ordalie qui est susceptible d'entraîner la mort ou des dommages corporels est illégale… ». Hormis ces limites d'ordre procédural, il faut ajouter d'autres limites relevant de textes spéciaux

[1] « Porte atteinte aux droits de la défense l'officier de police judiciaire commis rogatoirement qui provoque et intercepte une communication téléphonique entre un témoin et un suspect pour inciter ce dernier à faire des aveux ; l'interception de communications téléphoniques à la demande d'un juge d'instruction est licite, sauf en cas de mise en œuvre d'un stratagème ou en cas d'atteinte aux droits de la défense ». Crim.12 juin 1952, S. 1954, 1,69 ; Crim. 9 Octobre 1980 JCP 1982, II, 195 578. *Les grands arrêts du droit criminel Tome 2* de Jean Pradel et André Varinard, page 131.

[2] L'aveu, qualifié de « reines des preuves » ou *probatio probatissima*, même s'il occupe aujourd'hui une bonne place, il ne suffit pas dans tous les cas et doit être conforté par d'autres éléments objectifs comme les constatations, les témoignages, les archives… Il a aussi des limites, car, comme pour les autres moyens de preuves, le juge n'est pas tenu par les aveux.

[3] Exemples, la notoriété publique ou la connaissance personnelle des faits, ou des éléments non discutés devant le juge du fond pour asseoir son intime conviction (article 414 C.P.P) qui ne doit être équivoque ; les témoignages en matière d'adultère. Article 331 C.P du Sénégal. Les correspondances échangées entre le prévenu et son conseil.

[4] Abdoulaye Gaye, procureur de la République près le tribunal régional hors classe de Dakar, La preuve en matière pénale, CFJ, 03 juillet 1998.

comme le secret Défense sauf cas de déclassification de documents[1]. Dans tous les cas, si les faits sont établis, le ministère public doit s'abstenir d'utiliser les moyens de preuve illicites contre le mis en cause ou le prévenu. Comme le dégage le Congrès des Nations Unies sur la prévention du crime et le traitement des délinquants tenu à La Havane (Cuba) en 1990 sur les principes directeurs applicables au rôle des magistrats du parquet, « lorsque les magistrats du parquet reçoivent contre des suspects des preuves dont ils savent ou ont des motifs raisonnables de penser qu'elles ont été obtenues par des méthodes illicites, qui constituent une grave violation des droits de la personne humaine et impliquent en particulier la torture ou un traitement ou un châtiment cruel, inhumain ou dégradant, ou ayant entraîné d'autres violations graves des droits de l'homme, ils refusent d'utiliser ces preuves contre toute personne autre que celles qui ont recouru à ces méthodes, ou informent le tribunal en conséquence, et prennent toutes les mesures nécessaires pour les faire traduire en justice. »[2]

La preuve reste une épine dorsale de la justice en toute matière, surtout en matière pénale. Définie au sens large comme « l'ensemble des règles applicables à la constatation d'une infraction, que cette constatation soit relative aux faits ou à la personnalité de la personne poursuivie », la preuve reste « une question extrêmement délicate, car le législateur et le juge doivent respecter et concilier un nombre important d'intérêts comme la protection de l'innocent, le respect de la dignité de la personne, le respect de l'institution judiciaire… »[3]

Au quotidien, le parquet instruit aux officiers de police judiciaire d'accomplir plusieurs actes dans le cadre des enquêtes. Une étroite collaboration est de rigueur. Il faut dans ce cadre faire preuve d'autorité certes, mais s'agissant de décision sur le terrain, il y a lieu de prêter une oreille attentive aux enquêteurs ou en cas de besoin, se transporter. L'article 33 du C.P.P. poursuit que le procureur de la République a tous les pouvoirs et prérogatives attachés à la qualité d'officiers de police judiciaire. Ainsi, il peut personnellement accomplir les actes que nous

---

[1] Décret n° 2003-512 du 2 juillet 2003 relatif à l'organisation de la Protection des Secrets et des Informations concernant la Défense ;
L'Instruction générale interministérielle sur la protection du secret n° 14 PR/SG du 25 septembre 1965 fixe un certain nombre de règles dont l'application doit conduire à la protection du secret des documents et correspondances officiels, abrogée.

[2] https://www.ohchr.org/fr/ProfessionalInterest/Pages/RoleOfProsecutors.aspx

[3] Jean Pradel, *Droit pénal comparé*, Paris, Précis Dalloz, 3e édition, page 247.

avons examinés. Il a le droit, dans l'exercice de ses fonctions, de requérir directement la force publique.

De plus en plus, avec la montée du terrorisme, les parquets doivent prendre en compte l'adoption de lois dites de renseignement[1], considérées par des détracteurs comme liberticides. Aussi, dans l'adoption de textes pour en assurer la répression ou la prévention, la lutte contre le terrorisme est parfois partagée entre les incriminations jugées efficaces pour prévenir la *« radicalisation »* et la liberté des citoyens[2].

---

[1] Exemples : *USA Patriot Act* du 26 octobre 2001 ; Loi française sur le renseignement votée les 23 et 24 juin 2015. Au Sénégal, la loi n° 2016-33 du 14 décembre 2016 relative aux services de renseignement.

[2] Exemple de la décision du Conseil constitutionnel français saisi d'une question prioritaire de constitutionnalité (QPC) sur le délit de consultation habituelle de sites internet terroristes : « les dispositions contestées, qui sanctionnent d'une peine de deux ans d'emprisonnement et de 30 000 euros d'amende le fait de consulter de manière habituelle un service de communication au public en ligne faisant l'apologie ou provoquant à la commission d'acte de terrorisme et comportant des images ou représentations d'atteintes volontaires à la vie, ont pour objet de prévenir l'endoctrinement d'individus susceptibles de commettre ensuite de tels actes... s'agissant des exigences d'adaptation et de proportionnalité requises en matière d'atteinte à la liberté de communication, les dispositions contestées n'imposent pas que l'auteur de la consultation habituelle des services de communication au public en ligne concernés ait la volonté de commettre des actes terroristes ni même la preuve que cette consultation s'accompagne d'une manifestation de l'adhésion à l'idéologie exprimée sur ces services... Il en résulte de tout ce qui précède que les dispositions contestées portent une atteinte à l'exercice de la liberté de communication qui n'est pas nécessaire, adaptée et proportionnée. L'article 421-2-5-2 du code pénal doit donc, sans qu'il soit besoin de statuer sur les autres griefs, être déclaré contraire à la Constitution... » Décision n° 2016-611 QPC du 10 février 2017. www.conseil-constitutionnel.fr/conseil-constitutionnel/français/les-decisions/acces-par-date/decisions-depuis-1959.

Au Sénégal, s'agissant de l'exception d'inconstitutionnalité, la loi organique sur la Cour suprême dispose en son article 91 que « lorsque la solution d'un litige porté devant la Cour suprême est subordonnée à l'appréciation de la conformité d'une loi ou des stipulations d'un accord international à la Constitution, la Cour saisit obligatoirement le Conseil constitutionnel de l'exception d'inconstitutionnalité ainsi soulevée et sursoit à statuer jusqu'à ce que le Conseil constitutionnel se soit prononcé. Si le Conseil estime que la disposition dont il a été saisi n'est pas conforme à la Constitution, il ne peut plus en être fait application ».

La Loi organique n° 2016-23 du 14 juillet 2016 relative au Conseil constitutionnel élargit l'examen des exceptions d'inconstitutionnalité qui peuvent désormais être soulevées même devant la cour d'appel.

## II- Une autre mesure contraignante : le mandat d'amener

Le procureur de la République peut, en cas de délit ou crime flagrant, décerner un mandat d'amener contre toute personne soupçonnée d'avoir participé à l'infraction. C'est le seul cas où le parquet peut décerner un mandat, car dans bien des cas, le procureur de la République ne décerne pas à proprement parler des mandats, mais donne des instructions ou autorise les officiers de police judiciaire à accomplir tel ou tel autre acte ou à prendre telle mesure. Dans le cadre de l'exécution de ce mandat d'amener du parquet, l'article 62 C.P.P. dispose que « la personne ainsi conduite est entendue sur le champ par le procureur de la République. Si l'individu se présente spontanément, accompagné d'un défenseur, il ne peut être interrogé qu'en présence de ce dernier ».

## III- Les autorisations d'inhumer

Dans la suite des enquêtes, le procureur de la République est appelé à prendre des actes comme les permis ou certificats aux fins d'inhumation qui, avouons-le, reste l'une des tâches qui occupent parfois le parquet à tout moment, d'où la nécessité des permanences.

Aux termes de l'article 73 du Code de la famille, « lorsqu'il y a des signes ou des indices de mort violente ou d'autres circonstances qui donnent lieu à des soupçons, on ne peut faire l'inhumation qu'après l'établissement par un officier de police judiciaire, assisté d'un médecin, d'un procès-verbal de l'état du cadavre et des circonstances y relatives, ainsi que des renseignements qu'il a pu recueillir sur les prénoms, nom, âge, profession, lieu de naissance et domicile de la personne décédée ».

Le dossier d'inhumation comporte la réquisition adressée au médecin en double exemplaire signée de l'officier de police judiciaire sous le contrôle et la direction du parquet pour déterminer les causes de mort, le certificat de genre de mort dressé par le médecin et comportant les constatations sur le corps et la détermination des causes de mort ; enfin, le certificat aux fins d'inhumation dressé par l'officier de police judiciaire et que doit viser le procureur pour autoriser l'inhumation. Il est aussi visé, le cas échéant, dans bien des cas, par le maire et le président du conseil rural du lieu de décès et d'inhumation. À ce niveau, il faut faire preuve de rigueur pour éviter les inhumations prématurées de nature à entraver l'enquête en cours. Il faut prendre le soin de bien vérifier les conclusions du médecin sur les causes exactes du décès.

Même si le parquet n'est pas parfois outillé en matière médicale notamment sur la compréhension des termes médicaux, il doit se garder d'entériner les termes flous ou équivoques qui peuvent réserver des surprises. Il y a là une nécessité pour le parquetier d'avoir des notions élémentaires, de base, en matière médicale. Dans tous les cas où manifestement de plus amples examens sont nécessaires, faire une réquisition aux fins d'autopsie. Celle-ci est pratiquée par des professeurs et spécialistes de la médecine légale ou légistes appelés à intervenir en cas de mort ou de blessure violente, de mort subite ou suspecte. Ceci permettra d'éviter l'exhumation des restes souvent nécessaire dans le cadre de l'enquête ou en cours d'instruction et qui demeure une opération difficile. Elle soulève un émoi, rencontre des résistances surtout après de bonnes sépultures. En outre, le temps écoulé depuis l'inhumation risque d'être un véritable obstacle à la découverte d'indices utiles[1].

Le procureur de la République compétent pour signer le certificat aux fins d'inhumation est en principe celui du ressort saisi des faits, compte de la règle de la compétence territoriale posée par l'article 35 CPP. Mais parfois, une personne peut être victime d'un fait comme un accident de la circulation dans un ressort bien déterminé et décéder dans un autre ressort. Dans ce cas, la solution facile, commande que le procureur du lieu de décès signe le certificat ; mais en pratique, n'étant pas saisi des faits, il doit solliciter même au téléphone l'avis ou l'autorisation de son collègue normalement habilité à le faire. Aussi, pour d'autres situations, un procureur peut demander à son collègue d'un autre ressort de signer le certificat aux fins d'inhumation.

Le permis d'inhumer pour les cas de mort naturelle est délivré selon les cas par l'officier de l'état civil, le chef d'arrondissement et même le chef de village[2] sous papier libre sans frais[1]. En général, le parquet

---

[1] L'avancée des moyens techniques ou scientifiques permet de plus en plus de vaincre l'usure du temps avec des résultats satisfaisants.

[2] « Le village est la cellule administrative de base. La création et l'organisation des villages ainsi que les conditions de nomination et les attributions des chefs de village sont fixées par décret ». Article 12 de la loi n° 72-02 du 1er février 1972 relative à l'organisation de l'administration territoriale, modifiée. La loi n° 2002-02 du 15 février 2002 précise que « le village qui est constitué par la réunion de plusieurs familles ou carrés en une seule agglomération, est la cellule administrative de base ».

**Art. 34. (décret n° 96-228 du 22 mars 1996) : « ...** Nomination. Le chef de village est nommé par arrêté du Préfet sur proposition du Sous-préfet après consultation des chefs de carrés. Cet acte administratif ne devient définitif qu'après avoir reçu l'approbation du ministre de l'Intérieur. En règle générale, le consensus est requis. En

n'intervient pas. Mais la frontière est ténue. En effet, quand une personne décède subitement ou est trouvée morte dans un lieu autre qu'une structure de santé, même si manifestement il s'agit d'une mort naturelle, les officiers de police judiciaire, le plus souvent saisis, font une réquisition pour déterminer les causes de mort. L'inhumation dans ce cas ne se fera qu'après autorisation du parquet. On ne peut pas demander au porteur des conclusions à une mort naturelle survenue dans ces circonstances ayant nécessité l'intervention d'enquêteurs de s'en référer uniquement à l'officier de l'état civil.

L'autorisation d'inhumer ou le permis d'inhumer tel que prévu par le droit sénégalais pose parfois des difficultés pour des morts d'une confession qui pratique l'incinération par exemple[2]. En réalité,

---

l'absence de consensus, un chef de village intérimaire est nommé par arrêté du Préfet sur proposition du Sous-préfet pour un délai ne pouvant excéder six mois. Il en informe le gouverneur et le ministre de l'Intérieur. Avant d'entrer en fonction, le chef de village prête serment… » ;

**Art. 35. (décret n° 96-228 du 22 mars 1996) :** « Attributions. Le chef de village est le représentant de l'autorité administrative dans son ressort territorial. Sous l'autorité du Sous-préfet et du Président du Conseil Rural, le chef de village est chargé : — du contrôle de l'exécution des lois et règlements ; — de l'application des mesures de police ; — de l'application des mesures prises par le représentant de l'État en vue d'assurer le bon ordre, la sécurité, la sûreté et la salubrité publique ; — des fonctions spéciales qui lui sont attribuées par les lois et règlements ; — d'apporter son concours au recensement de la population ; — de la tenue des cahiers de village de l'état civil ; — d'apporter son concours et celui de la population pour combattre les calamités graves ; — de participer aux actions de développement économique, social, culturel, sanitaire et de protection de l'environnement. Le chef de village est de droit membre de la commission domaniale du conseil rural. **Art. 35 bis. (décret n° 96-228 du 22 mars 1996)** Le chef de village est chargé de la collecte de la taxe rurale ou de tout autre impôt ou taxe affecté au budget de la communauté rurale.
À ce titre, il agit sous la responsabilité directe du receveur de la communauté rurale... »

[1] « Dans les communes et les chefs lieu d'arrondissement, aucune inhumation n'est faite sans un permis d'inhumer délivré sur papier libre et sans frais par l'officier de l'état civil. Celui-ci ne peut le délivrer que sur production d'un certificat médical constatant le décès ou après s'être transporté auprès du défunt pour s'assurer du décès. En dehors des communes et des chefs lieu d'arrondissement, le permis ou l'autorisation d'inhumer est délivré dans les mêmes conditions par le chef de village. Sous réserve des dispositions de l'article précédent, l'officier de l'état civil ou le chef de village qui, ayant connaissance d'un décès, s'abstient de délivrer le permis ou l'autorisation d'inhumer, est passible des peines prévues par l'article 352 du Code pénal ». Article 74 du Code de la famille.

[2] « Un fait pour le moins insolite ! La mairie de Réfane, dans le département de Bambey, et les populations se sont opposées ce vendredi aux environs de 11 heures, à l'incinération du contrôleur chinois mort dimanche, suite à l'accident survenu sur le

l'inhumation est différente de l'incinération. Si la première consiste à mettre les restes mortels en terre ou dans une tombe, l'incinération ou la crémation consiste à brûler pour réduire en cendres le corps, à prélever une partie de cette cendre et la mettre dans une urne funéraire. Face à ce vide juridique qui s'adosse aux réalités socio-confessionnelles, le parquet ne peut autoriser que l'inhumation.

En dehors de toutes procédures, le procureur de la République est amené à autoriser l'inhumation des personnes inconnues ou de parents inconnus et décédés de mort naturelle ou violente et dont les corps sont restés pour un temps anormalement long dans la morgue de la structure hospitalière. Dans ces cas, le directeur de l'établissement hospitalier, préalablement à sa requête aux fins d'inhumation, fait généralement des avis dans les organes de presse avec à l'appui, le cas échéant, des photos. L'idée qui sous-tend cette pratique est le renseignement utile qu'on devrait au futur, donner aux parents du défunt.

Hormis les autorisations d'inhumation, le parquet n'intervient nullement dans les transports nationaux ou internationaux des restes ou du corps pour l'inhumation[1]. C'est une procédure administrative qui s'ouvre.

Dans tous les cas, les indices doivent être régulièrement consignés dans des procès-verbaux.

### §6. Les procès-verbaux

Les procès-verbaux sont définis comme étant « les actes par lesquels les fonctionnaires, les agents de l'autorité ou de la force publique et les officiers publics constatent les faits dont ils ont vérifié l'existence et dont la recherche entre dans leurs attributions »[2]. Dans le cadre d'une enquête préliminaire ou de flagrance, ils comportent l'ensemble des

---

tracé de l'autoroute Ilaa Touba à hauteur de Palène. Ses collègues chinois ont voulu se conformer à leur tradition qui consiste à incinérer leurs morts et à récupérer une partie des cendres. Peine perdue puisque la municipalité n'a pas voulu leur accorder l'autorisation… » http://www.dakaractu.com/INCINERATION-DU-CHINOIS-DECEDE-SUR-ILA-A-TOUBA-La-Mairie-de-Refane-dit-niet-les-populations-aussi_a133680.html

[1] Au Sénégal, ce sont les gouverneurs de région, les préfets et sous-préfets qui autorisent les transferts de cadavres ou restes mortels d'une région à une autre. Il faut aussi voir utilement la Convention internationale sur le transport des corps signée à Berlin le 10 février 1937. Les principaux documents internationaux exigés en général par les États sont le « laisser-passer mortuaire » et le « certificat de non-épidémie ».

[2] Gustave Le Poittevin, *Dictionnaire-formulaire des parquets et de la police judiciaire. IV.* Paris, Rousseau, 1951, page 588.

résultats des investigations menées : les auditons, interrogatoires, constats… En somme, toutes les diligences faites, les mesures prises ainsi que les pièces produites. Selon l'article 417 C.P.P : « Sauf disposition contraire de la loi, les procès-verbaux et les rapports constatant les délits ne valent qu'à titre de simple renseignement ».

Le procureur de la République étant l'autorité qui dirige l'enquête, il est normal que tous les procès-verbaux, à la clôture, lui soient envoyés pour qu'il juge de l'exerce de l'action publique. Selon l'article 38 C.P.P : « Dès la clôture de leur opération, les officiers de police judiciaire doivent faire parvenir directement au ministère public l'original des procès-verbaux ainsi que tous actes et documents y afférents. Les objets saisis sont tenus à sa disposition au greffe de la juridiction ».

Si en réalité, il est naturel pour les enquêteurs de faire parvenir au procureur de la République les procès-verbaux, les documents et objets saisis, il en va différemment dans les cas où il n'est pas saisi directement de la procédure. Aux termes des articles 18 et 21 C.P.P, une copie certifiée conforme des procès-verbaux est envoyée au procureur de la République dans tous les cas où il n'est pas saisi de la procédure. Ces dispositions devraient s'appliquer aux procédures qui relèvent de la compétence des tribunaux d'instance de son ressort. Comme il est chargé de la direction de la police judiciaire, il est normal qu'il soit mis en état de contrôler la compétence sur la saisine des tribunaux de son ressort.

Par ailleurs, en pratique, le parquet n'est pas le seul destinataire des procès-verbaux. En effet, les enquêteurs indiquent eux-mêmes les autorités à qui une copie du procès-verbal a été envoyée en application de certaines dispositions législatives ou réglementaires. En général, ce sont des autorités qui sont de près ou de loin concernées et parfois à titre de compte-rendu ou pour y donner des suites spécifiques comme en matière d'accident de la circulation pour les compagnies d'assurance. Ce peut être le commandant de compagnie, de légion, le commandant de la zone militaire, le ministre de l'Intérieur, des Forces armées, l'agent judiciaire de l'État, les compagnies d'assurance, et le classement aux archives. Quels que soient les destinataires, seul le parquet en donnera une véritable suite judiciaire.

## SECTION2. LE REGLEMENT DE LA PROCEDURE D'ENQUETE

Il ne faut pas d'emblée tirer la conclusion qu'un délit flagrant doit être réglé[1] avec la procédure de flagrant délit prévue à l'article 63 C.P.P ; aussi l'information est obligatoire en matière criminelle ou dans d'autres cas prévus par la loi comme en matière de blanchiment d'argent.

Saisi d'une procédure, le parquet peut décider de quatre voies de règlement :

— le classement sans suite,

— la procédure de flagrant délit,

— la citation directe,

— le réquisitoire introductif.

La médiation pénale, précisions-le, ne s'analyse pas en réalité comme un véritable règlement. Elle reste au Sénégal un mécanisme intermédiaire qui pourra aboutir finalement si elle est entreprise avec succès ou non à un classement sans suite, une citation directe ou tout autre règlement jugé opportun. Mais avant de régler la procédure, des préalables sont nécessaires.

### §1. Les vérifications préalables et le délai de règlement des procédures

#### I. Les vérifications préalables

Avant de régler sa procédure, le parquetier doit vérifier de prime abord de manière approfondie et rapide, le respect des règles de forme pour éviter des surprises postérieures de nullité notamment au cours de l'audience ou au cours de l'instruction. Il s'agira de vérifier :

— les règles de compétence *ratione loci*[2], *ratione materiae*[3] et *ratione personae*[4] de son propre parquet, mais aussi de l'unité de provenance de la procédure. Par exemple, en matière de terrorisme, aux termes de l'article 677-29 C.P.P : « Par dérogation aux dispositions de l'alinéa premier de l'article 35 du présent code, le procureur de la République près le tribunal de grande instance de Dakar est seul

[1] C'est la décision par laquelle le parquet donne suite à une procédure d'enquête qui lui est soumise.

[2] En raison du lieu.

[3] En raison de la matière.

[4] En raison de la qualité du mis en cause.

compétent pour l'exercice de l'action publique lorsque l'infraction rentre dans l'une des catégories visées aux articles 279-1 à 279-3 du Code pénal. Tout procureur de la République saisi de faits pouvant constituer l'une des infractions rentrant dans les catégories susvisées transmet, dans les soixante-douze heures de sa saisine, le dossier au procureur de la République près le tribunal de grande instance de Dakar ». Il est, pour la poursuite des actes de terrorisme, institué un pool antiterroriste au tribunal de Dakar composé d'une section d'enquêteurs spécialisés d'une section spécialisée au parquet et de cabinets d'instruction spécialisés. La réforme porte sur la définition des actes terroristes et actes assimilés, les peines encourues, leur prescription et le régime de garde à vue ;

— la régularité des conditions de garde à vue prescrites par la loi ;

— les cas de prescription ;

— les différents émargements et signatures sur les notifications faites et les auditions ;

— Si la procédure qui lui est soumise ne nécessite pas, de par la loi, une plainte préalable de la victime (injures et diffamation par exemple) ou d'une administration (fisc en matière d'impôt) sous peine d'irrecevabilité ;

— la présentation des procès-verbaux peut attirer l'attention du parquet si elle est de nature à rendre difficile leur exploitation.

## II. Le délai de règlement des procédures

Il y a lieu d'examiner le délai de règlement des procédures qui parviennent au parquet. Il faut faire la différence selon qu'on est en face d'une procédure avec une arrestation ou non.

### A. Les procédures avec arrestation

S'il y a une arrestation, le procureur de la République doit interroger immédiatement la personne. L'urgence dans le règlement de la procédure réside dans la sauvegarde de la liberté des personnes et du principe de la présomption d'innocence. Ainsi, la rapidité ou la diligence dans le règlement des procédures comportant des arrestations pèse au quotidien sur le travail des parquets. Ce sont des procédures qui ne doivent attendre, le parquet devant se déterminer rapidement, il faut aller vite. En général, cette tâche *pesante* pour les parquetiers reste un baromètre important dans l'appréciation de sa performance. Il faut remarquer qu'elle est toutefois *aisée,* car, étant directeur de l'enquête et informé de l'avancement de la procédure à l'enquête, le parquet se détermine plus rapidement dans la suite à lui réserver.

Mais il y a une pratique dite de *retour de parquet*[1] matérialisée par un ordre de mise à disposition dit *OMD,* parfois appelé ordre de conduite[2] par laquelle le parquet sursoit au règlement de la procédure et confie jusqu'au lendemain la personne déférée à un commissariat de police ou brigade de gendarmerie généralement proche. Le parquet, dans certains cas, par manque de temps pour régler une affaire, décide d'un retour de parquet. Cette mesure se renouvelle même parfois, la personne valsant entre le parquet et le lieu de garde sans être fixée sur son sort, une sorte de *délibéré* pour les parquetiers. C'est une pratique illégale parce que non prévue par la loi et à laquelle on doit recourir qu'en cas de nécessité ; lorsqu'il est envisagé par exemple une médiation pénale ou une vérification quelconque. La célérité doit être de rigueur dans le règlement des procédures qui comportent des arrestations. Pourtant critiqué, le retour de parquet s'insère de plus en plus dans la pratique processuelle du parquet. Aussi, de plus en plus, elle est adoptée par les justiciables. Il n'est pas rare d'entendre la presse qui traite des affaires avec arrestation pendantes au niveau des parquets, dire que tel déféré « a bénéficié » d'un retour de parquet. C'est un *soulagement* du déféré.

Les ordres de mise à disposition ont été, par le passé, pratiqués au niveau des tribunaux départementaux surtout pour ceux qui sont très loin du parquet régional et pour des infractions relevant de ce dernier. Les présidents de ces juridictions, dans leurs attributions de délégués du procureur, par un ordre de mise à disposition, faisaient détenir les personnes déférées à la maison d'arrêt et de correction de leur ressort en attendant leur transfèrement par la gendarmerie auprès du procureur de la République. À ce niveau, une réquisition de transfèrement était établie. Le temps entre l'arrestation et la conduite devant le parquet du procureur de la République pouvait être long, la solution adoptée étant d'attendre qu'il y ait un nombre assez important de personnes pour que le transfèrement s'organise avec utilité. L'éloignement et les ressources

---

[1] « L'application des dispositions des articles 101 et 63 du C.P.P ne doit en aucune façon être à l'origine de la pratique des retours de parquets. Les parquets d'instance devront en effet organiser les relations communicationnelles constantes et à toute heure avec la Police Judiciaire afin que le dossier confectionné à l'issue de l'enquête puisse être orienté sans perte de temps… » Lettre circulaire n° 00335MJ/DACG du 29 janvier 2001.

[2] La note circulaire n°03421/MINT/DAP-AS du 05 mai 1980.

avaient conduit à ces solutions non conformes à la loi. Avec le temps et surtout le rapprochement de la justice du justiciable, les distances sont courtes et les déferrements plus aisés pour les officiers de police judiciaire. Ainsi, les personnes arrêtées et contre qui pèsent des indices sont immédiatement et directement conduites devant le procureur de la République à la fin de la mesure de garde à vue.

Nous savons que pour les dossiers d'instruction, en première comparution, les articles 101 et suivants C.P.P.[1] font obligation au juge d'instruction, en matière criminelle ou en cas d'infirmité de nature à compromettre sa défense, si le conseil choisi par la personne mise en cause ou commis d'office est avisé, d'accorder un délai de 24 heures ; au-delà, il peut procéder à son inculpation. Il appartient, à notre sens, au juge d'instruction lui-même de signer la mise à disposition et non le parquet qui est dessaisi de la procédure par la signature du réquisitoire introductif et le transfert du dossier au cabinet d'instruction.

Un autre mécanisme usité par les parquets est le *relâchement sur convocation.* Par cette pratique, la personne conduite est relâchée et se voit remettre une convocation à charge pour elle de se représenter au parquet à une date fixée pour le traitement de sa procédure. Ce peut être pour une médiation envisagée, un complément d'enquête ou une vérification quelconque. Contrairement au *retour de parquet, le relâchement sur convocation* fait rarement l'objet de critiques et pourtant, il n'est pas prévu par les textes. Son préjugé favorable procède certainement de son caractère souple, la règle qui veuille que la liberté soit le principe étant sauvegardée. Toutefois, il n'est pas exclu qu'une personne ayant bénéficié de cette mesure se voie ultérieurement placée

---

[1] « Lors de la première comparution, et avant toute inculpation, le juge d'instruction donne avis à la personne conduite devant lui de son droit de choisir un conseil parmi les avocats inscrits au tableau ou admis au stage. Mention de cet avis est faite au procès-verbal. Ensuite le juge d'instruction constate son identité, lui fait connaître expressément chacun des faits qui lui sont imputés et l'avertit qu'il est libre de ne faire aucune déclaration. Mention de cet avertissement est faite au procès-verbal. Si l'inculpé désire faire des déclarations, celles-ci sont immédiatement reçues par le juge d'instruction. L'assistance d'un défenseur est obligatoire en matière criminelle ou quand l'inculpé est atteint d'une infirmité de nature à compromettre sa défense. Dans ces cas, si l'inculpé n'a pas fait le choix d'un défenseur, le magistrat en commet d'office. Dans les cas prévus aux alinéas 1 et 4, si le conseil avisé ne se présente pas 24 heures après la conduite du mis en cause devant le juge d'instruction, celui-ci peut procéder à l'inculpation. La partie civile régulièrement constituée a le droit de se faire assister d'un conseil dès sa première audition… » Article 101 C.P.P. (loi n° 99-06 du 29 janvier 1999).

en détention pour des motifs bien déterminés comme le non-respect d'engagement pris, le risque de fuite ou pour des raisons tenant à sa sécurité ou à celle d'un tiers.

Mais dans l'un ou l'autre cas, la seule préoccupation doit être le règlement rapide des affaires qui procède du droit fondamental de la personne présumée innocente, d'être fixée sur son sort, de voir sa procédure traitée dans des délais raisonnables. Le législateur sénégalais a récemment marqué expressément la nécessité de rendre la justice dans un délai raisonnable. L'article 1er de la loi n° 2014-26 du 3 novembre 2014 abrogeant et remplaçant la loi n° 84-19 du 2 février 1984 fixant l'organisation judiciaire dispose que « la justice est rendue au nom du peuple sénégalais. Les décisions sont rendues en toute impartialité, dans un délai raisonnable… »

### B. Les procédures sans arrestation

Pour ces procédures, aucun délai n'est posé par le législateur. Dans nos parquets, il est enregistré des procédures dites de *renseignements judiciaires* qui constituent la majorité du courrier. Nonobstant la non-exigence de délai, il convient de s'accorder que le parquet doit veiller au règlement diligent et rapide de ces dossiers. Ce sont des conflits divers dont les parties attendent le règlement d'où l'interdiction qu'on doit se faire de les minimiser ou marginaliser ; les lenteurs de la justice souvent stigmatisées en dépendent et la célérité doit être de rigueur[1]. Le règlement de ces procédures est un des baromètres du travail qu'abat un parquet, de sa productivité ou de son rendement.

## III. Le règlement proprement dit

Pour le règlement des procédures, plusieurs voies s'offrent au parquet, mais examinons les principales étant entendu que des décisions comme le complément d'enquête, le recours à une médiation restent des solutions intermédiaires qui connaîtront leur épilogue par un véritable règlement : le classement sans suite, la procédure de flagrant délit, l'ouverture d'une information et la procédure de citation directe.

---

[1] « Le temps qui passe, c'est la vérité qui s'enfuit » (Dr E. Locard). Jean Pradel. *Procédure pénale*, *op. cit.* page 317.

### A. Le classement sans suite

Il faut examiner la décision, les motifs et les effets.

#### *a. La décision et les motifs*

Le procureur de la République ou le substitut peut décider de classer sans suite une affaire et cela pour plusieurs raisons comme l'y autorise d'ailleurs l'article 32 C.P.P. Le parquet est seul juge de cette décision. Le législateur sénégalais, à l'instar de beaucoup de ses homologues[1], n'a pas précisé ou énuméré, comme il est noté dans certains pays[2], les cas de classement sans suite basés sur des motifs de droit, de fait ou d'opportunité. Cet effort de précision dans la loi des cas de classement sans suite permettrait de contrôler plus aisément les décisions des parquets :

— *insuffisance d'indices* : parfois des procédures parviennent au parquet, mais aucun indice ne pèse sur la personne visée dans la plainte. On ne sait pas en réalité ce qu'on lui reproche. Le plaignant ne produit aucun indice sérieux et objectif pouvant étayer sa plainte, pas plus que l'enquête subséquente n'a permis de trouver des indices probants contre la personne mise en cause. La plainte relève parfois d'une témérité empreinte de légèreté. Le procureur de la République se résout en ce moment à classer sans suite la plainte ;

— *affaire civile* : parfois le plaignant possède bien les moyens de sa plainte. Mais il se révèle que l'affaire portée devant le parquet est une affaire purement civile ou commerciale comme le divorce, le loyer, ou des faits purement d'ordre administratif. Ayant pour seule attribution la mise en œuvre de l'action publique et le procès civil étant l'affaire ou la chose des parties, le procureur de la République est tenu de classer cette affaire sans suite. L'immixtion ou l'incursion des parquets et des officiers de police judiciaire dans les matières purement civiles et commerciales a toujours été trouvée intolérable pour des raisons de compétence[3] ;

---

[1] Exemple : article 40-1 du Code de procédure pénale français ; article 200 du Code de procédure pénale du Tchad ; article 35 du Code de procédure pénale du Gabon.

[2] Exemple : article 319 Code de procédure pénale suisse.

[3] « Il m'a été donné de constater que de nombreuses affaires civiles et commerciales font l'objet de poursuites au pénal. Or, il n'est point besoin de rappeler que le parquet n'a pas vocation à trancher les litiges relevant de la matière civile et commerciale. Par conséquent, j'instruis tous les parquets généraux et ceux de la République à observer scrupuleusement leur compétence, conformément à la loi… » Lettre circulaire n° 7506 /MJ/DSJ du 02 décembre 2009.

— *extinction de l'action publique* : Le procureur de la République ne peut venir au secours de plaignants qui ont laissé courir un certain délai depuis la commission de l'infraction. Il ne sert à rien de raviver le souvenir d'une infraction tombée dans l'oubli, la société n'a plus intérêt à poursuivre cette infraction ; la prescription de l'action publique étant, sauf disposition contraire de la loi, de 10 ans pour le crime, 3 ans pour les délits et 1 an pour les contraventions. Parfois la durée de la prescription est plus longue : 7 ans pour le détournement de deniers publics par exemple. Toutefois, la durée de prescription ainsi indiquée n'est pas statique ; elle est dans bien des cas allongée par les cas d'interruption et de suspension de la prescription de l'action publique[1] généralement définie par la jurisprudence ou posée par la loi. Les enquêtes peuvent en réalité durer très longtemps surtout pour des investigations dans une affaire complexe ou non encore élucidée[2] ;

---

« L'attention de Monsieur le Garde des Sceaux sur les plaintes qui seraient initiées auprès de certains officiers de police judiciaire pour le recouvrement de créances purement civiles. Les affaires dites civiles n'étant pas par essence des infractions à la loi pénale, leur solution ne saurait être recherchée par la mise en œuvre des dispositions du Code de procédure pénale. En tout état de cause, il vous appartient de veiller à ce que les Officiers de police judiciaire, ne soient amenés à traiter de telles affaires qui n'ont aucune coloration pénale ». Lettre procureur général Près la cour d'appel de Dakar n° 002444 du 11 novembre 2009.

[1] L'interruption du délai de prescription de l'action publique résulte d'un acte juridique qui anéantit le délai écoulé et le fait de nouveau courir entièrement ou intégralement. Ce sont les actes d'instruction et de poursuite. Parmi les actes de poursuite qui ont cet effet on peut citer : le réquisitoire introductif, les actes de police judiciaire (procès-verbal, la plainte avec constitution de partie civile, appel. Pour les actes d'instruction, on peut citer le procès-verbal d'inculpation, les interrogatoires, les mandats d'arrêt ou d'amener, les perquisitions, les recherches des causes de la mort, l'ordonnance de clôture de l'information.

Contrairement à l'interruption, le délai écoulé n'est pas repris, elle est acquise pour la suspension. La prescription n'est que suspendue, à la fin du fait suspensif, la computation du délai de prescription est continue là où il a été suspendu. La jurisprudence donne quelques exemples : la durée du mandat présidentiel pour le Président de la République devant les juridictions pénales de droit commun (Cass. Ass. plén., 10 oct. 2001, n° 01-84922, *Bull. crim.* n° 206) ; la détention d'un délinquant à l'étranger dans un pays refusant son extradition (Crim., 2 juin 1964, n° 64-90046, *Bull. crim.* n° 189 ; l'invasion et l'occupation d'un territoire national par l'ennemi (Crim. 1er août 1919).

[2] Exemple : Affaire criminelle en France, Grégory Villemin âgé de quatre ans, découverte du corps le 16 octobre 1984, la justice continue, après des péripéties judiciaires, à faire des investigations sur l'affaire en 2017. https://fr.wikipedia.org/wiki/Affaire_Grégory.

— *aucune infraction à la loi pénale* : cette cause de classement sans suite peut recouper les autres. En l'absence d'aucune infraction malgré l'enquête diligentée, le procureur peut classer l'affaire sans suite. Tout est question d'appréciation et de perspicacité dans les investigations sans oublier les possibilités d'incrimination spécifique comme le blanchiment de capitaux ;

— *inopportunité des poursuites* : C'est là une cause de classement sans suite *fourre-tout*. Le parquet est seul maître de cette appréciation. Il peut tenir compte de la personnalité du délinquant, de la victime, des circonstances et aussi des réalités locales. C'est une conception difficilement concevable, mais procède de la volonté d'épargner la société d'un procès inutile, d'un procès qui dérange plus qu'il n'arrange ; autrement dit, sauvegarder l'intérêt de la justice[1]. Mais il faut éviter l'arbitraire, l'abus. C'est pourquoi il est souhaitable que le parquet spécifie les motifs de classement sans suite pour inopportunité des poursuites.

Exemple de classement sans suite pour inopportunité des poursuites : le cas d'un mineur délinquant primaire et après restitution de la chose soustraite ou après simple admonestation avec l'accord du plaignant, un préjudice mineur, une cessation du trouble, des circonstances des faits, le contexte de la commission des faits.

En tout, nul ne peut citer tous les cas de classement sans suite pour inopportunité des poursuites ; un motif qui ne doit toutefois pas servir à faire obstruction aux poursuites, à instaurer l'impunité ou une justice sélective. L'inopportunité des poursuites doit plutôt être un outil ou un levier essentiel entre les mains du parquet pour une justice efficace, efficiente et responsable.

Au niveau des tribunaux pénaux internationaux, la décision du procureur de poursuivre et surtout de ne pas poursuivre retient l'attention. Selon Élise Le Gall : « Le déroulement de la phase préliminaire du procès pénal est conditionné par la politique de poursuite définie et mise en œuvre par le procureur international. Celle-ci s'apprécie tout autant par sa décision positive d'enquêter et/ou de poursuivre que dans sa décision négative. En effet, cette dernière dévoile presque autant d'indices si ce n'est plus sur la stratégie de poursuites conduite par un procureur, national comme international [...]

---

[1] En droit international pénal, au niveau de la CPI, le procureur près ladite cour est juge de l'opportunité des poursuites et entre autres motifs qui s'offrent à lui, il y a l'intérêt de la justice (article 53 Statut de Rome).

Si le procureur international dispose d'un pouvoir discrétionnaire découlant de la consécration du principe d'opportunité des poursuites, ce dernier n'évolue pas dans l'institution pénale internationale – que ce soit les TPI, les juridictions hybrides ou encore la CPI – sans que certains paramètres et bornes ne lui soient imposés pour mener sa politique de poursuite [...] Si devant les tribunaux de Nuremberg et de Tokyo les questions touchant à l'acte d'accusation n'étaient évoquées que pendant le jugement en raison de l'absence de phase préalable, en revanche, devant les TPI *ad hoc*, le besoin de contrôle s'est matérialisé par l'institution d'un juge de l'examen de l'acte d'accusation [...] Puis, devant la CPI, a été instaurée la chambre préliminaire destinée à contrôler les décisions prises par le procureur d'enquêter et/ou de poursuivre. Si le contrôle exercé sur l'action du procureur s'est principalement construit autour de l'acte d'accusation symbole d'une décision positive de poursuite, en revanche, le silence était de mise sur un éventuel contrôle de sa décision négative d'enquêter et/ou de poursuivre. Inexistant devant les TPI *ad hoc*, il a été institué devant la procédure pénale de la CPI, mais avec une faible portée... »[1]

Au plan national, la décision de classement ou de poursuites du parquet ne doit pas être perçue comme un désaveu des enquêteurs ou un soutien, mais comme le résultat d'un examen objectif des faits à lui soumis ou la manifestation de l'appréciation de l'opportunité des poursuites dont il est seul juge. Rappelons, sauf dispositions contraires de la loi, que les procès-verbaux d'enquête ne valent qu'à titre de simples renseignements, ils ne lient pas le parquet ainsi que le tribunal.

***b. Les effets du classement sans suite***

Aux termes de l'article 32 C.P.P, la notification du classement sans suite doit être faite dans un délai de 08 jours.

En pratique, le procès-verbal est retourné au commissariat ou à la brigade d'origine qui fait la notification au plaignant suivant procès-verbal retourné au parquet qui classe enfin le dossier dans les archives. Sur l'avis de classement, il est indiqué à la partie plaignante qu'elle peut saisir directement le juge d'instruction d'une plainte avec constitution de partie civile prévue aux articles 76 et suivants du C.P.P ou citer directement devant le tribunal correctionnel avec le risque d'une condamnation à des dommages-intérêts pour constitution de partie

[1] Élise Le Gall, *La poursuite des crimes internationaux, Réflexions sur l'opportunité des poursuites du procureur international, op. cit.*, pages 19, 20, 21, 24.

civile abusive sans préjudice d'une procédure pour dénonciation calomnieuse, ou saisir la maison de justice pour une tentative de médiation. On pourrait même, ce qui ne se fait pas en pratique, ajouter l'option d'acquiescement ou de résignation du plaignant, car en réalité, le taux de résignation semble élevé. Le plaignant préfère, en réponse à la notification qui lui est faite, déclarer qu'il laisse tomber l'affaire et parfois, promettre de saisir la justice en cas de réitération de l'acte délictueux. Dans tous les cas, on constate en général que dans les droits nationaux de tradition romano-germanique, la victime occupe une place centrale, demeure *un acteur majeur de la procédure pénale*, ce qui peine à s'admettre devant les tribunaux pénaux internationaux où le procureur monopolise presque l'exercice de l'action publique[1].

---

[1] « Le choix opéré au sein des TPI ad hoc a été de considérer la victime comme objet du droit international pénal et non sujet de celui-ci. En effet, il est établi que les intérêts de la victime sont représentés par le procureur puisqu'il représente et agit au nom des intérêts de la communauté internationale… La consécration de la forte étendue du pouvoir du procureur est telle que ne lui a été imposée aucune obligation d'informer les victimes ni même de leur indiquer les raisons pour lesquelles une décision de poursuivre ou de ne pas poursuivre a été prise. En réalité, le seul droit accordé à la victime s'exerce au cours du procès en ce qu'elle peut être entendue en qualité de témoin - tout en sachant qu'un témoin n'est pas nécessairement une victime - mais elle ne pourra prendre part à l'audience que si une demande en ce sens a été formulée par une des parties (Défense ou Accusation) […] Une spécificité de taille est à relever par rapport aux autres juridictions pénales internationales en ce que les victimes bénéficient au sein des CETC d'une plus grande reconnaissance […] Selon le Règlement intérieur des CETC, toute personne physique ou morale qui a subi un préjudice causé par un crime relevant de la compétence des CETC est considérée comme une victime[…] Toutefois, devant les CETC, la victime ne peut, en se constituant partie civile par voie d'intervention, mettre en mouvement l'action publique. En agissant ainsi, elle corrobore par association la mise en mouvement de la procédure par les co-procureurs et co-juges d'instruction[…]Dans le cadre de sa mission de lutte contre l'impunité, la CPI a pour objectif de poursuivre les crimes internationaux relevant de sa compétence selon le principe de complémentarité… C'est ici qu'entre en scène le principal acteur de l'action publique internationale : le procureur international […] il est le seul titulaire du droit de mettre en mouvement l'action publique[…] Il en résulte une impossibilité pour les victimes de déclencher l'action publique quand bien même elles auraient un intérêt à agir et à participer à la procédure du fait de l'octroi d'un droit de réparation qui leur est désormais rendu possible[…] Malgré l'absence d'un mécanisme de plainte, les victimes ont la possibilité d'influencer en filigrane, voire de participer à l'ouverture d'une enquête ainsi que dans une moindre mesure au déclenchement des poursuites… ». Élise Le Gall, *La poursuite des crimes internationaux, Réflexions sur l'opportunité des poursuites du procureur international, op. cit.*, pages 125 à 151.

De plus en plus, on se rend compte que la simple notification du classement sans suite faite aux parties ne suffit plus. Celles-ci demandent qu'un document leur soit remis pour leur permettre de s'en prévaloir le cas échéant. Ainsi, les parquets délivrent des attestations de classement à la demande d'une partie. Une pratique notée qui devrait se prolonger au niveau des services de police et de gendarmerie qui procèdent aux notifications sur instructions du parquet.

En règle générale, si la décision est motivée en droit[1], le parquet ne peut y revenir, mais si le classement est motivé en fait[2], le ministère public peut y revenir si les faits ne sont pas prescrits. Il peut reconsidérer cette décision dont la notification faite aux parties ne lui confère outre mesure une certaine autorité. Le procureur général peut aussi ordonner au procureur de la République de poursuivre après sa décision de classement. Mais le refus du procureur ne met pas en mouvement l'action publique, le parquet général ne pouvant poursuivre à la place du parquet d'instance. Il en va de même du sens inverse. L'ordre de classer sans suite du parquet général n'anéantit pas l'action publique exercée par le procureur de la République. La juridiction est valablement saisie.

Si le classement sans suite est l'absence d'une poursuite, il n'en va pas de même pour la procédure de flagrant délit.

### B. La procédure de flagrant délit

L'article 63 C.P.P. dispose qu'« en cas de délit flagrant, lorsque le fait est puni d'une peine d'emprisonnement et si le juge d'instruction n'est pas saisi, le procureur de la République met l'inculpé sous mandat de dépôt, après l'avoir interrogé sur son identité et sur les faits qui lui sont reprochés ». Cette procédure n'est pas applicable en matière de délit de presse, en matière criminelle, toutes les fois que la loi en dispose ainsi comme en matière de blanchiment de capitaux.

---

Devant les CAE, même si le procureur a le monopole du déclenchement de l'action publique, les victimes peuvent porter plainte auprès de ce dernier, se constituer partie civile devant la Chambre africaine extraordinaire d'instruction et ont droit à réparation dans la phase de jugement devant la Chambre africaine extraordinaire d'assises. Articles 14,17, 27 et 28 Statut des CAE.

[1] Exemples : extinction de l'action publique (amnistie, transaction), immunité, irresponsabilité de l'auteur (pour démence, état de nécessité, légitime défense, contrainte et force majeure) irrégularité de la procédure, décès, abrogation de la loi, chose jugée.

[2] Exemples : absence d'infraction, infraction insuffisamment caractérisée, auteur inconnu, inopportunité des poursuites.

La loi n° 99-06 du 29 janvier 1999 a introduit une réforme. D'autres formalités sont exigées du parquet qui entend emprunter la voie du flagrant délit. Ce sont toutes des exigences qui vont dans le sens du renforcement des droits de la défense.

En principe, l'interrogatoire qui n'est pas une audience doit se faire en présence de son conseil et mention est faite au procès-verbal. Le régleur doit veiller au respect de cette disposition qui participe de la préservation des droits de la défense. Si le déféré ne choisit pas conseil ou si ce dernier n'a pu être saisi, mention en est faite de même s'il déclare en aviser dans le futur. La présence du conseil au moment de l'interrogatoire ou toutes formalités tendant à l'assurer, est une règle substantielle. Il pourra librement communiquer avec son client. Si l'avocat ne peut être contacté ou ne peut se déplacer dans les meilleurs délais, la formalité est considérée comme accomplie ; mention en est faite au procès-verbal à peine de nullité de la procédure.

L'avocat peut prendre la parole sur autorisation du procureur. Ainsi, « qu'il décide d'orienter en flagrant délit ou d'opter pour l'information, le procureur de la République doit organiser son secrétariat de manière à permettre à tous les acteurs (avocats ou magistrat instructeur) de perdre le moins de temps possible pour examiner les dossiers émanant de la police judiciaire. S'il s'agit de flagrant délit par exemple, à l'arrivée de la procédure, l'avocat constitué peut disposer pendant quelques minutes de la copie des procès-verbaux ou dans l'hypothèse où il n'y a plus d'un avocat, que chacun puisse obtenir copie de la procédure à ses frais. De cette façon, en même temps que le magistrat désigné pour le règlement, l'avocat s'imprègne de l'affaire. La phase ultérieure, c'est-à-dire l'interrogatoire de la personne déférée, sans être un débat, verra la participation active de l'avocat... »[1].

Après, le parquet doit notifier l'inculpation au mis en cause et recueillir sa déclaration. Dans bien des cas, on se limite à mentionner que la personne reconnaît ou nie les faits à elle reprochés. Il faut se garder d'être long ou prolixe à ce niveau, car il ne s'agit point d'un interrogatoire au fond. Il ne faut pas omettre d'indiquer les textes de loi applicables. C'est après seulement que le parquet se décide sur la détention ou non de la personne. L'individu ainsi placé sous mandat de dépôt est traduit sur le champ à l'audience du tribunal comme l'exige l'article 381 C.P.P, ou si ce jour-là il n'est point tenu d'audience, le prévenu est déféré à l'audience du lendemain, le tribunal étant, au

[1] Lettre circulaire n°0335MJ/DACG/ du 29 janvier 2001.

besoin, spécialement convoqué à la requête du ministère public (article 382 C.P.P). Cette procédure qui semble rapide est consacrée pour les affaires en principe simples. Les faits sont difficilement contestables même si l'inculpé peut ne pas les reconnaître.

Le procureur de la République estime qu'il n'y a pas lieu de retarder le jugement d'une affaire dont les éléments sont tous contenus dans le dossier et qu'il n'y a pas lieu d'ouvrir une information. On tient le délinquant et les faits. C'est à n'en pas douter, la procédure la plus usitée dans nos parquets du fait de la simplicité de beaucoup d'affaires. Toutefois, pour éviter l'arbitraire et garantir les droits de la défense, l'exigence légale est la motivation du mandat de dépôt.

***a. Quels sont les motifs du mandat de dépôt ?***

L'article 63 C.P.P. ne pose qu'une seule condition, la peine d'emprisonnement, ce qui implique que seuls les délits peuvent dans certains cas donner lieu à un placement sous mandat de dépôt par le procureur de la République. La peine d'emprisonnement exigée par le texte exclut simplement les infractions pour lesquelles seule une peine d'amende est encourue.

Le parquet a ainsi la latitude, pour les cas de délit et toutes les fois qu'une peine d'emprisonnement est encourue, de décerner le mandat de dépôt compte tenu de la politique criminelle en vigueur. En effet, il n'existe pas pour le parquet l'équivalent de l'article 127 C.P.P. Ce texte s'applique au juge d'instruction qui ne peut décerner un mandat de dépôt contre une personne régulièrement domiciliée dans le ressort de sa juridiction et quand le maximum de la peine encourue ne dépasse pas trois ans. Toutefois, le mandat de dépôt est une arme qu'il faut manier avec beaucoup de délicatesse, de responsabilité et de fermeté. Il doit désormais être motivé[1]. Plusieurs motifs peuvent déterminer le parquet à placer l'inculpé sous mandat de dépôt :

— le manque de garantie de représentation en justice de l'inculpé ;

---

[1] Après la réforme de 1999, la lettre circulaire du garde des Sceaux n° 00335 MJ/DACG du 29 janvier 2001 indique : « les mandats de dépôt ou les réquisitions tendant à décerner des mandats de dépôt doivent être motivés. Par principe, toute décision juridictionnelle doit être motivée... par rapport aux faits, le magistrat, s'attachera à expliquer les raisons qui l'ont amené à prononcer la détention ou la requérir. Autrement dit l'exposé des faits de la cause doit permettre de comprendre les raisons qui ont conduit le magistrat à décerner ou à requérir le mandat de dépôt. Les motifs à développer devront commencer par exemple par l'expression : mandat de dépôt nécessaire en ce que... ».

— la préservation de l'ordre public ;

— le passé pénal ;

— la nécessité de la préservation des indices et éléments de preuve ;

Le texte ne pose pas de sanctions relativement au mandat de dépôt du parquet non motivé. Mais on peut admettre que cela soit la nullité du procès-verbal pour non-respect d'une formalité substantielle. La motivation du mandat de dépôt participe du renforcement des droits de la défense et de la présomption d'innocence. Autrement, ce serait cautionner l'arbitraire qui consisterait comme auparavant à placer sous mandat de dépôt une personne sans en donner les motifs.

Dans le placement sous mandat de dépôt en procédure de flagrant délit, contrairement à ce qu'on pourrait penser, les parquetiers font preuve de responsabilité en s'adossant sur les textes, les faits, la personnalité du délinquant et la politique pénale sans ignorer les réalités de la vie carcérale[1]. Une décision qui a aussi une portée

***b. La portée du mandat de dépôt en matière de flagrant délit***

Le parquet ayant décerné un mandat de dépôt peut-il revenir sur sa décision, le cas échéant, comment ?

À l'absence de texte exprès dans le Code de procédure pénale, on peut procéder à l'analyse sous un angle pratique en partant du fait qu'en droit, on sait qu'une fois saisi, seul le tribunal peut se prononcer sur la liberté provisoire du prévenu. Mais pour répondre à cette question, il faut faire les distinctions suivantes :

En pratique, le parquet peut revenir sur le mandat de dépôt décerné contre un prévenu tant que la maison d'arrêt n'a pas procédé à son écrou. Le procureur peut revenir sur sa décision. Mais il est vivement déconseillé d'avoir recours à cela, car ceci dénote une tergiversation et entame l'autorité de la justice, car, au niveau du parquet, la décision du placement sous mandat de dépôt doit être irrévocable, définitive sauf cas exceptionnel, comme l'état de santé du mis en cause, une erreur sur la personne, un élément de décharge déterminant ou tout simplement une erreur d'appréciation des faits.

---

[1] Estimant que les parquets font preuve de légèreté dans le placement sous mandat de dépôt, une députée a, lors de la session budgétaire 2013, lancé en plénière au garde des Sceaux que les « procureurs devraient faire la prison pour prendre la mesure de leurs décisions ».

Si la saisine du tribunal est déjà formalisée par l'enrôlement du dossier, seule en principe la juridiction saisie peut statuer sur la mise en liberté du mis en cause.

Peut-on enrôler une demande de mise en liberté provisoire à une date antérieure à celle fixée pour l'audience ? Ceci n'est possible à moins que l'on provoque une audience spéciale qui doit obéir à des situations exceptionnelles, rares, sous peine de rompre l'égalité des justiciables placés en détention. Le mandat ne peut être levé que par le tribunal lui-même régulièrement constitué, le président de la juridiction ne peut le faire à lui seul encore moins le procureur seul.

Dans certaines procédures spéciales comme en matière douanière, la transaction intervenue éteint l'action publique comme nous le verrons plus loin, la levée du mandat de dépôt répond à certaines exigences. Si l'écrou n'est pas encore pris, le parquet peut annuler d'office et classer le dossier pour extinction de l'action publique, l'individu arrêté, libéré suite à son ordre. Dans le cas contraire, il appartient au tribunal de le faire, quitte au parquet d'enrôler le dossier en audience spéciale pour éviter la prolongation d'une détention injustifiée et préjudiciable aux droits de l'inculpé qui a déjà transigé avec le plus souvent le paiement d'une amende à l'administration des Douanes.

En conclusion, une fois décerné, le mandat de dépôt du parquet ne peut être levé que sur décision du tribunal. Il échappe au parquet même qui l'a décerné. L'écrou demeure, à notre avis, le seuil qu'il ne faut pas franchir surtout qu'une date d'audience est déjà notifiée à l'inculpé et le service d'enrôlement a déjà commencé ses diligences ; avec l'informatique, le règlement déjà mentionné figure dans la chaîne pénale.

Si la procédure de flagrant délit n'implique que le parquet, il n'en va pas de même pour l'ouverture d'une information.

### C. L'ouverture d'une information

Aux termes de l'article 71 C.P.P, « le juge d'instruction ne peut informer qu'en vertu d'un réquisitoire du procureur de la République, même s'il a procédé en cas de crime ou de délit flagrant… » Il y a de ces affaires complexes pour lesquelles une procédure rapide ne peut que les compliquer davantage. On voit le plus souvent les juridictions obligées d'ordonner un complément d'enquête parce que justement au niveau des poursuites, on n'a pas bien appréhendé tous les éléments de fait nécessaires à la bonne manifestation de la vérité.

Ainsi, si le parquet estime qu'il reste des actes à faire notamment dans le cadre des investigations ou si la loi l'exige[1], il peut décider de l'ouverture d'une information et saisir le juge d'instruction par un réquisitoire introductif ou à fin d'informer.

Le réquisitoire introductif peut être pris contre personne dénommée ou contre X. Il est pris contre personne dénommée lorsqu'on trouve le délinquant ou s'il est suffisamment identifié. En effet, l'enquête de police peut révéler les personnes impliquées avec leur identité complète. Le parquet les poursuit s'il existe contre eux des indices graves et concordants rendant vraisemblablement leur participation à l'infraction.

Le réquisitoire est contre X lorsque l'infraction bien qu'existant, ses auteurs sont restés inconnus à la clôture de l'enquête. Toutefois, il arrive des fois où des personnes sont visées dans des plaintes ou des enquêtes, mais le procureur de la République peut décider d'ouvrir l'information contre X s'il estime que les indices lui paraissent insuffisants. Il reste entendu que le juge d'instruction, bien que l'information soit ouverte contre X, peut inculper directement une personne contre qui il estime les charges suffisantes.

Après avoir visé les personnes dans son réquisitoire introductif et les infractions qui leur sont reprochées, le procureur de la République peut donner avis sur la détention. Il peut ainsi requérir le mandat de dépôt, le mandat d'arrêt ou le contrôle judiciaire, ordonnance de garde provisoire pour les mineurs, ne rien requérir s'il préfère ne pas se prononcer sur la détention. En réalité, en ne se prononçant pas, le procureur manifeste par cet acte une attitude indifférente, mais relative. Cela n'exclut pas, en cours d'instruction qu'il s'oppose à une demande de mise en liberté provisoire. Dans tous les cas, sauf disposition contraire de la loi, le juge d'instruction n'est pas tenu de le suivre.

---

[1] On peut citer en exemple la matière criminelle, les dossiers de la CENTIF dans le cadre de la lutte contre le blanchiment de capitaux et le financement du terrorisme, l'article 97 de la loi n° 2015-18 du 13 juillet 2015 portant Code de la Pêche maritime dispose que « dans le cas où aucun responsable de l'infraction ou du navire ne pourrait être entendu ou identifié par les autorités sénégalaises, le procès-verbal est envoyé au procureur de la République pour l'ouverture d'une information. »

Dans certains cas, le juge d'instruction délivre obligatoirement un mandat de dépôt ou mandat d'arrêt sur les réquisitions écrites du ministère public[1].

Désormais, l'instruction est menée par un magistrat du siège et certains écrivent qu'en signant le réquisitoire introductif ou aux fins d'informer, le parquet s'ôte des pouvoirs et devient une partie, même si ceci ne doit pas occulter ses prérogatives importantes en cours d'instruction.

L'instruction ainsi ouverte obéit à ces principes directeurs : le principe que l'instruction est assurée par des magistrats spécialisés, le principe que l'instruction est assurée par des magistrats impartiaux, le principe que l'instruction est conduite de manière indépendante, le principe que l'instruction respecte les droits des parties, le principe que l'instruction se déroule de manière secrète et écrite.

L'information est aussi ouverte en cas de mort suspecte. L'article 66 C.P.P. dispose : « Le procureur de la République peut aussi requérir information pour rechercher les causes de mort ». Dans le cas de découverte de cadavre, même s'il n'est pas constaté des coups et des blessures apparents, il serait plus judicieux d'ouvrir une information pour rechercher une quelconque infraction. Dans ce cas, il convient de préciser qu'en ouvrant une information pour rechercher les causes d'une mort, l'action publique n'est pas encore déclenchée. Le juge recherche les indices qui seraient de nature à déterminer les causes de la mort et le parquet ne doit pas viser X dans son réquisitoire, car aucune infraction n'est constatée ou aucun indice ne permet en l'état de penser à une infraction. Si après des investigations l'information n'a pas permis de connaître les causes de la mort, la procédure est transmise au parquet qui prendra des réquisitions aux fins de classement, car on ne peut véritablement à ce niveau parler d'un non-lieu. Il en est ainsi s'il est apparu que les causes de la mort ne revêtent aucun caractère pénal comme une mort naturelle ou un suicide.

Si le juge d'instruction découvre par contre des indices sérieux d'une infraction qui a causé la mort et éventuellement les auteurs, il sollicite un réquisitoire introductif pour pouvoir informer et inculper les présumés auteurs ou tout simplement continuer à informer sur une infraction précise comme le meurtre ou l'assassinat.

---

[1] Voir les articles 139 et 140 C.P.P.

Le ministère public, sauf dans les cas où la loi en dispose autrement[1], est seul maître de la nécessité ou non d'ouvrir une information. Ainsi, la seule préoccupation étant de savoir si un dossier est en état d'être jugé ou non.

L'ouverture d'une information répond par ailleurs en pratique au niveau des parquets à des paramètres de politique pénale : élucider les affaires en cas de nécessité, éviter l'engorgement des cabinets d'instruction ou une obligation légale.

Outre l'ouverture d'une information, la citation directe peut être décidée.

**D. La citation directe**

Il faut voir la décision et les formalités à accomplir en l'espèce.

***a. La décision***

Lorsqu'il reçoit un procès-verbal de renseignement judiciaire ou d'arrestation portant sur une matière correctionnelle ou contraventionnelle, sauf disposition contraire de la loi, le parquet peut utiliser la voie de la citation directe et citer directement la personne mise en cause à comparaître devant le tribunal compétent pour répondre des faits qui lui sont reprochés.

En cas d'arrestation, le délinquant qui lui est déféré est immédiatement mis en liberté. Tout est question d'espèce. Les parquets d'instance apprécient au cas par cas.

La citation directe à l'initiative du ministère public constitue une manière simple d'attraire les délinquants devant le tribunal correctionnel ou de simple police. Si la citation directe est à l'initiative de la partie civile, celle-ci doit obligatoirement citer le procureur de la République qui doit viser l'acte. Dans ce cas, l'action publique est mise ainsi en mouvement par la partie civile à ses risques et périls.

***b. Formalités et effets***

*1. Formalités*

La citation directe est faite par voie d'huissier. Le ministère public requiert l'office d'un huissier de son ressort pour citer les parties au procès et de lui faire retour des exploits. L'huissier doit accomplir son office en respectant sous peine de nullité, les délais d'ajournement

---

[1] Exemple en matière de blanchiment de capitaux et en matière criminelle.

devant séparer le jour de l'assignation et le jour de l'audience posés par l'article 540 CPP ; ceci pour éviter tout effet de surprise.

*2. Effets*

— Si l'assignation est servie à personne, cette dernière vise elle-même l'original de l'exploit ; si elle ne se présente pas le jour de l'audience, le tribunal rendra une décision réputée contradictoire, la seule voie ouverte est l'appel ;

— L'assignation à voisin : l'huissier peut ne pas trouver la personne chez elle. Ainsi, il peut remettre l'acte à un voisin immédiat qui vise l'acte. L'acte peut être visé par un domestique ou un employé. On peut se demander si l'assignation remise au conjoint n'est pas faite à personne. On devrait l'admettre pour éviter tout dilatoire, mais cette position ne serait pas totalement en phase avec le respect des droits de la défense.

Dans le cas d'assignation à voisin, si la preuve que la personne concernée est au courant[1] de la procédure initiée contre elle n'est pas rapportée, le tribunal rendra une décision par défaut simple, ouvrant ainsi la voie de l'opposition. La personne qui a fait défaut peut faire opposition et permettre à la juridiction qui a rendu sa décision de connaître encore de l'affaire ou tout simplement interjeter appel devant la cour d'appel ;

— L'assignation à parquet : l'huissier peut, après s'être rendu chez le domicile de la personne concernée, se rendre compte que personne dans le voisinage ne la connaît ou ne connaît son adresse actuelle. Il peut ainsi se rendre au parquet du ressort pour faire viser l'acte. La décision qui sera rendue le sera par défaut simple ;

— L'assignation à mairie : c'est le même cas de figure ci-dessus examiné. L'huissier peut se rendre à la mairie pour se faire viser l'original. Il faut admettre que les mairies d'arrondissement peuvent aussi le faire.

Il convient de voir en pratique comment se fait le règlement.

---

[1] « Que le prévenu cité à domicile n'a pas comparu, qu'il ne résulte d'aucune pièce de la procédure qu'il ait eu connaissance de la citation le concernant ; même s'il a connu l'existence des poursuites… » Jugement réputé contradictoire (NON), jugement par défaut susceptible d'opposition (OUI). C.cass. Aff. César Césarini c/ M.P ; Société Marée-Export. Arrêt n°30 du 06 septembre 1994. *Recueil des arrêts de la Cour de cassation 1993-1999.*

## SECTION 3. LE PROCEDE DU REGLEMENT

Les règlements, portés en général sur les procès-verbaux d'enquête, se présentent comme ceci :

En matière de flagrant délit : RP[1]/FDTGI OU FDTI OU FDTE (tribunal de grande instance, d'instance ou pour enfant) ;

— on mentionne en dessous les infractions objets de poursuites ;

— on mentionne ensuite les textes qui prévoient et répriment l'infraction ;

— on mentionne « Contre » ;

— on met la liste des personnes poursuivies avec les prénoms et nom et le cas échéant, les pseudonymes, ou X ;

— on se prononce sur la détention au besoin en spécifiant pour chaque personne.

Ce procédé de règlement est le même pour les cas d'information (RP/RI JI 1er cabinet), sauf que s'il s'agit de X, on ne se prononce pas sur la détention, car le mandat de dépôt d'amener ou d'arrêt s'applique contre une personne physique identifiée, pas contre une personne virtuelle ou imaginaire. Aussi, le parquet peut ne pas se prononcer et laisser la libre appréciation au juge d'instruction ou solliciter le contrôle judiciaire en laissant le soin au juge d'en spécifier les termes. Il peut, en sus de la détention, requérir des mesures conservatoires comme la saisie des biens des personnes inculpées ou une expertise.

En cas de citation directe, RP/CDSP pour les procédures de simple police, et pour les délits ou affaires contre les mineurs selon le cas : RP/CDTGI ou CDTI ou CDTE ; pour ces cas, pas de possibilité de mesure de détention du parquet contre la personne poursuivie.

L'agencement des termes du règlement portés sur le procès-verbal d'enquête, en dépit de son utilité pour des soucis évidents de clarté et d'intelligence, importe peu. Il n'est pas réglementé à notre connaissance. L'essentiel est que les mentions importantes y figurent comme l'infraction, les textes qui la prévoient et la répriment, les personnes poursuivies, l'indication sur la détention ou non, la date du règlement et la signature du magistrat. Ce sont les renseignements de base dont ont besoin le secrétariat et le service d'enrôlement pour

---

[1] Registres des plaintes, ceci signifie que le dossier devra figurer à ce registre avec un numéro.

remplir les différents registres et mettre en état le dossier, notamment les mentions à porter sur la chemise.

Il est aussi d'usage tout à fait compréhensible dans l'énumération des personnes poursuivies, comme pour respecter le processus criminel ou délictuel, que les auteurs principaux précèdent les complices et les receleurs. Aussi, le *chef de bande* figure en première ligne et en ordre jusqu'à la personne supposée la moins impliquée. Ainsi, le règlement, en toile de fond, aménage déjà une correcte prise en charge des délinquants.

Dans le cadre général, en l'absence de toute procédure, la prévention de la délinquance peut intéresser le parquet.

## SECTION 4. LA PREVENTION DE LA DELINQUANCE

Si dans bien des pays comme la France les parquets depuis longtemps jouent un rôle important dans la prévention de la délinquance en s'appuyant sur les associations dans ce domaine et les municipalités[1], au Sénégal, ce rôle du parquet est presque méconnu et inorganisé. En France, des réunions de travail sur la jeunesse et la prévention de la délinquance auxquelles le parquet prend part ainsi que les élus locaux, les travailleurs sociaux, la police mettent en exergue ses attributions spécifiques. Le procureur de la République dirige et coordonne l'application des contrats locaux de sécurité, est membre de droit d'associations de prévention de la délinquance.

Au Sénégal, l'absence de véritables associations de masse, de proximité et de cadres au niveau des municipalités qui s'activent dans la prévention de la délinquance, ne permettent pas aux parquets de jouer à ce niveau leur partition. C'est pourtant un pan important du rôle de la justice qui, rappelons-le, n'a qu'un seul but : l'instauration d'un climat social apaisé propice au développement de toute société. Ainsi, il est de plus en plus nécessaire que les parquets intègrent cette nouvelle dimension qui pourrait les sortir de temps en temps des sentiers battus du prétoire. La prévention n'est pas étrangère à l'accusation, car elle lui permet de bien maîtriser le cadre et le contexte de la commission des faits. Il est aussi souhaitable et même indiqué que le parquet soit impliqué dans la prévention de la délinquance au niveau du mouvement

---

[1] Ainsi le procureur de la République est vice-président du Conseil départemental de prévention de la délinquance (CDPD*)*. Jean Pradel, *Procédure pénale*, *op. cit.*, page 104.

associatif, de l'administration décentralisée comme les mairies, conseils de jeunesse et autres assemblées, et des organisations spécialisées qui interviennent dans la prévention de la délinquance.

Au niveau régional ou départemental, le procureur de la République est membre de plusieurs comités de lutte contre certaines formes de délinquance comme le trafic de drogue, l'excision, les violences faites aux femmes et aux enfants, le vol de bétail, la mendicité, etc. Il est convié à ce propos aux Comités régionaux ou départementaux de développement (CRD ou CDD) dans les gouvernances et préfectures. Les organisations de la société civile sont de plus en plus nombreuses dans la prévention et le règlement des conflits. D'autres leviers sociaux comme les notables et chefs religieux interviennent beaucoup, de manière informelle et efficace dans la prévention de la délinquance et même le règlement de conflits.

Dans ce domaine de la prévention, la participation décisive au Sénégal du chef du parquet est à trouver dans le dispositif judiciaire avec la justice de proximité ou dans le cadre de l'exercice des poursuites comme nous le verrons plus loin. Dans l'article 1er du décret n°99-1124 du 17 novembre 1999 relatif aux maisons de justice, à la médiation et à la conciliation, il est indiqué que « la maison de justice est le siège d'activités relatives au droit, à la régulation des conflits, à la prévention et au traitement de la délinquance, à l'information des justiciables et à l'aide aux victimes ». Elle est placée sous l'autorité du procureur de la République du lieu de son implantation. Ce dernier est responsable de son organisation et de ses liaisons avec les élus et autres partenaires. Il a la même autorité sur le coordonnateur de la maison de justice chargé du secrétariat du comité de coordination, de la mise en œuvre de ses orientations, de l'organisation et de la supervision des différentes activités de la maison de justice, assure toutes les relations utiles avec les partenaires et le contact avec les populations.

Au cours d'une procédure ou non, le procureur de la République peut être amené à agir dans le cadre préventif ou pour faire cesser une infraction. Aux termes de l'article 90-13 C.P.P, « lorsqu'au cours d'une enquête ou d'une instruction, il apparaît nécessaire d'empêcher la diffusion d'images ou de représentations de mineurs à caractère pornographique ou de contenu manifestement illicite, l'officier de police judiciaire, sur autorisation du procureur de la République ou le juge d'instruction, peut notifier au fournisseur d'accès, les adresses électroniques des services de communications au public en ligne diffusant des représentations pornographiques de mineurs ou des contenus manifestement illicites auxquelles ce prestataire doit empêcher l'accès sans délai. Le président du tribunal de grande instance, statuant, en référé, peut ordonner la mesure prévue à l'alinéa premier du présent article, en dehors de toute procédure d'enquête ou d'instruction, à la requête du ministère public ou de toute personne intéressée… »

Dans la justice pénale internationale, le mécanisme du rappel à la loi ou de la mise en garde contre la commission de violations massives des droits de l'homme est promu dans certains cas. Le bureau du procureur de la CPI a eu, par exemple, à procéder à une mise en garde en République démocratique du Congo[1].

## SECTION 5. UNE SOLUTION INTERMEDIAIRE : LE RECOURS A LA MEDIATION PENALE COMME MODE DE REGLEMENT DES CONFLITS

L'éminent criminologue Donnedieu de Vabres[2] définissait le droit criminel comme « l'ensemble des lois qui réglementent dans un pays l'exercice de la répression par l'État ». Cette définition qui avait cours dans un passé très lointain est aujourd'hui battue en brèche. Le droit criminel ne peut se limiter à la répression. Depuis des années déjà, le législateur sénégalais a pris en compte l'idée de resocialisation des

[1] « RD Congo : le bureau du procureur de la CPI dépêche une mission à Kinshasa… Près d'un mois après des manifestations qui avaient dégénéré, les 19 et 20 septembre, en affrontements sanglants entre partisans de l'opposition et les forces de l'ordre, Fatou Bensouda, procureur de la CPI, a annoncé lundi avoir déployé une mission sur place. Le bureau du procureur de la cour pénale internationale (CPI) maintient que certains actes observés lors de ces manifestations des 19 et 20 septembre à Kinshasa pourraient constituer des crimes de sa compétence, indique Fatou Bensouda dans une déclaration publiée le lundi 17 octobre à la Haye. C'est pourquoi après avoir prévenu qu'elle suivait de près la situation dans la capitale congolaise, la procureur de la CPI a décidé d'envoyer une délégation de son bureau sur place pour rencontrer, du 16 au 20 octobre, des dirigeants congolais, des membres de partis politiques, la société civile et la presse […] **Mise en garde de la CPI** […] Objectif : demander à toutes les parties prenantes de s'abstenir, en tout temps et en tout lieu, de tout acte de violence criminelle contre les individus et les biens et de prendre les mesures nécessaires afin de prévenir la commission de tels actes […] Il est impératif de toute activité et toute action sur le territoire de la RDC, quels que soient son acteur, sa nature et sa forme, se déroule avec retenue et sens des responsabilités, rappelle Fatou Bensouda qui souligne que son bureau surveille avec une extrême vigilance la situation sur le terrain en RDC… ». www.jeuneafrique.com/366139/politique/

[2] Dans son Traité n°1.

délinquants par le biais des mesures de sûreté, et plus récemment, des peines alternatives. Mais de plus en plus, en dépit de ces mécanismes qui élargissent l'éventail des solutions, le volume du contentieux et sa variété ont fini d'encombrer le prétoire avec des conséquences comme les lenteurs constatées dans la distribution de la justice[1].

Une question se pose désormais : les tribunaux doivent-ils être le seul recours pour le règlement des conflits en matière pénale ? La réponse négative a permis l'instauration de la médiation pénale qui semble être en parfaite adéquation avec les traditions africaines de l'arbre à palabres qui « ne sont pas, dans le contexte négro-africain, synonymes de cacophonie stérile ou de débats sans issue [...] Le juge de la tradition noire n'a pas seulement pour fonction de rendre une décision, il/elle doit d'abord et surtout écouter et être attentif/ve à tout ce qui se dit devant lui/elle. L'art de présider une audience de justice inclut l'art de mener les débats de manière sereine et impartiale [...] S'il est une valeur au cœur des civilisations noires, c'est l'Harmonie. Tous les moyens sont bons pour l'instaurer, la préserver et la rétablir chaque fois qu'elle est ébranlée. Les jugements participent de cet idéal. Les juges ne sont pas là pour punir, mais pour aider à l'établissement de la vérité, préalable nécessaire à la réconciliation des adversaires et à la réparation des éventuels déséquilibres sociaux que le conflit a dévoilés... »[2]. La sauvegarde de l'harmonie est vivace dans la société depuis la nuit des temps. Par exemple, cette volonté est relevée à l'occasion de la fête traditionnelle dite *Houmeubeul* du roi d'Oussouye *Maan,* important évènement dans le calendrier du royaume *Boubadioume Ayi d'Oussouye*. Elle marque la fin de l'hivernage et comporte des phases rituelles, culturelles et sportives avec la lutte traditionnelle et surtout une séquence à l'occasion de laquelle les personnes qui ont commis des infractions et autres actes illicites sont dénoncées. Pas de sanctions, c'est l'occasion d'une prise de conscience

[1] « Les progrès de la démocratie et de l'économie de marché semblent donner naissance à un volume de conflits juridiques qui dépassent les capacités des tribunaux nationaux. L'encombrement du rôle des tribunaux réduit le temps qui peut être consacré à chaque affaire, entrainant des retards qui renforcent la tentation des parties de manquer à leurs obligations. À son tour, le non-respect des jugements donne lieu à de nouveaux conflits qui sont davantage de la compétence des tribunaux... » Médiation judiciaire et culture juridique. Hiram Chodosh, Case *Western Reserve University* (USA) décembre 1999. La médiation et les tribunaux. Page 7.

[2] *Pouvoir et justice dans la tradition des peuples noirs, op. cit.*, page 55 à 56.

individuelle et collective. Ainsi, la paix est retrouvée, les sujets remis sur le droit chemin.[1]

Nous connaissons depuis longtemps dans d'autres domaines, des modes plus simples comme la conciliation en matière de droit du travail (inspection du travail et de la sécurité sociale), familial (juge de paix ou du tribunal d'instance), civil et commercial (centre d'arbitrage, de médiation et de conciliation).

Le procès pénal a aussi un coût pour l'administration de la justice et les parties que le mécanisme de l'aide juridictionnelle ne peut annihiler. La machine est aussi lourde que les frais qu'elle occasionne. La tendance aujourd'hui est d'instaurer une justice plus souple dans un délai raisonnable et à moindres frais. « Rendre la justice n'est que la seconde dette de la société. Empêcher le procès c'est la première. Il faut que la société dise aux parties : pour arriver au temple de la justice, passez par celui de la concorde. J'espère qu'en passant vous transigerez » (Prugnon)[2]. Aussi, la rapidité qui est dans l'air du temps dans la société ne laisse pas en rade la justice. Dans une certaine mesure, la médiation, la conciliation et l'arbitrage participent à cette dynamique.

Les deux concepts de médiation et de conciliation ont toujours été différenciés même s'ils ne sont pas fondamentalement loin de l'autre. En effet, si le médiateur, personne neutre, ne fait qu'accompagner les parties qui trouvent elles-mêmes la solution à leur litige, le conciliateur, personne plus active, conseille et guide les parties vers un accord. Il convient de souligner que le médiateur, comme le conciliateur, s'efforce de rapprocher les parties en litige sans pouvoir, à la différence de l'arbitrage, leur imposer sa solution. Peut-on dans le cadre fonctionnel respecter rigoureusement cette distinction ? Ceci n'est pas évident. Le voisinage des deux rôles fait que le législateur les associe le

---

[1] *Houmeubeul* est une fête du Roi d'Oussouye qui marque la fin de l'hivernage. Les travaux champêtres tirent à leur fin et des invocations sont faites aux esprits pour de bonnes récoltes. Tout le monde est convié à cette fête organisée sous forme de jubilé depuis la nuit des temps. Elle suscite, au fil des années, un grand engouement. Elle est organisée en général entre les mois de septembre et octobre.
*Maan,* appellation du Roi d'Oussouye. Elle recoupe, le titre honorifique *Sa Majesté.* En réalité, à l'origine ceci signifie *Que ta volonté soit faite.* Si on rencontre le Roi d'Oussouye, on lui dit *Maan !,* il répond *Maan !*

[2] Jarroson (Ch.) *La notion d'arbitrage*, Paris, LGDJ, 1987, p.176 ; extrait de l'article : « L'opportunité du traitement transactionnel des infractions économiques », Gora Lô, *AFRICAJURIS* n°06 du 07 au 13 mars 2002, p. 8.

plus souvent, il ne cite pas l'un en omettant l'autre. Ils forment un duo : médiation – conciliation.

En matière pénale, l'article 32 C.P.P, en disposant que le procureur de la République apprécie la suite à donner aux procédures qui lui sont soumises n'exclut pas dans sa première version le recours à la médiation pénale. Mais cela n'a pas été expressément réglé par le législateur. C'est la loi n° 99-98 du 03 septembre 1999 modifiant les dispositions de l'article 32 et suivants du C.P.P. qui a institué et organisé formellement le mécanisme de la médiation pénale[1] au Sénégal. Dans l'exposé des motifs, le législateur souligne que la médiation pénale « permet à l'autorité chargée des poursuites ou au juge répressif, de disposer d'un instrument adéquat pour signifier au délinquant sa faute pénale par le rappel à la loi, et de permettre à la victime d'obtenir une réparation satisfaisante de son préjudice sans recours à un procès, d'assurer la réparation du dommage causé à la victime, mettre fin au trouble résultant de l'infraction et contribuer au reclassement de l'auteur ».

La médiation pénale est bien appropriée à la petite délinquance (même si la question se pose de savoir s'il y a une petite délinquance). Toutefois, le législateur sénégalais n'a pas défini les infractions qui peuvent être soumises à la médiation pénale même si dans l'exposé des motifs, on se rend bien compte qu'il s'agit de ce que son homologue français appelle les *petits délits*. Le parquet peut, préalablement à la décision sur l'action publique, et avec l'accord des parties, soumettre l'affaire à la médiation pénale s'il apparaît que c'est la solution la plus appropriée. La médiation pénale est une institution qui, d'après les motifs de la loi, devrait permettre de régler l'engorgement des juridictions. Elle consiste en la recherche avec l'aide de tiers, d'une

---

[1] Elle est différente de la médiation et de la conciliation ou l'arbitrage en matière commerciale. Au Sénégal, c'est le Centre d'Arbitrage de la Chambre de Commerce et d'Industrie de Dakar créé par l'arrêté n° 007633 du 06 octobre 1998 qui est compétent si les parties au litige prévoient une convention d'arbitrage. Soit le centre désigne un tribunal arbitral composé d'un ou de plusieurs arbitres soit les parties elles-mêmes désignent un arbitre qui rendra une sentence arbitrale.
« La clause compromissoire qui donne aux parties la faculté de recourir à l'arbitrage en cas de litige ne saurait entrainer l'incompétence du juge étatique lorsque l'une des parties le saisit », CA Dakar, arrêt n°189 du 18 février 2010 Michel Mangeot c/ SCI Point de rencontre, *Bulletin des arrêts de la cour d'appel de Dakar rendus en matière civil et commerciale*, vol n°1, page 4.

solution négociée entre deux parties, et suppose la neutralité du médiateur.

Pour mieux cerner l'institution, il y a lieu d'examiner ses conditions et les acteurs qui peuvent y procéder, leurs missions et la gestion des affaires soumises à la médiation pénale.

### §1. Les conditions : l'accord des parties

Les parties au procès doivent adhérer à ce que le litige qui les oppose soit soumis à la médiation pénale. Il ne peut être autrement, car le médiateur a un rôle neutre, le désaccord des parties entraîne son échec. L'accord des parties doit porter sur le principe de la médiation, mais aussi sur les termes de la médiation. Sa forme importe peu. Il peut être oral ou écrit, l'essentiel est qu'il soit matérialisé par un émargement au procès-verbal. Mais cet accord doit être explicite et non implicite ou tacite.

### §2. Les médiateurs

Les médiateurs sont de deux ordres : le parquet et d'autres intervenants.

#### I. Le procureur de la République ou ses substituts

L'article 32 C.P.P. permet au procureur de la République de procéder lui-même à la médiation pénale. En pratique, le procureur ou le substitut qui entend dans une procédure faire appel à la médiation, convoque les parties dans son bureau, leur rappelle les tenants et les aboutissants du dossier et essaye de fixer les termes de la médiation.

Le volume des affaires à traiter peut empêcher le parquet d'y veiller, mais il faut assurer une correcte prise en charge des affaires soumises à la médiation pénale, car entrant bien dans le cadre de ses attributions en particulier et de la distribution de la justice en général.

#### II. Les autres médiateurs

Le parquet peut déléguer la médiation à un médiateur pénal. Ce peut être une personne physique ou morale comme les maisons de justice instituées par le décret n° 99-1124 du 17 novembre 1999 relatif aux maisons de justice, à la médiation et à la conciliation[1]. Il n'y a donc pas

---

[1] Article 2 « La maison de justice a pour fonctions essentielles : — d'assurer un accueil de la population locale pour lui fournir une information sur ses droits et devoirs ; — d'organiser ou de faciliter un traitement de proximité, rapide, diversifié et adapté des litiges de la vie quotidienne et de certaines infractions pénales, et de

d'auto-saisine des médiateurs pour les affaires pendantes en justice, c'est le parquet ou le tribunal qui leur délègue la mission de mener une médiation dans une affaire pénale, ce sont les saisines dites indirectes. Toutefois, les citoyens, par saisine directe, soumettent des cas à la maison de justice pour médiation. Pour des soucis de simplicité, il est conçu dans les maisons de justice des formulaires et la déclaration de saisine du citoyen est recueillie avec l'identité des parties, l'objet de la demande et un exposé sommaire des faits.

Les acteurs de la maison de justice sont principalement le ou les médiateur(s) chargé(s) des activités de médiation, de conciliation et le coordonnateur chargé des tâches administratives liées à la gestion de l'institution et des activités d'informations sur le droit. Ils sont tous les deux tenus à une obligation de neutralité et de secret.

Pour la saisine des médiateurs comme la maison de justice, le parquet fait un soit-transmis en indiquant l'objet et la mission, à savoir la médiation pénale. Peut-il donner des instructions pour que la médiation aille dans un sens ou dans un autre ? La réponse est négative à notre avis, car la médiation reste une œuvre très large. Aussi, il faut sauvegarder la liberté du médiateur et des parties. Tout au moins, le parquet pourrait suggérer au médiateur d'inclure telle personne ressource pour la tenue efficiente de la médiation.

Le procureur doit adresser un rapport annuel au ministre de la Justice sur ses activités de contrôle et d'animation des maisons de justice placées sous son autorité.

Les demandes de candidature à des fonctions de médiateur sont déposées auprès du procureur de la République qui, en cas d'urgence, peut habiliter provisoirement une personne comme médiateur ; une habilitation ensuite validée par l'assemblée générale de la juridiction.

---

prévenir leur déroulement ; — de constituer un lieu de rencontre, d'échange, d'élaboration de stratégies concertées et cohérentes de tous ceux qui, dans un même espace géographique, contribuent à la prévention de la délinquance, à la prise en charge des personnes en difficulté, à la régulation des conflits et au maintien de la paix sociale ; — la maison de justice accueille des activités de médiation et de conciliation, notamment celles qui sont mises en œuvre à l'initiative des parties, du procureur de la République ou du juge, dans les conditions prévues aux articles 32, 451, 570 du Code de procédure pénale et aux articles 7, 7bis, 7 ter, 21, 30 du code de procédure civile ». Le décret n° 2007-1253 du 23 octobre 2007 ajoute la mission qui « consiste à assurer la liaison entre les populations de la collectivité locale concernée et les tribunaux pour faciliter l'obtention d'actes, notamment l'extrait de casier judiciaire et le certificat d'inscription au registre du commerce et du crédit mobilier ».

Le parquet instruit la demande de candidature par une enquête sur le candidat pour s'assurer de sa bonne moralité et de son aptitude à remplir le rôle de médiateur en toute indépendance et impartialité avant de la soumettre à l'assemblée.

Ajoutons à ce propos que le médiateur ne peut exercer d'activité judiciaire à titre professionnel, ne doit pas faire l'objet de condamnation, et doit jouir de ses droits politiques, civiques et civils ; ne doit avoir aucun mandat électif dans le ressort de la maison et doit s'engager à ne recevoir aucune gratification des parties et à ne tirer aucun avantage de sa mission. Le candidat signe après son habilitation, un protocole avec le procureur de la République.

Le procureur de la République peut, en cas d'urgence, retirer provisoirement l'habilitation jusqu'à la décision de l'assemblée générale de la juridiction. S'il n'y a pas d'urgence, le procureur présente sa requête tendant au retrait de l'habilitation à l'assemblée de la juridiction.

Le procureur de la République est seul juge de l'urgence pour habiliter un médiateur ou retirer ladite habilitation. Cela peut être la vacance subite du poste, l'invalidité définitive du médiateur, la faute grave pour éviter sa réitération ou restaurer l'image de la maison de justice.

Si les maisons de justice sont organisées et leurs missions réglementées, il n'en va pas de même pour les autres acteurs, personnes physiques, qui pourraient être saisis par le parquet pour procéder à la médiation pénale. Le parquet doit y veiller particulièrement pour bien maîtriser ces interlocuteurs. Le recours à de tels médiateurs est peu envisageable avec l'essor des maisons de justice. La justice de proximité est bénéfique pour les populations dans le règlement des conflits. La réussite de leurs missions dépend de leur appropriation par les populations, de l'appui des collectivités locales et des acteurs judiciaires et non judiciaires.

Les statistiques démontrent déjà cet élan d'évolution soutenue de la médiation, de l'information des justiciables, de la prévention des conflits et d'aide aux victimes au niveau des maisons de justice comme celle de Ziguinchor installée depuis décembre 2007.

**L'information des justiciables sur leurs droits**

| NATURE REQUÊTE | NOMBRE |
|---|---|
| Procédure de vente ou d'achat de terrain | 06 |
| Droits des enfants | 10 |
| Mariage | 18 |
| Abus de confiance | 09 |
| Bail à usage d'habitation | 15 |
| Droits et obligations des voisins | 05 |
| Formalités plaintes et casiers judiciaires | 07 |
| Preuve des actes judiciaires | 01 |
| Héritage | 14 |
| Création de société | 07 |
| Remboursement de créances | 17 |
| Procédures civiles | 02 |
| Certificat de nationalité | 13 |
| TOTAL | 125 |

**Source** : Rapport d'activités 2007-2008 maison de justice de Ziguinchor, créée par arrêté n° 000735 du 31 janvier 2008. Sa convention d'installation a été définitivement signée le 10 novembre 2010. Les premiers acteurs sont Ansou Sané, coordonnateur, et Elhadj Gaye, médiateur.

Cette fonction implique des animateurs de la maison que sont principalement le coordonnateur et le médiateur, l'appropriation des rudiments dans différents domaines pour l'orientation utile des demandeurs.

**Les cas de médiations et conciliation**

| | |
|---|---|
| Les saisines indirectes du parquet | 113 cas soit 50,67 % |
| Les saisines directes des citoyens | 110 cas soit 49,33 % |
| TOTAL | 223 cas |

**Source** : Rapport d'activités 2007-2008, maison de justice de Ziguinchor.

Par ailleurs, aux termes de l'article 451 C.P.P, « si le tribunal estime que les faits constituent un délit, il prononce la peine. Pour la réparation du préjudice né de l'infraction, il peut recourir, avec le consentement des parties, à la médiation pénale. Le médiateur pénal, en cas de succès de la mission, envoie le procès-verbal constatant l'accord des parties au juge mandant pour apposition de la formule exécutoire et un rapport au procureur de la République. Le procès-verbal est annexé à la minute du jugement de condamnation. En cas de non-accord, le juge statue sur l'action civile… » En dehors du fait qu'à l'audience il est entendu sur la médiation envisagée, le parquet n'a aucune emprise sur cette médiation décidée par le tribunal même s'il est informé de la suite par le rapport que doit lui faire parvenir le médiateur. C'est le greffe qui doit transmettre à ce dernier, le jugement décidant de la médiation.

Pourquoi ne pas, à l'avenir, étendre la médiation pénale à l'instruction ? Notons que devant le magistrat instructeur des mécanismes de souplesse sont connus comme le cautionnement, la transaction ou le retrait de plainte qui éteint l'action publique si la loi le prévoit. En droit commun, une règle connue de procédure pénale édicte que le retrait de plainte ou le désintéressement de la partie n'éteint pas l'action publique. Ainsi, si les charges sont suffisantes, en dépit du retrait de plainte ou du désintéressement, les juges d'instruction renvoient devant le tribunal correctionnel des procédures qui ne présentent plus aucun intérêt pour les parties. Un citoyen, dans son ignorance, lancerait à la barre du tribunal ou au magistrat instructeur qui le convoque : « je pensais que le problème était réglé ! » et on s'évertue à lui expliquer parfois le mécanisme de l'indifférence et de la survivance de l'action publique. La médiation pénale devant le magistrat instructeur, sans porter atteinte à ses pouvoirs classiques, est concevable pour certaines infractions comme les atteintes mineures aux biens et aux personnes ; le juge y procède lui-même ou par l'intermédiaire d'un médiateur. En cas de succès, permettre le non-lieu, ce qui désengorgerait les cabinets et les tribunaux correctionnels. Le *tamisage* opéré par le parquet en amont ne saurait suffire. Ceci ferait de la médiation, une institution transversale entre les mains des parties et de la justice.

### III. Leurs missions et leurs limites

La mission du médiateur est de vérifier le principe de l'accord des parties, la solution trouvée et veille à la bonne exécution des engagements. La seule limite sur la solution est qu'elle ne soit pas contraire aux bonnes mœurs et à l'ordre public. La médiation ne peut aboutir à n'importe quelle solution.

Les informations recueillies dans l'exécution de la mission ne peuvent être utilisées contre l'une ou l'autre partie. Pour le respect de cette exigence légale, le parquet qui décide de poursuivre en cas d'échec de la médiation doit s'abstenir de classer le procès-verbal de médiation dans le dossier ou de le remettre aux parties qui peuvent en faire un usage en violation de ce principe. Aucun des éléments contenus dans le procès-verbal ne doit être évoqué par le parquet ou les autres parties à l'audience. Aussi, dans ses réquisitions, il doit se garder d'utiliser les informations obtenues lors de la médiation contre une partie.

La tentative de médiation doit intervenir dans les 15 jours. Un délai qui est difficilement respecté compte tenu de la gestion de certaines affaires par le médiateur et qui demandent plus de temps. La rédaction et l'établissement d'un rapport pour chaque affaire alourdissent davantage la tâche du médiateur. Dans tous les cas, les lenteurs judiciaires qui restent une grande préoccupation ne doivent pas s'inviter dans la justice de proximité.

Le procès-verbal de l'accord ainsi que le rapport sont transmis au procureur de la République. Les informations reçues dans le cadre de la médiation ne peuvent être utilisées. La médiation est basée sur la confidentialité.

La médiation ainsi entreprise entraîne des effets.

### IV. Les effets

Il faut distinguer les effets en cas d'échec ou en cas de succès.

#### A. En cas d'échec

L'échec du médiateur peut résulter du refus de comparution des parties, la non-comparution de l'auteur des faits ou toute autre raison comme l'absence d'accord sur la solution. L'échec doit être sanctionné immédiatement par le règlement de la procédure. Le parquet doit être informé par la transmission du rapport et décidera de la suite à donner à la procédure.

#### B. En cas de succès

En cas de succès de la médiation, le procureur de la République, s'il y a procédé lui-même, dresse procès-verbal et veille au respect par les parties des engagements pris. Si la médiation est entreprise par un autre acteur comme la maison de justice, un rapport est adressé au procureur de la République pour la suite à donner, surtout pour les cas où l'accord des parties sur les intérêts civils n'éteint pas en principe l'action publique.

Il peut décider du classement sans suite et donner avis aux parties dans les 08 jours. Le classement sans suite doit être la suite logique de la médiation menée avec succès. L'adage dit souvent *qu'un mauvais accord est meilleur qu'un bon procès*. Cette décision est conforme aux objectifs de l'institution qu'est la médiation à savoir le désengorgement du prétoire. Le législateur français l'a disposé clairement, contrairement à la législation sénégalaise.

Rien ne s'oppose à ce que le procureur poursuive l'action publique en empruntant la procédure de flagrant délit, la citation directe ou l'information (cette dernière solution doit être rare). Ces solutions sont peu probables ou tout simplement inappropriées. Comme on le remarque, la médiation pénale n'est pas un mode de règlement proprement dit, mais une solution transitoire empreinte de discrétion, de transparence à l'égard des parties et de fermeté du médiateur. Le procès-verbal de médiation n'est même pas en principe remis aux parties, l'essentiel est de leur rappeler fermement les engagements pris et les dates convenues pour leur respect avec au besoin des convocations.

Étant ainsi une des tâches du parquet, la médiation pénale doit être bien gérée.

## V. Gestion des affaires en médiation pénale

Pour assurer un meilleur suivi des affaires soumises à la médiation pénale, il est indiqué de procéder à leur classement dans un registre spécial et que des comptes rendus périodiques (mensuels, trimestriels ou semestriels) soient faits au parquet général. Ce compte-rendu sous forme d'états comportera des rubriques comme les références du dossier, les parties, les faits avec un résumé succinct, des observations pour mentionner la suite réservée (classement sans suite, poursuites, suivi en cours). Ceci permet d'assurer une gestion efficiente et empreinte de transparence.

Dans le suivi des engagements des parties, le parquet doit faire preuve de fermeté, de rigueur, de méthode et éviter :

— que le mis en cause déféré ait tout simplement fait des propositions de médiation uniquement pour échapper aux poursuites qui planent sur sa tête ou éviter les effets d'une procédure pénale qui ternirait son image. Un véritable pronostic du parquetier régleur, à partir des engagements pris et des possibilités constatées, évite à l'accusation de s'engouffrer avec les parties dans une voie sans issue ;

— Le dilatoire, une médiation qui tire en longueur peut parfois gêner et entamer l'autorité du magistrat du parquet qu'il y procède lui-même ou par l'intermédiaire d'un autre médiateur[1] ;

— de traiter en médiation les affaires purement civiles qui n'auraient jamais dû atterrir au parquet pour qu'une médiation pénale soit envisagée. Faut-il le préciser, le législateur parle bien d'une médiation pénale, elle est pénale compte tenu de la matière, *ratione materiae*. Toutefois, saisi d'une affaire civile, le parquet qui doit éviter de les traiter en médiation, peut bien dans certains cas orienter les parties vers le médiateur de la maison de justice dont la compétence n'est pas limitée à la matière pénale ;

— que les parties versent de l'argent au parquet et partent. Il faut favoriser le versement fait en présence de toutes les parties, le magistrat du parquet ne jouant le rôle de médiateur que pour attester de son existence ;

— que la médiation pénale soit source d'impunité[2].

Le parquet doit adopter :

— la véritable posture d'un médiateur avec le sens de l'écoute, la neutralité et accompagner les parties à trouver elles-mêmes une solution. Ceci n'est pas évident pour le parquetier, maître des poursuites, saisi d'un dossier à régler, devant qui la sérénité des parties n'est pas évidente. Les *puristes* de la médiation dans ce cas diront, pour le déplorer, que la volonté et l'autodétermination des parties sont

---

[1] La lettre circulaire du procureur général près la cour d'appel de Dakar n°02 du 03 juillet 2009 indique à ce propos que « toute prorogation de délais qui ne sauraient s'étendre au-delà de 12 mois, ou de modification des clauses de la médiation doit être au préalable autorisée par le procureur de la République… ». Aussi, le même délai est réitéré par la lettre circulaire n° 4756 MJ/DACG du 30 juillet 2009. Même s'il faut convenir qu'il est parfois malaisé de limiter la médiation dans des délais précis. Il faut allier les impératifs de la médiation et les soucis d'éviter les lenteurs judiciaires.

[2] L'impunité dans l'administration de la justice au Sénégal, Youssoupha Diallo, procureur de la République près le tribunal régional de Ziguinchor, Conférence annuelle des chefs de parquet 2012, Dakar, 25 mai 2012.

abolies et qu'il faille *sortir* des parquets ce mécanisme alternatif de règlement des conflits qui suppose la liberté, le consentement et la responsabilité des parties ;

— la fermeté doit être de rigueur, le non-respect des engagements devra entraîner *ipso facto* des poursuites ;

— la sauvegarde des contours et limites de la médiation, comme le précise l'article 19 du décret sur les maisons de justice, le médiateur doit veiller à ce que la solution retenue soit équitable, conforme à l'ordre public et aux bonnes mœurs et reçoive l'accord des parties ;

— l'une des obligations essentielles du médiateur : le respect de la confidentialité de tous les éléments portés à sa connaissance.

La médiation pénale n'est faite, à y voir de près, que pour des procédures simples (paiement d'une somme due, réparation d'un préjudice, cessation d'un trouble, restitution d'un objet…) et pour des personnes de bonne foi conscientes de leur faute, efficaces, éprises de liberté et respectueuses des engagements ou tout simplement pour parler communément, respectueuses de la parole donnée. Au civil principalement, le non-respect des engagements incite à recourir au procédé coercitif de l'homologation du procès-verbal de médiation par le tribunal et l'apposition de la formule exécutoire.

La médiation pénale entreprise doit toujours être sanctionnée par un procès-verbal dont la forme n'est pas réglementée. Mais la lettre circulaire n° 4756 MJ/DACG du 30 juillet 2009 indique « que le procès-verbal doit relater les faits, les textes de loi qui les répriment, la volonté claire de la partie qui en bénéficie de mettre au litige par ce biais et les modalités de son engagement. Désormais, au bas de chaque procès-verbal de médiation pénale, devra figurer en caractères apparents, l'avertissement solennel adressé au bénéficiaire que tout manquement à son engagement sera sanctionné par une déchéance du terme outre le mandat de dépôt immédiatement décerné contre lui avant sa traduction devant la juridiction compétente sous la procédure d'urgence… ». Le procès-verbal de médiation est signé par le médiateur et les parties. Il permettra de suivre avec aisance les engagements pris.

Globalement, dans nos parquets, la médiation pénale connaît une grande pratique depuis l'entrée en vigueur de la loi l'instituant légalement, même si sa mise en œuvre pose parfois des difficultés[1]. Il

---

[1] « Les procédures de médiation pénale, en dépit de leur impact positif dans la dynamique de décongestion des audiences correctionnelles, posent cependant un

s'agira aussi de voir son taux de réussite et d'échec, l'engouement qu'elle suscite au niveau des populations, pour mesurer sa performance tant au niveau des parquets qu'au niveau des autres médiateurs comme les maisons de justice.

Examinons les suites des médiations tentées à la maison de justice de Ziguinchor créée par arrêté n° 000735 du 31 janvier 2008.

**Résultats des médiations et conciliations**

| | |
|---|---|
| Médiations avec succès | 171 |
| Dossiers en instance | 32 |
| Radiation pour défaut de présentation des parties | 20 |
| TOTAL | 223 |

**Source** : Rapport d'activités maison de justice Ziguinchor 2007-2008.

| **Saisines directes**[1] | Nombre |
|---|---|
| Médiations réussies | 138 |
| Dossiers en instance | 08 |
| Médiations non réussies | 07 |
| Total | 153 |

| **Saisines indirectes**[2] | Nombre |
|---|---|
| Médiations réussies | 44 |
| Dossiers en instance | 02 |
| Médiations non réussies | 10 |
| Total | 56 |
| **Total général** | **209** |
| | |

**Source** : Rapport d'activités maison de justice Ziguinchor 2009.

certain nombre de difficultés dont la persistance serait gravement préjudiciable à la réputation d'intégrité du parquet… » Lettre circulaire n°02 du 03 juillet 2009 procureur général près la cour d'appel de Dakar.

[1] Saisines venant directement des citoyens qui sollicitent la maison de justice.

[2] Saisines du parquet qui transmet des procédures à la maison de justice pour médiation.

## SECTION 6. LA MISE EN ŒUVRE DE L'ACTION PUBLIQUE A L'INSTRUCTION

Avec la mise en œuvre de l'action publique dans la phase de l'instruction préparatoire[1], on examine d'autres missions ordinaires du ministère public.

Aux termes de l'article 23 C.P.P, « le ministère public exerce l'action publique et requiert l'application de la loi ». Seul le ministère public peut, en pratique, exercer l'action publique même si parfois la partie civile et certaines administrations (douane, fisc, Eaux et forêt, service d'hygiène) peuvent la déclencher ou être parties jointes[2]. Au fait, c'est le parquet qui, en définitive, veille au quotidien à l'exercice de l'action publique. À ce titre, il est un interlocuteur obligatoire du cabinet d'instruction. Même si la procédure pendante devant le cabinet d'instruction appartient au juge d'instruction qui est seul juge de la conduite de son information, il n'en demeure pas moins qu'il a été saisi de cette mission par le parquet. Aussi, la loi a prévu certains actes pouvant mettre en état le parquet de donner son avis sur plusieurs actes.

---

[1] « L'instruction est la phase au cours de laquelle les parties précisent et prouvent leurs prétentions et au cours de laquelle le tribunal réunit les éléments lui permettant de statuer sur elles. L'instruction comporte donc un ensemble d'actes processuels tendant à permettre le jugement de l'affaire. Au cours de l'instruction l'affaire est mise en état d'être jugée. Une telle mise en état, une telle préparation est nécessaire dans les trois contentieux, civil et administratif aussi bien que répressif. Il existe donc une instruction dans les trois contentieux et la notion n'est pas propre à la procédure pénale. L'instruction préparatoire est au contraire une notion propre au contentieux répressif. Et elle est susceptible de deux sens. En un sens large, elle comprend toute la partie du procès antérieure au jugement, au cours de laquelle sont rassemblées les preuves. Elle inclut à la fois l'enquête effectuée par la police judiciaire et la procédure menée ensuite par des organes judiciaires spécialisés, notamment le juge d'instruction. En un sens plus restreint, qui est le plus souvent admis et qui sera seul retenu dans cet ouvrage, l'instruction préparatoire est la phase du procès pénal au cours de laquelle, l'action publique étant mise en mouvement, des organes judiciaires spécialisés, notamment le juge d'instruction et, le cas échéant, au second degré, la chambre d'accusation recueillent les éléments nécessaires au jugement et décident de la suite à donner à la poursuite… ». Jean Pradel, *L'instruction préparatoire*, Paris, Éditions Cujas, 1990, pages 7 à 8.

[2] Exemple le cas de la Commission Électorale Nationale Autonome (C.E.N.A) dans les cas de violation des dispositions législatives et réglementaires en matière électorale. Article L.10, loi n° 2005-07 du 11 mai 2005 portant création de la C.E.N.A.

## §1. L'intervention du parquet au niveau des dossiers d'instruction

Le parquet intervient beaucoup au niveau des cabinets d'instruction pour toutes les procédures pendantes sans exclusive et à toute étape. Les dossiers au niveau des cabinets y sont à son initiative par le réquisitoire introductif. Aussi, dans l'évolution de l'instruction, le parquet est-il appelé à intervenir à tout instant.

### I. Le réquisitoire introductif

Régi par l'article 71 C.P.P. même si ce texte n'en définit pas la forme, le réquisitoire introductif ou à fins d'informer[1] est l'acte par lequel le parquet saisit un juge d'instruction pour lui demander d'instruire contre une personne dénommée ou non dénommée et pour des faits qu'il estime revêtir un caractère pénal. Marquant la fonction de poursuite du parquet, le réquisitoire introductif est un acte obligatoire[2] à l'instruction.

En pratique, le réquisitoire comporte dix (10) éléments :

— la dénomination ;

— le titre de l'autorité qui le dresse, le procureur de la République en l'occurrence ;

— le visa des pièces jointes constituées en général du procès-verbal d'enquête avec tous les documents annexés[3] ; dans ces pièces sont consignés les faits de la cause ;

---

[1] « Un premier principe doit être rappelé d'emblée : c'est celui de la séparation de la poursuite et de l'instruction en vertu duquel jamais un juge d'instruction ne peut se saisir lui-même, c'est-à-dire mettre en mouvement l'action publique. Il doit toujours être investi par un tiers… Le réquisitoire introductif (ou réquisitoire à fins d'informer, ou encore de soit informé) est l'acte par lequel le procureur de la République ou l'un de ses substituts, agissant de lui-même ou sur ordre d'un supérieur, met en mouvement l'action publique devant un juge d'instruction… ». Jean Pradel, *L'instruction préparatoire*, *op. cit.*, pages 220 et 221.

[2] « Lorsqu'il se déplace dans le cadre d'une enquête sur une mort suspecte, le juge d'instruction doit, une fois les opérations terminées, transmettre les pièces au procureur pour suite à donner. L'inculpation faite sans l'avis du procureur encourt l'annulation ». CA Dakar, arrêt du 01 avril 2008, MP c/ Fadel Ndiaye, *Bulletin des arrêts rendus par la cour d'appel de Dakar en matière pénale*, vol n°2, 2011, page 149.

[3] « La Cour de cassation exige précisément que les pièces et procès-verbaux qui servent de base à la poursuite soient joints au réquisitoire introductif, mais elle admet que la seule mention de la jonction des pièces est régulière et équivaut à leur analyse

— Les personnes poursuivies qui peuvent être dénommées ou non dénommées (contre X) ;

— les infractions pour lesquelles elles sont poursuivies avec la précision préalable qu'elles résultent de présomptions graves et concordantes ;

— les textes de loi applicables ;

— les termes qui invitent le juge à informer par toutes voies de droit ;

— l'avis du parquet sur la détention : il peut requérir le mandat de dépôt ou d'arrêt selon que l'on tient le délinquant ou qu'il soit en fuite, le contrôle judiciaire ou s'abstenir de se prononcer en en laissant la libre appréciation au juge. Il est rare ou presque inexistant que le parquet requière directement la liberté provisoire même si rien ne s'y oppose.

À ce niveau, le parquet peut, en sus de son avis sur la détention et dans certains cas, requérir une expertise, la saisie des biens de l'inculpé ou d'un objet non encore sous-main de justice ou tous actes qu'il juge utiles à la manifestation de la vérité sans oublier que l'on est au début de l'instruction ;

— la date de l'acte qui, rappelons-le, est essentielle pour les cas de suspension ou d'interruption de la prescription[1], mais aussi constitue un élément substantiel[2] ;

---

sans que celles-ci soient autrement désignées et individualisées. La formule répétée par la Cour d'assises est la suivante : le visa dans le réquisitoire introductif des pièces qui y sont jointes équivaut à une analyse de ces pièces, lesquelles déterminent, par les indications qu'elles contiennent, l'objet exact et l'étendue de la saisine du juge d'instruction… » Christian Guery/Pierre Chambon, *Droit et pratique de l'instruction préparatoire, juge d'instruction-chambre d'accusation, 2013-2014*, *op.cit.*, page 51.22

[1] La plainte avec constitution de partie civile qui est de nature à mettre en mouvement l'action publique comme le réquisitoire introductif, n'a pas la même portée en matière de prescription de l'action publique : «… Attendu que, pour infirmer l'ordonnance entreprise et constater l'extinction de l'action publique par l'effet de la prescription, la chambre d'accusation retient qu'aucun acte d'instruction ou de poursuite ayant pour objet de constater des délits, d'en découvrir ou d'en convaincre les auteurs n'est intervenu entre le 24 janvier 1991, date de l'audition du plaignant, et le 20 janvier 1995. Mais qu'en statuant ainsi, alors que la partie civile ne disposait d'aucun moyen de droit pour obliger le juge d'instruction à accomplir un acte interruptif de la prescription… La chambre d'accusation a méconnu le sens et la portée des dispositions visées au moyen… ». Crim. 9 juin 1998, n° 96-84 894, Bull. crim n°188 ; D.1998, IR 202.

[2] « Son omission entraine la nullité de toute la procédure qui a suivi, qui doit être relevée d'office par la chambre d'accusation. La mention de la date, attestée par la

— la signature du magistrat : la signature est un acte substantiel et son absence devrait entraîner la nullité de l'acte et toute la procédure subséquente[1]. Le parquet doit y veiller particulièrement.

La pratique ainsi relevée dans les juridictions au Sénégal, c'est l'utilisation de réquisitoire introductif ou de soit informé sous forme de formulaire en dépit des dispositions de l'article 71 C.P.P qui fait référence aux faits. Pourtant, les parquets feraient mieux de s'inspirer de la pratique des parquets des tribunaux pénaux internationaux ou internationalisés[2] en dressant des réquisitoires introductifs motivés sur les points de contexte, de fait et de droit surtout pour des affaires complexes. Ceci participe de la bonne conduite des affaires et du renforcement des droits de la défense. Un simple résumé des faits surtout dans des dossiers complexes bonifie l'accusation.

Précisons que dans les juridictions qui comportent plus d'un cabinet d'instruction, le parquet doit obéir à une formalité, demander l'avis du président du tribunal sur le juge d'instruction à désigner en application de l'article 74 CPP. L'avis donné par le président ne lie pas le parquet libre de saisir le cabinet qui, avouons-le, est déjà dans la tête du parquetier qui a entendu ouvrir une information. Le parquet est plus au fait de la bonne répartition des dossiers. En effet, contrairement au législateur français, le législateur sénégalais, dans sa réforme de 1999, n'a pas donné l'exclusivité de la désignation du juge d'instruction au

---

signature, fait foi jusqu'à inscription de faux. L'erreur purement matérielle sur la date peut être corrigée… » Crim. 23 avril 1971, n° 70-92.577, Bull. crim, n°115 ; crim.11 avr.1995, n° 93-81.253, Bull. crim, n°154 ; crim. 13 mars 1995, n°93-84,299, Bull. crim, n°100. Christian GUERY/Pierre CHAMBON, *Droit et pratique de l'instruction préparatoire, juge d'instruction-chambre d'accusation, 2013-2014*, *op.cit.*, page 51.23

[1] « Le réquisitoire qui ne porte pas cette signature ne saisit pas le juge d'instruction, lequel, n'ayant pu se saisir lui-même, n'a pu dès lors instruire. La nullité de cet acte substantiel, qui résulte de cette omission, entraine celle de tous les actes qui ont suivi. Le défaut de signature ne peut être suppléé par l'empreinte d'un timbre humide portant le nom du substitut. La signature du procureur de la République est régulière, quoiqu'illisible : elle constitue, en effet, un signe qui identifie son auteur… » Crim. 4 dec.1952 JCP 1953. II. 7625, note Chambon ; crim.17 fev.1987, n° 86-96.298, Bull. crim n°77 ; crim 11 juil.1973, n°73.91. 530, Bull. crim, n°326 ; Crim 3 juil.1990, Bull.crim. n°275. Voir Christian GUERY/Pierre CHAMBON, *Droit et Pratique de l'instruction préparatoire, juge d'instruction-chambre d'accusation, 2013-2014*, *op. cit.*, page 51.23.

[2] Exemples : réquisitoire introductif des co-procureurs des Chambres extraordinaires au sein des tribunaux cambodgiens en date du 18 juillet 2007 et le réquisitoire introductif du procureur général près les Chambres africaines extraordinaires au sein des juridictions sénégalaises, daté du 02 juillet 2013.

président de la juridiction. Celui-ci ne fait que donner son avis au parquet. Cette formalité légale dans les juridictions à plus d'un cabinet suppose la disponibilité constante du parquet et du siège pour un traitement rapide. Elle ne doit pas être source de lenteur, car elle reste un simple procédé légal de bonne administration judiciaire et de sauvegarde des droits de la défense. Le parquet devra aussi, pour les affaires complexes, comme le lui permet l'article 74 C.P.P, opérer une saisine de deux ou plusieurs cabinets pour une instruction exhaustive. La saisine d'un seul cabinet d'un dossier qui paraît « hors norme », complexe, risque de déteindre sur la qualité de l'instruction. Ceci dit, la saisine de deux cabinets au moins pour une seule affaire nécessite aussi une parfaite collaboration des magistrats instructeurs et une organisation adéquate du parquet pour mener à bien l'instruction.

Il y a lieu de préciser qu'en cas de plainte avec constitution de partie civile devant le juge d'instruction, ce dernier, après fixation du montant de la consignation et son paiement, transmet, en application de l'article 77 C.P.P, le dossier au parquet pour ses réquisitions. « Le réquisitoire peut être pris contre personne dénommée ou non dénommée, notamment en cas de plainte insuffisamment justifiée par les pièces produites. Dans ce cas, celui ou ceux qui se trouvent visés par la plainte peuvent être entendus comme témoins par le juge d'instruction, sous réserve des dispositions de l'article 94 dont il devra leur donner connaissance, jusqu'au moment où pourront intervenir des inculpations, ou, s'il y a lieu, de nouvelles réquisitions contre personne dénommée. Le procureur de la République ne peut saisir le juge d'instruction de réquisitions de non informer que si, pour des causes affectant l'action publique elle-même, les faits ne peuvent légalement comporter une poursuite ou si, à supposer ces faits démontrés, ils ne peuvent admettre aucune qualification pénale. Dans ce cas où le juge d'instruction passe outre, il doit statuer par une ordonnance motivée ». Il est préférable que le parquet dans tous les cas, dresse un réquisitoire motivé. S'il a pris un réquisitoire aux fins d'informer, son service met le dossier en état, avec mention et un numéro RP, une chemise avant de le transmettre en retour au cabinet d'instruction par le biais du registre de transmission interne.

Dans les juridictions comme celle de Dakar, la plainte avec constitution de partie civile est soumise au doyen des juges qui désigne un juge d'instruction. Une pratique empreinte de bienséance et qui résulte de la circulaire du 03 mai 1983 de Monsieur le Président du tribunal hors classe de Dakar.

Si le tribunal ne comporte qu'un seul cabinet d'instruction, le problème ne se pose pas, il n'est même pas permis que cette plainte soit soumise au président, mais directement au juge d'instruction[1].

Les difficultés à venir pour les plaintes avec constitution de partie civile c'est l'absence de « filtre » en vue d'éviter celles abusives, légères ou simplement destinées à contourner le parquet pour des faits qui exigent pourtant des investigations préalables sérieuses[2]. Conscient de ces difficultés, le législateur sénégalais prévoit, notamment dans le cadre de l'exercice de la compétence universelle, le monopole du ministère public pour mettre en mouvement l'action publique[3].

---

[1] « D'autre part, lorsqu'il existe plusieurs juges d'instruction dans le même tribunal régional le plaignant doit s'adresser au doyen de ceux-ci. Il s'agit là d'un simple usage et la plainte qui serait adressée à Monsieur le juge d'instruction par le tribunal régional de X sans plus de précision ne serait évidemment pas nulle… »
« Note bas de page 73 : En pratique cependant, dans les tribunaux d'importance moyenne, l'usage est de présenter la plainte au juge qui est de permanence. Ce procédé permet d'équilibrer le volume des dossiers entre les divers cabinets... » Jean Pradel, *L'instruction préparatoire*, *op. cit.*, page 235.

[2] Article 85 Code de procédure pénale français « Toutefois, la plainte avec constitution de partie civile n'est recevable qu'à condition que la personne justifie soit que le procureur de la République lui a fait connaître, à la suite d'une plainte déposée devant lui ou un service de police judiciaire, qu'il n'engagera pas lui-même des poursuites, soit qu'un délai de trois mois s'est écoulé depuis qu'elle a déposé plainte devant ce magistrat, contre récépissé ou par lettre recommandée avec demande d'avis de réception, ou depuis qu'elle a adressé, selon les mêmes modalités, copie à ce magistrat de sa plainte déposée devant un service de police judiciaire. Cette condition de recevabilité n'est pas requise s'il s'agit d'un crime ou s'il s'agit d'un délit prévu par la loi du 29 juillet 1881 sur la liberté de la presse ou par les articles L. 86, L. 87, L. 91 à L. 100, L. 102 à L. 104, L. 106 à L. 108 et L. 113 du code électoral. La prescription de l'action publique est suspendue, au profit de la victime, du dépôt de la plainte jusqu'à la réponse du procureur de la République ou, au plus tard, une fois écoulé le délai de trois mois. Lorsque la plainte avec constitution de partie civile est formée par une personne morale à but lucratif, elle n'est recevable qu'à condition que la personne morale justifie de ses ressources en joignant son bilan et son compte de résultat ».

[3] « L'action publique ne peut être mise en mouvement que par le ministère public près les Chambres africaines extraordinaires… » Article 17 du statut des CAE.
Le Code de procédure pénale sénégalais titre XII du Livre IV sur les crimes et délits commis à l'étranger pose le monopole du ministère public en ce qui concerne le déclenchement des poursuites (art. 671 CPP) en des termes qui pourraient être plus catégoriques et clairs.
Cette position est relevée aussi dans la législation française pour les crimes internationaux : « La poursuite de ces crimes ne peut être exercée qu'à la requête du ministère public si aucune juridiction internationale ou nationale ne demande la remise

L'autre difficulté dans les dossiers d'information est qu'après la saisine du juge, des procès-verbaux additifs concernant la même affaire peuvent parvenir au parquet. Ce peut être une audition d'un témoin, une arrestation d'un mis en cause, une transmission d'un document médical ou autre. Dans ce cas, comme on ne peut avoir deux réquisitoires introductifs dans une même procédure et pour les mêmes faits, on transmet les pièces au juge antérieurement saisi pour attribution ou jonction à la procédure en cours. Il appartient à ce dernier de prendre les actes nécessaires comme les inculpations, auditions, interrogatoires et ordonnances.

Après avoir saisi le juge, le parquet est amené à intervenir d'office ou à l'initiative du magistrat instructeur dans l'évolution de la procédure.

### II. Au cours de l'instruction

Le juge d'instruction dans le cadre de son office est amené, souverainement, dans le respect de la loi, à prendre une floraison d'actes utiles à la bonne manifestation de la vérité ou attentatoires à la liberté des personnes[1]. Au Sénégal, comme dans les pays de tradition romano-germanique, en dépit de bien des réformes le concernant[2], le magistrat instructeur occupe une place essentielle dans le traitement des affaires pénales. Nous allons examiner à titre indicatif les actes les plus fréquents et pour lesquels le parquet intervient souvent.

---

ou l'extradition de la personne… » Article 689-11, paragraphe 2, Code de procédure pénale français.

[1] « Tous les actes de l'instruction préparatoire sont consignés dans des procès-verbaux d'auditions ou de constatations matérielles et toutes les décisions prises, dans ce cadre, ont pour support des ordonnances qui en expriment l'objet et les fondements en fait et en droit ». Ndongo Fall, *Le Droit pénal africain. À travers le système sénégalais*, Dakar, Éditions juridiques africaines, 2003.

[2] Exemple : l'institution en France depuis la loi du 15 juin 2000 du Juge de la Liberté et de la Détention (JLD), en France comme au Sénégal avec la limitation, la possibilité d'une collégialité dans certaines affaires. En France l'idée de la suppression du juge d'instruction a été agitée : « A l'occasion de son discours prononcé devant les magistrats de la Cour de cassation réunis pour leur rentrée solennelle, le 7 janvier 2009, le Président de la République a annoncé la disparition du juge d'instruction, remplacé par un « juge de l'instruction », cette transformation s'inscrivant dans une réforme d'ensemble de la procédure pénale, qui vise à construire une procédure pénale digne de notre siècle… ». « Le Juge d'instruction, histoire, évolutions et perspectives », par Michel Allaix, Lyon, juin 2009, www.ca-lyon.justice.fr

### A. Les actes attentatoires à la liberté

Les actes attentatoires à la liberté dont il s'agit d'examiner sont ceux prévus par la loi.

#### *a. Le mandat de dépôt*

Le mandat de dépôt est défini par l'article 113 C.P.P. comme étant l'ordre donné par le juge au directeur de l'établissement pénitentiaire de recevoir et de retenir l'inculpé. Il est donc, à l'instruction[1], un titre de détention délivré par le juge d'instruction et qui relève de l'impérium de ce dernier, sauf dans des domaines spécifiques comme en matière douanière, de deniers publics, crimes et délits contre la chose publique où la loi lui fait obligation de placer sous mandat de dépôt si certains éléments sont réunis.

Le mandat de dépôt doit être motivé depuis la réforme de 1999. Le juge d'instruction peut décider de cette mesure pour plusieurs motifs comme ceux examinés pour le parquet en matière de flagrant délit : préservation des preuves, trouble à l'ordre public, manque de garantie de représentation en justice, passé pénal, bonne manifestation de la vérité.

La durée du mandat de dépôt a toujours été une grande préoccupation pour éviter les cas de longues détentions[2]. Dans la réforme de 1999, la détention en matière délictuelle, sauf quelques exceptions légales, est limitée à six mois non renouvelables. Mais en matière criminelle, la durée du mandat de dépôt n'est pas encore limitée. Les cas patents de longues détentions suivies d'acquittements émeuvent l'opinion publique et les critiques des défenseurs de droits humains. L'engorgement d'un cabinet d'instruction, la complexité des affaires, doivent désormais se conjuguer avec les détentions limitées dans le temps.

L'article 139 C.P.P. dispose que « sur les réquisitions dûment motivées du ministère public, le juge d'instruction est tenu de décerner mandat de dépôt contre toute personne inculpée de l'un des crimes ou délits prévus par les articles 56 à 100 et 255 du Code pénal ». Ce sont

[1] En jugement, le mandat de dépôt décerné contre une personne qui a comparu libre revêt un double caractère : c'est un titre d'arrestation et de détention.

[2] « Afin de rendre exceptionnelle la détention, c'est-à-dire afin de la faire se prolonger le moins possible, les législateurs multiplient les techniques. Les trois plus importantes sont les suivantes : La première est celle du plafond [...] la seconde est celle de la prolongation [...] la troisième technique est celle des recours [...] Les alternatives à la détention... » Jean Pradel, *L'instruction préparatoire*, *op. cit.*, pages 57 à 59.

les différents crimes et délits contre la sûreté de l'État, les infractions sur les attroupements, réunions et rassemblements, la diffusion de fausses nouvelles ayant entraîné la désobéissance aux lois du pays ou porté atteinte au moral de la population, ou jeté le discrédit sur les institutions publiques ou leur fonctionnement.

Pour ces infractions, outre la matière, ce sont plus les réquisitions du parquet qui lient le juge. Si pour ces crimes ou délits, le parquet ne requiert pas le mandat de dépôt, le juge d'instruction retrouve sa liberté de placer ou non l'inculpé sous mandat de dépôt. L'article 139 CPP ajoute que la demande de mise en liberté provisoire d'une personne détenue provisoirement pour l'un des crimes ou délits spécifiés à l'alinéa précédent sera déclarée irrecevable si le ministère public s'y oppose par réquisition dûment motivée.

La position du parquet est prééminente dans le cadre de la liberté sollicitée au juge d'instruction pour des infractions contre la chose publique. L'article 140 CPP[1] dispose qu'à « l'encontre des personnes poursuivies par application des articles 152 à 155 du Code pénal (détournement, soustraction et escroquerie portant sur des deniers publics), le juge d'instruction délivre obligatoirement :

- Mandat d'arrêt si l'inculpé est en fuite ;

- Mandat de dépôt, lorsque le montant du manquant initial est égal ou supérieur à 1 000 000 de francs et ne fait pas l'objet d'un remboursement ou du cautionnement de son intégralité ou d'une contestation sérieuse. Dans les cas ci-dessus où les mandats d'arrêt ou de dépôt sont obligatoires, il ne peut en être donné mainlevée que si au cours de l'information, surviennent des contestations sérieuses ou le remboursement ou le cautionnement de l'intégralité du manquant.

Il n'y a d'exception aux dispositions des deux premiers alinéas que si, selon le rapport d'un médecin commis en qualité d'expert, l'état de santé du détenu est incompatible avec le maintien en détention, même dans un centre hospitalier ».

La première préoccupation du parquet dans un dossier de deniers publics doit être la détermination du manquant allégué même

---

[1] « L'article n'est pas contraire ni à la présomption d'innocence, ni ne viole la Constitution, la Charte Africaine des Droits de l'Homme et des Peuples, la Déclaration des droits de l'homme et du citoyen de 1789, la Déclaration universelle des Droits de l'Homme de 1948 ». C. cass. Arrêt n° 5 du 07 mai 1996. Aff. Mbaye Demba c/ M.P ; Caisse de Péréquation et de Stabilisation des prix. *Recueil des Arrêts de la Cour de cassation, années judiciaires 1993-1998*, page 104.

provisoirement et la détermination du caractère public des fonds et par ricochet, de la structure victime. La loi n°2012-31 du 31 décembre 2012 portant Code général des impôts du Sénégal adopte le même régime juridique pour la fraude fiscale, la fraude comptable, le délit d'affirmation frauduleuse ou délit de faux, les fausses mentions sur actes publics, outrage et opposition au contrôle ou au paiement de l'impôt et la complicité. Les poursuites sont engagées sur plainte du Directeur général des impôts et des domaines, du Directeur chargé de la comptabilité publique ou du comptable public dont l'action en recouvrement est entravée. Aux termes de ses articles 689 à 691, les personnes arrêtées en flagrant délit sont obligatoirement placées sous mandat de dépôt, le juge d'instruction délivre obligatoirement mandat d'arrêt si les mis en cause sont en fuite et mandat de dépôt si le montant éludé des impôts ressort d'un titre de perception non réglé même frappé d'opposition, d'une valeur supérieure à deux millions de francs. La mainlevée du mandat de dépôt et la mise en liberté provisoire, sont, en tout état de cause, subordonnées aux réquisitions écrites conformes du ministère public et au versement du montant éludé des impôts, droits, taxes, redevances ainsi que des intérêts, amendes et pénalités y afférentes. Il n'y a d'exceptions que si, selon le rapport d'un médecin commis en qualité d'expert, l'état de santé du détenu, est incompatible avec le maintien de l'incarcération, même dans un centre hospitalier.

Mais de plus en plus, ces dispositions légales qui instaurent des réquisitions du ministère public qui lient le juge d'instruction sont critiquées en ce qu'elles portent atteinte à l'indépendance de ce dernier et à la séparation des deux fonctions de poursuite et d'instruction.

En cours d'information dans le cadre d'une procédure, le juge d'instruction qui n'est pas saisi *in personam* peut inculper directement une personne et la placer sous mandat de dépôt. Dans ce cas, le parquet n'est pas censé être au courant de la décision que le juge vient de prendre. Devant le silence du texte, il est indiqué que le juge informe le parquet par un avis de la mesure prise pour le tenir informé de cette évolution de la procédure pas forcément attendue de son côté.

Le mandat de dépôt est source de contentieux sur la détention avec les inculpés qui veulent recouvrer la liberté.

Souvent nombreuses, les demandes de mise en liberté provisoire doivent être transmises au parquet pour avis. Aux termes de l'article 129 C.P.P, « la demande de mise en liberté provisoire est transmise au parquet dans les quarante-huit heures et que le procureur de la

République doit adresser ses réquisitions dans les dix jours ». Le délai de dix jours impartis au parquet pour prendre ces réquisitions selon certains est long. Mais il faut noter que pour toute demande de mise en liberté provisoire, le parquet doit parfois réexaminer tout le dossier, voir l'état d'avancement de l'instruction pour pouvoir se prononcer utilement sur la demande à lui soumise. Avec le flux de demande de mise en liberté provisoire dans certaines juridictions, le délai de 10 jours imparti au parquet est raisonnable. Le non-respect de ce délai n'est pas sanctionné par la loi mais l'on estime que le magistrat du parquet aura fait preuve de manque de diligence du moment qu'il ne respecte pas le délai ainsi réparti. Mais en réalité, dans la pratique, ce délai est rigoureusement respecté. Seulement, il y a lieu de préciser que s'agissant du juge d'instruction, l'alinéa 4 de l'article 129 CPP lui fait obligation de statuer dans les 05 jours de la réception des réquisitions du procureur de la République. Contrairement au procureur de la République dont le non-respect du délai n'est pas explicitement sanctionné, l'article 129 alinéa 5 CPP, dispose que « faute par le juge d'instruction d'avoir statué dans les délais, l'inculpé peut saisir directement de sa demande la chambre d'accusation qui sur les réquisitions écrites et motivées du procureur général, se prononce dans le mois de cette demande faute de quoi l'inculpé est mis d'office en liberté provisoire, sur l'initiative du procureur général. Le droit de saisir dans les mêmes conditions la chambre d'accusation appartient également au procureur de la République ».

La loi ne fait pas obligation au procureur de la République de motiver son avis, qui ne lie pas le juge par ailleurs sauf dans des cas ci-dessus limitativement énumérés par la loi. Il faut éviter les avis comme : *Vu et s'oppose* ; *Vu et ne s'oppose.* Ayant saisi le juge d'instruction d'un dossier et souvent la personne est placée sous mandat de dépôt après ces réquisitions, le parquet pour mettre un peu de rigueur dans son avis, doit le motiver surtout quand il s'agit de la liberté d'une personne qui est en jeu. Par cet avis le parquet doit indiquer, en se basant sur les faits du dossier, ne serait-ce que de manière succincte, pourquoi il s'oppose ou ne s'oppose pas à la mise en liberté provisoire de l'inculpé. Ce peut être entre autres motifs une détention utile à la manifestation de la vérité comme l'audition d'un témoin, une confrontation, un interrogatoire au fond, nécessité de sauvegarde de l'ordre public, la pression sur des témoins « à charge » ou « à décharge »[1] ou tout simplement la personne ne présente pas de garantie de représentation en justice. Éviter les termes généraux, il faut motiver de manière spécifique en se basant sur les éléments du dossier (exemple : inculpé nomade, transhumant, cohabitant, possibilité de subornation de témoin, le caractère récent des faits avec le trouble causé…). « … Il n'est nullement besoin de rappeler que la qualité première du magistrat, particulièrement du représentant du ministère public, est la franchise de ses opinions, se traduisant par la clarté et la précision de ses réquisitions »[2].

L'article 139 CPP que nous venons d'examiner fait obligation au parquet de motiver ses réquisitions qui ont pour conséquences, dans des cas spécifiques, l'irrecevabilité de la demande de mise en liberté provisoire.

En outre, comme l'édicte l'article 129 CPP, le juge d'instruction notifie ou signifie à peine d'irrecevabilité aux parties civiles dites privilégiées comme l'État, collectivité publique, établissement public, société nationale, société mixte soumise de plein droit au contrôle de l'État, une personne morale de droit privé bénéficiant du concours financier de la personne publique, un ordre professionnel, un organisme privé chargé de l'exécution d'un service public, une association reconnue ou fondation d'utilité publique. Ce régime est étendu aux

---

[1] « Le TPIY a rendu une décision intéressante expliquant qu'un témoin, qu'il soit à charge ou à décharge, devient un témoin de la vérité devant le tribunal une fois qu'il a fait la déclaration solennelle (…) et que dans la mesure où on lui demande de contribuer à l'établissement de la vérité, il n'est plus strictement le témoin de l'une ou de l'autre partie. Ainsi, tout témoin, qu'il soit initialement à charge ou à décharge, doit être entendu de manière objective par la juridiction dès lors que son témoignage peut être utile à la manifestation de la vérité ». Situation en République du Tchad, le procureur général c. Hissein Habré, arrêt rendu le 27 avril 2017 par la Chambre africaine extraordinaire d'assises d'appel, page 80, par. 361.

[2] Extrait lettre circulaire n° 5816 /MJ/ACG du 03 novembre 1994.
Dans le même sens « Attendu que pour infirmer l'ordonnance de refus de mise en liberté provisoire entreprise, la chambre d'accusation, d'une part, énonce que le trouble à l'ordre public s'est estompé compte tenu de la durée de la détention et, d'autre part, relève qu'il n'est pas établi que leur mise en liberté serait de nature à empêcher le bon déroulement de l'enquête ou à entrainer une collusion ; Qu'en se déterminant par des motifs dubitatifs, la chambre d'accusation n'a pas justifié sa décision, Que dès lors, la cassation est encourue… casse et annule en toutes ses dispositions l'arrêt n° 87 rendu le 26 mai 2011 par la chambre d'accusation de la cour d'appel de Dakar ;… ». Extrait Arrêt n° 78 du 21 juillet 2011, Cour Suprême, Affaire ministère public contre Samsidine Aïdara et Malanding Sonko.

détournements de prêts consentis ou garantis par l'État prévus et punis par les articles 385 à 387 du CP. Ce sont les seuls cas où la partie civile peut faire des observations sur la liberté provisoire de l'inculpé. La personne physique, partie civile, par défaut de prescription légale, ne se voit pas signifier ou notifier la demande de liberté provisoire d'un inculpé.

La partie civile privilégiée doit dans le délai de 24 heures à partir du jour de la notification, présenter ses observations. C'est une faculté reconnue à cette partie civile. Passé ce délai, le juge d'instruction communique le dossier au parquet dans le délai de 48 heures.

Après réception des réquisitions du parquet, le juge d'instruction peut rendre une ordonnance contraire de mise en liberté provisoire dont avis est donné au ministère public. Si le parquet n'interjette pas appel de l'ordonnance, il exécute la décision en établissant un avis de mainlevée adressé au directeur de la maison d'arrêt. Il n'est pas indiqué dans ce cas que le juge d'instruction exécute lui-même ses ordonnances de mise en liberté provisoire même conformes aux réquisitions du parquet, car, ce dernier n'étant jamais tenu par ses réquisitions pourrait être amené à interjeter appel[1]. Plus décisivement, le parquet est seul chargé dans ce cas d'assurer l'exécution de la décision de justice et faut-il le rappeler le juge d'instruction constitue à lui seul une juridiction et compte tenu de la séparation des fonctions juridictionnelles, une juridiction ne doit pas elle-même assurer l'exécution des décisions qu'elle rend. En pratique, le juge après avoir rendu son ordonnance contraire aux réquisitions du parquet doit lui donner avis en application de l'article 177 CPP pour éventuellement lui permettre d'exercer son droit d'appel. S'il décide de faire appel, le parquet porte la mention *Vu et appel,* donne des instructions nécessaires à son secrétariat et surtout au greffe pour formaliser l'appel. Si le juge prend une ordonnance de mise en liberté provisoire conforme aux réquisitions, après avis à l'inculpé, l'entier dossier muni de l'ordonnance est transmis au parquet pour exécution. Après la mention, *Vu et exécuté*, le parquet transmet en retour le dossier au cabinet d'instruction après avoir établi un avis de mainlevée de mandat de dépôt adressé au Directeur de l'établissement pénitentiaire. Ce dernier procède immédiatement à l'élargissement de l'inculpé s'il n'est détenu pour autre cause en lui remettant un certificat

[1] Crim.15 nov.1956, Bull.crim. n° 753

d'élargissement avec mention de son identité et de l'adresse où il déclare se retirer.

Il y a lieu de faire relever qu'en matière de deniers publics et en cas de cautionnement, le juge d'instruction peut refuser la liberté provisoire en se basant sur des motifs de droit commun que nous venons d'examiner, même si le cautionnement souvent demandé ou offert par l'inculpé est souvent alternatif à la détention. Pour les cas des infractions prévues aux articles 56 à 100 et 255 CP, si le parquet par des réquisitions écrites déclare ne pas s'y opposer, le juge d'instruction qui pourra examiner la demande au fond peut bien la rejeter.

Sans aucune demande de mise en liberté de l'inculpé, le juge d'instruction ou le procureur de la République peut le demander d'office pour diverses raisons non indiquées par le législateur. L'article 128 CPP dispose « sauf disposition législative particulière, lorsqu'elle n'est pas de droit, la mise en liberté provisoire peut être ordonnée d'office par le juge d'instruction après avis du procureur de la République, à charge pour l'inculpé de prendre l'engagement de se présenter à tous les actes de la procédure aussitôt qu'il en sera requis et de tenir informé le magistrat instructeur de tous ses déplacements. Le procureur de la République peut également la requérir à tout moment. Le juge d'instruction statue dans le délai de cinq jours à compter de la date de ces réquisitions ». En tout état de cause, les libertés d'office sont largement moins nombreuses que les libertés accordées suite aux demandes des inculpés pour ne pas dire qu'elles restent exceptionnelles.

En matière correctionnelle, depuis la réforme de 1999, sauf dans les cas où la détention est obligatoire, le mandat de dépôt décerné par le juge n'est valable que pour une durée de six mois non renouvelable. À l'expiration de ce délai, le directeur de l'établissement pénitentiaire doit d'office libérer la personne non détenue pour autre cause et donner un avis au juge saisi du dossier et au procureur de la République. Il convient d'indiquer que cette libération d'office relève de l'entière responsabilité du directeur de l'établissement. Il tient ce pouvoir de la loi et du règlement[1]. Il doit tout simplement s'assurer que le détenu est inculpé pour une affaire correctionnelle ne faisant pas partie des cas

---

[1] « En matière correctionnelle, à l'exception des cas où elle est obligatoire ainsi que toutes les infractions prévues aux articles 56 à 100 du Code pénal, si la détention provisoire est ordonnée, le mandat de dépôt délivré n'est valable pour une durée maximum de six mois non renouvelable ». Article 127 bis CPP. La lettre circulaire n° 335/MJ/DACG du 29 janvier 2001.

d'exclusion posés par l'article 127 bis CPP. Rien n'exclut, pour des soucis d'efficacité, qu'il alerte le juge d'instruction sur l'imminence de l'expiration d'un mandat pour que ce dernier prenne toutes dispositions utiles. La personne ainsi libérée ne peut, en principe, être placée sous mandat de dépôt à nouveau par le juge d'instruction.

Quand l'initiative d'une liberté d'office vient du juge d'instruction en application de l'article 128 CPP, il faut convenir que le parquet qui reçoit le dossier pour ses réquisitions sait d'avance que ce dernier est en voie de prendre une ordonnance de mise en liberté provisoire. Il lui appartient d'apprécier à son tour, de s'opposer ou de ne pas s'opposer et éventuellement user de son droit d'appel.

***b. Le contrôle judiciaire***

Dans le cadre de l'assouplissement de la détention, le juge d'instruction peut assortir la liberté provisoire accordée à un contrôle judiciaire avec certaines obligations. Il les notifie à l'inculpé et est lui seul chargé d'en contrôler le respect à l'exclusion du parquet. Aux termes de l'article 127 ter CPP « le contrôle judiciaire consiste pour l'inculpé à se présenter à intervalles réguliers, fixés par le juge, soit à lui-même, soit à l'officier de police judiciaire qu'il désigne. Le juge aussi peut prescrire toutes autres mesures qu'il estime nécessaires pour empêcher que l'inculpé ne se soustrait à l'action de la justice ou éviter qu'il ne continue à commettre l'infraction pour laquelle il est poursuivi. Il peut notamment ordonner le retrait du passeport de l'inculpé ou interdire qu'il lui en soit délivré. La violation d'une de ces mesures entraîne l'arrestation immédiate de l'inculpé et sa mise sous mandat de dépôt. »

Le juge notifie lui-même à l'inculpé son ordonnance avec les termes du contrôle avant de transmettre le dossier au parquet pour exécution. Le parquet s'il ne fait pas appel établit l'avis de mainlevée du mandat de dépôt ; il n'est pas superfétatoire qu'il précise les termes du contrôle judiciaire à l'intention du détenu.

La mesure de contrôle judiciaire qui s'applique à un inculpé majeur qui encourt la détention, dépend du juge qui la prend. Il tient compte de divers paramètres comme les faits, la personnalité du délinquant, l'ordre public, le ou les mesures efficaces à prendre. L'imagination du juge est remarquée dans la prise d'une telle décision qui reste un substitut à la détention avec comme objectifs, soit assurer la représentation en justice de l'inculpé, soit éviter la réitération des faits ou sauvegarder la sûreté et l'ordre public. Le juge doit toutefois rester dans la légalité et dans ce qui est strictement nécessaire. Le législateur sénégalais gagnerait à légiférer davantage sur le contrôle judiciaire ; s'il prête une attention particulière à la détention au cours de l'instruction, il n'en est pas de même pour le contrôle judiciaire qui restreint pourtant la liberté de la personne.

De plus en plus, il est noté dans bien des pays que ces mesures évoluent avec la technologie. Il en va ainsi de l'utilisation du bracelet électronique qui demande la mise en place d'un dispositif technique approprié.

***c. Le mandat d'arrêt, le mandat d'amener et le mandat de comparution***

Le juge d'instruction est tenu, en cours d'information, de solliciter les réquisitions du ministère public quand il veut décerner un mandat d'arrêt[1] contre un inculpé en fuite ou un mandat d'amener[2]. La question qui se pose le plus souvent est celle de savoir dans la pratique qui doit transmettre le mandat à l'unité de police ou de gendarmerie destinataire chargé de l'exécuter ou au parquet territorialement compétent si le mandat doit être exécuté hors ressort du juge mandant.

Deux pratiques sont notées dans les juridictions. Parfois le juge transmet directement ses mandats aux officiers de police judiciaire pour exécution. La deuxième pratique, le juge remet le mandat au parquet à charge pour lui de l'envoyer, la diligence supposée des agents vis-à-vis de ce dernier pousse à cette solution. La première nous semble indiquée et elle est majoritairement appliquée. En effet le juge d'instruction saisi

---

[1] Le mandat d'arrêt est l'ordre donné à la force publique de rechercher l'inculpé et de le conduire à la maison d'arrêt indiqué sur le mandat, où il sera reçu et détenu. Article 114 C.P.P.

Il peut être international : il est décerné dans le cadre de poursuites pour crimes ou délits non politiques et punissables au Sénégal et dans un autre État étranger donné et permet l'arrestation de la personne visée et son extradition dans les conditions prévues par la loi de cet État, faute de convention bilatérale ou multilatérale. Ndongo FALL, *Le Droit pénal africain à travers le système sénégalais, op. cit.*

« Viole les droits de la défense, le juge d'instruction qui décerne un mandat d'arrêt contre un inculpé sans lui avoir préalablement adressé une convocation restée infructueuse ». CA Dakar, Ch.acc. Arrêt n° 156 du 05 octobre 2010, MP c/ Claude Benitah, *Bulletin des arrêts rendus par la cour d'appel de Dakar en matière pénale*, vol. n° 2, 2011, page 135.

[2] Le mandat d'amener est l'ordre donné par le juge à la force publique de conduire immédiatement devant lui. Le juge peut aussi décerner mandat d'amener contre le témoin qui refuse de comparaitre sur la citation à lui donnée conformément à l'article 97, et sans préjudice de l'amende portée à cet article. Article 112 C.P.P.

du dossier peut directement requérir la force publique, *a fortiori* faire exécuter ses mandats.

Si un individu est appréhendé hors ressort du juge mandant, il est conduit devant le procureur de la République territorialement compétent qui procède comme il est indiqué à l'article 118 CPP. Il l'entend avec un procès-verbal d'interrogatoire sur mandat d'arrêt ou d'amener sur son identité, reçoit ses déclarations s'il consent d'en faire.

Il y a lieu de préciser que « le mandat de comparution est une simple convocation adressée par le juge à l'inculpé... »[1] Il ne comporte aucune mesure de contrainte et le juge ne sollicite pas l'avis du parquet. Ajoutons tout de même qu'il reste une convocation empreinte d'autorité supérieure, car émanant du magistrat instructeur. Aussi, il est un *signe avant-coureur,* car, si le destinataire fait défaut, il pourra selon le cas faire l'objet d'un mandat d'amener[2] ou d'arrêt qui emporte l'usage de la force publique.

### B. L'appel contre les ordonnances du juge d'instruction

L'ancien article 179 al 2 C.P.P disposait que l'appel formulé par déclaration au greffe devait être interjeté dans les 24 heures à compter du jour de l'ordonnance. Ce délai était très bref et le parquet était parfois surpris de son écoulement, ce qui entraînait des conséquences

---

[1] Le mandat de comparution a pour objet de mettre l'inculpé en demeure de se présenter devant le juge à la date et à l'heure indiquées par ce mandat. Si l'inculpé fait défaut, le juge décernera contre lui un mandat d'amener. Article 111C.P.P.
« Le mandat de comparution est une simple convocation adressée par le juge à l'inculpé... » Jean PRADEL, *Procédure pénale, op. cit.,* page 412.
« Le mandat de comparution est considéré comme une mesure de contrainte puisqu'il somme une personne d'assister personnellement à un acte déterminé de procédure sous peine de conséquence plus ou moins grave... » *Code de procédure pénale suisse, petit commentaire, op. cit.*, page 559.

[2] « Considérant qu'il résulte de l'article 112 du Code de procédure pénale que le juge d'instruction peut aussi décerner d'amener contre le témoin qui refuse de comparaître sur la citation à lui donnée conformément à l'article 97 ; que le mandat d'amener a pour objet de contraindre notamment le témoin récalcitrant à comparaître et déposer ; considérant qu'en l'espèce, aucune pièce du dossier ne vient établir la véracité des recherches effectuées par la Brigade de gendarmerie sur lesquelles s'est basé le premier juge pour refuser la mesure requise par le ministère public ; que suite au procès-verbal de non comparution du témoin S.M rendu par le juge d'instruction le 30 mars 2010, il demeure pertinent et indispensable de décerner mandat d'amener contre lui afin d'assurer sa déposition ainsi que la poursuite de l'information... ». Ch. d'acc. C.A Dakar, arrêt n° 06 du 13-1- 2011, MP c/ B.M et Y.M pour association de malfaiteurs, complicité de vol en réunion avec violences.

fâcheuses avec l'irrecevabilité. Ces insuffisances ont été redressées avec la réforme de 1999 (loi n° 99-06 du 29 janvier 1999) portant sur le Code de procédure pénale. L'alinéa 2 de l'article 179 dispose désormais que l'appel formé par la déclaration au greffe du tribunal doit être interjeté dans les 05 jours de la notification de l'ordonnance au parquet. Cette réforme a non seulement allongé les délais mais aussi a gagné en clarté en les faisant courir à partir de la notification faite au parquet. À ce niveau le cachet arrivé et l'émargement de l'agent du parquet doivent faire foi. La diligence du secrétariat et la vigilance du chef du parquet feront éviter tous errements, car ce dernier ne peut se retrancher derrière l'ignorance de sa part que le dossier est parvenu à son service.

Il y a lieu de noter une harmonisation des délais d'appel impartis au parquet, à l'inculpé et à la partie civile dans les cas où cette dernière peut faire appel. Le délai de l'inculpé et de la partie civile qui était de trois jours est porté à 05 jours de la dernière date de la notification ou signification faite à la partie civile qui a des conseils conformément à l'article 177 du C.P.P.

En pratique, l'appel est formé au greffe de la juridiction dans un registre à ce destiné. Quand avis de l'ordonnance rendue lui est fait, le parquet indique clairement qu'il interjette appel. Il doit bien contrôler pour que son service envoie le dossier au greffe le plus rapidement pour la formalisation de l'appel signé du magistrat du parquet. Le greffe, après avoir reçu l'appel, transmet le dossier au cabinet d'instruction à charge pour le greffier d'instruction de le mettre en état par l'établissement de l'inventaire des pièces du dossier. C'est après cela que le dossier bien ficelé et coté est renvoyé au parquet pour rédaction du rapport d'appel et transmission au parquet général. Comme on le remarque, le dossier passe entre les mains de plusieurs agents, d'où la nécessité pour tous d'y apporter toute la diligence requise compte tenu des délais relativement courts. D'ailleurs l'article 180 CPP dispose que le greffe doit transmettre le dossier au parquet dans les 48 heures de l'appel.

La forme du rapport d'appel n'est pas précisée par le législateur. Il se limite à dire, notamment à l'article 180 CPP, que le procureur de la République, dans les 48 heures, transmet avec son avis motivé le dossier de l'information au procureur général. Dans la pratique, le rapport d'appel comprend principalement six (6) parties :

- Les parties : ce sont les parties civiles, le ministère public d'une part, l'inculpé d'autre part ;

- La décision : en l'occurrence au niveau de l'instruction il s'agit de l'ordonnance rendue par le juge d'instruction avec précision de sa date. On spécifie le contenu essentiel de la décision prise par le juge, exemple la liberté accordée, le placement sous contrôle judiciaire. Le parquet peut même discuter des termes du contrôle judiciaire et de leur bien fondé ;

- Faits : ils doivent, comme dans le réquisitoire définitif, être rapportés avec clarté, exhaustivité et objectivité.

Parfois on discute dans cette partie de l'argumentaire des parties, mais il est plus judicieux à mon avis de réserver cela à l'avis proprement dit du parquet ;

- Avis du procureur : le parquet à ce niveau discute les arguments de fait et de droit pour, sur la base de ces éléments, solliciter que le procureur général requière l'infirmation ou la confirmation de l'ordonnance.

- Enfin, le rapport d'appel doit être daté et signé par le magistrat du parquet rédacteur.

Le dossier muni du rapport d'appel est envoyé au procureur général par lettre de transmission. Dans notre présent propos, nous examinons le contentieux de la détention mais le procureur de la République peut faire appel contre toutes les ordonnances du juge d'instruction à quelques exceptions près comme le choix d'urgence d'un expert conformément à l'article 153 alinéa 4 CPP, le transport sur les lieux qui sont des décisions non juridictionnelles.

En outre, le parquet ne peut faire appel d'une ordonnance de renvoi ou de mise en accusation rendue par le juge d'instruction contrairement à ses réquisitions de non-lieu (sauf cas de nullité de ladite ordonnance non signée du magistrat compétent par exemple auquel cas il présente plutôt une requête aux fins de nullité). Dans ces cas, il doit enrôler le dossier pour l'audience quitte à requérir la relaxe ou l'acquittement s'il estime, en dépit des débats, que ces réquisitions s'imposent. En revanche, s'il est rendu une ordonnance de non-lieu après un réquisitoire de renvoi, le parquet ou la partie civile peuvent interjeter appel sous peine de voir ce non-lieu rendu sur la base d'une insuffisance de charges passer en force de chose jugée au-delà du délai d'appel imposé par la loi[1] sauf à rouvrir une information en cas de

---

[1] Affaire ministère public c. Hissein Habré, jugement Chambre africaine extraordinaire d'assises, 30 mai 2016, par.174 à par.178.

survenance de charges nouvelles si les critères sont réunis. Quant à l'inculpé régulièrement renvoyé, il ne peut faire appel contre l'ordonnance de renvoi mais devra faire valoir ses moyens de défense devant la juridiction de jugement, sauf cas de nullité alléguée de l'ordonnance de renvoi[1].

Pour les appels relatifs au contentieux de la liberté, la demande de mise en liberté provisoire pouvant être soumise à tout moment, il arrive que l'original du dossier transmis à la Chambre d'accusation suite à un précédent appel, tarde à être retourné au parquet d'instance par les soins du parquet général pour continuation de l'information. Dans ce cas, dans la pratique, tant que l'original du dossier n'est pas retourné, le parquet d'instance et le cabinet d'instruction doivent se garder de transmettre la copie du dossier pour des soucis de sécurité des actes et pour que l'instruction puisse être continuée. En cas d'un autre appel, la copie reste au cabinet et le parquet transmet au parquet général les autres pièces comme la demande de mise en liberté provisoire, l'ordonnance du juge, l'inventaire des pièces et bien sûr, le rapport d'appel. Il sera précisé au parquet général dans la lettre de transmission, que l'original du dossier se trouve à ses services.

### C. La décision de la Chambre d'accusation

La loi n° 77-32 du 22 février 1977, composant l'alinéa 2 de l'article 187 Code pénal, dispose que la chambre d'accusation « en matière de détention provisoire doit se prononcer au plus tard dans le mois d'appel faute de quoi l'inculpé est mis d'office en liberté provisoire sauf si des vérifications concernant sa demande ont été ordonnées ». Cette disposition met en exergue la célérité avec laquelle on doit traiter les demandes de mise en liberté provisoire. Le détenu en cas d'appel d'une ordonnance sur la liberté doit être fixé sur son sort dans le mois de son appel ; la sanction, la mise en liberté d'office. La Chambre d'accusation saisie après le mois doit en effet ordonner que la personne provisoirement détenue soit mise en liberté.

[1] Exemple : « Il est à noter, par ailleurs, que l'ordonnance, qui vaut aujourd'hui à Nicolas Sarkozy son renvoi devant le tribunal correctionnel, n'a été signée que par le premier juge saisi [...] Le second, [...] a donc décidé de s'abstenir de signer le document, illustrant la guerre qui a opposé les deux magistrats tout au long de l'instruction, en désaccord notamment sur le fondement de la mise en accusation de Nicolas Sarkozy... ». www.lemonde.fr/police-justice/article/2017/02/07/affaire-bygmalion-nicolas-sarkozy-renvoye-en-proces-pour-financement-illegal-de-campagne-electorale.

Pour faire gagner du temps à la chambre d'accusation, les dossiers sur le contentieux de la détention doivent être transmis avec diligence. Plus le greffe et le parquet réagissent avec diligence dans la mise en état et la rédaction du rapport d'appel, plus la chambre d'accusation dispose de délais pour connaître de la procédure d'appel. Sinon elle risque d'être saisie au-delà des délais, ce qui entraînera la mise en liberté d'office de l'inculpé en application de l'application de l'article 187 CPP. Il est même précisé que « toutes affaires cessantes, la rédaction du rapport d'appel et sa frappe, par priorité absolue, et la transmission immédiate au parquet de la cour d'appel, sans tenir compte des dimanches et des jours fériés »[1]. Il est ajouté que « le délai de trente jours imposé à la chambre d'accusation pour statuer a toujours été considéré comme maximum et normal. Il ne peut être dépassé que dans deux cas :

- Tout d'abord si la cour s'estime insuffisamment renseignée pour statuer sur la requête de l'appelant. En ce cas, elle a la possibilité d'ordonner des vérifications complémentaires qui ont pour effet d'empêcher la mise en liberté d'office... » Les vérifications complémentaires peuvent être par exemple la production du bulletin n°1 du casier judiciaire ;

- « Par ailleurs, il est sursis à la mise en liberté d'office de l'inculpé à l'expiration du délai de trente jours, même si la chambre d'accusation ne s'est pas prononcée, dans le cas où des circonstances imprévisibles et insurmontables mettent obstacle au jugement de l'affaire dans le délai prévu ». Les circonstances imprévisibles et insurmontables ne sont pas définies mais doivent être des situations exceptionnelles.

Les retards entraînent parfois des conséquences fâcheuses avec la mise en liberté d'office de grands délinquants dans des procédures qui ont gravement troublé l'ordre public.

Le parquet d'instance ne doit pas, dans tous les cas, se préoccuper de ces possibilités offertes exclusivement à la chambre d'accusation. Il doit transmettre avec diligences dans le délai prévu de manière à ce que le délai maximum imposé à la chambre d'accusation soit respecté.

Le traitement du contentieux de la liberté dans des délais courts est également de rigueur devant la Cour suprême. Aux termes de l'article 71 de la loi organique sur la Cour suprême, « en matière de détention provisoire, la Cour suprême statue dans les trois mois suivant la

[1] *La pratique des parquets III. Collection des juris-classeurs,* 1ère édition 6,1960.

déclaration de pourvoi, sous peine de libération d'office du détenu par ordonnance du premier président, à son initiative ou à la requête de toute personne intéressée, hors les cas où la détention est obligatoire. Il appartient au procureur général près la cour d'appel de veiller à la transmission du dossier à la Cour suprême dans le délai de quinze jours à compter de la déclaration de pourvoi... »[1]

Outre le contentieux de la détention provisoire, le parquet intervient activement à l'instruction pour la recherche des charges ou non dans le fond de l'affaire.

### D. Les actes pour la manifestation de la vérité

Nous allons examiner les actes les plus saillants dans le cadre de l'instruction.

#### *a. Le transport sur les lieux*

Selon l'article 83 CPP, « le juge d'instruction assisté de son greffier peut se transporter sur les lieux pour y effectuer toute constatation utile ou procéder à des perquisitions. Il en donne avis au procureur de la République qui a la faculté de l'accompagner ».

Même quand il se transporte dans un autre ressort de la cour d'appel, le juge d'instruction doit aviser le procureur de la République territorialement compétent. Bien que le texte soit muet, il faudra admettre que ce procureur avisé puisse se transporter sur les lieux avec le juge d'instruction.

Le procureur de la République a donc la faculté d'accompagner le juge d'instruction. Mais il est souhaitable qu'il se transporte souvent avec son collègue pour mieux être au fait du dossier dont le juge d'instruction est saisi. Mais une fois sur les lieux, le juge d'instruction reste maître de son instruction et de la conduite des actes ayant motivé son transport comme la reconstitution des faits, l'audition d'un témoin, les prélèvements ou constats supplémentaires. Le parquet peut, sur les lieux, demander au juge de faire tels actes et ce dernier est libre d'y accéder ou non.

---

[1] Loi organique n° 2017-09 du 17 janvier 2017 abrogeant et remplaçant la loi organique n° 2008-35 du 08 août 2008 sur la Cour suprême.

### *b. L'expertise*

Lorsqu'il se pose dans un dossier un problème technique[1] différent des simples constatations[2] qui ne comportent aucune technicité, le juge d'instruction peut désigner un expert[3] pour y procéder conformément aux dispositions des articles 149 et suivants du Code de procédure pénale. C'est un pouvoir souverain du juge, maître de son instruction, non susceptible d'appel[4]. Il agit d'office. Toutefois, il peut décider de l'expertise à la demande du ministère public, de l'inculpé ou de la partie civile dans le respect strict du principe du contradictoire et du droit à un procès équitable[5].

---

[1] Les domaines sont aujourd'hui nombreux, de la médecine à l'écriture, en passant par la toxicologie, l'histoire, l'environnement, l'armement, la comptabilité, l'environnement, l'informatique. C'est à la mesure de l'évolution de la société et de la complexité des questions.

[2] Au cours de l'enquête avec les divers actes dont le taux d'alcoolémie.

[3] « Est expert agréé, le technicien versé dans la connaissance d'une science, d'un art ou d'un métier qui en son nom propre et sous sa responsabilité, fait sa profession de l'expertise telle qu'elle est définie à l'article 5, dans l'une des neuf sections de spécialité technique suivantes : expertise fiscale, expertise automobile, expertise commerciale, expertise maritime (navire et marchandises), expertise immobilière, expertise incendie, expertise industrielle ; » Article 4 de la loi n° 83-06 du 28 janvier 1983 portant création de l'Ordre des experts et évaluateurs agréés, abrogée par la loi n° 2017-16 du 17 février 2017 portant création de l'Ordre national des experts du Sénégal (ONES).
« L'expertise consiste, pour un technicien, tel qu'il est défini à l'article précédent, à établir des rapports et à donner des avis à la demande de toute personne intéressée dans les questions relevant de sa spécialité technique… » Article 5 de la loi n° 83-06 du 28 janvier 1983 portant création de l'ordre des experts et évaluateurs agréés, modifiée.

[4] « Si les parties peuvent interjeter appel contre l'ordonnance de refus d'expertise ou de contre-expertise, il n'en est pas de même de l'ordonnance de nomination d'expert qui, aux termes de l'article 180 du CPP, relève de l'appréciation souveraine du juge ». CA Dakar, arrêt n° 21 DU 27 janvier 2009, MP c/ Jérôme Vincent Aghulon, *Bulletin des arrêts rendus par la cour d'appel de Dakar en matière pénale*, Vol n° 2, 2011, page 160.

[5] « L'article 414 alinéa 2 du CPP vise principalement à respecter le principe de l'égalité des armes entre les parties au procès et le principe du contradictoire. Le principe de l'égalité des armes requiert que chaque partie se voit offrir une possibilité raisonnable de présenter sa cause dans des conditions qui ne la placent pas dans une situation de net désavantage par rapport à son adversaire. Le droit à une procédure contradictoire implique la faculté pour les parties de prendre connaissance de toute pièce ou observation présentée au juge en vue d'influencer sa décision et de la discuter. Ceci inclut l'opportunité pour la Défense d'interroger les témoins à charge et d'obtenir la comparution et l'interrogatoire des témoins à décharge […] En l'espèce, la

En pratique, si la demande n'émane pas du parquet, le juge transmet le dossier au parquet par une ordonnance de communication sur l'expertise décidée en précisant l'identité de l'expert, la mission à lui assignée et son délai d'exécution. Il faudra au niveau du parquet bien examiner notamment la qualité de l'expert et la mission qui lui est dévolue. En général, si aucune ambiguïté n'apparaît, le parquet mentionne *Vu et aucune observation.* Rien ne s'oppose à ce niveau qu'il suggère au juge d'inclure dans la mission tel ou tel point.

À la réception du rapport de l'expert, le juge le communique au parquet pour ses observations. Le parquet peut n'avoir aucune observation ou solliciter une contre-expertise et l'ordonnance de refus de cette demande du parquet peut être querellée devant la chambre d'accusation[1]. Les motifs qui peuvent pousser le parquet à demander une contre-expertise ne sont pas définis et peuvent être variés. Ce peut être l'absence de prestation de serment de l'expert, sa non-qualification

---

Chambre note que la Chambre d'Instruction a expressément invité les avocats initialement désignés par Hissein Habré à participer à la première commission rogatoire internationale au Tchad et leur a demandé, à plusieurs reprises, de lui fournir la liste des témoins qu'ils souhaiteraient faire entendre. Le fait que l'Accusé et ses avocats aient choisi de ne pas participer à ce transport au Tchad et de ne pas indiquer à la Chambre d'instruction quels témoins ils souhaitaient faire entendre n'implique pas qu'ils n'en avaient pas la possibilité. Bien au contraire, il s'agit d'une stratégie délibérée de n'exercer qu'un nombre très limitativement calculé des droits de la défense au motif que les CAE seraient illégales et illégitimes, stratégie qui culminera avec la non-comparution des avocats désignés par l'Accusé au début du procès… ». Affaire ministère public c. Hissein Habré, jugement Chambre africaine extraordinaire d'assises, 30 mai 2016, par.210 à par.215.

« La Cour estime que le droit pour une partie au procès de produire des témoins à décharge et le droit pour elle de solliciter la mise en œuvre d'une mesure d'instruction, en l'occurrence l'expertise, participent du droit à un procès équitable. Mais, elle rappelle que ces droits s'exercent sous le contrôle de la juridiction saisie de la cause […] La Cour est d'avis que le rejet par le juge d'instruction des demandes des requérants relativement à l'audition des témoins et à la mise en œuvre de l'expertise ne constitue pas, en soi, une violation de leurs droits en la matière » Arrêt n°ECW/CCJ/JUD/17/18 du 29 juin 2018, Cour de justice de la CEDEAO, M. Khalifa Ababacar Sall, Fatou Traoré, Mbaye Touré, Ibrahima Yatma Diao, Amadou Moctar Diop et Yaya Bodian c. État du Sénégal; IV.36 et IV.40.

[1] « Considérant toutefois, qu'il est constant que le certificat médical ainsi que le rapport médical concernant l'inculpé, délivré par le médecin traitant même à la demande du juge d'instruction ne constituent pas une expertise au sens des dispositions des articles 149 et suivants du code de procédure pénale… ». Arrêt n° 08 du 10 janvier 2012, Ch.acc cour d'appel de Dakar, MP c/ Ousmane Diallo inculpé d'assassinat, détention de chanvre indien.

dans le champ d'intervention, des constatations empreintes d'imprécision et de confusion dans les conclusions du rapport, la partialité manifeste et caractérisée de l'expert ou tout simplement des conclusions qui n'emportent pas son adhésion. Il appartient au juge d'instruction de répondre par ordonnance motivée susceptible d'appel. Devant la juridiction de jugement, la valeur probante de l'expertise peut être discutée en tenant compte des points sus indiqués[1].

***c. Les interrogatoire, audition et confrontation***

Le parquet peut assister à l'interrogatoire de l'inculpé, à l'audition d'une victime ou à la confrontation entre l'inculpé et une ou des victimes. Le greffier d'instruction doit l'aviser sous peine de sanction civile. Lors de ces actes, le parquet présent peut poser des questions sur autorisation du juge d'instruction. Aux termes de l'article 107 du CPP « le procureur de la République peut assister aux interrogatoires et confrontations de l'inculpé et aux auditions de la partie civile… ». Il convient de relever à travers ce texte que les auditions des témoins ne font pas partie des actes auxquels le ministère public peut assister à l'instruction.

En général le parquet n'assiste pas tout le temps aux actes d'instruction sauf pour des affaires dont il juge son implication à tout instant utile, sinon le plus clair du temps le juge y opère seul avec les conseils des parties.

Il ne faut pas oublier que saisi d'un dossier, le magistrat instructeur est souverain, seul responsable de la bonne tenue et maîtrise de son cabinet. Le parquet a bien sûr un droit de regard, mais il ne peut se substituer à lui.

**E. Les cas de nullité**

En cours d'information, le juge d'instruction peut commettre des nullités qui ont des conséquences sur la procédure. En effet, aux termes de l'article 164 CPP, « les dispositions prescrites aux articles 101 et 105 doivent être observées à peine de nullité tant de l'acte lui-même que de

---

[1] « S'agissant de l'évaluation des témoignages des experts et des expertises diligentées au cours de l'instruction, la Chambre a notamment pris en compte la compétence professionnelle de l'expert et son impartialité, les éléments à sa disposition, la méthodologie qu'il a utilisée et la fiabilité des conclusions qu'il a tirées à la lumière de ces facteurs et des autres éléments de preuve devant la Chambre… ». Affaire ministère public c. Hissein Habré, jugement Chambre africaine extraordinaire d'assises, 30 mai 2016, par.201.

la procédure ultérieure ». Ces dispositions concernent le formalisme imposé au juge dans le cadre de l'interrogatoire de première comparution et au fond de l'inculpé, les auditions des parties civiles et témoins.

En dehors de ces nullités textuelles, il faut y inclure les nullités substantielles ou d'ordre public non énumérées et prévues par l'article 166 CPP comme le non-respect des droits de la défense[1]. Dans les deux cas la partie envers laquelle les dispositions sont méconnues peut renoncer expressément de se prévaloir de ces cas de nullité et régulariser ainsi la procédure. La renonciation doit être expresse, recueillie sur procès-verbal par les soins du magistrat instructeur. L'article 166 CPP précise, pour le cas des nullités substantielles ou notamment en cas de violation des droits de la défense « … les parties peuvent renoncer à se prévaloir de ces nullités lorsqu'elles ne sont édictées que dans leur seul intérêt… » Sont notamment exclus de la renonciation, les cas de violation des règles d'ordre public comme la compétence des juridictions, en général toutes les règles qui ne sont pas édictées pour sauvegarder un intérêt privé.

L'article 165 CPP permet au procureur de la République qui estime qu'une nullité a été commise, de requérir du juge d'instruction communication de la procédure en vue de sa transmission à la chambre d'accusation et présente requête aux fins d'annulation à cette chambre. La formalité étant définie par la loi elle-même, la chambre d'accusation doit être saisie par requête à ne pas confondre avec le rapport d'appel, sous peine d'irrecevabilité. La forme de la requête n'est pas définie mais il faut convenir qu'elle doit contenir les arguments sur la violation des textes et la demande expresse sur l'annulation des actes incriminés.

À travers ces dispositions, on se rend compte que le parquet doit avoir à l'œil les dossiers d'instruction pour éviter des nullités soulevées en cours d'audience.

Mais en définitive, quel est le sort réservé aux actes annulés ? L'article 167 CPP dispose que « les actes annulés sont retirés du dossier

---

[1] « Or, l'appréciation par la juridiction de jugement de la matérialité des faits et de l'imputabilité des actes criminels aux collaborateurs ou subordonnés d'un accusé ne fait pas partie des dispositions substantielles du titre du CPP relatif aux autorités chargées de l'action publique et de l'instruction et ne constitue pas une violation des droits de la défense. Il s'agit d'une question de fond qui ne peut faire l'objet d'un recours en exception de nullité… » Affaire ministère public c. Hissein Habré, jugement Chambre africaine extraordinaire d'assises, 30 mai 2016, par.138.

d'information et classés au greffe de la cour d'appel. Il est interdit d'y puiser aucun renseignement à peine de forfaiture[1] pour les magistrats et de poursuites devant leur conseil de discipline pour les défenseurs ».

### F. La communication

Non soumise à aucune condition préalable, la demande de communication des dossiers d'instruction reste un levier essentiel pour le parquet. Elle met en exergue sa pro action[2] par rapport aux dossiers d'instruction des cabinets.

Sans attendre que le dossier lui soit transmis par le juge d'instruction, le parquet peut d'initiative se faire communiquer la procédure à charge de la rendre dans les vingt-quatre heures ; un délai prévu par l'article 73 CPP et dont la violation n'est pas sanctionnée. Toutefois, il faut veiller à son respect et il n'est pas exclu que le juge sollicite, à l'expiration de ce délai, le retour de son dossier.

Dans la pratique, le parquet établit un soit transmis ou une lettre pour demander communication du dossier. La communication, que le juge d'instruction ne peut refuser si elle est expressément demandée[3], constitue un acte préparatoire pour le parquet. En effet, elle lui permet de voir l'état d'avancement du dossier, prendre connaissance d'un acte d'instruction ou d'une pièce à conviction, faire un rapport au procureur général, ou tout simplement prendre un réquisitoire supplétif ou vérifier les actes pris pour éventuellement « débusquer » les actes entachés de

---

[1] À l'origine, elle recoupe tout crime commis par un fonctionnaire public dans l'exercice de ses fonctions. Pour un juge, par exemple, le fait de se prononcer sur une affaire dans laquelle ses intérêts propres sont menacés. Mais la forfaiture recouvre des manquements très variés commis par les fonctionnaires, concussion, déloyauté, malversation, violation d'un serment, tout manquement grave.

Les articles 149 et suivants du Code pénal disposent : « Tout crime commis par un fonctionnaire public dans l'exercice de ses fonctions est une forfaiture… Toute forfaiture pour laquelle la loi ne prononce pas de peines plus graves est punie de la dégradation civique… Les simples délits ne constituent pas les fonctionnaires en forfaitures ». En France la forfaiture a disparu du Code pénal.

[2] « Nous avons l'initiative et la responsabilité de provoquer les choses » Stephen R. Covey. *Les 7 habitudes de ceux qui réalisent tout ce qu'ils entreprennent*, FIRST Editions, 2008, page 80.

[3] « C'est là, pour ce magistrat, une faculté discrétionnaire, et à laquelle le juge d'instruction ne peut mettre obstacle. Le juge d'instruction ne peut, sous quelque prétexte que ce soit, refuser la communication requise par le parquet » (crim. 5 fev.1970, n° 69-92.892, Bull.crim, n° 53), Christian Guery/Pierre Chambon, *Droit et Pratique de l'instruction préparatoire, juge d'instruction-chambre d'accusation, 2013-2014*, *op.cit.*, page 42.11

nullité. Par la communication, il peut en outre prendre toutes réquisitions qui lui paraissent utiles sauf, à notre avis, le réquisitoire définitif dont le préalable obligatoire est l'ordonnance de communication du juge d'instruction aux fins de règlement définitif en application de l'article 169 CPP. Le juge semble, en la matière, seul à même d'apprécier, dans le respect du droit des parties à un procès équitable[1], la fin de son instruction et la communication de la procédure au parquet pour règlement définitif.

Par cette initiative qu'est la communication et les réquisitions supplétives, le parquet peut s'impliquer pour éviter l'enlisement de dossiers au cabinet en provoquant la réaction du juge. « En fait l'instruction est un dialogue permanent entre le juge d'instruction et le ministère public… »[2] Toutefois, ce dialogue dont il est question doit être bien compris. Il ne s'agit point d'une concertation pour la décision à prendre, ce qui violerait l'indépendance des deux fonctions d'instruction et de poursuites, mais plutôt des avis, communications, réquisitions que les deux magistrats échangent dans le cadre du traitement du dossier. Le strict respect de la loi et des fonctions de chacun est sauvegardé.

La communication dite *officieuse,* parfois non matérialisée par un écrit, souvent pratiquée dans les juridictions, doit être manipulée avec beaucoup d'attention si elle ne peut tout simplement être bannie pour éviter les pertes ou égarements de procédures ou de pièces sans qu'aucun responsable ne soit identifié.

La communication pratiquée à l'instruction est aussi permise en cours de procès notamment quand un supplément d'information est ordonné par le président d'une Chambre criminelle et les résultats déposés au greffe et joints au dossier de la procédure. Aux termes de

---

[1] « L'ordonnance de règlement n'est pas un acte de continuation de l'information ; c'est plutôt un acte y mettant fin…Or, le juge d'instruction ne doit pas mettre un terme à l'information pendant que des recours exercés contre ses décisions ou susceptibles d'être exercés attendent leurs suites logiques à savoir leur examen par la juridiction d'instruction du second degré… La Cour est d'avis qu'en empêchant que les recours exercés par les requérants produisent leur plein effet avant la clôture de l'instruction, le magistrat instructeur a ôté à la procédure son caractère équitable » Arrêt n°ECW/CCJ/JUD/17/18 du 29 juin 2018, Cour de justice de la CEDEAO, M. Khalifa Ababacar Sall, Fatou Traoré, Mbaye Touré, Ibrahima Yatma Diao, Amadou Moctar Diop et Yaya Bodian c. État du Sénégal; IV.50 et IV.53.

[2] Arrêt de la Chambre d'accusation de la cour d'appel de Dakar n° 140 du 24 août 2010 : Affaire MP et Crédit Mutuel du Sénégal c/ Cheikh Tidiane Ndao.

l'article 249 CPP « le procureur de la République peut, à tout moment, requérir communication de la procédure, à charge de rendre les pièces dans les vingt-quatre heures ».

L'instruction est aussi bien marquée par les réquisitoires supplétifs que prend le ministère public.

### G. Le réquisitoire supplétif

Le juge d'instruction est seul juge de l'avancée de sa procédure pour conclure si elle lui paraît terminée ou non. Toutefois, c'est une appréciation relative et, à ce titre, les termes de l'article 169 CPP qui dispose qu'« aussitôt que l'information lui paraît terminée... », le prouvent suffisamment. Le verbe paraître indique le caractère relatif de l'appréciation portée par le juge sur son information. Le procureur de la République à qui le dossier est communiqué pour règlement définitif peut estimer le contraire. C'est pourquoi le parquet qui reçoit la procédure doit l'étudier avec attention pour voir s'il est encore nécessaire de procéder à un acte d'information. L'examen du dossier doit être minutieux car il y a lieu d'éviter le retardement de la clôture d'un dossier pour des actes dont on se serait passé parce que non déterminants ou pas utiles à la bonne manifestation de la vérité. Les lenteurs souvent critiquées sont en jeu.

Tout est question d'espèce : Il peut ainsi solliciter l'audition d'un témoin important à son avis, le transport sur les lieux, une expertise, une inculpation et l'ordonnance contraire est susceptible d'appel. La liste n'est pas exhaustive, ceci dépend du profil du dossier mais surtout de la nécessité de savoir si le rassemblement des preuves est suffisant pouvant permettre à la juridiction de jugement de connaître du fond de l'affaire et de rendre une décision au fond. Mieux l'article 73 CPP dispose que « dans son réquisitoire introductif, et à toute époque de l'information par réquisitoire supplétif, le procureur de la République peut requérir du magistrat instructeur tous actes lui paraissant utiles à la manifestation de la vérité ». Par ce mécanisme, le parquet rappelle un peu au juge ses préoccupations quant à l'avancement d'une procédure.

Il convient de relever que le réquisitoire supplétif du parquet paralyse la première ordonnance de soit communiqué du juge aux fins de règlement définitif. Après une ordonnance de refus de plus ample informé, le juge doit à nouveau communiquer la procédure au parquet pour ces réquisitions définitives s'il n'a pas interjeté appel. Il ne peut, sur la même ordonnance prendre une ordonnance de refus de plus ample informé et de règlement définitif sous peine de violer les dispositions de l'article 169 C.P.P sur la communication de la procédure au procureur de la République ou à son délégué pour ses réquisitions[1] qui, en réalité, sont une formalité obligatoire.

Le réquisitoire supplétif du parquet procède des fois de la sollicitation du juge d'instruction, si, en cours d'information d'un dossier, surviennent des faits qui n'avaient pas été concernés par le réquisitoire introductif. Aux termes de l'article 71 « ... Lorsque des faits, non visés au réquisitoire, sont portés à la connaissance du juge d'instruction, celui-ci doit immédiatement communiquer au procureur de la République les plaintes ou les procès-verbaux qui les constatent ». C'est ce qu'on appelle les faits nouveaux dont la détermination peut soulever des difficultés[2]. Le juge d'instruction est saisi *in rem* par le réquisitoire du parquet et doit se limiter à ces faits sous peine de nullité de ses actes[3]. Une solution qui s'inscrit en droite ligne du principe de la

---

[1] Arrêt n° 228 du 11 décembre 2008 Chambre d'accusation, cour d'appel de Dakar : « En vertu du principe sacro-saint de l'interprétation stricte des textes en matière pénale, le juge d'instruction au Sénégal ne peut en aucune manière extirper des textes susvisés un pouvoir quelconque de prendre dans une même ordonnance une décision de refus de plus ample informer et de transmission de pièces au mépris des pouvoirs légalement consacrés du ministère public de faire appel de toute décision non conforme à ses réquisitions ; cette entreprise du magistrat instructeur est particulièrement téméraire parce que non seulement, elle ne repose sur aucun argument légal, mais encore et surtout, elle met en péril les fonctions de poursuites du ministère public qui finalement n'a pu donner son avis sur le règlement définitif de l'affaire et dont l'appel risque de ne plus avoir d'objet si l'on venait à accorder le minimum de régularité à une telle décision du juge d'instruction... ».

[2] « Dans la pratique cependant, il est parfois difficile de déterminer la saisine du juge d'instruction : celle-ci se fonde-t-elle sur la lettre du réquisitoire ou sur les pièces d'enquête qui y sont annexées ? Dans le silence de la loi, la jurisprudence indique que la « saisine du juge, quant aux faits, est déterminée par les pièces annexées au réquisitoire, ou visées au réquisitoire. En cas de difficultés d'interprétation des pièces, c'est la chambre de l'instruction qui procède à la délimitation nécessaire et cela de façon discrétionnaire. Si le magistrat instructeur déborde sa saisine, en étendant ses investigations à des faits non visés au réquisitoire introductif, sa procédure en ce qui concerne les actes non visés au réquisitoire est nulle... ». Observations sur l'affaire Chambre crim, 6 décembre 1996 ; Jean Pradel, André Varinard, *Les grands arrêts de la procédure pénale*, 6e édition, *op. cit.*, page 301.

[3] « Le principe général est bien connu ; le juge d'instruction est saisi *in rem* en sorte qu'il informe sur les faits qui lui ont été dénoncés par le parquet ou la partie civile, mais seulement sur ces faits. Cette règle traditionnelle s'explique par le principe de séparation de la poursuite et de l'instruction. Car si le juge pouvait se saisir lui-même d'infractions non visées au réquisitoire introductif du parquet, il pourrait poursuivre des faits que ce dernier n'avait pas voulu lui communiquer... ». Observations sur

séparation des fonctions de poursuite, exclusifs au parquet, et d'instruction qui sont l'apanage du juge. En général, « ... l'inculpation intervenue dans les conditions où le juge a omis de communiquer la procédure au parquet pour recueillir ses réquisitions a violé les dispositions substantielles du Code de procédure pénale relatives à l'instruction »[1].

Ce principe de séparation est tordu par le dernier alinéa de l'article 71 qui dispose que « ... le Président du Tribunal d'instance agissant d'office doit prendre une ordonnance étendant la saisine ». Cette solution peut être tolérée dans les juridictions qui ne disposent pas de délégué du procureur compte tenu du cumul de fonction de ce magistrat. Dans le cas contraire, il doit être procédé comme il a été indiqué.

### H. Le règlement définitif

Il ressort en substance de l'article 169 CPP, aussitôt que l'information lui paraît terminée, le juge d'instruction communique le dossier de la procédure au procureur de la République. Il transmet le dossier par une ordonnance de soit-communiqué revêtu de son sceau. Le ministère public doit lui adresser ses réquisitions dans les quinze jours. Le non-respect de ce délai n'est pas sanctionné[2] mais l'on doit s'évertuer pour éviter les lenteurs de la justice qui sont stigmatisées, à veiller au respect de ce délai. Le règlement définitif constitue, comme on dirait, la *Messe de Requiem* de l'instruction[3] au niveau du premier

---

l'affaire Chambre crim, 6 décembre 1996, *Les grands arrêts de la procédure pénale, op. cit.*, page 301.

[1] Arrêt de la Chambre d'accusation de la cour d'appel de Dakar n° 140 du 24 août 2010 : Affaire MP et Crédit Mutuel du Sénégal c/ Cheikh Tidiane Ndao. Voir *Bulletin des arrêts rendus par la cour d'appel de Dakar en matière pénale*, vol n° 2, 2011, page 125.

[2] « Le délai de l'article 169 du Code de Procédure pénale largement dépassé n'est qu'à titre indicatif et non sanctionné par la forclusion du parquet ; dès lors c'est à tort que le juge d'instruction estime devoir rendre l'ordonnance querellée sans attendre les réquisitions du ministère public qui a en charge l'accusation ». Papa Assane Touré, *La réforme de la composition et de la compétence des juridictions du Sénégal, commentée et annotée*, Dakar, Abis éditions, 2017, page 256.

[3] « Toute requête aux fins d'annulation destinée à la Chambre d'accusation doit être introduite durant la phase d'instruction. Aussi, doit être déclarée irrecevable la demande d'annulation d'un acte d'instruction formulée devant la chambre d'accusation après l'ordonnance de renvoi ; la chambre ne pouvant plus, à ce stade de la procédure, réclamer le dossier au juge d'instruction », CA Dakar, arrêt n° 47 du 19 février 2008, MP c/ John Ezeadi Obi, *Bulletin des arrêts rendus par la cour d'appel de*

degré sauf en cas de complément d'instruction décidée par la juridiction de jugement ou la Chambre d'accusation en cas d'appel du ministère public contre l'ordonnance de clôture ou de règlement du magistrat instructeur. C'est une phase décisive du procès pénal car « lorsque l'information judiciaire est clôturée et que l'ordonnance de renvoi et de mise en accusation est définitive, aucune mesure corrective n'est ni envisageable, ni possible par la juridiction de jugement qui doit, dans tous les cas, recourir soit à un supplément d'information, soit attendre l'issue des débats pour y procéder, tout en veillant à ne pas porter atteinte aux droits de la Défense »[1]. L'article 181 du CPP du Sénégal dispose que « lorsqu'il est interjeté appel d'une ordonnance autre qu'une ordonnance de règlement, le juge d'instruction poursuit son information, sauf décision contraire de la chambre d'accusation. » Mais l'ordonnance définitive de clôture doit être bien comprise, elle « n'est pas un acte de continuation de l'information ; c'est plutôt un acte y mettant fin »[2].

Une attention particulière doit être accordée aux procédures comportant des détenus. Au Sénégal contrairement en France, le législateur n'a pas posé des délais différents dans le règlement des dossiers selon qu'il y a ou non des détenus dans la procédure communiquée mais en pratique cette différenciation est faite dans le traitement. Les parquets sont plus enclins à régler dans les meilleurs délais une procédure comportant des détenus que celle qui n'en a pas.

Le procureur de la République peut emprunter plusieurs voies pour donner son avis :

- *Le réquisitoire définitif de non-lieu* : il décide de ceci lorsque les faits sont soit prescrits, soit ne constituent ni crime ni délit ni contravention, les charges sont insuffisantes, s'il y a une cause subjective d'irresponsabilité (démence au temps de l'action), une cause

---

*Dakar*, vol n° 2, 2011, page 142. Dans la même affaire, « lorsque l'ordonnance de clôture a déjà été rendue, c'est la juridiction de jugement et non la chambre d'accusation qui peut statuer sur la demande de liberté provisoire », même bulletin, arrêt n° 81 du 17 avril 2008, page 153.

[1] Situation en République du Tchad, le procureur général c. Hissein Habré, arrêt rendu le 27 avril 2017 par la Chambre africaine extraordinaire d'assises d'appel, page 106, par. 467.

[2] Arrêt n°ECW/CCJ/JUD/17/18 du 29 juin 2018, Cour de justice de la CEDEAO, M. Khalifa Ababacar Sall, Fatou Traoré, Mbaye Touré, Ibrahima Yatma Diao, Amadou Moctar Diop et Yaya Bodian c. État du Sénégal; IV.50.

objective d'irresponsabilité (légitime défense, l'état de nécessité, le commandement de la loi et de l'autorité légitime) ;

- *Le réquisitoire de renvoi* : si le procureur de la République estime que les charges sont suffisantes et que les faits sont constants, il requiert qu'il plaise à Monsieur le Juge d'instruction d'ordonner le renvoi de l'affaire devant le tribunal correctionnel. Le réquisitoire de renvoi comme l'ordonnance subséquente de renvoi doit toujours être pris contre personne dénommée et suffisamment identifiée[1] ;

- *Du réquisitoire définitif aux fins de transmission de pièces au réquisitoire définitif aux fins de mise en accusation et de renvoi* : jusqu'à un passé récent, si les faits sont criminels, le parquet requérait qu'il plaise au juge d'instruction d'ordonner que le dossier de la procédure et un état de pièces à conviction soient transmis au procureur général pour être procédé ainsi qu'il lui appartiendra d'apprécier. Ce dernier saisissait la Chambre d'accusation qui peut prononcer, par arrêt, selon le cas, le non-lieu, la disqualification ou la requalification, ou la mise en accusation et le renvoi devant la cour d'assises. C'est le vieux principe du double degré d'instruction. On avait toujours estimé que la gravité des faits et la maîtrise de la personnalité des personnes poursuivies commandaient un double examen à l'instruction. Mais la loi n° 2008-50 du 23 septembre 2008[2] réforme l'article 175 CPP qui dispose désormais que « si le juge d'instruction estime que les faits constituent une infraction qualifiée crime par la loi, il rend une ordonnance de mise en accusation devant la cour d'assises. Il peut également saisir cette juridiction des infractions connexes. La décision de renvoi devant la cour d'assises doit être précédée d'une ordonnance de prise de corps contre l'accusé… À la fin de l'information, le juge d'instruction transmet le dossier avec son ordonnance au procureur de la République qui est tenu de l'envoyer sans retard au procureur général. Le procureur général procède à l'enrôlement de la procédure devant la cour d'assises. Les pièces à conviction dont il est dressé état sont transmises en même temps que le dossier de la procédure ». Avant

[1] « L'action publique ne peut être dirigée que contre un individu certain et déterminé. La saisine des juridictions de jugement obéit rigoureusement à ce principe, elle a toujours lieu in personam. La citation ou l'ordonnance de renvoi doit toujours désigner le prévenu. Ainsi l'ordonnance du juge d'instruction qui renvoie un inculpé resté inconnu et sans le designer de manière à ne laisser subsister aucun doute sur son identité, devant le tribunal correctionnel, est entachée de nullité… ». *Crim.* 7 janv.1825, *Bull.crim*, n ° 2, Crim.

[2] JORS n° 6458 du 07 mars 2009, page 210 à 214.

d'envoyer les ordonnances de mise en accusation accompagnées d'un état des pièces servant à conviction, le parquet d'instance prend soin de les signifier aux accusés. En pratique les ordonnances de mise en accusation sont envoyées à un huissier pour signification à cette fin.

Cette réforme qui renforce les pouvoirs du juge d'instruction et du procureur de la République, a supprimé le double degré d'instruction du moins dans cette phase du règlement définitif longtemps consacré avec la chambre d'accusation qui était source de lenteurs, avec ses actes d'instruction, ses pouvoirs de réparer les omissions, de redresser les qualifications, d'annuler des actes, d'inculper des personnes qui n'ont pas été renvoyées, de renvoyer les personnes devant la juridiction de jugement compétente. Elle pouvait aussi « réclamer le dossier de la procédure et, selon les cas, ordonner, soit l'accomplissement d'un acte complémentaire d'information, soit un supplément d'information, l'un et l'autre étant susceptibles de lui permettre par évocation, de corriger les omissions ou négligences, voire déborder de son cadre de saisine en procédant aux extensions juridiques qu'elle juge opportunes »[1], avant de décider du renvoi des personnes devant la juridiction de jugement compétente. Désormais, le dossier de la procédure, suite à l'ordonnance de mise en accusation du juge d'instruction, ne remontait au parquet général par les soins du procureur de la République que pour les besoins de l'enrôlement devant la cour d'assises. « La mise en œuvre efficiente de la loi n° 2008-50 du 23 septembre 2008 va avoir des incidences certaines sur la réduction des délais de détention en matière criminelle tout en accentuant le rendement de vos juridictions ».[2] Mais il convient de relever une difficulté pour les demandes de mise en liberté provisoire intervenues après l'ordonnance de mise en accusation du juge d'instruction. Ce dernier, dessaisi par son ordonnance de clôture, ne pouvait plus en connaître.

En outre, par ces nouvelles dispositions les responsabilités des parquets d'instance et des juges étaient interpellées dans le cadre de la bonne appréciation des faits pour valablement saisir cette haute juridiction chargée de connaître des crimes[3]. Les arrêts d'incompétence

[1] Situation en République du Tchad, le procureur général c. Hissein Habré, arrêt rendu le 27 avril 2017 par la Chambre africaine extraordinaire d'assises d'appel, pages 105 et 106, par. 462.

[2] Lettre Procureur général cour d'appel de Dakar en vue de la journée de réflexion sur la réforme.

[3] Il faut noter que la Cour d'assises de Dakar, siégeant en formation spéciale, est seule compétente pour juger les crimes constitutifs d'actes de terrorisme prévus aux articles

et de disqualification mettraient à nu une mauvaise qualification en amont. Aussi, le pouvoir d'annulation des actes et des procédures désormais reconnu à la cour d'assises par l'article 168 CPP conforte cette responsabilité. Par le passé, l'arrêt de mise en accusation et de renvoi devant la cour d'assises rendu par la chambre d'accusation *purgeait* les nullités qui n'étaient plus discutées à l'audience.

Cette responsabilisation des juges d'instruction et des parquets d'instance est plus vivace avec la suppression des cours d'assises et leur remplacement par les chambres criminelles instaurées au sein des tribunaux de grande instance[1]. Désormais, les juges d'instruction saisissent ou renvoient directement des faits criminels devant les chambres criminelles de leur juridiction qui sont compétentes pour en connaître et rendre des décisions susceptibles d'appel devant la Chambre criminelle de la cour d'appel. Ces chambres comme ses devancières compétentes en matière criminelle, ont des pouvoirs comme la disqualification ou la requalification des faits, par ailleurs largement admise en droit international pénal[2], « à condition de ne rien changer ou ajouter aux faits énoncés »[3] dans l'ordonnance de renvoi. Mais, « dès lors qu'elle est devenue définitive, l'Ordonnance de renvoi fixe définitivement la compétence de la chambre d'assises qu'elle saisit. Dès lors, si la juridiction de jugement, à l'instar de toutes les juridictions pénales, peut modifier les qualifications juridiques adoptées par la décision de renvoi, c'est à la condition de n'introduire aucun élément constitutif nouveau et distinct de ceux ayant fait l'objet de renvoi […] Il en découle que la liberté de la preuve devant les juridictions répressives est limitée par le principe d'ordre public qui

---

279-1 à 279-3 du Code pénal et les délits qui leur sont connexes. Lorsqu'elle est saisie de ces infractions, la Cour d'assises de Dakar est composée d'un président et de quatre assesseurs magistrats désignés par ordonnance du premier président de la cour d'appel de Dakar. Par dérogation aux dispositions de l'article 336 du CPP, toute décision se forme à la majorité des trois voix au moins.

La Cour d'assises de Dakar, siégeant en formation spéciale saisie d'actes de terrorisme, reste compétente lorsqu'il résulte des débats que les faits ne rentrent pas dans cette catégorie. Voir articles 677-32 et 677-33 CPP.

[1] Loi n° 2014-28 du 3 novembre 2014 modifiant la loi n° 65-61 du 21 juillet 1965 portant Code de procédure pénale.

[2] Affaire ministère public c. Hissein Habré, jugement Chambre africaine extraordinaire d'assises, 30 mai 2016, par.160 à par.168.

[3] CETC, Chambre de première instance, affaire Kaing Guek Eav *alias* Duch, jugement, dossier n° 001/18-07-2007-ECCC/TC, 26 juillet 2010 (jugement Duch, E188, p.197, par.492-494

interdit à ces juridictions de se prononcer sur des faits nouveaux, non relevés par la décision de renvoi ou la citation qui les saisit »[1]. Dans le même sens, selon la chambre d'appel de la CPI « le Procureur n'a formulé les charges avec un niveau de précision suffisant [...] C'est pourquoi l'ajout de tout acte criminel de meurtre, de viol et de pillage aurait nécessité une modification des charges, ce qui n'a pas eu lieu en l'espèce [...] au vu de la manière dont le Procureur a formulé les charges en l'espèce, c'était la seule manière de procéder qui aurait permis d'intégrer des actes criminels supplémentaires dans le cadre des charges. [...] la chambre de première instance a eu tort de déclarer Jean-Pierre Bemba coupable des actes suivants, qui ne s'inscrivaient dans le cadre des faits et des circonstances décrits dans les charges au sens de l'article 74-2 du Statut. »[2]

- *Le réquisitoire de disjonction* : Il est pris lorsque l'inculpé est justiciable d'une autre juridiction compte tenu des règles de compétence. Exemple : un dossier qui compte parmi les inculpés un mineur.

Ces voies ne sont pas figées, car le parquet peut prendre des réquisitions mixtes ou complexes car on peut y trouver toutes les formes. Cela dépend du profil du dossier, des éléments de fait et de droit. On peut ainsi trouver le non-lieu, une disjonction, mise en accusation dans un même réquisitoire définitif. L'ordre de ces réquisitions pose problème, mais en pratique le non-lieu précède le renvoi suivi par la disjonction.

Les réquisitoires comportent en général ces éléments : l'énoncé du titre procureur de la République, l'identité des inculpés et leur statut pénal (date mandat dépôt, contrôle judiciaire, exécution mandat d'arrêt, liberté provisoire), l'inculpation, les faits, la discussion des faits et enfin l'avis clair sur la suite à donner au dossier en rappelant les textes de loi applicables, le renvoi, le non-lieu ou la mise en accusation et le renvoi.

Ces solutions sur la suite à réserver à la procédure peuvent être contenues dans un même réquisitoire, tout est question d'espèce. La mixité est nécessaire dans bien des réquisitoires, tout dépend du profil

---

[1] Situation en République du Tchad, le procureur général c. Hissein Habré, arrêt rendu le 27 avril 2017 par la Chambre africaine extraordinaire d'assises d'appel, page 103, par. 450 et 453.

[2] CPI, Situation en République Centrafricaine, Affaire le Procureur c. Jean –Pierre Bemba Gombo, la Chambre d'appel, 08 juin 2018, arrêt N° ICC-01/05-01/08 A, paragraphe 116, pages 47/92 et 48/92

du dossier et des éléments de fait et de droit, les charges ou le défaut de charge et de la qualité des inculpés.

Mais l'annonce dès le titre du sens du réquisitoire, une pratique qui instaure une certaine clarté, est de plus en plus critiquée. Ses détracteurs estiment que le parquet, contrairement à la démarche judiciaire requise, a pris sa décision avant de la motiver. Une critique qui est non fondée. Outre le fait que le réquisitoire n'est pas « un jugement », dans la pratique, la démarche décisionnelle est la même. Le parquetier en réalité commence par examiner le dossier, motiver ses réquisitions, le titre ne vient en dernière position que pour être le condensé. Sa première place n'est qu'apparente. Cette même démarche est empruntée par le juge d'instruction dans ses ordonnances. Ceci dit, rien ne s'oppose que le parquet d'instance change de style de rédaction. Il peut ainsi en titre juste mentionner « réquisitoire définitif » ou « réquisitoire aux fins de clôture » et réserver le sens de ses réquisitions dans la conclusion à la suite de sa démonstration. Cette méthode rejoindrait celle en vigueur au niveau des parquets généraux d'appel et en cassation où la confirmation ou l'infirmation/cassation résulte d'une démonstration et figure en dernière position.

Dans la pratique des juridictions internationales pénales, le réquisitoire définitif peut comporter des éléments comme le contexte historique, politique, économique, géographique, social, la présentation générale du pays concerné, tous éléments qui permettent de placer les faits de la procédure dans leur contexte général.

Pour la narration des faits, il faut être le plus objectif possible, éviter d'exprimer ses sentiments, les dégager sans aucun parti pris et avec la clarté. Les expressions comme *gravement, sans convaincre, douloureux, sans pitié* sauf si on ne fait que reprendre la version d'une partie, d'un témoin, doivent être évitées. Il faut s'évertuer à ne pas omettre un détail important pour le règlement du dossier, c'est pourquoi la concision dans la rédaction ne doit pas justifier que les faits soient tronqués. En effet, la justice surtout pénale se joue le plus souvent sur des éléments que le novice pourrait classer dans les éléments de peu d'importance.

Dans la rédaction, l'imparfait ou le présent est le plus souvent usité pour placer les faits entièrement dans le passé mais aussi le passé simple pour dégager les actions brusques ou soudaines. L'emploi du présent ou du passé composé est aussi répandu.

On doit éviter au maximum les imprimés dans la rédaction de ces actes. Un soin particulier doit être apporté avec des développements qui, non seulement dénotent une bonne maîtrise des dossiers, mais aussi facilitera le travail dans le cadre de la préparation des dossiers pour l'audience.

**I. Le dessaisissement**

Aux termes de l'article 75 CPP, « le dessaisissement du juge d'instruction au profit d'un autre juge d'instruction peut être demandé au Président du tribunal, dans l'intérêt d'une bonne administration de la justice, par requête motivée du procureur de la République… » Les motifs peuvent être variés, une suspicion, un autre juge de la même juridiction est saisi simultanément des mêmes faits, une connexité avec une autre procédure pendant devant un autre juge, l'ordre public et de sûreté.

Le président statue dans les huit jours par une ordonnance qui n'est pas susceptible de recours s'agissant d'une décision à caractère administratif. Il convient de préciser qu'avant même de passer par la voie du président, rien ne s'oppose à ce que le parquet tente un dessaisissement à l'amiable. En cas de refus, il saisit le président.

En dehors du dessaisissement pour une bonne administration de la justice, il y a les cas de renvoi[1] ou *dépaysement judiciaire* pour des motifs de sûreté et de sécurité à l'initiative du procureur général près la Cour suprême qui saisit ladite cour. Dans ce cas régi par les articles 649 CPP et la loi organique de la Cour suprême, le dossier de la procédure est transmis au juge désigné et les détenus, le cas échéant, transférés à la maison d'arrêt du ressort de ce magistrat. L'article 97 de la loi organique sur la Cour suprême dispose que « le Garde des Sceaux, ministre de la Justice, a seul qualité pour saisir la Cour suprême, par voie du procureur général près la cour, des demandes de renvoi pour cause de sûreté publique. Il est statué sur ces demandes dans les huit

---

[1] « Le renvoi a pour effet d'ôter à une juridiction déjà saisie d'une affaire pour la confier à une autre du même ordre… assurer l'indépendance des juges… la suspicion légitime… et la sécurité publique… La suspicion légitime qui peut être invoquée par le Ministère public ou les autres parties, existe quand des circonstances, telles que des passions locales, perturbent les relations entre juges et justiciables et font suspecter l'impartialité des premiers… La sûreté publique, qui ne peut être invoquée que par le procureur général près la Cour de cassation, est dominée par la notion de sauvegarde de l'ordre public… ». Jean Pradel, *Procédure pénale, op. cit.*, pages 75 et 76.

jours, en chambre du conseil, par le premier président et les présidents de chambre de la cour »[1].

En matière de terrorisme, par dérogation aux dispositions de l'article 43 du CPP, le cabinet d'instruction spécialisé du tribunal de grande instance de Dakar est seul compétent pour conduire l'information ouverte contre les auteurs des infractions visées aux articles 279-1 à 279-3 du Code pénal. Lorsqu'au cours d'une information, le juge d'instruction d'un tribunal autre que celui de Dakar constate que les faits dont il est saisi peuvent constituer l'une des infractions rentrant dans l'une des catégories visées aux articles susvisés, il ordonne soit d'office après avis du procureur de la République, soit sur réquisition de celui-ci, la transmission de l'affaire au cabinet d'instruction compétent au tribunal de grande instance de Dakar. Dans tous les cas, il avise au préalable soit par lettre recommandée avec avis de réception, soit par notification avec émargement au dossier de la procédure, l'inculpé et la partie civile ou leur conseil qui peuvent formuler des observations dans le délai de cinq jours à compter de la réception de la lettre recommandée ou de la notification. L'ordonnance prévue à l'alinéa 2 du présent article, qui ne peut faire l'objet d'aucun recours, est remise avec le dossier au procureur de la République. Celui-ci est tenu, dans les soixante-douze heures de sa saisine, de transmettre le dossier au procureur de la République près le tribunal de grande instance de Dakar.

Dans le même sillage, la Chambre d'accusation de la cour d'appel de Dakar est seule compétente et lorsqu'une Chambre d'accusation autre que celle-ci est saisie, et si elle constate que les faits dont elle est saisie

---

[1] Exemples : Arrêt n° 01 du 12 août 2009 Cour suprême MP c /Alassane Baldé et consorts : « ordonne le renvoi, pour cause de sûreté publique, au juge d'instruction du premier cabinet du tribunal régional hors classe de Dakar, de la procédure n° RP… RI… suivie au premier cabinet du tribunal régional de Ziguinchor ». Motifs : « contexte particulier… faiblesse des moyens… personnalité des inculpés ».
Arrêt n° 1 du 15 janvier 1974 Cour suprême, MP c/ Abdoulaye Ndoye et Tidiane Diop : « … Attendu que le juge d'instruction de Saint-Louis est saisi aux fins d'informer contre A.N et T.D respectivement Intendant et Proviseur du Lycée Charles de Gaulle, tous deux prévenus de détournement de deniers publics ; qu'en raison de la personnalité des prévenus, de leurs fonctions et surtout de la vive émotion soulevée par cette affaire à Saint-Louis, il importe, pour cause de sûreté publique, de la renvoyer devant une autre juridiction de même qualité ». Par ces motifs : « … Ordonne en conséquence que le juge d'instruction de Saint-Louis sera dessaisi au bénéfice de celui de Thiès pour l'information y être poursuivie conformément à la loi ». *Recueil ASERJ* 1974, n° 1, 5ème année, page 5.

rentrent dans l'une des catégories prévues aux articles 279-1 à 279-3 du Code pénal, elle ordonne soit d'office après avis du procureur général soit sur réquisition de celui-ci, la transmission de l'affaire à la Chambre d'accusation de la cour d'appel de Dakar. Mais contrairement au procureur de la République, aucun délai n'est posé pour saisir cette chambre.

**J. La reprise de l'information sur charges nouvelles**

Le dossier d'information qui se termine par un réquisitoire définitif de non-lieu obéit normalement au principe de l'autorité de la chose jugée. Le juge d'instruction est dessaisi. L'article 182 CPP indique dans ce sens que l'inculpé à l'égard duquel le juge d'instruction a dit n'y avoir lieu à suivre ne peut plus être recherché à l'occasion du même fait. Dans ce cadre, si un mandat d'amener ou d'arrêt a été décerné, le juge devra immédiatement adresser un avis de cessation de recherches à l'unité à laquelle le mandat a été envoyé. En revanche, la reprise de l'information est permise mais avec des conditions strictes.

***a. Les conditions de la reprise de l'information***

Aux termes de l'article 182 CPP, l'information ne peut être reprise qu'en cas de survenance de charges nouvelles. L'article 183 précise que « sont considérées comme charges nouvelles les déclarations des témoins, pièces et procès-verbaux qui n'ayant pu être soumis à l'examen du juge d'instruction, sont cependant de nature soit à fortifier les charges qui auraient été trouvées trop faibles, soit à donner aux faits de nouveaux développements utiles à la manifestation de la vérité ».

À l'examen de ce texte, il est utile de relever de prime abord qu'on évite la violation du principe *non bis in idem*. Les charges nouvelles doivent être des éléments qui n'ont pas été soumis au juge au moment où il prenait son ordonnance de non-lieu. La découverte des pièces doit être postérieure à la décision de non-lieu[1]. Leur existence peut bien être antérieure à l'ordonnance mais il suffit qu'elle soit ignorée du juge de telle sorte qu'il n'a pu en tenir compte lors du règlement définitif du dossier, ce qui peut aboutir au non-lieu. En général, ce sont des éléments qui n'ont jamais figuré dans le dossier et aucune des parties n'en a fait cas soit par ignorance soit par collusion de nature à surprendre la religion du juge d'instruction. Ce sont essentiellement des motivations de fait qui peuvent permettre la reprise de l'information. Les arguments de droit comme la prescription n'en font pas partie.

---

[1] CA Dakar Ch. d'acc. arrêt n° 43 / 92 du 12.5. 1992 MP et Air Gabon c/ Ngoma.

#### *b. Le réquisitoire aux fins de reprise : pouvoir exclusif du parquet*

L'article 184 CPP édicte de manière précise qu'il appartient au ministère public seul de décider s'il y a lieu de requérir la réouverture de l'information sur charges nouvelles. Aucune autre partie ne peut le faire. À ce niveau le pouvoir reconnu à la partie civile de faire déclencher l'action publique par la plainte avec constitution de partie ne survit pas à la clôture de l'information par une ordonnance de non-lieu.

Le parquet peut être informé de ces charges nouvelles par les parties civiles ou les témoins par exemple. Il est seul juge dans ce cas en partant de la question de savoir d'abord si les éléments à lui soumis constituent de véritables charges nouvelles à travers les dispositions susvisées. Après cela il peut par ailleurs apprécier de l'opportunité de requérir la reprise de l'information. En pratique, le parquet demande au greffe la communication de la procédure classée au greffe suite à l'ordonnance de non-lieu pour apprécier les éléments à lui soumis.

Précisons que les réquisitions aux fins de reprises de l'information sur charges nouvelles ne sont pas nombreuses dans nos juridictions. Est-ce à dire que la justice ne s'intéresse pas aux affaires sanctionnées par un non-lieu ? La réponse est négative car il appartient à toutes les parties de veiller à ce que la lumière soit faite dans les affaires et que la justice ne soit pas le lit de l'impunité.

## SECTION 7. DES MODES DE REGLEMENT ET DE QUELQUES STATISTIQUES

Les procédures de flagrant délit, l'information, la citation directe, le classement sans suite, examinées sans aucune autre précision ne rendent pas compte de leur réalité dans les parquets et tribunaux.

Ces modes de règlement des procédures entre les mains du parquet ne sont pas usités indifféremment. Dans bien des statistiques, on se rend compte que certains sont plus fréquents que les autres, le tout du fait de la nature hétéroclite des affaires et de leur fréquence.

| Parquets | Flagrant délit | Citation directe | Instruction | Classement sans suite |
|---|---|---|---|---|
| Thiès TR | 75,75 | 8,44 | 11,54 | 16,42 |
| Dakar TR | 63,70 | 12,90 | 12,55 | 10,05 |
| Diourbel TR | 56,92 | 30,74 | 11,56 | 0,35 |
| Louga TR | 52,86 | 17,71 | 5,44 | 8,09 |
| Tambacounda TR | 51,66 | 8,84 | 21,41 | 17,96 |
| Kolda TR | 40,27 | 16,17 | 32,34 | 8,23 |
| Fatick TR | 37,58 | 25,71 | 36,70 | 0,00 |
| Saint-Louis TR | 37,46 | 20,67 | 18,55 | 0,00 |
| Ziguinchor TR | 30,89 | 8,62 | 12,59 | 31,47 |

Données de 1999 en pourcentage. *Source* : *Délinquance et politique pénale au Sénégal, les chiffres clés de la justice*. Mandiogou Ndiaye et Nelly Robin.

Prenons quelques exemples :

**Tribunal régional de Diourbel**

| Année | Information | Flagrant délit | Citation directe | Classement sans suite |
|---|---|---|---|---|
| 2003 | 68 | 652 | 258 | 39 |
| 2004 | 140 | 640 | 261 | 47 |
| 2005 | 156 | 703 | 217 | 103 |
| 2006 | 107 | 749 | 163 | 94 |
| 2007 | 73 | 879 | 195 | 120 |

**Source** : parquet de Diourbel

**Tribunal régional de Ziguinchor**

| Année | Information | Flagrant délit | Citation directe | Classement sans suite |
|---|---|---|---|---|
| 2008 | 154 | 417 | 115 | 228 |
| 2009 | 64 | 465 | 96 | 317 |

***Source*** : parquet de Ziguinchor.

Comme il ressort des données, la procédure de flagrant délit est de loin plus empruntée en général dans nos parquets. C'est la délinquance de *l'évidence,* on tient les faits et leurs auteurs. C'est le quotidien de la délinquance et des juridictions correctionnelles. Ceci se répercute naturellement dans la tenue des audiences qui sont quotidiennes à Dakar par exemple, une fois par semaine dans bien des régions. Le volume des dossiers à l'instruction peut justifier l'ouverture de nouveaux cabinets d'instruction pour éviter les engorgements et les lenteurs préjudiciables aux parties. Les mêmes motifs peuvent justifier l'érection de plusieurs chambres correctionnelles dans une juridiction.

## SECTION 8. L'AUDIENCE

L'audience, phase ultime, connue du grand public qui a tendance même à réduire le procès pénal à ce seul niveau, demeure un moment fort pour le ministère public. Toutefois, avant l'audience il va falloir procéder à des actes préparatoires tendant à assurer la mise en état des dossiers mais aussi la bonne tenue du parquetier à l'audience, le tout dans le respect des droits de la défense et des autres parties.

### §1. L'enrôlement

L'enrôlement, qui procède de la procédure civile, consiste en la mise au rôle ou répertoire des dossiers pour une audience. Plus que cela, l'enrôlement implique au parquet l'accomplissement de plusieurs actes. Il convient de distinguer selon que l'on est en procédure de flagrance, d'information ou de citation directe.

#### I. En cas de procédure de flagrance

Aux termes de l'article 381 CPP, « l'individu arrêté en flagrant délit et déféré devant le procureur de la République conformément à l'article 63 du présent code, s'il est placé sous mandat de dépôt, est traduit sur le champ à l'audience du tribunal ». Mais le législateur poursuit à l'article 382 CPP, « que si ce jour-là, il n'est point tenu audience, le prévenu est déféré à l'audience du lendemain ». Cette brèche étant ouverte, en pratique il est rare de voir un inculpé déféré à l'audience même du tribunal. En effet, nos audiences de flagrant délit se tenaient des jours fixes, le renvoi en réalité se fait à la toute prochaine audience ; les formalités d'enrôlement rendent aussi difficile ce procédé. Il est rare que le principe de la traduction sur-le-champ à l'audience soit pratiqué compte tenu de l'organisation des audiences et des services d'enrôlement mais il faut s'acheminer vers cela car le délit flagrant ne doit attendre pour connaître son épilogue.

Caractérisée par sa rapidité[1], la procédure de flagrant délit ne doit souffrir d'aucune lenteur. Les faits étant *simples*, le tribunal pourra en connaître sans avoir souvent besoin d'un supplément d'information même s'il reste libre de l'ordonner. Les lenteurs que l'on déplore dans le jugement de ces procédures procèdent de la mise en état des dossiers avec les convocations des témoins et parties civiles.

Le service d'enrôlement du parquet, sur la base du procès-verbal d'enquête, établit les convocations de ces derniers avant de les envoyer à la police ou à la gendarmerie. De plus en plus, les lenteurs constatées à ce niveau et la rapidité requise commandent le recours à des moyens comme le téléphone et autres nouvelles techniques de l'information. La seule difficulté reste la preuve que les actes ont été régulièrement servis. Mais dans bien des cas, les parties et témoins, informés de la date de l'audience comparaissent.

Le tribunal des flagrants délits est saisi par le procès-verbal d'interrogatoire qui comporte distinctement la prévention qui doit être rédigée avec soin. En l'absence de ce document, le tribunal n'est pas valablement saisi à notre sens. Le plus souvent, on renvoie pour une régularisation sauf cas de nullité soulevée.

## II. Pour le cas de dossier d'information

Après avoir sollicité les réquisitions pour le règlement définitif d'un dossier d'information, le juge d'instruction qui rend une ordonnance de renvoi retourne le dossier au parquet. Selon l'article 174 CPP, « le procureur de la République doit, dans un délai maximum de 2 mois, avertir ou faire citer les parties pour l'une des plus prochaines audiences en observant les délais prévus au présent code et avise également son conseil de la date de l'audience, faute de quoi le tribunal doit renvoyer l'affaire jusqu'à l'accomplissement de ces formalités ».

Le parquet doit donc citer les parties et aviser les conseils dans le délai de 2 mois. Il fixe lui-même ou fait fixer par son service de l'enrôlement une date d'audience mentionnée sur la chemise en tenant compte des délais de citation ou d'ajournement et ce service accomplit les formalités que sont essentiellement l'établissement des cédules de citation des parties, témoins et experts à envoyer aux huissiers après signature du procureur de la République.

---

[1] D'où la nécessité de bien contrôler son service de l'enrôlement pour qu'aucun retard ne soit constaté à ce niveau.

Si le parquet n'accomplit pas ces formalités au-delà de 2 mois, qu'adviendrait-il ? En effet aucune sanction n'est prévue par le Code. On pourrait envisager de mettre l'inculpé préventivement détenu en liberté et des sanctions disciplinaires car il y va de la célérité et du respect des droits de la défense et de la présomption d'innocence. Aussi, l'engorgement des rôles constitue un goulot d'étranglement des services d'audience.

Au cas où le procureur cite les parties, il lui est fait obligation de respecter les délais d'ajournement prévus à l'audience 540 CPP que nous examinons spécialement dans les procédures de citation directe.

Il est à remarquer que c'est en général le service d'enrôlement qui se charge des formalités mais sous la direction et le contrôle du chef de parquet qui ne doit en aucun cas négliger cette partie de la procédure pénale qui se fait sous sa responsabilité.

### III. Le cas de citation directe

Qu'il s'agisse des procédures à lui transmises sur flagrant délit ou procès-verbal de renseignements judiciaires, le procureur de la République peut passer par la voie de la citation directe. La personne déférée devant lui est mise en liberté. Dans ce cas, un huissier est saisi pour citer la personne à comparaître devant le tribunal.

Aux termes de l'article 540 CPP, le délai entre le jour où la citation est délivrée et le jour fixé pour la comparution devant le tribunal correctionnel ou de simple police est d'au moins :

- trois (3) jours si la partie citée réside au siège du tribunal ;

- huit (8) jours si elle réside dans un ressort du tribunal ;

- quinze (15) jours si elle réside dans un autre ressort limitrophe ;

- un (1) mois si elle réside dans un autre ressort du territoire de la République ;

- deux (2) mois si elle réside en Europe, en Afrique, à Madagascar et à la Réunion ;

- trois (3) mois si elle réside en Amérique ;

- quatre (4) mois dans les autres cas.

Le parquet, pour la mise en œuvre pratique des citations, établit les mandements ou cédules de citation de son ressort qui comportent l'identité du destinataire, la prévention, l'adresse précise (prévenus, partie civile, témoins, civilement responsables). Si la personne à citer est domiciliée hors de son ressort, le procureur de la République envoie la cédule à son collègue territorialement compétent à charge pour ce dernier de saisir un huissier de son ressort pour la remise de l'acte par l'établissement d'un exploit.

Si la personne à citer réside à l'étranger, le procureur de la République transmet la cédule au parquet général qui saisit le garde des Sceaux pour remise au destinataire dans le cadre de l'entraide pénale internationale.

Le procureur doit particulièrement veiller au respect par les huissiers des délais ainsi prescrits dans le cadre de la sauvegarde des droits des parties en présence. Au besoin peut-il le cas échéant requérir à l'audience l'annulation de la citation et qu'il soit ordonné par le tribunal une nouvelle citation aux frais de l'huissier qui n'aura pas respecté les délais. Il doit aussi tenir la main des huissiers de justice de son ressort pour apporter la diligence nécessaire dans l'exécution de ces actes que sont les cédules de citation qui assurent le caractère contradictoire du procès pénal comme le respect des droits des parties.

Qu'il s'agisse d'un dossier de flagrant délit, d'information ou de citation directe, il doit comporter un numéro unique pour l'année d'arrivée dans le registre des plaintes. Il est différent du numéro du rôle pour les dossiers qui sont enrôlés pour une audience et qui change selon les audiences. Par ailleurs, les dossiers d'instruction, se voient attribués au niveau des cabinets d'instruction un numéro unique pour son année d'arrivée au cabinet. Ces numéros, en dehors du numéro d'audience changeant, sont portés en caractères très apparents sur la chemise du dossier. Ils doivent être portés notamment sur les réquisitoires et les ordonnances, voire les convocations et mandats. Ils permettent au parquet, au cabinet d'instruction et aux parties de se retrouver facilement.

### IV. Les autres cas d'enrôlement

Le parquet est le point de départ d'autres enrôlements. Ainsi toute requête adressée au parquet pour restitution d'objets placés sous-main de justice est diligentée. Il en est de même pour les réenrôlement sur intérêts civils.

La requête est transmise au greffe pour communication du dossier. Après réception de la procédure, le parquet l'enrôle sur la restitution ou sur les intérêts civils. Le requérant est convoqué ou cité pour une audience bien déterminée. La pratique en général veut que les dossiers de flagrant délit soient enrôlés aux audiences de flagrant délit et celles de grandes correctionnelles à l'audience de grandes correctionnelles. Il en est de même des requêtes pour enrôlement sur intérêts civils.

## §2. L'étude des dossiers avant l'audience

C'est là, l'une des tâches les plus ardues pour le parquetier qui doit monter à l'audience surtout qu'il doit transmettre les dossiers d'audience dans les soixante-douze[1] heures au président du tribunal. La difficulté tient au manque parfois de temps car le magistrat du parquet accomplit au quotidien d'autres tâches toutes aussi importantes que l'audience. Il n'y a pas, il ne peut, et ne doit y avoir de magistrat du parquet audiencier, spécialement dédié aux audiences. La spécialisation qui a été traitée ne peut aller jusque-là car le procès est l'aboutissement de tout un processus.

Il est inconvenable que le magistrat du parquet monte à l'audience sans préparer dans les moindres détails de fait, de droit et de personnalité, les affaires enrôlées. Il faut éviter le pilotage à vue qui déteint sur la qualité du comportement du ministère public à l'audience. Étant la partie qui poursuit, qui soutient le cas échéant l'accusation, le ministère public doit apporter du soin dans le port de l'accusation. La surprise à l'audience doit être évitée ou minorée à tout point de vue surtout pour le parquet qui est en amont du processus.

La question qui se pose est compte tenu du volume parfois important de dossiers dans certaines juridictions le parquet peut-il être sélectif dans la préparation de ses dossiers d'audience ? Se limiter aux affaires signalées ou celles pour lesquelles les avocats se sont constitués ? Tout est question de personne et d'approche : ce qui doit être l'attitude normale du parquetier, c'est de préparer l'ensemble des dossiers d'audience. Prendre note pour chacun au besoin dans ce qu'on pourrait appeler son carnet d'audience. Faire confiance à sa mémoire peut réserver des surprises. Il peut naturellement faire confiance à sa mémoire pour des dossiers simples et pour lesquels il n'y a pas lieu de les préparer particulièrement. Exemple : dans nos rôles souvent, il y a beaucoup de dossiers qui viennent en citation directe pour homicide ou blessures involontaires, défaut de maîtrise[2]. Le nombre assez important

---

[1] Ce délai de 72 heures est un plancher, le parquet peut les transmettre bien avant pour permettre au siège de préparer aussi son audience surtout quand le rôle comporte des affaires complexes.

[2] La poursuite de ces infractions compte tenu du volume connait parfois un relâchement même si cette raison n'est pas satisfaisante cela assure une impunité et une perte pour le Trésor public concernant les amendes.

des dossiers de ce genre et la similitude poussent certainement le parquet à ne pas les préparer outre mesure. Mais il y a là un revers : la banalisation des accidents sur les routes qui pourtant constituent un véritable fléau avec un taux de mortalité assez élevé. De plus en plus, les parquetiers montent aux audiences avec les copies des affaires au rôle pour ne rien omettre. Ceci n'exclut pas leur lecture et leur étude avant l'audience sous peine d'avoir tout le temps les yeux rivés sur une copie pour exploitation, alors que le procès qui est *un fil*, suit son cours, évolue, tiré par l'interrogatoire d'audience.

Pour les dossiers volumineux comportant plusieurs aspects de droit et de fait ou impliquant plusieurs personnes, le parquet peut s'organiser sur la base de son indivisibilité en allant à l'audience avec plusieurs de ses membres. Ce fut le cas du parquet général près les Chambres africaines extraordinaires dans l'affaire suivie contre Hissein Habré. Le procureur général est monté à l'audience avec ses trois adjoints durant tout le procès.

L'exigence de préparer son audience doit toutefois, à tout point de vue, permettre d'éviter de se faire une idée fixe, préétablie sur les affaires. L'audience peut réserver des surprises avec des tournures inattendues dans la relation des faits par les parties, la personnalité des parties au procès. Elle doit tout juste permettre au parquetier d'assurer une bonne tenue de son audience.

L'étude de dossiers avant l'audience est certes vivace et nécessaire mais en réalité elle reste un exercice transversal pour le parquet. Toute décision, tout avis ou toute réquisition est précédé d'une étude ou d'un examen préalable : régler une plainte, prendre ses réquisitions sur une demande de mise en liberté provisoire, un règlement définitif, une affaire civile et commerciale communiquée au parquet.

L'étude des affaires inscrites au rôle présente un intérêt spécifique dans la phase orale du procès.

Ces actes préparatoires accomplis, le parquet va aborder l'audience proprement dite.

### §3. Le rôle du parquet à l'audience : le ministère public requiert l'application de la loi

Aux termes de l'article 23 CPP, « le ministère public exerce l'action publique et requiert l'application de la loi ». L'article 24 du même texte précise que « le ministère public est représenté auprès de chaque juridiction répressive : il assiste aux débats des juridictions de jugement, toutes les décisions sont prononcées en sa présence ». Hormis le ministère public, il faut noter la présence du prévenu ou de l'accusé, la victime ou partie civile, le témoin (assermenté ou à titre de simple renseignement), l'expert. Le système sénégalais ne connaît pas l'*amicus curiae*[1].

Ces dispositions font apparaître le rôle déterminant du ministère public dans le procès pénal. Il ne pouvait en être autrement. Bien qu'étant partie au procès pénal au même titre que le prévenu et la partie civile, il a une particularité, celle de représenter la société et de parler en son nom[2]. C'est fort, semble-t-il, de ce dernier rôle que le ministère

---

[1] « Expression latine signifiant littéralement « ami de la cour » et désignant généralement une personne ou entité qui, bien qu'elle n'ait aucun intérêt direct dans l'affaire, est admise à faire valoir l'intérêt public ou celui d'un groupe social important ou à donner une information de droit ou de fait susceptible d'éclairer le tribunal et contribuer ainsi à l'administration de la justice [...] Dans certains cas les tribunaux y ont recours lorsqu'ils souhaitent distinguer du témoin ordinaire ou de l'expert, l'intervention d'un tiers, souvent une personnalité. Dans d'autres cas, l'institution de l'amicus curiae permet la participation de personnes et entités – publiques ou privées – qui possèdent un intérêt certain dans les questions traitées mais ne peuvent intervenir directement en qualité de parties. Dans cet esprit, les Règlements de procédure et de preuve des T.P.I prévoient qu'une chambre « peut, si elle le juge souhaitable dans l'intérêt d'une bonne administration de la justice, inviter ou autoriser tout État, toute organisation ou toute personne à faire un exposé sur toute question qu'elle juge utile [...] L'intervention de l'amicus curiae se fait à sa propre initiative ou à la suite d'une invitation de la part de l'organe juridictionnel. La procédure devant les instances pénales internationales limite en règle générale l'intervention de l'amicus curiae aux points de droit [...] Théoriquement, il pourrait cependant se prononcer sur des questions de fait, c'est ce que semble autoriser la pratique de la Cour européenne des Droits de l'Homme [...] L'amicus curiae n'est ni l'adversaire ni l'ennemi de l'accusé et ne peut dès lors intervenir aux fins d'étoffer la preuve lacunaire de l'accusation... » *Juridictions pénales internationales, la procédure et la preuve*, Anne-Marie La Rosa, PUF, 1ère édition 2003, pages 138,139 et 140.
« Le 20 février 2017, la Chambre d'assises d'appel a reçu de l'organisation non gouvernementale REDRESS Trust une demande d'autorisation de présenter une soumission *d'amicus curiae* concernant la question des réparations. La Chambre d'assises d'appel fait observer que cette demande, présentée spontanément par REDRESS Trust, lui est parvenue à un stade très avancé de la procédure d'appel. Compte tenu de ce que la réception de cette demande est intervenue postérieurement à la clôture des débats et dans le souci de ne pas porter atteinte aux droits substantiels et procéduraux des parties, la Chambre d'assises d'appel n'a pas accédé à cette demande... » Situation en République du Tchad, le procureur général c. Hissein Habré, arrêt rendu le 27 avril 2017 par la Chambre africaine extraordinaire d'assises d'appel, page 138, par. 600 et 601.

[2] « Le ministère public joue un rôle essentiel dans la mise en mouvement et l'exercice des poursuites pénales, puisque les fonctions de l'accusation lui incombent à titre

public est une partie prépondérante au procès pénal. Toutefois, en dépit de ses pouvoirs importants et de sa place de choix, le ministère public doit fonder son action dans la loyauté « car le procès pénal est une affaire publique gouvernée par les principes d'honnêteté, d'équité et de transparence qui honnissent toute attitude de supercherie, de fourberie ou de perfidie et toute stratégie de surprise… »[1]. Aussi, devant la juridiction de jugement, l'action publique pour l'application des peines et l'action civile pour réparer le préjudice subi par la partie civile ou la victime, intimement liées car trouvant toutes les deux leur source dans l'infraction, sont d'égale importance ou dignité[2].

Aujourd'hui des voix s'élèvent de plus en plus pour critiquer la place consacrée au ministère public en alléguant qu'il n'est que partie au procès pénal et à ce titre doit être traité au même titre que les autres parties comme c'est le cas dans le système anglo-saxon. Mais cette place est maintenue dans les pays de tradition romano-germanique dont notre pays a hérité, malgré quelques réformes timides.

Nous allons examiner dans le cadre de l'audience les points qui suivent.

## I. La portée de ce principe

Le principe est que le ministère public requiert l'application de la loi. Le parquet joue un rôle déterminant dans le procès. En amont, comme nous l'avons examiné, mais aussi en aval notamment au cours de l'audience. Toutes les décisions devant être prononcées en sa présence.

---

principal […] En mettant en effet l'action publique en mouvement, la partie civile, par sa constitution, met également en concours d'une part l'intérêt général, dont le ministère public est l'unique dépositaire, et d'autre part les intérêts individuels ou collectifs qu'elle-même représente et tente de protéger… ». Yves Mayaud, *Le mensonge en droit pénal*. Paris, L'Hermes, 1979, pages 296 à 300.

[1] Pr Jean-Pierre Fofé Djofia Malewa, *La question de la preuve devant le Tribunal pénal international pour le Rwanda*, Paris, L'Harmattan 2006.

[2] « À titre préliminaire, la Chambre d'assises d'appel constate que la Chambre d'assises n'a pas réservé un traitement égal aux actions publique et civile… La Chambre d'assises d'appel souligne qu'en l'espèce, en raison de la nature des crimes perpétrés et des multiples préjudices subis par plusieurs milliers de victimes, l'action civile aurait dû revêtir la même importance que l'action publique. En outre, la Chambre d'assises d'appel rappelle qu'en l'espèce, les parties civiles ont eu un rôle capital dans la poursuite des faits imputés à l'Accusé… » Situation en République du Tchad, le procureur général c. Hissein Habré, arrêt rendu le 27 avril 2017 par la Chambre africaine extraordinaire d'assises d'appel, page 153, par. 659.

### A. Les registre d'audience, feuille d'audience et ordre de mise en liberté

Le procureur de la République ou le substitut qui monte à l'audience doit se munir du registre d'audience où sont répertoriées toutes les affaires du jour. Il est notamment indiqué un tableau dont les mentions sont les suivantes[1] :

- chaque affaire correspond à un numéro d'ordre et celui du registre du parquet ;

- les prénom et nom des prévenus ou accusés ;

- le civilement responsable, au cas échéant ;

- l'infraction pour laquelle ils sont poursuivis et le texte qui la prévoit et la punit ;

- la date du mandat de dépôt ou de la liberté provisoire ;

- les prénom et nom des témoins à entendre ;

- Les prénoms et nom des parties civiles ;

- les prénom et nom des experts à entendre ;

- Les conseils des parties ;

- La décision du tribunal : pour chaque affaire appelée, le parquet doit mentionner la décision prise par le tribunal : condamnation après jugement, renvoi avec mention de la date précise et du motif, convocation des témoins, nomination d'un expert, complément d'information.

Aussi le parquet tient une feuille d'audience dressée par son service d'enrôlement et où ne sont mentionnées que les affaires comportant les détenus extraits pour l'audience. Elle comporte le numéro du registre du parquet, les prénom et nom des prévenus ou accusés, préventions ou accusations, date du mandat de dépôt et la décision rendue par le tribunal. Cette feuille d'audience remise à la fin de l'audience au greffe de la maison d'arrêt servira dans l'établissement des fiches de chaque détenu.

Il sera établi pour chaque prévenu ou accusé ayant bénéficié d'une mise en liberté provisoire ou d'un sursis un ordre de mise en liberté destiné au directeur de l'établissement pénitentiaire pour exécution s'il n'est pas détenu pour autre cause. Toutefois, pour ceux qui sont

[1] Ces mentions varient selon les parquets mais celles qui sont essentielles restent les mêmes.

condamnés à une peine ferme même si on se rend compte que la peine est couverte par le temps de détention, on doit s'abstenir de délivrer un ordre de mise en liberté car il appartient au directeur et au greffe de la maison d'arrêt de procéder à la computation pour faire la levée d'écrou sur la base de la feuille d'audience qui est le pendant en appel de la pièce dite *résultat d'audience.*

Dans tous les cas, le détenu qui est libéré se voit remettre à la maison d'arrêt un certificat d'élargissement avec mention de son identité, de la date de libération et de l'adresse où il déclare se retirer.

Le parquetier qui va à l'audience doit se munir de toute la documentation qu'il estime utile comme les textes de loi et tous autres documents. Ceci assure une bonne présence du parquet. Aussi, pour une tenue efficiente à l'audience, avec la prise de parole, le ministère public devra désormais intégrer les nouvelles technologies de l'information.

### B. La parole à l'audience : Le réquisitoire oral

L'article 23 CPP dispose que le « ministère public exerce l'action publique et requiert l'application de la loi ». L'article 25 CPP précisera « Il développe librement les observations orales qu'il croit convenables au bien de la justice ». Dans le même sens, devant les Chambres criminelles, l'article 258 CPP dispose que « le ministère public prend, au nom de la loi, toutes les réquisitions qu'il juge utiles. La Chambre criminelle est tenue de lui en donner acte et d'en délibérer. Les réquisitions du ministère public prises dans le cours des débats sont mentionnées par le greffier sur le registre d'audience. Toutes les décisions auxquelles elles ont donné lieu sont signées par le président et par le greffier ». L'article 258, sur la portée des réquisitions prises à l'audience, dispose que « lorsque la Chambre criminelle ne fait pas droit aux réquisitions, l'instruction ne peut être ni arrêtée, ni suspendue ou le jugement différé ».

Étant à l'origine des poursuites, après avoir dirigé l'enquête, il est logique qu'à l'audience en principe publique[1], que le parquet donne les

[1] « Les audiences sont publiques. Néanmoins, le tribunal peut, en constatant que la publicité est dangereuse pour l'ordre et les mœurs, ordonner, par jugement rendu en audience publique, que les débats auront lieu ou seront poursuivis à huis clos. Lorsque le huis clos a été ordonné, celui-ci s'applique au prononcé des jugements séparés qui peuvent intervenir sur les incidents ou exceptions ainsi qu'il est dit à l'article 446 alinéa 4. Le jugement sur le fond doit toujours être prononcé en audience publique » Article 388 C.P.P du Sénégal.

raisons pour lesquelles il a attrait une personne devant le tribunal. Le principe de la présomption d'innocence veut que ce soit le ministère public qui rapporte les éléments de preuve, une règle atténuée par les présomptions qui renversent la charge de la preuve[1]. Il doit soutenir, comme on le dit souvent l'accusation ou tout simplement la *lâcher* car il doit le faire à charge ou à décharge. Le parquetier ne doit en aucun moment se gêner à requérir à décharge s'il estime qu'aucun élément de preuve n'accable le prévenu ou l'accusé. Les réquisitions à charge ou à décharge mettent en exergue l'objectivité du parquet dans les poursuites.

Le procès pénal, contrairement au procès civil[2] est soutenu par le principe de l'oralité[3] et de la liberté. L'article 7 de la loi organique

---

« La publicité s'analyse comme la faculté offerte au premier venu d'assister au procès... Elle n'est pas conçue uniquement comme un droit des particuliers, mais également comme une condition de la confiance à l'égard de la justice, confiance nécessaire à son bon fonctionnement... ». *Code de procédure pénale suisse, petit commentaire*, *op. cit.*, page 193.

Les audiences des mineurs sont non publiques. Article 579 du CPP du Sénégal.

[1] « On peut s'interroger sur les raisons de présumer l'intention coupable du menteur. D'une manière générale, les présomptions sont un renversement de la charge de la preuve et facilitent celle des éléments constitutifs de l'infraction lorsqu'elles sont favorables à l'accusation. Mais de tels renversements doivent rester l'exception, la preuve en droit pénal incombant à titre principal au ministère public... ». Yves Mayaud, *Le mensonge en droit pénal, op. cit.,* page 379.

Les présomptions existent en droit sénégalais comme en matière de diffamation pour l'intention coupable ou *mens rea.*

« L'article 21(3) du Statut dispose que tout accusé est présumé innocent jusqu'à ce que sa culpabilité ait été établie, conformément aux dispositions du présent Statut. Il en résulte donc que la charge de la preuve incombe au parquet général qui exerce l'action publique devant les CAE et non à la Défense [...] La Défense n'est pas tenue de produire des éléments de preuve pour réfuter la thèse du parquet général, mais si elle présente des éléments jetant un doute raisonnable sur celle-ci, le procureur ne se sera pas acquitté de la charge de la preuve qui lui incombe. L'Accusé doit être acquitté s'il se dégage des éléments de preuve, une explication raisonnable qui écarte sa culpabilité... ». Affaire ministère public c. Hissein Habré, jugement Chambre africaine extraordinaire d'assises, 30 mai 2016, par.185 à par.186.

[2] L'écrit domine. Les parties échangent des écritures et le juge rend sa décision sur pièces. Toutefois rien n'exclut que les parties, en sus de leurs conclusions, fassent des développements oraux à l'audience.

[3] Le principe de l'oralité doit être bien cerné. Il signifie que les magistrats dirigent oralement les débats, les parties répondent verbalement aux interrogations et développent oralement leurs arguments. Ceci n'exclut pas la tenue d'un plumitif d'audience par le greffier ; aussi, le plus clair du temps, le procès pénal se mène avec un dossier qui comporte plusieurs pièces dont des procès-verbaux.

portant statut des magistrats en des termes courts, précis et fermes dispose : « à l'audience leur parole est libre »[1]. Pour autant, cette liberté de parole signifie-t-elle absence de responsabilité ?

Au Sénégal, on n'a pas d'exemple où un magistrat du parquet a comparu en matière disciplinaire pour des propos tenus à l'audience. En France par contre, en examinant la jurisprudence de la Commission de discipline du parquet, il est indiqué dans une décision que « si les griefs présentés contre un magistrat du parquet au sujet du sens de ses réquisitions orales n'ont pas à être retenus, ni même examinés, en raison de la liberté de la parole du ministère public consacrée par l'article 33 CPP, ce principe ne saurait couvrir les écarts d'expression, surtout lorsque ceux-ci sont étrangers au fond de l'affaire et qu'ils mettent en cause à la fois le lien de subordination hiérarchique qui est à

---

[1] « Considérant que l'article 5 de l'ordonnance du 22 décembre 1958 relative au statut de la magistrature dispose que « les magistrats du parquet sont placés sous la direction et le contrôle de leurs chefs hiérarchiques et sous l'autorité du garde des Sceaux, ministre de la Justice. À l'audience, leur parole est libre » ; que l'article 33 du code de procédure pénale énonce : « le ministère public développe librement les observations orales qu'il croit convenables au bien de la justice » ;
Que le premier de ces textes a une portée générale ; qu'il s'ensuit que la liberté de parole appartient aux magistrats du ministère public à toutes les audiences où leur présence est requise ; qu'il en est ainsi de l'audience solennelle de rentrée prévue par l'article R. 711-2 du code de l'organisation judiciaire ;
Que cet article, qui précise qu'à l'occasion de l'audience solennelle tenue chaque année par les cours et tribunaux, il est fait un exposé de l'activité de la juridiction durant l'année écoulée – exposé pouvant être précédé dans les cours d'appel par un discours portant sur un sujet d'actualité ou sur un sujet juridique ou judiciaire – n'a que valeur indicative et en toute hypothèse n'énonce aucune interdiction ; que certains tribunaux de grande instance connaissent la pratique de discours de rentrée portant sur des sujets généraux ou d'actualité ;
Qu'en statuant dans une instance civile mettant en cause M. X à raison de son discours, le tribunal régional de Z, dans un jugement du 1er juillet 1987 non frappé d'appel à ce jour, a exactement observé qu'en prononçant un discours sur un sujet d'actualité, M. X « se trouvait à l'évidence dans l'exercice de ses fonctions, participant ainsi au service public de la justice, même si le texte susmentionné ne prévoit de tels discours que dans les cours d'appel, sans toutefois en exclure formellement l'éventualité dans les autres juridictions » ;
Considérant que l'article R. 711-2 précité concerne l'administration de la justice, l'organisation judiciaire, le service des tribunaux et la tenue des audiences ; que cette disposition, de nature réglementaire, ne peut avoir pour effet d'entraver ou limiter même implicitement la liberté de parole à l'audience garantie par la loi organique ;
Qu'en conséquence M. X bénéficiait de la liberté de parole à l'audience de rentrée de sa juridiction ;… » http://www.conseil-superieur-magistrature.fr/discipline-des-magistrats?m=decision&vid=550.

la base de l'organisation du ministère public et l'autorité du procureur général dans le fonctionnement de ses services. Le fait pour un magistrat du parquet requérant à l'audience d'une cour d'assises de suggérer par ses propos que le pouvoir hiérarchique aurait exercé des pressions sur lui, de se plaindre dans son réquisitoire d'avoir été chargé de l'affaire malgré son état de santé, de prendre le public à témoin de l'injustice qu'il y avait à lui imposer de soutenir l'accusation dans les affaires les plus difficiles, constitue des écarts de langage qui témoignent d'une absence grave de contrôle de la pensée et de maîtrise de la parole et qui caractérisent un manquement du magistrat au devoir de son état » (18 juillet 1953). Ajoutons que dans ce cas d'espèce, le magistrat du parquet a été sanctionné par un déplacement d'office.

Le procureur ou le substitut qui prend ses réquisitoires doit se tenir debout d'où le terme longtemps consacré de *magistrature debout* à l'opposé de son collègue du siège qui reste assis dans la salle d'audience durant tout le long du procès jusqu'à la décision.

Il convient d'emblée d'indiquer qu'il n'y a aucune technique enseignée pour le réquisitoire oral en dehors des simulations d'audience dans les centres de formation des magistrats. À notre sens, s'il a bien préparé ses dossiers, il ne devrait pas éprouver des difficultés. Tout est question d'espèce, de personnalité du parquetier et de sa capacité de parler en public[1].

[1] « À cette époque, parler en public était davantage considéré comme un art que comme une technique, son enseignement visait à produire des orateurs, des tribuns et autres foudres d'éloquence à la voix d'or... Quand je suis appelé à me lever pour parler, je deviens si préoccupé que je ne peux ni penser clairement, ni me concentrer, ni me rappeler ce que j'avais l'intention de dire. Je désire gagner de l'assurance, rester calme et pouvoir me lever pour prendre la parole sans perdre le fil de mes idées. Je veux pouvoir m'exprimer avec clarté et conviction devant un groupe d'hommes d'affaires ou en société [...] Il n'existe pas un orateur-né. Au cours des grandes périodes de l'Histoire où s'exprimer en public était un art raffiné qui exigeait une connaissance approfondie des lois de la rhétorique et des subtilités de l'élocution, il était plus difficile encore d'être orateur. Aujourd'hui, parler en public est une sorte de conversation avec un groupe. Disparus à jamais le ton grandiloquent et la voix de stentor... Nous aimons entendre un langage simple et de bon sens [...] Contrairement à ce que de nombreux manuels pourraient nous faire croire, parler en public n'est pas un art difficile, qui nécessiterait des années consacrées à perfectionner sa voix et à se battre avec les mystères de la rhétorique [...] Tout d'abord, la parole en public conduit tout droit à la confiance en soi [...] Préparez-vous convenablement [...] N'essayez jamais d'apprendre votre texte par cœur [...] Parfaite préparation, est-ce à dire apprendre par cœur ? À cette question je réponds catégoriquement NON ; En essayant de prévenir les dangers du trou de mémoire devant le public, de nombreux

Dans bien des cas, il doit, en toute objectivité, dégager les faits, faire ressortir les éléments constitutifs[1] de l'infraction tout en discutant les arguments contraires soulevés sur les questions de droit et de fait. Il peut se prononcer uniquement sur un point déterminé et dire son opinion sur l'affaire. Tout est question d'espèce et d'appréciation. On doit retrouver dans un réquisitoire oral la clarté, la concision qui dépend de l'affaire, la pertinence en fait et en droit, le tout de manière audible et intelligible. La clarté d'une partie dans ses arguments a toujours été une exigence de la justice.[2] Il faut en outre souligner que la rhétorique notée dans le prétoire est aussi au cœur du réquisitoire oral du parquet.

À l'audience, le ministère public doit être alerte, efficace et suivre méticuleusement les débats pour poser des questions pertinentes. Il doit aussi être en mesure de répondre efficacement aux cas de nullité soulevés *in limine litis*[3]. Une bonne préparation de son audience permet d'entrevoir d'ailleurs ces exceptions qui pourraient être soulevées.

Dans la conclusion de ses réquisitoires oraux, le ministère public se prononce sur la peine qu'il requiert contre le prévenu conformément aux dispositions légales ou réglementaires, les peines complémentaires, les saisies et confiscations s'il y a lieu. Tout est question d'appréciation de sa part. La *propension répressive* généralement attribuée au parquet procède d'une correcte appréciation des faits, des textes de loi applicables, de la personnalité des délinquants et de la politique pénale. Rien ne s'oppose sur ces différents points à ce que le parquet s'en rapporte à la sagesse du tribunal. Dans le souci d'objectivité, il peut

---

conférenciers tombent dans le piège du par cœur ! Ils sont esclaves d'une méthode de préparation qui dévorera leur temps et enlèvera tout impact à leur discours […] Écrire et apprendre par cœur un discours, c'est perdre du temps, gaspiller de l'énergie et courir à l'échec. Dans la vie nous parlons spontanément. Nous ne pensons pas nos mots. Nous pensons nos idées. Si nos idées sont claires, les mots viennent naturellement et spontanément […] Assemblez et classez vos idées à l'avance […] Agissez en confiance […] Mais, si vous savez de quoi vous allez parler, avancez d'un pas rapide, et respirez profondément. Respirez à fond trente secondes. La réserve d'oxygène vous soutiendra… ». Extraits de l'ouvrage *Comment parler en public*, Dale Carnegie, Paris, Éditions Livre de Poche, 2004, pages 5 à 41.

[1] *Actus reus.*

[2] « On ne saurait s'attendre à ce que la Chambre d'appel examine en détail les conclusions des parties si elles sont obscures, contradictoires ou vagues, ou si elles sont entachées d'autres vices de forme manifestes ». TPIY, Arrêt Milomir Stakić, 22 mars 2006, par.12

[3] Les parties doivent soulever les exceptions de nullité avant toute défense au fond, c'est-à-dire immédiatement après l'interrogatoire d'identité et la lecture des chefs de prévention (Crim. 7 décembre 1999, Bull. n° 293, p. 904).

requérir la relaxe ou l'acquittement partiel ou total dans une affaire en tenant compte des éléments de fait et de droit.

Pour l'ordre de prise de parole, l'article 290 du Code de procédure pénale dispose qu'« une fois l'instruction à l'audience terminée, la partie civile ou son conseil est entendue. Le ministère public prend ses réquisitions. L'accusé et son conseil présentent leur défense. La réplique est permise à la partie civile et au ministère public, mais l'accusé ou son conseil ont toujours la parole les derniers ». Prenant ainsi la parole en premier par rapport à la défense[1], le ministère public doit faire montre d'une capacité d'anticipation portée par une bonne préparation des dossiers au rôle et un bon suivi de l'interrogatoire d'audience. Bien des points ressortent déjà en filigrane lors de l'interrogatoire des parties. Cette capacité d'anticipation doit être doublée d'une capacité d'acceptation sans réaction des arguments contraires de la défense. Prendre la parole en premier dans n'importe quel débat contradictoire reste un exercice peu aisé. On se dévoile aux yeux de son adversaire ou de son contradicteur. Il peut aisément réagir et apporter la contradiction. C'est le quotidien des parquetiers sauf quand il y a un conseil de la partie civile qui, en le précédant dans la prise de parole, déblaie naturellement le terrain. Néanmoins, le ministère public comme la partie civile peut, après y être autorisé par le président, apporter une réplique à la défense sur ses développements. Mais les répliques doivent, à notre sens, intervenir qu'en cas de réelles nécessités pour éviter la polémique car conformément à la loi, la défense sera la dernière à prendre la parole. Réplique sur réplique entame la sérénité et la clarté des débats.

Le procès pénal dans sa phase orale en public, outre le juge qui dirige les débats et dispose seul de la police de l'audience, met en présence plusieurs acteurs dont les avocats des prévenus, des parties civiles, les témoins admis à comparaître[2], les experts ainsi que le

---

[1] Contrairement au système accusatoire de *common law* où la défense présente ses moyens avant le ministère public.

[2] « La jurisprudence de la Chambre criminelle de la Cour de cassation française a eu, à maintes reprises, à réaffirmer qu'il n'existe aucune incompatibilité entre la qualité de témoin et les fonctions de procureur de la République ayant engagé la poursuite, de juge d'instruction ayant été chargé de l'information, d'officier de police judiciaire ayant procédé à l'enquête ou de l'huissier audiencier de la cour d'assises. De même, la doctrine estime que rien ne s'oppose à ce que le juge d'instruction soit entendu comme témoin devant la juridiction de jugement, car, en apportant ses lumières de la sorte, il ne peut être considéré comme ayant concouru au jugement de l'affaire ». Situation en

ministère public. Les débats peuvent traîner en longueur mais il faudra veiller à ce que cela ne soit pas de nature à engendrer la lassitude, le manque de concentration dans le suivi des débats car il y va aussi du respect des droits de la défense et de la bonne administration de la justice. À ce titre nous trouvons une décision assez intéressante rendue par la Cour européenne de Justice. Il y est indiqué qu'« il est primordial que, non seulement les accusés, mais également leurs défenseurs, puissent suivre les débats, répondre aux questions et plaider en n'étant pas dans un état de fatigue excessif. De même, il est crucial que les juges et les jurés bénéficient de leur pleine capacité de concentration et d'attention pour suivre les débats et pouvoir rendre un jugement éclairé ».[1] Néanmoins devrait-on ajouter, la justice doit consacrer le temps qu'il faut pour connaître d'une affaire pour la bonne manifestation de la vérité ; il s'agit de la gestion de temps avec les suspensions d'audience. Aussi, de plus en plus, la capacité à fixer le temps (en heures, en jours ou en mois), à consacrer à une affaire doit être promue.

La célérité et l'urgence même si elles sont de mise dans bien des domaines du droit et en matière de procédure pénale, ne doivent rimer avec empressement surtout dans le procès pénal.

Les débats doivent aussi être loyaux, professionnels, propices à une justice sereine. Le ministère public doit œuvrer tout au long des débats à cela tout en étant ferme. Les chaudes empoignades entre parquet et avocat de la défense ou de la partie civile doivent se situer dans la nature même du procès fait de contradictions surtout quand il y va de la liberté, de l'honneur des citoyens et de l'application de la loi. L'adversité doit être de rigueur mais empreinte de courtoisie car il y va de l'image et de la sérénité de la justice. Il faut éviter ce qu'on appelle communément les *incidents d'audience*[2] dont on se plait à relater dans

---

République du Tchad, le procureur général c. Hissein Habré, arrêt rendu le 27 avril 2017 par la Chambre africaine extraordinaire d'assises d'appel, pages 79-80, par. 358-359.

[1] André HUET, René Koering-Joulin, *Droit pénal international,* Paris, PUF, 1994. (Affaire Makhifi c / France, 19 octobre 2004, req. N° 59335 / 00, chap. 40).

[2] « Les audiences civiles et pénales de nos tribunaux ne sont pas toujours empreintes de sérénité comme on pourrait le croire. Des oppositions tranchées, conséquences d'expressions vives ou de propos violents mal compris peuvent générer des tensions extrêmes entre magistrats et avocats et ces derniers entre eux. Ces situations, somme toute, assez exceptionnelles, trouvent leur cause soit :

- dans une remarque inappropriée d'un magistrat du parquet à l'égard d'un confrère, qui, en réaction, aura une répartie cinglante tout aussi inappropriée ; - du

la chronique, parfois en des termes ironiques[1]. Quand ils surviennent avec une certaine ampleur, magistrats et avocats se déploient sur-le-champ ou en dehors de la salle d'audience après une suspension, pour les régler afin que l'audience puisse suivre son cours normal en toute sérénité. Dans tous les cas, il faut avoir à l'esprit que la police de l'audience et la direction des débats incombent au président en application notamment des articles 255 et 389 du C.P.P.

Pour les cas de contraventions et délits commis à l'audience, le parquet doit être vigilant pour prendre ses réquisitions sur-le-champ. En cas de crime, saisi par procès-verbal du tribunal, il ouvre une information[2].

Le principe de l'oralité qui sous-tend le procès pénal fait que le parquet prend rarement des réquisitions écrites sauf si la loi y attache des conséquences de droit comme les demandes de mise en liberté provisoire pour les cas d'atteintes à la sûreté de l'État ou diffusion de fausses nouvelles. Pourtant rien ne s'oppose à ce que toutes les parties déposent, en matière correctionnelle ou criminelle des réquisitions ou mémoires écrits avant de les soutenir oralement à l'audience comme ce fut le cas devant la Chambre africaine extraordinaire d'Assises dans le

---

comportement du Président d'audience faisant montre d'une inquiétante partialité dans un dossier qui provoquera une observation de l'avocat du prévenu à la hauteur de la méconnaissance de la règle de neutralité ; - par la tenue, en pleine plaidoirie, de propos injurieux ou diffamatoires d'un avocat envers son contradicteur ; Ces difficultés constituent ce qu'il est convenu d'appeler des incidents d'audience qui surviennent, à l'occasion d'une affaire, au cours du débat oral. Comment gérer ces dérapages lorsque des avocats y sont confrontés ? Quel traitement faut-il leur consacrer ? Faut-il instaurer un système de prévention ? À titre liminaire, il semble judicieux d'éviter toute confusion entre les incidents d'audience et les incidents de procédure que nous rencontrons habituellement dans notre pratique ; d'où la nécessité préalable d'un effort de précision terminologique pour les distinguer. Le Code de Procédure civile [...] et le Code de Procédure pénale [...] sur la prescription ; 565 sur la nullité de l'action publique) donnent des exemples d'événements processuels qui caractérisent des incidents de procédure qui, rappelons-le, influent sur le sort de la procédure et pour lesquels le juge auquel ils sont soumis doit rendre une décision juridictionnelle... » Le bâtonnier et la Magistrature, La gestion des incidents d'audience, Rapport de Maître Hubert JABOT, Président de l'École des avocats de Guadeloupe, Membre du Conseil de l'Ordre, Session de formation Fort-de-France – Saint-Denis de la Réunion, Les 15, 16, 17 et 18 mai 2013. www.conferencedesbatonniers.com

[1] Exemple, la Une du Journal *Le Quotidien* n° 2281 du mercredi 18 août 2010 « Incident d'audience [...] Le prétoire transformé en arène ; Avocats et procureur se donnent en spectacle, le Président joue son rôle d'arbitre ».

[2] Article 657 et suivants du C.P.P.

procès de M. Hissein Habré, l'ex-Président du Tchad, accusé de crimes contre l'humanité, crimes de guerre et torture. Ceci présente des avantages certains pour toutes les parties en présence surtout dans des dossiers d'une certaine envergure ou complexité, avec un volume important de pièces ou d'actes à examiner et de questions de droit à régler. Le volume important de pièces d'un dossier déteint toujours sur son traitement en milieu judiciaire[1].

Ces réquisitions orales doivent être différenciées de celles prises à l'occasion de diverses autres occasions comme les audiences de prestation de serment, les audiences civiles et commerciales. Lors des prestations de serment, les réquisitions sont des observations jugées utiles qui sont faites en ces moments solennels. En matière civile et commerciale, le parquet peut, en sus des réquisitions écrites, prendre des réquisitions orales sur l'affaire.

Il y a lieu en outre de s'étendre sur quelques réquisitions que l'on entend souvent dans nos prétoires lors surtout des audiences correctionnelles.

*1. Application de la loi !*

*Application de la loi !* Telles sont le plus souvent les réquisitions que l'on entend dans nos juridictions. Les parquetiers qui prennent de telles réquisitions, compte tenu de leur brièveté, restent assis, contrairement à leur statut qui veut qu'ils soient debout en prenant la parole, jusqu'à la fin de leur intervention.

Nos recherches ne nous ont pas permis de connaître les origines extrajudiciaires (si elles existent) de ces réquisitions que prennent les parquetiers. La seule source cette fois légale, se trouve dans l'article 23

---

[1] « Cette affaire se distingue d'un dossier d'assises classique par sa magnitude et son volume. Ainsi, en raison des contraintes de temps, il n'est pas envisageable que la Chambre entende les 2500 témoins interrogés au cours de l'instruction, ni que les milliers de documents composant le dossier d'instruction soient présentés en détail oralement devant la chambre [...]. Cependant chacune des parties au procès avait accès et connaissance de l'entier dossier ». Situation en République du Tchad, le procureur général c. Hissein Habré, arrêt rendu le 27 avril 2017 par la Chambre africaine extraordinaire d'assises d'appel, page 52, par. 217.
Sur la lecture à l'audience d'un résumé du jugement : au plan national, les juges ne lisent en général que le dispositif, en « droit pénal international, les règlements des différentes juridictions concordent sur la possibilité de ne lire qu'un résumé de la décision ». Situation en République du Tchad, le procureur général c. Hissein Habré, arrêt rendu le 27 avril 2017 par la Chambre africaine extraordinaire d'assises d'appel, page 52, par. 219.

CPP qui dispose que « le ministère public exerce l'action publique et requiert l'application de la loi ». Cette formule traduit le rôle du ministère public qui veille à l'application de la loi. Quand le parquet requiert l'application de la loi, il demande au juge de rendre une décision conforme au droit. À ce titre, l'appel qui interviendra dans un sens ou dans un autre est tout à fait justifié et ne doit surprendre.

Cette formule est consacrée à tel point que dans bien des décisions de justice, le greffe mentionne tout simplement que le ministère public a requis l'application de la loi sans s'étendre outre mesure sur le véritable contenu de ces réquisitions qui méritent pourtant une grande attention surtout dans le plumitif d'audience et les jugements. Si dans ce domaine ceci est facilement acceptable dans une certaine mesure, il en va autrement lors des audiences correctionnelles. Nous lançons ainsi quelques observations.

De telles réquisitions sont souvent synonymes d'absence de maîtrise des dossiers. On penserait que le parquet qui requiert *l'application de la loi* n'a pas préparé son dossier. Ce qui peut être vraisemblable compte tenu du volume des affaires appelées dans nos juridictions en matière correctionnelle.

Il se pourrait aussi que le parquet ne veuille pas donner son opinion sur un dossier. Il préfère se limiter à de telles réquisitions pour se « décharger » ainsi sur ses collègues du siège. *Application de la loi* demeurant en effet des réquisitions équivoques qui ont l'inconvénient de n'avoir aucun contenu précis en dehors de la simple indication d'appliquer la loi.

Rappelons que dans toutes les décisions de justice, il est toujours fait application de la loi, le juge n'ayant de compte à rendre qu'à la loi et sa conscience et se serait une redondance que de le lui rappeler.

Pourtant de telles réquisitions s'expliquent le plus souvent par d'autres arguments :

- le souci de rapidité : avec un rôle d'audience chargé, le parquet, sous peine de lasser, ne peut se tenir debout pour requérir dans chaque dossier. Cette explication est relative, le parquet peut bien se lever en un instant et dire ce qu'il pense d'un dossier sur un point de droit ou de fait précis et de manière concise, le souci de justice devant primer car c'est lui qui doit soutenir l'accusation ;

- le magistrat du ministère public qui monte seul à l'audience, sauf exception permise par le principe de l'unicité et de l'indivisibilité du parquet, avec en moyenne 80 à 100 dossiers dans lesquels bien des conseils sont constitués et qu'il devra discuter, se doit de ménager ses forces pour être au point, en forme, jusqu'à la dernière affaire au rôle. Un proverbe disait *qui veut voyager loin ménage sa monture ;*

- l'inutilité de développements : certains faits sont simples, soit le prévenu a reconnu les faits, soit il s'agit de dossiers très courants dans nos réquisitions comme les affaires d'accidents de la circulation routière. La simplicité de l'affaire ne mérite pas du parquet de longs développements. Cette attitude a l'inconvénient de passer sous silence certains points de droit : prescription, autorité de la chose jugée, qualification du contrat, la caractérisation de l'infraction ;

- la neutralité : en prenant de telles réquisitions, le parquet reste à équidistance entre les autres parties au procès. Il ne prend pas ouvertement une position, celle-ci reste ignorée des parties et de l'opinion sauf à admettre que le fait de requérir tout simplement l'application de la loi est une prise de position.

L'expression, *Application de la loi !* comme réquisitions orales a encore de beaux jours devant elle. Elle a l'avantage de ne point révéler aux parties et au public l'opinion véritable du ministère public sur une affaire. Cependant, le parquet qui en use trop lors d'une audience pénale finira par étonner car dans bien des dossiers, son avis circonstancié est souhaité, au nom de la société qu'il représente au procès. Il en va ainsi dans tous les cas où une question de droit ou de fait est soulevée. L'abus de telles réquisitions même s'il n'entache en rien la décision rendue, tue ou entame le débat judiciaire.

De telles réquisitions doivent être manipulées avec beaucoup de circonscription et de parcimonie. En la matière, le juste milieu doit être de mise si on ne peut pas les supprimer.

*2. Je m'en rapporte !*

Par ces réquisitions, le parquet fait preuve d'humilité. Après les débats, il peut préférer s'en remettre à la sagesse du tribunal. Il en va ainsi si son opinion n'est pas faite, si les faits toutes proportions gardées, sont simples.

Par exemple, suite à une requête pour enrôlement sur intérêts civils, à l'audience le parquet s'en rapporte au tribunal quant à la détermination du quantum du préjudice subi. Mais il faut éviter de s'en rapporter quand l'avis du parquet est attendu dans une affaire, tel que cela ressort des débats.

*3. Les autres attitudes du parquet*

Qu'adviendrait-il si, à la demande du tribunal de prendre ses réquisitions au cours d'une audience pénale, le parquet garde le silence, refuse de parler en adoptant une position passive ? Cette situation ressemble à une hypothèse d'école mais mérite quelques observations. Dans ce cas, le tribunal doit se garder de prononcer une décision car la simple présence du parquet ne suffit pas, il doit être entendu sous peine de nullité des décisions rendues. Le remplacement du parquetier ou une solution doit être trouvée après une suspension d'audience.

En cas d'incident d'audience qui voit le représentant du ministère public quitter la salle, une situation qui n'est pas souhaitable, une suspension d'audience devrait permettre de trouver une solution pour son retour et les débats se poursuivre. Pour ces cas, nous ne sommes pas dans les cas d'empêchement prévus à l'article 31 CPP, la concertation doit être de rigueur pour la poursuite des débats.

L'audience, outre ces points soulevés, est le moment pour le parquet de solliciter ou requérir bien des actes comme : récusation motivée d'un interprète, réquisitions spéciales sur une constitution de parties civiles absentes sur l'audience si le montant des dommages intérêts sollicités est connu, réquisition contre un témoin qui ne comparaît pas, qui refuse de prêter serment ou de déposer, communication du dossier.

Aujourd'hui, outre les simples équipements des juridictions, des moyens de communication servent à poser des actes judiciaires comme les auditions de parties, d'experts ou témoins par visioconférence, vidéoconférence ou téléconférence. Cette pratique devenue courante réduit, en principe, énormément le coût de la justice sans entamer la bonne manifestation de la vérité. Ce mécanisme requiert toutefois un dispositif légal et réglementaire qui l'organise sans compter la coopération judiciaire dans certains cas.

Dans tous les cas, les décisions rendues à l'audience peuvent entraîner un recours du ministère public.

## II. L'appel du ministère public

Présent tout au long du procès pénal, le parquet peut, pour des arguments de fait ou de droit ne pas être d'accord avec les décisions correctionnelles ou criminelles rendues en sa présence et envisager d'interjeter appel[1].

Aux termes de l'article 485 CPP, « sauf dans le cas prévu à l'article 494 et hors le cas de force majeure, l'appel est interjeté dans le délai de 30 jours à compter du prononcé du jugement contradictoire ». Aucune dérogation ne peut être accordée au parquet qui est présent au moment du prononcé de tous les jugements sauf dans des cas spécifiques. Il en est ainsi des jugements prononcés par les tribunaux d'instance auprès desquels le procureur de la République ne siège pas nécessairement, l'article 486 CPP porte le délai à 45 jours à compter du jour du prononcé. Pour l'exercice de ce droit, le chef du parquet doit veiller à l'établissement à temps, tous les mois, des états mensuels destinés au procureur général sous son couvert, par les délégués de son ressort.

Pour les cas de décisions sur la liberté à l'audience, le délai d'appel est de 24 heures à compter du prononcé du jugement. La brièveté de ce délai implique une rapidité dans la réaction du parquet pour formaliser l'appel.

Pour les décisions rendues par une Chambre criminelle, l'article 324 dispose que « l'appel est interjeté dans un délai de quinze jours à compter du prononcé. Toutefois, le délai ne court qu'à compter de la signification du jugement, quel qu'en soit le mode, pour la partie qui n'était pas présente ou représentée à l'audience où le jugement est prononcé ». L'article 325 indique qu'« en cas d'appel d'une partie pendant le délai ci-dessus, les autres parties ont un délai supplémentaire de cinq jours pour interjeter appel ».

L'appel est fait par déclaration au greffe du tribunal qui a rendu la décision ; il est signé par le greffier et l'appelant lui-même, par un avocat ou par un fondé de pouvoir dont le pouvoir est annexé à l'acte d'appel. Toutefois, s'agissant des décisions des tribunaux d'instance, le procureur fait appel au greffe de sa juridiction à charge pour le greffier de transmettre sans délai une expédition de l'acte au greffier en chef du tribunal qui a statué. Dans ce dernier cas, nous pensons que les retards dans la transmission de l'expédition ne sauraient avoir aucun effet dans la recevabilité de l'appel fait à temps.

---

[1]« L'appel, voie de recours ordinaire, est une conséquence directe du principe du double degré de juridiction qui veut qu'un même litige puisse être soumis successivement à deux degrés de juridiction, si l'une des parties au litige n'est pas satisfaite de la solution que celui-ci a reçue devant le premier degré de juridiction… ». *Encyclopédie juridique de l'Afrique*. Tome 10, page 249.

Aux termes de l'article 492 C.P.P, sous la responsabilité du greffier en chef, le dossier d'appel contenant toutes les pièces de la procédure doit être dans les 3 mois transmis au procureur de la République. En pratique dans ce délai, le greffe rédige les qualités du jugement, ce dernier dans son entier est signé du juge qui l'a rendu ; le greffe établit par la suite les notes d'audience telles qu'elles ressortent du plumitif d'audience, fait l'inventaire des pièces et ficelle parfois le dossier avant de le transmettre au parquet. Le ficelage des dossiers, une vieille pratique est certainement destinée à assurer la sécurité et la bonne conservation des pièces lors de leur acheminement au parquet général.

L'article poursuit que le « procureur de la République doit, dans le mois de réception du dossier, le transmettre au parquet général de la cour d'appel qui en assure l'enrôlement dans le délai de 2 mois ». La transmission se fait par lettre à la diligence du procureur de la République, à savoir l'entier dossier avec le rapport d'appel du parquet d'instance.

Aucune sanction légale n'est posée en cas de non-respect du délai de transmission et d'enrôlement des dossiers d'appel que nous venons d'examiner. Mais il faut se convaincre que c'est l'un des paramètres pour juger de la performance d'un parquet. Il est parfois fâcheux que des prévenus aient fini de purger une peine sans voir leur appel examiné par la cour d'appel du seul fait d'un manque de diligence du greffe et du parquet. On a ainsi ôté au détenu appelant la pleine jouissance du double degré de juridiction car en faisant appel il a dans bien des cas voulu contester la peine d'emprisonnement prononcée en première instance. On pourrait envisager un dédommagement si la juridiction d'appel infirme par décision définitive ou confirmée en cassation le premier jugement par la relaxe ou l'acquittement ou par le prononcé d'une peine d'emprisonnement inférieure à celle en première instance. Le préjudice est réel, le fait d'avoir purgé une peine d'emprisonnement plus longue que celle définitive et effectivement prononcée par la juridiction supérieure. Dans un autre sens, sur appel du ministère public, si la juridiction supérieure prononce une peine d'emprisonnement supérieure à celle de la première instance, le condamné se verrait arrêté et détenu par une réquisition d'incarcération pour purger le reste de la peine à subir.

Au niveau de cette juridiction d'appel, les détenus dans la majeure partie des cas ne comparaissent pas[1].

Pour les affaires criminelles, l'article 328 CPP dispose que « dès que l'appel est enregistré, le ministère public adresse sans délai au greffe de la cour d'appel le dossier de la procédure et les pièces à conviction ».

Précisons par ailleurs qu'en matière de contravention, lorsque le tribunal correctionnel statue en dernier ressort, le procureur de la République peut se pourvoir en cassation pour des motifs de droit. C'est le seul cas où le parquet d'instance peut former, au pénal, ce recours extraordinaire[2].

L'appel étant un droit accordé au ministère public, ce dernier peut-il y renoncer ? Évidemment pour une raison ou une autre le parquet peut

[1] « Les débats devant la cour peuvent avoir lieu et l'arrêt être rendu en dehors de la présence des parties, dans les conditions ci-après indiquées. Les prévenus en état de détention provisoire en dehors de la Région du Cap-Vert, appelants ou intimés, ne sont pas admis à comparaître et la cour statue sur pièces à leur égard, à moins qu'elle ne juge, d'office ou sur leur requête, leur comparution nécessaire. Dans l'un ou l'autre cas, les prévenus reçoivent notification, par voie d'huissier, de la date de l'audience qui est fixée sans qu'il y ait à tenir compte des délais de distance et ils ont la faculté de se faire représenter par un avocat ou de produire un mémoire. L'arrêt est réputé contradictoire à leur égard, mais il leur est notifié s'ils n'ont pas été représentés par un avocat ». Article 493 CPP.

[2] Les voies de recours extraordinaires sont celles qui ne sont ouvertes que de façon exceptionnelle : ce sont le pourvoi en cassation et le pourvoi en révision.

Le pourvoi en cassation est destiné à vérifier que les dispositions de la loi répressive (tant substantielles que procédurales) ont été intégralement respectées. En principe, le parquet d'instance n'y intervient pas en matière correctionnelle et criminelle. Il relève du parquet général près la cour d'appel. Toutefois ce dernier peut demander au procureur du lieu de détention de faire notifier ou signifier l'expédition de son pourvoi à l'inculpé ou à l'accusé conformément à l'article 63 de la loi organique sur la Cour suprême.

« Lorsque la décision en dernier ressort a été rendue contradictoirement, le ministère public et toutes les autres parties en cause ont six jours, après celui du prononcé, pour se pourvoir en cassation… » Article 59 de la loi organique n° 2017-09 du 17 janvier 2017 abrogeant et remplaçant la loi organique n° 2008-35 du 08 août 2008 sur la Cour suprême.

Le pourvoi en révision est destiné à réparer les erreurs judiciaires lorsqu'il s'avère que la justice pénale avait pris une décision ne correspondant pas à la réalité des faits, telle que celle-ci s'est révélée après coup et alors qu'aucune voie de recours n'était plus disponible contre la décision rendue. *Encyclopédie juridique de l'Afrique*. Tome 10. Page 265.

Les articles 92 et suivants de la loi organique sur la Cour suprême du Sénégal indique les cas d'ouverture de la procédure de révision, les personnes qui peuvent le demander ainsi que la procédure à suivre.

s'abstenir d'interjeter un appel principal ou incident. Mais après avoir, dans les forme et délai légaux, interjeté appel, le ministère public peut-il se désister ? Aucun texte ne l'interdit. Aucune disposition du Code de procédure pénale du Sénégal[1] n'a organisé à ce jour le désistement d'appel même si en pratique il est bien usité en se référant notamment au Code de procédure civile sur le désistement (art 245 et 246). Le parquet d'instance peut par un acte exprès adressé au greffe du tribunal manifester sa volonté de se désister. Pour les dossiers déjà transmis au parquet général après un appel, le désistement du parquet d'instance est difficilement admissible car désormais les dossiers passés à un niveau supérieur devraient lui échapper même s'il y a lieu de noter que rien ne s'oppose à ce qu'il informe, par un acte formel, le parquet général de son désistement. Le désistement d'un appel principal devrait avoir une conséquence sur l'appel incident[2]. Ainsi, le parquet devra au moment de son appel préciser s'il entend former un appel principal ou incident.

Si le droit d'appel du ministère public et du prévenu est général, celui de la partie civile ne peut porter que sur ses intérêts civils. En outre, aux termes de l'article 503 CPP, « La cour peut, sur l'appel du ministère public, soit confirmer le jugement, soit l'infirmer en tout ou partie dans un sens favorable ou défavorable au prévenu. La cour ne peut, sur le seul appel du prévenu ou du civilement responsable, aggraver le sort de l'appelant. Elle ne peut, sur le seul appel de la partie civile, modifier le jugement dans un sens défavorable à celle-ci[3]. La

---

[1] Le Code de procédure civile par contre organise le désistement en ses articles 245 et suivants.
Par analogie, la loi organique n° 2017-09 du 17 janvier 2017 abrogeant et remplaçant la loi organique n° 2008-35 du 8 août 2008 sur la Cour suprême dispose en son article 56 que « lorsqu'un pourvoi en cassation aura fait l'objet d'une décision de désistement, de déchéance, d'irrecevabilité ou de rejet, la partie qui l'avait formé ne pourra plus se pourvoir en cassation dans la même affaire, sous quelque moyen que ce soit ».

[2] « Le désistement par le prévenu ou la partie civile de son appel principal entraîne la caducité des appels incidents, y compris celui du ministère public… ». Art. 500-1 CPP Français.
« Dès lors que le représentant du ministère public avait formé son appel dans le délai prévu par l'article 498 C. pr.pen sans indiquer qu'il s'agissait d'un appel incident, le demandeur ne saurait soutenir que cet appel aurait dû être déclaré caduc sur le fondement de l'article 500-1 du code précité en conséquence du désistement d'appel de la partie civile ». Crim. 10 sept. 2002 : pourvoi n° 01-85.176. Annotation art.500-1 CPP français.

[3] « … Attendu que, saisie du seul appel de la partie civile contre un jugement de relaxe selon les mentions de l'arrêt attaqué, la cour d'appel ne pouvait statuer que sur les

partie civile ne peut, en cause d'appel, former aucune demande nouvelle[1]; toutefois, elle peut demander une augmentation des dommages et intérêts pour le préjudice souffert depuis la décision de première instance ».[2]

L'appel, qui reste en principe un droit général pour le parquet et les parties, obéit toutefois à certaines restrictions. L'article 496 CPP dispose que « l'appel contre les jugements préparatoires ou interlocutoires[3], statuant sur les incidents et exceptions, ne sera reçu, même contre les jugements rendus sur la compétence, qu'après le jugement sur le fond et en même temps que l'appel contre ledit jugement[4]. Le greffier du tribunal dressera procès-verbal du refus qu'il

---

intérêts civils ; que cette situation ne fait pas obstacle à ce qu'elle puisse, même face à une décision qui a acquis au plan pénal l'autorité de la chose jugée, examiner à nouveau les faits, constater le cas échéant leur imputabilité au prévenu et, sans revenir sur la décision pénale, condamner celui-ci à payer des dommages intérêts à la partie civile... ». Cour suprême du Sénégal, arrêt N° 04 du 20 janvier 2011 Ousmane Sarr et Mamadou Pouye contre Héritiers feu Amdy M. Niang.

[1] « ... Attendu que, selon ces textes et en vertu de la règle du double degré de juridiction, la partie civile ne peut, en cause d'appel, soumettre à la juridiction saisie aucune demande nouvelle, qui n'aurait pas été déjà examinée par les premiers juges ; Attendu que pour condamner Ousmane Diané, prévenu d'abus de confiance, à payer à Amadou SY la somme de 27.000.000 de francs sur le fondement de l'article 457 alinéa 2 du code de procédure pénale, l'arrêt attaqué retient qu'il a commis une faute en mettant en sous-location des appartements loués, contrairement aux stipulations contractuelles ; Attendu qu'en se déterminant ainsi, alors qu'aucune demande en réparation d'un dommage résultant d'une faute du prévenu n'avait été formulée en première instance et que Diané était attrait devant les juridictions correctionnelles en qualité de mandataire et non de locataire, la cour d'appel a violé les textes visés au moyen... ». Cour suprême du Sénégal, arrêt N° 74 du 16 août 2012, Ousmane Diané contre ministère public et Amadou Sy.

[2] Sur l'action civile auprès de la Chambre criminelle de la cour d'appel, l'article 322 CPP reconduit les mêmes dispositions.

[3] Ce sont des jugements qui ne tranchent pas le fond du litige, le tribunal ordonne par exemple une enquête ou une expertise ou tranche l'exception d'incompétence soulevée. « Jugement avant dire droit ou avant faire droit, décision prise au cours de l'instance, soit pour aménager une situation provisoire (jugement provisoire, ainsi : mise sous séquestre d'un bien litigieux, garde des enfants), soit pour organiser l'instruction (jugement préparatoire. Un tel jugement ne dessaisit pas le juge et n'a pas d'autorité de la chose jugée au principal ». *Lexique des termes juridiques*, 14ème édition, Paris, Dalloz.

[4] « L'appel dirigé contre un jugement statuant sur une exception n'est recevable qu'après le jugement sur le fond et en même temps que l'appel contre ledit jugement... Aucune voie de recours n'est ouverte contre une décision portant sur l'exception préjudicielle préalablement à l'épuisement de la saisine dudit juge. Doit

oppose à la transcription de la déclaration d'appel, dans tous les cas où la loi prescrit que l'appel ne sera pas reçu. Les parties sont admises à en appeler, par simple requête dans les vingt-quatre heures, devant le Président du tribunal, du refus du greffier, lequel sera tenu de recevoir l'appel si l'injonction lui en est faite par ce magistrat. Dans tous les cas, la partie qui aura manifesté sa volonté d'appeler d'un jugement dans les délais légaux conservera le droit de renouveler son appel après la décision sur le fond ».

Sous un autre aspect et en matière de défense à exécution provisoire, l'article 482 ter CPP dispose que « le demandeur à la défense à exécution provisoire présente selon le cas requête au Premier président de la cour d'appel, ou au Président du Tribunal de grande instance accompagnée de toutes les pièces justificatives du bien-fondé de sa demande. Le magistrat saisi apprécie souverainement s'il y a lieu d'autoriser le demandeur à assigner la partie civile à une audience d'une chambre de la cour d'appel ou du Tribunal de grande instance, dont il fixe la date. L'assignation doit être notifiée au procureur de la République, à son délégué, ou le cas échéant au Président du tribunal d'instance investi des pouvoirs du procureur de la République près le tribunal qui a rendu le jugement[1]. Ce dernier transmet le dossier selon le cas soit au procureur général près la cour d'appel, soit au procureur du Tribunal de grande instance pour qu'il soit statué sur les défenses. À l'audience fixée, l'affaire doit être retenue séance tenante pour être plaidée, à moins que le demandeur dépose des conclusions. Dans ce dernier cas, la juridiction compétente, donne à l'autre partie et au ministère public un délai de quinze jours pour répondre aux arguments du demandeur ». L'article 482 quater poursuit que « la juridiction compétente doit impérativement statuer dans le mois à compter de la première audience. Elle peut ordonner la continuation des poursuites, en totalité ou en partie. Elle peut aussi prendre toutes dispositions qu'elles estiment utiles pour garantir les droits des parties.

donc être déclaré irrecevable en l'état l'appel dirigé contre le jugement avant dire droit de la juridiction d'instance ». CA Dakar, arrêt n° 43 du 16 janvier 2009, MP c/ Lamine Mboup – Société SOCETRA SA Sada Ndiaye, *Bulletin des arrêts rendus par la cour d'appel de Dakar en matière pénale*, vol n° 2, 2011, page 46

[1] « L'assignation aux fins de défense à exécution provisoire doit, à peine d'irrecevabilité, être notifiée au ministère public, conformément à l'article 482 ter du CPP ». CA Dakar, arrêt n° 32 du 12 janvier 2009, MP c/ Adéchina Maxime Monteiro, *Bulletin des arrêts rendus par la cour d'appel de Dakar en matière pénale*, vol n° 2, 2011, page 15

Dans le cadre de cette procédure de défense à exécution provisoire, le parquet d'instance, selon le cas, transmet uniquement le dossier sans faire de notes ou donner son avis.

Examinons, plus largement, la partition du ministère public dans la tenue d'audience.

## §4. La tenue de l'audience correctionnelle ou criminelle

La bonne tenue d'une audience n'incombe pas au parquet même s'il a sa partition à jouer. Il ne s'agit point de revenir sur toutes les règles relatives à la tenue de l'audience correctionnelle ou criminelle expressément posées par les dispositions du Code de procédure pénale, mais d'indiquer certaines normes et pratiques dont le respect participe de la solennité des audiences, du respect dû à la justice ou de la bonne administration de celle-ci :

- *Conférence de mise en état :* la mise en état est généralement bien connue de la procédure civile. Elle consiste généralement en des échanges de pièces et d'écritures. Mais au pénal, le tribunal peut estimer nécessaire de convoquer les parties pour une conférence de mise en état, préalablement à l'audience proprement dite, pour arrêter un chronogramme de passage des témoins, d'échanges d'écritures, d'audition des victimes, d'interrogatoire des prévenus ou des accusés, les dates des audiences, les suspensions et le temps de parole. Cette audience est utile pour les affaires complexes avec un nombre important de témoins, victimes et avocats[1].

- *la fixation des dates de renvoi* : si la décision de renvoi d'un dossier appartient exclusivement au tribunal, ce dernier peut, pour la date utile, inviter le parquet à la lui indiquer. Cette pratique a l'avantage de bien gérer le flux des dossiers d'audiences correctionnelles ou criminelles. Le parquet, chargé d'enrôler les dossiers, est au fait de la bonne répartition des affaires et des contraintes liées aux citations et convocations ;

- *l'appel des dossiers et des parties* : le président peut donner le dossier à l'huissier audiencier pour procéder à l'appel des parties à haute et intelligible voix ;

---

[1] Conférences de mise en état de la Chambre africaine extraordinaire d'assises dans le jugement de l'affaire suivie contre Hissein Habré, ex-Président du Tchad, jugé à Dakar, pour crimes contre l'humanité, crimes de guerre et torture.

- *L'interrogatoire du prévenu* : il incombe au président. En cas de collégialité, les assesseurs posent des questions par l'intermédiaire de ce dernier ou directement sur son autorisation. Le parquet interroge le prévenu par la suite sur autorisation du président. Le souci à ce niveau est d'assurer la clarté des débats ;

- *La police de l'audience* : relève des pouvoirs exclusifs du président. Devant les Chambres criminelles par exemple, l'article 255 CPP dispose que « le président a la police de l'audience et la direction des débats. Il rejette tout ce qui tendrait à compromettre leur dignité ou à les prolonger sans donner lieu d'espérer plus de certitude dans les résultats ». Même s'il n'a pas la police de l'audience, le ministère public doit, comme toutes les autres parties, s'abstenir de poser tout acte de nature à troubler la solennité des débats. Il est aussi libre, de souligner au président tout acte lui semblant troubler l'audience à charge pour se donner de prendre le cas échéant toute mesure utile[1].

### §5. La création de Chambres criminelles ou le deuil des cours d'assises ?

La cour d'assises était généralement bien connue pour sa compétence qui consiste à connaître des affaires criminelles qui font l'objet d'une grande médiatisation. Depuis des années au centre de grandes réflexions pour sa réforme, cette juridiction à essence populaire héritée du système français, se tenait à intervalles sur le territoire de la République à Kaolack, Saint-Louis, Dakar, Ziguinchor. Si les circonstances l'exigeaient, un arrêté du garde des Sceaux pouvait fixer le siège dans une autre ville sur proposition du procureur général après avis du président de la cour d'appel comme il était arrivé pour Thiès et Tambacounda.

[1] Requête d'initiative du parquet contre le port de turban par Hissein Habré lors des audiences des Chambres africaines extraordinaires (requête présentée le 13 février 2014 à la Chambre africaine extraordinaire d'instruction, rejetée par celle-ci, suivie de l'arrêt n ° 02 du 25 avril 2014 de la Chambre africaine extraordinaire d'accusation qui relève en substance « qu'en dispensant dès lors l'inculpé du respect des prescriptions légales, les juges ont méconnu la loi alors surtout que, comme l'a souligné le procureur général, le port du turban autour de sa bouche par l'inculpé Hissein HABRE, lors de son interrogatoire, procède d'une stratégie mûrement élaborée consistant à afficher symboliquement un mépris et un manque de respect notoire à l'égard de la justice ; que la décision querellée a ainsi méconnu les dispositions des articles 61 et 62 du Code de Procédure civile ».

Cette juridiction a par le passé consacré une véritable « incursion » du procureur de la République au parquet général près la cour d'appel de son ressort.

Déjà dans les actes préparatoires de la tenue des assises, le procureur de la République intervenait :

- avant la réforme supprimant le jury, la réception des listes des jurés venant du gouverneur de région et leur transmission par ses soins au procureur général avec au besoin ses observations, l'information du garde des Sceaux des cas de décès, incapacités ou incompatibilités légales frappant tout juré qui figure sur la liste définitive annuelle divisée en titulaires et suppléants arrêtée par le garde des Sceaux et publiée au *Journal officiel*[1], la présence à l'audience publique de tirage au sort des jurés avec possibilité d'en récuser, la signification des jurés retenus avec sommation de se trouver aux jour, lieu et heure pour l'ouverture de la session sous peine de sanction ;

- la signification par voie d'huissier des arrêts de renvoi venus du parquet général aux détenus de son ressort, la réception des dossiers d'assises avec les pièces à conviction, l'exécution des ordonnances de prises de corps pour les accusés en liberté, la saisine des huissiers de son ressort pour les citations des témoins, parties civiles et experts, le transfèrement selon le cas des accusés au siège de la cour d'assises avec les pièces à conviction, l'avis aux accusés de la date de leur comparution devant la cour d'assises, la délivrance des copies des pièces de la procédure aux accusés ou leurs conseils qui en feront la demande (article 262 CPP), le rappel au président du tribunal régional du siège que le président de la cour d'assises le délègue conformément aux dispositions de l'article 255 alinéa 3 CPP de procéder, au moins cinq (05) jours avant l'ouverture de la session, sur procès-verbal, à l'interrogatoire des accusés et leur désigner d'office un conseil pour le cas où ils n'en auraient pas choisi.

Cette préparation se poursuit avec la mise en place pratique, par le procureur du siège, du dispositif pour l'ouverture solennelle des assises comme il était de tradition. Il fallait requérir la force publique pour la solennité et la sécurité de la session, convier les autorités administratives, locales et le public à la cérémonie. Ainsi, la lettre du procureur général près la cour d'appel de Dakar n° 002246 du 14

---

[1] Exemple l'arrêté ministériel n° 1688 MJ/ACG-AC du 10 février 1971 fixant la liste des jurés près la Cour d'assises de Saint-Louis pendant l'année 1970-1971 JORS 1971, page 656.

octobre 2003 demandait au procureur de la République près le Tribunal régional de Ziguinchor de prendre « toutes dispositions nécessaires pour le bon déroulement de la première session de la cour d'assises ». En dépit de la *professionnalisation* de la cour, son essence populaire demeure, du moins dans les aspects ainsi soulignés.

Dans la participation véritable au procès d'une cour d'assises, en principe le procureur général représente en personne ou par ses substituts le ministère public auprès de la cour d'assises instituée au siège de la cour d'appel ou dans son ressort. Mais l'article 26 disposait que le procureur général peut, s'il l'estime nécessaire, se faire représenter devant la cour d'assises instituée auprès d'un tribunal régional autre que celui du ressort de la cour d'appel, par le procureur de la République ou ses substituts[1]. Cette délégation devrait être souvent usée pour permettre à ces magistrats d'engranger déjà une expérience précieuse pour la suite de leur carrière. Aussi, devrait-on en faire bénéficier à tous les procureurs du ressort de la cour d'appel concernée.

Même si la loi ne le disposait pas expressément, à la fin de la session des assises, le procureur de la République, délégué, rendait compte au procureur général, délégant, de son déroulement notamment dans les affaires où il a représenté le ministère public. Cette délégation comportait, à notre avis, conformément au principe de l'indivisibilité du parquet, le pouvoir pour lui d'interjeter appel au nom du ministère public contre les arrêts prononcés en sa présence, en application de l'article 367-2 CPP[2].

---

[1] « ... conformément aux dispositions de l'article 26 CPP, je vous désigne pour remplir les fonctions du ministère public près la Cour d'assises en appoint au magistrat de mon parquet général mandaté à cet effet... » Lettre procureur général près la cour d'appel de Dakar n ° 002149 du 06 octobre 2009 sur la tenue de la première session de la Cour d'assises de Ziguinchor. Il désigne le procureur de la République près le tribunal régional de Ziguinchor.

[2] Depuis la réforme introduite par la loi n° 2008-50 du 23 septembre 2008, « Les arrêts de condamnation rendus par la Cour d'assises en premier ressort peuvent faire l'objet d'un appel... Cet appel est porté devant une autre Cour d'assises désignée par ordonnance du Premier président de la Cour suprême... L'appel est interjeté dans un délai de quinze jours à compter du prononcé de l'arrêt... Toutefois, le délai ne court qu'à compter de la signification de l'arrêt, quel qu'en soit le mode pour la partie qui n'était pas présente ou représentée à l'audience où le jugement a été prononcé, mais seulement dans le cas où elle-même ou son représentant n'aurait pas été informé du jour où l'arrêt serait prononcé... La déclaration d'appel doit être faite au greffe de la cour d'appel qui a rendu la décision attaquée... Lorsque l'appelant est détenu, l'appel

Cette juridiction tant connue commence dès 2008 à voir s'opérer une mutation en son sein sans pour autant que son existence soit véritablement remise en cause. En effet, la loi n° 2008-50 du 23 septembre 2008 modifiant le Code de procédure pénale apportait deux réformes importantes en supprimant le jury composé de civils et en instaurant le droit d'appel contre les arrêts de la cour d'assises qui étaient rendus en premier et dernier ressort. Désormais, la cour d'assises comprenait le président et deux assesseurs, tous des magistrats. Elle était présidée par un président de chambre ou par un conseiller de la cour d'appel. Le Premier président de la cour d'appel pouvait la présider chaque fois qu'il le juge convenable. Les assesseurs étaient choisis soit parmi les conseillers de la cour d'appel, soit parmi les présidents, vice-présidents ou juge du Tribunal régional, départemental du lieu de la tenue des assises.

Les arrêts de la cour d'assises étaient aussi désormais susceptibles d'appel devant une cour d'assises désignée par ordonnance du Premier président de la Cour suprême.

Mais c'est la loi n ° 2014-28 du 3 novembre 2014 modifiant la loi n° 65-61 du 21 juillet 1965 portant Code de procédure pénale qui supprima les Cours d'assises, déjà *agonisantes,* car, selon l'exposé des motifs, pour « éviter les longues détentions provisoires qui ne procèdent pas toujours des exigences des enquêtes judiciaires en favorisant un traitement plus diligent des dossiers criminels, il s'avère urgent d'instituer des chambres criminelles au sein des tribunaux de grande instance et des Cours d'appel avec un mode de fonctionnement caractérisé par une plus grande souplesse et régularité que les cours d'assises auxquelles elles devront se substituer... ». Deux ans après leur création, il est très vite apparu la nécessité d'apporter une modification dans le fonctionnement des chambres criminelles qui siégeaient par session selon des intervalles divers ou au moins tous les quatre (04) mois. Dans son exposé des motifs, la loi n° 2016-30 du 08 novembre 2016 modifiant le Code de procédure pénale mentionne que « pour lutter contre la surpopulation carcérale et les longues détentions, il convient d'instituer la tenue permanente des audiences des chambres criminelles en lieu et place des sessions périodiques ». Dans ce sillage, l'article 221 de la loi dispose que « les audiences de la Chambre

---

doit être interjeté au moyen d'une déclaration auprès du Chef de l'établissement pénitentiaire. Cette déclaration est constatée, datée et signée par le Chef de l'établissement pénitentiaire… ». Voir article 367-6 et suivants CPP.

criminelle du tribunal de grande instance se tiennent de manière permanente ». Par cette disposition, sur le plan des services d'audience, les affaires criminelles tombent sur le droit commun pour être traitées au même titre que les délits et contraventions. Toutefois ceci n'exclut pas que des audiences spéciales leur soient consacrées.

L'article 218 alinéa 1 dispose qu'« il est institué au sein de chaque tribunal de grande instance une Chambre criminelle qui a plénitude de juridiction pour juger en premier ressort les personnes renvoyées devant elle soit par une ordonnance du juge d'instruction, soit par un arrêt de la Chambre d'accusation pour des infractions qualifiées crimes et toutes autres infractions connexes ». L'article 220 dispose qu'« exceptionnellement, lorsque les circonstances l'exigent, le Premier président de la cour d'appel peut, par ordonnance prise à la demande conjointe du président du tribunal, de grande instance et du procureur de la République près ledit tribunal, après avis du procureur général, décider la tenue de l'audience de la Chambre criminelle au siège d'un tribunal d'instance du ressort ».

La Chambre criminelle est composée d'un président et de deux juges exerçant leur fonction dans le ressort du tribunal de grande instance. C'est le président du tribunal de grande instance qui en est le président et en cas d'empêchement, il est remplacé par un vice-président ou à défaut par un autre juge du tribunal désigné par ordonnance du président du tribunal. Si l'empêchement est survenu en cours d'audience, le président est remplacé par le membre de la chambre criminelle du rang le plus élevé. Si l'empêchement d'un membre de la Chambre criminelle survient avant l'audience, il est désigné, par ordonnance du président du tribunal de grande instance, un remplaçant choisi parmi les magistrats du siège du tribunal de grande instance ou parmi les juges des tribunaux d'instance du ressort du tribunal de grande instance. Si l'empêchement d'un membre survient en cours d'audience, il est désigné, par ordonnance du président du tribunal de grande instance, un remplaçant choisi parmi les juges supplémentaires. En effet, outre ces membres titulaires, l'article 232 dispose qu'« il est adjoint aux membres titulaires de la Chambre criminelle un ou plusieurs membres supplémentaires. Les membres supplémentaires siègent aux audiences. Ils ne prennent pas part aux délibérations qu'en cas d'empêchement d'un membre titulaire constaté par ordonnance motivée du président de la Chambre criminelle ». Ces membres supplémentaires sont désignés par le président du tribunal de grande instance.

L'expérience des membres des Chambres criminelles doit être de mise, ce qui appelle un meilleur déploiement des magistrats. Aussi, même éclaté à l'image des délits, le jugement des crimes doit s'adosser à une harmonie jurisprudentielle et une politique pénale sur l'ensemble du territoire.

Mais si les cours d'assises ont disparu, il faut relever que leur formalisme a survécu dans bien de ses aspects comme l'exécution de l'ordonnance de prise de corps, l'interrogatoire préalable de l'accusé, la signification des listes des témoins, la comparution de l'accusé et la contumace.

Avec l'institution de Chambres criminelles au sein des TGI, les procureurs de la République qui agissaient par le passé auprès de la cour d'assises pour le compte du procureur général dans le cadre du ministère public retrouvent leur plénitude de compétence directe. Ils agissent désormais directement auprès d'une formation *spéciale* instaurée au sein de leur juridiction, d'où une plus grande responsabilisation des parquets d'instance. Ils doivent ainsi accomplir toutes les formalités obligatoires pour la tenue des audiences de la Chambre criminelle. La proximité de la Chambre criminelle ne doit en rien enlever son caractère solennel parce que chargée de juger des crimes. Elles doivent être les dignes héritières de la cour d'assises. Si ces dernières ont disparu, elles ont pu laisser la procédure ou les formalités requises pour juger les crimes et les infractions connexes, tous faits jugés avoir gravement troublé l'ordre public et qui occupent la plus haute marche dans la classification des infractions. Espérons que ces Chambres criminelles, dont l'instauration même douce suscite des critiques en France par exemple[1], soient à la hauteur des ambitions qui ont présidé à leur création pour connaître des crimes et leurs infractions connexes. Cette compétence criminelle jadis concentrée au niveau des cours d'appel est aujourd'hui éclatée dans les différents TGI du Sénégal avec un double degré de juridiction.

[1] La création d'un « tribunal criminel », annonce surprise de la réforme de la justice… Les cours d'assises concentrées sur les crimes les plus graves… Une réforme vivement contestée par les syndicats…» https://www.ouest-france.fr/societe/justice/la-creation-d-un-tribunal-criminel-annonce-surprise-de-la-reforme-de-la-justice-5612746.

## §6. Des Chambres criminelles au sein des cours d'appel

Les crimes sont jugés par les Chambres criminelles au sein du tribunal de grande instance à charge d'appel devant la Chambre criminelle au sein de la cour d'appel. Aux termes de l'alinéa 2 de l'article 218 « Il est également institué, au sein de chaque cour d'appel, une chambre criminelle pour connaître de l'appel interjeté contre les décisions des chambres criminelles des tribunaux de grande instance ». L'article 319 ajoute que « les décisions rendues par la Chambre criminelle du tribunal de grande instance peuvent faire l'objet d'appel. Cet appel est porté devant la Chambre criminelle de la cour d'appel territorialement compétente ».

Relativement à la procédure suivie au niveau de la Chambre criminelle au sein de la cour d'appel, l'article 320 dispose que « sous réserve des dispositions particulières de la première instance, l'audience devant cette chambre se déroule selon les mêmes règles qu'en première instance ».

Il faut tout de même relever que certaines formalités exigées en première instance n'ont plus leur raison d'être en cas d'appel ; c'est le cas de l'exécution de l'ordonnance de prise de corps, l'interrogatoire préalable d'identité de l'accusé. Plus généralement, l'article 329 dispose que « la procédure suivie devant la Chambre criminelle de la cour d'appel est celle applicable devant la chambre criminelle du tribunal de grande instance ».

Le parquet près le tribunal de grande instance outre son droit d'appel, joue un rôle essentiel dans la transmission du dossier d'appel. Aux termes de l'article 328, « dès que l'appel est enregistré, le ministère public adresse sans délai au greffe de la cour d'appel le dossier de la procédure et les pièces à conviction ». Même si le texte ne le précise pas, à mon sens, le procureur de la République doit y joindre son rapport d'appel ainsi qu'une lettre de transmission du dossier au procureur général ; ce qui a l'avantage de faciliter son exploitation en aval. Aussi, les dossiers d'appel doivent être transmis avec diligence pour éviter les longues détentions qu'on a entendu combattre. Il y va aussi de la bonne marche de la justice.

Bien d'autres questions de procédures méritent attention.

## SECTION 9. LE REGLEMENT DE JUGES

Le règlement de juges fait partie des procédures particulières du Code de procédure pénale. Il est prévu aux articles 644 et suivants et interpelle le parquet. Cette procédure fait éviter principalement les contrariétés de jugements[1] et assure la sauvegarde d'une bonne administration de la justice, les mêmes faits ne devant être connus en même temps par deux juridictions. La loi organique sur la Cour suprême dispose en son article 98 qu'au niveau de cette haute juridiction « la procédure applicable à la demande en règlement de juges est celle des instances pour cause de suspicion légitime ».

Aux termes de l'article 644 CPP « lorsque deux juges d'instruction, appartenant à des tribunaux différents, se trouvent saisis de la même infraction ou d'infractions connexes, le ministère public peut, dans l'intérêt d'une bonne administration de la justice, requérir l'un des juges de se dessaisir au profit de l'autre. Si le conflit de compétence subsiste, il est réglé de juges conformément aux articles 645 à 648. Si les deux juges d'instruction appartiennent au même tribunal, il est procédé comme il est dit à l'article 75, alinéa premier ». Dans ce cas précis, le parquet peut donc tenter de provoquer un dessaisissement à l'amiable avant de passer par la voie de règlement de juges qui appelle ces distinctions :

- si le conflit oppose deux tribunaux correctionnels, deux juges d'instruction ou deux tribunaux de simple police du même ressort d'une cour d'appel, le règlement de juges est de la compétence de la Chambre d'accusation qui statue sur requête présentée par le ministère public, l'inculpé ou la partie civile. La décision rendue est susceptible d'un recours en cassation ;

- lorsque, après renvoi ordonné par le juge d'instruction devant le tribunal correctionnel ou le tribunal de police, cette juridiction de jugement s'est, par décision devenue définitive, déclarée incompétente, il est réglé de juges par la Chambre d'accusation par décision susceptible d'un pourvoi en cassation.

Aucune forme n'est prévue pour la requête du parquet. En général elle comporte principalement l'exposé des éléments ayant entraîné le conflit de compétence des deux juridictions et la demande expresse faite

[1] « En matière de contrariété de jugements, la procédure applicable est celle prévue aux articles 37 et 38 de la présente loi organique. Toutefois, le recours est ouvert sans condition de délai ». Article 100 de la loi organique sur la Cour suprême du Sénégal.

au procureur général de saisir la Chambre d'accusation pour qu'il soit réglé de juges. L'article 648 CPP dispose que « la requête en règlement de juges est signifiée à toutes les parties intéressées qui ont un délai de quinze jours à compter de ladite signification pour déposer un mémoire au greffe de la juridiction chargée de régler de juges. La présentation de la requête n'a pas d'effet suspensif à moins qu'il n'en soit autrement ordonné par la juridiction chargée de régler de juges. Celle-ci peut prescrire l'apport de toutes les procédures utiles et statuer sur tous actes faits par la juridiction qu'elle dessaisit ».

Par ailleurs, parmi ses attributions, la Cour suprême se prononce également sur « les règlements de juges entre juridictions n'ayant au-dessus d'elles aucune juridiction supérieure commune autre que la Cour suprême »[1]. On peut penser au conflit de compétence entre deux cours d'appel.

Quid de la politique pénale ?

## SECTION 10. LA POLITIQUE PENALE

Pourtant trop usité dans nos parquets et le prétoire en général, le terme « politique pénale »[2] n'est pas défini et ne figure à nos jours dans aucune disposition du Code de procédure pénale du Sénégal.

« Expression récente, au contenu mal défini, la politique pénale est une notion qui s'est imposée ces dernières années en même temps que l'ensemble des politiques publiques… Appellation neuve, mais réalité déjà ancienne, la politique pénale s'enracine dans l'histoire de la justice… Depuis le XIXème siècle, le parquet a été partie prenante dans la construction… d'une politique pénale nationale conçue dans un contexte d'indépendance accrue du parquet… »[3] Élise Le Gall renseigne que la notion de « politique pénale est intervenue tardivement dans les discussions touchant à la mise en œuvre de l'action publique… En effet, la définition de cette notion était rendue difficile car, selon

---

[1] Article 2 de la loi organique n° 2017-09 du 17 janvier 2017 portant sur la Cour suprême.

[2] « Inventée par l'Allemand Feuerbach en 1803, l'expression de politique criminelle ne semble apparaître en France qu'en 1899 avec Louis Maillard… La définition de ce concept est malaisée… C'est pourquoi nous adhérons à la définition large de la politique criminelle comme l'ensemble des procédés par lesquels le corps social organise la réponse au phénomène criminel… ». Jean Pradel, *Droit pénal général,* 5ème édition, Paris, Cujas, 1990, pages 69 à 70.

[3] Site internet : http//www.revuebanquelibraire.com

J. Ségaud, l'expression politique pénale est difficilement définissable en ce qu'elle ne peut que se différencier de manière non ambiguë des notions de politique criminelle et de politique publique… La politique pénale répond à un agrégat de valeurs qui gravitent autour de plusieurs paramètres… la nécessité d'une réponse pénale, le sens des priorités guidé par l'intérêt général, la recherche de sanctions appropriées, la protection des victimes ou encore la cohérence de l'institution de la justice. C'est également cette vision qui est privilégiée par X. Rousseau selon qui, la politique pénale est l'ensemble des mécanismes de poursuite, de traitement et de répression des infractions effectivement mis en œuvre dans un ensemble social. La politique pénale se distingue de l'action publique, en ce qu'elle s'attache à harmoniser l'action du ministère public dans un système d'opportunité des poursuites… »[1].

Présente expressément ou implicitement, la politique pénale même non évoquée par le Code de procédure pénale sénégalais n'en demeure pas moins un paramètre important dans le fonctionnement de la justice en général et du parquet en particulier. Elle est conçue comme une orientation dans le traitement des faits délictueux et des dossiers. En principe, elle varie selon les localités et les parquets, mais dans bien des cas, un souci d'harmonisation ou d'uniformisation au plan national et le plus souvent dans des domaines précis est impulsé par le parquet général et la Chancellerie à travers les lettres circulaires et autres rencontres[2]. Ainsi quelques exemples le démontrent :

- vol de matériels d'équipement solaire en milieu rural (lettre n°4252 /MJ/DACG du 28 octobre 2002) ;

- recrudescence du vol de bétail[3] dans le pays (lettre n°3516/MJ/DACG du 29 septembre 1988) ;

---

[1] Elise Le Gall, *La poursuite des crimes internationaux, Réflexions sur l'opportunité des poursuites du procureur international,* Paris, Éditions IRJS, 2016, pages 77 et 78.

[2] Comme nous l'avons vu dans les rapports entre le procureur de la République, le procureur général et le garde des Sceaux.

[3] En dépit de cette formulation « vol de bétail », il convient de faire remarquer que pendant longtemps le législateur sénégalais n'a pas incriminé spécifiquement le vol de bétail, il ne faisait aucune différence sur l'objet soustrait sauf pour certains biens comme les deniers publics. C'est seulement en 2014 que la loi n° 2014-27 du 03 novembre 2014 modifie le Code pénal notamment son article 368 par l'introduction d'un alinéa 3 nouveau qui fait du vol de bétail une circonstance aggravante restreinte car appliquée si le vol est commis au préjudice d'une personne qui tire de l'exploitation dudit bétail l'essentiel de ses revenus ou qui fait de son élevage son activité principale. Cette restriction liée à la victime est supprimée par la loi n° 2017-

- intensification de la lutte contre le trafic sur les documents de voyage (lettre n° 4734/MJ/CAB/ du 27 octobre 2003) ;

- répression contre le commerce illicite d'ivoire (lettre n° 002083/MJ/DACG du 20 mai 2005 et la lettre du procureur général n° 00001009 du 11 juin 2005 instruisant aux procureurs de requérir des peines exemplaires) ;

- la lettre circulaire n° 1815 MJ/ACG du 26 avril 1996 sur la poursuite et la répression des violations des droits de l'homme (les cas de tortures) ;

- la lettre circulaire n° 00336 du 29 janvier 2001 relative à la lutte contre l'extraction illicite de sable ou autres matériaux protégés par le Code minier, requérir des peines fermes et interjeter appel en cas de décisions contraires ;

- lettre circulaire du garde des Sceaux n°03781/MJ/ACG du 25 octobre 1989 sur la sécurité de l'accueil et du séjour des touristes au Sénégal (fermeté des parquets dans les poursuites des infractions dont les touristes sont victimes, la circulation et la présence irrégulière à l'aéroport, loi n° 88-08 du 26 août 1988) ;

- lettre circulaire n° 1473 MJ/ACG du 07 mai 1999 sur la poursuite des conducteurs et propriétaires de véhicules en cas d'accidents corporels de la circulation routière ;

- la lettre circulaire du procureur général près la cour d'appel de Dakar n°01 du 03 juillet 2009 sur le traitement des cas de viol et d'agressions sexuelles.

Généralement au niveau des parquets, la fermeté (mandat de dépôt et appel en cas de décision contraire aux réquisitions) est de rigueur pour certaines infractions comme les abus sexuels en général et sur des mineurs en particulier, les infractions relatives aux mœurs, les cas de trafic de drogue, les détournements de deniers publics, les accidents mortels de la circulation routière, les vols de bétail, les mutilations sexuelles, les maltraitances d'enfant et de personne de sexe féminin, les cas d'avortement, de corruption active ou passive, de concussion, les

---

22 du 22 mai 2017 modifiant la loi n° 65-60 du 21 juillet 1965 portant Code pénal. La circonstance aggravante est d'application générale, l'essentiel est que le vol porte sur du bétail.

Au Niger par exemple où le vol de gros bétail est plus lourdement puni. Principaux Arrêts de la cour d'appel de NIAMEY. 1991. ED.1994. Page 113 : complicité de vol de gros bétail MP/Elh.O.S, en l'espèce des chameaux.

migrations clandestines, les infractions économiques ayant causé un énorme préjudice, le terrorisme et les infractions à bande organisée. La liste n'est pas exhaustive, elle n'est qu'indicative.

Sur le plan procédural, la voie du flagrant délit l'emporte sur l'information et la citation directe. La procédure de flagrant délit a l'avantage d'apporter une réponse immédiate à une certaine forme de délinquance dont la répression ne saurait tarder. Une réponse immédiate, en tenant compte des contraintes de preuves liées à la flagrance, assure un meilleur impact pédagogique dans l'opinion.

La politique pénale peut varier même dans le temps selon les réalités du moment car la *real politik* ou le réalisme n'est pas étranger au parquet qui ne se limite pas à l'application formaliste des textes dans ses missions de poursuite. Parfois une réaction ponctuelle est adoptée face à un phénomène précis comme les bons impayés en 2001, 2002, l'émigration clandestine depuis 2007. Loin d'être figée, elle est changeante même si, sur certains points, la politique pénale se maintient durablement. Il est des valeurs qui résistent, transcendent les générations et les contextes. Mais en cas de situations exceptionnelles, comme l'état d'urgence, l'état de siège[1] et les situations de troubles, calamité publique, la politique pénale des parquets va certainement se moduler pour prendre en charge les exigences de l'heure si la stabilité des institutions, les libertés publiques et les droits de l'homme sont gravement menacés. Ceci dit, l'état d'urgence et l'état de siège qui engendrent un péril des libertés publiques et individuelles, sont encadrés par la Constitution, la loi, et limités dans le temps. Dans certains pays, l'état d'urgence ne rime pas exclusivement avec restrictions des libertés mais elle est une mesure exceptionnelle de grandes actions d'assistance humanitaire ou financière au bénéfice d'une localité théâtre d'une calamité.

---

[1] L'état d'urgence est une mesure d'exception prévoyant un renforcement des pouvoirs des forces de l'ordre ; il confère aux autorités civiles, préfets, gouverneurs, police, ministre de l'Intérieur (et non militaires) des pouvoirs exceptionnels comme les interdictions de circuler à certaines heures, de port d'armes, fermeture d'établissements publics ou privés, interdiction d'associations, assignation à résidence, contrôle de la presse, expulsion du territoire... L'état de siège correspond à un degré supérieur à l'état d'urgence. Il correspond à un transfert de pouvoir des autorités civiles aux autorités militaires. Cela signifie que l'armée assure la sécurité des citoyens en lieu et place des forces de police, les tribunaux civils remplacés par des tribunaux militaires, couvre-feu, restrictions des libertés publiques et individuelles, contrôle des médias...

La commission de faits de manière répétée avec des préjudices énormes peut pousser les parquets à être fermes avec des arrestations et des réquisitions aux fins de placement sous mandats de dépôt systématiques ou celles de peines conséquentes à l'audience.

Le ministère public peut pour certains délits précis privilégier la procédure de flagrant délit ou de l'instruction ou tout simplement privilégier un classement sans suite après une médiation.

Même dans les poursuites, le parquet peut, pour une raison bien déterminée, éviter de viser certaines infractions. Le règlement, outre les simples poursuites et classements, est éloquent, traduit une position ou un choix et porte un message. La politique pénale est l'épine dorsale du parquet dans le traitement des procédures.

La justice et le parquet sont aussi portés par le devoir d'information.

## SECTION 11. L'INFORMATION DES JUSTICIABLES ET DU PUBLIC

Très tôt, l'information sur les travaux de la justice n'a pas manqué d'attirer l'attention du législateur de la IIIème République française. La loi du 29 juillet 1881 sur la liberté de presse, dispose en son article 38 ter que « dès l'ouverture de l'audience des juridictions administratives ou judiciaires, l'emploi de tout appareil permettant d'enregistrer, de fixer ou de transmettre la parole ou l'image est interdit. Le président fait procéder à la saisie de tout appareil et du support de la parole ou de l'image utilisés en violation de cette interdiction. Toutefois, sur demande présentée avant l'audience, le président peut autoriser des prises de vues quand les débats ne sont pas commencés et à la condition que les parties ou leurs représentants et le ministère public y consentent ».

Aujourd'hui, la communication et l'information[1] sont devenues des préoccupations constantes de la justice en général qui ne peut évoluer en vase clos[2] sauf si la loi l'édicte expressément[1]. La justice a besoin de

[1] C'est un des volets du Programme sectoriel Justice (PSJ).

[2] « Or en ce début du 21ème siècle, force est de constater que la communication est un enjeu majeur à l'ère de la numérisation des échanges entre les peuples et les nations de la planète. En effet, le mariage de l'informatique, de l'audiovisuel et des télécommunications a entrainé une révolution, en même temps qu'une globalisation de notre société désormais obligée de fonctionner à l'universel ». Extrait exposé des motifs de la loi n° 2001-15 du 27 décembre 2001 portant Code des

dresser un véritable plan de communication et d'information car il y a un besoin réel de transparence et d'information du public à ce niveau comme le démontrent les faits divers de sociétés, les conflits sociaux dans les entreprises, les litiges fonciers ou commerciaux largement traités dans la presse et qui, généralement, constituent des procédures pendantes devant les juridictions. Aussi, au plan local dans son ressort, le chef du parquet est amené à jouer ce rôle par voie écrite ou orale. Cette communication doit se situer à notre sens à deux niveaux : au niveau individuel et au niveau du grand public.

Au plan individuel, le parquet doit être en mesure d'informer les justiciables de la suite réservée à leurs plaintes et autres procédures. Le secrétariat, si les différents registres sont bien tenus, exécutera cette tâche avec aisance car le manque d'information à ce niveau installe la suspicion et le doute dans l'esprit du citoyen, un état dont la justice se serait passée. Les renseignements donnés dans ce cadre aux citoyens ne doivent pas comporter des éléments qui relèvent du secret de l'enquête comme les instructions données par le parquet aux officiers de police judiciaire. Mais les dates d'arrivée des plaintes et autres dossiers, les numéros et dates de transmission peuvent être utilement portés à la connaissance des plaideurs directement concernés pour leur permettre un suivi. Même à ce niveau, la prudence et la retenue doivent être de mise pour éviter la divulgation excessive de ces éléments à l'endroit de personnes non concernées par la procédure. Ces informations sont à distinguer de celles légales, exigées par la loi, comme les avis, notifications et autres significations aux parties.

Pour le grand public, les parquets sont en général timides alors que, dirigeant les enquêtes de police et de gendarmerie, les chefs de parquet doivent daigner s'adresser à la presse[2] ne serait-ce que de manière ponctuelle dans certaines affaires ; en ne le faisant pas, cette dernière s'adresse en général dans notre pays aux enquêteurs.

---

Télécommunications du Sénégal, abrogée par la loi n° 2011-01 du 24 février 2011 portant Code des télécommunications, modifiée.

[1] « Est interdite la publication par tous moyens du compte rendu des débats, du jugement et de toutes indications concernant l'identité et la personnalité des mineurs délinquants ». Article 579 CPP.

Une protection qui devrait couvrir aussi les mineurs victimes.

[2] En France par exemple dans le cadre des enquêtes, on remarque en général que c'est le chef de parquet qui est le plus souvent sollicité par la presse pour donner les éléments sur des investigations en cours.

Au Sénégal, pendant longtemps, la communication ou l'information au niveau des tribunaux faisait face en réalité à un vide juridique. C'est la loi n° 2016-30 du 08 novembre 2016 modifiant la loi n° 65-61 du 21 juillet 1965 portant Code de procédure pénale qui est venue combler ce vide. Dans son exposé des motifs, il est indiqué que « par ailleurs, pour informer objectivement le public sur des procédures en cours et prévenir ainsi la propagation d'informations parcellaires ou inexactes, il est envisagé d'habiliter le ministère public à tenir des points de presse ». L'article 4 CPP dispose dans ce sens que « toutefois, pour prévenir la propagation d'informations parcellaires ou inexactes ou pour mettre fin à un trouble à l'ordre public, le procureur de la République peut, en relation avec sa hiérarchie, rendre publics, par un point de presse, des éléments objectifs tirés de la procédure ne comportant aucune appréciation sur le bien-fondé des indices ou charges retenues contre les personnes mises en cause ». Le procureur de la République est ainsi le dépositaire de la communication sur une affaire en cours devant la justice. Dans ce cadre il est utile, pour éviter des discordances dans les informations que les acteurs intervenant dans une procédure coordonnent pour donner les bonnes informations.

À ce niveau, les parquetiers, directeurs des enquêtes, ont intérêt à saisir les mécanismes rudimentaires de la communication et de l'information. Elle n'est pas antinomique à l'obligation ou au devoir de réserve statutaire du magistrat[1]. Tous les moyens de diffusion publique appropriés doivent être utilisés, en tout cas ceux jugés adéquats pour une communication efficiente de la Justice[2]. Le point de presse prévu par la loi est généralement défini comme une brève séance d'information destinée aux journalistes, faire le point sur une affaire, un sujet ou un évènement. Il est à différencier de la conférence de presse

---

[1] Youssoupha Diallo, « Le parrainage est-il compatible avec le devoir de réserve du magistrat ? Brèves réflexions », août 2018.
https://www.dakaractu.com/Le-parrainage-est-il-compatible-avec-le-devoir-de-reserve-du-Magistrat-Breves-reflexions_a156884.html
http://scoopsdeziguinchor.com/article.php?id=%205014&id_rubrique=2
http://www.seneplus.com/opinions/le-parrainage-est-il-compatible-avec-le-devoir-de-reserve-du

[2] « Sont considérés comme moyens de diffusion publique : la radiodiffusion, la télévision, le cinéma, la presse, l'affichage, l'exposition, la distribution d'écrits ou d'images de toutes natures, les discours, chants, cris ou menaces proférés dans les lieux ou réunions publics, tout procédé technique destiné à atteindre le public et généralement tout moyen de communication numérique par voie électronique ». Article 431- 58 loi n° 2008 – 11 du 25 janvier portant sur la cybercriminalité.

qui est plus ouverte et appelle le plus souvent des réponses à des questions que posent les journalistes ou du communiqué de presse qui est un document écrit court envoyé à la presse pour informer sur un sujet précis.

L'information sur les faits et le déroulement des investigations en cours doit par contre être manipulée avec tact, parcimonie, répartie et maîtrise car comportant une limite objective prévue par la loi, c'est le secret de l'enquête et de l'instruction[1], posé par l'article 11 C.P.P, le respect de la présomption d'innocence garantie par la loi nationale et les instruments internationaux[2], tous principes qui aujourd'hui peinent à cohabiter avec la liberté de la presse et un environnement à la limite poreux. Les éléments de l'enquête et de l'instruction doivent être ignorés du public pour les besoins des investigations, du respect de la présomption d'innocence et de l'intimité des protagonistes au dossier. « ... Certes le juge ne vit pas dans un monde clos ; mais il doit cloisonner sa fonction de telle sorte que tout le monde comprenne que personne ne doit y avoir accès. Il peut informer, renseigner sur des questions à caractère général et même dans une certaine mesure sur une affaire, sans mentionner des détails et sans donner de précisions... »[3] La sauvegarde du secret de l'enquête reste une préoccupation constante[4].

Le secret de l'enquête et de l'instruction ainsi posé est pourtant une obligation dont seuls certains acteurs sont débiteurs. Elle ne s'applique pas à tout le monde. Comme l'article 11 du Code de procédure pénale français, l'article 11 du Code de procédure pénale sénégalais dispose

---

[1] « Sauf dans les cas où la loi en dispose autrement et sans préjudice des droits de la défense, la procédure au cours de l'enquête et de l'instruction est secrète. Toute personne qui concourt à cette procédure est tenue au secret professionnel dans les conditions et sous les peines de l'article 363 du Code pénal ». Article 11 CPP.

[2] « Ces propos font dire au Procureur de la République que l'affaire de la caisse d'avance n'est rien d'autre que la justification *d'un milliard huit cents millions qu'on a pris des caisses de la ville de Dakar sur la base de faux documents...* La cour souligne que de tels propos, véhiculés par une autorité judiciaire appelée à concourir à la procédure, ne laissent place à aucun doute dans l'esprit du public auquel ils sont destinés ... La Cour considère alors que l'État du Sénégal a failli à son obligation consistant à faire respecter le droit à la présomption d'innocence » Arrêt n°ECW/CCJ/JUD/17/18 du 29 juin 2018, Cour de justice de la CEDEAO, M. Khalifa Ababacar Sall, Fatou Traoré, Mbaye Touré, Ibrahima Yatma Diao, Amadou Moctar Diop et Yaya Bodian c. État du Sénégal; IV.30 ; IV.31 et IV.32

[3] Kéba Mbaye, *Propos d'un juge*, Dakar, NEAS, 2006, page 247.

[4] « ... L'actualité judiciaire récente m'a permis de constater la reproduction illégale, in extenso ou partielle, par voie de presse, de certaines décisions ou actes judiciaires... » Lettre circulaire n° 05853 MJ/CAB/ du 13 novembre 2012.

que « toute personne qui concourt à cette procédure est tenue au secret professionnel dans les conditions et sous les peines de l'article 363 du Code pénal ». Ainsi en France, il a été jugé par exemple que la partie civile n'est pas astreinte au secret de l'instruction car elle ne concourt pas à la procédure d'instruction[1]. « Un journaliste peut-il publier des informations tirées d'un dossier d'enquête ou d'instruction ? La réponse est malaisée car s'affrontent trois principes : celui du secret de la procédure, qui est nécessaire à la recherche des preuves et qui conduit à paralyser le journaliste, celui de la liberté d'expression qui, au contraire, justifie l'action du journaliste ; enfin celui de la présomption d'innocence qui, comme le premier, pousse au secret… »[2] Dans ce sens, le Code de la presse du Sénégal, en son article 5, dispose que « le journaliste et le technicien des médias ont droit au libre accès à toutes les sources d'information et d'enquêter sans entraves sur tous les faits d'intérêt public, sous réserve du respect du "secret-défense", du secret de l'enquête et de l'instruction et de la réglementation applicable à l'accès à certains sites ou structures ». Pour ce qui concerne l'avocat, l'article 44 du Règlement n°5/CM/UEMOA relatif à l'harmonisation des règles régissant la profession d'Avocat dans l'espace UEMOA dispose que « l'Avocat, en toute matière, ne doit commettre aucune divulgation contrevenant au secret professionnel. Il doit, notamment, respecter le secret de l'instruction en matière pénale, en s'abstenant de publier des documents, pièces ou lettres intéressant une information en cours ou de communiquer, sauf à son client pour les besoins de la défense, des renseignements extraits du dossier. »

De nos jours, et de plus en plus, dans le cadre des enquêtes surtout pour lutter efficacement contre la grande délinquance souvent transfrontalière, la presse joue un rôle déterminant dans les investigations avec la publication des photos des suspects, les appels à témoins publics, les portraits-robots, la promesse de prime et

---

[1] Crim., 9 octobre 1978 D. 1979.185, note P. Chambon. Voir aussi *Les grands arrêts du droit criminel, Tome 2 Le procès, la sanction*, 2e édition, Jean Pradel et André Varinard, arrêt n° 21, page 203, note Jean Pradel.

[2] La Cour européenne des droits de l'homme dans l'affaire Du ROY c / France dira « … Mais attendu que l'article 2 de la loi du 2 juillet 1931, par l'interdiction générale et absolue qu'il édicte, instaure une restriction à la liberté d'expression qui n'est pas nécessaire à la protection des intérêts légitimes énumérés par l'article 102 de la Convention susvisée ; qu'étant incompatible avec ces dispositions conventionnelles, il ne saurait servir de fondement à une condamnation pénale… ». Jean Pradel, André Varinard, *Les grands arrêts de la procédure pénale*, 6e édition, *op. cit.*, page 291.

d'avantages au dénonciateur, l'appel au soutien des internautes pour identifier les délinquants. La difficulté majeure de ces moyens qui prêtent main-forte aux enquêteurs est le filtrage compte tenu du nombre important de signalements provenant des citoyens. Les *mass media* viennent ainsi au secours des enquêteurs dont les seuls moyens classiques ne sauraient suffire pour mener à bien des investigations efficaces. Faut-il le préciser, elle ne saurait cependant se substituer aux enquêteurs même si ce qui est communément appelé la *presse d'investigation*[1] occasionne souvent le déclenchement de procédures judiciaires suite à la révélation de faits délictueux jusque-là ignorés de la justice. Ainsi, la presse dite d'investigation est utile dans une certaine mesure et ne doit sa survie que dans la protection de ses sources même si elle doit évoluer dans le cadre légal[2]. La presse se retrouve au carrefour de la liberté d'informer, du droit à l'information, de la déontologie, du secret de l'enquête, de l'ordre public, de la défense nationale, de la présomption d'innocence, de l'intimité ou de la vie privée des citoyens.

Aucun secteur de la justice ne peut être à la traine, le besoin de communication et d'information de l'opinion peut aussi concerner une affaire civile, commerciale ou tout simplement toute affaire pendante devant la justice. Même le juge d'instruction pourtant pouvant être présenté comme le *garant naturel* du secret de l'instruction est tenu dans certains cas d'informer l'opinion ou les parties sur certains points du dossier dont il est saisi : identité des victimes, résultats d'une expertise, les différents actes d'instruction accomplis[3], etc. Tout est question d'espèce, de juste milieu, l'excès de communication pouvant aussi nuire au bon fonctionnement de la justice ou lui desservir.

---

[1] L'exemple sur le plan international, de la fuite de documents ou l'affaire dite des *Panama papers*, largement diffusée par *l'International Consortium of Investigative Journalists* (ICIJ) et qui comporte des cas de création de sociétés extraterritoriales dites *offshore* au Panama, qui peuvent être des sociétés- d'écran sources d'évasion fiscale et de blanchiment de capitaux.

[2] L'article 18 dernier alinéa du Code de la presse : « le journaliste et le technicien des médias qui traitent les informations respectent les principes généraux de l'équité exprimés par une attitude loyale envers leurs sources, les personnes dont ils parlent et le public ».

[3] Voir les différents communiqués de presse de la Chambre africaine extraordinaire d'instruction. www.chambresafricaines.org.

Résultats des tests ADN d'un corps exhumé à l'ouest d'Abidjan en janvier 2012 en présence d'un juge d'instruction français en charge de l'affaire du reporter Guy-André Kieffer disparu le 16 avril 2004 à Abidjan. www.lefigaro.fr

Dans les autres domaines d'information au grand public surtout pour la compréhension des règles de droit et de procédure, l'instauration des bureaux d'information judiciaire[1], des maisons de justice dans leur mission d'information et bureaux d'accueil et d'orientation au niveau des juridictions avec toute la documentation utile et adaptée participent de cette dynamique qui doit s'élargir avec les organismes privés.

Par ailleurs le principe de la publicité des audiences entre, sous un aspect, dans ce cadre. Mais suffit-elle ? Peut-on envisager la diffusion en direct d'une audience comme ceci arrive dans certains pays anglo-saxons de tradition ? Tout dépend de la nature du procès et des buts visés. Il faut relever que la publicité du procès pénal est au confluent de plusieurs autres principes comme la présomption d'innocence, le droit à l'information, la liberté d'expression, le droit privé sur son image, la protection des témoins, le droit de savoir, la sauvegarde d'archives pour la postérité, l'ordre public et les bonnes mœurs. Une interrogation s'impose : la publicité des débats vise-t-elle à assurer la transparence ou à sanctionner les présumés auteurs de faits ?[2] Si ça ne dépendait que d'eux, certains prévenus ou accusés aimeraient bien que leur affaire soit évoquée à huis clos devant la justice. Le respect de cette présomption d'innocence a permis, dans certaines législations, l'institution de mécanismes légaux pour sauver l'honneur et la dignité de personnes injustement citées ou mises hors de cause par la justice. Il en est ainsi, en France, de l'action en publication de l'ordonnance ou de l'arrêt de non-lieu prévue aux articles 177-1 et 212-1 du Code de procédure pénale, de l'action en insertion forcée prévue par la loi sur la presse du 29 juillet 1881, l'insertion d'une rectification ou la diffusion de communiqué aux fins de faire cesser l'atteinte à la présomption d'innocence prévue par le Code civil en son article 9-1.

---

[1] Bureaux d'Information judiciaire (BIJ) au niveau des Universités de Dakar, Saint-Louis et Ziguinchor. Leur implantation dans les quartiers, lieux publics ou accueillant du public peut être envisagée.

[2] « ... Comme le confiait Thomas Sankara à Sennen Andriamirado, le fait même de devoir s'expliquer en public, de devoir répondre de ses actes devant tout le peuple avec une retransmission à la radio, est déjà une lourde sanction... ». Avant-propos par Albert Bourgi, *Grands procès de l'Afrique contemporaine*, 1990, page 11. L'auteur fait certainement référence aux Tribunaux populaires de la Révolution (TPR), juridiction d'exception au Burkina Faso, voir page 81 du même ouvrage.

L'importance de la communication et de l'information exige de prendre en compte l'évolution fulgurante de la matière[1].

Au niveau des tribunaux pénaux internationaux ou internationalisés (*ad hoc* ou permanent), la publicité et la diffusion par moyens audiovisuels des débats, même encadrée, est très tôt admise certainement dans un souci de sensibilisation de la communauté internationale, de prévention des crimes de masse, de dissuasion, de sauvegarde d'un intérêt historique pour la postérité, de promotion du droit humanitaire en général, mais aussi de transparence de la justice[2]. La diffusion en direct pouvant poser des problèmes relativement d'ordre public, de bonnes mœurs et de protections des parties au procès, en général la pratique du léger différé ou de l'enregistrement suivi de la diffusion est de mise ; ce qui permettra de *censurer* le contenu de ce qui est destiné au grand public.

En réalité, il faut juste faire une information ou communication sur les faits essentiels et le déroulement du procès. Il y a des pays qui optent pour la diffusion du procès dans le futur, un délai est fixé[3] au-delà duquel la diffusion est possible.

---

[1] Rien n'exclut qu'un parquet communique envers le public par un compte sécurisé et ouvert dans les réseaux sociaux.

[2] Exemples, procès de Slobodan Milosević, en 2001, devant le Tribunal pénal international pour l'ex-Yougoslavie.

L'article 36 du Statut des Chambres africaines extraordinaires créées au sein des juridictions sénégalaises dispose : « les audiences devant les Chambres africaines extraordinaires, sous l'autorité du procureur général, sont filmées et enregistrées afin d'être diffusées sauf si cela contrevient aux mesures nécessaires à la protection des témoins et autres participants ». Article 81 des Règlements de procédure et de preuve des tribunaux internationaux pénaux pour l'ex-Yougoslavie, le Rwanda ainsi que la Cour pénale internationale.

« … Devant les instances internationales, l'accusé a droit à ce que sa cause soit entendue publiquement. En rendant visible l'administration de la justice, comme la Cour européenne des droits de l'Homme l'observe, la publicité contribue à la réalisation du but… d'un procès équitable, dont la garantie est l'un des principes fondamentaux de toute société démocratique. Les Chambres du T.P.I.Y ont même estimé que le droit à un procès public n'est pas seulement un droit de l'accusé. La communauté internationale a le droit d'être informée des poursuites engagées devant le tribunal international… » Anne-Marie La Rosa, *Juridictions pénales internationales, la procédure et la preuve*, Paris, PUF, 1ère édition 2003, page 132

[3] En France : « Philippe Labrune, Maximum Video, et son équipe filment l'intégralité des audiences du procès Papon. Quatre caméras fixes télécommandées filment les débats. Ce n'est pas la première fois qu'un procès est filmé. Les procès de Klaus Barbie, l'ancien chef de la Gestapo de Lyon et de Paul Touvier, le milicien avaient été filmés. En 1984, une commission présidée par André Braunschweig, président de la

Il faut remarquer que même dans le fonctionnement des tribunaux nationaux et internationaux, l'utilisation des moyens de communication devient de plus en plus vivace notamment dans le cadre de la sensibilisation[1]. Les Chambres africaines extraordinaires, concomitamment à leurs activités judiciaires, la Cellule de communication créée en leur sein a communiqué régulièrement sur les décisions, les activités des Chambres, les cas soulevant des polémiques, les précisions des autorités judiciaires des chambres tout en gérant le

---

Cour d'assises de la Cour de cassation, avait proposé d'autoriser la diffusion, en léger différé, une fois la décision du tribunal rendue, de tous les procès.
La loi dite "Badinter ", votée en 1985, n'avait autorisé finalement que l'enregistrement d'audiences "présentant un intérêt pour la constitution d'archives historiques de la justice". Le texte précise que, durant vingt ans, la consultation des enregistrements n'est possible que sur autorisation. Après cinquante ans, la reproduction et la diffusion sont entièrement libres. La loi a été amendée en 1990 pour permettre la diffusion - une fois la procédure judiciaire achevée - de procès pour crimes contre l'humanité ». www.matisson-consultants.com.
« Les procès relatifs à des crimes contre l'humanité présentent un intérêt historique, au sens de l'article 1 de la loi du 11 juillet 1985 tendant à la constitution des archives audiovisuelles de la justice (aujourd'hui art. 222-1 du Code du patrimoine) et peuvent, à ce titre, faire l'objet d'une diffusion audiovisuelle. En vertu de l'article 8, alinéa 2, du même texte, la diffusion d'un tel procès est possible sur l'autorisation du président du tribunal régional (TGI), dès lors qu'il a pris fin par une décision définitive. C'est ainsi qu'en 2002 et 2003, la chaîne thématique Histoire s'était vu refuser la diffusion d'émissions consacrées au procès de Maurice Papon devant la Cour d'assises de la Gironde en 1998, sa condamnation ne pouvant, à l'époque, être considérée comme définitive dès lors qu'un réexamen restait encore possible. La Cour de cassation ayant rejeté, le 11 juin 2004, le pourvoi dont elle était saisie par l'intéressé, rendant ainsi sa condamnation à une peine de dix années de réclusion criminelle définitive, Histoire renouvela sa demande auprès du président du TGI de Paris. Dans une ordonnance de référé du 18 octobre constatant qu'"il n'y a plus lieu d'assurer le respect de la présomption d'innocence au profit d'une personne définitivement condamnée", le magistrat tient pour acquis le principe de la diffusion sollicitée. Mais Maurice Papon contestait le caractère équitable du découpage effectué par la chaîne pour rendre compte, à travers quarante émissions de deux heures chacune, des 475 heures d'enregistrement du procès. Relevant le sérieux du travail réalisé par un comité éditorial composé d'historiens et de juristes de renom pour effectuer ce choix, le président du tribunal considère que "M. Papon ne bénéficie, de par la loi, d'aucun droit de regard sur l'orientation éditoriale de la série d'émissions proposées par la chaîne". Cependant, il donne acte à Histoire de son engagement de rétablir l'équilibre entre les points de vue respectifs, en donnant la possibilité à chacune des parties de s'exprimer dans le cadre d'une émission de plateau qui suivra immédiatement la diffusion des dernières images du procès ». www.merlin.obs.coe.int
[1] Activités de sensibilisation sur le travail du Tribunal spécial sur la Sierra Leone.

volet communication avec le Tchad[1]. En outre, il a été mis en place, une structure extérieure, nommée Consortium de sensibilisation sur les Chambres africaines extraordinaires qui dont la mission vise à atteindre les masses, les intellectuels, au Tchad, au Sénégal, en Afrique et dans le monde[2] avec les supports radiophoniques, télévisuels, internet, réseaux sociaux, diapos, affiches, conférences, débats.

---

[1] Coopération avec la Cellule de communication du Pool judiciaire du Tchad créé dans le cadre du suivi et de l'exécution des actes judiciaires des Chambres africaines extraordinaires.

[2] Il a pu mener notamment ses activités de sensibilisation au Tchad, au Sénégal, dans les universités de Dakar et Saint-Louis et en Belgique.

Le consortium est formé par un partenariat entre RCN Justice & Démocratie (Belgique), *Primum Africa Consulting* (Sénégal) et MAGI Communication (Tchad).

# V$^{ÈME}$ PARTIE.

# LE PARQUET DANS L'APPLICATION DE CERTAINS TEXTES SPÉCIAUX

L'examen de ces textes se fera sous un angle qui intéresse particulièrement le parquet dans sa pratique quotidienne.

## SECTION 1. LA JUSTICE DES MINEURS

Concernant la justice des mineurs[1], protectrice de ces derniers et empreinte de spécificité, il faudra faire la distinction selon que l'on soit dans le cadre des poursuites ou dans le cadre de mesures d'assistance et de protection, étant entendu qu'en la matière la frontière n'est pas étanche. L'importance en nombre de cette frange de la société et la complexité des affaires impliquant des mineurs dénotent la place centrale de la justice des mineurs dans le système judiciaire sénégalais[2]. La détermination de l'âge est parfois source de difficultés surtout dans les affaires pénales. La minorité est souvent alléguée par des prévenus pour bénéficier du régime pénal spécifique « de faveur » réservé au mineur. Le manque d'authenticité et de fiabilité de l'état civil, la non-

---

[1] Aux termes de l'article 565 du CP.P « aucune mesure ne peut être prise concernant un délinquant mineur de dix-huit ans ou un mineur de vingt-et-un ans se trouvant en danger, si ce n'est dans les formes déterminées ci-après ».

Ainsi si la minorité est fixée à 18 ans, elle va jusqu'à 21 dans le cadre de la prise en charge des enfants qui au civil sont majeurs mais que la loi a entendu protéger du fait de leur fragilité.

« Est mineure la personne de l'un ou de l'autre sexe qui n'a pas encore l'âge de 18 ans accomplis » (loi n° 99-82 du 03 septembre 1999). Article 276 Code de la famille.

[2] « … Au Sénégal, les enfants, les adolescents et les jeunes représentent une part importante de la population. Selon le troisième Recensement général de la Population et de l'Habitat (RGPH 2002), la population du Sénégal comptait 9.848.482 habitants, et près de la moitié des Sénégalais avaient moins de 15 ans (42,8 %) plus d'un sénégalais sur (54,57 %) avait moins de 20 ans… ». Extrait Document de cadrage technique, page 9, Journée mondiale de la Population, 11 juillet 2009 avec comme thème général « Protection des groupes vulnérables dans un contexte de crise économique ».

inscription encore élevée de personnes, les cas de fraude suscitent bien des contestations relatives à l'âge des prévenus ou des victimes même si l'article 29 du Code de la famille dispose que « l'état des personnes n'est établi et ne peut être prouvé que par les actes de l'état civil »[1].

La délinquance des mineurs en dépit de sa gravité dans certains cas est exclue de la compétence des tribunaux pénaux internationaux. Ceci fait que seuls les tribunaux nationaux peuvent connaître de tous faits reprochés à des mineurs[2]. En réalité dans la justice internationale pénale, le mineur est appréhendé dans un cadre de protection car étant plutôt considéré comme victime absolue. On en veut pour preuve la criminalisation de l'enrôlement d'enfants soldats.

Pour mieux appréhender le rôle du ministère public dans la justice des mineurs, il faut s'intéresser à la phase de poursuite et aux mesures d'assistance et de protection.

### §1. Dans la poursuite des infractions contre les mineurs

Dans le cadre des poursuites contre les mineurs auteurs d'infractions les mêmes modes de règlement sus rappelés[3] sont utilisés par le parquet à la seule différence que l'auteur mineur doit bénéficier d'une protection conformément à la loi. Au niveau du parquet, un substitut est

---

[1] « … Considérant que le conseil de Christine Martine Jalibert, partie civile en la cause, a sollicité une mesure aux fins d'expertise osseuse pour déterminer l'âge réel du prévenu ; qu'à cette fin il a soutenu qu'au regard des caractéristiques des faits tels que circonstanciés et relatés et de la corpulence physique du prévenu, il serait étonnant que ce dernier fût mineur lors du déroulement ; considérant que l'Avocat général après avoir fait état d'inquiétudes et réserves quant aux effets probables d'une telle mesure sur la durée de l'instance, s'en est rapporté à la sagesse de la Cour de céans ; considérant que dans le souci d'une bonne administration de la justice et de l'équilibre des droits des parties, il y a lieu de faire droit à la demande présentée… ». Arrêt n° 450 du 30/4/12 CA Dakar, MP et Christine Martine Mazet épouse Jalibert c/ Jonas Diatta pour viol sur personne particulièrement vulnérable en raison de son âge avancé, attentat à la pudeur.
Pour faire du droit comparé, l'article 419 du Code de procédure pénale du Tchad dispose que « les magistrats ont qualité pour apprécier l'âge des individus déférés devant eux qui paraîtront ou se prétendront mineurs lorsqu'il n'y aurait ni acte de naissance ni jugement supplétif d'acte de naissance. En cas de contestation, l'âge sera déterminé par un examen somatique ».

[2] « La Cour n'a pas compétence à l'égard d'une personne qui était âgée de moins de 18 ans au moment de la commission prétendue d'un crime ». Article 26 Statut CPI.

[3] Le procureur de la République peut décider de l'ouverture ou non d'une information selon la gravité de l'affaire, et la personnalité du délinquant mineur. Article 570. CPP.

spécialement désigné pour le règlement des procédures dans le seul but d'assurer une correcte prise en charge de cette spécificité.

Le parquet peut, avec l'accord du plaignant classer sans suite la procédure après simple admonestation. C'est un mécanisme qu'il faut utiliser le plus souvent pour éviter la poursuite de mineurs pour des infractions qui ont causé un léger préjudice. Les admonestations non définies demeurent des observations, conseils, mises en garde, rappels à la loi en présence du civilement responsable à qui ses devoirs devront être rappelés à l'occasion.

En procédure de flagrant délit[1], le mineur entendu en présence de son civilement responsable avisé du déferrement peut être remis à ses parents ou à une institution comme les centres de protection des mineurs, ou placé en détention[2] en attendant l'audience. Il est inconcevable qu'un mineur soit mis en liberté hors la présence de ses parents avec les risques d'errance, de commission d'autres infractions ou tout simplement qu'il soit victime d'abus et de violences. Les centres fermés de la DESPS donnent une grande option au parquet.

L'article 570 CPP dispose qu'« à tout stade de la procédure, le procureur de la République peut saisir le président du tribunal pour enfants aux fins de prendre toute mesure nécessaire au règlement de l'affaire. Ainsi il peut d'office requérir la modification de garde ». Ceci reste valable pour les dossiers à l'instruction.

Dans le cadre de la médiation pénale pour des dossiers impliquant des mineurs, elle sera dans la mesure du possible confiée à un service ou à un médiateur spécialement qualifié pour les problèmes de jeunesse. Dans nos tribunaux, les services de l'AEMO doivent être mis à contribution pour une médiation efficiente.

Si un mineur jugé depuis moins d'un an commet une autre infraction, l'article 570 C.P.P permet au procureur de la République,

---

[1] « … recommande que le parquet des mineurs ne recourt qu'exceptionnellement à la procédure de flagrant délit pour les mineurs et qu'il s'attache à rechercher des structures alternatives à l'incarcération des mineurs, en mettant à contribution la famille, la communauté et les professionnels du secteur public ou associatif pour assurer les garanties de représentation du mineur à l'audience… ». Une des recommandations de la session de formation CFJ Dakar du 19 au 22 avril 1999.

[2] « Un grand nombre de mineurs en conflit avec la loi sont placés sous mandat de dépôt ou confiés au régisseur, et ce au détriment des centres relevant de la DESPS qui ont pour mission de les accueillir ». Étude statistique sur la Prise en charge sociale des mineurs en danger et en conflit avec la Loi, page 5, décembre 2005. Par Djiby Diagne, éducateur spécialisé, DESPS.

après enquête, de saisir par requête le président du tribunal pour enfants pour la prise de mesures provisoires avant l'audience.

Dans tous les cas de poursuites jusqu'à l'audience, le parquetier doit avoir l'idée que la justice des mineurs a comme principe directeur la protection, l'assistance même si la répression appropriée n'est pas à occulter. La justice des mineurs connaît des évolutions dans certains pays dans le sens du durcissement compte tenu de la criminalité juvénile galopante suscitant parfois un grand émoi.

L'exploitation de quelques statistiques démontre le traitement des affaires impliquant des mineurs :

**Tribunal régional de Diourbel**

| | 2003 | 2004 | 2005 | 2006 | 2007 |
|---|---|---|---|---|---|
| Mineurs en conflit avec la loi et jugés | 71 | 61 | 69 | 99 | 123 |

**Source** : AEMO Diourbel.

**Tribunal régional de Ziguinchor**

| | Nombre | Observations |
|---|---|---|
| Mineurs en conflit avec la loi | 79 dont 08 filles | Remise aux parents avec ou sans liberté surveillée, peine ferme ou placement |

***Source*** : AEMO Ziguinchor 2008

Dans la plupart des cas, les mineurs ont été confiés à leur civilement responsable ou à une institution comme le Centre polyvalent de Diourbel parfois sous le régime de liberté à charge pour l'Action éducative en Milieu ouvert (AEMO) de faire un suivi et de déposer le rapport pour permettre au tribunal d'apprécier l'évolution comportementale du mineur. Les condamnations à des peines d'emprisonnement varient entre 1 mois et 5 ans.

La grande difficulté dans les poursuites reste l'absence d'identification des parents ou civilement responsables des mineurs déférés obligeant le parquet à les confier au centre polyvalent ou toute autre institution ou les placer à la maison d'arrêt et de correction. Pour cette dernière solution, le mineur est placé sous mandat de dépôt.

Contrairement au juge d'instruction qui peut prendre une ordonnance de garde provisoire, le mandat de dépôt reste le titre de détention entre les mains du parquet qui veut faire détenir un mineur dans un établissement pénitentiaire. Dans le langage courant, on édulcore en disant que le mineur a été confié au régisseur, une mesure provisoire dont la modification peut être requise à tout moment auprès du juge des mineurs.

### §2. Les mesures d'assistance et de protection de l'enfance en danger

L'enfance en danger comme le dispose l'article 593 CPP[1], vise « les mineurs victimes de délits ou de crimes et les mineurs en danger moral, matériel, dont la sécurité, la santé, la moralité et l'éducation sont compromises ».

Dans la prise en charge des mineurs en danger, la minorité civile fixée à 18 ans ne joue plus car l'assistance peut aller jusqu'à 21 ans. La prise en charge des mineurs victimes d'infractions doit être intensifiée. Il en va des victimes de sévices sexuels et d'autres violences. Il ressort de la lettre circulaire du procureur général près la cour d'appel de Dakar n° 01976 du 14 juin 1988 que sur la protection des mineurs délinquants et en danger moral, il faut exiger des officiers de police judiciaire la production d'un acte de naissance pour connaître l'âge réel, sérieuse admonestation en présence des civilement responsables, enquête sociale systématique, désignation d'office de conseil pour le mineur, vérifier la bonne moralité de ceux chargés de les garder ou recevoir, dépistage médical pour les prostituées mineures.

Le procureur de la République, qui est toujours présenté comme le protecteur naturel de l'enfance, peut d'office saisir par requête le tribunal pour enfants, le juge d'instruction ou le président du tribunal pour enfants pour la prise en charge de mineurs par des mesures de protection. Il peut aussi demander la levée de ces mesures et interjeter appel contre les mesures exécutoires par provision prises par le tribunal. Il peut au plan civil par exemple demander au tribunal la nullité d'un mariage contracté par un mineur.

---

[1] « … recommandent que le contentieux de l'enfance en danger soit extrait du Code de procédure pénale et intégré dans le Code de la famille, dans les dispositions relatives à l'autorité parentale, ce qui permettrait de clarifier le champ et les méthodes d'intervention en matière de protection de l'enfance… » Une des recommandations de la session de formation : la justice et les mineurs, problématiques et réponses judiciaires. CFJ Dakar du 19 au 22 avril 1999.

Il convient d'examiner avec des chiffres à l'appui les cas de poursuite et d'assistance éducative des mineurs.

Exemples :

**Tribunal régional de Diourbel**

| | 2007 | 1er trimestre 2008 | 2eme trimestre 2008 |
|---|---|---|---|
| Nombre | 15 | 14 | 16 |

***Source*** : AEMO Diourbel

**Tribunal régional de Ziguinchor**

| Nombre | Observations |
|---|---|
| 47 dont 16 filles | Aucune décision judiciaire, cas saisine directe. |

***Source*** : AEMO Ziguinchor 2008.

Les motifs des demandes sont essentiellement les cas de fugue, d'abandon scolaire, d'enfants trouvés, de parents en conflit, mariages précoces, victimes de sévices sexuels ou de violences, victimes de détournement ou d'exploitation, orphelin ou non victime d'un défaut d'entretien, mineur en rébellion à l'égard de ses parents. Pour ces cas parfois, sans aucune décision judiciaire, les services de l'AEMO prennent en charge ces mineurs sous la rubrique de l'enfance en danger ou de la prévention large[1].

Les problèmes qui peuvent exposer les mineurs à un danger sont nombreux. Dans ces dossiers, le service de l'Action éducative en Milieu ouvert (AEMO), service de l'éducation surveillée rattaché au tribunal joue un rôle déterminant avec les assistants sociaux et les éducateurs spécialisés qui, sur ordonnance du président du tribunal pour enfants, procèdent à des enquêtes et mènent toutes actions de nature à écarter le danger et à assurer une bonne prise en charge du mineur.

Ainsi, plusieurs solutions peuvent aboutir : le retour de l'enfant en famille, la réconciliation des parents, le placement dans un établissement scolaire ou en apprentissage, le placement dans un centre de sauvegarde, la remise du mineur à ses parents. La protection de

[1] Elle concerne tous les cas de mineurs pris en charge par les structures de la DESPS, non compris les cas de mineurs en conflit avec la loi. Prévention large = mineur en danger + autres effectifs issus de la propre initiative des professionnels des structures de prise en charge sociale. Étude statistique sur la Prise en Charge sociale des Mineurs en danger et en conflit avec la loi. Page 5. Décembre 2005. Par Djiby Diagne, éducateur spécialisé, Direction de l'Éducation surveillée et de la Protection sociale (DESPS).

l'enfance délinquante et celle en danger a en ligne de mire l'atteinte des règles minima posées par la Convention des Droits de l'Enfant du 20 novembre 1989 entrée en vigueur le 02 septembre 1990[1].

## SECTION 2. LE CONTENTIEUX DOUANIER

Dans le cadre de la répression des infractions aux lois et règlements douaniers[2], le parquet joue un rôle classique mais bien encadré dans une certaine mesure.

Il y a lieu de préciser que de plus en plus la législation douanière s'inscrit dans l'harmonisation et la synergie des États. Ainsi les États de l'Union économique et monétaire ouest-africaine (UEMOA) ont adopté le 20 novembre 2001, le règlement n°9/2001/CM/UEMOA portant Code des douanes (CD) de l'UEMOA qui fixe les cadres organisationnels, procédures et régimes douaniers. Son article 2 dispose que « la réglementation douanière en vigueur au sein de l'UEMOA est constituée par le présent Code et les dispositions légales ou réglementaires édictées pour son application par les instances communautaires, ou par les instances nationales ».[3] Toutefois, il y a lieu de relever qu'en dépit de ces efforts d'harmonisation, chaque État conserve aujourd'hui son rayon ou cordon douanier. Au Sénégal, ce sont les articles 2, 27, 28, 29 et 30 du Code des douanes qui fixent le territoire ainsi que le rayon douanier.

---

[1] Voir Étude comparative convention relative aux droits de l'enfant et environnement législatif, social et institutionnel sénégalais. UNICEF-SENEGAL. Janvier 1996.

[2] « Les administrations douanières, en particulier celles des pays en développement, ont traditionnellement deux missions : une mission fiscale… une mission de protection de l'économie… À ces missions traditionnelles, est venue s'ajouter une autre : la lutte contre la criminalité transnationale organisée (CTO) sous toutes ses formes (le trafic illicite de stupéfiants et des précurseurs, le trafic des armes, des véhicules volés, des objets d'art, des déchets toxiques, des espèces de faunes et de flores en voie d'extinction, etc.)… la lutte contre le financement du terrorisme et le blanchiment de l'argent… ». Introduction de l'ouvrage : *Typologie des infractions relevant de la compétence de la Douane et la problématique des pouvoirs exorbitants des agents des Douanes*, août 2011, par Abdoulaye Oumar Dieng, page 13 à 14.

[3] « Sous réserve des dispositions de l'alinéa 2 de l'article précédent et sauf dispositions contraires adoptées dans le cadre des conventions internationales ou de la réglementation douanière communautaire, les lois et règlements douaniers s'appliquent uniformément dans l'ensemble du territoire douanier et sans égard à la qualité des personnes » Article 3 Code des douanes. Voir aussi les articles 44 et 55 du même code.

La répression des infractions douanières[1] est organisée par la loi n° 2014-10 du 28 février 2014[2] qui abroge et remplace la loi n°87- 47 du 28 décembre 1987 portant Code des douanes du Sénégal. Une harmonisation des législations douanières au moins dans la sous-région n'est pas à exclure[3]. Hormis le contentieux pénal porté devant les juridictions, le Code des douanes a aménagé une voie de recours hiérarchique au Directeur général contre certaines décisions des douanes et prévu une Commission de règlement des litiges douaniers, un mécanisme interne avec des attributions spécifiques[4] en l'occurrence sur les décisions relatives à l'espèce, l'origine ou à la valeur des marchandises.

Pour une meilleure lisibilité de l'intervention du ministère public, il faut examiner :

- la transmission des procédures et les cas de nullités ;
- la mise en œuvre de l'action publique ;
- la qualification ;
- la détention ;
- la transaction, cause d'extinction de l'action publique.

### §1. La transmission des procédures et les cas de nullités

Aux termes de l'article 311 CD, « les procès-verbaux constatant les infractions douanières sont transmis à la juridiction compétente par le receveur poursuivant des douanes ». Cette disposition ne diffère pas de celles du droit commun où toutes les procédures constatant des infractions sont transmises selon les cas au procureur de la République, au délégué ou au président du tribunal d'instance compétent exerçant les fonctions du ministère public.

---

[1] « On entend par infraction douanière toute action, abstention ou omission qui viole les lois ou règlements et qui est passible d'une peine prévue par le présent code ». Article 300 Code des douanes.

[2] JORS n° 6787 du 26 avril 2014.

[3] « … Ensuite elle évolue dans le temps : dans ce qui, à un moment donné, passait pour une matière où le droit étatique était seul en cause, un nombre de plus en plus grand d'États acceptent une pénétration du droit international. La frontière entre matière de droit interne et matière de droit international n'est donc pas la même pour chaque État dans ses rapports avec chacun de ses pairs, et elle se déplace en fonction des engagements qui les lient deux à deux… ». Jean Combacau, Serge Sur, *Droit international public*, *op. cit.*, page 262.

[4] Voir les articles 414 et suivants du Code des douanes.

L'article susvisé ajoute que « les agents des douanes peuvent procéder à l'arrestation et au placement en retenue douanière des responsables d'une infraction douanière. Toutefois, ils ne peuvent procéder à cette arrestation et à ce placement en retenue qu'en cas de flagrant délit et lorsque cette mesure est justifiée par les nécessités de l'enquête douanière. Lorsqu'il y a arrestation de délinquants, les agents assermentés de douanes ou les officiers de police judiciaire doivent se conformer aux dispositions du code de procédure pénale relatives à la garde à vue ». Ils doivent ainsi mentionner les motifs, heures d'audition et de repos, les prolongations, notifications et émargements. La retenue douanière prévue par le Code, faute de réglementation spécifique, doit en réalité être assimilée à une garde à vue[1] ou à tout le moins à une interpellation pour éviter tout abus.

Dès le début de l'enquête diligentée par les services de police et de gendarmerie, le parquet aussitôt saisi doit veiller à ce que le receveur des Douanes compétent soit informé. Il doit être mis en état d'exercer son action et ses attributions.

Toutefois, l'article 311 précise que « … dans tous les cas, le procès-verbal dressé doit parvenir en même temps que les conclusions de l'administration des douanes au parquet… » Les conclusions précisent en détail les faits, leur qualification, les textes qui les répriment, l'évaluation des marchandises saisies ainsi que les demandes de l'administration des Douanes. Il arrive que des procédures arrivent au parquet sans les conclusions de l'administration des Douanes, celle-ci offrant, en mentions, de les envoyer incessamment ou dans les plus brefs délais. Une pratique à proscrire par le chef du parquet. Il doit s'abstenir de régler la procédure sans avoir au préalable dans le dossier les conclusions des Douanes car elles constituent la base de l'exercice de l'action publique conformément à l'article 322. Étant entendu que la notion de marchandises est large en matière douanière. Aux termes de l'article 428 du Code des douanes « Sous réserve des dispositions de la loi n° 97-18 du 1er décembre 1997 portant Code des drogues, les dispositions du présent code s'appliquent en matière de stupéfiants, de substances psychotropes et de précurseurs. »

Dès réception du procès-verbal, le parquet doit procéder en outre à certaines vérifications formelles relatives aux cas de nullités énumérés

---

[1] « Quand la retenue douanière devient une vraie garde à vue », par Jean Pannier, avocat. https://www.village-justice.com/articles/retenue-douaniere

aux articles 302 à 306 ; la prestation des agents verbalisateurs qui ont opéré, leur qualité pour voir s'il sont habilités à intervenir dans ce domaine, les saisies opérées, la signature manuelle ou électronique des agents, l'information du Receveur compétent pour surveiller et contrôler la procédure s'il s'agit d'agents de la force publique auxiliaire à la douane, si ces agents ont obtempéré au dessaisissement décidé par le Receveur, le contenu du procès rigoureusement réglementé.

En effet, les procédures douanières, très formalistes et pouvant recéler beaucoup de cas de nullités, doivent faire l'objet d'une attention particulière dans leur règlement.

Les autres agents assermentés de la force publique, police, gendarmerie, eaux et forêts, contrôle économique, agents parcs nationaux, autres agents assermentés qui agissent en matière douanière doivent mettre le Receveur poursuivant territorialement compétent en état de saisir ou de capturer les délinquants, en mesure d'exercer un contrôle et une surveillance sur la procédure diligentée. Aussi ils doivent lui faire parvenir tous les renseignements utiles sur l'identité des personnes en cause, l'inventaire complet des marchandises et des moyens de transport saisis, ainsi qu'un exposé sommaire de la saisie ou de la capture des délinquants. Aussi dès la fin de l'enquête, ils transmettent au Receveur poursuivant le procès-verbal dressé reprenant les noms et qualités de tous les agents qui sont intervenus dans la saisie ou la capture, déposer les marchandises, les moyens de transport saisis et conduire les délinquants au bureau du Receveur poursuivant. Ils doivent se dessaisir immédiatement de la procédure en cours au profit de l'autorité douanière compétente si celle-ci en fait la demande. Dans un tel cas, le Receveur poursuivant rend compte au procureur de la République et recueille auprès de l'administration dessaisie, la liste des agents qui sont intervenus dans la saisie ou la capture. Dans tous les cas, le procès-verbal établi doit être accompagné des conclusions du receveur poursuivant.

D'autres formalités générales obligatoires à peine de nullité des procès-verbaux de saisie sont énumérées à l'article 302 du Code des douanes :

« 1- a) Autant que les circonstances le permettent, les marchandises et moyens de transport saisis sont conduits immédiatement et déposés au bureau ou poste de douane le plus proche du lieu de la saisie ;

b) Lorsqu'on ne peut les conduire immédiatement au bureau ou au poste de douane ou lorsqu'il n'y a pas de poste de douane dans la localité, les objets saisis non prohibés à titre absolu peuvent être confiés à la garde du prévenu ou d'un tiers, sur les lieux de la saisie ou dans une autre localité ;

2- Les agents des douanes ou les agents assermentés visés à l'article précédent (article 301) qui ont constaté une infraction rédigent le procès-verbal sans divertir à d'autres actes et au plus tard immédiatement après le transfert et le dépôt des objets saisis.

3- a) le procès-verbal peut être rédigé au lieu de dépôt des objets saisis ou au lieu de la constatation de l'infraction. Il peut être également rédigé au siège de la Brigade de Gendarmerie, dans les locaux de toute administration centrale ou locale.

b) en cas de saisie dans une maison, le procès-verbal peut y être valablement rédigé ». C'est une flexibilité qui est offerte relativement au lieu de rédaction du procès-verbal.

Les vérifications à ce niveau, plus que pour les procédures de droit commun, doivent être méticuleuses pour éviter à l'audience ou en cours d'instruction l'effet de surprise des nullités textuelles et substantielles prévues par le Code des douanes. La seule *bouée de sauvetage* des procédures est tendue par l'article 316 CD qui dispose que « les procès-verbaux nuls en la forme ne valent que comme témoignages écrits. Toutefois, sera nulle et de nul effet toute saisie de marchandises non prohibées à l'importation ou à l'exportation ou non fortement taxées qui auraient dépassé un bureau ou poste de douane sur la façade duquel le tableau prévu à l'article 35 ci-dessus n'aurait pas été apposé ».

En outre, l'article 316 dispose que « les tribunaux ne peuvent admettre contre les procès-verbaux de douane d'autres nullités que celles résultant de l'omission des formalités prescrites par les articles 38, 301 à 310 et 312 du présent code ». Cette restriction textuelle des nullités admises exclut les autres cas de nullités comme les nullités substantielles et les nullités prévues par d'autres textes notamment le Code de procédure pénale.

Selon l'article 317, « Quiconque veut s'inscrire en faux contre un procès-verbal est tenu d'en faire déclaration par écrit, en personne ou par un fondé de pouvoir spécial, au plus tard à l'audience indiquée par la sommation de comparaître devant le tribunal qui doit connaître de l'infraction. Il doit, dans les cinq (05) jours suivants, faire au greffe dudit tribunal, le dépôt des moyens de faux et des noms et qualités des témoins qu'il veut faire entendre ; le tout sous peine de déchéance de l'inscription de faux. Cette déclaration est reçue et signée par le juge et le greffier, dans le cas où le déclarant ne sait ni écrire, ni signer ».

Il infère de ces textes que la volonté du législateur est de *sauver* la procédure douanière, de minorer les cas de nullités et de l'épargner des conséquences des nullités.

Pour les infractions à la législation des changes ou violations des dispositions relatives aux relations financières avec l'étranger telles que prévues par l'UEMOA notamment les obligations de déclarations ou de rapatriement, prévue à l'article 426 du Code des douanes, l'article 427 dudit code dispose que « La poursuite des infractions en matière de change ne peut être exercée que sur plainte du ministre chargé des Finances ou de l'un de ses représentants habilités à cet effet. Un arrêté du ministre des Finances désigne les agents des douanes habilités en la matière. »

### §2. La mise en œuvre de l'action publique

Saisi de la procédure, le procureur de la République doit exercer l'action publique. L'article 322 dispose que « Le procureur de la République ou son délégué saisi d'une procédure en matière douanière dispose de l'action à exercer en vue de l'application des peines ». Le législateur précise dans ce texte, si besoin en était, que « … Le procureur de la République est tenu de faire d'office toutes les poursuites pour découvrir les entrepreneurs, assureurs et, d'une manière générale, tous les intéressés à la fraude. L'action pour l'application des sanctions fiscales est exercée par l'administration des douanes. Toutefois, le ministère public peut l'exercer accessoirement à l'action publique… »

Mais une question se pose. Avant même de procéder à la qualification des faits, peut-il apprécier de l'opportunité des poursuites qui lui est reconnue par l'article 32 CPP et classer sans suite l'affaire ou le faire en trouvant les indices insuffisants ? En matière douanière, compte tenu de la force probante reconnue aux constatations faites par deux agents (font foi jusqu'à inscription de faux)[1], le parquet a

[1] « 1. Les procès-verbaux de douane rédigés par deux agents des douanes et les procès-verbaux constatant des infractions douanières rédigés par deux agents assermentés parmi ceux visés à l'article 301 du présent code, font foi jusqu'à inscription de faux des constatations matérielles qu'ils relatent.
2. Ils ne font foi que jusqu'à preuve contraire de l'exactitude et de la sincérité des aveux et déclarations qu'ils rapportent ». Article 314 du Code des douanes.

pratiquement *les mains liées* si certaines conditions sont réunies et relatives notamment à l'évaluation faite des marchandises par l'administration des douanes. Le principe de l'opportunité des poursuites qui est d'ordre général sauf exclusion expresse de la loi, reste, en matière douanière, d'application marginale. Il en est de même du classement sans suite pour insuffisance d'indices, infraction non caractérisée ou pour absence d'infraction à la loi pénale.

La seule limite qu'on peut entrevoir est celle tenant à la personnalité du délinquant par exemple s'il s'agit d'un mis en cause mineur du fait de la spécificité de protection et d'assistance.

Dans tous les cas, la faculté de transaction offerte constitue un adoucissement légal entre les mains des parties.

À ce seul niveau préliminaire de l'exercice de l'action publique, on relève la particularité du contentieux douanier qui se confirme dans d'autres phases.

**I. Sur la qualification des faits**

Le parquet n'est jamais lié par la qualification retenue par les enquêteurs tant dans l'enquête préliminaire que de flagrance. Pour chaque affaire, il procède à l'examen des faits et peut leur donner une qualification autre que celle déjà retenue en amont. La qualification reste une œuvre permanente même devant la juridiction de jugement.

Mais l'article 322 CD dispose que dans la mise en œuvre de l'action publique, le magistrat du parquet retient comme « base des poursuites à intenter la qualification des faits donnée par l'administration des douanes et l'évaluation de la valeur des marchandises faite par le

---

« 1. Les procès-verbaux de douane rédigés par un seul agent des douanes, ou un seul agent assermenté visé à l'article 301 du présent code font foi jusqu'à preuve contraire.
2. En matière d'infractions constatées par procès-verbal de constat à la suite d'un contrôle d'écritures, la preuve contraire ne peut être rapportée qu'au moyen de documents de date certaine antérieure à celle de l'enquête effectuée par les agents verbalisateurs ». Article 315 Code des douanes.

La force probante renforcée reconnue aux actes dressés par des agents dans des domaines spécifiques est souvent consacrée. L'article 139 de la loi n° 2016-32 du 08 novembre 2016 portant Code minier dispose : « les procès-verbaux des mines rédigés par deux agents des mines et les procès-verbaux constatant des infractions minières rédigés par deux agents assermentés font foi jusqu'à inscription de faux des constatations matérielles faites. Ils ne font foi jusqu'à preuves contraires de l'exactitude et de la sincérité des aveux et déclarations qu'ils rapportent. Les procès-verbaux des mines rédigés par un seul agent des mines, ou un seul agent assermenté font foi jusqu'à preuve contraire ».

receveur poursuivant compètent ». Il est lié tant par la qualification que par l'évaluation des marchandises faite par le receveur poursuivant. Pour cela le parquet ne se réfère qu'aux conclusions de l'administration des douanes. Un examen qui est aisé, un rôle à la limite passif. On ne peut même pas apprécier de sa pertinence ou redresser la qualification déjà retenue[1]. Les balises sont posées, la voie déjà tracée.

En revanche, il faut préciser que le parquet n'est pas saisi *in personam* et peut ainsi poursuivre des personnes contre qui il existe des indices graves et concordants mais qui ne sont pas expressément visées par l'Administration des Douanes.

### II. Le cas de dessaisissement

Aux termes de l'article 322 du Code des douanes « ... dans tous les cas, le parquet reste lié par ces deux éléments de la procédure et par la demande de dessaisissement visée à l'article 301 du présent code... » En effet, le Receveur des douanes peut demander aux agents assermentés de la force publique et des autres administrations qui ont constaté des infractions douanières de se dessaisir à son profit. À ce niveau il faudra indiquer que la constatation des infractions douanières relève principalement des agents des douanes[2]. Les autres agents de la force publique comme les gendarmes, les agents de la sûreté nationale, les agents des eaux et forêts et chasses, les agents du contrôle économique, les agents des parcs nationaux ou tout simplement les fonctionnaires assermentés ne font que concourir ou assister les Douanes dans leur mission.

Cette faculté de dessaisir ces agents qu'on pourrait qualifier d'auxiliaires de la douane est rarement pratiquée car le plus souvent les

---

[1] « ... Ici, le ministère public, détenteur de l'action publique et l'Administration des Douanes dont la connaissance technique de la matière est prouvée, apparaissent comme des partenaires. Leurs actions respectives doivent être complémentaires. C'est pourquoi, avant l'enrôlement d'une affaire douanière, il est conseillé au Receveur-poursuivant de se rapprocher du Magistrat du parquet en charge du dossier, afin, d'une part, de lui expliquer tous les tenants de l'affaire, et d'autre part, d'harmoniser leurs positions... ». *Typologie des infractions relevant de la compétence de la Douane et la problématique des pouvoirs exorbitants des agents des Douanes*, par Abdoulaye Oumar Dieng, août 2011, page 74.

[2] Aux termes de l'arrêté ministériel n° 2160 MEF/DGD/DERB du 114 mars 1981, la Direction générale des Douanes est chargée notamment, de la recherche, de la constatation, de la répression des infractions à la réglementation des changes et le chef de bureau des enquêtes et du contentieux a seul ou en partage avec le ministère public, le droit d'agir et d'exercer des voies de recours (Article 1er et 17).

officiers de police qui agissent en matière douanière mettent le Receveur poursuivant en état d'exercer son action et le parquet doit y veiller particulièrement.

### III. L'information des Douanes

Aux termes de l'article 323 du Code des douanes, « qu'il s'agisse d'une instance civile ou commerciale ou d'une information, même terminée par un non-lieu, l'autorité judiciaire informe le service des douanes de tous renseignements de nature à présumer une infraction douanière ou une manœuvre quelconque ayant pour but ou pour effet d'enfreindre les dispositions législatives ou réglementaires que le service des douanes est chargé d'appliquer ».

L'utilisation du terme générique *d'autorité judiciaire* implique que ce peut être le parquet, le président du tribunal ou le juge d'instruction. Mais plus que les autres, le procureur de la République doit veiller à la mise en place d'un dispositif pour alerter ou envoyer un signalement utile à la Douane.

### IV. Les autorisations du procureur de la République : le cas de l'infiltration

Si *a priori*, la législation douanière semble donner beaucoup de pouvoirs à l'Administration douanière au détriment notamment du parquet, la nouvelle loi réserve bien des pouvoirs importants à celui-ci en matière d'infiltration, l'instrument d'investigation majeur comme en matière de drogue, de lutte contre le blanchiment de capitaux et de financement du terrorisme, introduit dans le nouveau Code des douanes du Sénégal.

#### A. Définition

Aux termes de l'article 59 « … L'infiltration consiste, pour un agent des douanes spécialement habilité dans des conditions fixées par décret, agissant sous la responsabilité d'un agent de hiérarchie A chargé de coordonner l'opération, à surveiller des personnes suspectées de commettre un délit douanier en se faisant passer, auprès de ces personnes, comme un de leurs coauteurs, complices ou intéressés à la fraude. L'agent des douanes est à cette fin autorisé à faire usage d'une identité d'emprunt et à commettre si nécessaire les actes mentionnés à l'alinéa 2 du présent article. À peine de nullité, ces actes ne peuvent constituer une incitation à commettre des infractions… »

Cette nouvelle méthode d'investigation entre les mains des douanes permet ainsi une immersion des agents dans les réseaux pour mieux découvrir et identifier les responsables des infractions douanières. Même si elle est, en fait, par le passé, bien utilisée, elle a aujourd'hui un cadre légal bien défini. L'infiltration est différente des investigations classiques au cours desquelles les agents des douanes agissent à *visage découvert.* Par l'infiltration, ils se dissimulent, se diluent, se confondent aux délinquants.

### B. Autorisation et contrôle du procureur de la République.

L'infiltration est soumise à l'autorisation du procureur de la République et pour des infractions douanières précises. Selon l'article 59, « … Lorsque les investigations le justifient et afin de constater les infractions douanières d'importation, d'exportation ou de détention de marchandises frauduleuses, d'identifier les auteurs et complices de ces infractions ainsi que ceux qui y ont participé comme intéressés au sens des articles 375 et 376 du présent code et d'effectuer les saisies prévues par le présent code, le procureur de la République peut autoriser qu'il soit procédé, sous son contrôle, à une opération d'infiltration dans les conditions prévues par le présent article… ».

Outre le fait que cette autorisation est une faculté et non une obligation, le parquet doit avoir comme seul baromètre pour se décider, l'efficacité de la mesure pour constater les infractions douanières et en découvrir les auteurs. Aussi, avoir à l'esprit que l'infiltration, quelque efficace qu'elle puisse paraître, n'est pas le seul moins d'investigation entre les mains des douanes et obéit à des conditions fixées par la loi :

- *à peine de nullité, l'autorisation donnée en application de l'alinéa 1 du présent article est délivrée par écrit et doit être spécialement motivée :* Le parquet peut ainsi avoir entre autres motifs de son autorisation écrite, les nécessités absolues de l'enquête, son efficacité et la sécurité de l'agent. La nullité textuelle posée par le législateur concerne, en dépit du silence du texte, l'autorisation elle-même que l'opération d'infiltration subséquente avec les indices, renseignements recueillis ainsi que les constats faits ;

- *elle mentionne la ou les infractions qui justifient le recours à cette procédure et l'identité de l'agent des douanes sous la responsabilité duquel se déroule l'opération :* La mention des infractions qui doivent être exclusivement douanières, se fera à titre indicatif et n'exclut pas une autre qualification ultérieure plus pertinente des faits de la part de l'Administration des douanes. Le Code exige en outre la mention de l'identité de l'agent des douanes sous la responsabilité duquel se déroule l'opération. Il n'est pas besoin de mentionner tous les agents impliqués dans l'opération. Le texte ne précise pas si c'est l'identité d'emprunt ou la vraie identité de l'agent qui doit y être mentionnée. Il faut faire une différence à ce propos. Seule la vraie identité de l'agent superviseur ou contrôleur peut être portée sur l'autorisation. S'agissant de ceux qui opèrent concrètement, leur identité ne peut figurer sur cet acte. Ceci dit, même la sécurité de l'agent sous le contrôle de qui s'exécute l'infiltration peut être en jeu ;

- *cette autorisation fixe la durée de l'opération d'infiltration, qui ne peut excéder quatre (04) mois. L'opération peut être renouvelée dans les mêmes conditions de forme et de durée. Le magistrat qui a autorisé l'opération peut, à tout moment, ordonner son interruption avant l'expiration de la durée fixée :* même si elle est limitée par la loi, la durée et son renouvellement dépendent des résultats de la mesure d'infiltration et de son efficacité. Le nombre de renouvellements n'est pas déterminé mais il faut admettre que l'infiltration sans limites porterait atteinte à la présomption d'innocence et mobiliserait inutilement des agents des Douanes pour une mission qui s'éternise sans issue. L'interruption de l'infiltration peut certainement être décidée d'office par le procureur de la République ou sur demande motivée de l'agent désigné pour plusieurs motifs : l'infiltration a produit les résultats et sa poursuite n'est plus utile, la mesure est devenue inefficace car les personnes infiltrées semblent avoir découvert le dispositif mis en place, les agents se rendent compte qu'ils sont sur une fausse piste, des manquements graves sont commis par les agents. Il faut installer dans la gestion des infiltrations un cadre de concertation et de suivi sans occulter les attributions des uns et des autres ;

- *en cas de décision d'interruption de l'opération ou à l'issue du délai fixé par la décision autorisant l'opération et en l'absence de prolongation, l'agent infiltré peut poursuivre les activités mentionnées à l'alinéa 2 du présent article, sans en être pénalement responsable, afin de lui permettre de cesser sa surveillance dans des conditions assurant sa sécurité sans que cette durée puisse excéder quatre (04) mois. Le magistrat ayant délivré l'autorisation prévue à l'alinéa 1 du présent article en est informé dans les meilleurs délais. Si, à l'issue du délai de quatre (04) mois, l'agent infiltré ne peut cesser sa surveillance dans des conditions assurant sa sécurité, ce magistrat en autorise la prolongation pour une durée de quatre (04) mois au plus :* la cessation brutale d'une infiltration peut effectivement mettre en péril la sécurité de l'agent. La levée du dispositif d'infiltration ne peut être que progressive. Mais la durée est limitée dans le temps et le seul motif de prolongation est la sécurité de l'agent.

- *L'autorisation est versée au dossier de la procédure après achèvement de l'opération d'infiltration :* cette formalité conforte l'idée de ne pas mentionner la vraie identité des agents exécutants, car toutes les parties au procès ont accès au dossier. Même si le texte ne le dit pas, les décisions d'interruption de la mesure peuvent aussi figurer au dossier.

Le procureur de la République doit aussi bien contrôler l'exécution de cette opération d'infiltration. Pour ce faire, il peut exiger de l'agent sous le contrôle de qui elle est décidée des comptes rendus réguliers pour permettre de vérifier sa bonne exécution et la nécessité ou non de la poursuivre.

Dans le cadre de l'entraide judiciaire internationale, l'autorisation de l'opération d'infiltration obéit à certaines formalités :

- *lorsque la surveillance prévue à l'alinéa 1 du présent article doit être poursuivie dans un État étranger, elle est autorisée par le procureur de la République. Les procès-verbaux d'exécution de l'observation ou rapports y afférents ainsi que l'autorisation d'en poursuivre l'exécution sur le territoire d'un État étranger sont versés au dossier de la procédure :* L'infiltration dans un pays étranger, outre l'autorisation du procureur de la République devra certainement obéir aux normes de l'État étranger et des instruments régionaux ou internationaux en la matière ;

- *avec l'accord préalable du ministre de la Justice saisi d'une demande d'entraide judiciaire à cette fin, les agents des douanes étrangers peuvent poursuivre sur le territoire douanier national, sous la direction d'agents des douanes sénégalais, des opérations d'infiltration conformément aux dispositions du présent article. L'accord du ministre de la Justice peut être assorti de conditions. L'opération doit ensuite être autorisée par le procureur de la République près le Tribunal de grande instance de Dakar, dans les conditions prévues à l'alinéa 1 du présent article :* ainsi réciproquement, les agents des douanes sénégalais doivent prêter assistance à leurs homologues étrangers qui opèrent au Sénégal dans le cadre d'une infiltration. Il est utile de préciser que les règles de l'entraide judiciaire s'appliquent. La condition posée est que « … Le ministre de la Justice ne peut donner son accord que si les agents étrangers sont affectés dans leur pays à un service spécialisé et exercent des missions similaires à celles des agents nationaux spécialement habilités et mentionnés à l'alinéa 1 du présent article… ». Cette concordance des fonctions exercées par les agents étrangers et nationaux impliqués dans l'opération d'infiltration facilitera déjà l'exécution de la mesure au Sénégal ;

- *avec l'accord des autorités judiciaires étrangères, les agents des douanes étrangers mentionnés à l'alinéa 7 du présent article, peuvent également, conformément aux dispositions du présent article, participer sous la direction d'agents des douanes sénégalais à des opérations d'infiltration conduites sur le territoire douanier national dans le cadre d'une procédure douanière nationale :* les agents des douanes étrangers peuvent ainsi participer à l'opération d'infiltration déjà en cours dans le cadre d'une procédure nationale. Cette possibilité est surtout intéressante pour des faits impliquant des étrangers.

**C. Les modalités de l'infiltration**

L'opération d'infiltration appelle l'usage d'un certain nombre de moyens :

- *faire usage d'une identité d'emprunt :* comme toutes les méthodes d'infiltration, la révélation de la vraie identité de l'agent et de ses qualités est source d'échec certain. Le choix de l'identité est utile et peut se révéler parfois déterminant car il doit être fonction des personnes à infiltrer, du milieu et de la localité. Il faut aussi dire que l'agent peut utiliser cette identité d'emprunt tant à l'égard des personnes infiltrées qu'à l'égard des tiers et des administrations publiques ou privées. De la longévité et de la protection de cette *fausse identité* dépendent les résultats attendus de l'opération et de la sécurité de l'agent et même de ses proches ;

- *commettre si nécessaire les actes mentionnés à l'alinéa 2 du présent article :* selon ce texte, « … Les agents des douanes autorisés à procéder à une opération d'infiltration peuvent, sans être responsables de ces actes et sur l'ensemble du territoire national : a) acquérir, détenir, transporter, livrer ou délivrer des substances, biens, produits, documents ou informations tirées de la commission des infractions ; b) utiliser ou mettre à disposition des personnes se livrant à ces infractions des moyens de caractère juridique ainsi que des moyens de transport, de dépôt, d'hébergement, de conservation et de télécommunication… » L'article 60 portant sur l'incitation à la vente ajoute que « … sans préjudice des dispositions de l'article précédent, et aux seules fins de constater les infractions visées à l'alinéa 1 dudit article, peut être autorisée dans le cadre de l'opération d'infiltration, l'incitation à la vente illicite de marchandises frauduleuses par un agent des douanes intervenant directement ou par l'intermédiaire d'une personne agissant conformément à ses instructions. Toutefois, la provocation à l'achat illicite desdites marchandises émanant directement de l'agent des douanes en opération d'infiltration ou par l'intermédiaire d'une personne agissant conformément à ses instructions, est interdite, sous peine de poursuite du chef du délit d'incitation et de nullité de procédure établie à cet effet ».

L'autorisation légale de cette délinquance simulée tend à sauvegarder l'efficacité de l'infiltration. On ne peut en réalité infiltrer des délinquants présumés et se garder de « commettre » les actes qu'ils sont censés commettre ou leur prêter assistance. L'agent est appelé ainsi à installer une osmose avec les personnes sur qui pèsent des soupçons. La commission de tels faits doit s'inscrire strictement dans l'efficacité de l'opération, il y a non seulement une autorisation légale mais aussi un défaut de l'élément moral, une volonté d'enfreindre la loi. Il faut bien faire la différence entre les activités d'infiltration et la compromission de l'agent qui serait amené à commettre des actes répréhensibles et détachables de l'infiltration proprement dite. Le contrôle effectif de ces agents permettrait, à titre préventif, d'annihiler toutes velléités de compromission de ces derniers. L'infiltration reste une mission périlleuse qui requiert de grandes capacités professionnelles et une bonne probité morale ;

- *l'infiltration fait l'objet d'un rapport rédigé par l'agent de hiérarchie A ayant coordonné l'opération qui comprend les éléments strictement nécessaires à la constatation des infractions et ne mettant pas en danger la sécurité de l'agent infiltré et des personnes requises au sens de l'alinéa 2 :* ce rapport devra être un des éléments essentiels permettant au procureur de la République d'assurer son contrôle, de surveiller l'opération et de bien conduire l'action publique. En sus de ce rapport, rien n'exclut que le parquet sollicite *ab initio* de cet agent des comptes-rendus réguliers sur le déroulement de l'opération ;

- *l'agent des douanes sous la responsabilité duquel se déroule l'opération d'infiltration peut, seul, être entendu, en qualité de témoin sur l'opération :* L'audition de cet agent dont l'identité est connue ne pose aucun problème. L'infiltration est faite sous sa responsabilité et il est au fait des différents actes posés tout au long de l'infiltration. De toute l'équipe qui a mené l'opération c'est seul cet agent qui peut en principe être entendu. La seule exception admise est que « ... s'il ressort du rapport mentionné à l'alinéa 1 du présent article que la personne inculpée ou comparaissant devant la juridiction de jugement est directement mise en cause par des constatations effectuées par un agent ayant personnellement réalisé les opérations d'infiltration, cette personne peut demander à être confrontée avec cet agent dans les conditions prévues par le code de procédure pénale... ». Cette possibilité d'entendre l'agent qui a réalisé l'infiltration et de le confronter au prévenu, même si elle est utile, peut se révéler dangereuse pour la sécurité du premier, les représailles n'étant pas à exclure et il peut être, pour longtemps ou définitivement, exclu des opérations d'infiltration pour notamment des soucis d'efficacité.

***a. La protection de l'identité d'emprunt des agents***

Le législateur a posé dans l'article 59 du Code des douanes, un certain nombre de règles pour assurer la protection de l'identité d'emprunt de l'agent qui procède effectivement à l'infiltration :

- *l'identité réelle des agents des douanes ayant effectué l'infiltration sous une identité d'emprunt ne doit apparaître à aucun stade de la procédure :* c'est le secret total sur l'identité réelle des agents. Même en cas de confrontation devant une juridiction de jugement entre la personne mise en cause et l'agent infiltré, « les questions posées à l'agent infiltré à l'occasion de cette confrontation ne doivent pas avoir pour objet ni pour effet de révéler, directement ou indirectement, sa véritable identité » ;

- *la révélation de l'identité de ces agents est punie de cinq ans d'emprisonnement et de 20.000.000 de francs d'amende :* la révélation ou la divulgation peut intervenir pour tous moyens écrits, oraux ou par des signes. L'auteur de cette révélation, à notre avis, peut être une personne impliquée dans l'infiltration auquel cas elle s'apparente à une violation du secret professionnel, ou par un tiers qui a dû être au fait de l'implication de l'agent dans une opération d'infiltration. Deux circonstances aggravantes sont prévues : « Lorsque cette révélation a causé des violences, coups et blessures à l'encontre de ces personnes ou de leurs conjoints, enfants et ascendants directs, les peines sont portées à sept ans d'emprisonnement et à 25.000.000 de francs d'amende » et « lorsque cette révélation a causé la mort de ces personnes ou de leurs conjoints, enfants et ascendants directs, les peines sont portées à dix

(10) ans d'emprisonnement et à 30.000.000 de francs d'amende, sans préjudice, le cas échéant, de l'application des dispositions du chapitre Ier du titre II du livre II du Code pénal ».

***b. La force probante des renseignements recueillis au cours de l'infiltration***

Aux termes de l'article 59.8 du Code des douanes, « aucune condamnation ne peut être prononcée sur le seul fondement de déclarations faites par des agents des douanes ayant procédé à une infiltration ». Les déclarations des agents infiltrés doivent donc être étayées par des constatations et d'autres éléments objectifs de preuves pour que la juridiction de jugement entre en voie de condamnation. Toutefois, le législateur de préciser que « les dispositions du présent alinéa ne sont cependant pas applicables lorsque les agents des douanes déposent sous leur véritable identité ». En effet, la déposition faite sous la véritable identité a plus de crédit.

**V. La détention : les cas où elle est obligatoire**

Aux termes de l'article 344 du Code des douanes, « 1. À l'encontre des personnes passibles d'une peine d'emprisonnement en vertu des articles 390, 391 et 392 du présent code et des dispositions légales relatives aux relations financières avec l'étranger[1], le procureur de la République en cas de flagrant délit, le juge d'instruction lorsqu'une information est ouverte, délivrent obligatoirement :

a) mandat d'arrêt contre le ou les inculpés en fuite ;

---

[1] « Article 426.
Est considérée comme infraction à la législation des changes toute violation des dispositions relatives aux relations financières avec l'étranger telles que prévues par l'UEMOA, notamment celles concernant les obligations de déclaration ou de rapatriement, ainsi que le non-respect des procédures prescrites et les formalités ou justificatifs exigés.
En vertu des dispositions légales relatives aux relations financières avec l'étranger, les infractions réprimées sont, sauf dispositions contraires, constatées, poursuivies, jugées et les peines infligées exécutées selon les règles applicables aux infractions à la réglementation douanière telles que définies par le Code des douanes.
Article 427
La poursuite des infractions en matière de change ne peut être exercée que sur plainte du ministre chargé des Finances ou de l'un de ses représentants habilités à cet effet.
Un arrêté du ministre des Finances désigne les agents des douanes habilités en la matière ». Code des douanes.

b) mandat de dépôt lorsque dans les conditions précitées, la valeur de l'objet de fraude est supérieure ou égale à 10.000.000 de francs, sauf paiement de la totalité des droits et taxes.

La mainlevée du mandat de dépôt ne peut être ordonnée et la demande de mise en liberté provisoire est déclarée irrecevable si la valeur de l'objet de fraude est égale ou supérieure à 10.000.000 de francs ».

À l'examen de ce texte, la détention est obligatoire en cas de poursuites pour délits douaniers de première, deuxième et troisième classe prévus aux articles 390 à 392[1].

---

[1] « 1. Sont passibles de la confiscation de l'objet de fraude, de la confiscation des moyens de transport, de la confiscation des objets servant à masquer la fraude, indépendamment d'une amende égale à la valeur de l'objet de fraude sur le marché intérieur et d'un emprisonnement de trois (03) mois à trois (03) ans, les infractions ci-après lorsqu'elles portent sur des marchandises prohibées à l'entrée ou à la sortie ou fortement taxées à l'entrée ou soumises à des taxes intérieures ou de sortie :
- tous faits de contrebande autre que, ceux visés à l'article 391 du présent code ;
- tous faits d'importation ou d'exportation sans déclaration de marchandises d'une valeur inférieure ou égale à 5.000.000 de francs.
2. La peine d'emprisonnement est de cinq (05) ans et l'amende de quatre fois la valeur de l'objet de la fraude sur le marché intérieur, lorsque :
- les faits de contrebande, d'importation ou d'exportation sans déclaration portent sur des marchandises dangereuses pour la santé, la moralité ou la sécurité publique, contrefaisantes ou portant atteinte à la propriété intellectuelle, dont la liste est fixée par arrêté du ministre chargé des Finances ;
- les faits ont été commis en bande organisée ». Première classe article 390.
« Sont passibles de la confiscation de l'objet de fraude, de la confiscation des moyens de transport, de la confiscation des objets servant à masquer la fraude, d'une amende égale au montant de la valeur sur le marché intérieur des objets confisqués et d'un emprisonnement de six (06) mois à cinq (05) ans :
- les délits de contrebande accomplis au moyen de véhicule attelé ou autopropulsé, de navire ou embarcation de mer de moins de 500 tonneaux de jauge nette, de pirogue ou bateau de rivière, d'aéronef ;
- les faits d'importation ou d'exportation sans déclaration lorsque ces infractions portent sur des marchandises prohibées à l'entrée ou à la sortie ou fortement taxées à l'entrée ou soumises à des taxes intérieures ou de sortie, et d'une valeur supérieure à 5.000.000 de francs ». Deuxième classe article 391.
« 1. Est puni de la confiscation des moyens ayant servi à commettre l'infraction, d'une amende de 10.000.000 à 20.000.000 de francs et d'un emprisonnement de cinq (05) à dix (10) ans, quiconque :
- accède ou tente d'accéder frauduleusement à tout ou partie du système informatique douanier ;
- se maintient ou tente de se maintenir frauduleusement dans tout ou partie du système informatique douanier ;

Si l'administration des douanes retient ces textes ou les dispositions légales relatives aux relations financières avec l'étranger, le parquet ou le juge d'instruction selon les cas délivre obligatoirement mandat de dépôt ou mandat d'arrêt.

En ce qui concerne le juge d'instruction, qu'y a-t-il lorsque saisi d'un réquisitoire introductif, le procureur de la République a omis de requérir le mandat de dépôt ? Cela ne change en rien, à notre sens, l'obligation légale faite au juge d'instruction de délivrer mandat de dépôt ou mandat d'arrêt dès lors que les infractions poursuivies sont douanières et entrent dans les critères légaux dégagés.

Il y a lieu aussi de relever que les délits douaniers sus énumérés faisant partie de ceux pour lesquels la détention est obligatoire, l'article 127 bis CPP limitant la durée maximale du mandat de dépôt à 6 mois non renouvelable, n'est pas applicable sauf si « la détention provisoire ne dépasse pas le maximum de la peine privative de liberté encourue ».

*A contrario*, s'il s'agit de contraventions douanières, le procureur de la République et le juge d'instruction retrouvent leur liberté d'appréciation sur le placement sous mandat de dépôt de la personne poursuivie.

---

- entrave ou fausse ou tente d'entraver ou de fausser le fonctionnement du système informatique douanier ;
- introduit ou tente d'introduire frauduleusement des données dans le système informatique douanier ;
- intercepte ou tente d'intercepter frauduleusement par des moyens techniques des données informatisées lors de leur transmission non publique à destination, en provenance ou à l'intérieur du système informatique douanier ;
- endommage ou tente d'endommager, efface ou tente d'effacer, détériore ou tente de détériorer, altère ou tente d'altérer, modifie ou tente de modifier, frauduleusement des données douanières informatisées ;
- produit ou fabrique un ensemble de données numérisées par l'introduction, l'effacement ou la suppression frauduleuse de données informatisées stockées, traitées ou transmises par le système informatique douanier, engendrant des données contrefaites, dans l'intention qu'elles soient prises en compte ou utilisées à des fins légales comme si elles étaient originales ;
- obtient frauduleusement, pour soi-même ou pour autrui, un avantage quelconque, par l'introduction, l'altération, l'effacement ou la suppression de données informatisées ou par toute forme d'atteinte au fonctionnement du système informatique douanier.

2. Est puni des mêmes peines, celui qui se procure ou tente de se procurer frauduleusement, pour soi-même ou pour autrui, un avantage quelconque en s'introduisant dans le système informatique douanier.
3. Dans les cas de récidive ou de commission en bande organisée, les peines prévues à l'alinéa 1 du présent article sont doublées ». Troisième classe article 392.

### VI. La mainlevée du mandat de dépôt ou mandat d'arrêt

À l'image du caractère obligatoire de la détention, le législateur a limitativement énuméré les cas dans lesquels il peut être ordonné la mainlevée du mandat de dépôt ou du mandat d'arrêt. L'article 344 CD dispose que « la mainlevée du mandat de dépôt ne peut être ordonnée et la demande de mise en liberté provisoire est déclarée irrecevable si la valeur de l'objet de fraude est égale ou supérieure à 10.000.000 de francs.

La mainlevée du mandat de dépôt et la mise en liberté provisoire, en tout état de cause, sont subordonnées au paiement des droits et taxes dus s'il y a lieu, ainsi qu'au versement d'un cautionnement égal au montant des droits et taxes dus ou au montant de la valeur de l'objet de fraude lorsqu'il n'y a pas de droits compromis ou éludés. Il n'y a d'exception aux dispositions de l'alinéa précédent que si la fausseté du procès-verbal servant de base aux poursuites est établie ou si une transaction définitive a été réalisée.

2. Les dispositions relatives à la mise en liberté provisoire sont applicables même après la clôture de l'information jusqu'à l'intervention d'une décision définitive sur l'action publique, dès lors que la durée de la détention provisoire ne dépasse pas le maximum de la peine privative de liberté encourue ».

#### A. Les conditions pour la mainlevée des mandats

Il y a deux conditions posées à savoir :

- paiement des droits et taxes dus s'il y a lieu ;

- un cautionnement égal au montant des condamnations pécuniaires encourues ;

Ces deux conditions sont cumulatives s'il y a des droits et taxes qui sont dus. À défaut, le cautionnement seul suffit s'il n'y a pas de droits compromis ou éludés.

#### B. Exceptions aux conditions posées

Ces conditions à une mainlevée de ces mesures de détention ne sont plus exigées « si la fausseté du procès-verbal servant de base de poursuite est établie ou si une transaction définitive a été réalisée ».

Rappelons que, pour les procès-verbaux, ils font foi de leur constatation jusqu'à inscription de faux s'ils sont établis par deux agents assermentés et jusqu'à preuves contraires s'ils sont établis par un seul agent.

**VII. La transaction en matière douanière**

L'article 330 CD dispose que « 1. L'administration des douanes est autorisée à transiger avec les personnes poursuivies pour infraction douanière.

2. La transaction peut intervenir avant ou après jugement définitif.

3. Avant jugement, la transaction éteint l'action publique et l'action fiscale.

4. Après jugement définitif, la transaction ne peut porter que sur les confiscations et pénalités pécuniaires. Elle laisse subsister les peines privatives de liberté.

5. Les effets de la transaction ne s'appliquent qu'à l'égard du contrevenant ou du prévenu qui l'a sollicitée et signée avec l'administration des douanes. Les autres contrevenants impliqués dans la même affaire, ne peuvent en aucune façon en bénéficier s'ils n'y ont pas matériellement souscrit.

6. Les conditions d'exercice du droit de transaction sont définies par arrêté du ministre chargé des Finances.

7. Si le tribunal est saisi, une copie conforme des procès-verbaux doit être envoyée le cas échéant au juge d'instruction, au procureur de la République ou au juge qui est avisé en même temps de la transaction s'il y en a eu une ».

Dans l'ancien Code des douanes, l'article 248 disposait que l'administration des douanes est autorisée à transiger avec les personnes poursuivies pour une infraction douanière selon « les conditions d'exercice du droit de transaction définies par décret »[1].

Pour la formalité, une copie du procès-verbal de la transaction est envoyée par les soins de l'administration des douanes, en l'occurrence le Receveur poursuivant, au procureur de la République avisé de la transaction. En général, il est précisé dans le procès-verbal les termes de

---

[1] « Est-ce que ce décret existe ? [...] Face à ce vide juridique relativement aux conditions d'exercice de la transaction, les chefs d'unités opérationnelles concluent, à leurs corps défendant sans s'appuyer sur des règles préalablement définies... ». *Typologie des infractions relevant de la compétence de la Douane et la problématique des pouvoirs exorbitants des agents des Douanes*, par Abdoulaye Oumar Dieng, août 2011, pages 82 à 83.

la transaction, de son caractère définitif ou non ainsi que l'indication précise de la cessation des poursuites, le cas échéant.

La conséquence de droit de la transaction intervenue est l'extinction de l'action publique. Mais il faut bien faire la part selon l'étape où se trouve la procédure :

- si le parquet saisi n'a pas encore réglé la procédure, il doit classer l'affaire pour extinction de l'action publique ;

- si la personne est déjà écrouée à la maison d'arrêt, le parquet devra saisir le tribunal pour statuer. Il faut à mon avis dans ce dernier cas éviter de faire libérer la personne *ab initio* sans s'en référer au tribunal. Le tribunal doit être saisi au besoin en provoquant une audience spéciale ;

- si le dossier est à l'instruction, le juge saisi du procès-verbal de transaction le transmet au parquet pour ses réquisitions. Après les réquisitions du parquet, le juge ne fera que constater l'extinction de l'action publique et ordonner le non-lieu ;

- si l'affaire passe déjà à l'audience, le tribunal après réquisitions du parquet constatera l'extinction de l'action publique.

L'autorité judiciaire n'est même pas admise à discuter les termes de la transaction en objectant par exemple que les intérêts des Douanes ne sont pas sauvegardés, elle ne fait qu'exécuter les conséquences de droit qui s'y attachent. Tout au plus il suffit de vérifier l'authenticité du procès-verbal et de s'assurer qu'il provient effectivement de l'autorité douanière[1] et qu'il est définitif. Mais l'administration des douanes doit éviter de revenir sur une transaction ayant déjà entraîné des conséquences de droit dans une procédure pendante, car comme le précise la jurisprudence, elle a l'autorité de la chose jugée. Il est plus conseillé à l'Administration des Douanes de ne transmettre à la justice

---

[1] « … La transaction provisoire conclue au niveau des unités opérationnelles doit être approuvée par l'autorité compétente pour être définitive. Le caractère provisoire de la transaction conclue par un Chef d'unité est illustré par l'existence d'une clause résolutoire dans l'acte transactionnel qui prévoit qu'en cas de non-approbation par l'autorité compétente, les parties se retrouvent au point de départ de l'affaire en cause… Des arrêtés pris par le ministre des Finances, portant délégation de signature fixant les seuils de compétences des Directeurs en matière d'approbation… » *Typologie des infractions relevant de la compétence de la Douane et la problématique des pouvoirs exorbitants des agents des Douanes*, par Abdoulaye Oumar DIENG, août 2011, page 83.

que les transactions définitivement approuvées par l'autorité compétente.

Mais dans certains cas, la transaction douanière peut être bien cantonnée et n'avoir d'effet que pour une partie de la procédure, laissant subsister l'autre partie des poursuites, celle de droit commun pouvant aboutir à une sanction pénale. En matière de drogue par exemple[1], pour les poursuites enclenchées pour contrebande de marchandises prohibées et trafic international de drogue, la transaction intervenue ne concernera que l'aspect douanier.[2]

## VIII. Concours d'infractions

Aux termes de l'article 412 CD « Tout fait tombant sous le coup de dispositions répressives distinctes édictées par le présent code doit être envisagé sous la plus haute qualification pénale dont il est susceptible ».

Cette règle de principe du cumul est en réalité un cas de concours idéal d'infraction, à savoir un seul fait qui tombe sous le coup de deux ou plusieurs dispositions distinctes du Code des douanes. Il faut admettre que ce cumul est surtout édicté dans la phase de jugement parce que, entre autres motifs, cette règle est posée dans la Section III sur les cas particuliers d'application des peines. Au moment des poursuites rien ne s'oppose qu'on vise toutes les dispositions qui ont été violées.

---

[1] Article 428 Code des douanes : « Sous réserve des dispositions de la loi n° 97-18 du 1er décembre 1997 portant Code des drogues, les dispositions du présent code s'appliquent en matière de stupéfiants, de substances psychotropes et de précurseurs ».

[2] « ... Cependant dans la rédaction du procès-verbal de saisie, l'administration des Douanes doit toujours viser le concours réel d'infractions qui permet de prononcer plusieurs déclarations de culpabilité. Cela se justifie par la différence des valeurs protégées par l'une et l'autre des infractions en concours... Si en vertu de l'article 248 du Code des Douanes, la personne ou les personnes poursuivies pour trafic illicite de drogue sollicitent le bénéfice d'une transaction, cette dernière ne peut avoir de fondement que par rapport au délit d'importation en contrebande de marchandises prohibées et non sur l'infraction de droit commun. Le trafic illicite de drogue étant une infraction qui relève du droit commun, la transaction accordée par l'administration des Douanes ne peut mettre fin à l'action publique déclenchée par le ministère public. C'est pourquoi seule la thèse du concours d'infraction pourrait permettre aux différents intervenants dans la procédure d'obtenir une répression efficace en sanctionnant l'infraction douanière et celle de droit commun... » « À la recherche d'une infraction douanière : le trafic illicite de drogue », par Malick Faye, Inspecteur des Douanes, dans la *Revue trimestrielle des Douanes sénégalaises* n° 46, page 28.

Ce principe posé en matière douanière ne diffère pas de celui de droit commun. Mais en parlant de « sous la plus haute qualification pénale dont il est susceptible », sans donner d'indications ou de critères, c'est certainement le cas de la notion de l'infraction la plus grave. En exemple, en face d'une contravention et d'un délit, celui-ci l'emporte sur celle-là ; en présence de deux dispositions incriminant des délits, celui pour laquelle sont prévues des sanctions plus élevées l'emporte sur les autres.

Cette règle du cumul ne joue pas dans tous les cas. L'article 412 alinéa 2 CD dispose qu'« en cas de pluralité de contraventions ou de délits douaniers, les condamnations pécuniaires sont prononcées pour chacune des infractions dûment établies ». Dans cette hypothèse il s'agit de cas de cumul réel d'infraction, à savoir la commission de plusieurs infractions non séparées par une condamnation. C'est donc plusieurs faits qui tombent sous le coup de dispositions différentes. La culpabilité doit être prononcée pour chaque infraction établie. Mais s'agissant des sanctions pécuniaires, le Code des douanes prévoit expressément le non-cumul, chaque infraction établie doit être réprimée séparément.

## SECTION 3. LA TRANSACTION DANS CERTAINS TEXTES SPECIAUX

La transaction, un point de droit qui appartient à la procédure pénale[1], éteint l'action publique et est prévue au Sénégal dans bien des textes qui interpellent le parquet[2]. Il convient d'en examiner certains :

- La *loi 98-03 du 08 janvier 1998 portant Code forestier,* dont la révision est annoncée[3], en son article L.26 autorise le Chef de Service régional des Eaux et forêts à transiger pour les infractions forestières de nature à entraîner un préjudice inférieur ou égal à 500.000 francs. Mais dans ce cas, le texte poursuit que les copies des transactions consenties sont adressées au Directeur des Eaux et forêts dans un délai maximum

---

[1] Elle fait partie, même si elle résulte de la volonté, des causes d'extinction de l'action publique comme le décès, la prescription, l'amnistie. Sa grande particularité est qu'elle est en général offerte à certaines administrations.

[2] Pour bien des cas, le parquet n'est même pas saisi et les administrations *derechef* transigent.

[3] Communiqué du Conseil des ministres du 17 janvier 2018. http://www.aps.sn/actualites/politique/article/communique-du-conseil-des-ministres-du-17-janvier-2018.

de quinze jours. Les transactions ne deviennent définitives que lorsqu'elles ont reçu son approbation qui doit intervenir dans un délai de quinze jours à compter de la date de la réception. Passé ce délai la transaction est acquise.

Comme nous le voyons en partant du maximum des délais prévus, la transaction intervenue en matière forestière n'est véritablement définitive qu'au bout d'un mois sauf si le Chef du Service régional et le Directeur agissent avec diligence avant l'expiration de ce délai. Les transactions pour les autres infractions sont accordées par le Directeur des Eaux et forêts. Pour éviter toutes contradictions, le service des eaux et forêts ne doit faire parvenir à l'autorité judiciaire en charge du dossier (parquet, juge d'instruction ou tribunal) que les copies des transactions définitives, c'est-à-dire celles approuvées par le Directeur des Eaux Forêts.

Ajoutons qu'en matière forestière, la juridiction de droit commun est le tribunal d'instance, le tribunal de grande instance n'étant compétent que pour les infractions concernant la destruction par le feu du domaine forestier national[1].

- La *loi n° 2001-01 du 15 janvier 2001 portant Code de l'environnement*[2] en son article L. 103 prévoit qu'en cas d'infraction aux dispositions du présent code, le ministre chargé de l'Environnement ou son représentant a le pouvoir de transiger. Le montant de l'amende de transaction doit être compris entre le minimum et le maximum de l'amende prévue par la loi pour le type d'infraction constatée.

Le texte précise que la transaction doit intervenir avant jugement. Mais contrairement aux autres textes de loi, le Code de l'environnement ne donne pas à la transaction des effets aussi tranchés. En effet, en cas de pollution délibérée ou de non-exécution de la transaction dans le délai imparti, l'auteur de l'infraction est poursuivi devant le tribunal. Plus décisivement, même si le texte dispose que le règlement de la transaction éteint l'action publique, il est précisé que l'auteur de l'infraction reste tenu à la réparation des dommages causés du fait de la

---

[1] « Constitue le domaine forestier de l'État, l'ensemble des zones classées comprenant les forêts classées, les réserves sylvo-pastorales, les périmètres de reboisement et de restauration, les parcs nationaux, les réserves naturelles intégrales et les réserves spéciales ». Article R.2 décret n° 98-164 du 20 février 1998.

[2] Même si le législateur sénégalais a fait des efforts pour énumérer et définir les différents composants de l'environnement, il s'abstient de définir l'environnement en tant que tel.

pollution engendrée par son acte. En outre, la transaction est exclue en cas de récidive.

- La *loi n° 86-04 du 24 janvier 1986 portant Code de la chasse et de la protection de la faune* en son article 23 dispose que les chefs d'Inspection régionale des eaux, forêts et chasse, les conservateurs des parcs nationaux, selon les cas, sont autorisés à transiger au nom de l'État avant ou après jugement même définitif pour les infractions en matière de chasse ou de protection de la faune, de nature à entraîner une amende égale ou inférieure à 240.000 francs. Au-delà, c'est le Directeur des eaux, forêts et chasse ou le directeur des parcs nationaux qui accorde les transactions.

Les copies des transactions sont adressées aux ministres concernés. Avant jugement la transaction éteint l'action publique. Après jugement définitif, la transaction ne peut porter que sur les amendes, restitutions, frais et dommages.

- La *loi n° 2015-18 du 13 juillet 2015 portant Code de la pêche maritime* en ses articles 105 et suivants prévoit dans le cadre de la répression des infractions, la possibilité de transiger du ministre chargé de la Pêche maritime ou son représentant au nom de l'État. Il est assisté par une commission consultative des infractions dont la composition et les attributions sont fixées par voie réglementaire. La conclusion de la transaction peut être subordonnée à l'abandon des engins et produits saisis ou du montant de la vente des produits saisis au profit de l'État. Elle doit aboutir au versement immédiat d'une amende dont le défaut de paiement entraîne la saisine de la juridiction compétente et l'immobilisation du navire. La transaction qui doit être sanctionnée par le paiement effectif de l'amende, éteint l'action publique mais elle ne peut être accordée en cas de constitution de partie civile.

L'article 111 dispose que le paiement de l'amende implique reconnaissance de l'infraction et tient lieu de première condamnation définitive pour la détermination de la récidive. Cette solution légale sur la récidive heurte les règles classiques de cette institution qui suppose une condamnation pénale définitive prononcée par une juridiction. La simple transaction même définitive ne vaut pas condamnation au pénal. Il convient d'ajouter que même si elle est homologuée par le tribunal, au civil, elle n'est pas une décision pénale ; sauf à admettre que la récidive dans ce cas doit être entendue au sens commun du mot.

- La *loi n° 94-63 du 22 août 1994 sur les prix, la concurrence et le contentieux économique*, l'article 61 prévoit que sous réserve des dispositions prévues à l'article 54, les procès-verbaux dressés par les agents visés à l'article 51 sont transmis dans le délai d'un mois au Directeur du Commerce intérieur pour suite à donner.

Lorsqu'il n'y a pas transaction, le procureur de la République saisi par le Directeur du Commerce intérieur doit aviser celui-ci de la décision qu'il a prise dans les deux mois à compter de la date de réception du dossier. L'article 64 ajoute que les autorités administratives compétentes peuvent accorder le bénéfice de la transaction dans les conditions fixées par décret. Le paiement de la transaction doit être effectué dans un délai de deux mois, à compter de la notification de l'effet de la transaction à l'intéressé, faute de quoi, le dossier est transmis au parquet. La réalisation définitive de la transaction éteint l'action publique.

-La Loi n° 98-05 du 8 janvier 1998 portant Code pétrolier n'a pas prévu la transaction dans la répression des infractions ; il en est de même de la loi n° 2016-32 du 08 novembre 2016 portant Code minier. Après la découverte du pétrole et du gaz au Sénégal, la réforme du Code pétrolier est en cours.

Cet examen panoramique du mécanisme de la transaction dans le dispositif législatif sénégalais est l'occasion de relever son utilité dans l'amendement de l'auteur qui reconnait la faute, la mise en œuvre d'une solution souple de règlement des litiges mais aussi le profit qu'en tire l'administration qui pourra se servir des ressources recouvrées pour réparer le préjudice. La transaction doit être promue et élargie à d'autres formes de délinquance.

## SECTION 4. LA JUSTICE MILITAIRE

Après l'indépendance, la justice militaire au Sénégal était rendue conformément à la législation française. En dépit de l'intervention de la loi de 1963 qui a institué en temps de paix des juridictions ordinaires à formation spéciale qui sont toutes installées à Dakar (Tribunal de grande instance hors classe de Dakar, cour d'appel de Dakar, actuels) et le pouvoir de police judiciaire reconnu au Chef d'état-major général des armées, l'essentiel des dispositions émanait de la législation française.

C'est la loi n° 94-44 du 27 mai 1994 portant Code de justice militaire (CJM) qui consacre une législation sénégalaise sur la justice militaire. Aux termes de cette loi, la justice militaire est rendue sous le contrôle de la Cour suprême en temps de paix comme en temps de guerre selon les règles du Code de procédure pénale, par les juridictions de droit commun qui sont compétentes pour instruire et juger les infractions commises par les personnels militaires et paramilitaires avec la particularité que les magistrats professionnels sont assistés d'assesseurs militaires ou paramilitaires.

Il convient de relever que de plus en plus un mouvement se dégage pour la suppression de la justice militaire en temps de paix. En France, la loi n° 82-261 du 28 juillet 1982 a supprimé les tribunaux militaires permanents en temps de paix pour donner compétence aux tribunaux de droit commun avec des chambres spécialisées appliquant les dispositions de droit commun sauf pour les infractions militaires commises hors du territoire français.

Au Sénégal, les périodes de paix et de guerre[1] constituent le baromètre de la justice militaire. Mais une solution médiane est trouvée car la justice militaire en temps de paix est rendue par les magistrats civils assistés d'assesseurs militaires. Outre cette spécificité, il y a bien des particularités dans le cadre de la poursuite des infractions militaires et dans la mise en œuvre de l'action publique ; d'où l'intérêt d'examiner l'organisation de cette justice.

## §1. Organisation de la justice militaire

Le Code de justice militaire fait une distinction dans la composition des juridictions selon que l'on se trouve en temps de paix ou en temps de guerre.

### I. Le principe

### A. En temps de paix

« ... Juridiquement, la paix se définit par l'absence de guerre, ce qui implique le recours à des solutions pacifiques pour régler les différends internationaux et l'interdiction du recours à la force ou à la menace de la force (art.33 et 2 § 4 de la Charte des Nations Unies)... »[2] En droit

[1] « ... Depuis qu'il existe des hommes, des sociétés et des États, il y a toujours eu dialectique de la paix et des conflits. La question qui se pose est de savoir si c'est l'état de guerre ou au contraire l'état de paix qui constitue la situation normale. La guerre est-elle un phénomène pathologique, extraordinaire, exceptionnel ou bien un phénomène endémique, ordinaire, courant ? Les avis des spécialistes ne concordent pas... ». Daniel Colard, *Les relations internationales de 1945 à nos jours,* 4ème édition, Paris, Masson, 1991, page 132.

[2] Daniel Colard, *Les relations internationales de 1945 à nos jours, ibid.,* page 132.

international, il est posé une règle portant interdiction de régler les différends par des moyens non pacifiques[1].

En temps de paix, situation d'un pays qui n'est pas en guerre[2] ou en conflit, la justice est rendue par le Tribunal de grande instance de Dakar et la cour d'appel de Dakar qui prennent la dénomination légale de juridiction à formation spéciale parce que comportant deux assesseurs militaires de grade supérieur ou au moins égal à celui du prévenu, désignés par le président de la juridiction sur une liste proposée par les ministres des Forces armées et de l'Intérieur.

La compétence est ainsi répartie :

- les contraventions et délits commis par les hommes de troupe, sous-officiers et officiers jusqu'au grade de capitaine inclusivement et pour les mêmes grades pour le corps paramilitaire, le Tribunal de grande instance de Dakar est compétent ;

- Pour ces mêmes infractions commises par des officiers supérieurs de l'armée ou des corps et des officiers généraux, la cour d'appel de Dakar est compétente ;

- les crimes sont jugés par la Chambre criminelle du Tribunal de grande instance de Dakar avec quatre jurés militaires.

La concentration de la compétence aux juridictions de Dakar mérite d'être repensée compte tenu de la nouvelle dynamique du maillage de la République en matière juridictionnelle. Des pôles de forte concentration militaire comme Ziguinchor, Saint-Louis, Tambacounda et Kaolack pouvaient connaître de la délinquance militaire en dépit de sa spécificité. On ne doit pas perdre de vue que cette concentration se justifie par le caractère spécifique des questions militaires et la nécessité de sauvegarder le secret de la défense nationale.

**B. En temps de guerre**

La guerre peut être définie comme une « lutte armée entre États, situation de conflit qu'elle implique. La guerre est le recours à la force armée pour dénouer une situation conflictuelle entre deux ou plusieurs

---

[1] « … Elle est un corollaire ou un élément de principe de droit international général constitué sur la base de l'article 2 § 4 de la Charte des Nations Unies, qui peut être lu conjointement avec celui qu'énonce l'article 2 § 3 : « les Membres de l'Organisation règlent leurs différends internationaux par des moyens pacifiques, de telle manière que la paix et la sécurité internationales ainsi que la justice ne soient pas mises en danger… » *Droit international public*, *op. cit.*, page 559.

[2] Latin *pax. Petit Larousse* 2007.

collectivités organisées, clans, factions ou États. Elle consiste pour chacun des adversaires à contraindre l'autre à se soumettre à sa volonté »[1]. En examinant les Conventions de Genève du 12 août 1949 et leurs Protocoles additionnels de 1977, le Statut de Rome instituant la CPI et la jurisprudence de la justice pénale internationale, la guerre peut être définie comme un conflit armé international (CAI) ou conflit armé non international[2] (CANI). Elle est différente des troubles intérieurs ou rébellions.

La déclaration de guerre faite par le président de la République est autorisée par l'Assemblée nationale[3]. L'absence de cette déclaration ne saurait exclure la qualification de conflit armé à une situation qui répond à ce critère[4].

Aux termes de l'article 17 CJM, durant cette période, les juridictions ordinaires à formation spéciale telles que décrites dans les articles précédents demeurent compétentes sauf si pour les nécessités du moment, un décret pris sur le rapport du ministre chargé de la Justice fixe le siège et la compétence des tribunaux créés, le nombre des chambres qui les constituent et détermine pour chaque tribunal les autorités qui exercent les pouvoirs judiciaires pour les différentes catégories de personnels cités à l'article ci-dessus.

Les autres dispositions, selon l'article 18 CJM, prévues pour le fonctionnement et le service des juridictions ordinaires à formation spéciale sont applicables aux tribunaux visés par l'article précédent. Selon l'article 19 CJM, en cas de mobilisation générale, les dispositions de la présente section peuvent également être rendues applicables par décret sur le rapport du ministre chargé des Forces armées.

Ces règles, loin d'être statiques, comportent des dérogations.

---

[1] *Ibid.*

[2] Voir sur les critères de ces conflits, la jurisprudence : arrêt Tadić *I,* 2 octobre 1995, Chambre d'appel TPIY, *Affaire des activités armées sur le territoire du Congo (République Démocratique du Congo) c. Ouganda,* arrêt du 19 décembre 2005 CIJ, jugement *Affaire Akayesu,* du 2 septembre 1998 TPIR.

[3] Article 70 de la Constitution du Sénégal du 22 janvier 2001, révisée.

[4] « ... On remarquera que, conformément à la pratique en usage depuis le XXème siècle, la déclaration de guerre n'est plus requise pour constater l'existence d'un CAI... ». Olivier De Frouville, *Droit international pénal, Sources, Incriminations, Responsabilité, op. cit.*, page 204.

### II. Cas dérogatoires

Dans le cas d'une zone coupée, c'est-à-dire, au sens de l'article 20 CJM, dès lors qu'il y a rupture des communications avec le gouvernement du fait d'une agression extérieure ou intérieure et pour une durée indéterminée susceptible de couvrir le temps de prescription, c'est le tribunal de grande instance dans le ressort duquel l'infraction a été commise qui est compétent pour juger les hommes de troupe, les sous-officiers et officiers jusqu'au grade de capitaine ainsi que le personnel des corps paramilitaires de grade correspondant. Ce texte introduit dans ce seul cas une exception à la compétence des juridictions de Dakar. Toutefois, pour le jugement des infractions commises en zone coupée, la cour d'appel de Dakar demeure compétente pour juger les officiers supérieurs ou personnels des corps paramilitaires de grade correspondant ou par les officiers généraux.

Les fonctions d'officiers de police judiciaire sont remplies en zone coupée par le commandant de zone ou en cas d'empêchement l'officier à qui revient le commandement de la zone coupée. Il délivre également l'ordre de poursuite.

Le président du tribunal de grande instance de la zone coupée désigne les assesseurs et les jurés sur une liste dressée par le commandant de zone sur proposition des chefs de corps en service dans la zone en se conformant aux articles 7 et 8. En cas de crime, la zone prend momentanément le nom de Chambre criminelle militaire.

Comme il ressort de cet examen, la justice militaire en zone coupée n'intervient qu'en des circonstances exceptionnelles.

Il convient d'examiner le régime juridique de la justice militaire en général.

## §2. Compétence

Comme dans son organisation, la compétence des juridictions militaires varie selon que l'on soit en temps de paix ou en temps de guerre.

### I. En temps de paix

Selon les dispositions de l'article 27 CJM, les juridictions ordinaires connaissent :

- des infractions d'ordre militaire ne pouvant être commises que par le personnel militaire ou paramilitaire : crimes et délits contre le devoir et l'honneur militaire (l'insoumission, la désertion, la provocation à la désertion et le recel de déserteur, la mutilation volontaire, la capitulation, la trahison et le complot militaire, l'incitation à commettre des actes contraires au devoir, l'outrage au drapeau ou à l'armée, la décoration de signes distinctifs et emblème, le faux, la falsification, le détournement, le vol, le pillage, la destruction) et des infractions contre la discipline (révolte militaire, rébellion, refus de service dû légalement, refus d'obéissance, voies de fait et outrage envers les supérieurs, violences ou insultes à sentinelle ou à vedette, abus d'autorité comme les voies de fait, outrage à subordonné, les abus de droit de réquisition, la constitution illégale d'une juridiction, les infractions aux consignes ;

- des infractions de toute nature commises par des militaires dans le service, dans les casernes, quartiers et établissements militaires et chez l'hôte.

S'il n'y a pas de difficultés pour les infractions commises dans une caserne, il y va différemment pour celles commises dans le service. Prenons l'exemple du chef qui envoie son subordonné avec le véhicule de service pour aller chercher un effet personnel chez lui. Sur le chemin du retour, le subordonné commet un accident mortel. S'agit-il d'une infraction militaire ? La réponse doit être positive car, ayant obéi aux ordres de ses chefs, l'agent se trouvait dans l'exercice de ses fonctions ; l'évènement n'est pas détachable du service militaire. Il en est autrement par exemple si, hors les heures de service, et avec des moyens propres, l'agent en tenue militaire commet une infraction.

*Chez l'hôte* comme le définit le code, c'est le lieu où est hébergé le militaire en déplacement. Si le déplacement a lieu dans les limites du territoire national, l'expression ne vise que les dépendances et le domicile de la personne qui a hébergé le ou les militaires. Si le déplacement a lieu en territoire étranger, l'expression vise toute infraction commise en n'importe quel point du territoire étranger. Il y a là une conception large de la territorialité pour les infractions commises à l'étranger. Dans les deux cas, on prend en charge les infractions commises par les militaires en mission dans les zones de conflits surtout ceux déployés dans les opérations extérieures.

### II. En temps de guerre

Sauf pour les cas dérogatoires des zones coupées, les juridictions ordinaires à formation spéciale demeurent compétentes. La seule spécificité est que leur compétence *ratione personae*[1] est étendue aux

[1] En raison de la personne.

délinquants non militaires ou paramilitaires comme les simples civils. L'article 38 CJM dispose qu'elles jugent tous les auteurs ou complices d'une infraction contre les forces armées, commise pendant le temps de guerre, ou dans les périodes qui lui sont immédiatement voisines.

Les citoyens sénégalais n'ayant pas la qualité de militaire répondent indistinctement devant ces juridictions s'ils sont coauteurs ou complices d'infractions commises par des militaires ou paramilitaires. Il en est de même des crimes, délits et contraventions commis dans cette période par les nationaux ennemis ou tout agent au service de l'administration ou des intérêts ennemis sur le territoire de la République ou en zone de guerre contre les citoyens sénégalais, les réfugiés ou apatrides sous la protection du Sénégal, contre les biens. Les supérieurs hiérarchiques ne peuvent échapper et doivent répondre des actes de leurs subordonnés lorsqu'ils auront organisé, toléré ou volontairement tu leurs agissements criminels.

## §3. Les enquêtes et poursuites des infractions militaires

### I. La police judiciaire militaire

#### A. Les autorités investies

Sauf exception, en *zone coupée* le ministre des Forces armées procède ou fait procéder à tous les actes nécessaires à la recherche et à la poursuite des infractions relevant de la justice militaire. Ce sont les militaires, gendarmes ayant la qualité d'officiers de police judiciaire et d'agents de police judiciaire qui sont seuls compétents pour constater les infractions au Code de justice militaire et d'en découvrir les auteurs. Sont concernés :

- les officiers et sous-officiers de la gendarmerie ;

- les chefs de poste militaire ;

- les officiers assermentés des diverses formations des armées ou des services.

Il y a aussi les officiers de police judiciaire qui sont :

- officiers et gradés de la gendarmerie, les gendarmes désignés comme OPJ en application de l'article 15 CPP, les gendarmes servant dans les unités prévôtales ;

- les officiers et sous-officiers assermentés des différentes formations des armées ou des services pour l'exercice des missions particulières qui leur sont dévolues par les lois et règlements.

Ce sont spécialement les autorités investies des qualités de faire personnellement à l'intérieur des établissements militaires tous les actes nécessaires à l'effet de constater les infractions relevant des juridictions ordinaires à formation spéciale, d'en rassembler les preuves et d'en chercher les auteurs. Il s'agit des commandants de zone ou d'arme, des directeurs de service, des chefs de corps, des commandants de base, des commandants de navire ou d'aéronef, des chefs de dépôt et de détachement. Leurs pouvoirs peuvent être délégués.

**B. Les pouvoirs des enquêteurs**

***a. Les règles générales***

Ils ont les mêmes pouvoirs qu'en droit commun. Ce sont les mêmes règles qui s'appliquent sur les visites, perquisitions ou saisies. Toutefois, les délinquants appréhendés dans le cadre d'une procédure sont incarcérés soit dans les locaux disciplinaires de leur corps ou unité, soit dans la maison de discipline militaire tant qu'il n'est pas décerné mandat de dépôt ou d'arrêt. Cette disposition répond à des soucis de sauvegarde de l'efficacité de l'enquête dont les autorités militaires sont saisies.

Après la saisine des autorités judiciaires, le délinquant est détenu dans un quartier spécial de la maison d'arrêt et de correction.

***b. Perquisition dans certains locaux et propriétés privées***

Aux termes de l'article 54 CJM, « lorsque les officiers de police judiciaire militaires sont appelés, hors le cas de crime ou délit flagrant, à procéder, à un constat ou à une perquisition dans les locaux autres que ceux visés à l'article 53 CJM ou dans une propriété privée où a été commis un crime ou un délit relevant de la compétence des juridictions ordinaires à formation spéciale, ils adressent à l'autorité judiciaire leurs perquisitions tendant à obtenir l'entrée dans ces établissement ou propriété privée. L'autorité judiciaire est tenue de déférer à ces réquisitions, de se faire représenter aux opérations et en cas de conflit de s'assurer de la personne du mis en cause ».

L'autorité judiciaire étant tenue de déférer, on se pose la question de savoir quelle est l'utilité de cette formalité ? Elle vaut certainement comme moyen de l'en tenir informée pour la prise de toutes mesures utiles ou opérer un contrôle.

## II. Les poursuites : une spécificité, l'ordre de poursuite

En principe le parquet est seul maître dans la poursuite des infractions à la loi pénale. Cependant, le Code de justice militaire du Sénégal établit une liaison entre le parquet et les autorités ministérielles dont relèvent les personnels militaires ou paramilitaires. Ces autorités sont compétentes pour délivrer un ordre de poursuite si elles estiment devoir faire poursuivre les justiciables devant les juridictions ordinaires à formation spéciale. En pratique, l'ordre de poursuite est donné par le ministre des Forces armées ou le ministre de l'Intérieur ou les autorités habilitées par les statuts propres sur demande du Haut Commandant de la Gendarmerie, Directeur de la Justice militaire[1].

Quelle est la force de l'ordre de poursuite donné au procureur de la République ? Le lie-t-il ? L'ordre de poursuite, qui fait l'objet de beaucoup de critiques, porte mal son nom car le parquet retrouve son pouvoir d'appréciation avec son corollaire, l'opportunité des poursuites. Il ne s'agit pas *stricto sensu* d'un ordre qui lui est donné. Mais aucune poursuite ne peut être engagée par le ministère public sans ordre de poursuite. Il s'agit là d'un avis de l'autorité militaire ou paramilitaire qui est en même temps informée des faits. C'est une formalité exigée à peine de nullité en application de l'article 60 CJM. L'autorité militaire compétente qui, pour un motif déterminé, s'abstient de délivrer l'ordre de poursuite paralyse l'action publique.

L'ordre de poursuite répond par ailleurs à un régime particulier :

- Les autorités militaires ou paramilitaires sont tenues de donner l'ordre de poursuite lorsque l'infraction relevant de la juridiction ordinaire à formation spéciale est dénoncée par un juge d'instruction, un procureur de la République, le procureur général ou par la chambre d'accusation ;

- L'ordre de poursuite ne peut être délivré que sur autorisation du président de la République après communication du dossier si le justiciable a le grade d'officier général ;

- L'ordre de poursuite est sans appel. Ceci s'explique certainement par le fait que c'est une décision purement administrative qui n'a aucune portée juridictionnelle ;

- L'ordre de poursuite est adressé au procureur de la République pour chaque affaire même si les affaires sont connexes. En pratique, le

---

[1] Au niveau du tribunal militaire de Dakar, le secrétariat envoie dès réception des dossiers, les soit-transmis pour solliciter les ordres de poursuites.

parquet saisi d'un dossier sollicite un ordre de poursuite par lettre adressée à l'autorité qui en général y donne suite dans les meilleurs délais ;

- Pour les dossiers d'information, avis de toutes les ordonnances rendues par les juges est donné à l'autorité qui a délivré l'ordre de poursuite. La suite donnée aux procédures, les mandats sont notifiés à ces autorités.

À la clôture de l'information, le juge comme en droit commun communique le dossier au parquet qui doit prendre ses réquisitions dans le délai de 15 jours. Le juge peut renvoyer l'affaire en jugement ou rendre une ordonnance de non-lieu.

### §4. La réouverture de l'information

À la suite d'un non-lieu pour insuffisance des charges, la réouverture du dossier pour charges nouvelles ne peut se faire que sur la base d'un nouvel ordre de poursuite. Ce qui, à notre sens ne porte pas une entorse à la règle de droit commun qui veut que seul le ministère public puisse solliciter la réouverture de l'information pour charges nouvelles.

Devant les juridictions militaires, le ministère public exerce les mêmes attributions qu'en droit commun.

### §5. La suspension de l'exécution de la décision pénale

À l'exception de la peine de mort, sanction pénale abolie au Sénégal[1], si le condamné est membre de l'ordre national du lion ou

---

[1] La peine de mort (PDM en abrégé) est abrogée au Sénégal par la loi n° 2004-38 du 28 décembre 2004, JORS du 22 janvier 2005, page 53. Motifs : « … l'expérience dans plusieurs pays dans le monde a prouvé que la peine de mort n'était pas la réponse la plus pertinente pour juguler la criminalité. L'effort de recherche des solutions les plus adéquates à la criminalité dans ses causes et dans ses effets doit être poursuivi. Il faut en outre rappeler que l'erreur judiciaire demeure toujours possible et représente une hantise pour tous, en particulier pour ceux et celles qui sont amenés à prononcer la sanction irréversible de la peine de mort… ». Mais le 19 novembre 2013, le député Seydina Fall dépose au bureau de l'Assemblée nationale une proposition de loi pour le rétablissement de la peine de mort au Sénégal. Une démarche vivement critiquée par des organisations de défense des droits de l'homme.

« Il ne fait désormais plus aucun doute que le mouvement contre la peine capitale prend de l'ampleur. En 2009, le Burundi et le Togo ont aboli ce châtiment pour tous les crimes, portant le nombre total des pays abolitionnistes à 95. Il n'y a pas si longtemps, en 1977, seuls 16 États avaient interdit les exécutions. En Afrique, seuls le Botswana, l'Égypte, la Libye et le Soudan ont procédé à des exécutions en 2009 et plusieurs pays révisent actuellement leurs Constitutions : le Bénin, le Ghana, la

celui du mérite ou est décoré de la Médaille militaire, ou toute autre décoration relevant de la grande chancellerie, le chef d'état-major général s'il s'agit d'un militaire des armées, le commandant du groupement national des sapeurs-pompiers pour les militaires de cette formation ou le haut commandant de la gendarmerie nationale, s'il s'agit d'un militaire de cette arme, peut obtenir sur demande adressée au ministre chargé des Forces armées, la suspension de l'exécution du jugement ou de l'arrêt. La demande de suspension peut être déposée au cours des 3 mois qui suivent le jour où le jugement ou l'arrêt est devenu définitif. C'est une sorte de parallélisme des formes. Agissant en amont avec l'ordre de poursuite, les autorités militaires peuvent obtenir la suspension de l'exécution de la décision de la justice.

---

Zambie, le Zimbabwe et le Kenya (où 4000 condamnés ont vu leurs sentences capitales commuées en peines d'emprisonnement en 2009). Ailleurs, les États qui continuent de procéder à des exécutions – principalement l'Arabie Saoudite, la Chine, les États-Unis, l'Irak et l'Iran – sont l'exception plutôt que la règle. De plus en plus d'éléments démontrent que, pays après pays, la question n'est plus de savoir si la peine de mort sera abolie mais quand elle le sera… ». « La peine de mort, un châtiment du passé », par Claudio CORDONE, Secrétaire général par intérim d'Amnesty International, *Jeune Afrique* n ° 2570 du 11 au 17 avril 2010, page 103 Forum.
Selon Radio France Internationale (RFI) dans une édition du 28 décembre 2011, aucune exécution n'est enregistrée au Japon courant 2011 ; ce qui n'est pas arrivé depuis 1992 alors qu'environ 129 condamnés à mort attendent dans le « couloir de la mort ». Ceci serait dû à une certaine volonté abolitionniste du Gouvernement.
Le 12 décembre 2014, « Le Parlement de Madagascar a voté un projet de loi sur l'abolition de la peine de mort, une peine qui n'est toutefois plus appliquée depuis plus de 50 ans, a-t-on appris vendredi de source parlementaire. La loi sur l'abolition de la peine capitale a été adoptée à l'unanimité par les 82 députés présents lors du vote mercredi à l'Assemblée nationale à Antananarivo. Cette loi attend désormais d'être promulguée par le président de la République Hery Rajaonarimampianina. L'article premier du texte indique que "la peine de mort est abolie" et que "nul ne peut être exécuté". Ainsi, les peines de mort prévues dans les textes en vigueur à Madagascar devraient être remplacées par les travaux forcés à perpétuité. La peine de mort n'est plus appliquée sur l'île depuis 1958. Les condamnés à mort ont vu leur peine se transformer en réclusion criminelle à perpétuité. Madagascar s'est engagé sur la voie de l'abolition de la peine capitale depuis la signature en septembre 2012, par Andry Rajoelina, le président de transition de l'époque, du protocole se rapportant au "Pacte international relatif aux droits civils et politiques", un texte de l'ONU visant à abolir la peine de mort ». Http://www.peinedemort.org
« Au cours de l'année 2016, au moins **1032 personnes** ont été **exécutées** dans **23 pays**. En 2015, Amnesty International avait recensé 1634 exécutions dans 25 pays à travers le monde, un pic historique qui n'avait pas été atteint depuis 1989. La plupart des exécutions a eu lieu, par ordre décroissant, en **Chine**, en **Iran,** en **Arabie Saoudite**, en **Irak et** au **Pakistan**… ». www.amnesty.org/fr/latest/news/2017/04/death-penalty-2016-fact-and-figures/

Toutefois, il y a lieu de relever que :

1. la condamnation pour crime ou délit militaire non punissable d'après les lois ordinaires :

- ne fait pas perdre au condamné le bénéfice du sursis qui lui a été antérieurement accordé pour une infraction de droit commun ;

- ne fait pas obstacle à l'octroi ultérieur du sursis à l'exécution d'une condamnation pour infraction de droit commun ;

2. la condamnation pour crime ou délit militaire met obstacle à l'octroi ultérieur du sursis à l'exécution d'une condamnation pour infraction militaire.

Les condamnations prononcées pour crime ou délit militaire ne peuvent constituer le condamné en état de récidive que si lesdites infractions sont punies par les lois pénales ordinaires. Pour le jugement des infractions de droit commun, les juridictions ordinaires à formation spéciale appliquent les dispositions prévues par le Code pénal en matière de récidive.

## SECTION 5. LA LUTTE CONTRE LA DROGUE

Bien des années après son entrée en vigueur, la loi n° 97.18 du 1$^{er}$ décembre 1997 portant Code des drogues qui abroge et remplace la loi n° 87.12 du 24 février 1987[1] mérite encore des réflexions. Au Sénégal l'importance des cas de trafic de drogue[2] avec des pouvoirs importants

---

[1] Qui montrait ses limites par rapport aux exigences de la lutte actuelle contre le trafic de stupéfiants et son abus.
L'article premier du décret n° 97-1220 fixant la liste des stupéfiants, des substances psychotropes et des précurseurs dispose : « sont classés comme stupéfiants, substances psychotropes ou précurseurs au sens de l'article 2 du Code des Drogues, les plantes, substances et précurseurs inscrits au Tableau I, Tableau II, Tableau III et Tableau IV des Conventions internationales ainsi que dans le Code des Drogues dont la liste figure en annexe :
- Convention unique de 1961 sur les Stupéfiants ;
- Convention de 1971 sur les substances psychotropes ;
- Convention des Nations Unies contre le trafic illicite des stupéfiants et des substances psychotropes de 1988 ».
Il faut aussi mentionner le texte international pionnier en la matière : la Convention de l'opium de 1912 de la Société des Nations (SDN) reprise par l'ONU.

[2] « ... la gendarmerie vient encore de s'illustrer en saisissant une cargaison contenant une importante quantité de cocaïne (4,475 tonnes) en provenance des îles caraïbes. La valeur marchande de cette drogue est estimée à 150 milliards de Francs CFA... ». *La*

au parquet[1] a incité les pouvoirs publics à adopter une nouvelle politique dans le durcissement des peines encourues.

La loi n° 2007-31 du 27 décembre 2007 vient modifier les articles 95 à 103 du Code des drogues. Désormais le trafic intérieur et le trafic international, la culture, production, fabrication et transformation de drogue sont érigés en crimes parce que punis de travaux forcés à temps de 10 à 20 ans. Une telle criminalisation entraînera certainement au niveau des parquets une nouvelle attitude dans les poursuites. Une bonne politique pénale mais aussi le risque d'engorgement des cabinets d'instruction commandent que la poursuite de ces infractions nombreuses dans nos juridictions, se fasse avec beaucoup de discernement. Il serait préférable de viser dans bien des cas une prévention correctionnelle, une sorte de correctionnalisation judiciaire lors des poursuites, comme la facilitation de l'usage de drogue, l'offre ou la cession de drogue en vue d'une consommation personnelle prévus et punis par les articles 98 et 99 du Code des drogues. Il y a un choix à faire, au cas par cas, entre l'exigence d'une répression rapide et adéquate et la nécessité parfois de plus amples investigations pour démanteler de véritables réseaux de trafic de stupéfiants au lieu de se limiter à la répression d'une simple *mule*. En tout cas, la tendance lourde relevée déjà dans le cadre de l'application de cette loi est l'engorgement des rôles des chambres criminelles. La *décriminalisation* de ces infractions est agitée[2]. Le retour à la case départ n'est pas à exclure sauf à apporter des réaménagements.

---

*Grenade* n° 5. Trimestriel d'information de la gendarmerie nationale. novembre-décembre 2007- janvier 2008.

En 2008, les Douanes sénégalaises ont saisi 29,358 kg de cocaïne et 3752,430 kg de chanvre indien. Sources *African global news* du mardi 23 juin 2009 citant l'administration des douanes à l'occasion de la semaine de lutte contre la drogue. Site internet http//www.africanglobalnews.com

[1] Youssoupha DIALLO, Substitut du Procureur de la République près le tribunal régional de Thiès, « Les attributions du parquet dans le nouveau Code des drogues ». Journal *La Balance*, juin 2003.

[2] « ... Engorgement des cabinets d'instruction, surpeuplement des prisons et prolongation du temps des détentions préventives, c'est l'essentiel des arguments servis par le ministère de la Justice, par la voix même du garde des Sceaux, Cheikh Tidiane SY, pour justifier l'ouverture d'un chantier pour le moins surprenant. Il s'agit du retour sur la loi dite « loi Latif Gueye » qui criminalise le trafic de drogue. Loi, rappelons-le, votée à l'unanimité des députés présents lors de son adoption par l'Assemblée nationale... ». Extrait journal *Le Populaire* n° 3536 du mercredi 07

Hormis l'aspect purement répressif, le traitement médical des toxicomanes a toujours été une préoccupation[1]. Le décret n° 97-1219 du 17 décembre 1997 en son article 1er indique que « toute personne qui s'adonne à un usage abusif et illicite de drogue peut être soumise à une expertise médicale, à sa demande ou à celle de sa famille. Si elle est inculpée ou prévenue pour cause de toxicomanie, le juge ou le procureur de la République saisit le médecin spécialiste qui procède aux examens médicaux nécessaires ». Il ressort de ce texte qu'on exige que la personne soit prévenue ou inculpée. Mais au niveau du parquet, cette exigence doit être bien comprise. En effet l'article 2 poursuit que s'il est établi que l'intéressé est un toxicomane, le médecin expert établit un certificat prescrivant les mesures de soins de désintoxication qu'il transmet au juge ou au procureur et à la famille de l'intéressé. Le magistrat saisi au vu de ce certificat peut proposer à l'intéressé de se soumettre à une cure de désintoxication, sous peine d'être poursuivi pour usage abusif de drogue avec toutes les conséquences judiciaires prévisibles.

Si l'intéressé accepte de se soumettre à la cure, il est confié à un établissement hospitalier spécialisé et la procédure est mise en veilleuse ou en instance. Avant les poursuites, donc avant une inculpation formelle, le parquet peut user de ce mécanisme à but essentiellement thérapeutique. Le procureur doit à ce niveau exercer un contrôle pour suivre le respect de cette obligation. Il doit être informé par le médecin traitant du début et de la fin du traitement. Tout incident doit être porté à la connaissance du magistrat surtout en cas de soustraction pour le déclenchement de l'action publique. Ce qui fait peser sur le toxicomane une sorte *d'épée de Damoclès.*

Cette alternative aux poursuites n'est pas encore beaucoup pratiquée dans nos parquets où prédominent les poursuites d'où la nécessité

---

septembre 2011, page 1 qui a pour titre « Décriminalisation du trafic de drogue, Danse sur la tombe de Latif GUEYE… ».

[1] Les drogues sont principalement de trois ordres : « les perturbations du système nerveux central, les dépresseurs du système nerveux central, les stimulants du système central », les effets de l'usage de drogue sont essentiellement « des états de faiblesse, une dépendance physique, assoupissement et engourdissement de la sensibilité, ralentissement du rythme de la fréquence cardiaque, impression de fatigue permanente, chute de tension artérielle, crampe musculaire, dépression psychique, impuissance sexuelle, baisse de performance, mort ». Dépliant de sensibilisation édité par le Comité interministériel de lutte contre la drogue lors de la Semaine nationale du 26 au 30 juin 2007.

d'identifier les pratiquants et les établissements spécialisés dans ce domaine qui devront mettre en place un dispositif pour alerter à tout moment le parquet.

# VI$^{ÈME}$ PARTIE.

# L'EXÉCUTION DES PEINES ET LEUR AMÉNAGEMENT

Le procès pénal avec toute la machine judiciaire mise en branle serait vain si les décisions rendues n'étaient pas exécutées. Il faudra examiner :

- les parties investies de ce pouvoir ;
- les conditions préalables à l'exécution de la décision ;
- la procédure ;
- les incidents relatifs à l'exécution.

## SECTION 1. LES PARTIES INVESTIES DE CE POUVOIR

Aux termes de l'article 678 CPP, « le ministère public et les parties poursuivent l'exécution de la sentence chacun en ce qui le concerne ». Il appartient ainsi au ministère public de l'exécuter directement ou de faire toutes diligences pouvant permettre à l'autorité compétente d'exécuter la sanction[1].

Le texte parle des *parties* sans distinction mais il faut bien en faire. En général, seuls le ministère public et la partie civile s'activent pour faire exécuter la décision ; le prévenu condamné n'a parfois aucun intérêt à ce que la décision soit exécutée, il devra la subir. Par contre si la décision lui est favorable le prévenu relaxé et qui s'est vu alloué par exemple des dommages et intérêts pour procédure abusive, sera enclin à la faire exécuter.

---

[1] Exemple, « tout jugement ou arrêt prononçant l'interdiction de séjour est notifié, en forme d'expédition régulière, dès qu'il a acquis le caractère définitif, au ministre de l'Intérieur par le parquet de la juridiction qui a prononcé la condamnation ». Article 2 du décret n° 66-183 du 16 mars 1966 relatif aux conditions d'application de l'article 36 du Code pénal sur l'interdiction de séjour.

## SECTION 2. LES CONDITIONS PREALABLES

Selon l'article 679 CPP, l'exécution à la requête du ministère public a lieu lorsque la décision est devenue définitive. La décision définitive est celle qui n'est pas frappée d'opposition, d'appel ou de pourvoi en cassation. En effet l'article 36 de la loi organique n° 2017-09 du 17 janvier 2017 sur la Cour suprême énumère les cas où le pourvoi est suspensif, dont la matière pénale, sauf « d'une part, en ce qui concerne les condamnations civiles et, d'autre part, l'existence de dispositions législatives contraires ».

## SECTION 3. QUID DES JUGEMENTS RENDUS PAR DEFAUT ?

Aux termes de l'article 474 CPP, « toute personne citée qui ne comparaît pas au jour et heure fixés par la citation est jugée par défaut[1] ». Le jugement par défaut pour être exécutoire doit être signifié par voie d'huissier. Pour les délais d'opposition, la loi fait une distinction si la signification a été faite à personne ou non :

- si la signification a été faite à personne, l'opposition doit être formée 30 jours si le prévenu réside sur le territoire de la République et 45 jours dans les autres cas.

- si la signification n'a pas été faite à personne, l'opposition doit être formée dans le délai de 30 jours si le prévenu réside sur le territoire de la République et 45 jours s'il réside hors du Territoire. Dans ce cas le délai d'opposition ainsi indiqué commence à courir à partir de la signification à domicile, à mairie ou à parquet.

Mais à ce propos l'article 479 CPP précise en son deuxième alinéa que s'il s'agit d'un jugement de condamnation et s'il ne résulte pas, soit de l'avis constatant remise de la lettre recommandée prévue aux articles 545, alinéa 3 et 546 alinéa 2 CPP, soit d'un acte d'exécution quelconque, ou de l'avis donné conformément à l'article 548 CPP, que le prévenu a eu connaissance de la signification, l'opposition, tant en ce qui concerne les intérêts civils que la condamnation pénale, reste recevable jusqu'à l'expiration des délais de prescription de la peine.

[1] « L'opposant a l'obligation de comparaître à l'audience d'opposition. À défaut et en dépit de la présence de son conseil, l'opposition doit être déclarée non avenue ». CA Dakar, arrêt n° 360 du 08 mai 2009, MP et Alioune Sarr *es qualité* de Info Horizon c/ El Hadji Idrissa Sow, *Bulletin des arrêts rendus par la cour d'appel de Dakar en matière correctionnelle*, Vol n° 2, 2011, page 49.

Dans ces cas ainsi spécifiés, le délai d'opposition court à compter du jour où le prévenu a eu cette connaissance.

Au niveau du parquet, en cas de décernement à l'audience d'un mandat d'arrêt, celui-ci doit être exécuté, une opposition sans exécution d'un mandat d'arrêt décerné par défaut est contraire aux dispositions des articles 452 et suivants du CPP[1].

La question se pose de savoir quand est-ce qu'on peut considérer que le prévenu a eu connaissance de la décision rendue. Tout est question d'appréciation. Il peut entreprendre des démarches, accomplir ou faire accomplir des actes, ou tout simplement des preuves irréfutables qui peuvent établir sa connaissance de la décision.

## SECTION 4. LES PEINES PRIVATIVES DE LIBERTE

Les peines privatives de liberté dont les fonctions ou finalités ont évolué[2] constituent un maillon important de la justice pénale. Il faut

---

[1] La lettre circulaire n° 5816/MJ/ACG du 03 novembre 1994 : « … j'ai noté qu'en cette matière, même lorsque le jugement de défaut a été accompagné de la délivrance d'un mandat d'arrêt, certains chefs de parquets se contentent de la simple notification dudit jugement, pour faire recevoir l'opposition de la personne concernée. Une telle pratique irrégulière… Il en résulte que le mandat d'arrêt décerné à la suite d'un jugement de condamnation rendu par défaut, en matière pénale, doit nécessairement être exécuté, pour permettre au prévenu de faire opposition au jugement et demander au besoin sa mainlevée… De la sorte aucun avocat ne sera plus admis à former opposition au nom et pour le compte de son client, l'opposition étant un acte strictement personnel… De faire enrôler les jugements sur l'opposition dans le délai prescrit (huit jours au maximum) et de prendre des réquisitions précises et spéciales relativement au maintien ou à la mainlevée des mandats d'arrêt en cas de renvoi du jugement de l'affaire… ».
En matière de pourvoi en cassation, l'article 59 de la loi organique n° 2017-09 du 17 janvier 2017 abrogeant et remplaçant la loi organique n° 2008-35 du 08 novembre 2008 sur la Cour suprême dispose en son dernier alinéa que « la partie défaillante en matière criminelle ne peut se pourvoir en cassation ».

[2] De sa fonction de dissuasion et de rétribution ou de punition et châtiment, la peine joue de plus en plus un rôle éducatif et de réinsertion sociale.
« … les fonctions de la peine peuvent être inspirées par deux logiques. L'une, prospective, fait de la peine un pari, un risque calculé ou un investissement chargé d'espoir : elle contient un projet pour l'avenir. L'autre, restitutive, fait de la peine un retour de mise, une restitution mesurée par la faute commise, elle aspire à l'équivalence, voire à l'effacement… La logique prospective place au premier plan la dissuasion, générale ou spéciale… La logique restitutive, quant à elle, favorise l'idée de châtiment… ». Anne-Marie La Rosa, *Juridictions pénales internationales, la procédure et la preuve*, Paris, PUF, 1ère édition, 2003, page 172.

voir les lieux de détention et les difficultés liées à l'exécution des peines d'emprisonnement.

### §1. Les lieux de détention

Le parquet est l'autorité judiciaire naturelle chargée d'assurer l'exécution des peines privatives de liberté. Aux termes de l'article 680 CPP, « le procureur de la République et le procureur général ont le droit de requérir directement l'assistance de la force publique à l'effet d'assurer cette exécution ».

Selon leur statut pénal, les détenus sont ainsi répartis dans les établissements pénitentiaires.

- les inculpés, prévenus et accusés détenus provisoires, autrement dit qui ne sont pas encore jugés, sont détenus dans une maison d'arrêt ;

- les condamnés aux travaux forcés ou à la détention criminelle sont détenus dans un camp pénal ; il faut y ajouter ceux dont la durée de la peine qui reste à subir est supérieure à un an ;

- les autres condamnés à des peines correctionnelles sont détenus dans une maison de correction ;

- les condamnés à un emprisonnement de police sont détenus dans un quartier distinct de la maison d'arrêt. Ils sont rares c'est pourquoi dans les maisons d'arrêt et de correction, on ne trouve pas généralement un quartier spécialement aménagé pour eux.

Comme l'autorise la loi, en général, les établissements sont en même temps des maisons d'arrêt et de correction.

Les mineurs dans tous les cas sont détenus dans un quartier spécial pour éviter l'effet de corruption. Il en est de même des femmes détenues dans un quartier spécial ; et au Sénégal, il existe à ce jour deux centres de détention exclusivement réservés aux femmes, la maison d'arrêt et de correction de Liberté 6 à Dakar et celle de Rufisque.

L'existence de ces différents établissements pénitentiaires, loin d'être innocente, procède en réalité d'une vieille politique carcérale[1].

---

[1] « Rappelons, un certain nombre de faits. Dans le Code de 1808 et de 1810, et les mesures qui les ont immédiatement précédés ou suivis, l'emprisonnement n'est jamais confondu avec la simple privation de liberté. Il est, ou il doit être en tout cas, un mécanisme différencié et finalisé. Différencié puisqu'il ne doit pas valoir la même forme, selon qu'il s'agit d'un prévenu ou d'un condamné, d'un correctionnaire ou d'un criminel : maison d'arrêt, maison de correction, maison centrale doivent en principe correspondre à peu près à ces différences, et amener un châtiment non seulement

Ces peines pour l'exécution desquelles ces établissements sont érigés peuvent pourtant, dans certains cas, disparaître avant leur terme.

### §2. La disparition de la sanction pénale.

La sanction pénale, en dépit de son caractère exécutoire et de l'autorité intrinsèque de la décision de justice dont elle procède, peut être suspendue[1] ou tout simplement disparaître du fait d'autres mécanismes sans que son exécution ne soit complète. Les institutions comme la prescription, les remises de peine éteignent la sanction pénale. Par ailleurs, un condamné peut être gracié par décret du président de la République, amnistié par une loi de l'Assemblée nationale. Même complètement exécutée parfois, la décision peut se voir remise en cause par la justice elle-même, et le condamné réhabilité par décision de justice.

La grâce, héritée de la royauté en France, est définie comme « une faveur par laquelle le chef de l'État dispense un condamné d'une condamnation irrévocable et exécutoire[2], de subir tout ou partie de sa peine ou par laquelle il substitue une peine plus douce à celle normalement encourue… »[3]. Au Sénégal, elle est prévue à l'article 47 de la Constitution en ces termes : « Le Président de la République a le

---

gradué en intensité, mais diversifié dans ses buts ». Michel Foucault, *Surveiller et punir*, Paris, Éditions Gallimard, 1975, page 270.

[1] Les causes de suspension sont essentiellement le sursis, la dispense de peine, l'ajournement du prononcé de la peine, la libération conditionnelle, la semi-liberté, le placement à l'extérieur, le fractionnement de la peine, la probation, le travail au bénéfice de la société. Les mécanismes de suspension des peines évoluent et dépendent largement de la politique pénale en vigueur.

[2] « … Il m'a été donné de constater que des personnes détenues pour des dossiers en instance d'appel ou de pourvoi en cassation ont bénéficié de la mesure de grâce. Cette pratique consistant à faire octroyer irrégulièrement la clémence de Monsieur le Président de la République à des détenus qui n'ont pas été définitivement jugés, est contraire à l'article 47 de la Constitution. La principale source de ce dysfonctionnement découle du défaut de communication, en temps réel, des extraits d'actes d'appel reçus aux greffes des juridictions, aux établissements pénitentiaires où sont détenus les concernés… ». Circulaire n° 03682 du 03 août 2012.

[3] Jean PRADEL, *Droit pénal général*, Paris, CUJAS, 7ème édition, 1989, page 690.
« La grâce est une faveur en vertu de laquelle un individu reconnu coupable et définitivement condamné se trouve soustrait, en tout ou partie, à l'application de la sanction. C'est une prérogative traditionnelle du souverain dont a hérité le chef de l'État. Elle a été vivement critiquée par Beccaria, car elle atténue la certitude de la peine, qui constitue à ses yeux la meilleure arme de la répression… ». Bernard Bouloc, *Droit pénal général, op. cit.*, page 639.

droit de faire grâce ». Elle est collective ou individuelle. Elle peut être simple ou amnistiante[1]. En principe le procureur de la République n'intervient pas. Mais en cas de demande de grâce individuelle d'un détenu, transmise par la voie hiérarchique, le parquet donne en général son avis[2]. Les grâces sont accordées par le président de la République sur rapport du garde des Sceaux, ministre de la Justice. À l'occasion de certains évènements, les propositions de grâce sont faites au niveau des établissements pénitentiaires qui font remonter à la Direction de l'Administration pénitentiaire où elles sont centralisées et traitées pour le rapport. Même à ce niveau, les avis du procureur de la République du lieu de détention et celui du juge de l'application des peines sont utiles[3].

Dans les mesures de grâce, on relève qu'en général les condamnés sont dispensés de subir l'intégralité de leur peine. La remise gracieuse qui consiste à dispenser le condamné d'une partie de sa peine ou à substituer une peine plus douce à celle normalement encourue, n'est pas courante au Sénégal.

Contrairement à la grâce, la loi d'amnistie est votée par l'Assemblée nationale comme toutes les autres en vertu du pouvoir législatif qui lui est dévolu. Individuelle ou collective, elle reste une prérogative exclusive de l'institution parlementaire et le parquet d'instance n'intervient nullement, ni pour proposer des noms ni pour donner son avis sous quelque forme que ce soit. Elle a pour effet de dépouiller « certains faits de leur caractère délictueux »[4]. L'amnistie entraîne en réalité *l'oubli* de la peine. Individuelle, la loi d'amnistie cite nommément les personnes qui en bénéficient, collective, aucun nom

---

[1] Par la grâce amnistiante, le législateur réserve l'amnistie à des individus qui auront obtenu un décret de grâce dans un délit déterminé. La grâce est simple si elle obéit aux règles de droit commun.

[2] La lettre du procureur général près la cour d'appel de Dakar au procureur de Ziguinchor n° 02078 du 20 août 2008 pour son avis sur une grâce individuelle sollicitée par un condamné de son ressort.

[3] La lettre circulaire n° 1980 MJ/DACG du 03 mai 2011 « … Aussi, j'invite, par la présente, toutes les autorités judiciaires en charge de l'instruction des demandes de grâce, à faire preuve de vigilance et de rigueur dans le traitement desdites demandes en s'assurant notamment, avant toute proposition, du caractère définitif de la condamnation. J'exhorte, par conséquent, l'Inspection de l'Administration de la Justice, la Direction de l'Administration pénitentiaire et la Direction des Affaires criminelles et des Grâces à constituer des groupes de travail internes investis de la mission de statuer, au cas par cas, sur l'ensemble des demandes de grâce formulées en motivant spécialement leurs avis... ».

[4] *Droit pénal général*, *op. cit.*, page 698.

n'est cité mais on se limite à viser des faits, délits ou crimes. Pour cette dernière catégorie nous retrouvons au Sénégal, l'exemple de la loi d'amnistie n° 2005-01 du 07 janvier 2005. Aux termes de ses articles 1er et 2, « sont amnistiées, de plein droit, toutes les infractions criminelles ou correctionnelles commises, tant au Sénégal qu'à l'étranger, en relation avec les élections générales ou locales ou ayant eu une motivation politique, situées entre le 1er janvier 1983 et le 31 décembre 2004, que leurs auteurs aient été jugés ou non... Sont amnistiées de plein droit toutes les infractions criminelles ou correctionnelles commises, tant au Sénégal qu'à l'étranger, en relation avec le décès de monsieur Babacar SEYE, Magistrat au Conseil constitutionnel, que leurs auteurs aient été jugés définitivement ou non... ». L'amnistie peut être judiciaire, même si un exemple n'a pu être trouvé au Sénégal[1].

Ces deux institutions présentent *a priori* des similitudes quant à leurs effets. Mais il convient de retenir que « l'opinion publique sénégalaise commence à se familiariser avec la loi d'amnistie... De toutes les techniques pénales de pardon, la loi d'amnistie est la plus radicale et la plus efficace. La grâce n'agit que pour le présent et l'avenir. Elle n'efface pas le passé qui comptera pour apprécier l'état de récidive, pour obvier un éventuel sursis à l'exécution de la peine... Avec l'amnistie on va plus loin que le pardon donné au gracié : on oublie la faute.... Les lois d'amnistie ont au Sénégal un objectif politique, oublier les révoltes et les bagarres d'origine politique, consolider l'unité nationale, marquer l'élection d'un Président de la République »[2]. Mais l'une comme l'autre laisse subsister les condamnations civiles, l'amnistie ne préjudiciant pas aux droits des tiers qui peuvent poursuivre leur exécution, le cas échéant, en usant de la contrainte par corps comme le permet l'article 7 de la loi n° 2005-01 du 07 janvier 2005 : « ... la contrainte par corps ne peut être exécutée contre les condamnés ayant bénéficié de l'amnistie, si ce n'est à la requête des victimes de l'infraction ou de leurs ayants droit ».

---

[1] « Certaines lois subordonnent l'amnistie à la peine effectivement prononcée par le juge. L'action publique peut être lancée et la disparition de la qualification dépend de la mansuétude du juge. C'est ainsi qu'en France l'article 7 de la loi du 03 août 1995 déclare amnistiées les infractions commises avant le 18 mai 1995 qui sont ou seront punies à titre définitif, de peines d'emprisonnement inférieures ou égales à trois mois sans sursis... » Jean PRADEL, *Droit pénal général*, Paris, CUJAS, 15ème édition, 2004, page 323.

[2] Élisabeth Michelet, « L'amnistie dans la vie politique au Sénégal », *Annales africaines*. 1989-1990-1991, page 277.

La grâce et l'amnistie relèvent de l'appréciation souveraine de l'autorité compétente en la matière sauf disposition contraire de la loi ou d'un accord international[1]. Il faut souligner qu'en droit international, même si la grâce et l'amnistie sont bien connues dans le cadre de la résolution des conflits et des situations de crise, ces mesures adoucissantes ou de pardon sont considérées eu égard aux obligations absolues qui incombent aux États de poursuivre et de juger les auteurs de crimes internationaux ou de violations graves des droits humains. Les tribunaux pénaux internationaux les ont toujours écartées pour retenir leur compétence[2].

D'autres mécanismes interviennent dans le cadre de l'exécution de la sanction pénale comme la réhabilitation. Elle est définie comme « une sorte de *restitutio in integrum* qui a pour effet de rendre à celui qui s'en est rendu digne l'intégrité de son état ancien. Elle a pour objet d'inciter le condamné qui a subi sa peine à revenir au bien, en effaçant les fautes qu'il a pu commettre, et faisant disparaître, pour l'avenir, la condamnation et les conséquences qui en étaient résultées[3] ». Prévue au

---

[1] « La Chambre d'assises d'appel considère que la peine d'emprisonnement à perpétuité retenue par la Chambre d'assises demeure justifiée et rappelle à l'État sur le territoire duquel la peine sera exécutée, que conformément à l'article 26 (3) du Statut, il est lié par la durée de la peine ». Situation en République du Tchad, le procureur général c. Hissein Habré, arrêt rendu le 27 avril 2017 par la Chambre africaine extraordinaire d'assises d'appel, page 131, par. 568

[2] « Par exemple : i) le Tribunal spécial pour la Sierra Leone, dans sa *Décision sur l'exception d'incompétence : amnistie prévue par l'Accord de Lomé* (2003), a observé que l'octroi d'une amnistie par un État n'empêchait pas de traduire les auteurs présumés de crimes de guerre et d'autres crimes internationaux graves devant un tribunal international ; ii) le jugement rendu par le Tribunal pénal international pour l'ex-Yougoslavie dans l'affaire *Le Procureur c. Anto Furundžija* (1998), qui traitait d'actes de torture constitutifs de crimes de guerre, a souligné qu'une amnistie accordée pour des crimes dont l'interdiction a valeur de *jus cogens* était nulle et non avenue ; et iii) les Chambres extraordinaires au sein des tribunaux cambodgiens ont jugé (en 2011) que la loi d'amnistie promulguée par décret royal ne dispensait pas le Cambodge de s'acquitter de son « obligation absolue de poursuivre et de sanctionner les auteurs d'infractions graves aux Conventions de Genève de 1949, d'actes de génocide et d'actes de torture » ; L'amnistie au regard du droit international humanitaire: objectifs et champ d'application, https://www.icrc.org/fr/download/file/56885/amnesties_and_ihl_fr.pdf

[3] Gustave Le Poittevin, *Dictionnaire-formulaire des parquets et de la police judiciaire*, *op. cit.*
Elle est différente de la *réhabilitation* en justice internationale pénale devant la CPI comme un des modes (indemnisation-restitution-réhabilitation) de réparation du préjudice subi par les victimes, qui « vise à permettre aux victimes de continuer à vivre

Sénégal en matière criminelle et correctionnelle par les articles 739 et suivants C.P.P, la réhabilitation est soit acquise de plein droit, soit accordée par arrêt de la Chambre d'accusation. En effet, « à côté de cette réhabilitation résultant du bienfait de la loi, existe la réhabilitation judiciaire ouverte à tous ceux qui, après un délai d'épreuve dont le minimum de durée est fixé par la loi, peuvent prouver qu'ils se sont corrigés et sont revenus au bien : l'autorité judiciaire a un pouvoir absolu d'appréciation pour accorder ou refuser, suivant les résultats de l'enquête, la faveur sollicitée. La réhabilitation judiciaire ne fait pas double emploi avec la réhabilitation de droit ; en effet elle peut intervenir dans un délai plus court… »

La réhabilitation judiciaire est acquise de plein droit lorsque s'écoule un délai allant, selon les peines, de 5 à 20 ans. Qu'elle soit de plein droit ou judiciaire, le parquet d'instance intervient dans la réhabilitation. Dans la réhabilitation de droit, le parquet doit veiller à ce que la condamnation ne soit pas portée au bulletin n°3 du casier judiciaire.

La réhabilitation judiciaire est sollicitée par le condamné ou ses héritiers en cas de décès par demande adressée au procureur de la République de sa résidence habituelle. Ce dernier instruit le dossier en exigeant les pièces requises que sont une expédition des jugements de condamnation, un extrait du registre des lieux de détention où la peine a été subie constatant quelle a été la conduite du condamné, un bulletin n° 1 du casier judiciaire avant de tout transmettre avec un avis ou rapport au procureur général qui saisira à son tour la chambre d'accusation. La décision rendue par cette juridiction est notifiée à l'intéressé par le biais du procureur de la République.

### §3. Les difficultés constatées

Il s'agit essentiellement de courtes peines d'emprisonnement prononcées contre les personnes qui comparaissent libres devant le tribunal correctionnel. Beaucoup de ces peines ne sont pas exécutées à cause de l'inertie des services d'exécution travaillant sous la direction des chefs de parquet pour l'établissement, lorsque la décision est définitive, de l'ordre d'incarcération signé du parquet. Le chef du parquet doit veiller particulièrement à l'exécution de ces peines pour

---

aussi normalement que possible. La réhabilitation peut couvrir le coût des soins médicaux, psychologiques ou psychiatriques, ainsi que les frais liés aux services sociaux et juridiques et autres services nécessaires à la dignité et au bien-être des victimes ». ICC-PIDS-FS-02-001/13_Fra.

éviter des cas d'impunité et le discrédit de la justice. Parfois cette carence est évitée lorsque le tribunal condamne le prévenu à six mois d'emprisonnement ferme assortis d'un mandat de dépôt dûment motivé en application des dispositions de l'article 452 CPP.

Pour pallier ces difficultés, les peines alternatives comme le travail au bénéfice de la société, l'emprisonnement assorti d'une probation doivent être préférées aux courtes peines d'emprisonnement souvent inexécutées et source de corruption des délinquants primaires.

## SECTION 5. LES PEINES D'AMENDE

Aux termes de l'article 678 CPP, les poursuites pour le recouvrement des amendes et confiscations sont faites par le trésor. L'article 712 C.P.P dispose que, « dans le délai de trois mois à compter du jour où la décision est devenue définitive, la partie condamnée doit s'acquitter de sa dette entre les mains de l'agent du trésor ». Pour cela, certaines formalités seront accomplies.

### §1. L'avertissement

L'article 712 CPP dispose que le président de la juridiction ayant prononcé l'amende avertit à l'audience le condamné du délai qui lui est imparti pour s'acquitter et mention de cet avertissement doit être portée dans le jugement ou l'arrêt.

Cet avertissement verbal à l'audience n'est pas parfois fait au condamné même si mention est toujours faite dans la décision.

### §2. La confection et l'envoi des pièces d'exécution

Dès qu'une décision est définitive, le greffe doit établir les pièces d'exécution que sont les extraits en trois exemplaires, souvent de couleurs différentes et cartonnés, et contenant le décompte des condamnations pécuniaires ainsi que les droits d'enregistrement. Les extraits sont remis par le greffe au condamné. La partie civile peut recevoir un extrait identique si elle en fait la demande. Un autre extrait est conservé au greffe et porte mention de la date d'envoi des trois exemplaires.

Averti, rien ne s'oppose à ce que le condamné vienne les chercher au greffe. En général, c'est ce dernier qui établit les pièces qu'il transmet au parquet. Elles sont examinées à ce niveau avec les signatures, les minutes des jugements, la fiche du casier judiciaire, la pièce du greffe. Ces pièces sont retransmises au greffe.

Le parquet transmet au service de police et de gendarmerie du secteur ou au parquet territorialement compétent, la pièce destinée au condamné. Deux solutions sont pratiquées : ou le condamné se présente au greffe pour se faire remettre les pièces, ou elles lui sont envoyées. Dans ce dernier cas, un récépissé de remise des extraits est établi par les agents et retourné au parquet qui le classera au niveau de son service d'exécution avec mention.

La grande difficulté dans la transmission reste l'imprécision des adresses, la mobilité des personnes avec le temps assez long entre la date où la décision est devenue définitive et celle de l'établissement des extraits. Les pièces reviennent après objet non rempli, ce qui cause une perte énorme pour le Trésor public qui a pourtant déjà exposé des dépenses pour que le procès se tienne. Pour surmonter cette difficulté, il est indiqué, lors des enquêtes, au moment du règlement de la procédure que les services d'enquête, le parquet et la juridiction fassent preuve de précisions dans la rédaction des adresses en mentionnant les éléments de contact répandus comme le numéro de téléphone, les points de repère, adresses électroniques, etc. Aussi, la diligence dans l'établissement des pièces d'exécution doit être de mise.

Après la remise des extraits au condamné, deux situations peuvent se présenter :

### I. Le condamné décide de payer

Le condamné se présente au Trésor muni des trois extraits à lui remis. Après paiement total ou versement d'un acompte, l'agent du trésor lui remet un extrait avec la mention du paiement, l'autre est envoyé au greffe avec la même mention et le troisième extrait est conservé au trésor comme titre de recette.

Ce sont en général les agents de police et de gendarmerie qui envoient l'extrait avec la mention au parquet. Mais il y a un cas exceptionnel où le condamné décide de payer une amende pour une décision qui n'est pas définitive comme le prévoit l'article 712 C.P.P. Dans ce cas il se présente au greffe pour se faire remettre les actes pour paiement au trésor. Cette procédure permet de contourner les lenteurs dans l'exécution des condamnations pécuniaires. Ainsi pour des contentieux où l'exécution pose problème, comme les cas d'accident de la circulation avec des blessures corporelles, cette procédure est tout à fait indiquée. En effet le permis de conduire annexé à la procédure et classé au greffe ne devra être restitué à l'intéressé qu'après paiement des amendes. Pour bien maîtriser cela, il faudra mettre en place un dispositif opérationnel au sein de la juridiction comme suit :

- l'ouverture d'un registre spécial de transmission des permis de conduire au greffe[1] ;

- si le conducteur fautif se présente, il lui est fait au parquet un avertissement à prévenu pour une audience bien déterminée. Le greffe lui remet en même temps un certificat de retrait provisoire qui lui permettra de conduire le véhicule jusqu'à la date de l'audience. Si à l'audience le tribunal prononce la suspension du permis de conduire assortie de certaines limites liées par exemple aux activités professionnelles du condamné, le greffier remettra au condamné un certificat comportant les indications sur son identité, la décision, le permis, l'activité professionnelle, les conditions de temps et de lieu posées par la juridiction, une photographie de l'intéressé. Ce document tenant lieu de permis lui permettra de conduire dans les restrictions bien définies par la juridiction et pour le temps de la suspension ;

- après l'audience, en cas de condamnation avec suspension de permis tout court, le conducteur qui se présentera pour retirer son permis se verra remettre, séance tenante, les extraits pour paiement des amendes au Trésor avant la restitution du permis. En cas de relaxe avec restitution du permis, les dépens sont mis à la charge du Trésor.

Ce mécanisme permet d'assurer, avec aisance, l'application des dispositions de la loi n° 2000-38 du 29 décembre 2000 portant réforme du Code pénal. Il requiert une diligence du parquet et du greffe. Un système qui devra prendre désormais en compte l'instauration de nouveaux permis de conduire à points.

Le recouvrement de l'amende peut intervenir en même temps que l'exécution des condamnations à des dommages-intérêts ou à des restitutions. Si les moyens du condamné ne suffisent pas, quelle sera la solution ? Une solution légale est donnée par l'article 5 du décret n°65-

---

[1] « … Vous veillerez également à la bonne conservation de ces documents administratifs, retirés et gardés au greffe en vue d'assurer, le moment venu leur restitution en l'état où ils étaient. Pour ce faire, il est nécessaire de concevoir des conditions de conservation des permis retirés si l'on tient compte de l'encombrement des greffes en raison des nombreux scellés et de la vétusté de certains locaux les abritant. Ainsi, il appartiendra à chaque chef de juridiction et de greffe de tenir un registre spécial des permis de conduire retirés ou annulés et de concevoir un local approprié en vue de la bonne conservation de ces documents administratifs… ». Lettre circulaire n° 0534 MJ/DACG du 25 janvier 2012.

557 du 21 juillet 1965 portant Code des contraventions qui dispose qu'« en cas d'insuffisance des biens, les restitutions et les indemnités dues à la partie lésée sont préférées à l'amende » ; une sorte de *distribution du prix* au détriment du Trésor public.

### II. Le condamné ne paie pas

Aux termes de l'article 712 C.P.P. à l'expiration du délai de trois mois, le greffier transmet au ministère public de la juridiction compétente, pour exercice de la contrainte par corps les extraits concernant les condamnés pour lesquels il n'a pas reçu l'avis de paiement.

En pratique, les parquets le plus souvent, pour éviter les lenteurs, les aller et retour des pièces, envoient, en même temps que les extraits, la réquisition d'incarcération pour l'exercice, le cas échéant, de la contrainte par corps. Un raccourci et un moyen de pression sur le condamné retrouvé. S'il ne paie pas, la contrainte par corps est exécutée.

La question qui se pose en ce moment sachant que le délai de trois mois sus indiqué est largement dépassé, est celle-ci : quel est le temps qui doit être de nouveau consenti au condamné pour payer ? En principe, aucun nouveau délai ne doit lui être accordé car étant averti, il avait la faculté de passer au greffe pour se faire remettre les pièces. Toutefois, dans tous les cas les agents qui remettent les extraits au condamné lui laissent le temps de s'organiser pour payer, ce qui est acceptable car il vaut mieux un paiement dans un délai raisonnable qu'une contrainte par corps qui nécessite d'autres moyens même si elle a l'avantage de restaurer symboliquement l'autorité de la justice.

### III. La contrainte par corps

Chasser la justice privée, elle revient au galop mais cette fois sous le couvert de la loi. La contrainte par corps est le mécanisme par lequel une personne qui ne s'acquitte pas de ses obligations pécuniaires résultant d'une condamnation pénale est incarcérée. Elle consacre la vengeance ou la pression que la partie civile exerce sur son vis-à-vis et adversaire, le condamné qui doit réparer[1]. Pour examiner l'institution, il convient de voir :

---

[1] « … la restauration de la situation antérieure à la survenance du fait illicite (*restitutio in integrum*), expression dont le premier mot doit être pris dans son plein sens rétablissement, de remise en l'état tend à effacer toutes les conséquences de l'acte

- les conditions préalables de son exécution ;
- les modalités de son exécution ;
- les incidents pouvant survenir lors de son exécution ;
- les critiques faites à la contrainte par corps.

**A. Les conditions préalables**

Aux termes de l'article 709 CPP, « les arrêts et jugements, ordonnances et exécutoires portant condamnation au profit de l'État, à des amendes, restitutions, dommages-intérêts et dépens en matière criminelle, correctionnelle et de simple police sont exécutés d'office par la voie de la contrainte par corps, après signification commandement de la décision définitive à la diligence du ministère public qui délivre en double exemplaire les réquisitions d'incarcération contre tout condamné qui n'aura pas payé volontairement ». La réforme de 1999, par la loi n° 99-06 du 29 janvier 1999, apporte une légère modification de la contrainte par corps notamment en excluant désormais les exécutoires[1].

L'article 715 CPP intègre parmi les matières susceptibles d'aboutir à la contrainte par corps les condamnations en faveur des particuliers. L'exigence est que la condamnation pénale soit exécutoire. Dans les délais d'appel, d'opposition ou de pourvoi, la contrainte par corps ne peut être exécutée. En outre, la condamnation doit être pénale, c'est pourquoi en cas de relaxe et si le tribunal en application de l'article 457 CPP alloue des dommages-intérêts il le fait sur la base d'une faute civile et la contrainte par corps ne peut être exécutée. C'est le procureur de la République qui doit accomplir les diligences pour les condamnations au profit de l'État comme les amendes et restitutions, et les parties civiles pour les dommages-intérêts à leur profit.

**B. Les cas où la contrainte est exclue**

En présence même d'une décision pénale exécutoire, la loi exclut expressément l'application de la contrainte par corps pour des motifs parfois évidents :

---

illicite et rétablir l'état qui aurait vraisemblablement existé si ledit acte n'avait pas était commis (C.P.J.I, Usine de Chorzów, Série A n° 17, p. 47 ». *Droit international public*, Jean Combacau et Serge Sur, *op. cit.*, page 527.

[1] « Mandement du juge qui taxe le chiffre des frais et en vertu duquel on en poursuit le payement » *Dictionnaire le nouveau Littré*.

***a. En matière d'infraction politique***

L'infraction politique n'est pas définie par la loi. Mais en droit pénal général, elle est constituée, en partant d'un critère objectif, de tout acte qui a pour objet l'organisation et le fonctionnement de l'État. Cette définition a été déjà admise lors de la Conférence internationale sur l'unification du droit pénal tenue à Copenhague en août 1935 en ces termes : « les infractions dirigées contre l'organisation et le fonctionnement de l'État, ainsi que celles qui sont dirigées contre les droits qui en résultent pour les citoyens »[1].

Ce sont par exemple l'atteinte à la sûreté de l'État, la trahison, l'espionnage, agissement de nature à nuire à la défense nationale, attentat, complot, participation à un mouvement insurrectionnel, l'offense au président de la République, fraudes électorales[2].

***b. Les mineurs de moins de 18 ans***

L'exclusion des mineurs se justifie par leur statut qui mérite protection. Aussi en droit, les condamnations civiles contre les mineurs étant à la charge de leur civilement responsable, il est inconcevable que la contrainte s'applique au mineur. Par ailleurs, eu égard au caractère individuel de la peine, la contrainte par corps ne peut non plus être exercée contre le civilement responsable.

***c. Les condamnés ayant commencé leur soixante-dixième année***

Si en matière de responsabilité pénale aucun âge maximum n'est prévu, la loi exclut par contre la contrainte par corps pour les condamnés d'un certain âge. Les motifs d'humanisme ne sont pas étrangers. À notre avis, si en cours de contrainte la personne atteint cet âge, elle doit être remise en liberté.

Les voies de saisies civiles peuvent être efficacement utilisées contre le condamné caché à la tête d'une fortune.

Toutefois, l'âge doit être dûment prouvé par les actes de l'état civil en application de l'article 29 du Code de la famille sur la preuve de l'état des personnes.

---

[1] Jean Pradel, *Droit pénal général*, 7ème édition, Paris, Cujas, 1990, page 276.

[2] Youssoupha DIALLO, procureur de la République près le tribunal régional de Ziguinchor, « Le contentieux pénal en matière électorale », décembre 2011. Site : www.ums.sn.

***d. Exécution simultanée contre le mari et la femme***

Qu'il s'agisse d'une seule condamnation ou de deux décisions différentes, la contrainte par corps ne peut être exécutée simultanément contre les deux conjoints. Ce qui est interdit c'est la simultanéité, ce qui signifie qu'ils peuvent être contraints en des périodes différentes.

C'est certainement pour protéger la famille compte tenu de la communauté de fait des biens qui fait qu'en réalité les époux fournissent en général ensemble des efforts pour éponger les dettes. Aussi, les exigences liées aux obligations familiales commandent cette solution.

**C. La procédure d'exécution**

La distinction doit être faite selon qu'il s'agisse d'exécuter les amendes ou les dommages-intérêts au profit des parties civiles.

***a. Pour les amendes***

Aux termes de l'article 712 CPP, le délai de trois mois à compter du jour où la décision est devenue définitive, la partie doit s'acquitter de sa dette entre les mains de l'agent du Trésor.

Le président de la juridiction ayant prononcé l'amende avertit à l'audience le condamné du délai qui lui est imparti pour s'acquitter et mention de cet avertissement doit être portée dans le jugement. Avant de se présenter à l'agent du Trésor, le condamné reçoit en triple exemplaire au greffe de la juridiction ayant rendu la décision un extrait conforme de celle-ci comprenant le décompte des condamnations pécuniaires.

***b. Pour les dommages-intérêts***

Pour les condamnations au profit des parties civiles, celles-ci se font délivrer la grosse du jugement et saisissent un huissier de justice pour exécuter la décision par les voies civiles comme les saisies. Après commandement de payer resté sans suite et constat de la carence du débiteur, l'huissier poursuivant adresse généralement une requête aux fins d'exercice de la contrainte par corps par une réquisition d'incarcération. Il doit en outre verser une quittance justifiant le versement par la partie civile requérante, des aliments comme contribution à l'alimentation du contraignable.

À ce niveau, il faudra bien examiner les pièces produites en les confrontant aux conditions légales. Seule la partie civile peut être à l'initiative de l'exécution de la contrainte, le parquet ne peut pas prendre l'initiative face à son inertie. Le parquet ne fait que prêter main-forte en signant la réquisition aux fins d'incarcération à lui soumise par la partie civile avec les différentes pièces. Les requêtes aux fins d'exercice de la contrainte par corps adressées aux parquets comportent en général :

- la requête ;

- le jugement correctionnel ou l'arrêt revêtu de la formule exécutoire ;

- le certificat de non-appel, de non-opposition ou de non-pourvoi délivré par le greffe compétent ;

- le procès-verbal de carence délivré par l'huissier de justice constatant l'échec de l'exécution de la décision par la voie civile[1] ;

-la quittance de consignation des aliments au greffe de la maison d'arrêt qui devra accueillir le contraignable.

Le parquet doit veiller à la production de ces pièces avant de signer la réquisition aux fins d'incarcération. Pour cela un délai suffisant de six mois lui est imparti par la loi. Mais aucune sanction n'est prévue en cas de non-respect de ce délai ; on peut penser à la possibilité pour le requérant de saisir le procureur général. Le plus souvent le requérant saisit directement le procureur de la République pour lui rappeler la procédure.

**D. La durée de la contrainte par corps**

La durée de la contrainte est fonction du montant de la condamnation pécuniaire au profit de l'État ou des particuliers. Un procédé dont seul le législateur détient le secret. Aux termes de l'article 710 C.P.P :

- de 2 à 10 jours lorsque l'amende et les condamnations n'excèdent pas 5000 francs ;

- de 10 à 20 jours, lorsque supérieures à 5.000 F, elles n'excèdent pas 15.000 francs ;

[1] « L'exécution de la mesure de contrainte par corps est subordonnée à la preuve par le demandeur du non-paiement de la somme que lui doit le condamné. Doit donc être suspendue la contrainte par corps demandée par l'appelant qui, après avoir pratiqué une saisie sur les biens du condamné, ne rapporte pas la preuve de la carence de celui-ci ». CA Dakar, arrêt n° 249 du 16 mars 2009, MP et Mbène Diop c/Matar Diop. Voir Bulletin des arrêts rendus par la cour d'appel de Dakar en matière correctionnelle, vol. n° 2,2011, page 12.

- de 20 à 40 jours, lorsque supérieures à 15.000 F, elles n'excèdent pas 25.000 francs ;

- de 40 à 60 jours, lorsque supérieures à 25.000 F, elles n'excèdent pas 50.000 francs ;

- de 2 à 4 mois, lorsque supérieures à 50.000 F, elles n'excèdent pas 100.000 francs ;

- de 4 à 8 mois, lorsque supérieures à 100.000 F, elles n'excèdent pas 200.000 francs ;

- de 8 mois à 1 an, lorsque supérieures à 200.000 F, elles n'excèdent pas 400.000 francs ;

- de 1 an à 2 ans lorsqu'elles excèdent 400.000 francs.

Il appartient au procureur de la République de fixer la durée de la contrainte par corps surtout concernant les condamnations au profit de l'État. Pour celles au profit des particuliers, le parquet vise en général le maximum prévu par la loi mais tout est fonction de la consignation des aliments par la partie civile. Si la contribution faite pour les aliments est épuisée, le contraint est libéré d'office par le Directeur de l'établissement pénitentiaire. Il appartient donc au requérant à la contrainte de veiller au versement des aliments pour la durée nécessaire. Ils sont versés à l'avance. À l'état actuel la mensualité tourne autour 15.000 francs CFA, ce qui reste une contribution symbolique de la partie civile, un acte de nature à mettre en exergue le sens de la mesure : la loi vous donne la possibilité de faire incarcérer une personne pour la sauvegarde de vos intérêts pécuniaires, vous devez, ne serait-ce de manière symbolique, participer à l'entretien du contraint par corps.

L'article 710 CPP précise qu'en matière de simple police la durée de la contrainte par corps ne peut excéder un mois. Elle est réduite de moitié, sans que la durée ne puisse jamais être au-dessous de vingt-quatre heures, pour les condamnés qui justifient leur insolvabilité en produisant, un certificat du receveur des contributions de leur domicile constatant qu'ils ne sont pas imposés, un certificat du chef de la circonscription administrative dans laquelle ils ont leur domicile.

### E. Les incidents relatifs à l'exécution de la contrainte par corps

La personne arrêtée dans l'exécution d'une contrainte par corps peut avoir plusieurs moyens de droit à faire valoir. Il pourrait ainsi soulever que la contrainte ne lui est pas applicable, qu'elle a payé ou offre de payer, que les cas d'exclusions sont violés.

Dans ces cas, c'est le président du tribunal de grande instance du lieu où l'arrestation a été faite qui doit statuer en référés compte tenu de l'urgence sur conclusions du ministère public comme l'édicte l'article 714 CPP.

Statuant en référés, en présence du ministère public qui est entendu, le président peut connaître de certaines questions relatives à la régularité apparente de la réquisition d'incarcération ou de la contrainte en général. Il peut ainsi ordonner la mainlevée de la contrainte par corps en cas d'irrégularités, de paiement, d'erreur sur la personne, de jugement purement civil et même accorder des délais suite à des engagements sérieux de payer.

**F. Effet de l'exécution de la contrainte par corps**

Aux termes de l'article 718 CPP, « lorsque la contrainte par corps, exercé soit à la requête du ministère public soit à la requête de la partie civile, a pris fin pour une cause quelconque, elle ne peut plus être exercée ni pour la même dette, ni pour des condamnations antérieures à son exécution à moins que ces condamnations n'entraînent par leur quotité une contrainte plus longue que celle déjà subie auquel cas la première incarcération doit toujours être déduite de la nouvelle contrainte ». Autrement dit, contrainte par corps sur contrainte par corps ne vaut. Par cet article on veut ainsi éviter une pression excessive et inadmissible sur un condamné. En effet, après avoir subi une première incarcération, il a déjà pénalement et civilement payé et ne doit payer une deuxième fois. Il y a lieu de relever que si la partie civile ne peut plus exercer la contrainte par corps, sa créance demeure et elle peut être recouverte par la voie de l'exécution forcée au civil si le condamné possède des biens. Comme le précise l'article 720 CPP, « le condamné qui a subi une contrainte par corps n'est pas libéré du montant des condamnations pour lesquelles elle a été exercée ». Seule la voie de la contrainte par corps est désormais fermée. Les autres voies de recouvrement civiles devraient ainsi être utilisées et, en cas d'insolvabilité absolue, se résigner. Un mécanisme d'indemnisation des victimes à ce niveau n'est pas prévu au Sénégal. Ce système, même si on est à la phase exclusivement civile, devrait être organisé sous quelque forme que ce soit pour venir au secours ou en aide aux victimes dans l'impasse avec en main une décision de justice exécutoire. Il y va de l'image de la justice, de sa crédibilité et de l'État de droit.

En France, la Commission d'indemnisation des victimes d'infractions (CIVI) assure, sous certaines conditions, l'indemnisation totale ou partielle des victimes d'infractions.

Au niveau de la justice internationale pénale, il est de plus en plus créé des fonds pour assurer la réparation des dommages subis par les victimes. Il en est ainsi du Fonds Fudiciaire au profit des victimes des crimes de Hissein Habré, prévu à l'article 28 du Statut des Chambres africaines extraordinaires créées au sein des juridictions sénégalaises, et dont l'Union africaine a adopté le Statut durant son sommet tenu du 28 au 29 janvier 2018 à Addis-Abeba en Éthiopie, et le Fonds au profit des victimes (FPV) de la Cour pénale internationale (CPI) créé en 2004 par les États parties en application de l'article 79 du Statut de Rome et la Règle 98 du Règlement de procédure et de preuve de la CPI.

### G. Critique de la contrainte par corps

Étant une survivance de la justice privée, la contrainte par corps est critiquée dans le principe même que sur requête d'un particulier, un condamné soit incarcéré. En France, la contrainte par corps est supprimée en matière civile et sociale en 1867, puis pour les réparations civiles depuis 1958, elle subsiste seulement en matière d'amende et de frais de justice ou tout autre paiement du trésor public qui n'a pas le caractère d'une réparation civile. Pourra-t-on évoluer au Sénégal vers ces réformes ? Pour le moment, les parties civiles continuent à bénéficier de cette arme redoutable contre les débiteurs *pénaux* récalcitrants ou défaillants.

## SECTION 6. LES INCIDENTS RELATIFS A L'EXECUTION DES DECISIONS DE JUSTICE

Aux termes de l'article 681 CPP, « tous incidents relatifs à l'exécution des décisions sont portés devant le tribunal ou la cour qui a prononcé la sentence ». Ce peut être des incidents formels comme les erreurs purement matérielles contenues dans la décision. La juridiction qui a rendu la décision peut procéder à la rectification. Cela peut être une inexactitude, une omission. Si, dans bien des matières, on exige la rectification des erreurs matérielles, à plus forte raison en matière pénale où c'est la liberté des personnes qui est jeu. Une omission peut par exemple changer l'identité de la personne.

Exemple : Samb et Sambou

Ou 6 mois ferme, on note 9 mois ferme

5 mois ferme au lieu de 3 mois

Il ne s'agit pas là de discuter de la légalité de la décision rendue ou une occasion de demander sa réduction car dans ce cas des voies de recours classiques doivent être utilisées. Le tribunal peut ordonner la suspension de la peine en cours d'exécution. Ceci peut arriver par exemple lorsque la peine dont l'exécution est en cours n'a pas été du tout prononcée par le tribunal.

Pour connaître des incidents, le tribunal saisi par le ministère public ou la partie intéressée statue en chambre du conseil après les réquisitions du parquet par décision non susceptible d'appel.

## SECTION 7. L'AMENAGEMENT DES PEINES

L'exécution de la peine a toujours été une préoccupation dans la recherche des solutions pour l'adapter aux préoccupations actuelles, celles d'assurer la resocialisation des condamnés tout en sauvegardant une exécution efficiente des sanctions pénales[1]. L'aménagement de la peine, sans violer le caractère légal de la sanction, approfondit la proportionnalité de celle-ci et son individualisation.

L'avènement du juge de l'application des peines[2] et d'autres institutions[3] pour l'aménagement des peines introduit par la loi n° 2000-39 du 29 décembre 2000 n'écarte pas le rôle classique du parquet qui est par ailleurs acteur essentiel dans ce nouveau mécanisme.

Les modes d'aménagement des peines aux termes de l'article 44-2 CP sont le sursis, la probation, le travail au bénéfice de la société, la semi-liberté, le fractionnement de la peine[4], la dispense de peine[5] et

---

[1] « Après une faute, ne pas se corriger : c'est la vraie faute » (Confucius)

[2] Qui sont de plus en plus autonomes car dotés de moyens de fonctionnement différents de ceux alloués à la juridiction.

[3] La probation, travail au bénéfice de la société, la semi-liberté, fractionnement de la peine, dispense de peine et ajournement. Le sursis et la libération conditionnelle déjà connus, ont été réformés. Articles 689 et suivants CPP

[4] C'est une suspension de l'exécution de la peine sous certaines conditions. Le condamné sort de prison, revient et reprend l'exécution là où elle s'était arrêtée, ce qui est une contrainte car on retarde d'autant l'exécution totale de la peine. La peine est fractionnée. Mais c'est une mesure d'adoucissement de la peine pour prendre en compte des contraintes familiales, professionnelles ou médicales.

[5] Par cette institution, le tribunal après avoir déclaré la personne coupable, dispense le condamné pour tout ou partie de la peine. Celle-ci n'est pas prononcée. Elle obéit à

l'ajournement[1]. Ils ne bénéficient pas aux récidivistes et aux personnes condamnées pour des faits criminels ou des faits délictuels pour les cas de détournement de deniers publics, délits douaniers, viols, attentats à la pudeur, pédophilie, de délits relatifs aux stupéfiants[2]. A contrario, si on se limite au texte, des mesures comme le placement à l'extérieur, les permissions de sortir et l'autorisation de sortie sous escorte prises par le juge de l'application des peines après avis de la Commission pénitentiaire d'aménagement des peines et du ministère public, ne sont pas des mesures d'aménagement des peines et donc ne sont pas soumises aux restrictions sus précisées. Toutefois, par exemple, pour le placement à l'extérieur, l'article 76 du décret n° 2001-362 du 04 mai 2001 relatif aux procédures d'exécution et d'aménagement des sanctions pénales, dispose que « peuvent être placés à l'extérieur, les détenus dont la peine restant à subir n'excède pas trois ans, à condition qu'ils ne soient récidivistes, qu'ils aient donné des gages d'amendement et de bonne conduite et qu'ils ne constituent pas un danger pour la sécurité ou l'ordre public, compte tenu de leurs antécédents et de leur personnalité ». Ceci pourrait justifier le refus de placement à l'extérieur des condamnés comme les délinquants sexuels, les trafiquants de drogue, les condamnés pour délit ou crime organisé, les délinquants économiques en dépit de leur gage apparent de bonne conduite au moment où il leur reste moins de trois ans à purger. La sécurité et l'ordre public devraient, le cas échéant, y faire obstacle s'il y a de réels dangers de réitération des faits ou de susciter une réaction négative de l'opinion. Plus décisivement, le placement à l'extérieur, contrairement à ce qui s'infère de l'article 44-2 du Code pénal (loi n° 2000-38 du 29 décembre 2000), fait bien partie des modes d'aménagement des peines car l'article 693-1 du Code de procédure pénale l'admet. Le fait qu'il ne soit pas cité par l'article 44-2 procède, à notre sens, d'une *omission* du

---

trois conditions : le prévenu s'est amendé, le préjudice est réparé, le trouble causé a cessé.

[1] Le tribunal se prononce sur la culpabilité et ajourne le prononcé de la peine à une audience de renvoi. Il y a trois conditions : le prévenu est en voie d'amendement, le préjudice en voie de réparation et le trouble causé en voie de cessation. À la date de renvoi, le tribunal peut prononcer la peine, ordonner une dispense et accorder un nouvel ajournement.

À y voir de près, la dispense est tout simplement un *ouvrage avancé* de l'ajournement.

[2] Pourtant, l'article 109 du Code des drogues qui incrimine l'usage de drogue (un délit), prévoit la dispense de peine si le prévenu n'a pas atteint l'âge de la majorité pénale, s'il n'est pas en état de récidive, si, par déclaration solennelle faite à l'audience, il s'engage à ne plus recommencer cet acte.

législateur, vite rectifiée dans le Code de procédure pénale par l'article 693-1 (loi n° 2000-39 du 29 décembre 2000).

L'article 687 CPP dispose que « le juge de l'application des peines, le Président de la Chambre d'accusation et le président de la Chambre criminelle, ainsi que le procureur de la République et le procureur général, peuvent donner tous les ordres nécessaires qui devront être exécutés dans les maisons d'arrêt tant pour les besoins de l'instruction que pour tous autres actes de procédure ».

Le procureur de la République est membre de certaines institutions et son avis devra être sollicité pour la prise de mesures et la détermination par le juge de l'application des peines, de la liste des travaux d'intérêt général par exemple. Le travail au bénéfice de la société[1] nécessite en effet une organisation pour déterminer les administrations, associations ou organismes bénéficiaires, les services ou travaux à faire, le suivi du respect par le condamné de la mesure.

### §1. La Commission pénitentiaire de l'aménagement des peines

Selon le décret n° 2001-362 du 04 mai 2001 relatif à la procédure d'exécution et d'aménagement des peines, le procureur de la République est membre de droit de la Commission pénitentiaire consultative de l'aménagement des peines qui a des attributions propres que sont le fractionnement de la peine, la semi-liberté et son avis au comité de l'aménagement des peines pour les réductions de peines et au ministre de la Justice pour les libérations conditionnelles. Cette commission se réunit pour statuer mais en cas d'urgence, l'avis des membres est recueilli séparément, *à bureau.* L'urgence qui n'est pas définie doit s'analyser au cas par cas et procéder d'une situation exceptionnelle. En cas notamment de maladie grave du détenu requérant, de l'imminence d'un évènement quelconque qui concerne le condamné.

---

[1] Article 44-3 du Code pénal sénégalais : « lorsqu'une peine d'emprisonnement inférieure ou égale à six mois est prononcée, la juridiction de jugement peut lui substituer un travail au bénéfice de la société, non rémunéré, accompli par le condamné pour une durée de trente heures à trois cents heures au profit d'une personne morale publique ou d'une association habilitée à mettre en œuvre une telle mesure. Le travail au bénéfice de la société ne peut être prescrit contre le condamné qui le refuse ou qui n'est pas présent à l'audience ». (Loi n° 2016-29 du 08 novembre 2016 modifiant la loi n° 65-60 du 21 juillet 1965 portant Code pénal).

Le principe est la réunion de la commission qui met en présence tous les membres. Ceci a l'avantage d'assurer le partage, les échanges qu'une consultation séparée des membres ne privilégie pas.

Étant membre de droit de la commission pénitentiaire consultative de l'aménagement des peines, le parquet prend une part active aux travaux. L'article 693 CPP dispose que « le juge de l'application des peines statue après réquisition du parquet et avis de la commission pénitentiaire consultative de l'aménagement des peines réunie à cet effet. En cas d'urgence, cet avis est recueilli hors réunion et par écrit auprès de chaque membre de la commission ».

Le texte poursuit que toute décision juridictionnelle du juge de l'application des peines doit être notifiée au ministère public et au condamné à l'égard de qui la décision a été prise. Mais aucun appel n'a été expressément ouvert et organisé par le texte[1]. Nous pensons qu'on peut faire recours dans ce sens au principe du droit d'appel général du parquet surtout qu'il s'agit de décision prise par le juge d'instruction comme les autorisations de sortie. Mais devant quelle juridiction ? Devant le tribunal correctionnel qui a rendu la décision, ce qui est indiqué en faisant un parallèle avec l'article 681 CPP sur les incidents dans l'exécution des décisions de justice. Dans ce cas, le juge de l'application des peines ne siégera pas dans la juridiction qui connaîtra de l'appel.

## §2. Le Comité de suivi en milieu ouvert

On remarque que le parquet n'est pas membre du Comité de suivi en milieu ouvert chargé d'assurer le contrôle du respect des obligations ou conditions imposées au condamné à l'emprisonnement avec probation, à l'ajournement avec probation, aux libérés conditionnels et aux semi-libres et édictées dans le sens d'assurer l'aide ou l'assistance de nature à faciliter la réinsertion sociale de ces condamnés.

Outre le juge de l'application des peines qui en est le président, ce comité est essentiellement composé d'intervenants sociaux privés ou publics. La participation du ministère public à ce niveau nous paraît indiquée pour une participation active à ce dernier maillon de la chaîne de l'aménagement des peines surtout qu'il s'agira par ailleurs de suivre le respect des mesures imposées à ces condamnés qui ont eu à troubler l'ordre social.

[1] Le parquet est le plus souvent désarmé face à des décisions qui ne l'agréent pas sauf à admettre le droit d'appel général.

## SECTION 8. LE PARQUET DANS LA JUSTICE TRANSITIONNELLE

La justice transitionnelle ou le traitement du passé est le mécanisme mis en œuvre pour permettre le règlement de troubles graves ou de déficit de principes démocratiques[1]. L'essor de systèmes de règlement des conflits est avéré pour résoudre parfois des crimes et faits d'une extrême gravité auxquels la justice classique n'apporterait qu'une réponse parcellaire ou qu'elle est tout simplement défaillante, incapable d'agir parfois à la sortie d'une situation chaotique ou presque. Il s'agit, à la suite de troubles et crimes majeurs, ayant occasionné un traumatisme profond dans un peuple donné, de créer une véritable catharsis dans le cadre d'une justice transitionnelle ou de reconstruction. L'Afrique du Sud post-apartheid fut la première à mettre en place une Commission vérité et réconciliation. Les personnes qui avouent publiquement leur crime pourraient bénéficier d'une amnistie. Plus récemment, le lundi 26 septembre 2016, un accord historique de paix est signé entre le Gouvernement colombien et les Forces armées révolutionnaires de Colombie (FARC)[2]. Cet accord prévoit notamment

---

[1] « – d'une part les processus qui accompagnent le passage de la guerre vers la paix par la négociation d'un accord de paix au terme duquel le bulletin de vote se substitue progressivement aux armes, notamment celles de la guérilla ;
– d'autre part ceux qui, n'étant pas liés à un conflit armé, ont pour objet de progressivement faciliter le passage d'un régime autoritaire, voire totalitaire, à un état de droit par la négociation d'un accord politique de transition, quelle que soit sa dénomination (dialogue national, coalition ou pacte démocratique, plate-forme nationale ou autres)… » *Justice transitionnelle : principes et standards internationaux – État des lieux,* communication présentée par Louis Joinet lors du séminaire (du 4 au 6 décembre 2006 à Yaoundé) sur la Justice transitionnelle dans le monde francophone : état des lieux. www.cnudhd.org

[2] « Quelque 2500 personnes, dont des victimes du conflit, ont assisté le 26 septembre 2016 à la cérémonie de signature de l'accord de paix entre la Colombie et les FARC, à Carthagène des Indes… Le président colombien, Juan Manuel Santos, et le commandant en chef des Forces armées révolutionnaires colombiennes, Rodrigo Londono, plus connu sous le nom de guerre de « Timochenko », ont signé un accord de paix lundi 26 septembre. Le texte de 297 pages, conclu à la fin d'août à La Havane (Cuba), met un terme à cinquante-deux ans de conflit armé, la plus longue guerre civile en Amérique latine. Les deux hommes ont paraphé ce traité, négocié pendant quatre ans, à l'aide d'un stylo fabriqué à partir d'une balle, avant d'échanger leur première poignée de main sur le sol colombien, devant plusieurs centaines de dignitaires. L'accord prévoit la démobilisation des FARC et sa transformation en un parti politique […] Près de deux mille cinq cents personnes, invitées à se vêtir en blanc, ont assisté à la cérémonie organisée pour l'occasion sur l'esplanade du centre

l'organisation dans la foulée d'un référendum, le 2 octobre 2016. Dans une période de 180 jours les FARC vont se regrouper dans des zones de concentration et campements pour la démobilisation, le désarmement et la réintégration à la vie civile, la transformation des FARC en parti politique qui bénéficiera de 10 représentants non élus au Parlement jusqu'en 2026, la réforme agraire, la fin du commerce de la drogue, l'indemnisation des victimes. Le 2 octobre 2016, le non l'emporte au référendum, rejetant ainsi cet accord de paix, sans toutefois émousser la volonté d'œuvrer encore pour aboutir à cette paix[1]. Après les FARC, le

---

des conventions de Carthagène des Indes, station balnéaire considérée comme la perle des Caraïbes. Parmi elles, des victimes du conflit auxquelles Timochenko a demandé pardon pour la première fois. Il a ensuite promis une ère de réconciliation. De son côté, le président Juan Manuel Santos a souhaité la bienvenue dans la démocratie aux FARC. Lançant ensuite : Je préfère un accord imparfait qui sauve des vies à une guerre parfaite […] Si la perspective d'un arrêt de bain de sang et des enlèvements apporte un profond soulagement, l'accord n'en a pas moins provoqué des dissensions au sein de la société colombienne. Certains, comme l'ancien président Alvaro Uribe, n'admettent pas que l'accord permette aux rebelles de se faire élire au Congrès et de ne pas purger la moindre peine de prison. L'accord doit être ratifié par un référendum ; qui aura lieu dimanche. Les sondages laissent penser qu'il sera entériné sans difficulté… ». www.lemonde.fr/ameriques/article/2016/09/27

[1] **« Accord de paix avec les FARC : la Colombie dans l'incertitude après le non au référendum**… Appelés aux urnes, les Colombiens ont refusé, par une courte majorité (50,2°/) de valider le texte signé entre le gouvernement et les FARC… En début de soirée, un premier message des FARC est tombé, rassurant. La guérilla fait savoir que la paix reste à l'ordre du jour […] Deux heures plus tard, le président Santos a confirmé, à la télévision, que le cessez-le-feu bilatéral, entré en vigueur le 29 août, n'est pas remis en question… appelant toutes les forces politiques du pays à un grand dialogue national pour décider du chemin à suivre… ». www.lemonde.fr/ameriques /articles/2016/10/03/.

Ajoutons sur ce sujet que le 7 octobre 2016, le prix Nobel de la paix est attribué au président colombien Juan Manuel Santos pour ses efforts de paix avec les FARC.

Le 24 novembre 2016, lors d'une brève cérémonie au théâtre Colon de Bogota, le gouvernement colombien signe un nouvel accord révisé avec les FARC, contenant notamment leur désarmement et leur entrée en politique. Mais cette fois, cet accord sera soumis au Congrès pour ratification. « Je reconnais que ce nouvel accord est meilleur […] car il contient les espoirs et les observations de l'immense majorité des Colombiens… » a déclaré le président colombien. « Il n'y a pas de doute que certains aspects ont été améliorés. Mais il y a des points substantiels qui n'ont pas été modifiés, a déclaré Alvaro Uribe, chef de file des opposants, dénonçant […] l'impunité totale dont vont, selon lui, bénéficier les guérilleros coupables de crimes… ». www.lapresse.ca/international/amerique-latine/201611/24/01-5044713/

« La proposition ratification de l'accord de paix approuvée par la Chambre des députés de Colombie mercredi 30 novembre, avec 130 voix pour et 0 contre… Cinq jours après la date de la ratification, les membres des Farc doivent commencer à rejoindre

les 27 zones de concentration, où ils vont vivre pendant six mois et déposer les armes, sous supervision de l'ONU [...] Pour garantir le respect de l'accord, le gouvernement va présenter au Congrès une douzaine de projets de loi. Le premier concernera l'amnistie des guérilleros afin qu'ils rejoignent les zones de concentration sans être arrêtés par les forces de l'ordre. Viendront ensuite les textes sur le tribunal spécial de paix et sur la participation politique des Farc, amenés à se transformer en parti politique. Le gouvernement attend que la Cour constitutionnelle approuve une procédure de voie rapide, qui permettra de réduire la durée des débats au Congrès et d'accélérer l'approbation des projets de loi ». www.france24.com/fr/20161201-colombie-laccord-paix-farcs-ratifie-le-congres
« La justice transitionnelle et les victimes. Un système intégral de vérité, justice et réparation est mis en place. Il comprend une commission de la vérité et un tribunal spécial pour la paix qui sera chargé de juger les auteurs de crimes commis en raison du conflit, qu'ils soient guérilleros, militaires ou civils. Les coupables qui acceptent de dire la vérité et de réparer les victimes bénéficieront de peines restrictives de liberté- autre que la prison- de huit ans au maximum ». www.lemonde.fr/amériques/article/2016/09/27/apres-la-signature-de-l-accord-de-paix-quelles-perspectives-en-colombie_5004036_3222.html
Les coupables qui n'accepteront pas de dire la vérité encourent une peine de 20 ans de prison.
« Le tribunal spécial de paix prévu dans la première mouture est maintenu, mais ses contours sont modifiés. Aucun magistrat étranger n'y siègera... ». www.lemonde.fr/ameriques/article/2016/12/01/colombie-ce-que-prévoit-l-accord-de-paix-avec-les-farc-et-ce-qu-il-reste-a-mettre-en-œuvre
« Le gouvernement colombien et les Farc ont célébré aujourd'hui (27 juin 2017) la fin de l'opération de désarmement qui tourne la page de plus d'un demi-siècle de guérilla. Sept mille combattants des Farc ont remis leurs armes à la mission des Nations-Unies en Colombie, conformément à l'accord de paix signé fin 2016 » http://information.tv5monde.com/info/colombie-le-desarmement-des-farc-est-termine-177481
**« L'extraction des armes des Farc des zones où les ex-guérilleros préparent leur retour à la vie civile suite à la signature d'un historique accord de paix a débuté lundi en Colombie, a annoncé le gouvernement.** Les conteneurs, les armes commencent à sortir dès aujourd'hui » lundi, a annoncé le haut-commissaire pour la paix, Sergio Jaramillo, à propos de ce processus supervisé par une mission de l'ONU. « Un programme a été élaboré avec les Nations unies de façon à ce qu'au cours des deux prochaines semaines soit mené à bien ce processus complexe car il implique une importante logistique pour transporter toutes ces armes depuis chacune des 26 zones jusqu'à un site central à Bogota », a-t-il déclaré sur Radio Caracol. Le processus a débuté lundi dans la zone de regroupement de Monterredondo (Cauca, sud-ouest), a précisé à l'*AFP* une source de l'ONU « C'est la fin définitive du conflit, nous entrons en phase de normalité [...] Les Farc en tant qu'organisation militaire n'existent plus, tous leurs combattants intègrent la vie civile », a ajouté le haut-commissaire, qui avait indiqué vendredi que l'extraction des armes des Forces armées révolutionnaires de Colombie (Farc, marxistes) serait effectuée par voie aérienne et terrestre ». http://www.45enord.ca/2017/07/colombie-debut-de-lextraction-des-armes-des-zones-des-farc/

gouvernement colombien a engagé un processus de paix avec la deuxième rébellion du pays, l'Armée de libération nationale (ELN)[1].

---

« Le désarmement des Forces armées révolutionnaires de Colombie (FARC, marxiste) a officiellement pris fin mercredi 15 août. *Aujourd'hui, c'est le dernier souffle du conflit (...) Avec cet abandon des armes, le conflit se termine vraiment et une nouvelle phase débute dans la vie de notre nation »*, a déclaré le chef de l'État et Prix Nobel de la paix 2016, Juan Manuel Santos. Le Français Jean Arnault, chef de la mission de l'ONU, a salué ce *processus exhaustif.* Selon lui, plus de 8 000 armes et près de 1,3 million de cartouches ont été récupérées. Ce bilan est supérieur aux 7 132 armes dont la communauté internationale avait fait état dans un premier temps en juin. Les FARC ont également communiqué la *« localisation de 873 caches »*, contenant *« 795 armes, 22 tonnes d'explosifs divers, 3 957 grenades et 1 846 mines antipersonnel »*. Le délai pour localiser les dernières caches court jusqu'au 1er septembre. D'autre part, le Comité international de la Croix-Rouge (CICR) a dit mardi soir que les FARC lui avaient remis *« vingt-quatre mineurs qui sont sortis de sept zones »* de regroupement et ont été confiés *« à des personnels de l'Unicef et du gouvernement ». « Le CICR a géré le transfert de cent douze adolescents au total depuis décembre 2016 »*, a-t-il ajouté dans son communiqué ». http://www.lemonde.fr/ameriques/article/2017/08/16/en-colombie-le-desarmement-des-farc-prend-officiellement-fin_5172732_3222.html
« À la suite de cet accord, les FARC fondent le 31 août 2017 un parti politique légal sous le même acronyme, appelé Force alternative révolutionnaire commune (*Fuerza Alternativa Revolucionaria del Común*, FARC) ». https://fr.wikipedia.org/wiki/Forces_armées_révolutionnaires_de_Colombie
« Ivan Duque, opposé à l'accord historique signé par son prédécesseur avec les Farc, souhaite que les victimes soient mieux prises en compte. Il a néanmoins promis de ne pas «déchirer» l'accord…élu dimanche président de la Colombie, (17 juin 2018) a immédiatement annoncé qu'il entendait apporter des «corrections» à l'accord entré en vigueur il y a un an et demi. Dans la ligne de son mentor. Malgré l'incertitude qu'apporte cette déclaration, le principe de la paix n'est, a priori, pas remis en cause, le président assurant qu'il ne «déchirerait pas l'accord». http://www.lefigaro.fr /international/2018/06/18/01003-20180618ARTFIG00128-colombie-le-nouveau-president-veut-modifier-l-accord-de-paix-avec-les-farc.php

[1] « Après six mois de pourparlers en Équateur, la guérilla de l'Armée de libération nationale (ELN) a annoncé, lundi (4 septembre 2017), un accord renouvelable de cessez-le-feu bilatéral avec le gouvernement colombien. Il entrera en vigueur le 1er octobre. La Colombie fait un nouveau pas vers la paix. Le gouvernement et la guérilla de l'ELN (l'Armée de libération nationale), ont convenu d'un cessez-le-feu bilatéral, a annoncé lundi 4 septembre sur son compte Twitter la rébellion. Le président Juan Manuel Santos a déclaré que celui-ci entrerait en vigueur le 1er octobre pour une durée de 102 jours renouvelable […] Le cessez-le-feu bilatéral "entera en vigueur le 1er octobre prochain. Il aura une durée initiale de 102 jours, c'est-à-dire jusqu'au 12 janvier prochain et se renouvellera dans la mesure où il sera respecté, et si les négociations avancent sur les autres points", a déclaré le chef de l'État dans une allocution télévisée depuis le palais présidentiel Casa de Nariño à Bogota […] L'ELN, dont des prêtres catholiques ont participé à la fondation en 1964, souligne que cet accord est un geste avant la venue cette semaine du pape François en Colombie. Le

Cette justice transitionnelle met en œuvre des principes majeurs : le droit à la vérité, le devoir de mémoire des peuples et le droit de savoir des victimes ou leur droit à la réparation en cas de violations graves des droits de l'homme ou du droit international humanitaire[1]. Ces principes qui sauvegardent la lutte contre l'impunité, doivent, *in fine,* être couronnés par la prise de mesures adéquates pour que de telles violations massives des droits de l'homme ne se reproduisent plus[2]. Le parquet est appelé à agir si la justice et la lutte contre l'impunité font partie des leviers de la reconstruction. La justice transitionnelle est comme un *couteau suisse* avec une multitude d'instruments que les peuples choisissent librement dans un seul but, assurer un traitement efficace et éternel d'un passé douloureux. Les Commissions vérité et réconciliation, vérité et justice, tout dépend du contenu de leurs missions et des finalités poursuivies, entrent dans ce cadre[3]. Elles sont à

---

chef de l'Église catholique est attendu mercredi à Bogota... » http://www.france24.com/fr/20170904-colombie-guerilla-eln-annonce-accord-cessez-le-feu-bogota

[1] Résolution de l'Assemblée générale des Nations Unies adoptée le 16 décembre 2005 sur les principes fondamentaux et directives concernant le droit à un recours et à la réparation des victimes de violations flagrantes du droit international des droits de l'homme et de violations graves du droit international humanitaire ;

[2] « Justice transitionnelle : principes et standards internationaux – État des lieux », communication présentée par Louis Joinet lors du séminaire (du 4 au 6 décembre 2006 à Yaoundé) sur la Justice transitionnelle dans le monde francophone : état des lieux. www.cnudhd.org

[3] Deux cas sont cités par Fatou Kiné CAMARA à l'introduction de son ouvrage précité : les tribunaux traditionnels au Rwanda suite au génocide et la Commission Vérité, Justice et Réconciliation en Afrique du Sud après l'apartheid.

Ajoutons à ce propos qu'au Burundi, la Commission Vérité et Réconciliation (CVR) dont l'instauration est envisagée en 2000 pour les massacres interethniques commis de 1962 à 2008, a peiné à se mettre en place. Ses 11 membres sont finalement élus le 3 décembre 2014 par une commission mixte paritaire entre l'Assemblée et le Sénat. Elle a un mandat de quatre ans. http://www.jeuneafrique.com/

Les tribunaux traditionnels au Rwanda, appelés *gacaca* (sur l'herbe), ont été institués en 2001 et ont effectivement commencé à fonctionner en 2005. À l'origine chargés de régler les conflits de voisinage, ces tribunaux traditionnels, sans procureur ni avocat, ont été appelés à connaitre du crime de génocide sur la base de l'aveu et de sanctions adéquates pour une bonne réconciliation des citoyens. Suite à des critiques liées à leur fonctionnement, ces tribunaux qui ont jugé beaucoup d'affaires, ont été officiellement fermés en juin 2012.

En Côte d'Ivoire, après la crise qui a suivi le scrutin présidentiel des 31 octobre 2010 et 28 novembre 2010, la création d'une Commission Dialogue, Vérité et Réconciliation est décidée. Installée le 28 septembre 2011 à Yamoussoukro, elle est composée de onze (11) membres et ses travaux devraient durer deux ans.

la mode, compte non tenu des signatures d'accords de paix. Mais leur composition, fonctionnement doivent être maîtrisés et les résultats évalués.

---

Au Mali, à la suite de la crise politico-militaire de 2012-2013, une Commission Vérité Justice et Réconciliation composée de 15 membres est créée en mars 2014 sur les atrocités commises lors des conflits armés de 1960 à 2013. Cette commission a un mandat de trois ans.

Au Togo, une Commission Vérité, Justice et Réconciliation (CVJR) a été créée le 25 février 2009 suite aux violences politiques de 1958 à 2005. Une de ses recommandations, les cérémonies de purification faites de rites religieux et de prières, ont débuté le mercredi 5 juillet 2017 sous l'égide du Haut-Commissariat à la Réconciliation et au Renforcement de l'Unité Nationale (HCRRUN) mis sur pied depuis 2008. http://www.rfi.fr/afrique/20170706-togo-debut-ceremonies-purification-etape-reconciliation-cvjr-democrates

En Tunisie, après le *Printemps arabe* qui a entrainé la chute du régime de Zine el - Abidine Ben Ali le 14 janvier 2011, la Loi organique 2013-53 du 24 décembre 2013 crée l'Instance Vérité et Dignité (IVD) pour enquêter sur les violations commises entre le 1er juillet 1955 et le 31 décembre 2013. Les premiers témoignages publics devant cette Instance ont eu lieu le 17 novembre 2016.

Après la crise post-électorale suite à l'élection présidentielle du 1er décembre 2016 en Gambie, sanctionnée par le départ du président sortant Yaya Jammeh, le nouveau président Adama Barrow annonce une Commission vérité et réconciliation. www.bbc.com/afrique/region-38706094. Composée de 11 membres, elle est officiellement installée le 15 octobre 2018.

« En Centrafrique, le procureur de la Cour pénale spéciale est arrivé jeudi soir 25 mai. Pour celui qui aura la lourde charge d'instruire les crimes commis par les différents groupes armés depuis 2003, la tâche ne fait que commencer ». http://www.rfi.fr/afrique/20170526-rca-installation-cour-penale-speciale-bangui

# VII$^{ÈME}$ PARTIE.

# LE CASIER JUDICIAIRE

Le casier judiciaire régi par les articles 726 et suivants (loi n° 85-25 du 27 février 1985) du CPP, constitue le parachèvement de tout ce que nous venons d'examiner car contenant les renseignements utiles sur le passé pénal ou tout simplement judiciaire des citoyens. Il constitue une mine précieuse de renseignements pour les administrations, entreprises privées et pouvoirs publics sur la moralité des citoyens.

## SECTION 1. LE CONTENU DU CASIER JUDICIAIRE

Il est constitué de fiches reçues et classées au greffe du tribunal de grande instance et concernant les personnes nées dans la circonscription ou le ressort du tribunal. En effet aux termes de l'article 726 CPP, « le greffier de chaque tribunal reçoit, en ce qui concerne les personnes nées dans la circonscription du tribunal, et après vérifications de leur identité aux registres de l'état civil, des fiches constatant… »

Pour les personnes nées hors du territoire de la République, ou celles dont l'acte de naissance n'est pas trouvé ou dont l'identité est douteuse, les fiches du casier judiciaire sont reçues et classées au greffe de la cour d'appel. Ce classement devrait tenir compte de la création de plusieurs cours d'appel. Ces fiches peuvent provenir de l'étranger dans le cadre de la coopération judiciaire et passent dans ce cas par la chancellerie.

Pour les condamnations de Sénégalais à l'étranger, les fiches, au titre de l'entraide judiciaire, parviennent à la chancellerie qui les transmet au parquet général avant d'arriver au parquet d'instance concerné pour leur inscription et classement au casier judiciaire logé au greffe de la juridiction.

Les fiches comportent les données ci-après : les différentes condamnations définitives même assorties du sursis, les décisions sur l'enfance en conflit avec la loi, les décisions judiciaires ou administratives sur les incapacités, les jugements de faillite ou de liquidation des biens, la déchéance de puissance paternelle ou retraits de tout ou partie des droits, les arrêtés d'expulsion contre les étrangers.

On porte aussi au casier judiciaire les aménagements concernant la peine ou toute modification de celle-ci. Il en va ainsi des dispenses de peine, ajournement de peines, grâce, amnistie, commutation ou réduction de peines, décision de suspension ou d'exécution d'une peine, les cas de réhabilitation, les décisions qui rapportent une mesure d'expulsion, la date de l'expiration de la peine et du paiement de l'amende.

Certaines données doivent être retirées du casier judiciaire : les condamnations effacées par une amnistie, une réhabilitation de plein droit ou judiciaire ou réformées en conformité d'une décision de rectification du casier judiciaire, les décisions disciplinaires effacées par la réhabilitation, les condamnations assorties en tout ou partie du bénéfice du sursis, celles avec probation, à l'expiration des délais prévus à l'article 741 CPP calculés à compter du jour où les condamnations doivent être considérées comme non avenues, les dispenses de peine à l'expiration d'un délai de trois mois à compter du jour où la condamnation est devenue définitive.

## SECTION 2. LA DIRECTION DU CASIER JUDICIAIRE

Aux termes de l'article premier du décret 65-727 du 30 octobre 1965, modifié « le casier judiciaire institué près le tribunal de première instance est tenu par le greffier en chef du tribunal sous la surveillance du procureur de la République et du procureur général près la cour d'appel ». Le parquet doit veiller à la bonne tenue et au fonctionnement correct du casier judiciaire.

## SECTION 3. LA DELIVRANCE DU CASIER JUDICIAIRE

Le casier judiciaire est marqué normalement du sceau de la confidentialité car comportant des données importantes sur les personnes. C'est pourquoi la délivrance de tout renseignement sur les fiches est scrupuleusement réglementée.

La loi a fait la différence selon que le destinataire des renseignements soit l'autorité judiciaire, administrative, les administrations publiques ou le titulaire lui-même. Il est, dans tous les cas, signé par le greffier en chef et le parquet.

### §1. Les autorités judiciaires

Le bulletin n° 1 ou B1 qui constitue le relevé intégral de toutes les fiches du casier judiciaire applicable à la même personne n'est délivré qu'aux autorités judiciaires. Ce bulletin est le plus souvent produit dans les procédures judiciaires pour établir ou non l'état de récidive de la personne poursuivie. On devrait normalement verser dans toutes les procédures correctionnelles le bulletin n°1 du casier judiciaire de chaque prévenu ou inculpé. Ceci requiert la performance du greffe et la fiabilité du casier judiciaire.

### §2. Les autorités administratives et personnes morales

Le bulletin n°2 ou B 2 contrairement au B1 est un relevé partiel des fiches du casier concernant une même personne. Il n'est délivré : qu'aux gouverneurs de région, préfets et aux administrations publiques de l'État saisis de demandes d'emplois publics, de propositions relatives à des adjudications de travaux ou de marchés publics, en vue de poursuites disciplinaires ou de l'ouverture d'une école privée ; aux autorités militaires pour les appelés des classes et de l'inscription maritime et pour les jeunes gens qui demandent à contracter un engagement ainsi qu'aux autorités compétentes en cas de contestation sur l'exercice des droits électoraux ; aux administrations et personnes morales comme les établissements publics, les sociétés nationales, collectivités locales, sociétés concessionnaires de service public, aux ordres professionnels ; aux présidents des tribunaux pour être joints aux procédures de faillite et de liquidation judiciaire ainsi qu'aux juges commis à la surveillance du registre du commerce à l'occasion des demandes d'inscription audit registre.

En pratique, l'autorité administrative, le chef de la personne morale adresse la demande par lettre au greffier en chef ou au procureur de la République avec la justification de l'identité de la personne concernée par un acte de naissance.

### §3. Les personnes physiques

Le bulletin n°3 ou B3 est le relevé des condamnations prononcées pour crimes ou délits non exclues du bulletin n°2.

Les condamnations qu'on retrouve dans le bulletin n°3 sont celles à des peines privatives de liberté d'une durée supérieure à deux ans qui ne sont assortis d'aucun sursis ou qui doivent être exécutées en totalité par l'effet de révocation du sursis ; les condamnations à des peines privatives de liberté inférieures ou égales à deux ans si la juridiction en a ordonné la mention au bulletin n°3. Le bulletin n°3 comme le dispose l'article 734 CPP, peut être réclamé par la personne qu'il concerne. Il ne doit, en aucun cas, être délivré à un tiers.

En pratique, la personne concernée dépose pour la délivrance de ce bulletin, une pièce justifiant de son identité[1], un extrait de naissance, une pièce qui a l'avantage de contenir des éléments exhaustifs sur l'identité des personnes.

La délivrance du bulletin n° 3, compte tenu du volume, occupe bien les parquets. Les moments forts sont les périodes électorales ou celles d'organisation des concours. Précisons que contrairement aux autres, sa délivrance est subordonnée au paiement de timbres et de droits d'enregistrement que le greffe verse quotidiennement au Trésor.

La délivrance des casiers judiciaires au niveau des juridictions démontre que le B3 dépasse de loin les autres bulletins :

**Exemple : Tribunal régional de Diourbel**

| | Juin 2008 | Juillet 2008 | Août 2008 |
|---|---|---|---|
| B1 | 0000 | 0000 | 0000 |
| B2 | 12 | 28 | 24 |
| B3 | 1465 | 1900 | 2795 |

***Source*** : greffe.

## SECTION 4. LES DIFFICULTES DU CASIER JUDICIAIRE

Le casier judiciaire au Sénégal en dépit de son unicité[2], reste éclaté entre les différentes juridictions[3], ce qui pose des problèmes d'harmonisation et de souplesse surtout à l'égard des citoyens qui sont les principaux usagers. Nous avons vu que le casier reste une institution vivante qui doit être examinée au quotidien avec les inscriptions, les

[1] Éviter au maximum les cas de fraude, les pièces envoyées par fax sans aucune certification. Dans la réforme en vue de l'informatisation l'identifiant constitue un élément déterminant pour la fiabilité et la sécurité du casier judiciaire.

[2] Il n'y a qu'un seul casier judiciaire pour la République.

[3] Le lieu de naissance des concernés et la cour d'appel de Dakar pour ceux qui sont nés à l'étranger.

modifications, les retraits. Or à l'état actuel de son organisation marquée par le support papier, le suivi de tout cela pose de réelles difficultés, ce qui entame sa fiabilité.

De plus en plus la nécessité de la création d'un Casier judiciaire national (CJN) basé dans un lieu bien déterminé et informatisé se pose avec acuité[1]. Déjà décrit comme un outil « à la mémoire fidèle et infaillible, tel un ordinateur qui restitue les données qu'on y a introduites »[2], le casier judiciaire mérite une véritable refonte et devra désormais être doté de moyens techniques informatiques et humains importants pour une gestion utile[3]. Il demeure une institution dynamique, qui bouge en permanence. L'immobilisme reste son grand ennemi.

---

[1] Le Centre National du Casier judiciaire (CNCJ) dont l'organisation est à l'étude.

[2] Élisabeth Michelet, article précité, *Annales Africaines 1989-1990-1991*, page 277.

[3] Le projet de modernisation du casier judiciaire est en cours d'exécution comme le démontre la lettre n° 001433 du 07 juin 2009 du procureur général de Dakar aux procureurs de son ressort ayant pour objet le projet de réforme du casier judiciaire : visite d'état des lieux des fiches de condamnation.

# VIII<sup>ÈME</sup> PARTIE.

# LE PARQUET DANS LES PROCÉDURES CIVILES ET COMMERCIALES

Le ministère public intervient nécessairement dans le procès pénal, notamment en exerçant les poursuites et en sollicitant l'application de la loi. *A priori* à l'observation quotidienne du parquet, on peut penser que les affaires autres que pénales ne devraient l'intéresser. Le procès civil étant l'affaire des parties, l'intervention du parquet, chargé dans une certaine mesure de gérer l'ordre public serait peu envisageable. C'est oublier que le parquet, au-delà de la gestion de l'intérêt général, peut œuvrer dans le sens de la sauvegarde d'un intérêt privé. Parfois il y va de la bonne administration de la justice[1]. Il y a aussi de ces affaires qui obéissent à un ordre public particulier comme l'état civil. Sa fiabilité est d'une importance capitale car elle permet une bonne identification des citoyens, les bonnes statistiques pouvant conduire les bonnes politiques économiques et sociales.

Des affaires purement civiles et qui devraient être de l'apanage des parties peuvent être d'une telle sensibilité qu'elles concernent l'intérêt général. Partant de cet état de fait, le législateur a prévu les affaires communicables au parquet pour ses réquisitions.

Le parquet peut aussi d'initiative demander toute communication d'une affaire qu'il juge nécessaire pour ses conclusions. Il y a lieu de voir l'intervention du parquet en matière civile puis en matière commerciale, étant entendu qu'il n'y a pas en réalité de frontière entre les deux.

---

[1] Crime 5 mars 1970, arrêt Descorp-Declère, *D.* 1971, 207 : « Le ministère public peut soulever la nullité d'une citation, même si le prévenu a renoncé à la soulever, à la condition toutefois qu'une telle initiative soit conforme à l'intérêt d'une bonne administration de la justice », Jean Pradel, André Varinard, *Les grands arrêts de la procédure pénale*, *op. cit.*

## SECTION 1. EN MATIERE CIVILE

### §1. Les affaires communicables

Il y a les affaires expressivement énumérées et les autres communications

#### I. Les affaires expressément énumérées

Aux termes de l'article 57 du Code procédure civile (CPC), « sont communiquées au procureur de la République les causes suivantes :

- celles qui concernent l'ordre public, l'état des communes, les établissements publics, les dons et legs au profit des pauvres.

- celles qui concernent l'état des personnes ;

- les incidents sur la compétence ;

- les règlements du juge, les récusations et renvois pour parenté ou alliance ;

- les demandes en désaveu formulées contre un avocat ;

- les prises à partie ;

- les causes des incapables ;

- les causes concernant ou intéressant les personnes présumées absentes ;

- les causes intéressant les personnes placées dans un établissement d'aliénés lors même qu'elles ne seraient pas mises sous tutelles ».

La juridiction saisie de toutes procédures relatives à ces affaires sus-énumérées doit les communiquer au procureur de la République. Ce dernier rend un avis sous forme de conclusions ou de réquisitions sur l'affaire. Ces affaires ont pour dénominateur commun la portée importante de la décision à rendre ou la nécessité de protéger certaines personnes notamment les incapables. La sauvegarde de l'ordre public, notion large, est aussi un motif légal qui peut justifier la communication d'une procédure au ministère public.

Aux termes de l'article 18 CPC, « les dispositions des articles 57 à 58 sont appliquées devant les tribunaux d'instance auprès desquels est institué un délégué du procureur de la République. Dans les tribunaux d'instance où il n'existe pas de délégué, le procureur de la République du tribunal de rattachement peut, dans la limite de ses dispositions, se porter partie principale en matière civile par voie de requête ou de conclusions et peut, exceptionnellement, lorsqu'il le juge utile, remplir les fonctions du ministère public. Les affaires simplement communicables sont jugées sans son intervention, à l'exception de celles visées par l'article 87 du Code de la Famille qui lui sont obligatoirement communiquées ». Ces exceptions de l'article précité sont les autorisations d'inscription de naissance, de mariage et de décès. La distance entre le tribunal d'instance et le parquet près le tribunal de grande instance ne saurait justifier l'absence de communication. L'essentiel est que compte tenu de la distance, le parquet prenne ses réquisitions ou fasse ses conclusions avec diligences pour éviter les lenteurs.

### II. Les autres communications au parquet

L'article 57 CPC dispose en son dernier alinéa que le « procureur de la République peut néanmoins prendre communication de toutes les autres causes dans lesquelles il croit son ministère nécessaire ; le tribunal peut même l'ordonner d'office ».

À la lecture de ce texte, on se rend compte que hormis la communication prévue à l'alinéa 2 précité, le parquet peut se faire communiquer toutes affaires. En réalité, il est rare que le tribunal hormis les cas obligatoires, communique d'office une procédure au parquet. Il appartient à ce dernier d'être vigilant, de prêter une oreille aux affaires civiles et commerciales qui passent par devant la ou les juridictions de son ressort. Il peut être renseigné par tous moyens. Le parquet peut non seulement avoir besoin de donner son avis mais aussi de faire un rapport au parquet général.

## §2. Qui doit communiquer ?

Ce peut être le tribunal de grande instance ou d'instance selon la compétence. L'article 58 CPC dispose que « les avocats ou à défaut les parties, sont tenus de faire cette communication avant l'audience où la cause doit être appelée et même dans les causes contradictoires ». En pratique, c'est le président qui y procède par le biais du greffe.

Le parquet qui sollicite la communication d'un dossier civil ou commercial établit un soit transmis adressé au chef de la juridiction avec une indication précise qu'il en demande la communication. Même si cela n'est pas réglementé, le parquet doit tâcher de traiter rapidement le dossier qui est souvent renvoyé à une audience précise ou solliciter lui-même le renvoi.

## §3. La sanction du défaut de communication

Le Code de procédure civile tout en disposant sur la communication des affaires civiles au parquet, ne dit rien sur le défaut de communication. En effet, les termes énergiques *sont tenus* employés par le législateur prouvent à suffisance que c'est là une formalité essentielle qui participe par ailleurs du respect du principe du contradictoire. Ce serait une violation des règles de droit surtout qu'il s'agit de mettre le ministère public en état de donner son avis sur le jugement de la procédure. Le défaut de communication est normalement sanctionné par la nullité du jugement rendu surtout pour les affaires concernant les autorisations d'inscription de naissance, décès et mariage. À tout le moins, le ministère public pourrait former tierce opposition prévue aux articles 281 et suivants du Code de procédure civile ou voir une partie présenter une requête civile aux fins de rétraction de la décision en application de l'article 287, 8° du même code[1]. En réalité, en combinant les articles 57 et 18 CPC d'une part, et 87 du Code de la Famille (CF) d'autre part, on se rend compte que le législateur fait la différence entre les « procédures simplement communicables », communication facultative, et les « procédures obligatoirement communicables ».

Le parquet doit veiller au respect de ces communications. Il peut faire appel des jugements rendus.

## §4. Les réquisitoires du ministère public

Une fois saisi du dossier civil, le parquet doit donner son avis par des conclusions ou des réquisitoires en partant des éléments de fait et de droit à travers les pièces produites et les prétentions de parties.

Cela peut partir des réquisitions les plus courtes *vu et s'oppose* ou *vu et ne s'oppose pas*[2] aux plus longues. Mais il est souhaitable que le parquet ne traite pas avec moins d'attention ces affaires civiles qui lui sont communiquées. Le volume important des affaires civiles communiquées au parquet pour ses avis justifie le plus souvent les courtes réquisitions.

---

[1] « Si, dans le cas où la loi exige la communication au ministère public, cette communication n'a pas eu lieu et que le jugement ait été rendu contre celui pour qui elle était ordonnée »

[2] Préciser que ce genre de conclusions, même si elles ne sont pas préférables, sont plus fréquentes dans nos tribunaux.

Prenons l'exemple du parquet de Diourbel :

| Objet procédure | 2006 | 2007 |
|---|---|---|
| Certificat de nationalité | 744 | 633 |
| Jugements supplétifs d'autorisation d'inscription de naissance | 394 | 408 |
| Audiences foraines | 2916 | 276 |

***Source*** : Tribunal d'instance de Diourbel.

Il faut développer à travers les pièces du dossier et de l'ordre public, en quoi les réquisitions sont données dans un sens ou dans un autre. Il faut dire son point de vue qui ne doit pas être laconique mais clair et précis en droit. En tout état de cause, le parquet ne doit participer à la lenteur dans le traitement de ces procédures[1]. Ces réquisitions et avis doivent être faits avec diligence et la procédure retournée au greffe civil et commercial de la juridiction.

En cas de nécessité, le parquet peut aller à l'audience et avec l'autorisation du tribunal, faire des observations orales sur l'affaire.

## §5. Le ministère public comme partie au civil : par voie d'action et d'intervention

Dans bien des domaines, le parquet agit comme partie principale et être ainsi à l'initiative de beaucoup de procédures.

### I. En matière d'absence et de disparition

Aux termes notamment de l'article 17 CF, dès que la réception des dernières nouvelles remonte à plus d'un an, tout intéressé et le ministère public par voie d'action peuvent former une demande sous forme de requête de déclaration de présomption d'absence adressée au tribunal de grande instance du dernier domicile[2] connu du présumé absent ou de sa dernière résidence. Le parquet peut être informé de l'absence[3] d'une personne par tous moyens[4]. Dix années après les dernières nouvelles, le

[1] Lettre circulaire du garde des Sceaux n° 2719 MJ/DACS/ du 12 mai 2009 relative aux lenteurs dans les procédures civiles et commerciales.

[2] La personne est domiciliée au lieu de son principal établissement et, pour son activité professionnelle, au lieu où elle exerce celle-ci. De plus la personne peut avoir une ou plusieurs résidences là où elle a d'autres centres d'intérêt. Article 12 C.F du Sénégal.

[3] « L'absent est la personne dont le manque de nouvelles rend l'existence incertaine… ». Article 16 CF.

[4] Même par voie de presse.

procureur de la République peut d'office présenter une requête aux fins de déclaration de décès.

En cas de disparition d'une personne[1], la procédure de déclaration de décès peut d'office être introduite par le procureur de la République au tribunal du lieu de la disparition si elle est survenue au Sénégal ou au tribunal de grande instance de Dakar si elle est intervenue hors du territoire national.

**II. Les déclarations de naissances et de décès**

L'article 51 CF dispose que « le procureur de la République peut à toute époque et en dehors des délais de déclaration, faire la déclaration d'une naissance dont il aurait eu connaissance et qui n'aurait pas été constatée à l'état civil ».

Par le passé, dans le cadre de l'application de cette disposition, le décret n° 2005-1251 du 23 décembre 2005 a fixé les modalités de déclaration de naissance par le procureur de la République. C'est une procédure simplifiée dont les principaux acteurs sont les commandants de brigade de gendarmerie, le procureur de la République et les officiers de l'état civil.

Le commandant de brigade instruit la demande sous l'autorité du procureur de la République et sur la base d'un certificat pour déclaration de naissance établi en quatre (4) feuillets dont le n° 1 est remis à l'intéressé et les feuillets 2, 3 et 4 sont transmis par bordereau au procureur de la République. Le commandant tient un registre ad hoc coté et paraphé par le procureur comportant le numéro du certificat, l'identité des requérants et la mention de la délivrance de l'extrait.

Le procureur procède à la déclaration et signe les trois feuillets qu'il transmet à l'officier de l'état civil compétent pour transcription. L'officier transcrit la naissance dont l'acte est transmis au commandant de brigade pour délivrance à l'intéressé contre le feuillet n°1 qui lui a été remis. Il classe le feuillet n°2 au centre, les feuillets 3 et 4 sont envoyés par bordereau au procureur de la République. Ce dernier classe à son tour le feuillet 3 et transmet par bordereau le feuillet 4 au président du tribunal d'instance pour être déposé au greffe.

[1] « Le disparu est la personne dont l'absence s'est produite dans des circonstances mettant sa vie en danger, sans que son corps ait pu être retrouvé ». Article 16 CF. Une définition sensiblement différente de celle donnée en droit international humanitaire où les disparus sont des personnes dont on est sans nouvelles à la suite d'un conflit armé ou d'une situation de violence interne.

Dans l'instruction des requêtes, le commandant de brigade doit veiller particulièrement sur les cas de fraudes. C'est en fait une chaîne et les dysfonctionnements sur un maillon déteignent sur toute la procédure comme le montrent les statistiques sur la différence en nombre entre les certificats envoyés à l'état civil et les transcriptions faites. La diligence doit être de rigueur.

Pour veiller à la fiabilité, le procureur de la République assure la surveillance des registres tenus dans les brigades de gendarmerie obligatoirement une fois par an ou chaque fois qu'il le juge opportun. À ce titre le procureur général de Dakar par lettre circulaire n° 00000158 du 30 janvier 2005 a demandé aux parquets de son ressort de lui faire parvenir mensuellement un état sur l'évolution des statistiques avec des observations. Cette procédure a enregistré un nombre important de requêtes depuis l'entrée en vigueur du décret.

À la date du 24 janvier 2007, on a noté :

| Département | Nombre de certificats examinés par le parquet et envoyés à l'officier de l'état civil pour transcription | Nombre de certificats retournés au parquet après transcription naissances |
|---|---|---|
| Diourbel | 30.675 | 3924 |
| Mbacké | 18.630 | 2939 |
| Bambey | 5146 | 1027 |

***Sources*** : parquet Diourbel.

C'est une procédure que le parquet doit mener avec beaucoup de minutie par l'ouverture à son niveau de registres arrivée et départ. Il faut éviter les cas de fraudes, toute désorganisation de nature à préjudicier gravement au citoyen qui voudra à l'avenir se faire délivrer un extrait de leur acte de naissance[1] ou faire authentifier les actes.

Cette procédure qui a fait doublon aux audiences foraines des tribunaux d'instance et manqué de fiabilité, est présentement abrogée par le décret 2008-822 du 31 juillet 2008. Il convient de préciser cependant que cette abrogation ne concerne que cette procédure et non le pouvoir reconnu au parquet de déclarer toute naissance dont il a connaissance et prévu à l'article 51CF.

[1] Éviter les cas des jugements délivrés qui aujourd'hui, compte tenu d'un manque d'archivage et de tenue de registres, posent de réels problèmes.

L'article 67 CF attribue les mêmes pouvoirs au parquet pour faire la déclaration des décès dont il a connaissance et cela à toute époque. Dans tous les cas, les déclarations de naissance ou de décès doivent être considérées comme un droit reconnu à toute personne qui a intérêt et une obligation qui pèse sur les parents et toute autre personne habilitée par la loi à y procéder.

## III. Célébration du mariage

Avant de procéder à la célébration d'un mariage[1] par lui-même, l'officier de l'état civil doit, en application de l'article 117 C.F, procéder à la publication des bans par voie d'affichage à la porte du centre d'état civil pendant le délai de quinze jours sauf dispense du

---

[1] Le mariage ne peut être contracté qu'entre un homme âgé de plus de 18 ans et une femme âgée de plus de 16 ans sauf dispense d'âge accordée pour motif grave par le président du tribunal régional après enquête. Article 111 C.F du Sénégal.
« La Cour de cassation a refusé, jeudi 4 mai, la mention *« sexe neutre »* sur l'état civil d'une personne intersexuée française, née *« sans pénis, ni vagin ». « La dualité des énonciations relatives au sexe dans les actes de l'état civil poursuit un but légitime en ce qu'elle est nécessaire à l'organisation sociale et juridique »*, a notamment argué la haute juridiction dans sa décision. La reconnaissance par le juge d'un *« sexe neutre »*, que *« ne permet pas la loi française »*, aurait en outre *« des répercussions profondes sur les règles du droit français »*, construites à partir de la binarité des sexes, et impliquerait *« de nombreuses modifications législatives »*, a en outre argué la Cour. La requête du plaignant, un psychothérapeute de 65 ans, avait été acceptée par un juge des affaires familiales en 2015, puis rejetée en 2016 en appel. *« Quand je me regarde nu dans un miroir, le matin ou le soir, je vois bien que je n'appartiens pas au monde des hommes ni à celui des femmes »*, avait-il déclaré à l'Agence France-Presse, expliquant qu'il voulait simplement *« que soit reconnu »* ce qu'il est *« depuis la naissance »*. En août 2015, un juge des affaires familiales de Tours, la ville de naissance du plaignant, avait accepté que la mention *« sexe neutre »* figure sur ses papiers d'identité. Mais en mars 2016 la cour d'appel d'Orléans avait rejeté la décision par crainte de *« reconnaître, sous couvert d'une simple rectification d'état civil, l'existence d'une autre catégorie sexuelle »*. http://www.lemonde.fr/societe/article/2017/05/04/la-justice-refuse-l-inscription-sexe-neutre-sur-un-etat-civil_5122329_3224.html
« L'Allemagne sur le point de reconnaître un troisième genre : La mention «divers» devrait bientôt apparaître sur les certificats de naissance allemands, aux côtés de «féminin» et «masculin». Le projet de loi du gouvernement doit encore être voté par le Parlement. C'est un tout nouveau genre sexuel qui va peut-être bientôt apparaître en Allemagne. Le gouvernement a adopté mercredi un texte légalisant un «troisième genre» sur les certificats de naissance, faisant du pays un précurseur en Europe dans la reconnaissance des personnes intersexes. À côté de «féminin» ou «masculin» pourra être inscrit la mention «divers» pour les personnes concernées, selon ce texte de loi qui doit encore être approuvé par la chambre des députés. » http://www.lefigaro.fr/international/2018/08/16/01003-20180816ARTFIG00261-l-allemagne-sur-le-point-de-reconnaitre-un-troisieme-genre.php

procureur de la République pour des causes graves. Cette formalité consiste à porter cet évènement à la connaissance du public. Sous un autre angle, elle marque déjà pour les futurs époux l'importance de leur union et de l'institution qu'est le mariage.

Pour la dispense de cette formalité, le parquet pourra apprécier une situation donnée pour dispenser de la publication et du respect du délai. Les demandes de dispense de publication de ban souvent nombreuses doivent être appréciées avec beaucoup de minutie car le parquet agit en véritable *juge*. La demande est accompagnée du dossier de mariage, en somme de l'acte de naissance des futurs époux, du certificat de célibat ou d'un certificat de capacité délivré par les autorités consulaires le cas échéant, et surtout de tous documents pouvant justifier la dispense sollicitée (billet pour un voyage imminent, maladie...) La ligne directrice est de savoir que le principe est la publication des bans même pour une durée plus réduite, la dispense totale devant être l'exception. Le caractère grave des motifs généralement invoqués dans les parquets est largement discutable (voyage, maladie, congé court, contraintes professionnelles...), c'est pourquoi il faut admettre qu'il suffit qu'ils soient justes.

Informé par l'officier dans le délai de 48 heures ou d'office, le procureur de la République peut faire opposition[1] au mariage lorsqu'apparaît un fait pouvant constituer un empêchement. Il en est ainsi en cas de rupture de fiançailles sans motifs légitimes et sans restitution de cadeaux et réparation des préjudices, absence de consentement des parents ou de la personne qui exerce la puissance paternelle s'agissant de mineur, absence de consentement d'un des futurs époux, lien de parenté ou d'alliance, différence de sexe des futurs époux qui doivent pour l'homme être de plus de 18 ans et la femme de plus de 16 ans sauf dispense du président de la République, non-respect délai de viduité ou l'existence d'un mariage antérieur.

---

[1] « L'opposition au mariage est l'acte par lequel une personne notifie à l'officier de l'état civil la défense de procéder à la célébration du mariage. Elle met obstacle à la célébration, jusqu'à ce qu'il en ait été donné mainlevée par la justice [...] Sous notre ancienne législation, dit Portalis, l'opposition au mariage était en quelque sorte une action populaire. Le premier venu pouvait la former, et elle pouvait être fondée sur une cause quelconque. Dans ces conditions, le droit d'opposition dégénérait souvent en un moyen de vexation. Frappé de ces abus, notre législateur a déterminé limitativement... ». G. Baudry-Lacantinerie, *Droit civil, Tome 1*, Paris, Librairie de la société, 1913, page 213.

S'il fait opposition, le parquet la notifie par voie administrative aux futurs époux et à l'officier de l'état civil qui ne peut célébrer le mariage tant qu'il n'y a pas de mainlevée qui n'obéit à aucune forme mais la notifier par la voie administrative est plus logique. Si après avis fait d'un cas d'empêchement au parquet et si celui-ci ne réagit pas dans le délai d'un mois l'officier de l'état civil peut passer outre. Mais à ce niveau le parquet peut se rattraper et solliciter l'annulation du mariage célébré en violation de certaines dispositions impératives. Dans tous les cas, l'opposition valable pour un an peut être renouvelée à défaut, elle cesse de produire effet.

En dehors de cette opposition, le procureur de la République n'intervient pas au niveau de la célébration du mariage, dans son aspect cérémonial. Celle-ci relève exclusivement de l'officier de l'état civil.

L'article 124 CF sur les mentions à porter sur les actes qu'« à la diligence de l'officier de l'état civil ayant célébré le mariage et sous sa responsabilité, il est notifié administrativement à l'officier de l'état civil du lieu de naissance de chacun des époux un avis avec accusé de réception indiquant que les parties ont contracté mariage et précisant que le mari a ou non souscrit une option de monogamie ou de limitation de polygamie, aux fins de mention en marge de chaque acte de naissance. Mention de l'accomplissement de la formalité est faite en marge de l'acte de mariage. Lorsque l'avis de mention faite n'est pas revenu dans les trois mois de l'envoi de la notification, l'officier de l'état civil en rend compte au procureur de la République du ressort dans lequel il se trouve ». Ces comptes rendus ne sont pratiquement pas notés au niveau des parquets.

### IV. En matière d'adoption et de délégation de puissance paternelle

En cas de prise d'une ordonnance de placement en vue de l'adoption[1], l'article 235 CF exige qu'une expédition soit délivrée

[1] « L'institution est prévue dans l'article 234 CF. Elle est héritée du droit français dans lequel, elle a été introduite par la loi du 11 juillet 1966 dans le but de garantir les futurs adoptants contre le revirement des parents de l'enfant pendant la période précédant l'adoption. Le placement fait partie du train de mesures nouvelles visant à réduire sinon à tarir les conflits autour de l'enfant à adopter et à assurer ainsi une meilleure intégration de cet enfant dans sa famille nouvelle. Le législateur ne l'a prévu que pour l'adoption plénière et d'ailleurs, même dans cette hypothèse, il n'est pas toujours un préalable nécessaire… Placer l'enfant, c'est le remettre effectivement à ceux qui cherchent à l'adopter. Pourtant, à l'opposé de ce que peut laisser suggérer ce texte, le

d'office au procureur de la République avant même les formalités d'enregistrement et de timbre. Il enjoint à l'officier d'en faire mention en marge de l'acte de naissance de l'enfant ; il en est de même en cas de fin ou de rejet du placement.

Dans le cadre de l'instruction de la requête aux fins d'adoption[1], le ministère public est entendu pour ses réquisitions. Le parquet peut aussi solliciter pour motifs graves la révocation de l'adoption si l'adopté qui devrait le faire est encore mineur. Le parquet vient ainsi en remplacement du mineur. Par ailleurs, comme pour le placement, l'article 239 CF fait obligation au ministère public de se conformer aux dispositions de l'article 58 CF. Ce dernier texte dispose que : « en cas d'adoption plénière, le procureur de la République doit, dans un délai de quinzaine à compter du jour où la décision est passée en force de chose jugée, faire injonction à l'officier de l'état civil du lieu de naissance, sur présentation du jugement d'adoption, d'en dresser acte à sa date sur le registre des naissances sous forme d'acte de naissance... En cas d'adoption limitée, le procureur de la République devra, en se conformant aux dispositions de l'alinéa 1er du présent article, faire injonction à l'officier de l'état civil compétent de porter mention de l'adoption en marge de l'acte de naissance ». L'injonction dont il s'agit se présente en général sous forme de lettre adressée à l'officier de l'état civil.

Aussi, en amont, pour le placement en vue de l'adoption[2], et aux termes de l'article 234 et suivants du CF, « la requête est communiquée

---

placement n'est pas seulement un fait matériel. Il est aussi et surtout un fait juridique... ». L'établissement de la filiation en droit sénégalais depuis le Code de la famille, Lamine SIDIME, Thèse pour le Doctorat d'État en droit, Université de Dakar, Faculté des sciences juridiques et économiques, 1980, page 420 et 421.

[1] « L'adoption est un lien purement artificiel que l'autorité de la loi crée entre des personnes non liées entre elles par un rapport de descendance biologique... Bien qu'artificiel la filiation adoptive ne déroge pas à la règle qui veut que toute filiation soit faite de deux composantes : humaine et sociale ». L'établissement de la filiation en droit sénégalais depuis le Code de la famille, Lamine Sidimé, Thèse pour le Doctorat d'État en droit, Université de Dakar, Faculté des sciences juridiques et économiques, 1980, pages 356 et 358.

[2] « L'adoption n'est permise qu'en faveur des mineurs accueillis au foyer du ou des adoptants depuis au moins un an ». Article 228 CF.

« Le placement en vue de l'adoption est décidé par le Président du tribunal régional de la résidence de l'enfant sur requête présentée par les personnes désignées 230, par le futur adoptant, par le service spécialisé ou par l'œuvre d'adoption agréée ayant recueilli l'enfant, par un service social ou par le ministère public. Le placement est réalisé par la remise effective au futur adoptant d'un enfant pour lequel il a été

au procureur de la République… » qui prendra ses réquisitions. Il lui est délivré d'office « une expédition de l'ordonnance […] aussitôt qu'elle est rendue et avant même les formalités d'enregistrement et de timbre […] le procureur de la République enjoint sans délai à l'officier de l'état civil compétent et, le cas échéant, au dépositaire des doubles des registres, d'en faire mention en marge de l'acte de naissance de l'enfant… ». Dans la foulée, « si le placement en vue de l'adoption cesse ou si le tribunal a refusé de prononcer l'adoption, les effets du placement sont rétroactivement résolus. Le ministère public d'office, lorsque la décision de rejet n'est plus susceptible de voies de recours, ou dès qu'il est informé de la fin du placement, prescrit la mention rectificative de la mention marginale opérée sur l'acte de naissance de l'enfant ».

Aux termes de l'article 289 CF, « le père ou la mère de l'enfant, à l'exclusion du tuteur peut déléguer la puissance paternelle en tout ou partie à une personne majeure, jouissant de la pleine capacité civile… ». Si en principe la délégation a la même durée que la puissance paternelle, elle peut prendre fin « à la requête des parents, du délégué lui-même ou du ministère public, le Président du tribunal d'instance peut mettre fin à la délégation si le délégué demande à en être déchargé, si elle se révèle fâcheuse pour l'enfant ou si les conditions prévues par l'article 289 CF ne sont pas réunies ». Dans l'avis sur la délégation sollicitée comme dans le cas où il s'agit d'y mettre un terme, le parquet ne doit avoir comme critère d'appréciation que l'intérêt de l'enfant. Cet intérêt ne joue pas évidemment si c'est le délégué lui-même qui demande à en être déchargé. Nul ne doit être obligé à rester délégué. Dans tous les cas, le ministère public peut interjeter appel de la décision rendue.

### V. Dans le cadre de l'administration légale

Chargé de représenter le mineur dans tous les actes de la vie civile, les pouvoirs de l'administrateur légal peuvent prendre fin par la survenance de la majorité ou de l'émancipation du mineur. En outre l'administration légale peut être convertie en tutelle et vice versa par le juge de paix, juge des tutelles à la requête des parents, alliés ou du ministère public.

---

valablement et définitivement consenti à l'adoption, ou d'un enfant déclaré abandonné par décision judiciaire… ». Article 234 CF.

## VI. La protection des majeurs incapables : la tutelle et la curatelle

Les majeurs incapables[1] sont les personnes qui ont 18 ans accomplis mais dont les facultés mentales sont durablement altérées par une maladie, une infirmité ou un affaiblissement dû à l'âge. Une expertise est nécessaire, on ne devrait pas tirer cet état du simple comportement ou de l'apparence du concerné.

Ces personnes méritent protection tant de leur personne que de leurs biens. L'article 342 CF dispose que « les majeurs incapables sont placés sous la haute protection du procureur de la République et du juge des tutelles ». L'article 624 CPC dispose qu'« à la requête du ministère public, de toute personne intéressée, du malade lui-même ou d'office, le juge des tutelles peut placer sous protection de la justice un majeur interné ou soigné à domicile lorsque, pour l'une des causes prévues à l'article 342 du Code de la Famille, il apparaît nécessaire de le protéger dans les actes de la vie civile, alors que n'est pas sollicitée l'organisation d'une tutelle ou d'une curatelle ».

Le procureur de la République peut ainsi prendre des mesures nécessaires pour organiser par exemple leur internement en psychiatrie en saisissant le préfet qui délivrera un arrêté d'internement, sur un rapport d'un médecin psychiatre. S'agissant de leurs biens, il pourra saisir le juge des tutelles par requête pour l'administration légale ou la tutelle.

La tutelle s'ouvre dans le cas où les facultés mentales sont durablement altérées et le majeur concerné a besoin d'être représenté de façon continue dans les actes de la vie civile, le ministère public peut être à l'origine de la procédure. La requête et les pièces lui sont transmises et le procureur diligente une enquête ; il peut faire procéder à une expertise sur la santé du majeur. Il présente par la suite ses conclusions au juge des tutelles. Le rapport de l'expert sur l'état psychique de la personne lui est communiqué pour ses conclusions. La décision lui est notifiée pour mention dans un registre spécial et il peut interjeter appel au niveau du Tribunal de grande instance, ce qui place le ministère public au cœur de ces procédures de protection. L'article 624-4 CPC indique que seul le ministère public peut interjeter appel de

[1] Selon les cas, l'incapacité de certains majeurs est fondée sur le désir de les protéger ou au contraire sur la défiance qu'ils inspirent. *Encyclopédie juridique de l'Afrique. Tome 6*. 1982. Page 77.

« la décision par laquelle le juge des tutelles place provisoirement, au cours de l'instance, la personne intéressée sous la protection de la justice ».

Il peut, à l'instar des autres parties, se faire délivrer expédition des décisions du juge des tutelles. Le conseil de famille, dans le cadre de la tutelle, peut être convoqué par le juge à la demande des parties et du ministère public.

Contrairement à la tutelle, la curatelle s'ouvre dans les cas où le majeur atteint d'infirmité mentale mais sans être hors d'état d'agir lui-même, a besoin d'être conseillé ou contrôlé dans les actes de la vie civile. Il répond au même régime procédural que la tutelle. Dans le cadre de la surveillance administrative et de l'apurement des comptes des curateurs, l'article 715 CPC dispose que « le procureur général et le procureur de la République sont spécialement chargés de la surveillance de la curatelle. À cet effet ils peuvent se faire représenter, sur récépissé, toutes pièces et tous registres, et se transporter au besoin dans les bureaux du curateur et s'y livrer à toutes les investigations qu'ils jugent convenables ». Le parquet peut en outre, sur ses réquisitions, en cas de négligence, faire condamner à des peines d'amende le curateur qui ne dépose pas son compte au greffe dans les trois mois de chaque année financière.

Dans le cadre des procédures concernant les majeurs, seul le procureur de la République peut demander que la décision d'internement soit mentionnée en marge de l'acte de naissance du majeur concerné. S'il est informé, comme le dispose l'article 625-1, que les biens meubles appartenant à un majeur protégé sont mis en péril, il doit requérir l'apposition des scellés, quand il n'y a pas sur place ni conjoint, ni ascendant qui puisse pourvoir à la conservation des biens.

## VII. En matière de nationalité

Outre le fait que les requêtes de nationalité lui sont communiquées pour ses conclusions ou avis, le ministère public est une partie importante en matière de nationalité qui reste une question d'ordre public. Dans le contentieux de la nationalité, en matière de réclamation ou de contestation, le ministère public est défendeur ou demandeur à l'action[1]. Aux termes de l'article 25 de la loi n° 61-10 du 7 mars 1961

---

[1] La preuve de la nationalité incombe à celui qui, par voie d'action ou par voie d'exception prétend ou non avoir la nationalité de l'État du for. *Encyclopédie juridique de l'Afrique. Tome 6.* Page 117.

portant sur la nationalité sénégalaise modifiée, l'individu qui vient déclarer qu'il a ou qu'il n'a pas la nationalité sénégalaise assigne à cet effet le procureur de la République qui a seul qualité pour défendre à l'action, sans préjudice du droit d'intervention des tiers intéressés.

L'article 26 de la loi dispose que « le procureur de la République a également seul qualité pour intenter une action dont l'objet direct est d'établir que le défendeur possède ou non la nationalité sénégalaise ». Le ministère public est donc partie principale dans le contentieux de la nationalité. Par ailleurs, si une exception de nationalité est soulevée devant une juridiction qui a sursis à statuer, le ministère public est tenu d'agir, il est nécessairement partie jointe au procès.

Le parquet doit suivre particulièrement les questions de nationalité. Il est seul à représenter la société sénégalaise dont la nationalité est discutée.

**VIII- Dans les successions**

En cas d'ouverture d'une succession, l'apposition de scellés peut être faite sur les biens successoraux par le président du tribunal d'instance dans le ressort duquel se trouvent les biens. Aux termes de l'article 637 CPC, « le scellé est apposé soit à la diligence du ministère public, soit sur la déclaration du maire ou adjoint de la commune et même d'office par le président du Tribunal d'instance :

1° si le mineur est sans tuteur et que le scellé ne soit pas requis par un parent,

2° si le conjoint, ou si les héritiers ou l'un d'eux, sont absents,

3° si le défunt était dépositaire public, auquel cas le scellé n'est apposé que pour raison de ce dépôt et sur les objets qui le composent ».

Pour les autres cas, la loi permet à bien des requérants de solliciter l'apposition des scellés : ceux qui prétendent avoir droit dans la succession ou la communauté, les créanciers fondés en titre exécutoire ou autorisés par une permission du président du tribunal de grande instance dans le ressort duquel le scellé doit être apposé, en cas d'absence soit du conjoint soit des héritiers ou de l'un d'eux, par les personnes qui demeuraient avec le défunt et par ses serviteurs et domestiques, lorsque les créanciers ou prétendants de droit sont mineurs non émancipés et s'ils n'ont pas de tuteur ou d'administrateur légal ou s'il est absent, l'apposition peut être requise par un de leurs parents.

Ces attributions du ministère public en matière civile, se remarquent aussi plus spécifiquement en matière commerciale.

## SECTION 2. EN MATIERE COMMERCIALE

Outre la simple communication des affaires commerciales, le parquet se voit attribué des pouvoirs lui permettant d'être au centre de procédures commerciales portant sur les sociétés en difficultés. Son dynamisme permanent dans ce secteur de la justice commerciale est de plus en plus requis[1]. Auprès des tribunaux de commerce institués par la loi n°2017-24 du 28 juin 2017, le parquet est appelé à jouer un rôle important.

Dans l'Acte uniforme sur le droit commercial général, l'obligation d'immatriculation au registre du commerce et du crédit mobilier pèse sur les personnes physiques commerçantes, les sociétés commerciales, les succursales de sociétés étrangères exerçant sur le territoire d'un État partie, et certaines personnes morales. Faute par ces personnes de le faire dans le mois de leur exploitation, rien ne s'oppose à ce que le ministère public saisisse par requête le tribunal à cette fin compte tenu des termes généraux *tout autre requérant* de l'article 42.

---

[1] « Le Sénégal a adhéré à plusieurs organisations sous-régionales et régionales d'intégration économique (OHADA, UMOA, CEDEAO, UA, etc.) instituant des législations obligatoires en matière commerciale. L'application de ces droits communautaires a largement réduit le champ de notre droit national en la matière et l'a profondément modifié. Celui-ci s'inscrit désormais dans un environnement concurrentiel exigeant à la fois efficacité et rapidité. C'est dans ce cadre que les pouvoirs publics ont mis en place le « Plan d'action sur l'efficacité de la justice commerciale ». Ce plan recommande le réaménagement du circuit du contentieux commercial avec la mise en place de chambres exclusivement réservées aux affaires commerciales, la tenue hebdomadaire d'audience commerciale, la spécialisation de magistrats en matière commerciale et la spécialisation d'un juge de la mise en état en matière commerciale. Au regard de ces mesures, il apparaît nécessaire que les parquets s'impliquent activement dans la réalisation de ce nouvel ordre public économique [...] Les chefs de juridiction feront établir par leurs greffes, les états exhaustifs de ces affaires et les communiqueront aux chefs de parquet. Ces derniers devront immédiatement s'installer dans ces procédures et à chaque étape y déposer leurs conclusions et, le cas échéant, relever appel des décisions des juges commissaires contraires à leurs conclusions [...] Les chefs de parquet devront désormais s'installer dans les procédures dans lesquelles ils jugeront leur ministère nécessaire, y déposer des conclusions et au besoin aller à l'audience y soutenir le point de vue du ministère public... ». Lettre circulaire n° 2097 MJ/CAB/DC du 27 avril 2010.
Voir aussi lettre circulaire n° 000488 du 1er avril 2011 du Procureur général près la cour d'appel de Dakar qui rappelle la nécessité pour les parquets d'exercer leurs attributions en la matière et d'établir à son intention, des états trimestriels des procédures collectives pendantes.

En cas de cessation d'activité, de dissolution ou de nullité de la société, et faute de requête aux fins de radiation dans les délais requis, le parquet peut bien le faire, l'article 36 de l'acte uniforme qui énumère les personnes pouvant déposer la requête termine par admettre *tout autre intéressé.*

Il y a lieu de remarquer plus décisivement que le ministère public est au cœur de la gestion des sociétés en difficultés.

## §1. Les sociétés en difficultés : procédures collectives

Le ministère public se voit investi, par le Traité pour l'Harmonisation du Droit des Affaires en Afrique (OHADA)[1] et plus spécifiquement par l'Acte uniforme portant organisation des procédures collectives d'apurement du passif (AUPC) adopté à Libreville le 10 avril 1998, révisé et abrogé par l'AUPC adopté le 10 septembre 2015 à Grand Bassam en Côte d'Ivoire, de pouvoirs plus importants et précis dans le cadre des procédures collectives. Chargé aussi de veiller sur l'ordre public, il est tout à fait logique que les difficultés des sociétés commerciales qui ébranlent la vie économique et sociale l'interpellent

---

[1] Traité de l'Organisation pour l'Harmonisation en Afrique du Droit des Affaires a été signé à Port-Louis (ile Maurice) le 17 octobre 1993. Il est entré en vigueur en 1995 et regroupe aujourd'hui dix-sept États : Bénin, Burkina Faso, Cameroun, Centrafrique, Comores, Congo, République démocratique du Congo, Côte-d'Ivoire, Guinée, Guinée-Bissau, Guinée Équatoriale, Gabon, Mali, Niger, Sénégal, Tchad et Togo.

Entre autres motifs « Convaincus que l'appartenance à la zone franc, facteur de stabilité économique et monétaire, constitue un atout majeur pour la réalisation progressive de leur intégration économique et que cette intégration doit également être poursuivie dans un cadre africain plus large ».

Différents domaines ont été harmonisés bien entendu avec des révisions dans le temps : l'Acte uniforme portant sur le droit commercial général (adopté à Cotonou le 17 avril 1997), l'Acte uniforme relatif au droit des sociétés commerciales et du groupement d'intérêt économique (adopté à Cotonou le 17 avril 1997), l'Acte uniforme portant organisation des sûretés (adopté à Cotonou le 17 avril 1997), l'Acte uniforme portant organisation des procédures collectives d'apurement du passif (adopté à Libreville le 10 avril 1998), l'Acte uniforme portant organisation des procédures simplifiées de recouvrement et des voies d'exécution (adopté à Libreville le 10 avril 1998), l'Acte uniforme relatif au droit de l'arbitrage (adopté à Ouagadougou le 11 mars 1999), l'Acte uniforme portant droit comptable (adopté à Yaoundé le 24 mars 2000) et à l'information financière lors de sa révision du 26 janvier 2017, l'Acte uniforme relatif au contrat de transport de marchandises par route (adopté le 22 mars 2003 à Yaoundé et entré en vigueur le 1er janvier 2004, Acte uniforme relatif au droit des sociétés coopératives adopté le 15 décembre 2010, Acte uniforme relatif à la médiation adopté le 23 novembre 2017, d'autres projets en cours comme le droit du travail.

au plus haut point. La procédure collective englobe le règlement préventif, la procédure de conciliation, la procédure de médiation, le redressement judiciaire, le redressement judiciaire simplifié pour la petite entreprise, et la liquidation des biens, tous états qui mettent en exergue une entreprise en difficultés. Elle s'applique *à* « toute personne physique exerçant une activité professionnelle indépendante, civile, commerciale, artisanale ou agricole, à toute personne morale de droit privé ainsi qu'à toute entreprise publique ayant la forme d'une personne morale de droit privé »[1].

Dans la vie des sociétés déjà, il est instauré une véritable procédure d'alerte *early warning* impliquant les commissaires aux comptes, les actionnaires ou associés non gérants. Cette possibilité n'est pas offerte au comité d'entreprise, aux travailleurs, au ministère public ou au tribunal pour tirer la sonnette d'alarme et permettre de détecter les dangers qui menacent la société et dont la prise en charge correcte et en temps opportun, pourrait lui éviter une situation de non-retour[2]. La raison, l'alerte demeure une procédure interne à l'entreprise et doit être réservée à quelques acteurs, elle est encadrée, comme pour maintenir le secret jugé plus approprié en l'espèce. « Le droit d'alerte interne à

---

[11] Article 1.1 AUPC.

[2] Toutefois la lettre circulaire n°2907MJ/DACG du 18 mai 2009 sur le *doing business* dira que ces magistrats spécialisés se « chargeront de déclencher la procédure d'alerte dès que la situation du chef d'entreprise leur paraît constituer une menace pour la bonne gestion de l'entreprise… ».

« La procédure d'alerte constitue une innovation du droit OHADA par rapport aux législations existantes dans les États parties avant son entrée en vigueur. Elle a pour but d'attirer l'attention sur tout fait de nature à compromettre la continuité de l'exploitation de la société. L'expression **« tout fait de nature à compromettre la continuité de l'entreprise (sic) »** n'est pas définie par la loi ; elle est à rapprocher de la notion américaine de « going concern » reprise par l'organisation mondiale des experts comptables (IASC) […] Les personnes à qui est confié le devoir d'alerte sont les commissaires aux comptes sur qui pèse le devoir de provoquer l'alerte dès lors que se produit tout fait de nature à compromettre la continuité de l'exploitation (article 150 AUSCG) et les associés non gérants ou actionnaires […] Les associés sont libres d'utiliser ou de ne pas utiliser l'alerte. À la différence de ce qu'il en est pour le commissaire aux comptes tenu de provoquer l'alerte, l'alerte des associés ou actionnaires est une simple faculté […] Tout associé peut, deux fois par exercice, adresser par écrit des questions aux dirigeants de la société lorsqu'il constate un fait de nature à compromettre la continuité de l'exploitation. La réponse à la question donnée doit intervenir dans le délai d'un mois. S'il existe un commissaire aux comptes dans les sociétés dans les sociétés où sa présence n'est pas obligatoire, la réponse faite à l'associé doit lui être adressée avec une copie de la question posée… ». *L'Entreprise et le Droit*, 2007, OHADA, par Gilbert Bossa, Pierre E. Gabiam, Dieunedort NZouabeth.

l'entreprise et destiné à attirer l'attention des dirigeants sociaux sur la situation préoccupante de l'entreprise participe de la volonté constante dans les réformes récentes du droit des sociétés, d'améliorer l'information fournie sur le fonctionnement de la société. Cette amélioration de l'information porte notamment sur l'information comptable grâce au développement de la comptabilité prévisionnelle. Ainsi s'est mise progressivement en place une synthèse des informations dues aux différents partenaires de l'entreprise. Cet ensemble construit un véritable droit économique de l'information dont le but est d'assurer l'efficacité et la coordination des divers circuits d'information existant dans l'entreprise, afin de faciliter la détection des difficultés rencontrées par celle-ci. Le droit d'alerte vise ainsi à provoquer une discussion interne à l'entreprise, dont l'objet sera à la fois de prendre la mesure la plus exacte possible des difficultés rencontrées ou sur le point de survenir, et de proposer, à la suite de cette discussion, les solutions les plus appropriées à résoudre les difficultés… »[1]

La conciliation intervient ou est ouverte aux sociétés en difficultés avérées ou prévisibles mais qui ne sont pas encore en état de cessation de paiement. À l'exclusion du ministère public, l'article 5-2 de l'AUPC dispose que « le président de la juridiction compétente est saisi par une requête du débiteur ou par une requête conjointe de ce dernier avec un ou plusieurs de ses créanciers. Cette requête expose ses difficultés ainsi que les moyens d'y faire face… » Comme la médiation, l'intervention du parquet dans la conciliation par requête n'est pas prévue même s'il peut effectuer son ministère si ces procédures sont diligentées dans sa juridiction par la voie de la communication.

Il y a lieu de relever que cette logique se poursuit, même si c'est à un niveau plus préoccupant pour l'entreprise, dans le cadre du règlement préventif[2] où le ministère public n'intervient pas. Seul le débiteur peut le demander ou par une requête conjointe avec un ou plusieurs de ses créanciers. En effet, ayant remarqué des difficultés dans l'entreprise[3], le

[1] Michel JEANTIN et Paul LE CANNU, *Droit commercial, Entreprises en difficulté*, 7ème édition, Paris, Dalloz, 2007, page 15.

[2] Le règlement préventif est ouvert au débiteur qui, sans être en état de cessation des paiements, justifie de difficultés financières ou économiques sérieuses. Article 6 AUPC.

[3] « L'état chiffré des créances et des dettes avec indication du nom et du domicile des créanciers et des débiteurs déposé par le demandeur au bénéfice de l'ouverture d'une procédure de règlement préventif suffit pour justifier l'existence d'une dette du

débiteur saisit le président du tribunal en exposant sa situation économique ou financière et en présentant les perspectives de redressement de l'entreprise et d'apurement du passif. Le but est de conclure un concordat[1] préventif pour sauver l'entreprise. « Le débiteur use de cette procédure en vue de bénéficier de la suspension des poursuites individuelles, c'est-à-dire, si sa demande est acceptée, du droit de différer momentanément le paiement de ses dettes. Le règlement préventif va ainsi permettre d'éviter la cessation des paiements… Il n'est pas indispensable qu'une procédure d'alerte soit déclenchée avant l'intervention d'un règlement préventif. Inversement toute procédure d'alerte ne débouche pas nécessairement sur un règlement préventif… »[2] Ce règlement préventif qui repose sur le volontarisme du débiteur doit être surveillé par le parquet qui pourra demander la communication de la procédure pour examen conformément aux règles de droit commun. L'exclusion du parquet dans l'ouverture du règlement préventif se justifie par le fait qu'étant étranger à l'entreprise, il ne peut disposer de documents utiles pour véritablement soutenir sa requête. Aussi, la sauvegarde d'un climat serein dans la société commande cette solution.

L'intervention directe et véritable du ministère public dans le cadre des procédures collectives ne se produit qu'en cas de cessation des paiements. En effet, outre le juge-commissaire, le syndic et les contrôleurs, le ministère public est l'un des organes du redressement judiciaire et de la liquidation des biens. Aux termes de l'article 25 AUPC, « La procédure de redressement judiciaire ou de liquidation des biens est ouverte à tout débiteur en état de cessation des paiements. La cessation des paiements est l'état où le débiteur se trouve dans l'impossibilité de faire face à son passif exigible avec son actif disponible, à l'exclusion des situations où les réserves de crédit ou les délais de paiement dont le débiteur bénéficie de la part de ses créanciers lui permettent de faire face à son passif exigible. Le débiteur qui est en cessation des paiements doit faire une déclaration aux fins d'obtenir l'ouverture d'une procédure de redressement judiciaire ou de liquidation des biens, quelle que soit la nature de ses dettes. La

---

débiteur dont il est tenu d'effectuer le paiement ». CA Dakar, arrêt n°594 du 29 juillet 2010, GTO c/PMI Traitement des eaux, *Bulletin des arrêts rendus par la cour d'appel de Dakar en matière civile et commerciale*, vol n°1, 2011, page 95.

[1] Règlement amiable. *Lexique des termes juridiques*. Paris, Dalloz, 14ème édition.

[2] *L'Entreprise et le Droit*, 2007, OHADA, page 98, par Gilbert BOSSA, Pierre E. GABIAM, Dieunedort NZOUABETH.

déclaration de cessation des paiements doit être faite par le débiteur au plus tard dans les trente (30) jours qui suivent la cessation des paiements et déposée au greffe de la juridiction compétente contre récépissé. Sans préjudice des dispositions de l'article 33 ci-dessous, le débiteur précise dans sa déclaration s'il demande l'ouverture d'une procédure de redressement judiciaire ou de liquidation des biens. »[1]

L'intervention du parquet dans cette phase est déterminante car c'est à ce niveau que le sort de l'entreprise se décide. Ainsi, de l'ouverture de la procédure à la clôture en passant par la gestion de l'entreprise en difficultés, il est appelé à intervenir.

### §2. L'ouverture du redressement judiciaire et de la liquidation des biens

Outre la demande pouvant provenir d'un créancier disposant d'une créance certaine, liquide et exigible comme il ressort de l'article 28, l'article 29 AUPC dispose en outre que « la juridiction compétente peut se saisir d'office, notamment sur la base des informations fournies par le représentant du ministère public, les commissaires aux comptes des personnes morales de droit privé, les membres de ces personnes morales ou les institutions représentatives du personnel qui lui indiquent les faits de nature à motiver cette saisine. La juridiction peut également être saisie par le ministère public. Dans ce cas, il fournit les éléments motivant sa demande ».

Le ministère public peut être informé des difficultés que connaît une entreprise de diverses manières : ce peut être par plaintes, dénonciations, presse mais la liste est loin d'être exhaustive, le parquet pouvant être informé par tous moyens. Le niveau d'information du parquet ne peut être le même que celui des autres personnes qui peuvent donner des informations au tribunal compétent comme le débiteur par le dépôt de bilan, les commissaires aux comptes, les créanciers, les institutions représentatives du personnel qui sont des acteurs internes à l'entreprise. Il est heureux que le ministère public dispose d'une action principale directe en saisissant le tribunal en vue de l'ouverture d'une procédure de redressement judiciaire ou de liquidation des biens car il y va de la sauvegarde de l'ordre public économique.

Cependant, que ce soit la saisine par le créancier, le ministère public, les autres personnes ou la saisine d'office du tribunal, il y a un équilibre

---

[1] *L'Entreprise et le Droit*, *op. cit.*, page 100.

ou une justesse à maintenir : d'un côté, préserver une entreprise qui ne connaît que des difficultés passagères ou inhérentes à son domaine d'activités, éviter des demandes d'ouverture sur la base de documents non fondés[1] ; mais aussi en restant inactif, on court le risque de compromettre davantage la situation d'une société ainsi que les intérêts de ses créanciers, de l'autre.

## §3. Après l'ouverture de la procédure

L'AUPC exige la communication de certains documents au ministère public qui doit assister aussi à certaines prises de décisions.

### I. La communication au parquet

La décision d'ouverture, outre la discipline des acteurs notamment des créanciers qu'elle entraîne de droit[2], nomme les principaux organes de la procédure à savoir le juge-commissaire, le ou les syndics et, le cas échéant, le ou les contrôleurs. L'article 35 AUPC dispose que « le greffier de la juridiction adresse sans délai une copie de la décision au ministère public ». Ce jugement d'ouverture outre la nomination de ces acteurs de la procédure collective, permet de déterminer la période suspecte[3].

---

[1] « L'ouverture d'une procédure collective ne peut être fondée par des créances contestables, des créances incertaines. Dès lors, des créances résultant de documents unilatéraux ne comportant pas la signature du débiteur et non certifiés conformes par une autorité légalement habilitée ne peuvent justifier l'ouverture d'une procédure collective », CA Dakar, arrêt n°192 du 18 février 2010, SNB Papiers c/ A4 Center, *Bulletin des arrêts rendus par la cour d'appel de Dakar en matière civile et commerciale*, vol n°1, 2011, page 93.

[2] « **La condition sine qua non du déclenchement des procédures collectives est le prononcé du jugement d'ouverture (sic)** de la procédure par la juridiction compétente [...] À l'ouverture de la procédure, tous les créanciers (chirographaires et titulaires de garanties) sont paralysés par la **suspension des poursuites individuelles (sic)**. Aucun créancier ne peut réclamer individuellement le règlement de sa créance. La procédure est justement qualifiée de collective dans la mesure où les créanciers ne peuvent plus réclamer séparément le règlement de leurs créances ; ils sont réunis en **« masse (sic) »** pour exercer une poursuite collective... ». *L'Entreprise et le Droit*, *op. cit.*

« La suspension des poursuites individuelles telle que prévue par l'article 75 AUPCAP s'applique à l'action en validation de l'hypothèque conservatoire », CA Dakar, arrêt n°253 du 10 avril 2009 SHELL Sénégal c/Bader Khaled Tareck, *Bulletin des arrêts rendus par la cour d'appel de Dakar en matière civile et commerciale*, vol n°1, 2011, page 86.

[3] « ... En matière de procédures collectives, d'apurement du passif, la date de la cessation des paiements revêt une importance particulière puisqu'elle permet de

Le syndic qui est ainsi nommé doit déposer un rapport dans le mois de son entrée en fonction, sauf prorogation exceptionnelle de délai accordée par décision dûment motivée du juge-commissaire. C'est un rapport sommaire de la situation apparente du débiteur. L'article 66 AUPC dispose en outre que le juge-commissaire transmet immédiatement le rapport avec ses observations au ministère public. Si ce rapport ne lui est pas remis dans le délai prescrit, il doit en aviser le ministère public et lui expliquer les causes du retard. Le ministère public doit veiller scrupuleusement au respect de ces dispositions car il y va de l'exercice de certaines de ses attributions.

### II. L'assistance du parquet à certaines opérations

Le ministère public assiste à deux opérations principalement en cas de redressement judiciaire ou de liquidation des biens :

---

déterminer le point de départ et la durée de ce qu'on appelle la « **période suspecte (sic)** » [...] la période suspecte s'étend de la date de cessation des paiements jusqu'au jugement qui ouvre la procédure collective. Pendant cette période, pèse sur les actes accomplis par le débiteur un soupçon de fraude. La loi présume que les actes accomplis par le débiteur (constitution de sûretés, dons, etc.) pendant ce temps constituent une fraude aux droits des créanciers. La remise en cause des actes de la procédure suspecte est motivée par la volonté de combattre les actes par lesquels le débiteur, face à ses difficultés financières, organise ou accroît frauduleusement son insolvabilité, et de rétablir l'égalité entre les créanciers ou de privilégier les créanciers au détriment des bénéficiaires de libéralités. Dans certains cas, la juridiction compétente est tenue de prononcer l'inopposabilité des actes dès lors qu'ils ont été accomplis pendant la période suspecte ; ce sont les hypothèses **d'inopposabilité de droit (sic)** (art.68 de l'A.U.). Par exemple les actes à titre gratuit translatifs de propriété mobilière ou immobilière, le paiement des dettes non échues sauf s'il s'agit de paiement d'un effet de commerce, etc. En règle générale, les actes frappés d'inopposabilité de plein droit ne présentent aucune utilité pour le débiteur... Dans d'autres cas, la juridiction compétente dispose d'un **pouvoir d'appréciation (sic) ;** il s'agit des cas d'**inopposabilités facultatives (sic)** (art.69 de l'A.U.). Pour ces cas d'inopposabilités, la **connaissance de la cessation des paiements (sic)** du débiteur de la part de ceux qui ont traité avec lui depuis la date de cette cessation est une condition d'inopposabilité. De plus, l'acte doit avoir causé un **préjudice à la masse des créanciers (sic)**. Les actes entrant dans cette catégorie sont : les actes à titre gratuit translatifs de propriété mobilière ou immobilière dans les 6 mois précédant la période suspecte, les actes à titre onéreux si au moment de leur conclusion ceux qui ont traité avec le débiteur ont eu connaissance de la cessation des paiements, les inscriptions de sûretés réelles consenties pour des dettes concomitantes lorsque le bénéficiaire a eu connaissance de la cessation des paiements du débiteur... ». *L'Entreprise et le Droit, op. cit.*

- L'inventaire des biens du débiteur ;

- L'assemblée générale concordataire.

### A. L'inventaire des biens du débiteur

Après la décision prononçant le redressement judiciaire[1] ou la liquidation des biens[2], le syndic, dès son entrée en fonction, doit faire l'inventaire des biens. Aux termes de l'article 63 AUPC, « le ministère public peut assister à l'inventaire ».

Par l'utilisation du verbe *pouvoir* le législateur introduit la faculté d'assister à l'inventaire des biens du débiteur. Sauf cas exceptionnel, il est rare que le parquet assiste à cette opération or, l'inventaire de biens reste un baromètre sur l'importance de la procédure.

### B. L'assemblée concordataire

Ayant parfois été à l'origine de l'ouverture de la procédure, le ministère public ne doit en aucun moment se désintéresser lorsqu'il s'agit de donner une chance de survie au débiteur. Dès la déclaration de cessation de paiement qui doit intervenir dans un délai de trente jours après sa survenance, le débiteur, aux termes de l'article 119 AUPC, propose un projet de redressement judiciaire dans les conditions prévues par les articles 26, 11°, et 27. Il fait des offres concordataires en précisant les mesures envisagées pour le redressement de l'entreprise, en fonction des possibilités et des modalités d'activités, de l'état du marché et des moyens de financement disponibles, notamment :

- « les éléments permettant d'établir la viabilité financière et économique de l'entreprise débitrice ;

- les modalités de continuation de l'entreprise telles que la demande ou l'octroi de délais et de remises ; la cession partielle d'actifs avec

---

[1] Le redressement judiciaire est une procédure destinée à la sauvegarde de l'entreprise et à l'apurement de son passif au moyen d'un concordat de redressement. Article 2 Acte uniforme.

[2] La liquidation des biens est une procédure qui a pour objet la réalisation de l'actif du débiteur pour apurer son passif. Article 2 Acte uniforme. Elle est à différencier de la liquidation de la société prévue aux articles 203 et suivants, organisée à l'amiable conformément aux statuts. Dans cette dernière procédure, le ministère public comme tout intéressé peut, si la clôture de la liquidation n'intervient pas dans le délai de trois ans après la dissolution, saisir la juridiction compétente dans le ressort de laquelle est situé le siège de la société afin qu'il soit procédé à la liquidation de la société ou, si celle-ci a été commencée, à son achèvement. Article 216 Acte uniforme relatif aux droits des sociétés.

indication précise des biens à céder ; la cession ou la location-gérance d'une branche d'activité formant un fonds de commerce ; la cession ou la location-gérance de la totalité ou d'une partie de l'entreprise, sans que ces modalités soient limitatives et exclusives les unes des autres ;

• les noms, prénoms, qualités et adresses des personnes tenues d'exécuter le concordat et l'ensemble des engagements souscrits par elles et nécessaires au redressement de l'entreprise ;

• les modalités du maintien et du financement de l'entreprise, du règlement du passif né antérieurement à la décision d'ouverture ainsi que, s'il y a lieu, les garanties fournies pour en assurer l'exécution ; ces engagements et garanties peuvent consister, notamment, en la souscription d'une augmentation du capital social par les anciens associés ou par de nouveaux, une conversion de créances en capital, l'ouverture de crédits par des établissements bancaires ou financiers ou par toute autre personne, y compris tout nouvel apport en trésorerie ou sous forme de nouveaux biens ou services dans les conditions de l'article 33-1 ci-dessous ainsi que le montant de l'apport ou la valeur du bien ou du service ; la poursuite de l'exécution de contrats conclus antérieurement à la décision d'ouverture, la fourniture de cautions ;

• le niveau et les perspectives d'emploi, ainsi que les licenciements pour motif économique qui doivent intervenir dans les conditions prévues par les articles 110 et 111 ci-dessous ;

• le remplacement de dirigeants.

Le projet de concordat de redressement judiciaire peut établir un traitement différencié entre les créanciers si les différences de situation le justifient ».

Seuls le syndic, le juge-commissaire, le ministère public et les contrôleurs, s'il en a été nommé, sont entendus. Au cours de l'assemblée concordataire, l'article 123 AUPC dispose qu'« aux lieu, jour et heure fixés par la juridiction compétente, l'assemblée concordataire se réunit, le juge-commissaire et le ministère public étant présents et entendus ».

Lors de l'assemblée concordataire, le syndic présente un rapport portant notamment sur les caractères du redressement judiciaire et sur l'admissibilité du concordat. Dans ce cas précis, le ministère public doit être entendu en ses conclusions orales et écrites. Toutefois, le concordat étant l'affaire des débiteurs et des créanciers, le ministère public n'a pas une voix délibérative, il ne vote pas.

Mais la présence du ministère public est obligatoire à cette assemblée à laquelle tous les créanciers du débiteur sont convoqués.

### III. Le droit d'appel

Après l'homologation du concordat par le tribunal, l'article 129 dispose qu'il ne peut faire l'objet d'un appel formé dans les quinze jours à compter de sa publication par le syndic, un représentant mandaté par la majorité du personnel, un créancier contrôleur ou par le ministère public uniquement. Ceci demeure une bonne solution car on ne pourra comprendre l'appel du créancier ordinaire qui a déjà souscrit aux offres concordataires du débiteur. Le ministère public, en ce qui le concerne, pour des raisons tenant par exemple à l'ordre public, à l'intérêt collectif, aux conditions de validité du concordat ou tout autre motif, peut faire appel.

En revanche, en cas de décision de rejet de l'homologation par le tribunal, l'appel peut être fait par le ministère public ou le débiteur.

En règle générale, le droit d'appel et les autres voies de recours en matière de procédures collectives sont encadrés par le législateur communautaire.[1]

### IV. La résolution et annulation du concordat

Pour la résolution du concordat[1], la juridiction compétente peut être saisie à la requête d'un créancier ou des contrôleurs du concordat, elle peut également se saisir d'office, le débiteur entendu ou dûment appelé.

---

[1] « Ne sont susceptibles ni d'opposition ni d'appel : les décisions relatives à la nomination ou au remplacement du juge-commissaire, à la nomination ou à la révocation des syndics, à la nomination ou à la révocation des contrôleurs ; les décisions par lesquelles la juridiction compétente statue sur le recours formé contre les décisions rendues par le Juge-commissaire dans les limites de ses attributions, à l'exception de celles statuant sur les revendications et sur les décisions prévues aux articles 162 et 164 ci-dessous ; la décision rendue par la juridiction compétente en application de l'article 111 dernier alinéa ci-dessus ; les décisions autorisant la continuation de l'exploitation sauf dans le cas prévu par l'article 113, alinéa 4 ci-dessus ». Article 216 Acte uniforme portant organisation des procédures collectives d'apurement du passif.

« Les décisions rendues en matière de redressement ou de liquidation de biens, sont exécutoires par provision, nonobstant opposition ou appel, à l'exception de la décision homologuant le concordat, ainsi que des décisions prononçant la faillite personnelle ». Article 217 Acte uniforme portant organisation des procédures collectives d'apurement du passif.

Pour l'annulation du concordat[2], elle ne peut intervenir qu'en cas de dol résultant d'une dissimulation d'actif ou exagération du passif découvert après l'homologation du concordat préventif ou du concordat de redressement judiciaire. L'article 140 AUPC dispose que « l'action en nullité n'appartient qu'au ministère public et aux contrôleurs qui apprécient l'opportunité de l'exercice ou non. Elle ne peut être exercée que dans le délai d'un (1) an suivant la découverte du dol ».

Il est compréhensible que l'annulation du concordat qui a des effets radicaux soit uniquement demandée par le ministère public et les contrôleurs car il est illogique que les parties signataires fassent volte-face pour demander la nullité même si elles peuvent par exemple saisir le ministère public ou les contrôleurs à cette fin. Toutefois, comme dans le cadre de l'exercice de l'action publique, le parquet dispose dans ce cas d'un pouvoir d'appréciation de l'opportunité de son action. Il dispose aussi de l'appel contre la décision d'annulation du concordat comme le débiteur ou les contrôleurs, et ce dans un délai de quinze (15) jours à compter de son prononcé.

### V. Au cours de la continuation d'activité

À la suite de l'assemblée générale et s'il y a un concordat de redressement judiciaire, l'activité de la société est continuée avec l'assistance du syndic qui doit communiquer les résultats de l'exploitation au juge-commissaire, une copie de ce rapport doit être remise au ministère public. Cette communication permettra au parquet de suivre en même temps l'évolution économique de la société et en cas de besoin présenter toutes réquisitions utiles notamment en application de l'article 33 alinéa 5 sur la possibilité offerte à la juridiction compétente de convertir, à toute époque, le redressement judiciaire en liquidation des biens.

La décision de liquidation des biens met fin à l'activité de la société. Mais aux termes de l'article 113 AUPC, « à titre exceptionnel, si l'intérêt public ou celui des créanciers l'exige, la juridiction compétente peut autoriser, dans la décision prononçant la liquidation des biens, une poursuite provisoire de l'activité pour une durée maximum de soixante

---

[1] Sanction consistant dans l'effacement rétroactif des obligations nées d'un contrat synallagmatique, lorsque l'une des parties n'exécute pas ses prestations. *Lexique des termes juridiques*. 14ème édition, 2004.

[2] Anéantissement rétroactif d'un acte juridique pour inobservation de ses conditions de formation, ayant pour objet soit de dispenser les parties de toute exécution, soit de les obliger à des restitutions réciproques. *Lexique des termes juridiques, op. cit.*

(60) jours. Elle peut renouveler une (01) fois cette période, pour la même durée, à la demande du syndic après avis du ministère public. En cas de poursuite provisoire de l'activité, il est fait application de l'article 112, alinéa 2, ci-dessus, mais le syndic doit alors remettre son rapport chaque mois au juge-commissaire et au ministère public ». La continuation de l'activité à ce niveau doit être particulièrement surveillée car la situation de l'entreprise a déjà été jugée comme irrémédiablement compromise. Elle ne doit pas être de nature à mettre définitivement en péril les droits des créanciers. En cas de liquidation des biens, la conséquence normale est la cessation de toute activité et le désintéressement des créanciers. Étant une phase exceptionnelle, certaines opérations sont bien encadrées.

### A. La communication des rapports au ministère public

Aux termes de l'article 112 AUPC, « en redressement judiciaire, l'activité est continuée avec l'assistance du syndic. Dans le rapport prévu à l'article 43, alinéa 5 ci-dessus, le syndic communique en outre les résultats de l'exploitation au juge-commissaire ; le syndic remet une copie de ce rapport au ministère public. La juridiction compétente, saisie par le syndic, un créancier contrôleur ou par le ministère public, peut, à tout moment et après rapport du juge-commissaire, faire application de l'article 33, alinéa 5, ci-dessus. Elle peut au besoin entendre les créanciers et les contrôleurs qui en feraient la demande par une déclaration motivée déposée au greffe. Si celle-ci l'estime nécessaire, elle fait convoquer, par les soins du greffier, ces créanciers et contrôleurs, au plus tard dans les huit (08) jours par lettre au porteur contre récépissé ou par lettre recommandée avec demande d'avis de réception ou par tout moyen laissant trace écrite. Elle procède à leur audition et il est dressé procès-verbal de leurs déclarations. La juridiction compétente doit statuer, au plus tard, dans les huit (08) jours de l'audition du syndic, des créanciers et des contrôleurs ».

Mieux, l'article 47 dispose que « Le ministère public est informé du déroulement de la procédure de redressement judiciaire et de liquidation des biens par le juge-commissaire. Il peut, à toute époque, requérir communication de tous actes, livres ou documents relatifs à ladite procédure. Le défaut de communication d'information ou de document ne peut être invoqué que par le ministère public. Le ministère public communique au juge-commissaire, sur sa demande ou d'office, tous renseignements utiles à l'administration de la procédure, y compris toute information provenant d'une procédure pénale concernant le débiteur, nonobstant le secret de l'instruction… » Un véritable système de *vases communicants* entre le ministère public et le juge-commissaire.

En cas de poursuite exceptionnelle de l'activité dans le cadre de la liquidation des biens, comme il est indiqué plus haut, les rapports d'exploitation sont communiqués au parquet.

### B. Conclusions et résiliation du contrat de location-gérance

La location-gérance se définit comme un contrat par lequel le propriétaire d'un fonds de commerce appelé bailleur ou loueur, confie en vertu d'un contrat de location, l'exploitation de son fonds à une personne, gérant, qui exploite ce fonds en son nom, pour son compte et à ses risques et périls, et qui paie au propriétaire un loyer ou redevance.

L'article 115 AUPC dispose qu'« en redressement judiciaire, la juridiction compétente, à la demande du ministère public, du syndic ou d'un contrôleur s'il en a été nommé, peut autoriser la conclusion d'un contrat de location-gérance lorsque la disparition ou la cessation d'activité, même provisoire, de l'entreprise est de nature à compromettre son redressement ou à causer un trouble grave à l'économie nationale, régionale ou locale dans la production et la distribution de biens et de services… » Tout est question d'appréciation de la situation de l'entreprise dans le tissu économique, social, local ou national. Ce qui ne devrait pas poser problème si l'on sait, comme nous l'avons vu plus haut, que le parquet a communication de documents et rapports importants dès l'ouverture de la procédure collective.

Comme pour respecter la règle du parallélisme des formes[1], l'article 116 AUPC dispose que le tribunal peut prononcer la résiliation du contrat de location gérance soit d'office, soit à la demande du syndic ou du ministère public, soit à la demande d'un contrôleur, sur rapport du juge-commissaire lorsque par son fait, le premier diminue les garanties qu'il avait données ou compromet la valeur du fonds ou ne respecte pas ses engagements.

## VI. La liquidation des biens proprement dite

La liquidation des biens consiste à la réalisation de l'actif et l'apurement du passif. Dans ce cadre, les créanciers sont en état

[1] « Cette règle a été proposée pour résoudre le problème des formes que doit respecter un acte, destiné à modifier ou abroger un autre acte, lorsque rien n'est prévu par la réglementation ; elle impose que les mêmes formes soient respectées, que le second acte soit parallèle au premier ». Alain Bockel, *Droit administratif*, *op. cit.*, page 139.

d'union[1], l'Acte uniforme donne plus de pouvoirs au syndic qui poursuit la vente des marchandises et meubles du débiteur et des biens immeubles.

Il y a lieu de mentionner ici l'absence du ministère public qui devrait pourtant jouer un rôle en donnant son avis sur la vente des biens meubles et immeubles du débiteur surtout dans le cadre de la distribution du prix des biens et l'apurement du passif. Il en est de même de la clôture de l'union, de l'apurement du passif où le ministère public n'intervient pas. Du moins, l'Acte uniforme ne le prévoit pas expressément pour les actes mais il est évident qu'il peut se faire communiquer les procédures selon les règles de droit commun et donner toutes réquisitions lui paraissant opportunes. L'article 172 AUPC prévoit que « le greffier adresse immédiatement un extrait de la décision de clôture au ministère public ».

Le ministère public comme le syndic et les contrôleurs peut, s'il apparaît une insuffisance d'actif, en cas de faute de gestion ayant contribué à cette insuffisance d'actif, saisir par requête la juridiction compétente d'une action en comblement de passif. Cette dernière a pour but de faire supporter les dettes de la personne morale en tout ou partie avec ou sans solidarité par tous les dirigeants ou certains d'entre eux. Une procédure qui selon l'article 183 AUPC peut aussi s'appliquer à « un dirigeant retiré a continué d'intervenir dans la gestion sociale comme dirigeant de fait, même si le retrait a fait l'objet de publicité, ou encore lorsque la situation ayant abouti à l'insuffisance d'actif a été créée alors que le dirigeant retiré se trouvait encore en fonction ». Il faut noter que cette action en comblement de passif se prescrit par trois (03) ans à compter de l'arrêté définitif de l'état des créances. Le concordat conclu suspend cette action pendant sa durée, en cas de résolution ou d'annulation de ce concordat, le syndic dispose à nouveau d'un délai qui ne peut être inférieur à un (01) an.

Le ministère public doit aussi surveiller, dans les cas prévus par la loi, les extensions des procédures de redressement judiciaire et de liquidation des biens aux dirigeants des personnes morales, prévues aux articles 189 à 193 AUPC.

---

[1] Ils ne peuvent individuellement entreprendre des actions pour recouvrer leurs créances, une sorte de discipline imposée par la loi pour une meilleure organisation de la procédure et la sauvegarde de tous les intérêts en présence.

## §4. La sanction des fautes commises

Dans le cadre des sanctions des fautes commises en violation aux lois et usages du commerce, le ministère public exerce des missions de surveillance et d'exécution des décisions rendues notamment par leur inscription et modification au niveau du casier judiciaire. La grande spécificité qu'il convient de noter est que cette mission devra intervenir dans un contexte spécial : une société ou une entreprise en difficultés.

Ces attributions s'articulent autour de la faillite personnelle dont les sanctions recoupent la déchéance, les incapacités, interdictions, et des banqueroutes simples ou frauduleuses et autres infractions assimilées sanctionnées au pénal.

### I. La faillite personnelle et la réhabilitation

S'agissant de la faillite personnelle et la réhabilitation, l'article 195 AUPC dispose que « le ministère public surveille l'application des dispositions du présent Titre et en poursuit l'exécution ».

La faillite personnelle et la réhabilitation s'appliquent, aux termes de l'article 194 AUPC « 1°) aux personnes physiques exerçant une activité professionnelle indépendante, civile, commerciale, artisanale ou agricole ; 2°) aux personnes physiques dirigeantes de personnes morales soumises à une procédure de redressement judiciaire ou de liquidation des biens ; 3°) aux personnes physiques représentants permanents de personnes morales dirigeantes des personnes morales visées au 2° du présent article. Les dirigeants des personnes morales visées au présent article sont les dirigeants de droit ou de fait, rémunérés ou non ».

Elle s'applique contre le dirigeant qui a soustrait la comptabilité de leur entreprise, détourné ou dissimulé une partie de son actif ou reconnu frauduleusement des dettes qui n'existaient pas ; exercé une activité professionnelle indépendante, civile, commerciale, artisanale ou agricole dans leur intérêt personnel, soit par personne interposée, soit sous couvert d'une personne morale masquant leurs agissements ; usé du crédit ou des biens d'une personne morale comme leurs propres biens ; par leur dol, obtenu pour eux-mêmes ou pour leur entreprise, un concordat annulé par la suite ; commis des actes de mauvaise foi ou des imprudences inexcusables ou qui ont enfreint gravement les règles et usages du commerce tels que définis par l'article 197 AUPC. Peuvent également être déclarés en faillite personnelle les dirigeants d'une personne morale condamnés pour banqueroute simple ou frauduleuse. Cette sanction peut aussi frapper les dirigeants qui ont commis des fautes graves autres que celles visées à l'article 197 ou ont fait preuve d'une incompétence manifeste, n'ont pas déclaré, dans les trente (30) jours, la cessation des paiements de la personne morale, n'ont pas acquitté la partie du passif social mis à leur charge.

À ce propos, l'article 197 AUPC pose une présomption de mauvaise foi, imprudence inexcusable ou infractions graves aux règles et usages du commerce : « 1°) l'exercice d'une activité professionnelle indépendante, civile, commerciale, artisanale ou agricole ou d'une fonction de gérant, administrateur, président, directeur général ou liquidateur, en violation d'une interdiction prévue par les Actes uniformes ou par la loi de chaque État partie ; 2°) l'absence d'une comptabilité conforme aux règles comptables et aux usages reconnus de la profession, eu égard à l'importance de l'entreprise débitrice ; 3°) les achats pour revendre au-dessous du cours dans l'intention de retarder la constatation de la cessation des paiements ou l'emploi, dans la même intention, de moyens ruineux pour se procurer des fonds ; 4°) la souscription, pour le compte d'autrui, sans contrepartie, d'engagements jugés trop importants au moment de leur conclusion, eu égard à la situation du débiteur ou de son entreprise ; 5°) la poursuite abusive d'une exploitation déficitaire qui ne pouvait conduire l'entreprise débitrice qu'à la cessation des paiements ».

Aux termes de l'article 200 AUPC « lorsqu'il a connaissance des faits susceptibles de justifier la faillite personnelle, le syndic en informe immédiatement le ministère public et le juge-commissaire à qui il fait rapport dans les dix (10) jours. Le juge-commissaire adresse ce rapport au Président de la juridiction compétente. À défaut d'un tel rapport du syndic, le juge-commissaire peut faire lui-même rapport au Président… dès qu'il est saisi… le Président de la juridiction fait aussitôt citer à comparaître à jour fixe… ».

La curiosité c'est, qu'en dehors de la seule information à lui faite, le texte ne donne pas pouvoir au parquet de saisir directement le président. Il n'a pas un pouvoir d'action exprès, ce qui entre en droite ligne de sa simple mission de surveillance et d'exécution. Mais le ministère public se doit d'être vigilant, actif, et participer à l'audience à laquelle la personne mise en cause comparaît et de manière générale suivre ces affaires.

La faillite personnelle prononcée et dont la durée ne peut être inférieure à six mois ni supérieure à dix ans, emporte de plein droit notamment l'interdiction générale de faire le commerce, gérer, administrer ou contrôler une entreprise commerciale à forme individuelle ou toute autre personne morale, diriger une entreprise commerciale, interdiction d'exercer une fonction publique élective et d'être électeur pour ladite fonction publique, l'interdiction d'exercer aucune fonction administrative, judiciaire ou de représentation professionnelle.

La personne sanctionnée ne peut être relevée avant la durée fixée de la faillite qu'en cas de réhabilitation. Celle-ci est de droit si le passif est éteint. « Toute demande en réhabilitation est adressée, avec les pièces justificatives au président de la juridiction qui a prononcé la faillite personnelle. Celui-ci communique la demande et toutes les pièces au ministère public du domicile du requérant. Le président de la juridiction compétente et le ministère public recueillent tous les renseignements possibles et utiles sur la véracité des faits exposés... » (Article 208 AUPC).

En pratique, le ministère public devra ouvrir une enquête pour faire ces vérifications.

Aussi la décision rendue est adressée au représentant du ministère public qui a reçu la demande et, par les soins de ce dernier, au ministère public du lieu de naissance du demandeur qui en fait mention au casier judiciaire.

La réhabilitation a pour effet principal de rétablir le débiteur dans tous ses droits dont il avait été privé par la décision prononçant sa faillite personnelle.

En principe, les décisions rendues en matière de redressement judiciaire ou de liquidation des biens, sont exécutoires par provision, nonobstant opposition ou appel, à l'exception de la décision homologuant le concordat de redressement judiciaire ainsi que des décisions prononçant la faillite personnelle. Ainsi, avisé par les soins du greffe dans un délai de trois jours de la décision prononçant la faillite personnelle, le ministère public dispose d'un délai de quinze jours à compter de cet avis pour interjeter appel au greffe de la juridiction qui a rendu la décision, notification faite par le greffe au débiteur et au syndic contre décharge.

**II. Les banqueroutes et infractions assimilées.**

Par la poursuite des cas de banqueroutes, le ministère public retrouve ses missions naturelles. L'article 234 dispose que « la juridiction pénale peut être saisie par le ministère public ou le syndic. Elle peut également être saisie par deux contrôleurs dans les conditions de l'article 72, alinéa 1… » Pour l'exercice de cette action, « le syndic est tenu de remettre au ministère public les pièces, titres, papiers, renseignements qui lui sont demandés ». Ces procédures s'appliquent aux personnes physiques visées par l'article 1-1 AUPC et aux associés des sociétés commerciales qui ont la qualité de commerçants.

La banqueroute simple et la banqueroute frauduleuse, prévues aux articles 228 et 229 AUPC, comme leur qualificatif l'indique, la deuxième est plus grave que la première, mais toutes sont commises dans le cadre d'un état de cessation de paiement. Ces fautes ont trait soit à des actes contraires à l'intérêt de l'entreprise ou de la société, une mauvaise gestion ou à une tenue irrégulière de la comptabilité. Mais il faut bien identifier les infractions dites assimilées à la banqueroute simple et les infractions assimilées à la banqueroute frauduleuse en ce qu'elles sont notamment punies des mêmes peines sans toutefois comporter les mêmes éléments constitutifs. Ces infractions assimilées sont prévues par les articles 230 à 233, 240 et suivants AUPC.

Les condamnations pour banqueroutes simples ou frauduleuses ou délits assimilés supposent que l'on se situe dans le cadre d'une cessation des paiements mais l'article 236 admet les sanctions « même si la cessation des paiements n'a pas été constatée dans les conditions prévues par le présent Acte uniforme ».

Aux termes de l'article 234 AUPC « la juridiction répressive est saisie, soit par le ministère public ou par le syndic. Elle peut également être saisie par deux contrôleurs ».

Le ministère public joue ainsi un rôle central dans le cadre de la répression de ces infractions qu'on peut qualifier de spéciales parce que commises dans le cadre de la gestion d'une entreprise.

Il faut relever que l'Acte uniforme n'enlève pas au ministère public son pouvoir d'appréciation de l'opportunité des poursuites. Il peut ainsi classer sans suite pour des raisons d'opportunité dont il est seul juge. Toutefois ce pouvoir parfois critiqué, est édulcoré par la possibilité offerte au syndic et à tout créancier de mettre en mouvement l'action publique par la voie de la citation directe ou de la plainte avec constitution de partie civile.

Gardons-nous cependant de penser que l'opportunité des poursuites est un obstacle. Elle reste une faculté pour le parquet. Comme il s'agit de délinquance économique qui porte atteinte à l'ordre public parfois en désagrégeant le tissu vital de la vie économique, la rigueur dans les poursuites doit être de mise ainsi que la vigilance pour bien assurer les poursuites et porter l'accusation contre ces infractions spéciales reprochées à une certaine catégorie de personnes.

Les personnes qui ont fait l'objet de ces procédures sont exclues de certains domaines comme les marchés publics[1].

L'Acte uniforme relatif aux droits des sociétés commerciales a posé les incriminations ou infractions, en ses articles 886 et suivants. À sa suite, l'AUPC dispose en son article 226 que « les personnes déclarées coupables de banqueroute et de délits assimilés à la banqueroute sont passibles des peines prévues pour ces infractions par les dispositions prises par chaque État partie conformément à l'article 5 du Traité de l'OHADA ». Ainsi, chaque pays, au plan national, détermine les peines encourues. Ainsi, au Sénégal, les peines ont été fixées par la loi n° 98-22 du 26 mars 1998[2] abrogée et remplacée par la loi n°2018-13 du 27 avril 2018 relative à la répression des infractions prévues par les Actes uniformes adoptés en application du Traité relatif à l'Harmonisation du Droit des Affaires en Afrique (Acte uniforme portant organisation des procédures simplifiées de recouvrement et des voies d'exécution, Acte uniforme portant organisation des procédures collectives d'apurement du passif, Acte uniforme relatif au droit comptable et à l'information financière, Acte uniforme portant sur le droit commercial général, Acte uniforme portant organisation des sûretés, Acte uniforme relatif au droit des sociétés coopératives, Acte uniforme relatif au droit des sociétés commerciales et du groupement d'intérêt économique). Une démarche

---

[1] « Ne sont pas admises à concourir aux marchés publics, quel que soit le mode de passation du marché, les personnes physiques en état de faillite personnelle, les personnes morales admises au régime de la liquidation des biens, les personnes physiques ou morales en état de redressement judiciaire sauf si elles justifient avoir été autorisées en justice à poursuivre leurs activités… Les dispositions du présent article sont également applicables aux sous-traitants ». Article 43 du décret n° 2007-545 du 25 avril 2007 portant Codes des marchés publics, modifié.

[2] Extrait de l'exposé des motifs : « Lors de l'élaboration de l'acte uniforme relatif aux droits des sociétés commerciales et du groupement d'intérêt économique et de l'examen de ces actes par les sessions plénières des commissions nationales, il a été constaté que les États-Parties signataires du Traité OHADA, n'ont pas tous le même système pénal et retenu d'harmoniser leur droit pénal. Il a donc été convenu que l'acte uniforme précité ne contiendrait que l'énonciation des infractions. De ce fait, il a été décidé que, par l'élaboration d'un texte législatif interne, chaque État-Partie fixera le quantum des peines, en conformité avec son système pénal, pour compléter l'acte uniforme en se fondant toutefois sur les incriminations déjà visées par l'acte lui-même… ». JORS du 25 avril 1998, page 303.

communautaire qui sauvegarde en partie la souveraineté des États en matière de droit pénal à l'origine éminemment national, de souveraineté. Mais cette technique d'harmonisation rompt, dans l'espace communautaire, l'égalité des citoyens tout en trahissant les volontés proclamées des États d'harmoniser leur législation. Parfois, cette solution est écartée. La Loi uniforme n° 2008-48 du 03 septembre 2008 relative à la répression des infractions en matière de chèque, de carte bancaire et d'autres instruments et procédés électroniques de paiement, en même temps qu'elle pose des incriminations ou infractions, prévoit les sanctions, une démarche *sui generis*[1]. En général, il faut préciser que l'UEMOA adopte une loi uniforme avec les incriminations, sanctions et chaque État Partie l'intègre dans son droit positif, ce qui en fait finalement en réalité une loi nationale mais procédant d'une initiative communautaire. C'est une solution médiane à laquelle s'accommodent les États même s'il faudra s'acheminer vers la légifération communautaire intégrale. La transposition de normes internationales a toujours soulevé des questions théoriques et pratiques[2].

---

[1] « Ce texte, qui consacre le cadre légal de la modernisation des systèmes de paiement dans l'espace UEMOA, abroge et remplace en son article 244 la Loi uniforme relative aux instruments de paiement, à l'exception de ses dispositions pénales. Ainsi le Règlement a reconduit les incriminations pénales [...] S'agissant des sanctions, dans le souci de ne pas retarder la réalisation de la réforme, et compte tenu du fait qu'un règlement communautaire ne peut contenir de sanction pénale, une technique propre au droit pénal des affaires, qui est celle de pénalité par référence, encore appelée renvoi pénal, a été utilisée dans le Règlement [...] Toutefois, cette technique du renvoi n'est pas exempt d'inconvénients » Extrait exposé des motifs.

[2] « Sont directement applicables au droit interne, sans que soient requises des normes internes intermédiaires qui en transposent les dispositions, les règles internationales qualifiées de « self-executing » ou exécutoires par elles-mêmes... D'une part les États liées par la règle doivent avoir eu l'intention de permettre un effet direct, qui doit en outre être rendu possible par les dispositions de droit interne. D'autre part, la règle en cause doit avoir un contenu suffisamment précis pour que l'intervention d'actes intermédiaires d'exécution soit inutile [...] Monisme (monisme à primauté du droit interne et monisme à primauté du droit international) ou dualisme : [...] Comme les termes l'indiquent, le dualisme suppose la juxtaposition de deux ordres, au champ d'application entièrement différent, et le monisme l'unité de principe entre ordre interne et international [...]... La situation est alors comparable à celle qui existe dans l'ordre communautaire pour les directives, qui en principe ne sont pas directement applicables mais font obligation aux États membres de prendre les mesures nécessaires à cette fin [...] Le monisme a certes connu, pour des raisons idéologiques et pratiques, une nette promotion au cours des dernières décennies. Il est pourtant loin de rendre raison de l'état du droit positif. Un fond dualiste subsiste, sans doute de façon

Dans l'espace communautaire, en matière civile et commerciale, la Cour commune de Justice et d'Arbitrage (CCJA) de l'OHADA créée par le Traité de l'OHADA et basée à Abidjan en Côte d'Ivoire joue, en cassation[1], un rôle déterminant dans l'interprétation, l'application des textes et la consolidation de la jurisprudence.

---

irréductible. Le monisme résulte en effet d'un choix, constitutionnel ou jurisprudentiel suivant les cas, de sorte qu'il constitue non seulement une dérive mais à la limite une modalité du dualisme [...] Les approches théoriques sont loin d'être inutiles, car elles éclairent les options et les dynamiques. Mais le droit positif, si l'on peut synthétiser ses tendances générales, est plus complexe. Il ne consacre ni la pure juxtaposition des ordres internes, ni leur unification au profit du droit international. Il consacre l'autonomie de chacun des ordres, et en même temps leur interdépendance, dans la mesure où ils ne peuvent fonctionner les uns sans les autres... ». *Droit international public*, Jean Combacau et Serge Sur, *op. cit.*, pages 182 à 185.

« ... Les juridictions montrent une ouverture et une hardiesse croissante à l'égard du droit international, toutes normes confondues, même si le droit écrit en est le principal bénéficiaire. Elles procèdent cependant fréquemment par voie négative, disant plus facilement quelle place n'occupent pas ces normes dans l'ordre interne que celle qui leur est positivement attribuée. Il en résulte un droit savant, opaque, imprévisible et souvent aléatoire. Cette approche parcellaire est encore émiettée par la diversité des juridictions internes qui ne disposent pas des mêmes pouvoirs en conservant donc des points de vue différents sur les normes internationales et sur leurs rapports avec les règles internes. Il ne faut toutefois exagérer cet inconvénient, car globalement les jurisprudences convergent, et convergent au profit d'une plus grande applicabilité des normes d'origine internationale. Si toutes les juridictions ne vont pas au même rythme, elles vont dans le même sens. Mais il ne leur est pas possible, eu égard à la nature de leur pouvoir, et sans doute à la nature même du droit international, de dépasser une pratique de la *Constitution-écran...* ». *Droit international public*, *ibid.*, page 204.

[1] « Attendu qu'aux termes de l'article 14 du Traité relatif à l'harmonisation de droit des affaires [...] Saisie par la voie du recours en cassation, la Cour se prononce sur les décisions rendues par les juridictions d'appel des États Parties dans toutes les affaires soulevant des questions relatives à l'application des Actes uniformes et des règlements prévus au présent Traité à l'exception des décisions appliquant des sanctions pénales [...] Attendu qu'en l'espèce, le litige opposant la SEMOS SA à BETRA a été soumis aux juges du fond malien le 04 mars 1999, soit postérieurement à l'entrée en vigueur de l'Acte uniforme portant sur le droit commercial général, intervenue le 1er janvier 1998 ; que ledit Acte uniforme ayant intégré l'ordre juridique interne de la République du Mali à la date de la saisine du tribunal de commerce de Bamako, les conditions de compétence de la Cour Commune de Justice et d'Arbitrage, telles que spécifiées à l'article 14 sus énoncé du Traité susvisé étaient réunies ; que dès lors, c'est à tort que la Cour Suprême du Mali s'est déclarée compétente ; qu'en conséquence l'Arrêt n° 07 qu'elle a rendu le 08 avril 2002 doit être déclaré nul et non avenu ; [...] Reçoit le recours en annulation de la Société d'Exploitation de Mines d'Or de Sadiola dite SEMOS SA contre l'Arrêt n° 07 du 08 avril 2002 de la Cour suprême du Mali ; Dit que la Cour suprême du Mali s'est déclarée compétente à tort pour examiner le pourvoi formé par la SEMOS SA contre Barou Entreprises des Travaux dite BETRA

Le droit de l'OHADA est en constante construction avec l'adoption régulière depuis 1993 de textes communautaires dans différents domaines. L'espace communautaire de l'OHADA, en dépit de son affirmation certaine, est en consolidation porté par la volonté des États. Peut-être qu'un jour, l'adhésion à cet espace d'autres États et le rapprochement des espaces régionaux similaires en Afrique, conduiront à une harmonisation à l'échelle continentale au grand bonheur des panafricanistes ; d'autant qu'actuellement de réelles difficultés existent comme la « prolifération des organisations d'intégration », les « conflits de normes » et la nécessité d'un « remodelage de l'architecture judiciaire »[1].

---

et dirigé contre le jugement n° 39 du 26 janvier 2000 au tribunal de commerce de Bamako ; Déclare en conséquence nul et non avenu l'Arrêt n° 07 rendu par ladite Cour le 08 avril 2002 ; Condamne BETRA aux dépens… ». Cour Commune de Justice et d'Arbitrage C.C.J.A Arrêt n° 055 /2005 du 15 décembre 2005 publié dans la Collection du recueil de jurisprudence de la Cour Commune de Justice et d'Arbitrage, Vol.1, 2003-2005, page 732 à 735.

[1] « Quel avenir pour les droits communautaires africains ? » Ndiaw Diouf, Professeur titulaire agrégé de Droit privé, Doyen de la FSJP / UCAD. *Revue sénégalaise de droit* n° 36 janvier-juin 2011, page 97.

# IXème PARTIE.

# LES POUVOIRS DU PARQUET EN MATIÈRE D'INSTRUMENTS DE PAIEMENT

Le parquet comme dans bien des domaines, dispose d'un pouvoir classique de poursuites des infractions à la loi pénale qui présente moins d'intérêt dans le cadre de notre étude sur les instruments de paiement. Aussi, la création des instruments de paiement relevant essentiellement des parties, il ne peut intervenir.

Il s'agit plutôt d'insister sur les attributions spécifiques données au parquet. Déjà, au Sénégal, par la loi n° 96-13 du 28 août 1996[1] sur les instruments de paiement (chèque, carte de paiement et de retrait, lettre de change et billet à ordre), en cas d'incidents de paiement notamment en matière de chèque, il a été instauré une obligation au parquet d'informer la Banque centrale. En outre, une faculté est offerte au parquet de se faire communiquer les décisions prises par les établissements bancaires.

Cette loi, qui est précurseur en la matière, est aujourd'hui abrogée dans bien de ses dispositions et remplacée par la Loi uniforme n° 2008-48 du 03 septembre 2008 relative à la répression des infractions en matière de chèque, de carte bancaire et d'autres instruments et procédés électroniques de paiement[2].

Les attributions spécifiques dévolues au parquet s'inscrivent désormais dans un élan communautaire et partent, comme la loi, du Règlement n°15 /2002/CM/UEMOA du 02 septembre 2002 relatif aux

[1] Cette loi découle de la loi bancaire liant les États Parties de l'Union monétaire ouest-africaine (UMOA) que sont : le Bénin, le Burkina Faso, la Côte d'Ivoire, la Guinée-Bissau, le Mali, le Niger, le Sénégal et le Togo.
L'UMOA a été constituée par le Traité du 14 novembre 1973.

[2] Cette loi qui s'inscrit en droite ligne du Règlement 15 /2002, consacre la *« dépénalisation »* de l'émission de chèque sans provision. Les articles 114 et suivants du Règlement prévoient, à l'initiative de la banque-tiré, un avertissement avec une interdiction d'émettre des chèques et sommation pour régularisation dans le délai de 30 jours.

systèmes de paiement dans les États membres de l'UEMOA. Cette loi a maintenu les différentes attributions spécifiques au parquet déjà énumérées et qui sont définies par le Règlement précité du Conseil des ministres de l'UEMOA, une Union dont la création répond à un impératif précis. En effet, « la décision de créer une Union monétaire ou d'y adhérer n'est pas anodine. Elle n'intervient que lorsque les États participants ont la ferme conviction que l'Union monétaire est le meilleur moyen d'atteindre certains objectifs considérés comme inaccessibles ou difficilement réalisables par le biais de l'action individuelle ».[1]

Les attributions du parquet en la matière tournent autour de deux axes :

- Une obligation d'informer qui s'inscrit dans le cadre de la centralisation des données ;

- Sa faculté de s'informer dans le cadre de la diffusion des informations.

## SECTION 1. L'OBLIGATION FAITE AU PARQUET D'INFORMER ET LA CENTRALISATION DES DONNEES

Comme on l'a souligné plus haut, le parquet est principalement chargé de par la loi, de veiller à l'exécution des décisions de justice notamment les sanctions complémentaires que prennent les juridictions. Aux termes de l'article 94 de la loi n° 96-13 du 26 août 1996, modifiée, le parquet doit communiquer à la Banque centrale :

- les interdictions d'émettre des chèques prononcées par le tribunal en application de l'article 85 al 1er ;

- les suspensions et levées d'interdiction d'émettre des chèques prononcées par le tribunal conformément à l'article 79.

La loi n° 2008-48 du 03 septembre 2008, en son article 23, se limite à disposer, sans les spécifier, que « les décisions rendues en application de la présente loi sont notifiées sans délai à la Banque centrale à la diligence du ministère public ». Ainsi, à l'examen des autres dispositions, ce sont :

---

[1] Moustapha Lô DIATTA, *Les Unions monétaires en droit international*, Paris, PUF, 2007, page 11.

- les condamnations pénales ;

- les confiscations aux fins de destruction de chèques ou de cartes bancaires contrefaits ou falsifiés ;

- la confiscation des matières, machines, appareils, équipements, instruments, programmes informatiques ou de toute donnée qui servent ou sont destinés à servir à la fabrication desdits chèques ou desdites cartes ou autres instruments de paiement ;

- les interdictions d'émettre des chèques.

À travers cette loi, les parquets doivent se doter de système pouvant leur permettre de jouer efficacement ce rôle de notification à la Banque centrale[1] de ces décisions. Il convient d'ouvrir un registre particulier régulièrement mis à jour. La notification effective doit être prouvée par un accusé de réception de la Banque qui est destinataire. Celle-ci centralise ces données et est seule chargée de les diffuser. Est-il besoin de le rappeler, seules les décisions ayant l'autorité de la chose jugée et les interdictions d'émettre des chèques déclarées exécutoires par provisions seront portées à la connaissance de la Banque centrale qui constitue un fichier des différentes sanctions. Ce fichier est protégé, sa violation ou la constitution d'un fichier parallèle est sanctionnée au pénal[2].

Le Règlement communautaire 15/2002 en son article 127 dispose notamment que la Banque centrale « est chargée de centraliser et de diffuser les informations relatives : aux interdictions bancaires et judiciaires d'émettre des chèques ainsi qu'aux infractions sur ces mêmes interdictions, aux levées d'interdictions d'émettre des chèques, aux formules de chèques perdus ou volés, aux formules de faux chèques et aux comptes clôturés, les refus de paiement de chèques pour défaut de provision suffisante, les régularisations d'incidents de paiement de chèque ».

## SECTION 2. LA FACULTE DE S'INFORMER DU PARQUET ET LA DIFFUSION DES INFORMATIONS

La loi sur les instruments de paiement a introduit une nouveauté : c'est la bancarisation des sanctions surtout pour l'émission de chèque

[1] Banque centrale des États de l'Afrique de l'Ouest (BCEAO) : qui est l'une des institutions spécialisées autonomes de l'Union économique et monétaire Ouest-africaine (UEMOA).

[2] Articles 12 et suivants de la loi n° 2008-48 du 03 septembre 2008.

sans provision avec l'interdiction de cinq ans d'émettre des chèques. En effet, les banques peuvent d'initiative, sans s'en référer à une juridiction, prononcer des interdictions d'émettre des chèques. Les banques informent la Banque centrale de tout incident de paiement enregistré à leur niveau.

L'article 114 du Règlement dispose que « le banquier qui a refusé le paiement d'un chèque pour défaut ou insuffisance de provision doit [...] préciser dans la lettre d'avertissement le motif du refus de paiement, l'interdiction d'émission de chèques jusqu'à la régularisation et les sanctions encourues en cas d'émission de chèques durant cet intervalle ou à défaut de régularisation... »

Avec toutes ces informations, l'article 23 de la Loi uniforme dispose que la Banque centrale diffuse, auprès des établissements émetteurs, l'ensemble des décisions de justice, selon les modalités qu'elle définit. Cette diffusion de ces informations par la BCEAO concerne le grand public qui pourra consulter le site Internet[1] où sont centralisées toutes les sanctions. Ainsi, un citoyen nanti d'un chèque pourra préventivement se renseigner directement sur le site.

L'article 129 du Règlement dispose que la « Banque Centrale peut toujours communiquer au procureur de la République, dans le cadre d'accords prévus à cet effet ou sur la demande de ce dernier, les renseignements relatifs aux émissions de chèques déclarés comme constituant une infraction à une interdiction bancaire ou judiciaire d'émettre des chèques. La Banque Centrale peut communiquer à tout magistrat et à tout officier de police judiciaire agissant sur instruction du procureur de la République ou du juge d'instruction le relevé des incidents de paiement enregistrés au nom d'un titulaire de compte, avec mention, s'il y a lieu, de l'interdiction d'émettre des chèques... »

Par ailleurs, l'article indique que la Banque centrale « diffuse les nouvelles interdictions bancaires et judiciaires ainsi que la levée des interdictions bancaires auprès des banquiers concernés au plus tard le

---

[1] La Centrale des Incidents de paiement de l'UEMOA (CIP-UEMOA) où la BCEAO centralise et diffuse les informations sur les incidents de paiement de tous les pays de l'UEMOA. www.cip-bceao.int
Il est précisé que la « CIP-UEMOA ne donne pas d'informations sur le solde du compte de l'émetteur d'un chèque ou d'un détenteur de la carte, mais permet de s'assurer de la régularité du chèque ou de la carte ». Ceci fait entrevoir une protection insuffisante du bénéficiaire du chèque ; avoir des informations sur le solde serait plus intéressant.

deuxième jour ouvré suivant la réception de l'avis. Les banquiers sont réputés avoir connaissance de ces mesures au plus tard le troisième jour suivant leur réception. Ils devront également à cette date, avoir enregistré l'avis de cette interdiction ou de sa levée. Quant aux levées des interdictions judiciaires, elles seront diffusées par la Banque Centrale auprès des banquiers une fois par mois au moins et les destinataires seront réputés en avoir pris connaissance au plus tard le quinzième jour suivant cette diffusion… »

Le parquet devrait être placé au même pied d'égalité que les établissements bancaires pour bénéficier des informations concernant les interdictions bancaires même sans sa demande expresse[1] sauf pour le cas de procédure pendante. Ceci est souhaitable, si l'on sait qu'étant maître des poursuites, il peut rapidement provoquer la sanction pénale de ces délinquants financiers. Le signalement que la Banque centrale enverrait directement au ministère public territorialement compétent permettrait de lutter efficacement contre cette forme de délinquance.

Cette disposition de la loi traduit davantage à notre sens, la volonté du législateur communautaire d'instaurer des sanctions essentiellement bancaires sur les violations des règles relatives aux instruments de paiement notamment sauf pour les cas de contrefaçons, fraudes et abus, prévus et réprimés aux articles 2 à 23 de la Loi uniforme n° 2008-48 du 7 février 2008.

[1] L'arrêté conjoint n° 000790 /MEFP/DMC du 12 février 1997 indique qu'en application des articles 95 et 203 de la loi n° 96-13 du 28 août 1996 portant réglementation des instruments de paiement, l'accès au fichier tenu par la Banque Centrale est ouvert à toute personne intéressée […] personne titulaire du compte, bénéficiaire de l'effet, les banquiers, les services de chèques postaux.

# X$^{\text{ÈME}}$ PARTIE.

# LES AUTRES MISSIONS DU PARQUET

Ses missions le plus souvent sont des attributions d'administration judiciaire qui touchent la mise en état des dossiers, l'état civil et certains auxiliaires de justice.

## SECTION 1. LE VISA DES ASSIGNATIONS

Dans le cadre de la saisine du tribunal civil par les parties, le procureur de la République est souvent concerné. Pour les assignations de l'État (Agent judiciaire de l'État), des établissements publics (représentant légal ou bureaux), des communes (maire), des autres collectivités publiques (représentant légal), l'article 39 du Code de procédure civile dispose que « l'original est visé de celui à qui copie de l'exploit est laissée ; en cas d'absence ou de refus, le visa est donné par le procureur de la République auquel, en ce cas, copie est donnée [...] ceux qui n'ont aucun domicile connu au Sénégal, sont assignés au lieu de leur résidence actuelle, si le lieu n'en est pas connu, l'exploit est exposé au tableau d'affichage du tribunal où la demande est portée, une seconde copie est donnée au procureur de la République lequel vise l'original. Ceux qui habitent à l'étranger peuvent être assignés au parquet du procureur de la République près le tribunal de grande instance dans le ressort duquel la demande est portée ; celui-ci vise l'original et envoie la copie au ministre de la Justice ou à toute autre autorité déterminée par les conventions diplomatiques ».

Ses autres missions tournent autour de l'état civil et des officiers ministériels.

## SECTION 2. LA SURVEILLANCE DE L'ETAT CIVIL

Aux termes de l'article 34 du Code de la famille (CF), la surveillance de l'état civil[1] est assurée par le juge de paix et le procureur de la République. À l'examen de ce texte, on penserait que les missions de surveillance de ces deux se chevauchent ou sont concurrentes ou conjointes. Mais il n'en est rien car chacun en ce qui le concerne exerce sa mission et dresse un rapport[2].

À la réception des rapports des tribunaux d'instance de son ressort, le procureur de la République dresse son rapport. À ce niveau, il est utile que le chef du parquet invite bien avant la fin de l'année les présidents des tribunaux d'instance à lui faire parvenir leur rapport. Cette anticipation permet de disposer des rapports dès la fin de l'année pour dresser son propre rapport qui pourra être exploité à temps pour corriger les errements et redresser certaines pratiques qui sont préjudiciables à l'état civil.

L'article 36 CF précise que lors du dépôt des registres au greffe, le procureur de la République doit en vérifier l'état. Il dresse un rapport à l'intention du garde des Sceaux sur les rapports des juges de paix dont les copies lui sont envoyées. À l'occasion il relève les irrégularités et les infractions qui ont pu être commises et en poursuit la répression. À ce niveau outre les infractions, c'est le moment pour le parquet d'adresser toutes observations utiles aux officiers de l'état civil sous forme de circulaire pour éviter des irrégularités et tout simplement pour faire des remarques sur le soin apporté à la tenue des registres.

---

[1] « L'état civil est une institution dont le but est d'enregistrer les actes et faits juridiques qui constituent ou modifient l'état des personnes. Cet enregistrement donne lieu à la délivrance des actes d'état des personnes, dont les principaux sont l'acte de naissance, de mariage et de décès [...] il est utile aux personnes pour leurs droits de citoyens et à l'administration dans le cadre de l'exécution des programmes sociaux ». *Encyclopédie juridique de l'Afrique. Tome 6*, page 27.

[2] « Il m'a été donné de constater que des Présidents de Tribunaux départementaux me transmettent directement, par voie hiérarchique, leurs rapports d'inspection des centres de l'état civil de leur ressort. Je rappelle que, conformément aux articles 35 et 36 du Code de la famille, le juge doit envoyer sans délai une copie du rapport au procureur de la République à charge pour ce dernier, de m'adresser un rapport sur la tenue des registres et sur le contrôle effectué par le juge. Ces dispositions font ainsi du procureur de la République la courroie de transmission du rapport du juge... ». Lettre circulaire n° 00882 MJ/DACS du 13 février 2012

La lettre circulaire n°4880 du 18 août 2008 du garde des Sceaux vient rappeler aux chefs de parquet leur obligation quant à la surveillance de l'état civil pour juguler les atteintes graves, contraires à l'ordre public, portées à la tenue des registres de l'état civil. Elle souligne qu'ils doivent « agir d'initiative, être vigilant pour un état civil fiable ». La lettre circulaire n°2136/MJ/ACS du 16 avril 2009 abonde dans le même sens en rappelant aux chefs de parquet et aux présidents des tribunaux d'instance « l'efficacité et l'efficience du contrôle de l'état civil sur la tenue des registres et la délivrance des jugements d'autorisation de transcription tardive ».

À la clôture des registres[1] le 31 décembre de chaque année, le procureur de la République doit veiller à ce que les officiers de l'état civil transmettent le volet n°2 qui constitue le double des registres au greffe du tribunal de grande instance comme l'édicte l'article 38 du Code de la famille. Cette prescription légale qui n'est pas le plus souvent respectée par les officiers d'état civil, entre dans le cadre de la fiabilité, de la sécurité de l'état civil et de la sauvegarde des droits des citoyens[2]. Elle suppose par ailleurs, surtout à l'occasion des audiences foraines, un établissement et une transcription des jugements rendus[3].

Le rapport du parquet est envoyé au garde des Sceaux chaque année par la voie hiérarchique.

---

[1] « À raison de l'importance des actes de l'état civil, la loi défend de les inscrire sur des feuilles volantes qui s'égarent facilement, et elle assure l'observation de cette sage prescription en édictant des peines sévères contre les officiers de l'état civil qui ne s'y conforment pas… » G. Baudry-Lacantinerie, *Précis de Droit civil, Tome 1*, page 109.

[2] « Mais pourquoi ce double emploi ? […] À cela il y a deux avantages. Le premier et le plus considérable consiste en ce que, les registres de l'état civil se trouvant ainsi dans un double dépôt, leur conservation est, par cela même, mieux assurée. Que les archives d'une commune soient détruites par un incendie, il restera encore les registres déposés au greffe ; il ne resterait plus rien, s'il n'existait pas un double dépôt. Le second avantage consiste en ce qu'il devient plus facile aux particuliers de consulter les registres, puisqu'ils les trouvent dans deux dépôts… ». G. Baudry-Lacantinerie, *Précis de Droit civil, Tome 1, op. cit.*, page 110.

[3] « Il est impératif que ces jugements existent matériellement au niveau des greffes des juridictions qui les ont rendus, afin que des copies ou des extraits puissent en être établis et délivrés aux ayants droit, d'une part, et qu'ils soient transcrits sur les registres de l'état civil suivant une procédure sécurisée, d'autre part… ». Extrait lettre circulaire n° 5571 MJ/DACS du 04 novembre 2010.

## SECTION 3. SUR LA RECONSTITUTION DES ACTES D'ETAT CIVIL ET LEUR RECTIFICATION

L'article 89 du Code de la famille dispose que « si la destruction ne porte que sur un seul exemplaire de l'acte ou des registres, le ou les actes détruits sont reconstruits à la diligence du procureur de République à l'aide de l'exemplaire subsistant ». En général la requête aux fins de reconstitution est accompagnée de l'acte subsistant, de l'extrait du greffe attestant de l'existence de l'acte dans le double du registre classé au greffe. En effet, il faut veiller à ne pas procéder à la reconstitution d'un acte inexistant parce que ne figurant pas dans les registres de l'état civil comme l'exigent les articles 30 et suivants du Code de la famille. À ce niveau, on doit veiller à ce que les vérifications soient faites tant dans le centre de l'état de transcription ou de déclaration qu'au niveau du greffe du Tribunal de grande instance, lieu de dépôt et de classement du volet n°2.

Le procureur dans ce cas adresse une lettre à l'officier d'état civil concerné en le requérant expressément à procéder à la reconstitution sollicitée. Dans ces cas, pour éviter toutes fraudes, il est indiqué que les correspondances soient envoyées à l'officier d'état civil par bordereau et non remises aux requérants à charge pour eux de les transmettre à l'état civil.

Cette reconstitution à l'initiative du procureur de la République est différente de celle qui fait suite à la disparition des deux exemplaires d'un même registre[1]. Le décret 77-686 du 29 juillet 1977 prévoit une commission[2] pour la reconstitution présidée par un fonctionnaire de l'administration territoriale désigné par le gouverneur de région ; elle est en outre composée d'un secrétaire qui est un fonctionnaire de l'administration territoriale désigné par le gouverneur, le maire, ou de leur représentant. Les travaux des commissions instituées dans une

---

[1] « En application de l'article 89 du Code de la famille, il vous appartient de faire reconstituer les registres manquants à l'aide du double trouvé au greffe de votre juridiction. Pour ceux des registres dont les deux exemplaires auraient disparu, il reviendra au Maire de la commune […] de demander au ministre de l'Intérieur de mettre en jeu les dispositions du décret n°77-685 du 29 juillet 1977 JORS du 03 septembre 1977 pour assurer au moins la reconstitution des registres des actes de naissance… ». Lettre n° 03133 du 22 juillet 1987 /MJ/ACS.

[2] Exemple : le décret n° 2011-514 du 12 avril 2011 relatif à la reconstitution des registres des actes de l'État civil de la Commune de Vélingara. J.O n°6614 du 17 septembre 2011.

même région sont soumis au contrôle d'un magistrat spécialement désigné par le ministre de la Justice. Ce magistrat dresse un rapport d'inspection à l'intention du garde des Sceaux avec communication au gouverneur de région[1]. Il est envisagé une réforme de cette procédure

---

[1] Décret n° 77-686 du 29 juillet 1977 relatif à la reconstitution de registres des actes de naissance.
« ... **Art. Premier**. Dans les cas prévus au 3ème alinéa de l'article 89 du Code de la Famille, les naissances font l'objet de l'inscription d'un acte de naissance sur des registres reconstitués dans les conditions suivantes. **Art. 2**. Dans chaque commune ou communauté rurale il est créé une ou plusieurs commissions chargées d'établir lesdits actes sous forme de fiches contenant les énonciations exigées par la loi, lesquelles seront transmises à l'organisme chargé de leur inscription sur le registre d'état civil reconstitué du lieu de la naissance. **Art. 3**. La commission comprend :- un fonctionnaire de l'Administration territoriale désigné par le gouverneur de la région, président ; - un fonctionnaire de l'Administration territoriale désigné par le gouverneur de la région, secrétaire ; - le Maire ou le président du conseil de la commune ou de la communauté rurale du lieu où siège la commission, ou leur représentant. Les travaux des commissions opérant dans une même région sont soumis au contrôle d'un magistrat spécialement désigné par le ministre de la Justice. Les rapports d'inspection de ce magistrat sont adressés au ministre de la Justice et communiqués au Gouverneur de la région. **Art. 4**. La commission se réunit un mois après avoir informé le public par tous moyens appropriés, notamment par radiodiffusion, voie de presse, affichage aux lieux indiqués par le Maire ou le président du conseil rural et par leurs soins. Avant de commencer ses travaux, la commission peut se faire remettre par les autorités compétentes tous documents ou listes utiles et notamment les résultats des recensements administratifs. **Art. 5**. La commission statue d'après :- les extraits ou copies authentiques des actes dont les originaux ont disparu ; - les registres ou pièces établis ou détenus par les ministres des différents cultes, les officiers ministériels, les hôpitaux, maternités ou formations sanitaires publics ou privés visés à l'article 53 du Code de la Famille, les administrations ainsi que les établissements publics détenteurs d'éléments d'état civil ; - la déclaration de l'intéressé corroborée soit par celle d'au moins deux témoins, soit par la production d'une carte nationale d'identité, d'un passeport, d'un titre de pension, d'un livret militaire, d'un livret de famille, d'un jugement suppléant à la non-tenue des registres, ou toute autre pièce pouvant contenir des indications sur l'état civil du déclarant ;- la déclaration concernant un mineur sera faite par son père et sa mère, et, au cas où ceux-ci seraient décédés ou absents, par un proche parent ou un notable de l'endroit où il réside. **Art. 6.** La personne dont l'acte de naissance n'a pas été enregistré par suite de l'inexistence de registres de l'état civil visée au présent décret ou, s'il s'agit d'un mineur, la personne qui en a la charge, est tenue d'en faire la déclaration devant la commission à la date de leur convocation ou dans les délais fixés par celle-ci sous peine d'une amende de simple police de 2.000 à 5.000 francs. **Art. 7.** La commission peut : - se transporter en tous lieux de la circonscription où elle siège ; - convoquer devant elle tout déclarant ou témoin ; - requérir des autorités territoriales ainsi que des officiers de police ou de gendarmerie l'assistance dont elle aurait besoin pour l'exécution de ses travaux ; - exiger de leur détenteur la communication provisoire des pièces énumérées à l'article précédent,

administrative. « Ce nouveau projet de décret a pour objet d'abroger et de remplacer le décret n°77-686 du 29 juillet 1977 relatif à la reconstitution des registres des actes de naissance. Il réglemente, dans les cas de disparition des deux exemplaires d'un registre, la reconstitution des actes de l'état civil, de quelque nature qu'ils soient (actes de naissance, de mariage et de décès), contrairement au présent décret qui ne réglemente que la reconstitution des registres de naissance. Il régit aussi la constitution des registres car le décret d'application qui réglemente cette activité n'a jamais été pris. Le projet de décret prévoit, à la place de la procédure administrative actuelle de reconstitution, jamais mise en œuvre, une procédure entièrement judiciaire, ce qui va rendre plus simple et efficace la reconstitution des actes de l'état civil »[1].

Elle doit être aussi distinguée des reconstructions administratives ponctuelles comme celles instituées par la loi n° 91-15 du 16 février 1991 relative à la reconstitution des actes de l'état civil des ressortissants sénégalais rapatriés. Des commissions départementales sont créées et elles officient sous le contrôle du président du tribunal

---

lesquelles seront remises au secrétaire contre délivrance par celui-ci d'un récépissé ; - recevoir des autres commissions les informations pouvant lui être utiles ; fournir à celles-ci les renseignements recueillis par elle-même et pouvant les intéresser. **Art. 8.** Sous réserve des actions relatives à l'état des personnes prévues et régies par les articles 94 et suivants du Code de la Famille, la commission décide pour chaque naissance des mentions à porter sur la fiche prévue à l'article 2, dont le modèle est défini par le ministre des Finances et des Affaires économiques. Les mentions sont portées par le secrétaire de la commission, la signature du Président de la commission fait preuve de leur conformité avec la décision prévue par celui-ci. Après répartition par centre d'état civil et classement chronologique, les fiches sont adressées, sous bordereau signé du président, au ministère de l'Intérieur. Les opérations de la commission sont closes par un procès-verbal les relatant, dressé, daté et signé par les membres. **Art. 9.** La Direction de l'Automatisation des Fichiers du ministère de l'Intérieur transcrit sur les registres des actes de naissance les mentions contenues dans les fiches. Pour chaque centre d'État civil, il est ainsi constitué deux registres annuels des actes de naissance en double exemplaire, l'un par ordre chronologique, l'autre par ordre alphabétique. Un exemplaire de chaque registre est transmis au centre d'État civil concerné, l'autre au greffe du tribunal de première instance dans le ressort duquel se trouve ce centre. Il est prévu dans les registres une marge d'un tiers de la largeur de chaque page pour que puissent être portées, par l'officier d'état civil compétent, les mentions marginales requises par la loi. **Art. 10.** Les actes de naissance enregistrés selon la procédure fixée au décret ont la force probante prévue par l'article 49 du Code de la Famille pour les actes de l'état civil… ».

[1] Rapport d'activités, ministère de la Justice, année 2015, pages 37 à 38.

départemental du ressort qui dresse un rapport d'inspection à l'intention du ministre de la Justice sous le couvert du procureur de la République.

En cas d'omission et d'erreurs matérielles dans la rédaction des actes de l'état civil, le procureur peut d'office ordonner la rectification. Un pouvoir qu'il partage avec le juge de paix. En effet, si l'officier de l'état civil peut, au cours de la rédaction de l'acte, procéder à des rectifications par des ratures et renvois en marge approuvés et signés par lui dans le corps de l'acte, mais une fois signé et revêtu de sa signature, la rectification ne peut être faite que par décision judiciaire.

Ces cas de rectification d'office sont distincts de la rectification contentieuse soumise au juge du tribunal d'instance qui recueille l'avis ou les réquisitions du parquet avant d'y procéder. Dans les deux cas régis par les articles 90 et 91 du Code de la famille, une enquête est parfois nécessaire. Il faudra le plus souvent recourir aussi à la copie littérale de l'acte qui est au centre de l'état civil et a l'avantage de comporter les mentions exhaustives originales et recueillies au moment de la déclaration ou de la transcription de l'état de la personne. Il faudra éviter que, sous le prétexte d'erreurs matérielles, que des questions substantielles de nature à changer le véritable état de la personne soient évoquées.

## SECTION 4. AUTHENTIFICATION DES ACTES DE L'ETAT CIVIL

Aux termes de l'article 49 du Code de la famille, « les actes de l'état civil font foi jusqu'à inscription de faux dans les mêmes conditions que les autres actes authentiques. Les copies régulièrement délivrées ont la même valeur que l'acte original ». Toutefois, les autorités consulaires de pays étrangers[1] sollicitent le plus souvent l'authentification[2] des actes de l'état civil dressés au Sénégal. Aussi, les autorités judiciaires et administratives peuvent solliciter l'authentification d'actes. Les parquets reçoivent ainsi beaucoup d'actes pour authentification. Le plus souvent celle-ci se fait au greffe de la juridiction ou au centre de l'état civil, les résultats sont envoyés à l'autorité consulaire, judiciaire ou administrative demanderesse.

---

[1] Ce sont des demandes de plus en plus nombreuses que les parquets traitent. En cas d'inertie, des lettres de rappel de ces autorités consulaires sont notées.

[2] « Opération destinée à conférer à un acte le caractère authentique ». *Lexique des termes juridiques*. 14ème édition, *op. cit.*

La lettre circulaire du garde des Sceaux n°2190 /MJ/ACS du 29 mai 1996 dans un souci d'allègement et de simplification de la procédure, indique désormais que « les services consulaires français pourront saisir directement les parquets de demandes d'authentification d'actes d'état civil. Je vous demande, de procéder, dans une telle éventualité, aux vérifications d'usage et d'en communiquer directement les résultats au consulat qui vous aura saisi, étant entendu qu'une ampliation de votre transmission sera impérativement adressée au ministère de la Justice (direction des affaires civiles et du sceau), le tout avec diligence ».

Les autorités consulaires, en cas d'inertie ou de manque de diligence des parquets destinataires, envoient le plus souvent des lettres de rappel.

## SECTION 5. L'EXECUTION DES DECISIONS CIVILES

L'assistance de la force publique est souvent nécessaire, en cas de réticence, pour l'exécution des décisions rendues en matière civile ou commerciale comme les cas d'expulsion, de destruction de constructions, d'ouverture de local, d'enlèvement de biens, de la vente d'un bien, de déplacement ou de saisie de biens, saisie de créances, saisies immobilières.

Une condition est exigée : la décision dont il s'agit (arrêts, jugements, mandats de justice, ordonnances, les actes et jugements étrangers[1], les actes notariés, les titres délivrés par certaines administrations) doit être un titre exécutoire qui se suffit lui-même et dont on n'a pas besoin de l'autorisation préalable du juge comme dans le cas de saisies conservatoires[2]. Toutefois, le titre doit en outre être

---

[1] « Les décisions visées à l'article précédent (décisions de l'étranger) ne peuvent donner lieu à aucune exécution forcée au Sénégal ni faire l'objet d'aucune formalité publique telle que l'inscription, la transcription ou la rectification sur les registres publics qu'après y avoir été déclarées exécutoires… » « L'exequatur est accordé, quelle que soit la valeur du litige par le président du tribunal régional du lieu où l'exécution doit être poursuivie… ». Article 788 et 789 Code de procédure civile du Sénégal. L'exequatur est exigé sauf décision expresse de la loi ou d'une convention.
« L'exequatur est la procédure permettant de donner force exécutoire dans l'État requis à une décision déjà exécutoire dans son État d'origine… ». Serge Guinchard et Tony Moussa, *Droit et pratique des voies d'exécution*, *op. cit.*, page 28.

[2] « Toute personne dont la créance paraît fondée en son principe peut par requête, solliciter de la juridiction compétente du domicile ou du lieu où demeure le débiteur, l'autorisation de pratiquer une mesure conservatoire sur tous les biens mobiliers corporels ou incorporels de son débiteur, sans commandement préalable, si elle justifie de circonstances de nature à en menacer le recouvrement » « Une autorisation

revêtu de la formule exécutoire[1], l'obligation à exécuter identifiée ainsi que le débiteur. Il doit aussi au préalable faire l'objet de signification d'un commandement au débiteur. L'exception admise ce sont les jugements qui sont assortis du fait de la loi et du juge, de l'exécution provisoire[2]. Les voies de recours ordinaires ne sont pas suspensives.

L'exécution d'une décision au civil reste une procédure entre l'huissier poursuivant qui est demandeur, l'autorité administrative et l'agent de la force publique. C'est en réalité une procédure administrative qui s'ouvre. Toutefois les parquets sont dans bien des cas sollicités par les huissiers pour une réquisition de la force publique. La lettre circulaire du garde des Sceaux n°03074/MJ/ACS du 23 juin 1994 indique à ce propos qu'« il s'ensuit que tout naturellement les parquets sont amenés à s'arroger quelquefois le droit de juger de l'opportunité de délivrer la réquisition[3], ce qui revient à juger de l'opportunité de mettre

---

préalable de la juridiction compétente n'est pas nécessaire lorsque le créancier se prévaut d'un titre exécutoire… ». Article 54 et 55 de l'Acte uniforme OHADA sur les procédures simplifiées de recouvrement des créances et les voies d'exécution.

[1] « Elle est contenue dans l'article 1er du décret n°47-1047 du 12 juin 1947 ainsi libellé » : les expéditions des arrêts, jugements, mandats de justice, ainsi que les grosses et expéditions des contrats et de tous les actes susceptibles d'exécution forcée, seront intitulées ainsi qu'il suit : RÉPUBLIQUE FRANÇAISE, au nom du peuple français, en conséquence, la République française mande et ordonne à tous huissiers de justice, sur ce requis, de mettre ledit arrêt (ou ledit jugement, etc.) à exécution, aux procureurs généraux et aux procureurs de la République près les tribunaux de grande instance d'y tenir la main, à tous commandants et officiers de la force publique d'y prêter main-forte lorsqu'ils en sont légalement requis, en foi de quoi le présent arrêt (ou jugement, etc.) a été signé par… » Serge Guinchard et Tony Moussa, *Droit et pratique des voies d'exécution*, *op. cit.*, pages 6 à 7.

[2] « Par un important arrêt d'assemblée plénière du 24 février 2006, la Cour de cassation a jugé que l'exécution d'une décision de justice exécutoire à titre provisoire n'a lieu qu'aux risques de celui qui la poursuit, à charge, pour lui, si le titre est ultérieurement modifié, d'en réparer les conséquences dommageables… ». Serge Guinchard et Tony Moussa, *Droit et pratique des voies d'exécution*, *op. cit.*, page 20.

[3] Procédé permettant à l'administration de mettre en œuvre la force publique suffisante pour assurer l'exécution efficace de la décision.

Entre les mains de l'administration, la réquisition dite de police a connu des développements dans bien d'autres domaines pour gérer des situations exceptionnelles : en cas de besoin, fléau, contraindre, moyennant indemnisation, les citoyens à apporter leur service et biens à l'administration, ou dans le cadre de grève générale pour assurer le fonctionnement du service public.

« Si, avec leur dotation propre, les autorités de police administrative sont impuissantes à assurer la tranquillité, la sûreté et la salubrité publiques, elles exigent des citoyens qu'ils participent à cette tâche par leur activité ou par leurs biens. C'est à la même politique que s'en remettent les organes de police judiciaire dans les cas où ils

à exécution la décision concernée. Comme vous le savez, la formule exécutoire se suffit à elle-même et l'huissier poursuivant est habilité à requérir directement l'assistance de la force publique en cas de résistance de la partie condamnée. Le principe en la matière est celui de la compétence de l'autorité administrative. Ce principe a été adopté depuis longtemps par la jurisprudence. Il est fondé sur les pouvoirs qui sont conférés à l'administration en vue du maintien de l'ordre et de la sécurité publique. Cela étant, il n'est pas impossible que l'huissier poursuivant sollicite du parquet une réquisition à force publique. Mais dans ce cas, il vous appartient d'agir sans perdre de vue que votre action doit avoir pour but essentiel de faciliter et non de retarder l'exécution des décisions de justice revêtues de la formule exécutoire ».

L'intervention du procureur de la République résulte de la formule exécutoire que comportent les décisions définitives en ces termes « la République du Sénégal mande et ordonne à tous huissiers sur ce requis, de mettre la présente décision à exécution, aux procureurs généraux et aux procureurs de la République près les tribunaux de première instance d'y tenir la main, aux commandants et aux officiers de la force publique d'y prêter main-forte lorsqu'ils en seront légalement requis ». Anciennement, le procureur de la République a toujours été institué comme surveillant général des exécutions et « a un rapport d'autorité très fort avec les agents d'exécution, principalement les huissiers de justice »[1].

Ainsi les huissiers qui entendent se voir assistés par la force publique présentent une requête spéciale au procureur de la République avec toutes les pièces nécessaires notamment la grosse[2] du jugement définitif

---

manquent de ressources pour réprimer un trouble qui constitue une infraction pénale déterminée…». Voir : Jean Salomon, *Les réquisitions de police*, Librairies techniques. 1960, page 5.

Au Sénégal les réquisitions des personnes, des biens et des services sont régies par la loi n° 69-30 du 29 avril 1969. Sur les réquisitions des fonctionnaires, voir l'article 7 de la loi n° 61-33 du 15 juin 1961 relative au statut général des fonctionnaires, modifié et le décret n° 72-17 du 11 janvier 1972 fixant la liste des postes, emplois ou fonctions dont les occupants peuvent faire l'objet de réquisitions.

[1] Serge Guinchard et Tony Moussa, *Droit et pratique des voies d'exécution*, *op. cit.*, page 218.

[2] « La formule exécutoire figure sur l'expédition de la décision ou de l'acte notarié délivré par le greffe ou le notaire rédacteur de l'acte. Cette expédition revêtue de la formule exécutoire était autrefois dénommée **grosse**, en raison des caractères d'écritures plus larges qui la caractérisaient. L'expédition, qui est une copie, se

revêtu de la formule exécutoire, le procès-verbal de carence et même au besoin sa tentative infructueuse d'exécuter lui-même sa décision et la nécessité de l'assistance. Le procureur vérifie les actes notamment le caractère exécutoire de la décision et l'authenticité des pièces. À ce niveau, comme c'est une procédure administrative qui s'ouvre, le procureur de la République devra saisir le préfet du département aux fins de réquisition de la force publique. Toutefois, rien ne s'oppose à ce qu'il requière lui-même la force publique. Avant de viser la requête en désignant le commissaire de police ou le commandant de brigade de gendarmerie, il doit procéder aux vérifications nécessaires.

Dans l'un ou l'autre cas, le parquet ne peut et ne doit s'ériger en censeur de la décision rendue par la juridiction ou juger de l'opportunité de son exécution sauf, il faut en convenir, s'il existe une grave irrégularité constatée dans le jugement comme une erreur matérielle avec de graves conséquences ou si on entreprend l'exécution d'une décision non définitive. Il en est de même pour l'autorité administrative. Tout ce qui est de nature à porter une entrave à l'exécution d'une décision de justice doit être prohibé. Tout au plus on pourrait envisager des facilitateurs pour assurer une exécution plus douce ou tout simplement volontaire ; la résistance est due soit au fait que la partie n'a pas compris ou n'accepte pas la décision rendue soit des conditions matérielles ou sociales précaires la poussent à cette attitude négative. Certes le dilatoire et la mauvaise volonté sont largement présents dans bien des cas. Par ailleurs, n'a-t-on jamais vu une partie qui, ayant gagné un procès et nantie d'une décision définitive, exécutoire, pardonne et renonce à son exécution. Sa seule satisfaction étant d'ordre moral, sa voix est enfin solennellement entendue par la justice ou la partie qui a succombé a reconnu sa responsabilité avec des excuses.

Aux termes de l'article 29 de l'Acte uniforme portant Organisation des Procédures simplifiées de Recouvrement et des Voies d'Exécution, « l'État est tenu d'apporter son concours à l'exécution des décisions et des autres titres exécutoires. La formule exécutoire vaut réquisition directe de la force publique ». Les huissiers de justice peuvent ainsi directement s'en référer à la force publique sans passer par les parquets. Mais jusqu'à présent les agents de la force publique, par précaution certainement, continuent dans bien des cas à demander l'avis du parquet.

---

distingue de l'original autrement appelé minute… » Serge Guinchard et Tony Moussa, *Droit et pratique des voies d'exécution*, *op. cit.*, page 7.

L'exécution des décisions de justice reste une phase difficile et sensible[1] et le parquet reste impliqué.

## SECTION 6. LA CONSTATATION DU FAUX

Aux termes de l'article 609 CPP, « lorsqu'il est porté à la connaissance du procureur de la République qu'une pièce arguée de faux figure dans un dépôt public ou a été établie dans un dépôt public, il peut se transporter dans ce dépôt pour procéder à tous examens et vérifications nécessaires. Le procureur de la République ne peut déléguer les pouvoirs ci-dessus à un officier de police judiciaire. Le procureur de la République peut, en cas d'urgence, ordonner le transport au greffe des pièces suspectées ».

Ces diligences du parquet peuvent être des actes préparatoires à l'ouverture d'une enquête ou à une procédure en inscription de faux contre ces pièces s'il s'agit d'actes authentiques.

## SECTION 7. EN CAS DE DISPARITION DE PIECES ET DE REGULARISATION D'ACTES

Des procédures spéciales sont prévues par le législateur lorsque surviennent des évènements exceptionnels pour la réparation desquels le ministère public est impliqué. Il s'agit des cas de disparition de pièces d'une procédure et la régularisation des actes, arrêts et jugements lorsque les magistrats et greffiers sont dans l'impossibilité de signer.

Aux termes des articles 633 et suivants du CPP, « lorsque, par suite d'une cause extraordinaire des minutes d'arrêts ou de jugements rendus en matière criminelle, correctionnelle ou de simple police, et non encore exécutés, ou des procédures en cours et les copies établies conformément à l'article 72 ont été détruites, enlevées ou se trouvent égarées ou qu'il n'a pas été possible de les rétablir, il est procédé ainsi qu'il suit :

- s'il existe une expédition ou une copie authentique du jugement ou de l'arrêt, elle est considérée comme minute et en conséquence remise par tout officier public ou tout dépositaire au greffe de la juridiction qui a rendu la décision, sur l'ordre du président de cette juridiction. Cet ordre lui sert de décharge. Le dépositaire de l'expédition ou copie

[1] Ceci entraine parfois des incidents brutaux, des cas d'outrage et de rébellion.

authentique de la minute détruite, enlevée ou égarée aura liberté en la remettant au greffe de s'en faire délivrer une expédition sans frais ;

- lorsqu'il n'existe plus en matière criminelle d'expédition ni copie authentique de l'arrêt mais s'il existe encore la déclaration de la cour et du jury mentionnée sur la feuille de questions comme il est dit à l'article 339, il est procédé d'après cette déclaration au prononcé d'un nouvel arrêt ;

- lorsque la déclaration de la cour et du jury ne peut plus être représentée, ou lorsque l'affaire a été jugée par contumace et qu'il n'en existe aucun acte par écrit, l'instruction est recommencée à partir du point où les pièces se trouvent manquées. Il en est de même en toute autre matière lorsqu'il n'existe plus d'expédition ni de copie authentique de la décision ;

- si, par l'effet d'un évènement quelconque, un arrêt n'a pu être signé, les autres membres de la cour qui ont concouru à l'arrêt doivent attester en signant que ledit arrêt a bien été rendu en présence de celui qui n'a pu signer ;

- si, par l'effet d'un évènement quelconque, un jugement rendu par un juge statuant seul n'a pu être signé par celui-ci, il en est référé par le ministère public à la cour d'appel devant la chambre que tient le Premier président, laquelle, sur les conclusions du procureur général, autorise le juge désigné pour remplir les fonctions du précédent à signer en ses lieu et place en faisant précéder la signature de la mention "Par empêchement de M. X... qui a ainsi jugé et par autorisation de la cour d'appel". Il sera procédé de la même manière dans le cas où tous les membres d'une chambre de la cour seraient dans l'impossibilité de signer l'arrêt auquel ils ont concouru. Ce formalisme ne s'applique pas au parquet qui, grâce au principe de l'indivisibilité qui le sous-tend, les magistrats peuvent valablement signer les actes de leur collègue empêché ou absent ; il leur suffit de vérifier si les réquisitions et autres conclusions emportent leur adhésion et celle du ministère public en général.

Dans tous les cas où l'impossibilité de signer serait de la part du greffier, il suffit que le magistrat qui a présidé l'audience où le jugement a été rendu, en fasse mention en signant ».

Il faut ajouter qu'au niveau des parquets d'instance, en cas de pertes d'un procès-verbal d'enquête, il est généralement fait recours à l'officier de police judiciaire qui a procédé à l'enquête et qui en garde une copie. Ainsi, une copie certifiée conforme est établie pour remédier à la perte. Si la copie n'existe pas du tout, il est certainement procédé à une nouvelle enquête si les faits ne sont pas prescrits.

Ces procédures exceptionnelles rappellent la nécessité d'un bon archivage des dossiers, documents et pièces judiciaires[1] qui constituent non seulement la mémoire de la justice mais aussi peuvent servir de preuves pour l'avenir. La nomination d'agents assermentés[2] préposés à l'archivage des documents au niveau des tribunaux de grande instance participe de cette dynamique.

## SECTION 8. LA SURVEILLANCE ET LE CONTROLE DES OFFICIERS MINISTERIELS

Le législateur dans plusieurs textes a attribué des pouvoirs spécifiques au parquet à l'égard des officiers ministériels que sont les notaires, les huissiers de justice et les commissaires-priseurs[3]. En dépit du caractère privé de leur fonctionnement, les offices ministériels n'en constituent pas moins un pan important du service public de la justice. Ils font partie de ce service public.

---

[1] La loi n° 2006-19 du 30 juin 2006 relative aux archives et aux documents administratifs dispose en son article 6 que « tout magistrat ou fonctionnaire, tout représentant, agent ou préposé d'une autorité publique ou de l'un des organismes visés à l'article 21, tout organisme privé chargé de la gestion d'un service public ou investi d'une mission de service public, tout officier public ou ministériel est tenu, lors de la cessation de ses activités, de transmettre à son successeur l'intégralité des archives dont il est détenteur en raison de ses fonctions ou de les transférer au service des archives compétent ». Le décret n° 2006-596 du 10 juillet 2006 portant organisation et fonctionnement de la Direction des archives du Sénégal a créé des structures à savoir : la Direction des archives du Sénégal, les Archives nationales, les Archives régionales, les archives des collectivités locales et une réglementation des archives privées. Aux termes de l'article 29, « les documents pouvant porter atteinte à la sûreté de l'État, à la vie privée des individus ou à la protection de la nature sont communiqués selon les délais suivants :... 50 ans à compter de la date de clôture pour les dossiers d'instruction judiciaire... ».

[2] « Je jure de garder secrètes les informations auxquelles, de par mes fonctions, je pourrais accéder, et de ne rien publier qui soit contraire aux lois, aux règlements, à l'ordre public, aux bonnes mœurs, à l'honneur des familles et des individus, à la sûreté de l'État, et à la sécurité publique même après cessation de mes fonctions ». Article 10 de la loi n° 2006-19 du 30 juin 2006.

[3] Leur nombre varie selon les ressorts d'où la nécessité parfois de répartir le travail dans le parquet. Anciennement, les avoués faisaient aussi partie des officiers ministériels et auxiliaires de justice. Ils étaient chargés de représenter les parties et d'accomplir des actes en leur nom auprès des cours d'appel. En France, cette profession a disparu le 1er janvier 2012.

Hormis ces missions spécifiques, le procureur de la République doit particulièrement veiller au respect par les officiers ministériels des textes qui les régissent relativement à leurs attributions qui ne doivent être outrepassées ; au besoin exercer des poursuites. Il peut par exemple par lettre, attirer l'attention d'un officier ministériel sur son immixtion dans des actes qui n'entrent pas dans ses attributions organisées par son statut. La lettre circulaire n° 2720 MJ/DACS du 12 mai 2009 l'indique clairement quant à la nécessité, par exemple, pour les commissaires-priseurs de se limiter à leurs attributions et rappelle les fonctions du procureur de la République pour la poursuite de toutes les infractions aux lois et règlements, aux règles professionnelles notamment.

Outre le fait qu'avant leur entrée en fonction, ils prêtent serment en audience publique en présence du ministère public, d'autres missions du parquet se situent en cours de fonctionnement des études et offices mais aussi en cas de décès, cessation d'activités ou vacance.

## §1. Sur le fonctionnement

### I. Pour les huissiers

Aux termes de l'article 7 du décret n° 2015-389 du 20 mars 2015 qui abroge et remplace le décret n° 2002-803 du 9 août 2002 portant statut des huissiers de justice « sous réserve des cas pour lesquels la loi prévoit l'intervention d'autres fonctionnaires ou agents publics, l'huissier de justice est seul compétent pour dresser tous procès-verbaux de constat, consigner toute déclaration sur sommation, signifier toute citation ou assignation, procéder aux significations judiciaires et extra-judiciaires, dresser et signifier tous actes ou exploits nécessaires à l'exécution forcée des actes ou titres exécutoires, dresser et signifier tous actes et exploits nécessaires au recouvrement forcé des amendes pénales[1]. Il peut en outre procéder au recouvrement amiable de toutes créances, à tout moment et même les jours fériés, dans son ressort territorial, dresser des constats d'accidents matériels de la circulation, dresser tout procès-verbal de conciliation ou d'accord, gérer des immeubles et administrer des biens qui lui sont confiés, être désigné

[1] Le décret n° 2015-389 du 20 mars 2015 abroge et remplace le décret n° 2002-803 du 9 août 2002 portant statut des huissiers de justice. En son article 2 il étend sa compétence sur le territoire de la cour d'appel où est installé son office. En période électorale depuis le démarrage officiel de la campagne jusqu'à la proclamation officielle des résultats, et pour des opérations se rattachant directement au scrutin directement, l'huissier est habilité à instrumenter à tout moment et même les jours fériés sur l'étendue du territoire national.

séquestre, conciliateur ou médiateur. Dans les cas prévus au présent alinéa, les émoluments de l'huissier sont fixés d'accord parties ».

L'article 58 dispose que « la vérification de chaque étude d'huissier de justice est faite au moins une fois l'an par le procureur général du ressort ou de son représentant qui peut se faire assister du Président du Conseil de l'Ordre ou d'un membre du conseil désigné par ce dernier ». Ainsi, si le décret de 2002 donnait directement le pouvoir de vérification des charges au procureur de la République, la réforme de 2015 donne ce pouvoir au procureur général ou son représentant par adéquation aux vérifications des notaires. Rien n'exclut d'après cette possibilité de représentation que le procureur général désigne le procureur de la République pour procéder à cette vérification. Pourtant la définition d'une nouvelle carte judiciaire, le rapprochement de la justice des justiciables, la proximité fonctionnelle entre l'huissier de justice et le parquet d'instance et le renforcement des tribunaux de base devraient militer au maintien de cette compétence au procureur de la République. Ce dernier aurait, comme par le passé, les coudées franches pour, d'initiative, procéder aux vérifications des charges de son ressort.

Même si le texte pose une faculté, il est indiqué que le parquet procède aux opérations de vérification de manière contradictoire, en présence d'un huissier concerné. Le contrôle doit se faire par un transport au niveau du cabinet ; ce qui permettra au procureur de la République de mieux appréhender leur office et les conditions de travail de l'officier ministériel. Le procédé qui consiste à se faire communiquer les registres au parquet ne doit pas être encouragé.

Ce contrôle qui doit se faire d'office porte sur les registres ou documents comptables du cabinet exigés par le statut (répertoire général, livre journal, grand livre, registre à souche, registre des exécutions, ou leurs supports électroniques). Il porte également sur les actes, le fonctionnement, les conditions matérielles de travail, les éléments préalables comme l'obligation d'assurance, la nomination de l'huissier, les clercs assermentés ou non, les employés et leur rémunération en conformité avec la législation du travail, les cotisations au Conseil de l'ordre, les infractions et irrégularités qui sont au besoin sanctionnées à la diligence du parquet. La sanction pénale ou disciplinaire ou tout simplement le rappel à l'ordre de l'huissier à l'initiative du procureur de la République après chaque vérification, doit être de rigueur comme il est indiqué dans la lettre circulaire du garde des Sceaux n°4881 du 08 août 2008 ; aussi réprimer les cas d'accomplissement d'actes ne relevant pas de leurs attributions légales et réglementaires tels que les cessions d'immeubles citées par la lettre circulaire n°4774 du 1er août 2008. Il doit viser les registres tenus à l'étude lors de sa mission. Rien ne doit être occulté, les opérations de vérification ou de contrôle doivent être exhaustives et non *sommaires* pour bien rendre compte du fonctionnement de l'étude[1]. La situation de l'étude, son inaccessibilité, la vétusté des locaux ou leur exiguïté, l'absence de mobilier, d'archivage adéquat, de téléphone, ordinateurs et autres commodités peuvent attirer l'attention du vérificateur.

Les opérations de vérification sont sanctionnées par un rapport ou compte-rendu détaillé en quatre exemplaires, dont les trois envoyés au procureur général et l'un classé au parquet d'instance. Le procureur général transmet le rapport au ministre de la Justice avec ses observations. Il est précisé à l'article 55 du statut qu'un exemplaire du rapport du procureur général est transmis au ministre chargé des Finances par le ministre chargé de la Justice.

Ces rapports, dans un souci du respect du contradictoire, doivent aussi être communiqués à l'huissier concerné pour observations surtout sur les questions de fonctionnement et de manquements.

Le procureur de la République peut contrôler les passations de service en cas de mutation entre huissiers et vise le procès-verbal de passation établi en cinq exemplaires. L'un est conservé par l'huissier muté, l'autre conservé par le procureur qui envoie un exemplaire au procureur général et le dernier au conseil de l'ordre. La mobilité des huissiers de justice sur le territoire cadre avec les charges existantes ou créées. Ainsi l'huissier muté doit être démis de sa charge avant d'être nommé ailleurs par décret[2].

Le livre journal qui mentionne jour après jour en toutes lettres, par ordre de date, les recettes et les dépenses, est soumis à la vérification et au visa du procureur de la République à l'occasion de l'inspection annuelle.

Outre ces vérifications, le parquet, au quotidien, sollicite les huissiers de justice pour des actes comme les citations, les significations d'actes, et aussi pour des constats. Ils sont dans ce cas rémunérés au titre des frais de justice au niveau de la chancellerie. Ils doivent

[1] Canevas de vérifications des études d'huissiers de justice ; lettre circulaire n° 00007/PG du 20 juin 2011 du procureur général près la cour d'appel de Dakar.

[2] Exemple du décret n° 2010-1746 du 27 décembre 2010 portant démission et nomination d'huissiers de justice.

trimestriellement confectionner des mémoires de frais de justice, soumis au président et au procureur pour vérification et visa, avant leur envoi au ministère[1].

## II. Pour les notaires

Aux termes de l'article 1er de leur statut « les notaires sont des officiers publics institués pour recevoir les actes et contrats auxquels les parties veulent donner le caractère de l'authenticité attaché aux actes de l'autorité publique pour en assurer la date, en conserver le dépôt, en délivrer des grosses, expéditions et extraits. Ils assurent le service public de la preuve et de l'authenticité ».

C'est le procureur général près la cour d'appel qui procède à leurs vérifications. En effet, l'article 87 du décret n° 79-1029 du 05 novembre 1979 fixant le statut des notaires modifié par le décret n°2002-1032 du 15 octobre 2002, le décret n° 2004-799 du 28 juin 2004[2] et le décret n° 2009-328 du 08 avril 2009[3] disposent que les procureurs généraux près les cours d'appel sont chargés de procéder, une fois au moins l'an, à la vérification des études de leur ressort.

Ils peuvent déléguer les avocats ou substituts généraux ou les procureurs de la République exclusivement. Il en est ainsi de la lettre n°000744 du 29 mars 2004 du procureur général près la cour d'appel de Dakar portant délégation aux procureurs de la République de son ressort pour vérifier toutes les études de notaires au titre de l'année 2004 ; la

---

[1] La lettre circulaire n° 00334 MJ/DACS du 29 janvier 2001 après avoir constaté des retards énormes de ces envois de mémoires par les huissiers de justice, les greffiers en chef, les interprètes ad hoc, impose le respect des délais sous peine de rejet et retour à l'envoyeur. Ainsi :
-15 avril pour le premier trimestre ;
-15 juillet pour le second trimestre ;
-15 octobre pour le troisième trimestre ;
-15 janvier pour le quatrième trimestre.

[2] C'est le décret qui a supprimé l'obligation de dépôt de garantie ou cautionnement de la somme de 10 millions qui était destinée à couvrir les condamnations susceptibles d'être prononcées contre le notaire à l'occasion des fautes commises dans l'exercice de ses fonction.

[3] Les réformes portent en outre sur la chambre des notaires, les incompatibilités, les outrages, les poursuites, les conditions d'admission aux fonctions de notaires, les mutations d'étude, l'admission au stage, la désignation d'intérimaire, la tenue de la comptabilité, les poursuites disciplinaires, les voies de recours contre les décisions de la chambre des notaires statuant en matière disciplinaire ou la Commission de discipline, le pourvoi en cassation contre ces mêmes décisions.

lettre n° 000744 du 08 avril 2009 au procureur de Ziguinchor pour la charge notariale de son ressort.

Le procureur de la République ne peut agir d'office pour vérifier une étude notariale, il faut qu'il soit nanti d'une délégation spéciale du procureur général. Mais étant sur le terrain et constatant des difficultés et manquements dans le fonctionnement d'un office notarial, rien ne s'oppose à ce que le procureur de la République sollicite ou suggère de sa propre initiative une délégation au procureur général.

Dans sa mission, il est assisté d'un agent de l'administration de l'enregistrement pour la vérification de la comptabilité notariale au point de vue technique. En pratique, dans sa lettre de délégation adressée au procureur de la République, le procureur général précise l'identité de l'agent de l'enregistrement concerné. En général au niveau des régions c'est le chef du centre des services fiscaux de la région, inspecteur des impôts et domaines, qui est désigné compte tenu certainement de sa position et de son expérience. Est-ce que ce dernier peut déléguer un de ses collaborateurs ? Une solution qui n'est pas interdite, étant entendu que dans tous les cas, en cas de difficultés, le procureur doit s'en référer à son délégant qui est le procureur général.

La mission de contrôle portera, de manière fouillée, sur les documents comptables, registres, les actes, comptes, le personnel et son statut, les valeurs dans l'étude, les coffres et meubles fermant à clef, les cotisations sociales, les honoraires perçus ainsi que leur conformité à la réglementation, les préalables exigés pour l'exercice de la profession à savoir l'assurance, la prestation de serment, les irrégularités et infractions constatées, en général sur le fonctionnement de l'office régi par le décret portant statut des notaires[1]. En cas de bureau annexe ouvert sur autorisation d'un arrêté du garde des Sceaux[2], les

---

[1] Un cadre minimum de contrôle fixant le déroulement des opérations de vérification a été défini par le ministère de la Justice / DACS et destiné aux vérificateurs.

[2] L'article 23 du décret n° 2002-1032 du 15 octobre 2002 modifiant le décret n° 79-1029 du 05 novembre 1979 portant statut des notaires prévoit la possibilité d'ouverture d'un ou de plusieurs bureaux annexes aux seuls notaires de Dakar, sur autorisation du ministère de la Justice après avis de la Chambre des notaires. Ils peuvent ainsi ouvrir des bureaux annexes dans la région de Dakar. Pourquoi ceux établis dans les autres régions ne sont pas autorisés à ouvrir des bureaux annexes alors qu'ils peuvent instrumenter dans tout le ressort de la cour d'appel du lieu de situation de leur étude ? Une dichotomie difficilement compréhensible, les notaires concernés étant parfois obligés d'ouvrir des bureaux de représentation pour recevoir leur clientèle et officier dans des conditions plus commodes.

vérifications doivent s'étendre à ce niveau même si parfois en pratique ce bureau ne comporte pas de documents déterminants et sert tout simplement de relais pour recevoir des dossiers à diligenter par la charge mère. La vérification spécifique des bureaux situés dans un autre ressort présente un intérêt certain car elle permet de contrôler spécifiquement leur gestion[1].

Le rapport dressé et portant sur toutes les vérifications avec détails et précisions sera transmis au procureur général.

Au pénal, le décret n° 2009-328 du 08 avril 2009 modifie substantiellement certaines dispositions notamment sur les poursuites contre les notaires avec l'instauration d'une formalité préalable avant les poursuites sauf en matière de flagrance. Ils ne peuvent être poursuivis, recherchés, arrêtés, détenus ou jugés en matière pénale, à raison d'actes ou de faits commis à l'occasion de l'exercice de leurs fonctions professionnelles qu'avec l'autorisation du ministre de la Justice, garde des Sceaux, après avis de la chambre disciplinaire. On peut admettre que sauf cas de flagrant délit, le procureur de la République puisse faire entendre les plaignants et éventuellement les témoins avant de transmettre les pièces au procureur général pour la suite à donner conformément à la procédure sus indiquée. C'est après l'autorisation que des poursuites pourraient être engagées contre le notaire. Ce décret a été écarté par la cour d'appel de Dakar, car « considérant qu'il en résulte que ce texte aménage une procédure pénale spéciale dérogatoire aux règles édictées par la loi n° 65-61 du 21 juillet 1965 portant Code de procédure pénale et constituant une garantie supplémentaire pour le notaire, qu'il viole manifestement ladite loi ainsi que l'article 67 de la Constitution, en s'immisçant subrepticement dans les attributions relevant exclusivement du domaine du pouvoir législatif »[2].

---

[1] Lettre n° 000646 du 13 avril 2012 du procureur général près la cour d'appel de Dakar qui a délégué le procureur de la République près le tribunal régional de Ziguinchor pour vérifier les bureaux annexes sis à Ziguinchor et Cap Skirring du notaire titulaire de la charge de Kolda.

[2] C.A Dakar, arrêt n°888 du 22 août 2012, ministère public c. Aïssatou Guèye Diagne, *Bulletin des arrêts rendus par la cour d'appel de Dakar en matière pénale*, année 2014, page 137.

### III. Pour les commissaires-priseurs

Le statut des commissaires-priseurs[1], en son article 6, indique que ces derniers « sont des officiers ministériels, exclusivement compétents, sauf dans les cas spécialement prévus par les dispositions législatives ou réglementaires en vigueur, dans toute l'étendue de leur ressort, aux estimations et ventes publiques aux enchères de tous objets ou biens, meubles corporels ou incorporels, marchandises, mobiliers, outillages, équipements, avions et autres aéronefs, bâtiments de mer ou de rivière, de tous objets meubles même devenus immeubles par destination tels que certains équipements d'usines ou de fermes, les rails fixés au sol, les wagons réformés et remisés. Les commissaires-priseurs sont habilités, dans le ressort de leur charge, à organiser la vente aux enchères publiques des biens réformés du secteur parapublic de l'État, notamment les sociétés nationales, les sociétés d'économie mixte, les établissements publics, les fourrières et toutes les personnes morales de droit privé bénéficiant du concours financier de la puissance publique. Les commissaires-priseurs peuvent également assurer la vente des matériels réformés des organisations non gouvernementales, des représentations diplomatiques au Sénégal, des éléments corporels mobiliers des fonds de commerce, et enfin peuvent procéder à des ventes publiques à la requête des particuliers. Les commissaires-priseurs sont chargés également des recollements, enlèvements, transports et la garde des objets saisis par les huissiers de justice et autres agents de poursuites dûment habilités, sur production du procès-verbal de saisie-vente. Il en est de même en ce qui concerne la vente des scellés ayant fait l'objet d'une décision judiciaire ordonnant la confiscation auprès des greffiers en chef. Les liquidateurs judiciaires ou syndics peuvent proposer au juge-commissaire le service de commissaires-priseurs »[2].

Il faut noter que des fonctionnaires et agents de l'administration peuvent être appelés occasionnellement ou de façon permanente à remplir les fonctions de commissaires-priseurs.

---

[1] « Le commissaire-priseur est un officier ministériel, auxiliaire de justice qui a pour missions essentielles d'organiser et de diriger les ventes publiques judiciaires ou volontaires, de procéder aux recollements, aux enlèvements, aux transports, au gardiennage et à la vente des objets saisis par les huissiers de justice et autres agents de poursuites habilités et des biens provenant des liquidations et succession ». Article 1er du décret n° 2008-827 du 31 juillet 2008 remplaçant le décret n°89-1574 du 27 septembre 1989 fixant le statut des commissaires-priseurs.

[2] Le décret n° 2015-387 du 28 mars 2015 fixe le tarif des commissaires-priseurs.

Le décret n°89-1574 du 27 septembre 1989 fixant le statut des commissaires-priseurs remplacé par le décret n° 2008-827 du 31 juillet 2008 en son article 42 dispose que « le procureur de la République, tous les ans après vérifications, établit obligatoirement un rapport sur la comptabilité de chaque commissaire-priseur ». Aussi, « le registre de comptabilité des commissaires-priseurs est soumis semestriellement à la vérification et au visa du procureur de la République près le tribunal du ressort de la charge, lequel transmet sans délai au procureur général le résultat de sa vérification avec ses observations, et au besoin, celles des commissaires-priseurs dont la comptabilité est vérifiée ». Il est assisté dans sa mission par un membre du conseil de l'ordre et un agent assermenté de l'administration fiscale. Ce rapport est transmis au procureur général qui le transmet au ministère de la Justice avec ses observations et suggestions éventuelles. Cette mission importante que le procureur de la République doit accomplir d'initiative, est le cas échéant, rappelée par le procureur général.[1]

Aux termes de l'article 40, le livre journal est vérifié semestriellement par le procureur de la République qui appose son visa. Le procureur est informé, par les soins de la société d'assurance, de toute suspension de garantie, dénonciation de la tacite reconduction ou résolution du contrat d'assurance. Le procureur de la République informe le ministère de la Justice de cette situation sous le couvert du procureur général avec ses observations après une sommation adressée au commissaire-priseur d'avoir à justifier de l'assurance dans les 48 heures. Au-delà de ce délai, s'il ne justifie pas de la garantie, il est considéré comme démissionnaire.

Il faudra à ses missions, ajouter l'obligation de résidence du commissaire-priseur qui doit, avant de prêter serment communiquer au procureur de la République de son ressort son adresse précise indiquant le lieu d'implantation de son étude ainsi que toutes ses coordonnées. Il doit l'informer de tout changement d'adresse. Il ne peut non plus s'absenter du territoire de la République, même pour un congé annuel, sans autorisation du procureur de la République si la durée ne dépasse pas 15 jours, au-delà, le ministre de la Justice est compétent.

Le contrôle des officiers ministériels doit être conçu de façon large ; veiller à ce que ces derniers appliquent toutes les normes en vigueur qui concernent leur profession. Il en est ainsi, compte tenu notamment de leur qualité d'assujettis, de la lutte contre le blanchiment de capitaux et

[1] Lettre n° 001747 du 12 juillet 2010 / PG Dakar.

le financement du terrorisme et du dépistage du blanchiment d'argent provenant du trafic illicite de drogue.

## §2. En cas de décès, cessation d'activités ou vacance

Aux termes de l'article 28, en cas de décès ou de démission de l'huissier titulaire d'une charge et, d'une manière générale, en cas de vacance d'une étude d'huissier de justice, le procureur général près la cour d'appel du ressort ou son représentant fait apposer immédiatement les scellés.

Le procureur de la République informé de cet évènement doit immédiatement aviser le procureur général pour que ce dernier prenne les mesures que lui confère la réglementation. S'il est amené lui-même à prendre ces mesures sur mandat du procureur général, le procureur de la République saisit en général le commissaire de police ou le commandant de brigade de gendarmerie pour l'apposition des scellés qui est matérialisée par la fermeture des portes et autres issues, la cire, l'inscription lisible que les locaux sont scellés par la justice et toute ouverture sans autorisation judiciaire est sanctionnée. Un compte-rendu de cette opération est fait au parquet sous forme de procès-verbal qui lui est transmis.

Après cela, et au jour fixé, le procureur général procède à l'inventaire des pièces et dossiers de l'étude en présence du président du Conseil de l'ordre des huissiers de justice ou du membre du Conseil désigné et, s'il y a lieu, de l'huissier concerné.

Avant cette réforme, le procès-verbal d'inventaire signé du procureur et du membre du conseil de l'ordre, est envoyé au ministre de la Justice sous le couvert du procureur général. Le procès-verbal d'inventaire des dossiers et pièces doit être détaillé. Il est plus aisé de le présenter sous forme de tableau avec les références des dossiers et pièces, les parties, les actes effectués, les observations pouvant contenir toutes sortes de remarques mais aussi si des objets de valeurs sont trouvés dans les dossiers.

Il n'est pas aussi superfétatoire même si le texte n'en fait pas mention qu'une partie du procès-verbal soit consacrée au matériel et mobilier de bureau trouvés sur place. Il est aussi utile d'annexer certains documents utiles comme l'acte de décès ou le constat de la vacance (démission, interdiction, destitution) fait par voie d'huissier, l'arrêté ou le décret de nomination de l'huissier intérimaire ou titulaire, le procès-verbal d'apposition des scellés.

À l'issue de l'inventaire, les dossiers et pièces sont déposés avec l'inventaire au greffe du Tribunal de grande instance et les minutes d'actes au siège du conseil de l'ordre, pour être remis contre décharge à l'huissier intérimaire nommé pour un an sauf prorogation pour motif légitime.

Le statut des commissaires-priseurs attribue pour les mêmes cas de vacance les mêmes pouvoirs que ceux sus développés pour les huissiers de justice. Le commissaire-priseur intérimaire est nommé pour six mois.

Pour les notaires, en cas de vacance, les procureurs n'ont aucune attribution à ce niveau. C'est le ministre de la Justice et le procureur général qui interviennent sauf la possibilité de délégation de la part du procureur général pour l'inventaire uniquement. Un arrêté constate l'ouverture de la vacance de la charge notariale et désigne un notaire intérimaire. Une liste de notaires postulants déclarés aptes à être présentés pour remplir la charge laissée vacante est établie par un arrêté. Un décret nomme par la suite un notaire titulaire[1].

Dans les cas d'inventaire pour cause de décès, la transparence doit être de rigueur surtout à l'égard des héritiers du *de cujus.* C'est souvent source de difficultés car le patrimoine successoral peut tourner autour des activités de l'office ou de l'étude. Il faut bien, dans ce cadre, faire la différence entre les biens successoraux propres au *de cujus* et les biens appartenant aux clients et à l'Office ou l'Étude.

---

[1] Exemple : l'arrêté n° 6443/MJ/ACS du 25 septembre 2006 qui constate l'ouverture de la vacance de la charge de Ziguinchor et nomme un notaire intérimaire ; l'arrêté n°004291/MJ/ACS du 06 juin 2007 établit la liste de postulants déclarés aptes à être présentés pour remplir la charge ; le décret n° 2007-1416 du 22 novembre 2007 nomme notaire titulaire de la charge de Ziguinchor et précise en son article 2 qu'« avant sa prestation de serment, l'intéressé devra justifier de l'accomplissement des obligations prévues par l'article 25 du décret n° 2002-1032 du 15 octobre 2002 modifiant le décret n° 79-1029 du 05 novembre 1979 fixant le statut des notaires ». Ces obligations sont la constitution de la garantie financière, la souscription d'une assurance, l'adhésion à la Chambre des notaires. Le notaire doit en outre, avant de prêter serment, en tout cas dans les trois mois de la notification du décret sous peine de sanction (déchéance), déposer sa signature et son paraphe au greffe de la cour d'appel ainsi qu'au greffe du tribunal régional du lieu de sa résidence (qui doit être celui de situation de l'étude) ; les minutes, les répertoires et les archives lui sont remis par le notaire sortant après établissement d'un arrêté de compte dont un exemplaire est déposé au parquet général près la cour d'appel du ressort de sa résidence.

# CONCLUSION GENERALE

Peut-on véritablement conclure des réflexions ? Surtout quand elles portent sur un domaine aussi conservateur, dynamique et évolutif que la Justice ? Pour reprendre Jean-Philippe FAURE dans son ouvrage intitulé *Éduquer sans punitions ni récompenses*[1], « il me paraît plus sage de ne pas terminer par une conclusion un livre abordant un sujet sur lequel on ne peut jamais mettre le mot “fin”… ». Mais pour sacrifier à une tradition, je dirai ces mots :

Le procureur de la République au Sénégal reste, comme dans les pays de tradition romano-germanique, un magistrat du ministère public chargé de veiller à l'application de la loi, à la sauvegarde de l'intérêt général et des libertés. Il évolue dans son service qu'est le parquet mais près d'une juridiction et pour se faire, il doit imprimer une organisation parfaite et distincte de son service mais formant une symbiose dans le fonctionnement du tribunal avec un seul souci, une bonne distribution de la justice. Toutefois, cette organisation doit changer, innover, s'adapter à l'évolution de la société et à l'environnement de la justice pour quitter les *sentiers battus* d'un système classique, statique qui étouffe et montre ses limites. Ceci dit, il reste le réceptacle direct ou indirect, de toutes les plaintes, même de son propre collègue magistrat, à charge pour lui d'y donner suite.

Sur la tête de ce magistrat s'exercent une hiérarchie et son corollaire, le lien de subordination. Ces deux principes longtemps critiqués et qui pourraient connaître des évolutions, loin d'être une entorse, devraient constituer un instrument lui permettant d'exercer ses attributions avec autonomie, efficience et efficacité en s'inscrivant dans une dynamique nationale. Son indépendance, source de polémique, fera son chemin et reste tributaire de l'orientation qu'on entend donner à la justice. L'indépendance du parquet ne doit plus être considérée comme un simple slogan mais une exigence de l'État de droit. Un saut qualitatif s'impose. Plus généralement, pour ce qui concerne la justice, la

[1] Jouvence Éditions, 2005, page 92. Un ouvrage dédié à la méthode pour une meilleure éducation des enfants.

séparation des pouvoirs implique, même si les institutions appartiennent au même État dont elles assurent la marche, une indépendance organique, décisionnelle en dépit des liens évidents encadrés par loi et pouvant exister entre l'exécutif, le législatif et le judiciaire.

Au plan disciplinaire, l'amorce en 1992 d'une uniformisation statutaire entre le magistrat du parquet et celui du siège devrait se poursuivre avec l'exigence d'un avis du Conseil supérieur de la Magistrature avant toute mesure du ministre de la Justice pour interdire provisoirement le magistrat du parquet à exercer ses fonctions.

Dans son travail quotidien, le magistrat du parquet s'appuie sur ses interlocuteurs incontournables que sont les officiers de police judiciaire de son ressort. Les rapports doivent être loyaux, sincères, professionnels et permanents pour une bonne prise en charge de la délinquance. Il doit veiller sur le travail de ces derniers dans une seule optique, le respect des règles de procédure, la diligence, le tout ponctué par une bonne politique pénale qui ne doit être ignorée par ses collaborateurs. Cette bonne collaboration se poursuivra au niveau de sa juridiction face à ses collègues chargés soit d'instruire les procédures soit de les juger. La « confrontation » des parties bien organisée par la législation notamment le Code de procédure pénale, ne devrait déteindre sur le traitement quotidien des procédures qui doit se faire avec professionnalisme, effacement, loyauté et dépassement, les justiciables ne devant en aucun cas pâtir d'un quelconque climat délétère dans une juridiction.

Dans ses actes de poursuites de tous les jours, le parquet ne doit pas omettre de faire avec les différents modes alternatifs de règlement des conflits comme la médiation, tirés de nos traditions ou d'ailleurs, des outils efficaces qui, bien usités, participent de la réduction du coût de la justice, d'une bonne administration de celle-ci, à la grande satisfaction de toutes les parties. Il doit bien se positionner à l'ère de la *« déjudiciarisation »* du règlement des conflits avec la multiplication des médiateurs dans divers secteurs et la dépénalisation de certaines infractions.

La justice rendue mérite bien une mémoire fiable, un archivage au point, en phase avec les avancées technologiques du moment. Ceci est le gage de la sécurité judiciaire, de la fiabilité des renseignements dont a besoin l'administration publique, du renforcement des droits des citoyens et acteurs économiques, et constitue une source intarissable pour la postérité[1].

L'envergure du parquet dépasse le cadre purement juridictionnel pour embrasser des acteurs non judiciaires, ce qui implique de sa part une grande dynamique, une faculté de collaboration et de partage sans nuire à l'indépendance du pouvoir dont il relève.

Sur le plan professionnel, beaucoup de domaines et textes spéciaux l'interpellent. D'où la nécessité de la spécialisation des magistrats du parquet dans un élan pondéré en parfaite adéquation avec les exigences du moment. Aucun domaine ne doit être occulté même si l'arbitrage est à faire et la priorité dégagée entre divers domaines comme le contentieux commercial ou économique[2] en général, l'état civil, le contentieux douanier, les nouvelles technologies de l'information et de la communication[3], la cybercriminalité[1], l'environnement ou la

---

[1] « ... Toutefois, la Chambre est convaincue que les archives de la DDS sont authentiques. En effet, elles ont été retrouvées par les membres de la CNE au siège de la DDS dans les semaines qui ont suivi la chute du régime de Hissein Habré. Nombre d'entre elles sont précisément numérotées et datées, et contiennent l'en-tête de la DDS et/ou la signature des membres de la DDS. L'état chaotique dans lequel elles ont été retrouvées, pleines de poussière et endommagées, confirme aussi leur caractère authentique. Par ailleurs, leur volume, leur diversité et la grande cohérence de l'ensemble rendent extrêmement difficile, sinon impossible, toute falsification ou manipulation. Enfin, nombre de ces archives sont corroborées par d'autres éléments de preuves. La Chambre rejette donc l'allégation de la Défense que ces pièces auraient été violées... » Affaire ministère public c. Hissein Habré, jugement Chambre africaine extraordinaire d'assises, 30 mai 2016, par.236.

Pour rappel, Hissein Habré a pris le pouvoir au Tchad le 7 juin 1982. Le 1er décembre 1990, son régime fut renversé par le Mouvement patriotique du Salut dirigé par Idriss Deby Itno. Ce dernier crée par décret du 29 décembre 1990 une Commission nationale d'enquête (CNE) sur *les crimes et détournements commis par l'ex-Président, ses co-auteurs et/ou complices.* Cette Commission a, dans le cadre de sa mission, exploité les archives de la Direction de la Documentation et de la Sécurité (DDS), police politique du régime Habré. Il en est de même des ONG comme *Human rights watch.* Ces archives, bien des années après, ont servi comme moyens de preuve devant les Chambres africaines extraordinaires.

[2] La lettre circulaire n° 2907 MJ/DACG du 18 mai 2009 mentionne que le Programme intitulé *« Doing business »* mis en œuvre par le Groupe de la Banque mondiale mesure la réglementation des affaires et utilise parmi ses critères le traitement du contentieux économique et financier [...] Dans le but de réserver désormais un meilleur sort au traitement du contentieux économique et financier, je vous demande de désigner des magistrats spécialisés en ces matières qui seront exclusivement affectés au traitement et au suivi permanent des affaires civiles et commerciales. »

[3] Loi n° 2008-611 du 25 janvier 2008 portant sur la cybercriminalité. L'exposé des motifs indique que « le développement des Technologies de l'Information et de la

criminalité organisée[2] ; tout nouveau phénomène de société, toute innovation ou matière recélant la commission d'infraction ou source de trouble quelconque interpelle le parquet et la Justice en général. Aussi, cette spécialisation doit concerner les différentes fonctions : parquet, instruction et siège. Cette spécialisation des magistrats en matière civile et commerciale sera, à l'avenir, confrontée à l'essor du phénomène de la déjudiciarisation de ce contentieux par la médiation et autres modes alternatifs de règlement de contentieux. Les tribunaux *stricto sensu* ne seront plus les recours privilégiés des acteurs économiques pour le règlement de leurs conflits.

Le secret de l'enquête et de l'instruction ainsi que l'obligation de réserve qu'imposent les principes de droit et le statut des magistrats ne doivent occulter la nécessité d'une transparence dans la justice avec une communication utile et responsable. La justice ne doit pas subir la circulation rapide des informations, fille des temps modernes, mais plutôt la prendre à son compte. Une bonne justice à notre sens, c'est aussi une justice bien comprise. Toutefois la Justice doit éviter, se garder d'être dans le tourbillon du traitement médiatique d'une affaire, pour dire le droit dans la sérénité. *Dame Justice,* dont le parquet fait partie, ne saurait se plier face aux troubles ambiants. Dans l'acte de juger, le juge ne doit en aucune manière se préoccuper de ce que penseront les citoyens, l'opinion ou les parties en procès mais si la décision est conforme à la loi et est rendue selon sa conscience. Les critiques et appréciations négatives ou positives ne vont jamais manquer après une décision prise par le parquet ou le Juge[3]. Cependant, dans la qualité du service public de la justice, son administration, l'appréciation des citoyens et de l'opinion comptent. Des suggestions, observations et propositions de leur part peuvent être prises en compte pour améliorer le fonctionnement de la Justice. La confiance des citoyens dans leur Justice, de plus en plus agitée, obéit à beaucoup de paramètres. Aller au tribunal, contrairement à ce qui est communément véhiculé, ne doit plus être perçu comme une perte de temps, de ressources, mais plutôt

---

Communication (TIC) constitue en ce début de XXIème siècle un tournant majeur de la civilisation humaine... ».

[1] Papa Assane Touré, *Le traitement de la cybercriminalité devant le juge : l'exemple du Sénégal*, *op. cit.*

[2] Notamment le blanchiment de capitaux, le terrorisme, les crimes de guerre, crimes contre l'humanité et crime de génocide, torture, crime d'agression.

[3] « On a vingt-quatre heures, au palais, pour maudire ses juges » (Pierre Augustin Caron de Beaumarchais, *Le Barbier de Séville*, II, 2).

comme un service sollicité à une administration quelconque. Ester en justice ne doit plus renvoyer une mauvaise image. L'administration de la justice doit travailler dans ce sens. Le lourd tribut consécutif à la perception défavorable du citoyen qu'elle traînerait dans une certaine mesure devra s'effacer avec le temps même si la spécificité de la Justice dans la société demeurera toujours vivace. Les personnes seront atteintes dans leurs libertés, leur image, leurs biens et leur intimité. La Justice est consubstantielle à la vie en société, le seul rempart devant être la LOI. Toutefois le Peuple au nom de qui la justice est rendue doit se reconnaître en cette dernière.

Le facteur temps et les lenteurs souvent stigmatisées doivent, pour le parquet déjà habitué, de par la loi et le règlement, au traitement quotidien et rapide de bien des procédures, être intégrés comme souci permanent. Dans le fonctionnement de la justice dans sa globalité, les lenteurs s'expliquent dans certains dossiers mais pour d'autres elles ne s'expliquent pas. La complexité d'un dossier peut par exemple justifier dans une certaine mesure les lenteurs constatées dans sa conduite. Mais dans tous les cas, comme le veut une formule bien consacrée dans les traités internationaux, les procédures doivent être traitées dans des « délais raisonnables ». Le temps anormalement long dans la distribution de la justice ne sert pas celle-ci : soit la justice est rendue en un temps inopportun, aucun impact n'est constaté, soit le mal est déjà fait, soit les parties sont agacées parce que n'étant pas fixées sur leur sort, soit la justice est rendue de manière hâtive. La responsabilité sur les lenteurs pèse non seulement sur les magistrats, mais aussi sur les auxiliaires de justice, les parties au procès et les textes en vigueur. La justice doit être rendue à point nommé.

L'exigence d'un manuel de procédures se pose avec acuité pour que les parquets fonctionnent de la même manière avec une meilleure visibilité et une harmonie au plan national. Ce besoin d'harmonisation intéresse bien des secteurs dans le cadre du fonctionnement de la justice ; aussi les acteurs judiciaires et les citoyens en tireront un grand profit.

Ces réflexions sur le procureur de la République et le parquet d'instance en général, sans nul doute se confronteront tout en contribuant au dynamisme du droit. Comme le disait Jean Carbonnier « non seulement le droit change, mais il doit changer, changer pour s'adapter »[1]. Ces travaux restent une contribution pour mieux appréhender ce que font ces magistrats du parquet au quotidien en général, le procureur de la République en particulier. Leur fonction, quelle que soit son énormité, doit être bien comprise par le Citoyen, pour le bien du parquet lui-même qui n'est pas Hercule[2] mais bien une fonction judiciaire avec des attributions précises. Sa position centrale dans le procès pénal avec notamment la possibilité à lui offerte, lui qui est partie, de placer d'initiative en détention un inculpé en matière de flagrance, critiquée du reste et qui ne manquera de susciter des réformes, ne devrait occulter ce fait. Sa qualité de partie au procès, sans l'assimiler aux autres parties comme l'accusé ou la partie civile, permet toutefois de sauvegarder une procédure équitable et contradictoire assurant à toutes les parties les mêmes droits. La privation de la liberté par le procureur de la République, son réquisitoire oral à l'audience et ses communications à l'endroit du public apparaissent en réalité comme *la partie visible et émergée de l'iceberg* ou *l'arbre qui cache la forêt*. Le ministère public abat un travail énorme, quotidien, de l'ombre, pas forcément connu du public, pour une bonne marche de la justice.

Outre cet état des lieux, ces réflexions nous ont permis, à partir de modestes expériences propres, d'apporter une contribution pratique qui devrait se poursuivre et se diversifier pour une meilleure intelligence de la Justice en général, des fonctions et responsabilités du parquet en particulier qui ne cesseront d'évoluer, de s'adapter dans un environnement national, sous-régional et international de plus en plus exigeant et en perpétuelles mutations.

---

[1] Jean Carbonnier, *Droit et passion du droit sous la Ve République*, Paris, Forum Flammarion, 1996, page 10.

[2] Héros romain identifié à l'Héraclès grec. Divinité tutélaire de l'Agriculture, du Négoce et des Armées. *Petit Larousse* 2007.

# ACRONYMES ET ABREVIATIONS

AJE : Agence judiciaire de l'État
AOF : Afrique-Occidentale française
APJ : Agent de police judiciaire
ASERJ : Association sénégalaise d'études et de recherches juridiques
C.Cass : Cour de cassation
CA : cour d'appel
CAE : Chambres africaines extraordinaires au sein des juridictions sénégalaises
CAI : Conflit armé international
CANI : Conflit armé non international
CCJA : Cour commune de justice et d'arbitrage
CD : Code des drogues ou Code des douanes.
CD : Citation directe
CEDH : Cour européenne des droits de l'homme
CEN : Commission d'enquête nationale du ministère tchadien de la Justice sur les crimes et détournements de l'ex-Président Habré, ses coauteurs et/ou de ses complices
CENA : Commission électorale nationale autonome
CENTIF : Cellule nationale de Traitement des Informations financières
CETC : Chambres extraordinaires des tribunaux cambodgiens
CF : Code de la famille
CFJ : Centre de Formation judiciaire
CIJ : Cour internationale de justice
CJ : Contrôle judiciaire
CJM : Code de justice militaire
CP : Cessation des paiements
CP : Code pénal
CPI : Cour pénale internationale
CPP : Code de procédure pénale

CRI : Commission rogatoire internationale
CS : Cour suprême
CSM : Conseil supérieur de la Magistrature
CSS : Classement sans suite
DACG : Direction des affaires criminelles et des grâces
DACS : Direction des affaires civiles et du sceau
DAGE : Direction des affaires générales et de l'équipement
DCPJE : Direction des constructions, des palais de justice et autres édifices
DDS : Direction de la Documentation et de la Sécurité, police politique du Régime de Hissein Habré au Tchad
DIC : Direction des investigations criminelles
DSJ : Direction des services judiciaires
ENAM : École Nationale d'Administration et de magistrature
ENFOM : École nationale de la France d'outre-mer
FD : Flagrant Délit
GEC : Greffier en Chef
IGAJ : Inspection générale de l'administration de la justice
IGE : Inspection générale d'État
IHEOM : Institut des hautes études d'outre-mer
INTERPOL, *International Police*
JORS : Journal officiel de la République du Sénégal
LB : Liquidation de Biens
MA : Mandat d'amener ou Mandat d'arrêt
MAC : Maison d'arrêt et de correction
MD : Mandat de dépôt
MJ : Ministère de la Justice
MP : ministère public
OCRTIS : Office central de répression du trafic illicite de stupéfiants
OFNAC : Office national de lutte contre la fraude et la corruption
OHADA : Organisation pour l'harmonisation du droit des affaires en Afrique
OMD : Ordre de mise à Disposition

ONU : Organisation des Nations Unies
OPJ : Officier de police judiciaire
OSC : Ordonnance de soit-communiqué
Par. : Paragraphe
PG : procureur général
PR : procureur de la République
PSJ : Programme sectoriel justice
RI : Réquisitoire introductif
RJ : Redressement judiciaire
RP : Registre des plaintes ou Retour de parquet
RPJM : Projet renforcement de la protection juridique des mineurs.
*Sic :* Latin, ainsi.
TD : Tribunal départemental
TGI : Tribunal de grande instance
TI : Tribunal d'instance
TMIN : Tribunal militaire international de Nuremberg
TPE : Tribunal pour enfants
TPIR : Tribunal pénal international pour le Rwanda
TPIY : Tribunal pénal international pour l'ex-Yougoslavie
TR : Tribunal régional
TSL : Tribunal spécial sur le Liban
TSSL : Tribunal spécial pour la Sierra Leone
UCAD : Université Cheikh Anta DIOP de Dakar
UEMOA : Union économique et monétaire ouest-africaine
UIT : Union internationale des télécommunications

# BIBLIOGRAPHIE


### 1. Code et textes de Loi

Code de procédure pénale du Sénégal ;

Code de procédure pénale français ;

Code des douanes du Sénégal ;

Code des drogues du Sénégal ;

Code pénal du Sénégal ;

Code pénal français ;

Code de justice militaire du Sénégal ;

Code de la famille du Sénégal ;

La Constitution du Sénégal du 22 janvier 2001, révisée ;

Constitution de la République du Tchad

Le traité relatif à l'Harmonisation du Droit des affaires en Afrique signé à Port-Louis le 17 octobre 1993

Code de procédure pénale du Gabon

Code de procédure pénale du Tchad

Code de procédure pénale français

### 2. Manuels et Ouvrages

ALBERNHE R., *La pratique des parquets*, Paris, Collection des Juris-classeurs, III, 6,1960.

BAUDRY-LACANTINERIE G., *Précis de droit civil.* Tome 1, Paris, Librairie de la société, 1913.

BOCKEL Alain, *Droit administratif.*, Dakar, NEA, 1980.

BOSSA Gilbert, Pierre E. GABIAM, Dieunedort NZOUABETH, *L'Entreprise et le Droit*, OHADA, 2007.

BOULOC Bernard, *Droit pénal général*, 21ème édition, Paris, Dalloz, 2009.

*Bulletin des arrêts rendus par la cour d'appel de Dakar en matière correctionnelle*, vol. n°2, 2011

*Bulletin des arrêts rendus par la cour d'appel de Dakar en matière civile et commerciale*, vol. n°1, 2011

CAMARA Fatou Kiné, *Pouvoir et Justice dans la tradition des peuples noirs. Philosophie et pratique*, Paris, L'Harmattan, 2004.

CAMARA Ousmane, *Mémoires d'un juge africain, Itinéraire d'un homme libre*, Paris-Dakar, Credila-Karthala-Crepos, 2010.

CARBONNIER Jean, *Droit et passion sous la Vᵉ République*, Paris, Forum Flammarion, 1996.

CARNEGIE Dale, *Comment parler en public*, Paris, Le Livre de Poche, 2004.

CHAMBON Pierre et Christian Guéry, *Droit et pratique de l'instruction préparatoire. Juge d'instruction, Chambre de l'instruction 2013-2014*, Paris, Dalloz Action.

*Collection « du Recueil de jurisprudence » de la Cour commune de Justice et d'Arbitrage*. 2007. Vol. 1, 2003-2005.

*Collection du « Journal officiel de l'OHADA »* Vol. 1 (N° 1 à 17). 2007.

COMBACAU Jean, Serge SUR, *Droit international public*, 9ᵉ édition, Paris, Montchrestien.

CONTE Philippe, Patrick Maistre du Chambon, *Procédure pénale,* 4e édition, Paris, Armand Colin, 2002.

DE CHARRETTE Laurence et Denis BOULARD, *Les Notaires*, Paris, Éditions Robert Laffont, 2010.

DE FROUVILLE Olivier, *Droit international pénal, Sources, Incriminations, Responsabilité*, Paris, Éditions A. Pedone, 2012

DENIEUL Jean-Marie, *Petit Traité de l'Écrit judiciaire* 5ᵉ édition, Paris, Dalloz, 2006.

DIAGNE Djiby, Éducateur spécialisé DESPS. *Études statistiques sur la prise en charge sociale des mineurs en danger et en conflit avec la loi au Sénégal*. RPJM.

DIATTA Moustapha Lô, *Les Unions monétaires en droit international*, Paris, PUF, 2007.

DIENG Abdoulaye Oumar, *Typologie des infractions relevant de la compétence de la Douane et la problématique des pouvoirs exorbitants des agents des Douanes*, août 2011.

*Encyclopédie juridique de l'Afrique* Tome VI, Dakar, Nouvelles Éditions Africaines, 1985.

*Encyclopédie juridique de l'Afrique* Tome X, Dakar, Nouvelles Éditions Africaines, 1985.

FABRE F. J, A. FROMENT-MEURICE/J.-Y. BERTUCCI/ N. GROPER, *Les grands arrêts de la jurisprudence financière*, 5ème édition, Paris, Dalloz, 2007.

FALL Ismaïla Madior, *Évolution constitutionnelle du Sénégal, de la veille de l'Indépendance aux élections de 2007.* Paris-Dakar, Crédila-Karthala-Crepos, 2007.

FALL Ndongo, *Le droit pénal africain. À travers le système sénégalais*, Dakar, Éditions juridiques africaines, 2003.

FOUCAULT Michel, *Surveiller et punir*, Paris, Éditions Gallimard, 1975.

*Grands procès de l'Afrique contemporaine, Jalivres Collection Actuel, 1990, Centrafrique : « Accusé Bokassa, levez-vous ! » / Égypte : Sadate : fraternité bien ordonnée.../ Nigéria : Féla, un saxophoniste au violon / Maroc : Abderrahim Bouabid plus royaliste que le roi / Burkina : Justice du peuple chez Sankara / Cameroun : L'évêque et le maquisard / CEAO : Les bons placements de Mohamed Diawara / Algérie : Aït Ahmed : flagrant délit de berbérisme / Afrique du Sud : Mandela, adieu la liberté / Ghana : Jerry Rawlings accusé accusateur.*

GUINCHARD Serge, Tony Moussa, *Droit et pratique des voies d'exécution*, 5e édition, Paris, Dalloz, 2007.

HADENGUE P., *Les certificats médicaux,* Paris, Sandoz Éditions, 1982.

HERZOG-EVANS Martine, *Droit de l'exécution des peines* 2007/2008, Paris, Dalloz Action, 2007.

Huet André, René Koering-Joulin, *Droit pénal international*, Paris, PUF, 1994.

JEANTIN Michel et Paul LE CANNU *Droit commercial, Entreprises en difficulté*, 7ème édition, Paris, Dalloz, 2007.

*Justice, les mots clés*, *lexique*, édition 2016.

*La Balance* n° 1, revue semestrielle de l'Union des Magistrats sénégalais (UMS), janvier/juin 2017

*La Balance* n°1, avril-mai-juin 1999

*La Balance*, juin 2003

LA ROSA Anne-Marie, *Juridictions pénales internationales, la procédure et la preuve,* Paris, PUF, 1ère édition, 2003.

LE GALL Élise, *La poursuite des crimes internationaux, Réflexions sur l'opportunité des poursuites du procureur international*, Paris, IRJS Éditions, 2016.

LE POITTEVIN Gustave, *Dictionnaire-formulaire des parquets et de la police judiciaire* IV, Paris, Rousseau, 1951

*Les Droits de l'Homme en Afrique*. Institut des Droits de l'Homme et de la Paix. Dakar, UCAD, 1991.

*Lexique des termes juridiques*. Paris, Dalloz, 14ème édition.

*Manuel de déontologie judiciaire du magistrat du Sénégal*, 2017.

MAYAUD Yves, *Le mensonge en droit pénal*. Paris, L'Hermes, 1979

MBAYE Kéba, *Propos d'un juge*. Dakar, NEAS, 2006.

NDIAYE Abdel Kader Clédor, *L'Inspection générale d'État du Sénégal ; origine, évolution, originalité, formes et techniques du contrôle*. Dakar, NEAS, 1993.

NDIAYE Mandiogou et Nelly ROBIN, *Délinquance et Politique pénale au Sénégal. Les chiffres clés de la justice*, 2002.

NDIAYE Papa Makha, *La renaissance de la Cour suprême*, Dakar, Les presses de la sénégalaise de l'imprimerie, 2008.

NDOYE Doudou, *La nouvelle Cour suprême du Sénégal. Les textes annotés*. 2008 : 2009.

NDOYE Doudou, *La profession d'avocat au Sénégal. Les textes annotés.* Dakar, Éditions juridiques africaines, 2005.

NDOYE Doudou, *La Représentation et la Défense de l'État devant le Juge au Sénégal,* Dakar, Éditions du CAFORD, 2001.

NDOYE Doudou, *Le droit de chèque, de la carte de crédit, de la lettre de change et du billet à Ordre dans les pays de l'UMOA. Les textes annotés*. 2ème édition, Dakar, Éditions juridiques africaines.

NDOYE Doudou, *Le juge d'Instruction et les libertés individuelles au Sénégal.* Numéro 2, Dakar, Éditions du CAFORD, 2001.

NDOYE Doudou, *Les experts au Sénégal. Les expertises et les fonctions techniques. Les textes annotés*. Dakar, EDJA, 2005.

NDOYE Doudou, *Les Officiers ministériels au Sénégal, Notaires – Huissiers et Commissaires-priseurs. Les textes annotés*, Dakar, EDJA, 2005.

OBERDORFF Henri, Jacques ROBERT, *Libertés fondamentales et droits de l'homme. Textes français et internationaux*. 7eme édition, Paris, LGDJ.

PÉROCHON Françoise, Régine Bonhomme, *Les Entreprises en difficultés – Instruments de Crédit et de Paiement*. 6e édition, Paris, LGDJ, 2003.

PRADEL Jean et André VARINARD, *Les grands arrêts de la procédure pénale*, 6ème édition, Paris, Dalloz, 2009.

PRADEL Jean et André VARINARD, *Les grands arrêts du droit criminel Tome 2, le procès, la sanction*, 2e édition, Paris, LGDJ, 1998.

PRADEL Jean et André VARINARD, *Les grands arrêts du droit pénal général*, 7ème édition, Paris, Dalloz, 2009.

PRADEL Jean, *Droit pénal comparé*, Paris, Précis Dalloz, 3ème édition, 2008.

PRADEL Jean, *L'instruction préparatoire*, Paris, Cujas, 1990.

PRADEL Jean, *Procédure pénale*, 5ème édition, Paris, Cujas, 1990.

PRADEL Jean, *Droit pénal Général* 5ème Edition Cujas, 1990.

*Principaux Arrêts de la cour d'appel de NIAMEY*. 1991. ED.1994.

*Protection des Droits de l'Homme en Afrique, Recueil de textes*, Edité par Jean-Baptiste Niyizurugero, septembre 2006.

Rapport annuel 2003. Médiateur de la République du Sénégal.

Rapport d'activités ministère de la Justice, année 2015.

Rapport OFNAC. Année 2016

Rapports CENTIF. Années 2006, 2008, 2017

*Recueil des Arrêts de la Cour de cassation. Sénégal. Années judiciaires : 1993-1998*.

*Revue sénégalaise de droit*, n°36 janvier-juin 2011

SALL Alioune, *L'affaire Hissène Habré, aspects judiciaires nationaux et internationaux*. Paris, L'Harmattan, 2013.

SALOMON Jean, *Les réquisitions de police*. Librairies techniques. 1960.

SIDIME Lamine, *L'établissement de la filiation en droit sénégalais depuis le Code de la famille*, Thèse pour le Doctorat d'État en droit, Faculté des sciences juridiques et économiques, Université de Dakar, 1980.

TOURE Papa Assane, *La réforme de la composition et de la compétence des juridictions du Sénégal, commentée et annotée*, Dakar, abis éditions, 2017.

TOURE Papa Assane, *Le traitement de la cybercriminalité devant le juge : l'exemple du Sénégal*. Paris, L'Harmattan, 2014

**3. Articles**

ACCOMANDO Gilles, Eric LEGRAND, Pierre WAGNER « L'organisation des parquets. École Nationale de la Magistrature ». France, Maîtres de conférences à l'ENM. Mai 1997.

ACCOMANDO Gilles, Eric LEGRAND, Pierre WAGNER. « Technique du Réquisitoire Définitif ». 1997.

BA Amady, Directeur CFJ, Formation des magistrats : Le savoir-faire et le savoir-être du juge, août 1998.

BONNEFOY Vincent, Eric LEGRAND, Frédérique LOUBET-PORTERIE, « Principes Généraux de l'exécution des peines ». Maîtres de conférences ENM. janvier 1999.

Circulaires.

DIALLO Youssoupha, procureur de la République près le Tribunal régional de Ziguinchor, « Le contentieux pénal en matière électorale », décembre 2011. Site : www.ums.sn

DIALLO Youssoupha, procureur de la République près le Tribunal régional de Ziguinchor, « L'impunité dans l'administration de la justice au Sénégal », Conférence annuelle des chefs de parquet, Dakar, 25 mai 2012.

DIALLO Youssoupha, Substitut du procureur de la République près le Tribunal régional de Thiès, « Les attributions du parquet dans le nouveau Code des drogues ». *Journal La Balance*, juin 2003.

DIALLO Youssoupha, Substitut général près la cour d'appel de Dakar, « Les Chambres africaines extraordinaires, une contribution majeure du Sénégal à la consolidation de la justice internationale pénale en Afrique », *Les Échos du Palais, Revue semestrielle de l'Union des magistrats sénégalais*, juillet 2018.

DIALLO Youssoupha, Substitut général près la cour d'appel de Dakar, « Le parrainage est-il compatible avec le devoir de réserve du magistrat ? Brèves réflexions », août 2018. https://www.dakaractu.com/Le-parrainage-est-il-compatible-avec-le-devoir-de-reserve-du-Magistrat-Breves-reflexions_a156884.html

DIOUF Chimère Malick, Avocat général cour d'appel de Dakar, Cours pratique du parquet, CFJ, 1997-1998.

DIOUF Ndiaw, Professeur titulaire agrégé de Droit privé, Doyen de la FSJP / UCAD, « Quel avenir pour les droits communautaires africains ? » *Revue sénégalaise de droit* n° 36 janvier-juin 2011.

GAYE Abdoulaye, procureur de la République près le Tribunal régional hors classe de Dakar, « La preuve en matière pénale », *CFJ*, 03 juillet 1998.

JOINET Louis, « Justice transitionnelle : principes et standards internationaux – État des lieux ». www.cnudhd.org

Le Rapport au parquet général. E.N.M. mars 1996.

LEGRAND E., F. LOUBET-PORTERIE. « Le parquetier : un magistrat au carrefour de la loi et de l'ordre public ». E.N.M 1998.

Me Amani YAHOUZA, « Le serment confessionnel ou la négation des principes fondamentaux de la République ». Avocat à la cour et au Barreau de Niamey. *Journal du Syndicat autonome des Magistrats du Niger (SAMAN)*. Juin-Juillet 2005.

MICHELET Élisabeth, « L'amnistie dans la vie politique au Sénégal », *Annales africaines*. 1989-1990-1991.

NDIAYE Abdoulaye, Directeur CFJ, Introduction Programme 2005 CFJ

SY Mamadou Mansour, « La jurisprudence du Conseil de discipline ». *La Balance* n°1 Avril-Mai-Juin 1999.

**4. Sites internet, voir notes de bas de page.**

# INDEX

## O



## P



## R

## T

# TABLE DES MATIERES

## II^E PARTIE.

## L'ORGANISATION D'UN PARQUET



## III^E PARTIE.

## L'ENVIRONNEMENT SOCIOPROFESSIONNEL DU CHEF DU PARQUET

## IV^E PARTIE.

## LE TRAITEMENT DES PROCÉDURES PÉNALES

## V$^{ÈME}$ PARTIE.

## LE PARQUET DANS L'APPLICATION DE CERTAINS TEXTES SPÉCIAUX

## VI^ÈME PARTIE

## L'EXÉCUTION DES PEINES ET LEUR AMÉNAGEMENT

## VII<sup>ÈME</sup> PARTIE.

## LE CASIER JUDICIAIRE



## VIII<sup>ÈME</sup> PARTIE

## LE PARQUET DANS LES PROCÉDURES CIVILES ET COMMERCIALES

## IX$^{ÈME}$ PARTIE.

## LES POUVOIRS DU PARQUET EN MATIÈRE D'INSTRUMENTS DE PAIEMENT



## X$^{ÈME}$ PARTIE.

## LES AUTRES MISSIONS DU PARQUET

# Le Sénégal aux éditions L'Harmattan

## *Dernières parutions*

**L'ESTHÉTIQUE SOCIALE DES PULAAR**
**Socioanalyse d'un groupe ethnolinguistique**
*Sy Harouna*
L'esthétique sociale pulaar est une mise en ordre éthique de la vie sociale. Elle est l'inventaire systématique de ce qu'il y a de beau et de laid dans le social relativement à ses valeurs, à ses normes, à ses règles et à ses codes qui commandent des postures, des relations, des rapports et des qualités appropriés. L'analyse des contradictions de la société pulaar du Fuuta Tooro a révélé des logiques et des stratégies fondées sur des rapports de castes et sur les représentations sociales que ces rapports produisent.
*(31.00 euros, 304 p.)*
*ISBN : 978-2-343-11189-6, ISBN EBOOK : 978-2-14-002810-6*

**LE BAYNUNK GUNAAMOLO, UNE LANGUE DU SUD DU SÉNÉGAL**
**Analyse phonologique, morphologique et syntaxique**
*Diop Sokhna Bao - Préface de Denis Creissels*
Le Sénégal est un pays multilingue avec des langues majoritaires et des langues minoritaires, de par le nombre de leurs locuteurs, mais également de par la quantité de travaux dont chacune dispose. Les langues majoritaires ont fait l'objet de nombreuses recherches, à la différences des langues minoritaires. Ce constat est à l'origine du choix porté sur la description de la variante gunaamolo du baynunk (parlé au sud du Sénégal, plus précisément à Niamone, dans la région de Ziguinchor) qui est une langue en danger très peu décrite. L'utilité et l'intérêt de ce travail résident dans la sauvegarde et la connaissance de cette langue et sa communauté. Elle peut servir aussi de référence à des recherches futures.
*(Coll. Études africaines, 38.50 euros, 392 p.)*
*ISBN : 978-2-343-09614-8, ISBN EBOOK : 978-2-14-002913-4*

**DE L'HÉRITAGE ARABO-ISLAMIQUE SAINT-LOUISIEN**
**Une illustration par les œuvres d'Abbas Sall et d'Abdoulaye Fall Magatte**
*Fall Cheikh Tidiane - Préface de Samba Dieng et Postface de Mouhamed Habib Kébé*
Cet ouvrage porte sur la réhabilitation du legs culturel arabo-islamique ouest-africain en général et saint-louisien en particulier. Revaloriser un pan du patrimoine culturel par l'entremise de l'imagination poétique locale de deux intellectuels demeure l'objectif principal de cette étude. Une partie descriptive constituée de la traduction d'une cinquantaine de poèmes suivie d'un volet analytique constitue la méthodologie de ce travail de recherche. La moisson tirée de ce travail préliminaire apporte quelques éclairages sur l'intérêt de la traduction de manuscrits arabes, notamment ceux produits par d'éminents ulémas du Sénégal, tels les deux poètes faisant l'objet de cette étude.
*(Harmattan Sénégal, 35.00 euros, 340 p.)*
*ISBN : 978-2-343-11306-7, ISBN EBOOK : 978-2-14-003014-7*

**L'AGRICULTURE DU SÉNÉGAL SOUS LA COLONISATION**
*Diop Ismaïla*
L'introduction de l'arachide au Sénégal au début du XXe siècle révolutionne le paysage agricole. La France décide alors de faire du Sénégal une colonie arachidière. Le Sénégal devient la troisième puissance arachidière du monde après les États-Unis et l'Inde. Cette monoculture extensive aboutit à un déficit vivrier chronique, une dégradation des sols, une dépendance vis-à-vis des importations de riz en provenance d'Asie. Pour y remédier, le rapport de la mission Roland Portères de 1952 recommande des mesures d'aménagement du territoire, de restauration des sols, de promotion de l'agriculture intégrée sérère.
*(Harmattan Sénégal, 23.50 euros, 218 p.)*
*ISBN : 978-2-343-11129-2, ISBN EBOOK : 978-978-2-14-002836-6*

**CASAMANCE**
**À quand la paix ?**
*Bassène René Capain - Préface du père Nazaire Diatta*
Malgré leur volonté et leur engagement affichés d'aller vers la fin du conflit armé en Casamance, la position des parties en guerre n'a jamais réellement évolué. L'État du Sénégal se dit prêt à négocier sur tous les points, sauf sur ceux relatifs à l'intégrité territoriale et l'unité nationale, alors que, de son côté, le MFDC soutient une position contraire en déclarant être disposé à ne négocier que sur la question se rapportant à l'indépendance totale de la Casamance. Cette situation montre que le conflit armé est encore loin de finir en Casamance.
*(28.50 euros, 276 p.)*
*ISBN : 978-2-343-10426-3, ISBN EBOOK : 978-2-14-002593-8*

**PARCOURS D'UN JOURNALISTE AUTODIDACTE**
*Ndiaye Pape Ngagne - Préface de Mamoudou Ibra Kane*
Pape Ngagne Ndiaye, par son style, est devenu un rendez-vous incontournable de l'espace audiovisuel sénégalais. L'émission « Faram Faccce » qu'il anime présentement sur TFM est très courue des hommes et femmes politiques pressés de se soumettre au feu roulant et nourri des questions du redoutable interviewer, unique dans son genre. Ce livre n'est pas seulement une autobiographie, mais aussi une réflexion thématique et une sélection rigoureuse de certains numéros de la célèbre émission qui se veut « un décryptage des questions majeures de l'actualité nationale ».
*(37.00 euros, 360 p.)* *ISBN : 978-2-343-09916-3, ISBN EBOOK : 978-978-2-14-002822-9*

**DES FRANCENABE AUX MODOU-MODOU**
**L'émigration sénégalaise contemporaine**
*Fall Papa Demba - Préface du Professeur Abdoulaye Bara Diop*
Principalement centré sur la France et ses anciennes colonies d'Afrique, le champ migratoire sénégalais s'est, de manière originale, progressivement étendu à des destinations naguère méconnues ou peu fréquentées (comme les États-Unis, l'Italie, l'Espagne, l'Afrique du Sud ou le Brésil). Peu à peu, les migrants sont devenus des acteurs incontournables du développement. La prise en compte de ces populations, et de leurs mouvements, devient donc nécessaire aux programmes et politiques de développement durable.
*(Harmattan Sénégal, 40.00 euros, 559 p., Illustré en noir et blanc)*
*ISBN : 978-2-343-10796-7, ISBN EBOOK : 978-2-14-002539-6*

**« DOYEN » AMADY ALY DIENG, LE TRANSMETTEUR INTÉGRAL (1932-2015)**
**Économie biographique ou sémio-Histoire**
*Ngaïdé Abdarahmane*
Amady Ali Dieng nous a quittés il y a un an. Pour lui rendre hommage et s'en rappeler les enseignements, l'auteur de cet ouvrage a décidé de compiler ses nombreux écrits ou interventions. Les quatorze textes qui composent cette anthologie sont représentatifs et significatifs de la personnalité, du style et des préoccupations d'Amady Ali Dieng. On y retrouve son style, son humour et son esprit critique.
*(Harmattan Sénégal, 23.50 euros, 228 p., Illustré en noir et blanc)*
*ISBN : 978-2-343-10855-1, ISBN EBOOK : 978-2-14-002561-7*

**41 RULES TO BE HAPPY**
*Kane Babaly*
Seeing that happiness is the goal towards which all men strive for, the author wrote this book to help the reader in treasuring the joyous of life and realizing his desires in entirety, to be fulfilled, to claw his way to the top and to assure him it will turn out well in the end. Moreover, this book intends to give the keys us to get the secret for reaching we want in this life. 41 rules to be happy is a little self help book which has 41 rules that are meant to allow every reader to live life in full potential.
*(Harmattan Sénégal, 14.50 euros, 138 p.)*
*ISBN : 978-2-343-10904-6, ISBN EBOOK : 978-2-14-002583-9*

**SÉNÉGAL**
**Les limites du Plan Sénégal Émergent**
*Mansour Samb El Hadji*
Cet ouvrage présente une analyse profonde des politiques publiques en décortiquant le Plan Sénégal Émergent (PSE) qui jusque-là n'a fait l'objet d'aucune analyse critique sérieuse. Le Sénégal est face à un défi, le défi de son émergence, un défi qu'il compte relever avec tous ses fils. Ce défi qui mobilise aujourd'hui tout le monde doit nous pousser à proposer de nouveaux chemins et à animer un débat nécessaire et incontournable dans tout processus d'émergence.
*(Harmattan Sénégal, 27.00 euros, 276 p.)*
*ISBN : 978-2-343-09721-3, ISBN EBOOK : 978-2-14-002372-9*

**SÉNÉGAL**
**Dynamiques paysannes et souveraineté alimentaire**
**Le procès de production, la tenue foncère et la naissance d'un mouvement paysan**
*Diop Amadou Makhouredia - Préface d'Yves Guillermou ; Postface de Fodé Niang*
Le présent ouvrage contribue à la compréhension des stratégies développées par la petite paysannerie et les dynamiques qui animent les exploitations agricoles familiales permettant la production de biens nécessaires à l'alimentation et l'entretien des familles. La capacité des paysans à prendre en main leurs propres préoccupations a été mise en évidence par l'émergence d'organisations, de groupements, d'associations et d'unions dans tout l'espace rural sénégalais.
*(Harmattan Sénégal, 26.00 euros, 256 p.)*
*ISBN : 978-2-343-10852-0, ISBN EBOOK : 978-2-14-002457-3*

**HISTOIRE ET SOCIOLOGIE DES RELIGIONS AU SÉNÉGAL**
*Tamba Moustapha*
Le Sénégal reste une exception dans le domaine religieux : 90 % de musulmans, 5 % de chrétiens et 5 % d'adeptes de l'animisme. C'est aussi le pays où les musulmans et les catholiques partagent le même cimetière, où les conjoints partagent des religions différentes, où les écoles privées catholiques comptent 60 à 70 % d'élèves de confession musulmane, etc. Ce phénomène n'est pas dû au hasard. L'histoire et la sociologie des religions permettent de l'expliquer amplement. Cet ouvrage souligne cette exception sénégalaise pour montrer qu'au moment où notre monde est en proie au fanatisme, à l'intolérance et au terrorisme religieux, le Sénégal propose un autre « modèle ».
*(Coll. Études africaines, série Economie, 41.00 euros, 426 p.)*
*ISBN : 978-2-343-10424-9, ISBN EBOOK : 978-2-14-002506-8*

**FIGURES DU POLITIQUE ET DE L'INTELLECTUEL AU SÉNÉGAL**
**L.S. Senghor - M. Dia - A. Ly - CH. A. Diop A. Diouf & F. Mitterrand - J.R. De Benoist - A. Seck - TH. Fall - A. M. Samb - A.M. Samb JR - TH. Monod - H. Bocoum - G. R. Thilmans**
*Samb Djibril*
Cet ouvrage réunit des personnalités politiques et/ou intellectuelles très diverses : Léopold Sédar Senghor, l'Immortel Noir ; Mamadou Dia, le brillant économiste ; François Mitterrand et Abdou Diouf, deux experts politiques, ou encore Théodore Monod, le savant probe. Ces figures sont autant de coryphées auxquels l'auteur a voulu rendre hommage, afin de rappeler que la terre africaine du Sénégal ne manque pas de princes de l'esprit ni de nourriture intellectuelle.
*(26.00 euros, 266 p.)*
*ISBN : 978-2-343-10731-8, ISBN EBOOK : 978-2-14-002513-6*

**TÉLÉVISIONS AU SÉNÉGAL**
**Entre désert de contenu et sécheresse intellectuelle**
*Djimbira Cheikh Mouhamadou*
« Il faut lire ce livre en considérant qu'il a été sciemment écrit dans l'intention de nuire à la société spectaculaire. Il n'a jamais rien d'outrancier. » Cette pensée de Guy Debord nous permet de comprendre à bien des égards, l'ouvrage de Cheikh Mouhamadou Djimbira qui est un plaidoyer pour la création de programmes audiovisuels de qualité.
*(11.50 euros, 80 p.)*
*ISBN : 978-978-2-343-10790-5, ISBN EBOOK : 978-978-2-14-002528-0*

**UN SCOUT SÉNÉGALAIS**
**L'aventure citoyenne (deuxième édition)**
*Ndene Pascal - Préface de Jacques Moreillon*
Lorsque nous parlons de l'adolescence, nous évoquons l'autonomie, la responsabilisation, la citoyenneté, le jeu, les relations avec les parents et avec les pairs. Toutes ces questions sont abordées dans ce livre qui montre avec humour le parcours éducatif d'un adolescent dans le scoutisme. Ce livre s'adresse à tous les jeunes, garçons et filles, aux parents et éducateurs de tout milieu social et culturel, ainsi qu'à tous les scouts et guides du monde.
*(14.00 euros, 124 p.)*
*ISBN : 978-2-343-10965-7, ISBN EBOOK : 978-2-14-002526-6*

**LA PENSÉE DE CHEIKH AHMADOU BAMBA FACE AUX DÉFIS AFRICAINS**
*Sow Cheikh Mar*
Cheikh Ahmadou Bamba Mbacké a su déterminer une nouvelle vision aux yeux de ses contemporains en formulant d'une façon très claire des idées novatrices capables de faire bouger le peuple. Cette conception de la société dans sa globalité a permis «à chaque individu de devenir un centre d'initiative, de création et de responsabilité à tous les niveaux : celui de l'économie, de la politique, de la culture ; une conception qui ne soit ni individualiste, ni totalitaire mais fondée sur les communautés de base».
*(Harmattan Sénégal, 24.00 euros, 238 p.)*
*ISBN : 978-2-343-10021-0, ISBN EBOOK : 978-2-14-002284-5*

**LE MODERNISME EN ISLAM**
**Introduction à la pensée de Sayyid Amir Ali**
*Diagne Mbengue Ramatoulaye*
« Les thèmes abordés par le Professeur Ramatoulaye Diagne dans sa lecture de la pensée d'Amir Ali ont tous un lien indéfectible avec le pluralisme et la paix. (...) Dans la lecture de son ouvrage, on arrive à comprendre que le modernisme d'Amir Ali est une sorte de renouveau dans la pensée islamique. C'est un mouvement d'intellection qui intègre, dans une cohérence architecturale, l'usage de la raison, l'esprit du soufisme pratique ghazalien et la finalité de la prière qui concilie l'ascèse de l'âme à la transformation positive des sociétés. » Abdoul Aziz Kebe, Ancien Chef du Département d'Arabe UCAD-DAKAR.
*(Harmattan Sénégal, 15.00 euros, 144 p.)*
*ISBN : 978-2-343-09977-4, ISBN EBOOK : 978-2-14-002211-1*

**MA RENCONTRE AVEC ALLAH**
**De l'obscurité à la lumière**
*Mbengue Adama Ousmane*
Cet ouvrage traite surtout de la question essentielle du Mahdi qui vient pour apporter les solutions idoines en s'appuyant sur la Sharia mouhammadiya et la Tariqah ahmadiya afin d'offrir à tout individu le meilleur profil dans la société idéale qu'il compte établir.
*(Harmattan Sénégal, 14.50 euros, 134 p.)*
*ISBN : 978-2-343-10299-3, ISBN EBOOK : 978-2-14-002277-7*

## Structures éditoriales du groupe L'Harmattan


**L'Harmattan Italie**
Via degli Artisti, 15
10124 Torino
harmattan.italia@gmail.com

**L'Harmattan Hongrie**
Kossuth l. u. 14-16.
1053 Budapest
harmattan@harmattan.hu

---

**L'Harmattan Sénégal**
10 VDN en face Mermoz
BP 45034 Dakar-Fann
senharmattan@gmail.com

**L'Harmattan Cameroun**
TSINGA/FECAFOOT
BP 11486 Yaoundé
inkoukam@gmail.com

**L'Harmattan Burkina Faso**
Achille Somé – tengnule@hotmail.fr

**L'Harmattan Guinée**
Almamya, rue KA 028 OKB Agency
BP 3470 Conakry
harmattanguinee@yahoo.fr

**L'Harmattan RDC**
185, avenue Nyangwe
Commune de Lingwala – Kinshasa
matangilamusadila@yahoo.fr

**L'Harmattan Congo**
67, boulevard Denis-Sassou-N'Guesso
BP 2874 Brazzaville
harmattan.congo@yahoo.fr

**L'Harmattan Mali**
Sirakoro-Meguetana V31
Bamako
syllaka@yahoo.fr

**L'Harmattan Togo**
Djidjole – Lomé
Maison Amela
face EPP BATOME
ddamela@aol.com

**L'Harmattan Côte d'Ivoire**
Résidence Karl – Cité des Arts
Abidjan-Cocody
03 BP 1588 Abidjan
espace_harmattan.ci@hotmail.fr

**L'Harmattan Algérie**
22, rue Moulay-Mohamed
31000 Oran
info2@harmattan-algerie.com

**L'Harmattan Maroc**
5, rue Ferrane-Kouicha, Talaâ-Elkbira
Chrableyine, Fès-Médine
30000 Fès
harmattan.maroc@gmail.com


---

## Nos librairies en France


**Librairie internationale**
16, rue des Écoles – 75005 Paris
librairie.internationale@harmattan.fr
01 40 46 79 11
www.librairieharmattan.com

**Librairie l'Espace Harmattan**
21 bis, rue des Écoles – 75005 paris
librairie.espace@harmattan.fr
01 43 29 49 42

**Lib. sciences humaines & histoire**
21, rue des Écoles – 75005 paris
librairie.sh@harmattan.fr
01 46 34 13 71
www.librairieharmattansh.com

**Lib. Méditerranée & Moyen-Orient**
7, rue des Carmes – 75005 Paris
librairie.mediterranee@harmattan.fr
01 43 29 71 15

**Librairie Le Lucernaire**
53, rue Notre-Dame-des-Champs – 75006 Paris
librairie@lucernaire.fr
01 42 22 67 13

www.ingramcontent.com/pod-product-compliance
Lightning Source LLC
LaVergne TN
LVHW011224061026
849535LV00001BA/163
* 9 7 8 2 3 4 3 1 5 5 6 0 9 *